서울법대
법학총서
②

제2판

절제의
형법학

조국

박영사

The Political and Moral Limits of the Criminal Law

Second Edition

By

Kuk Cho

Juris Scientiae Doctor

Professor of Law

Seoul National University School of Law

Parkyoung Publishing Co., 2015

Seoul, Korea

제2판에 부쳐

　　제1판 발간 후 반년도 되지 않았는데 제2판을 발간하게 되었다. 전문법학서적에서는 의외의 일이다. 제1판에 보내준 법학계와 법조계의 관심과 성원에 감사드린다. 그리고 졸저에 대하여 서평을 써주신 서울대 이용식 교수님, 한양대 박찬운 교수님, 연세대 한상훈 교수님, 숙명여대 홍성수 교수님, 전주대 권창국 교수님, 그리고 김선수 변호사님께 깊은 감사 인사를 올린다.

　　저자의 주장과 논리는 오류에서 자유롭지 않을 것이다. 저자는 일찍이 존 스튜어트 밀이 『자유론』에서 갈파한 명제―"진리란, 스스로 생각하는 고통을 감내하지 않고 오로지 자신의 의견을 고수하는 사람들의 진실한 의견에 의해서가 아니라, 적절한 공부와 준비를 하면서 스스로 생각하는 사람들의 오류에 의해 더 많은 것을 얻게 된다."―를 믿으며, 계속 공부·준비·생각할 뿐이다. 제2판을 준비하는 과정에서 망외(望外)의 소식을 듣고 축하를 받았다. <신동아>(2015.4.)와 <법률신문>(2015.4.2.)이 '한국연구재단'의 통계를 분석하여 저자의 학술논문 총피인용 횟수가 전국 법학교수 중 1위임을 보도한 것이다. 저서가 빠진 이 통계만으로 학자들의 업적을 온전히 평가할 수는 없지만, 면피는 했다고 생각하며 향후 더욱 정진하겠다고 다짐한다.

　　제2판을 준비하며 오탈자를 고치고 정보를 추가하고 문장을 다듬었다. 그리고 제1판 출간 후 발표한 두 개의 논문―"정치권력자 대상 풍자·조롱 행위의 과잉범죄화 비판", "공직선거법상 '사실적시 후보자비방죄'에 대한 비판적 소론(小論)"―을 제3부에 추가하였다. 제2판을 준비하는 동안 헌법재판소의 간통죄 위헌결정이 있었다. 만시지탄이나 다행한 일이다. 법 개폐나 판결을 통하여 형법의 과잉윤리화 현상, 형법을 사용하는 표현의 자유 억압 등이 사라져 이 책이 더 이상 소용없게 되기를 바라마지 않는다.

　　마지막으로 제2판 작업에서 꼼꼼한 교정·교열을 해준 박영사 편집부 배우리 씨에게 감사를 표한다.

2015년 5월, 저자

책머리에 부쳐

"의심스러울 때는 자유를 위하여"

1987년 대학원에서 형법을 전공으로 삼고 공부를 시작한 이후 저자가 일관되게 유지했던 관점은 형법의 입법·해석·적용에서 발생하는 과잉도덕화·과잉범죄화·과잉형벌화에 대한 반대, 형법의 겸억성(謙抑性)·보충성·최후수단성에 대한 지지이다. 이러한 관점은 일찍이 '유럽의회'(Council of Europe)의 1980년 보고서에서 정식화되었고, 국내에서는 임웅 교수님의 『비범죄화의 이론』(법문사, 1999) 등에서 제시된 바 있다.

저자는 형법을 통하여 특정 도덕이나 사상을 강요하거나 표현의 자유를 비롯한 헌법적 기본권을 제약·억압하는 것에 반대한다. 인간의 본성과 사회의 변화를 무시·외면한 채 과잉도덕화된 형법은 그 자체로 억압이다. 형법이 백화제방(百花齊放), 백가쟁명(百家爭鳴), 훤훤효효(喧喧囂囂)를 막는 도구로 작동한다면 민주주의는 고사한다. 또한 저자는 범죄 예방과 범죄인에 대한 응보라는 이유로 형벌을 앞세우거나 극단의 형벌을 동원하는 것에 반대한다. 형벌만능주의, 중형·엄벌주의는 시민사회의 자율적 통제능력의 성장을 가로 막는다. 요컨대, 형법은 칼이다. 이 칼은 의사의 메스처럼 조심스럽고 섬세하게 사용되어야지 망나니의 칼처럼 휘둘러져서는 안 된다. 칼은 '사회적 유해성'이 명백·현존한 행위에 대하여 다른 제재수단이 없는 경우에만 가해져야 한다. 설사 '국민정서법'과 충돌한다고 하더라도 말이다.

이 책을 관통하는 또 다른 관점은 '헌법적 형법'(constitutional criminal law) 사상이다. '헌법적 형사소송'(constitutional criminal procedure)에 대한 저자의 입장은 『위법수집증거배제법칙』(박영사, 2005)을 통하여 밝힌 바 있다. 형사법 곳곳에 헌법정신이 속속들이 관철되어야 한다는 것이 저자의 확고한 생각이다. 헌법정신은 전시 등 긴박한 국가위기가 아닌 평상시에는 '질서'보다 '자유'와 '행복'을 중시한다. 그리고 "의심스러울 때는 자유를 위하여"(in dubio pro libertate)를 지향하며 형법의 개입을 억지한다. 진정한 헌법정신은 한국 헌법재판소 다수의견이나 헌법학계 다수설의 입장으로 고착되는 고정적·일국적 정신이 아니라, 국내법의 전향적 변화를 요청하는 국제인권법(international human rights law)까지 포괄하려는 역동적·세계적 정신이다.

이상과 같은 저자의 사상은 '절제(節制)의 형법학', '겸억(謙抑)의 형법학'이라는 개념으로 요약될 수 있다. 이는 필연적으로 실정 형법과 판례에 대한 비판으로 나아간다. 저자의 이러한 입장에 대하여 형법을 약화시키는 것 아니냐는 비판이 예상된다. 그러나 저자는 한국의 형법 현실에서 형법의 오남용이 심각하다고 판단한다. 이 점에서 저자의 작업은 새로이 균형을 맞추기 위함이다. 법학은 가치중립적 학문이 아니라 가치지향적 학문이다. '중용'(中庸, golden mean)은 가치판단을 배제한 채 대립하는 양측으로부터 기계적·산술적 중간을 선택하는 것이 아니다. '중용'의 '중'은 '가운데'가 아니라 '정확함'을 뜻한다. 물론 저자가 '정확함'을 독점할 수 없다. 신영복 선생의 비유를 빌자면, 저자는 "방향을 잡기 위해 끊임없이 흔들리는 지남철"일 뿐이다.

이 책은 이러한 관점에서 여러 형법 주제를 분석한 졸고 중 25편을 뽑아 보완·재구성한 것이다. 다루고 있는 주제 모두는 학술적 차원에서 논쟁적일 뿐만 아니라 정치적·사회적 차원에서도 화염성(火焰性)이 강한 주제들이다. 학문적 비판 외에 반(反)지성·반학문적 공격도 예상된다. 피할 수 없다. <신곡>(神曲)에서 베르길리우스가 단테에게 준 조언, "남들이 뭐라

해도 넌 너의 길을 가라"(tu vai oltre, continua la tua strada)를 되뇌며 정진할 뿐이다. 논문 발표 후 나온 주요 판례와 다른 학자들의 논문을 반영하였고, 저자의 논리를 정밀하고 풍부하게 다듬었다. 논지(論旨)가 변경된 곳은 거의 없지만, 변경한 부분은 각주에서 표시하였다. 이 책에서 빠진 주제로는 양심적 병역거부 범죄화 및 국가보안법에 대한 비판이 있는데, 이는 졸저, 『양심과 사상의 자유를 위하여』(개정판: 책세상, 2007)에 포함되어 있다.

근래 몇 년간 학자로서 현실 정치에 깊이 개입했다. 좋은 법이 가능하려면 좋은 정치가 필요하다고 생각하기 때문이었다. 학문의 영역과 달리 정치의 영역은 반대파는 무조건 '적'으로 규정하고 칼날을 들어대는 곳임을 새삼 느꼈다. 온갖 저급·저열한 흑색선전, 허위중상, 무고에 시달리기도 했지만, 저자의 작은 참여로 과잉우경화된 정치지형(地形)이 조금이라도 '정상화'되는 쪽으로 변화했다면 그것으로 위로를 얻을 것이다. 정치참여 과정에서도 학문을 놓지는 않았지만 집중도는 떨어졌다. 향후 공부와 연구로 보충하고자 한다. 당장 『위법수집증거배제법칙』(박영사, 2005) 전면개정판 작업에 착수할 것이다. 또한 당호(堂號)처럼 작은 것을 소중히 여기고 밝히는 노력을 계속할 것이다.

마지막으로 이 책의 집필은 서울대학교 법학연구소의 지원을 받아 이루어졌음을 밝힌다. 졸저를 '서울법대 법학총서'에 넣어주신 윤진수 전 소장님과 송석윤 현 소장님께 감사한다. 그리고 각주와 참고문헌 정리 작업을 맡아준 대학원 박사과정 고요석 군에게 감사한다.

2014년 11월, 관악산 구미당(求微堂)에서 저자

이 책의 기초가 된 저자의 논문은 다음과 같다.

1-1. "사형폐지 소론", 한국형사정책학회, 『형사정책』 제20권 제1호(2008)

1-2. "Death Penalty in Korea: From Unofficial Moratorium to Abolition?", *Asian Journal of Comparative Law* Vol. 3, Issue 1 (2008)

2-1. "존속살해죄의 전제와 근거에 대한 재검토", 한국형사법학회, 『형사법연구』 제16호 특별호(2001)

2-2. "Aggravated Punishment on the Homicide of Lineal Ascendants in the Korean Penal Code: Maintain Filial Piety by Criminal Law?", *Journal of Korean Law*, Vol. 3, Issue 1 (2003)

3. "낙태 비범죄화론", 서울대학교 법학연구소, 『서울대학교 법학』 제54권 제3호(2013)

4-1. "교사의 체벌과 정당행위", 서울대학교 법학연구소, 『서울대학교 법학』 제48권 제4호(2007.12)

4-2. "학생인권조례 이후 학교체벌의 허용 여부와 범위", 서울대학교 법학연구소, 『서울대학교 법학』 제54권 제1호(2013.3)

5-1. "'비범죄화' 관점에 선 간통죄 소추조건의 축소해석", 한국형사법학회, 『형사법연구』 제26권 제1호(2014)

5-2. "The Crime of Adultery in Korea: Inadequate Means for Maintaining Morality and Protecting Women", *Journal of Korean Law*, Vol. 2, Issue 1 (2002)

6. "혼인빙자간음죄 위헌론 소고", 한국형사법학회, 『형사법연구』 제21권 제3호(2009 가을)

7. "군형법 제92조의5 '계간 그 밖의 추행죄' 비판", 한국형사법학회, 『형사법연구』 제23권 제3호(2011 겨울)

8. "정치권력자 대상 풍자·조롱행위의 과잉범죄화 비판", 한국형사법학회, 『형사법연구』 제27권 제1호(2015)

9. "사실적시 명예훼손죄 및 모욕죄의 재구성", 한국형사정책학회, 『형사정책』 제25권 제3호(2013.12)

제 1 부 생명과 신체

제 2 부　프라이버시

제 3 부 표 현

제 4 부   성표현과 성매매

제5부 집단적 표현

제 **1** 부

생명과 신체

제 1 장

사형폐지론

"죽음이 불법이 되지 않는 한 개인의 가슴 속에서도,
사회의 풍속에도 항구적 평화는 없을 것이다."

(알베르 카뮈)

I. 들어가는 말

1987년 '6월 항쟁'을 전환점으로 하여 한국은 민주주의 국가의 길을 걸어왔다. 이 속에서 사형제도 자체에 대한 비판적 인식도 사회 전체에 확산되었다. 그 원인 중 하나는 권위주의 체제 아래에서 정치적 체제반대자에 대하여 이루어진 사형집행이었다.[1] 민주화 이후 체제반대자에 대한 사형집행은 사라졌고 사형구형도 희소해졌다.[2]

그런데 한국 사회에서 사형폐지 운동은 권위주의 통치기간은 물론 권위주의 통치 이후에도 미약했다. 1980년대 말까지는 소수의 민주화 운동가, 종교인들의 사형폐지운동이 있었을 뿐 사형폐지의 문제는 대중적 쟁점으로 부각되지 못하였다. '문민정부'를 자부하면서 출범한 김영삼 정부도 사형폐지를 위한 진지한 노력을 행한 바 없었다. 오히려 사형을 '범죄와의 투쟁'에 대한 의지를 나타내기 위한 도구로 활용했다. 1997년 12월 30일, 김영삼 정부는 23명의 사형수(남성 18인과 여성 5인)에 대하여 사형을 집행하면서 그 임기를 마무리하였다.

1998년 2월, 자신이 사형수였던 김대중 대통령이 취임하면서 상황은 변화한다. '인권대통령'을 자부했던 김대중, 인권변호사 출신이었던 노무현 두 대통령이 국정의 총책임자였던 10년 동안 사형은 집행되지 않았고, 이에

---

1) 민주화 이후 조직된 과거사정리위원회의 조사나 법원의 재심에 의해 공식적으로 확인한 것만 보더라도 제주4·3사태 당시 군사법원에 의해 무고한 320명이 사형에 처해졌음이 밝혀졌고, 진보당 당수 조봉암의 사형, 민족일보 사장 조용수의 사형, 인민혁명당 재건위 사건 관련자 8명의 사형 등도 법률적 문제는 물론 사실판단에도 문제가 있음이 밝혀졌다.

2) 그러나 북한에 비판적인 사회주의노선을 견지하던 '남한사회주의노동자동맹'의 지도자 박노해 씨와 백태웅 씨에게 각각 1991년과 1992년 사형이 구형되었다는 점에서 알 수 있듯이 사형이 체제반대자에 대한 위협수단목록에서 사라진 것은 아니다.

따라 2007년 12월 30일 한국은 '사실상 사형폐지국'이 되었다. 이러한 배경에는 1989년 조직된 '사형폐지운동협의회'(회장 이상혁 변호사)의 활동, 2001년 천주교, 불교 조계종, 원불교, 천도교, 유교(성균관), 한국민족종교협의회 등 6개 종교단체가 결성한 '사형제도 폐지를 위한 범종교 연합'의 활동이 주요한 역할을 하였다. 그리고 2003년 어머니, 아내, 4대 독자 아들이 연쇄살인범 유영철에 의해 무참하게 살해당했던 고정원(세례명 루치아노) 씨가 유영철이 사형 당하는 것을 면해달라고 탄원서를 제출하는 등 사형폐지운동에 나선 사건은 사형 문제에 관심을 가진 사람들에게 진한 감동을 주었다.

2008년 2월 취임한 이명박 대통령은 제17대 대통령선거 당시 대선 후보 중 유일한 사형존치론자였다. 그는 후보 시절 "사형제도는 범죄 예방이라는 국가적 의무를 감안할 때 유지돼야 한다."는 입장을 견지하면서, 다만 "사형제를 선고할 수 있는 죄목이 지나치게 많은 점은 형법 개정을 통해 고쳐야" 하고, "극형 선고는 인명 살상이나 반인륜적 범죄 등으로 제한할 필요가 있다."는 입장을 표명하였다.[3] 이명박 정부 당시 김문수 경기도지사는 "죄 없는 아녀자들을 연쇄 토막살인한 사람은 반드시 사형을 집행해야 한다", "짐승들도 새끼들을 토막 내 죽이지 않는데 인간이라고 말할 수 없는 자들을 종교와 인권의 이름으로 두둔한다면 세상이 어떻게 되겠냐"고 비판하며 사형집행 재개를 촉구한 바 있다.[4] 한편 2013년 2월 취임한 박근혜 대통령은 2012년 대선후보 시절 기자간담회에서 대통령이 되면 사형을 집행할 생각이 있느냐는 질문에 "저는 예전에도 그렇게 주장한 사람"이라고 답했고, "인간이기를 포기한, 도저히 받아들일 수 없는 흉악한 일"이라며 "저지른 사람도 죽을 수 있다는 경고 차원에서도 (사형제가) 있어야 한다"고 말했다.[5] 그렇지만 이명박 정부 하에서 사형집행은 재개되지 못했고, 박근

---

3) <한겨레21> 제681호(2007.10.18.)(http://legacy.www.hani.co.kr/section-021046000/2007/10/021046000200710180681020.html: 2014.11.1. 최종방문).

4) <연합뉴스>(2008.4.4.)(http://news.naver.com/main/read.nhn?mode=LSD&mid=sec&sid1=102&oid=001&aid=0002031286: 2014.11.1. 최종방문).

5) <오마이뉴스>(2012.9.4.)(http://www.ohmynews.com/NWS_Web/View/at_pg.aspx?CNTN_CD=A0001775118: 2014.11.1. 최종방문).

혜 정부 하에서도 아직 집행은 없다. 그렇지만 '보수정부'가 정치적 국면전 환용으로 전격적으로 사형집행을 재개할 가능성은 존재한다.

이러한 상황에서 제1장은 한국 사형제도의 현황을 개괄하고 사형폐지 를 요청하는 국제인권규범의 내용과 민주화 이후 강화되는 국내의 사형폐지 흐름을 살펴보면서 사형폐지론의 정당성을 확인한 후, 박근혜 정부와 제19 대 국회가 사형폐지 이전이라도 수행해야 할 사형제도의 개혁과제를 제시하 는 것을 목적으로 삼고 있다. 따라서 이 글은 사형의 위헌성 여부, 형벌의 목적과의 부합 여부 등에 대한 세밀한 법학적 분석이나 사형의 범죄억지력 여부 등의 범죄학적 실증조사는 연구범위 밖에 두고 있다.

Ⅱ. 한국의 사형제도 현황 개괄

현재 한국 법률이 법정형으로 사형을 규정한 범죄는 형법상 내란, 외환 유치, 살인죄 등 16종과 특별형법인 국가보안법은 45개, 특정범죄가중처벌 법, 특정경제가중처벌법 등은 378개, 군형법은 70개 항목이 존재한다. 그렇 지만 사형이 실제 부과되는 경우는 살인이 발생한 사건에 국한되어 있다.

이하의 <표 1>이 보여주듯이 김영삼 정부가 들어선 1993년부터 2014 년까지 22년간 통계를 보면, 1997년 12월 30일 이후 사형집행정지상태가 계속되고 있으며, 현재 58명의 사형수가 있다. 이들 중 최장기 미집행상태에 있는 자는 2015년 5월 1일 현재 22년 2개월 동안 수용되어 있다. 2007년까지 64명의 사형수가 있었지만, 2007년 말 노무현 대통령의 마지막 특별사면 때 6명이 무기징역으로 감형되었다.

1993년 이후 매년 사형이 확정되는 인원은 10인 이하이다. 김대중 정부 후반기인 2002년 이후 1심 사형선고 수는 한 자리 수로 유지되고 있으며, 사형확정자 수는 5명 이하로 유지되고 있다.

〈표 1〉 김영삼 정부 이후 사형관련 통계6)

연도	검찰의 살인사건 처리인원	1심 사형선고자	사형 확정자	사형 집행자	사형 미집행자
1993	960	21	10	0	54
1994	720	35	5	15	44
1995	763	19	19	19	44
1996	841	23	9	0	53
1997	886	10	8	23	38
1998	1014	14	4	0	40
1999	1080	20	4	0	39
2000	990	20	9	0	46
2001	1109	12	8	0	54
2002	1031	7	2	0	52
2003	1021	5	5	0	57
2004	974	8	2	0	59
2005	980	6	3	0	62
2006	959	6	2	0	64
2007	968	0	3	0	58
2008	989	3	0	0	58
2009	1208	6	3	0	57
2010	1073	5	2	0	59
2011	1236	1	0	0	58
2012	1073	2	0	0	58
2013	N/A	2	0	0	58
2014	N/A	1	0	0	58

이러한 점은 현재 대법원이 사형제도 자체는 지지하면서도7) 민주화
이후 사형부과의 요건을 엄격히 설정하고 있다는 점과 관련이 있다. 즉,

---

6) 이 통계는 법무연수원, 『범죄백서』 및 대법원, 『사법연감』의 통계와 대법원 법원
행정처, 대법원 양형위원회, 법무부 등을 통해 입수한 자료를 종합한 것이다. 이
자리를 빌려 임성근 부장판사, 이진만 부장판사, 이창재 부장검사께 감사를 표
한다.
7) 대법원 1963.2.28. 선고 62도241 판결.

"사형은 … 문명국가의 이성적인 사법제도가 상정할 수 있는 극히 예외적인 형벌이라는 점을 감안할 때, 사형의 선고는 범행에 대한 책임의 정도와 형벌의 목적에 비추어 그것이 정당화될 수 있는 특별한 사정이 있다고 누구라도 인정할 만한 객관적인 사정이 분명히 있는 경우에만 허용되어야 하고, 따라서 사형을 선고함에 있어서는 범인의 연령, 직업과 경력, 성행, 지능, 교육 정도, 성장과정, 가족관계, 전과의 유무, 피해자와의 관계, 범행의 동기, 사전계획의 유무, 준비의 정도, 수단과 방법, 잔인하고 포악한 정도, 결과의 중대성, 피해자의 수와 피해감정, 범행 후의 심정과 태도, 반성과 가책의 유무, 피해회복의 정도, 재범의 우려 등 양형의 조건이 되는 모든 사항을 철저히 심리하여 위와 같은 특별한 사정이 있음을 명확하게 밝힌 후 비로소 사형의 선택 여부를 결정하여야 한다.

사형의 선택 여부를 결정하기 위하여는 법원으로서는 마땅히 기록에 나타난 양형조건들을 평면적으로만 참작하는 것에서 더 나아가, 피고인의 주관적인 양형요소인 성행과 환경, 지능, 재범의 위험성, 개선교화 가능성 등을 심사할 수 있는 객관적인 자료를 확보하여 이를 통하여 사형선택 여부를 심사하여야 할 것은 물론이고, 피고인이 범행을 결의하고 준비하며 실행할 당시를 전후한 피고인의 정신상태나 심리상태의 변화 등에 대하여서도 정신의학이나 심리학 등 관련 분야의 전문적인 의견을 들어 보는 등 깊이 있는 심리를 하여 본 다음에 그 결과를 종합하여 양형에 나아가야 한다."[8]

대법원은 종종 하급심의 사형선고가 이상의 요건을 충족하지 못하였다는 이유로 하급심 판결을 파기하고 있다.[9] 이러한 대법원의 엄격한 요건이 계속 견지되어야 함은 물론이다.

대한민국 헌법에는 "잔인하고 이상한 처벌"(cruel and unusual punishment)을 금지하는 미국 헌법 제8 수정조항과 같은 조항도 없으며, 사형을 적극적으로 인정하는 조항도 없다. 다만 헌법 제100조 제4항 단서 조항은 비상계엄의 군사재판을 전제로 하여 사형을 인정하는 표현을 사용하고 있다.

---

8) 대법원 2003.6.13. 선고 2003도924 판결.
9) 예컨대, 대법원 1985.6.11. 선고 85도926 판결; 대법원 1992.8.14. 선고 92도1086 판결; 대법원 1995.1.13. 선고 94도2662 판결; 대법원 2003.6.13. 선고 2003도924 판결 등.

1996년 헌법재판소는 재판관 7 대 2의 의견으로 사형을 합헌이라고 결정했다.[10] 다수의견의 결정요지는 다음과 같다.

"생명권 역시 헌법 제37조 제2항에 의한 일반적 법률유보의 대상이 될 수밖에 없는 것 ⋯ 사형이 비례의 원칙에 따라서 최소한 동등한 가치가 있는 다른 생명 또는 그에 못지아니한 공공의 이익을 보호하기 위한 불가피성이 충족되는 예외적인 경우에만 적용되는 한, 그것이 비록 생명을 빼앗는 형벌이라 하더라도 헌법 제37조 제2항 단서에 위반되는 것으로 볼 수는 없다.
⋯

사형의 범죄억제효과가 무기징역형의 그것보다 명백히 그리고 현저히 높다고 하는데 대한 합리적·실증적 근거가 박약하다고는 하나 반대로 무기징역형이 사형과 대등한 혹은 오히려 더 높은 범죄억제의 효과를 가지므로 무기징역형만으로도 사형의 일반예방적 효과를 대체할 수 있다는 주장 역시 마찬가지로 현재로서는 가설의 수준을 넘지 못한다.
⋯

인간의 생명을 부정하는 등의 범죄행위에 대한 불법적 효과로서 지극히 한정적인 경우에만 부과되는 사형은 죽음에 대한 인간의 본능적 공포심과 범죄에 대한 응보욕구가 서로 맞물려 고안된 '필요악'으로서 불가피하게 선택된 것이며 지금도 여전히 제 기능을 하고 있다는 점에서 정당화될 수 있다. 따라서 사형은 이러한 측면에서 헌법상의 비례의 원칙에 반하지 아니한다 할 것이고, 적어도 우리의 현행 헌법이 스스로 예상하고 있는 형벌의 한 종류이기도 하므로 아직은 우리의 헌법질서에 반하는 것으로 판단되지 아니한다."

---

10) 헌법재판소 1996.11.28. 선고 95헌바1 결정. 이 결정에 대한 비판으로는 김선택, "사형제도의 헌법적 문제점 —사형의 위헌성과 대체형벌—", 고려대학교 법학연구원, 『고려법학』 제44호(2005), 147-160면; 김일수, "사형제도의 위헌여부", 법조협회, 『법조』 제46권 제1호(1997.1), 193-199면; 박기석, "사형제도에 관한 연구", 한국형사정책연구원, 『형사정책연구』 제12권 제3호(2001), 100-106면; 변종필, "사형폐지의 정당성과 필요성", 인제대학교, 『인제논총』 제14권 제1호(1998.10); 심재우, "사형제도의 위헌성 여부에 관하여", 『헌법재판자료집』 제7집 (1995.12); 한인섭, "역사적 유물로서의 사형 —그 법이론적·정책적 검토—", 한국천주교중앙협의회, 『사목』(1997.7), 60-67면; 허일태, "한국의 사형제도의 위헌성", 한국법학원, 『저스티스』 제31권 제2호(1998.6), 22-24면 등을 참조하라.

2010년 헌법재판소는 재판관 5 대 4의 의견으로 사형이 합헌임을 재확인한다. 다수의견의 결정은 1996년 결정과 대동소이하다. 1996년 결정에서 언급되지 않는 사항을 중심으로 그 요지를 보자면 다음과 같다.

"헌법 제110조 제4항은 법률에 의하여 사형이 형벌로서 규정되고 그 형벌조항의 적용으로 사형이 선고될 수 있음을 전제로 하여, 사형을 선고한 경우에는 비상계엄하의 군사재판이라도 단심으로 할 수 없고 사법절차를 통한 불복이 보장되어야 한다는 취지의 규정으로, 우리 헌법은 문언의 해석상 사형제도를 간접적으로나마 인정하고 있다.

· · ·

오판가능성은 사법제도의 숙명적 한계이지 사형이라는 형벌제도 자체의 문제로 볼 수 없으며 심급제도, 재심제도 등의 제도적 장치 및 그에 대한 개선을 통하여 해결할 문제이지, 오판가능성을 이유로 사형이라는 형벌의 부과 자체가 위헌이라고 할 수는 없다.

· · ·

절대적 종신형제도는 사형제도와는 또 다른 위헌성 문제를 야기할 수 있고, 현행 형사법령 하에서도 가석방제도의 운영 여하에 따라 사회로부터의 영구적 격리가 가능한 절대적 종신형과 상대적 종신형의 각 취지를 살릴 수 있다는 점 등을 고려하면, 현행 무기징역형제도가 상대적 종신형 외에 절대적 종신형을 따로 두고 있지 않은 것이 형벌체계상 정당성과 균형을 상실하여 헌법 제11조의 평등원칙에 반한다거나 형벌이 죄질과 책임에 상응하도록 비례성을 갖추어야 한다는 책임원칙에 반한다고 단정하기 어렵다."[11]

한편 형사소송법은 사형은 법무부 장관의 명령에 의하여 집행한다고 규정하면서(제463조), "사형집행의 명령은 판결이 확정된 날로부터 6월 이내에 하여야 한다."(제465조 제1항, 강조는 인용자)라고 규정하고 있다. 상소권회복의 청구, 재심의 청구 또는 비상상고의 신청이 있는 때에는 위 6월의 기간은 정지되지만(동조 제2항), 이 경우 이외에도 제465조 1항의 6개월 요건은 실무에서 전혀 지켜지지 않고 있다. 특히 1997년 12월 30일 이래 사형이 집행정

---

11) 헌법재판소 2010.2.25. 선고 2008헌가23 결정.

지상태에 있기 때문에 제465조 1항은 사실상 사문화되었다. 권위주의 정권 하에서도 몇몇 법무부 장관은 사형제도에 반대하는 개인적인 신념 때문에 이 기간을 지키지 않았기도 했다. 이 6개월 기간을 지키지 않는 것은 기술적 으로는 위법이지만, 이러한 위법에 대한 공식적인 이유제시가 이루어진 적 은 없고, 법집행기관에서 이의를 제기하지도 않았다. 2002년 12월 1일, 신계 륜 의원을 비롯한 국회의원 33명이 형사소송법 제465조에 대한 개정법안을 제출했다.12) 이 법안은 동조의 판결 확정 후 6개월의 기간을 10년으로 연장 하는 내용이었으나, 통과되지 않았다.

사형은 교수하여 집행하도록 하고 있으나, 군형법에 의해 사형이 선고 된 경우에는 총살로 집행한다. 미국과 달리,13) 한국에서는 다른 사형집행 방법에 대한 비판적 접근은 이루어지지 않고 있다. 사형은 법무부 장관의 집행명령 후 5일 내에 집행되어야 한다. 만일 사형선고를 받은 사람이 심신 의 장애로 의사능력이 없는 상태에 있거나 임신 중에 있는 여자인 경우에는 법무부 장관이 집행을 정지할 수 있다. 사형 집행은 교도소 내에서 이루어지 며, 국경일, 일요일 기타 공휴일에는 집행하지 않는다.

현재 남아있는 58명의 사형수는 모두 남성이고 살인죄 또는 살인을 포함한 중범죄로 유죄선고를 받았다. <시사IN>의 2008년 조사에 따르면,14) 사형수 58명의 평균 수감 기간은 대략 9년이며, 현재 평균 나이는 44세이다. 범행 당시 연령으로 보면 20대가 14명, 30대 25명, 40대 17명, 50대 이상 2명으로 평균 34세였다. 사형수 58명 중 재범 이상 전과자는 73%에 이르는 41명이었다. 초범은 17명이며, 전과 11범 이상은 4명, 평균 전과는 4범이다. 범행 동기로는 이욕이 30명으로 47.6%, 보복이 19명으로 30.2%, 성욕은

---

12) '형사소송법중 개정법률안'(의안번호 1931; 신계륜 의원 대표발의, 2002.11.1.).

13) 교수형의 사형집행방법으로 채택하고 있는 미국 워싱톤주에서 교수형의 위헌성 이 문제되었을 때 소수의견을 제시한 스테판 라인하르트 대법관은, 교수형은 "잔인하고 거칠고 터무니없는 절차(crude, rough, and wanton procedure)로, 그 목 적은 척추를 조각내는 것인 바 이는 말할 필요도 없이 폭력적이고 침탈적이며 의도적으로 모욕을 주고 비인간화를 초래한다."라고 비판한 바 있다[Cambell v. Wood, 18 F 3d 662, 701(9th Cir. 1994)].

14) <시사IN> 제32호(2008.4.23.).

6명으로 9.5%, 우발적인 살인과 가정불화, 현실 불만이 각각 4.8%, 4.7%, 3.3%였다. 사형수의 가정환경을 보면, 편모 가정에서 성장한 사람이 8명, 편부 가정은 4명, 계모와 양부모 밑에서 자란 사형수가 각각 3명씩이었으며, 고아로 성장한 사형수가 9명이었다.

　　원칙적으로 사형수를 포함한 모든 죄수들은 독방에서 복역해야 하지만, 필요하다면 혼거 구금도 가능하다.[15] 현실에서는 공간의 부족으로 인해 대부분의 죄수가 혼거 구금되고 있다. 그러므로 사형수들도 자주 비사형수들과 같이 수감되기도 한다. 감방에는 항상 조명이 켜져 있고, 수감자들은 항상 지속적인 감시하에 있다. 2006년 2월 <국민일보>가 당시 63명의 사형수를 대상으로 조사한 통계에 따르면 사형수들의 변호인은 대부분 국선변호인이며, 3심에 걸친 형사 절차에서 최소한 한 번 이상 사선변호인을 선임했던 사형수들은 모두 18명에 불과하였다.[16]

Ⅲ. 사형폐지를 요구하는 국제인권규범[17]

1. 세계인권선언과 시민적·정치적 권리에 대한 국제규약
　　─'가장 심각한 범죄' 이외의 사형폐지

　　국제인권규범 차원에서 사형폐지는 대세가 되고 있다. 1948년 국제연합 총회가 세계인권선언(Universal Declaration of Human Rights)을 채택한 이래,[18] 인간의 존엄성을 증진시키기 위하여 사형제도를 폐지하는 것이 바람직하다고 강력하게 권고해오고 있다. 세계인권선언 제3조는 개인의 생명권을 규정하고 있으며, 제5조는 누구도 "잔인하고 비인간적이고 모욕적인 형

---

15) 형의 집행 및 수용자의 처우에 관한 법률 제14조.
16) "63인 사형수 심층리포트", <국민일보>(2006.2.16.).
17) Kuk Cho, "Death Penalty in Korea: From Unofficial Moratorium to Abolition?", *Asian Journal of Comparative Law*, Vol. 3 No. 1(2008), 2-5.
18) GA Res 217A(III), UN GAOR, 3rd Sess, Supp No 13, UN Doc A/810(1948) 71.

사제재"(cruel, inhumane or degrading treatment or punishment)에 처해져서는 안
된다고 선언하고 있다.

1966년 국제연합 총회는 '시민적·정치적 권리에 대한 국제규약'
(International Convention on Civil and Political Rights, 이하 ICCPR)을 채택하였
다.[19] 이 헌장은 사형제도와 관련하여 좀 더 구체적인 요건을 규정하고 있
다. 동 헌장 제6조 1항은 "모든 인간은 천부적(inherent)인 생명권을 가진다."
라고 규정하고 있으며, 제6조 2항은 "사형제도를 폐지하지 않은 국가에 있
어서는, 사형의 선고는 범죄시에 효력이 있는 법률에 따라, 오직 가장 심각한
범죄(most serious crimes)에 대해서만 선고되어야 한다."(강조는 인용자)고 규정
하고 있다.

동 조항은 어떤 범죄가 가장 심각한 범죄를 구성하는지는 명시하지 않
고 있으므로, '가장 심각한 범죄'라는 문구는 각 사회의 문화적, 종교적, 정치
적 가치관에 따라 다르게 해석될 수 있다. '자유권규약위원회'(Human Rights
Committee)는 '일반 의견'(General Comment)에서 제6조의 '가장 심각한 범죄'라
는 표현은 사형이 상당히 예외적인 수단이라는 것을 의미한다고 엄격하게
해석되어야 한다."[20]라는 의견을 표명하였고, 그 문구는 "오직 고의살인
(intentional killing)나 살인미수, 그리고 고의에 의한 심각한 신체 상해만"을
의미하는 것으로 해석하였다.[21] 1984년에는 국제연합 경제사회위원회는 '사
형에 직면한 사람들의 권리 보호를 보장하기 위한 안전조치'에서 이러한
제한에 대하여 해석하면서, 사형은 고의에 의한 범죄에 대해서만 부과되어야
한다고 선언하였다.[22] 사법외적·약식·자의적 처형에 대한 국제연합 특별보
고자는 '고의적'(intentional)라는 용어의 의미는 "예모(premeditation)와 같으며,
살인의 계획적인 의도(deliberate intention)로 이해되어야 한다."고 했다.[23]

19) GA Res 2200A, UN GAOR, 21st Sess, Supp No 16, UN Doc A/6316(1966) 52.
20) The Human Rights Committee, *Report of the Human Rights Committee*, UN GAOR,
   37th Sess, Supp No 40 UN Doc/A/37/40(1982) 94.
21) Sarah Joseph, Jenny Schultz & Melissa Castan, *The International Covenant in Civil
   and Political Rights*, 2d ed(Oxford : Oxford University Press, 2004) at 167.
22) ESC Res 1984/50, UN Doc E/1984/84.
23) UN Econ & Soc Council, Commission on Human Rights, Report of the Special

이와 동시에 ICCPR 제6조 제6항은 "이 조의 어떠한 부분도, 이 헌장의 당사자인 국가가 사형 폐지를 늦추거나 막기 위하여 원용되어서는 안된다."고 선언하고 있다. 또한 1992년에 '자유권규약위원회'가 채택한 ICCPR 제6조에 대한 '일반 의견'은 당사자 국가가 사형을 시행할 때에는 "가능한 육체적 정신적 고통을 가장 적게 할 수 있는 방법으로 집행되어야 한다."고 규정하였다.[24]

2. 시민적·정치적 권리에 대한 국제규약에 대한 제2선택의정서 — '전시 또는 군사범죄' 이외의 사형폐지

한편 1989년 12월, 국제연합 총회는 ICCPR에 대한 제2 선택 의정서를 채택하였다(이하 '제2 선택 의정서').[25] 이 의정서는 사형 폐지 운동에 대한 국제적인 규약을 강화하는 것을 목적으로 하고 있다. 이 의정서에서는 사형제도의 폐지를 규정하고,[26] 당사자 국가가 비준시나 동의시에 그러한 효과에 대해서 유보를 행한 경우에 한하여, "전시에 있어서, 군사적인 본질을 지닌 가장 심각한 범죄가 전쟁기간 중 범해진 경우 이와 관련하여서만" 사형제도를 유지할 수 있도록 하고 있다.[27] ICCPR이 허용하고 있던 '가장 심각한 범죄' 예외는 삭제되었다. 제2 선택 의정서의 '전시 예외'는 훨씬 더 제한적인 예외인데, 평화시에는 '가장 심각한 범죄'에 대해서도 사형이 금지되기 때문이다. 2014년 9월 현재, 81개 국가가 제2 선택 의정서를 비준했고, 3개 국가가 서명했다.[28]

1998년 4월에는 '(구)인권이사회'(U.N. Human Rights Commission)에서 사

Rappoteur on Extrajudicial, Summary, or Arbitrary Executions, Mr Bacre Waly Ndiaye, submitted pursuant to Comm Res 1997/61 21, UN Doc, E/CN 4/1998/68/ Add2 (22 January 1998).

24) UN Human Rights Committee, General Comment 20(10 October 1992), art. 6.

25) GA Res 44/128, UN GAOR, 44th Sess, Supp No 49, UN Doc A/44/49(1989) 207.

26) *Ibid.* art 1.

27) *Ibid.* art 2(1).

28) Amnesty International, *Ratification of International Treaties* online: Amnesty International website <http://www.amnesty.org/en/death-penalty-ratification-of-international-treaties> (last visited 1 September 2014).

형제도에 반대하는 결의를 채택했으며, 이 결의에서는 국가들에 대해서 "사형 집행을 중지하고, 장기적으로는 완전히 사형을 폐지할 것"을 요청하였다.[29] 반기문이 유엔 사무총장으로 선출된 이후인 2007년 12월, 유엔 총회는 '사형 폐지를 위한 글로벌 집행유예 결의안'을 채택하였다.[30]

3. 지역 국제협약

몇몇 지역 국제협약은 국제적인 사형 폐지 추세를 강화하고 있다. 1982년 12월, '유럽 의회'(Council of Europe)에서 '인권과 기본적 자유의 보호에 대한 유럽 협약'(European Convention for the Protection of Human Rights and Fundamental Freedoms, 약칭 '유럽인권협약')에 대한 제6 의정서를 채택했다.[31] 제6 의정서에서는 사형의 폐지를 규정하고 있으며,[32] 당사자 국가에 대해서 "전시에 범해진 행위나 전쟁에 임박한 위험과 관련한" 범죄에 대해서만 사형제도를 유지할 수 있도록 하고 있다.[33] 1994년에는 유럽 회의가 본 회의에 가입하려는 국가들이 즉시 사형에 대한 집행 중지를 실시하고 제6 의정서에 서명하고 비준하는 것을 전제조건으로 했다.[34] 2014년 9월 현재, 46개 국가가 제6 의정서를 비준했고, 러시아 연방이 서명한 상태이다.[35]

1990년에는 '미주 기구'(Organization of American States)의 총회에서 사형제도 폐지를 위한 미주 인권 협약에 대한 의정서를 채택했다.[36] 이 의정서에서는 사형제도의 폐지를 요구하고,[37] "전시에 국제법의 범위 안에서, 군사

---

29) Office of the Human Rights Commissioner for Human Rights, Res 1998/8(3 April 1998).
30) A/RES/62/149.
31) Eur TS No 114.
32) *Ibid.* art 1.
33) *Ibid.* art 2.
34) Renate Wohlwend, "The Efforts to the Parliamentary Assembly of the Council of Europe" in *The Death Penalty: Abolition in Europe*(1999), at 57.
35) Amnesty International(각주 28).
36) OASTS No 73(1990), adopted 8 June 1990.
37) *Ibid.* art 1.

적인 본질을 지닌 극도로 심각한 범죄"에 대해서만 사형을 선고할 권리를 유보하였다.[38] 2014년 9월 현재, 13개의 미주 국가들이 비준했다.[39]

2002년에는 유럽 의회가 '유럽인권협약'에 대한 제13 의정서를 채택했다.[40] 이 의정서에서는 모든 상황에서의 완전한 사형 폐지를 규정하고 있다.[41] '전시 예외' 조항 ─제2 선택 의정서와 제6 의정서, 미주 협약 의정서의 규정과 유사한─ 도 삭제되었다. 1957년 알베르 카뮈의 요청, "내일의 통합된 유럽에서는 … 사형제도의 엄숙한 폐지가 우리 모두가 희망하는 유럽법의 제1조가 되어야 할 것이다"[42]라고 드디어 실현된 것이다. 2014년 9월 현재, 43개 국가가 지금까지 제13 의정서를 비준했고, 2개 국가가 서명했다.[43]

4. 소   결

사형폐지를 요구하는 국제인권규범을 비준하며 사형을 폐지한 나라들에서는 흉악한 살인범죄가 없었을까. 이 나라의 형사사법체제는 물러 터져서 또는 범죄인의 인권만을 생각해서 사형을 폐지했을까. 그렇지 않다. 이들 나라는 아무리 극악한 범죄인의 생명이라도 국가가 이를 박탈하는 것은 허용될 수 없다는 도덕적·철학적 원칙을 지키고자 한 것이다.

물론 이러한 국제인권규범은 이를 비준하고 서명하지 않은 국가들에 대해서는 조약으로서의 구속력을 가지지 않는다. 이러한 측면에서 이 규범들은 제한적이다. 그리고 이러한 사형폐지를 요구하는 국제인권규범을 명시적으로 비웃거나 거부하는 나라도 있다. 예컨대, 모살이나 마약범죄에 대하여 의무적 사형제도를 유지하고 있는 싱가포르 정부는 사형폐지를 요구하는 국제인권규범은 "잘못된 보편성의 주장에 기초한 강권정책(diktat)"[44]이라고

---

38) *Ibid.* art 2(1).
39) Amnesty International(각주 28).
40) Eur TS No 187.
41) *Ibid.* art 1 and preamble.
42) 알베르 카뮈(김화영 옮김), 『단두대에 대한 성찰·독일 친구에게 보내는 편지』(책세상, 2004), 76면.
43) Amnesty International(각주 28).

비난하면서, 사형의 문제는 인권문제가 아니라 "형사사법의 문제, 그리고 각 나라의 주권적 관할권의 문제"라고 응수하고 있다.[45)]

그러나 사형폐지를 요청하는 국제규범을 비준하지 않은 나라의 경우도 싱가포르처럼 '용감'하게 그 규범을 비난하는 경우는 드물다. 한국 정부도 싱가포르 정부와 같은 반응을 보이지는 않고 있다. 이는 사형제도의 폐지가 인권의 발전에 기여한다는데 대한 국제적인 믿음과 이 국제규범의 도덕적 권위가 강화되고 있음을 보여주는 간접적 증거이다.

'국제사면기구'(Amnesty International)에 따르면, 모든 범죄에 대한 사형을 폐지한 국가가 98개국, 통상적 범죄에 대하여 사형을 폐지한 국가가 7개국 사실상 사형을 폐지한 국가가 35개국이다.[46)] 사형은 미국을 제외한 모든 서구민주주의 국가에서 폐지되었으며, '경제협력개발기구'(OECD) 소속 국가 중 사형제를 보유하고 있는 나라는 미국, 일본, 한국 세 나라뿐이다.

2006년 한국은 세계 각국의 인권상황을 점검·감시하는 유엔 인권이사회의 초대 이사국이 되었다. 그럼에도 불구하고 한국이 사형제도를 유지하고 있고, 제2 선택 의정서에 가입하지 않고 있다는 점 때문에 유엔 등 국제인권관련기구에서 항상적으로 비판받고 있다. 특히 2007년 '인권이사회'(Human Rights Council)는 유엔 인권 메커니즘을 강화하기 위하여 192개 모든 회원국을 대상으로 매 4년마다 국가별 인권상황정기검토(universal periodic review)를 실시하기로 결정하였는데, 한국은 초대 인권이사회 이사국으로 우선 검토대상국을 선정되어 평가를 받았다. 2008년 이루어진 한국에 대한

---

44) VG Menon('s) (Singapore) comments in "Commission approved six measures on economic, social and cultural rights", Press Document (16 April 2004), online: United Nations <http://www2.unog.ch/news2/documents/newsen/cn04052e.htm>(last visited 21 September 2007).

45) Letter from the Permanent Representative of Singapore to the United Nations Office at Geneva addressed to the Chairperson of the Commission on Human Rights (6 April 2001) E/CN 4/2001/153, (c).

46) Amnesty International, Abolitionist and Retentionist Countries online: Amnesty International website <http://www.amnesty.org/en/death-penalty/abolitionist-and-reentionist-countries>(last visited 1 September 2014).

인권상황정기검토에서는 사형의 집행유예를 유지하면서 사형폐지로 나아 가라는 권고가 이루어졌다.[47]

Ⅳ. 사형폐지론의 현황과 대체형벌

1. 사형폐지론의 성장과 '사실상 사형폐지'

사형존폐론을 둘러싼 학계의 논쟁은 오랜 역사를 가지고 있다. 법철학, 헌법, 형법과 형사정책 등의 여러 분야에서 이 논쟁의 거의 모든 쟁점이 검토된 바 있다. 적어도 형법학계에서는 사형폐지론이 절대다수를 차지하고 있다. 그 입장을 요약하면, 사형은 국가 이전의 인간의 천부적 권리이자 헌법상 모든 기본권의 본질적 부분인 생명권을 박탈한다, 사형은 사회방위 라는 국가목적을 위하여 인간을 수단으로 사용한다, 사형은 형벌목적 달성 을 위한 수단의 적합성, 피해의 최소성 등 원칙을 충족시키지 못한다, 사형 은 예모범(豫謀犯), 격정범(激情犯), 확신범 모두에게 위하력(威嚇力)을 갖지 못한다. 사형은 형벌의 개선적·교육적 기능을 포기한 것이다 등이다.[48]

---

47) Human Rights Council, Working Group on the Universal Periodic Review, Second Session (A/HRC/W.G.6/2/L.6) (9 May 2008).

48) 각주 10에 인용된 문헌 외에 김성돈, 『형법총론』(SKKUP, 2008), 749-780면; 김일 수·서보학, 『새로 쓴 형법총론』(제11판: 박영사, 2006), 733면; 강구진, "사형폐지 의 이론과 실제", 『고시계』 1980년 4·5월호, 90면; 배종대, 『형법총론』(제8전정 판: 홍문사, 2005), 812-813면; 심재우, "사형은 형사정책적으로 의미 있는 형벌인 가", 『형사정책연구소식』 통권 제29호(1995년 5·6월호), 3면; 오영근, 『형법총론』 (박영사, 2005), 747-748면; 이수성, "사형폐지소고", 서울대학교 법학연구소, 『서 울대학교 법학』 제13권 제2호(1972), 76면; 이재석, "사형제도에 관한 고찰", 대 구대학교 사회과학연구소, 『사회과학연구』 제8집 제2호(2000), 28-29면; 이정원, 『형법총론』(증보판: 법지사, 2001), 518-519면; 이형국, 『형법총론』(법문사, 1997), 443-444면; 임웅, 『형법총론』(개정판: 법문사, 2002), 587-588면; 정봉휘, "사형존 폐론의 이론사적 계보", 『동산 손해목 박사 화갑기념논문집: 형사법학의 현대적 과제』(1993), 506-508면; 하태영, "사형제도의 폐지", 경남대학교 법학연구소, 『경 남법학』 제13집(1997.12), 168-173면; 한인섭, "사형제도의 문제와 개선방안", 한

이러한 입장은 1996년 헌법재판소 결정에서 김진우, 조승형 두 재판관의 반대의견에도 집약적으로 반영되었다. 이 중 김진우 재판관의 반대의견을 보자면,

"헌법 제10조에 규정된 인간의 존엄성에 대한 존중과 보호의 요청은 형사입법, 형사법의 적용과 집행의 모든 영역에서 지도적 원리로서 작용한다. 그러므로 형사법의 영역에서 입법자가 인간의 존엄성을 유린하는 악법의 제정을 통하여 국민의 생명과 자유를 박탈 내지 제한하는 것이나 잔인하고 비인간적인 형벌제도를 채택하는 것은 헌법 제10조에 반한다. 이는, 극악한 범죄를 범함으로써 스스로 인간임을 포기한 자라도 여전히 인간으로서의 존엄과 가치를 갖고 있는 인간존재인 한, 그에 대하여도 피해자 내지 그 가족 또는 사회의 보복감정을 충족시키기 위해서 또는 유사 범죄의 일반적 예방이라는 목적의 달성을 위해서 비인간적인 형벌을 적용해서는 아니 된다는 것을 의미한다. 그런데 형벌로서의 사형은 자유형과는 달리 사형선고를 받은 자에게 개과천선할 수 있는 도덕적 자유조차 남겨주지 아니하는 형벌제도로서 개인을 전적으로 국가 또는 사회 전체의 이익을 위한 단순한 수단 내지 대상으로 삼는 것으로서 사형수의 인간의 존엄과 가치를 침해하는 것이다. 사형제도는 나아가 양심에 반하여 법규정에 의하여 사형을 언도해야 하는 법관은 물론, 또 그 양심에 반하여 직무상 어쩔 수 없이 사형의 집행에 관여하는 자들의 양심의 자유와 인간으로서의 존엄과 가치를 침해하는 비인간적인 형벌제도이기도 하다."[49]

그리고 2010년 헌법재판소 결정에서 목영준 재판관의 반대의견은 범행 후 변화하는 범죄인에 대한 사형집행의 문제점을 예리하게 지적하였다.

"대부분의 인간이 선악의 양면성을 가지고 있는 점을 고려하여 볼 때, 범행 당시 극도의 악성이 발현되었던 범죄인도 위와 같은 시간이 흐르는 동안 인간의 본성을 일부라도 회복하여 반성과 회개를 할 가능성 또한 매우 높다. 또한 범죄인은 교도소 수감 중의 제한되고 절제된 생활 속에서 삶의 안정을 찾아가

면서 삶에 대한 애착과 죽음에 대한 공포가 심화되게 된다. 즉, 사형은 악성이 극대화된 흥분된 상태의 범죄인에 대하여 집행되는 것이 아니라 이처럼 이성이 일부라도 회복된 안정된 상태의 범죄인에 대하여 생명을 박탈하는 것이므로 인간의 존엄과 가치에 위배된다는 것이다."50)

1997년 12월 30일 이후 한국에서는 10년 이상 사형집행이 유예되어, 한국은 '사실상 사형폐지국'이 되었다. 이는 사형의 범죄예방효과나 위하력과 관련하여 중요한 사회적 실험이다.51)

<표 1>의 통계에서 알 수 있듯이, 1997년 검찰의 살인사건 처리인원은 886명이었고 23명의 사형수가 전격적으로 처형되었는데, 1998년 검찰의 살인사건 처리인원은 오히려 1,014명으로 증가하였다. 사형집행유예가 시작된 1998년을 기준으로 그 전후를 비교할 때 살인죄의 증감에서도 유의미한 변동이 발견되지 않는다. 1998년 이후 현재까지 살인죄가 급증하지도 않았다. 이상의 점에서 볼 때 사형의 존재 또는 사형집행이 살인을 억지한다는 주장은 근거가 약하다.52)

1996년 헌법재판소가 사형은 위헌이 아니라고 결정했지만, 이와 별도로 입법부는 사형폐지의 결단을 내릴 수 있다. 동 결정의 다수의견도 "위헌·합헌의 논의를 떠나 사형을 형벌로서 계속 존치시키는 것이 반드시 필요하고 바람직한 것인가에 대한 진지한 찬반의 논의도 계속되어야 할 것"이며, "한 나라의 문화가 고도로 발전하고 인지가 발달하여 평화롭고 안정된 사회가 실현되는

---

50) 헌법재판소 2010.2.25. 선고 2008헌가23 결정(재판관 목영준의 위헌의견).

51) 유엔은 1988년과 2002년 사형의 범죄예방효과에 대하여 조사하였는데, 그 결론은 "사형제도가 살인억제력을 갖는다는 가설을 수용하는 것은 신중하지 못하며, 조사결과 통계수치는 사형제도를 폐지하더라도 사회에 급작스럽고 심각한 변화가 일어나지 않을 것"이었다[Roger Hood, *The Death Penalty: A Worldwide Perspective*, 3d ed (Oxford: Oxford University Press, 2002) at 75-80]. 그리고 사형을 유지하는 미국과 사형을 폐지한 유럽 국가의 살인범죄 발생률을 비교할 때 전자가 훨씬 높다는 점은 사형제도 자체의 범죄억지력을 의심케 하는 비교법적 사례이다.

52) 사형의 억지효과에 대해서는 에자트 A. 파타, "사형이 특별한 억지책인가?", 국제사면위원회 한국연락위원회 편, 『사형제도의 이론과 실제』(까치, 1989), 128-152면; 스콧 터로(정영목 옮김), 『극단의 형벌』(교양인, 2003), 121-129면을 참조하라.

등 시대상황이 바뀌어 생명을 빼앗는 사형이 가진 위하에 의한 범죄예방의
필요성이 거의 없게 된다거나 국민의 법감정이 그렇다고 인식하는 시기에
이르게 되면 사형은 곧바로 폐지되어야" 한다는 입장을 표명하 였다.

이는 오래 전 형법학계에서 제기된, 사형폐지는 시기상조이며 사형폐
지는 문화수준이 발달된 이후에 가능하다는 주장을 복창(復唱)하는 것이
다.53) 그러나 다수의견이 예정하는 사형폐지의 상황은 극도로 이상적이며
그 시기는 까마득히 멀어 보인다. 이 점에서 사형폐지에 대한 다수의견의
언급은 진정성이 없다. 사형폐지 시기상조론이 제기된 지 수십 년이 흘렀는
데 언제까지 계속 시기상조를 운위할 것인지 의문이다. 실제 사형을 폐지한
여러 '선진국'이 폐지시기에 다수의견이 요구하는 요건을 갖추고 사형을
폐지한 것은 아니다. 아무리 극악한 범죄인이라고 하더라도 그의 생명권
박탈을 허용할 수 없다는 가치적 결단으로 사형을 폐지한 것이다. 저자는
일찍이 1972년 이수성 교수가 사형폐지를 주장하며 내린 다음과 같은 진단
에 동의하고 있다.

"법률은 단순히 진화론적 보수주의로 현실에 적응하는 것이 아니고 과감한
개혁을 통하여 인류문화를 선도할 의무가 있으며, … 비이성적인 것이 현실적인
것이 됨을 용인해서는 안 된다. … 국민의 감정을 순화시켜 생명의 존귀함을 느끼
게 하는 것이 바로 국가의 사명이며, … 문화적 수준을 향상시키는 길이다."54)

그리고 현재 한국의 수준이 사형폐지를 결단한 당시 '선진국'의 수준에
미치지 못한다고 말하기도 어렵다. 또한 현재 한국의 수준이 같은 아시아권
에서 사형을 폐지한 부탄, 캄보디아, 네팔, 티모르, 필리핀의 수준에 이르지
못하였다고는 전혀 볼 수 없을 것이다.

---

53) 예컨대, 김기두, "사형제도", 『법정』 1965년 10월호, 349면; 남흥우, 『형법강의(총
론)』(1969), 292면; 박정근, "사형의 사적 경향과 그 장래", 중앙대학교 법정대학
학생연합학회, 『중대법정논총』 제8집(1959년 6월호), 78면; 유기천, 『형법학(총론
강의)』(개정 23판, 1983), 349면.
54) 이수성(각주 48), 75-76면.

한편 형법의 임무가 피해자의 감정해소에 있고 살인범을 사형에 처하는 것이 가장 확실하게 피해자의 감정을 해소하는 방법이라는 근거에서 사형존치를 주장하는 논자도 있다.[55] 살인범에 의해 가족을 잃은 피해자가 살인범에 대해 가질 분노와 증오는 필연적이며 또한 정당하다. 그리고 그 가족이 겪는 고통은 피해자가 아닌 사람이 상상할 수 있는 수준과 정도를 훨씬 넘어설 것이다. 그러나 근대 민주주의 형법의 임무는 피해자의 감정해소를 정형화·인도주의화하는 것이다. 심재우 교수는 현대 형벌의 본질과 목적은 국가의 법질서 기능 유지에 있고 이 기능에는 일반예방과 특별예방이 있을 뿐이기에, 탈리오(talio)적 응보는 현대 형벌의 목적에 속할 수 없으며, 이 점에서 사형은 "원시형벌의 응보형으로서만 타당할 수 있을 뿐"이며 "형사정책적으로 무의미한 형벌"이라고 단언한 바 있다.[56]

이러한 견지에서 볼 때 피해자의 감정에 기초하여 사형폐지를 반대하는 것은 "상투적인 피해자의 이미지에 기초한 안이한 논의"[57]이라 할 것이다. 사실 피해자 유족의 처지에 따른 정신적 치료, 경제적 원조, 사회적 지원을 제공하지는 않고 가해자를 사형집행하는 것만으로 피해자의 감정을 해소하겠다는 것은 가능하지도 않고 바람직하지도 않다. 실제 살인범을 사형에 처하였을 때 피해자 가족은 일시적으로 위로를 받을 수 있으나, 그로 인하여 범죄피해의 고통이 해소되지는 않는다. 사형폐지 여부를 떠나서 살인범죄의 피해자 가족을 위로하고 지원하는 체계적 프로그램은 별도로 마련되어야 할 것이다.

2. 사형폐지를 위한 입법적 노력과 대체형벌

제15대부터 제18대 국회까지 사형 자체를 폐지하려는 입법적 노력은 계속된다.

---

55) 조병인, "사형은 폐지대상이 아니다", 한국형사정책연구원, 『형사정책연구소식』
   (2000년 7·8월호), 32면.
56) 심재우(각주 48), 3면.
57) 이재석(각주 48), 25면.

먼저 제15대 국회 시기 1999년 유재건 의원을 비롯한 91명의 의원이 제출한 「사형폐지특별법안」(의안번호: 152463)은 형법과 형사소송법의 사형 규정을 삭제하고 형법 및 특별형법 등에서 형벌로서 사형을 규정하고 있는 부분은 효력을 상실하는 것을 내용을 하고 있었다. 제16대 시기 2001년에는 정대철 의원을 비롯한 92명이 발의한 「사형폐지에 관한 특별법안」(의안번호: 161085)은 사형을 형벌의 종류로 명기하고 있는 형법과 그밖에 모든 법률에서 법정형으로 규정하고 있는 사형을 일체 폐지하는 한편, 법원이 무기징역 또는 무기금고를 선고할 경우에 그 범죄의 종류, 죄질, 정상여하에 따라 판결이 확정되고 그 복역을 개시한 후 15년이 경과하지 아니하면 형법에 의한 가석방이나 사면법에 의한 일반사면·특별사면 또는 감형을 할 수 없다는 취지의 선고를 함께 할 수 있는 내용을 담고 있었다.

특히 17대 국회 시기 2004년 유인태 의원이 대표발의한 「사형폐지에 관한 특별법안」(의안번호: 171129)은 형법 및 그 밖의 법률에서 규정하고 있는 형벌 중 사형을 폐지하고 이를 '종신형', 즉 "사망 때까지 형무소 내에 구치하며 형법에 의한 가석방을 할 수 없는 형"(법안 제3조)으로 대체할 것을 규정하였는데, 이 법안에는 전체 의원 과반수가 넘는 175명의 의원이 서명 동의 했다. 물론 이 다수 의원들이 17대 국회에서 진정 사형폐지를 위하여 실질적 노력을 행하였던가에 대해서는 검토가 필요하다. 그렇지만 175명이라는 숫자는 의마가 크다.

같은 맥락에서 2005년 국가인권위원회는 사형폐지를 권고하는 결정을 내리고, 사형폐지 이후의 후속조치로 감형·가석방 없는 종신형제도, 일정 기간 감형·가석방 없는 무기형 제도, 전쟁시 사형제도의 예외적 유지 등의 세 가지를 채택하라는 의견을 표명하였다.[58]

18대 국회에서도 사형폐지법안은 계속 제출되었다. 2008년 박선영 의원을 비롯한 39명의 의원이 제출한 「사형폐지특별법안」(의안번호: 1800928)과 2010년 주성영 의원을 비롯한 10명의 의원이 제출한 「사형폐지특별법안」(의안번호: 1809976)은 사형을 폐지하고 '종신형', 즉 "사망할 때까지 형무소

---

58) 국가인권위원회, "사형제도에 대한 국가인권위원회의 의견"(2005.4.6.).

내에 구치하고, 형법에 따른 가석방이나 사면법에 따른 일반사면·특별사면 또는 감형을 할 수 없는 징역형"(박선영 법안 제2조, 주성영 법안 제3조)을 도입할 것을 제안하였다. 이는 '종신형'을 도입한다는 점에서 2004년 유인태 의원 법안과 동일하지만, 사면법에 따른 일반사면·특별사면 또는 감형도 불허한 다는 점에서 차이가 있다. 2009년 김부겸 의원을 비롯한 53명의 의원이 제출한 「사형폐지특별법안」(의안번호: 1806259)은 유인태 법안식 '종신형'을 도입하고 있다.

이상의 점에서 체사레 벡카리아가 기념비적 저작 『범죄와 형벌』(1764)에서 제시한 사형폐지론과 그 대안은 시간과 공간을 넘어 한국에서 강한 공명을 얻고 있다.

> "형벌이 정당화되려면, 그 형벌은 타인들의 범죄를 억제시키기에 충분한 정도의 강도만을 가져야 한다. 범죄로 인한 이익이 아무리 큰 것처럼 보이더라도, 그 대가로 자신의 자유를 완전히, 그리고 영구적으로 상실할 것을 택할 자는 없다. 따라서 사형을 대체한 종신노역형만으로도 가장 완강한 자의 마음을 억제시키기에 충분한 정도의 엄격성을 지니고 있다. 나아가 종신노역형은 사형 이상의 확실한 효과를 가져온다고 말하고 싶다."[59]

그러나 이러한 입법적 노력에도 불구하고 정부와 국회는 사형폐지의 결단을 내리지 못하고 있다, 그 이유 중의 하나는 국민정서 또는 여론의 다수가 사형존속을 원하는 것이다. 사실 사형폐지에 대한 여론조사는 국민의 다수가 사형존치 쪽에 서 있음을 보여준다. '지존파', '막가파', 유영철 등에 의한 흉악범죄가 발생한 직후 이루어지는 여론조사는 특히 그러하다. 범죄에 대한 국민 다수의 공포와 흉악범죄인에 대한 국민들의 증오는 충분히 이해가능한 현상이다.[60] 그러나 이러한 흉악범죄는 사형제도의 존재 여

---

59) 체사레 벡카리아(한인섭 신역), 『범죄와 형벌』(박영사, 2006), 115면.
60) 박준선 변호사의 이하의 표현은 사형을 선호하는 대중적 정서를 집약한다. "흉악범에 의하여 스러져간 피해자의 생명의 존엄성과 그 유가족의 정신적 고통은 무엇으로 보상받을 것인가? 수십 명의 무고한 생명을 살해한 흉악범이 본인의 생명을 보장받으면서 국가로부터 안락한 숙식을 제공받고, 철마다 건강검진을

부와 관계없이 발생해왔고 앞으로 발생할 것이다. 이 점에서 사형폐지는 이러한 국민여론에 구속되어 결정해야 할 사안이 아니다. 오히려 사형폐지는 아무리 극악한 범죄인의 생명권도 포기하지 않겠다는 정치적·도덕적 결단의 문제이다.

그렇다면 사형폐지 후 대체형벌은 무엇인가? 사형의 대체형벌로 1996년 헌법재판소 결정에서 조승형 재판관은 현행법상의 무기징역을 제시한 바 있다. 그러나 무기징역은 사형의 대체형벌일 수는 없다고 판단한다. 무기징역을 작량감경하면 10년의 유기징역으로 내려갈 수 있다는 점(형법 제55조 제1항 제2호), 무기징역을 받더라도 20년이 경과하면 가석방이 가능하다는 점(형법 제72조 제1항) 등은 사형존치론자의 반대를 무마하고 피해자와 일반 국민을 설득하기 어렵다.

이러한 점에서 사형의 대체형벌은 감형·가석방 없는 '절대적 종신형' 제도나 무기징역의 가석방요건 20년보다 긴 기간 동안 감형·가석방을 불허하는 '상대적 종신형' 제도이어야 한다. 물론 절대적 종신형은 사형과는 다른 차원의 문제를 야기한다. 수형자는 자연사하기 전까지 교도소 안에서 생명을 유지할 수는 있으나, 사회와 영원히 단절되어 아무 의미와 희망 없는 연명을 해야 하므로 정신적 심리적·황폐화한 삶을 살아가야 한다. 또한 절대적 종신형은 사형과 마찬가지로 형을 통한 교화·사회복귀의 기회가 봉쇄된다. 이상의 점에서 사형폐지의 대안은 상대적 종신형이다.[61] 사형이 수형자의 목숨을 끊어 관에 넣는 것이라면, 절대적 종신형은 수형자를 산채로 관에 넣는 것에 비유할 수 있다.

그렇지만 사형폐지에 대한 대중적 우려를 불식하고 의회 다수의 지지

받으며 천수를 누리는 상황을 우리 모두가 견뎌내야 하는지…"[박준선, "사형제도 폐지는 시기상조다", <법률신문>(2004.12.9.)].

61) 김선택(각주 10), 167면; 박홍규, "사형제도 폐지의 법학적 논리", 국제사면위원회 한국연락위원회 편, 『사형제도의 이론과 실제』(까치, 1989), 125면; 신양균, "절대적 종신형을 통한 사형폐지?", 한국비교형사법학회, 『비교형사법연구』제9권 제2호(2007), 637-640면; 이재석(각주 48), 26면; 이훈동, "전환기의 한국 형법 —사형제도의 새로운 시각", 한국외국어대학교 법학연구소, 『외법논집』제26집(2007.5), 442면.

를 확보해야 한다는 점을 고려할 때 절대적 종신형을 과도기적으로 채택하는
것을 적극적으로 고려할 필요가 있다.62) 독일은 1949년 사형을 폐지하고
30년 간 가석방 없는 종신형을 시행하다가 1978년 연방헌법재판소의 결
정63)을 계기로 15년 법집행 이후 가석방이 가능하도록 법을 개정하였다.

마지막으로 사형폐지와 헌법 제110조 제4항과의 관계 문제를 언급할
필요가 있다. 동 조항 단서는 "비상계엄하의 군사재판"을 전제로 하여 사형
선고가 가능함을 규정하고 있다. 그런데 이를 이유로 헌법이 사형제도를
적극적으로 수용하고 있다는 주장이 제기된다.64) 이러한 해석은 개헌 없이
사형폐지 없다는 주장으로 연결될 것이다.

그러나 2010년 헌법재판소 결정에서 목영준, 김희옥 두 재판관의 위헌
의견이 지적한 것처럼, 동 조항 단서는 1987년 개정된 현행 헌법에서 도입된
것으로, 본문이 상정하는 예외적 상황이라고 하더라도 사형을 선고한 경우
는 단심으로 끝나지 않고 불복이 가능하도록 한 것이다. 즉, 이 단서는 "어떠
한 경우에도 사형선고에 대한 불복절차를 인정하여 법률상 존재하는 사형의
선고를 억제하기 위한 것으로 오히려 사형제도의 심각성을 부각시킨 조항"
인 바,65) "그 도입 배경이나 규정의 맥락을 고려할 때, 법률상 존재하는
사형의 선고를 억제하여 최소한의 인권을 존중하기 위하여 규정된 것이므
로, 이를 사형제도의 헌법적 근거로 해석하는 것은 타당하지 않다."66)

제110조 제4항의 문언을 그대로 읽더라도 헌법은 이 조항이 예정하는
특수한 경우 이외에는 사형제도를 허용하지 않고 있다고 해석하는 것이
인간의 존엄과 가치의 핵심을 이루는 생명권 중시의 관점에서 옳을 것이

62) 김인선, "한국의 사형집행 현황과 사형제도 개선방향에 대한 재고", 한국비교형
    사법학회,『비교형사법연구』제6권 제1호(2004), 198면; 전지연, "대한민국에서의
    사형제도", 한국비교형사법학회,『비교형사법연구』제6권 제2호 특집호(2004), 55
    면; 허일태, "사형의 대체형벌로서 절대적 종신형의 검토", 한국형사정책학회,
    『형사정책』제12권 제2호(2000), 232면.
63) BVerfGE 45, 187.
64) 장영수,『기본권론』(2003), 269면; 김상겸, "생명권과 사형제도 —사형제도 존치론
    을 중심으로", 한국헌법학회,『헌법학연구』제10권 제2호(2004.6), 245-246면.
65) 헌법재판소 2010.2.25. 선고 2008헌가23 결정(재판관 목영준의 위헌의견).
66) 헌법재판소 2010.2.25. 선고 2008헌가23 결정(재판관 김희옥의 위헌의견).

다.67) 이 점에서 헌법 제110조 단서의 취지는 오히려 "전시에 있어서, 군사
적인 본질을 지닌 가장 심각한 범죄가 전쟁기간 중 범해진 경우"에 한해서만
사형을 허용하는 '제2선택의정서'의 취지와 같은 것으로 해석해야 한다.
2010년 헌법재판소 결정에서 조대현 재판관의 일부위헌의견의 취지도 이와
동일하다고 보인다.

"사형제도는 헌법 제110조 제4항 단서에 해당되는 경우에 적용하면 헌법에
위반된다고 할 수 없지만, 헌법 제110조 제4항 단서에 해당되지 않는 경우에
적용하면 생명권을 침해할 정당한 사유도 없이 생명권의 본질적인 내용을 침해하
는 것으로서 헌법 제37조 제2항에 위반된다."68)

이렇게 볼 때 헌법 개정 없이도 특별법 제정 또는 법률 개정을 통하여
사형은 폐지될 수 있다.

V. 제안 ― 결론에 대신하여

사견으로는 2005년 제17대 국회에서 과반수 의원의 동의를 얻은 사형
폐지법안이 제출되고, 국가인권위원회 역시 이에 동조하는 의견을 제출하였
던 시기가 사형폐지를 위한 정치적 결단을 내리기에는 좋은 시기였다. 그러
나 당시의 정치적 사정은 이를 허용하지 않았다. 10년간의 '진보' 정부 시기
이루어지지 못한 사형폐지가 '보수' 박근혜 정부 하에서 이루어질 것이라고
예상하기는 힘들다. 보수화된 현재 국회 구성을 고려하자면 제19대 국회가
사형폐지의 결단을 내릴 것 같지도 않다.
그러나 저자는 사형폐지의 문제는 정치적 진보 대 보수의 대립과 관련
은 있지만 이러한 정치적 대립으로 환원되는 문제는 아니라고 생각한다.

67) 김선택(각주 10), 147-150면; 허일태(각주 10), 15면.
68) 헌법재판소 2010.2.25. 선고 2008헌가23 결정(재판관 조대현의 일부위헌의견).

실제 사형폐지를 요청하는 국제인권규범은 진보와 보수를 구분하지 않는다. 사형폐지국이 된 나라의 경우 정치적 진보 대 보수의 대립을 넘어서 사형폐지의 결단이 내려진 경우가 많다. 사형폐지국 내부에서 보수와 진보의 대립이 있지만 사형을 부활하려는 움직임은 미미한 수준이다. 우리나라의 경우 '진보' 정부 집권 동안 유지된 '사실상의 사형폐지' 상태를 '보수' 정부가 법적으로 확정하는 것도 의미 있는 일이다. 오히려 '보수' 정부가 사형폐지를 주도한다면 사형폐지에 대한 국민적 우려를 잠재우기가 더 쉬울 수도 있다. 사실상 사형폐지를 결단한 김대중 대통령에 이어 박근혜 대통령이 사형제 완전폐지를 결단한다면 정치적으로 큰 업적이 될 것이다.

저자는 박근혜 정부와 제19대 국회가 사형존치를 고수하더라도 그 적용 요건, 절차, 범위를 개정하는 이하와 같은 노력은 해야 한다고 주장한다.

1. 정부는 '사실상 사형폐지국' 지위를 유지해야 한다. 박근혜 대통령은 대중의 표를 의식하며 대중의 복수감정을 부추기는 정치인의 의도나 사형을 통하여 법과 질서의 권위를 세우려하는 관련 법집행기관의 의도에 휘말려 들어가선 안 된다. 사형, 즉 "한 사람의 시민에 대한 국가의 전쟁"[69]이 '종전'되지 못하더라도 '휴전'은 계속 되어야 한다. 사형집행 재개는 2007년 12월의 유엔 총회가 채택한 사형집행유예 결의안에 반하는 등의 이유로 국제적 비난을 자초할 것이고, 이는 한국이 지금까지 쌓아온 인권국가로서의 이미지를 스스로 파괴할 것이다. 이와 별도로 국내에서도 인권·사회단체의 거센 반발이 예상된다.

2. 형사소송법 제465조를 개정하여 중국 형법이 채택하고 있는 '사형집행유 예제도'를 도입해야 한다.[70] 중국 형법은 사형선고시 2년간의 집행을

---

69) 베카리아(각주 59), 112면.
70) 김인선(각주 62), 195면; 박홍규(각주 61), 124면; 손동권, 『형법총론』(개정판: 율곡출판사, 2004), 534면; 오영근(각주 48), 748면; 이수성(각주 48), 76면; 이훈동(각주 61), 433-435면; 임웅(각주 48), 588면; 전지연(각주 62), 55면; 정성근·박광민, 『형법총론』(삼지원, 2001), 645면; 한인섭(각주 48), 45면.

유예하고 유예기간 중 개전의 정을 관찰하여 재판에 의하여 15년 이상 20년 이하의 유기징역으로 형을 감경하는 제도를 두고 있다. 집행유예기간과 기간 종료 후의 조치에 대해서는 여러 방안이 있을 것인데, 2002년 신계륜 법안의 취지에 따라 집행유예기간을 10년을 잡고 10년이 경과한 후에는 새로운 재판을 통하여 형의 감경 여부를 판단하는 방식을 제안한다. 이러한 개정이 있으면 판결 확정 이후 적어도 10년간의 사형집행이 연기되므로 그 기간 동안 무죄를 입증하는 새로운 증거가 발견되는 기회를 주어 오판의 가능성을 줄일 수 있으며, 국제적으로 '사실상 사형폐지국'의 지표인 10년간의 사형집행유예를 명문화한다는 의미도 있다. 법원이 아니라 법무부 산하 위원회가 형의 감경 여부를 결정하거나 10년경과 이후 자동적으로 무기징역으로 감형되도록 하는 방안도 있을 것이다. 그러나 사형감형이라는 중대한 판단은 법원의 판결을 통해 이루어지는 것이 옳을 것이며, 이렇게 할 때 국민적 공감도 얻을 수 있을 것이다.

3. 정부와 국회는 사형을 법정형으로 두고 있는 범죄의 수를 대폭 줄이는 작업에는 착수해야 한다. 특히 형법상의 여적죄(제83조), 군형법상의 여러 범죄와 같은 절대적 사형조항은 폐지되어야 하며, 사상범, 정치범, 재산범, 과실범과 결과적 가중범 등에 대한 사형 조항도 전면 폐지되어야 한다.[71] 상술하였듯이 ICCPR이 사형을 허용하는 '가장 심각한 범죄'는 살인, 특히 '모살'(謀殺)이라는 점을 유념하며 이 범죄 이외에는 사형이 부과되지 않도록 입법적 조치를 취해야 한다. 그리고 사형대상범죄의 대다수는 미수범을 처벌하고 있는데, 사망의 결과가 발생하지 않은 미수범에 대해서는 사형선고를 봉쇄할 필요가 있다. 예컨대, "미수범은 처벌한다. 단, 사형으로 처할 것일 때에는 무기징역으로 한다."는 규정을 마련할 필요가 있다.[72] 2010년

---

71) 강석구, "사형대상 범죄의 합리적 축소방안", 한국형사정책연구원, 『형사정책연구』 제17권 제2호(통권 제66호, 2006 여름호), 88-89면; 성영모, "현행 사형제도의 개선방향", 충남대학교 법학연구소, 『법학연구』 제5권 제1호(1994), 324-325면; 한인섭(각주 48), 42-43면.
72) 강석구(각주 71), 94-95면.

헌법재판소 결정에서 합헌의견을 취한 민형기 재판관도 보충의견에서 다음
과 같이 설시한 바 있다.

> "흉악범에 해당하거나 사회적 위험을 초래할 개연성이 큰 범죄라고 하더라도
> 생명에 대한 침해 없이 신체적 법익의 침해만 포함된 경우이거나, 방화, 파괴,
> 폭행 등 적극적 침해행위로 국가 또는 공공의 안전을 위태롭게 하는 범죄라고
> 하더라도 생명·신체에 대한 침해가 없는 경우에는 설령 그 범죄로 인한 공공의
> 위험성이 크더라도 이에 대해 사형을 규정하는 것은 원칙적으로 과잉형벌에 해당
> 할 여지가 있으므로, 이러한 범죄 유형에 대하여 사형을 유지하는 데에는 극히
> 신중을 기하여야 할 것이다. 또한 현행 사형 대상 범죄 중 대부분은 그 미수범도
> 처벌하고 있는데, 법리상 이들 또한 사형에 처해질 가능성을 완전히 배제할 수
> 없으므로, 이는 책임주의나 비례의 원칙과 조화되기 어렵다 할 것이어서, 이 또한
> 사형 대상 범죄로 분류하여서는 아니 될 것이다."[73]

　4. 사법부는 현재의 엄격한 사형부과 요건을 유지해야 하며, 이와 별도
로 대법원이 사형판결을 하기 위해서는 전원재판부에서 대법관 2/3 이상의
찬성 또는 만장일치가 있어야만 하도록 하는 법개정도 동시에 추진될 필요
가 있다.[74]

　한편 사형폐지를 당론으로 하고 있는 야당과 시민·인권단체는 사형을
폐지하고 감형·가석방 없는 '절대적 종신형' 제도 또는 무기징역의 가석방
요건 20년보다 긴 기간 동안 감형·가석방을 불허하는 '상대적 종신형' 제도
를 도입하는 법안을 다시 제출하고 그 취지를 대중적으로 확산하는 노력을
더욱 기울여야 한다.
　그리하여 궁극적으로 정부가 '제2선택의정서'에 가입하여 한국이 명실
상부한 사형폐지국이 되는 날이 빨리 도래하기를 희망한다. 이런 날이 올

---

73) 헌법재판소 2010.2.25. 선고 2008헌가23 결정(재판관 민형기의 보충의견).
74) 성영모(각주 71), 326면; 오영근(각주 48), 748면; 전지연(각주 62), 54면; 한인섭
　　(각주 48), 44면.

때 한국은 중국과 일본 등 여전히 사형을 보유하면서 집행까지 하고 있는 많은 아시아 국가들에게 인권의 등불을 비추는 인권선도국이 될 것이다. 지금은 시간과 공간을 넘어 우리에게 여전한 울림을 주는 이하 체사레 벡카리아와 알베르 카뮈의 말이 갖는 함의(含意)를 되새길 시간이다.

"법은 살인을 미워하고 또 처벌한다. 그런데 그 범이 스스로 살인죄를 범한다니 얼마나 어리석은가. 시민들보고 살인하지 말라면서 공공연한 살인을 명한다는 것은 얼마나 어리석은가."75)

"죽음이 불법이 되지 않는 한 개인의 가슴 속에서도, 사회의 풍속에도 항구적 평화는 없을 것이다."76)

---

75) 벡카리아(각주 59), 119면.
76) 카뮈(각주 42), 81면.

[자료 1]

한국사형폐지운동협의회
발기선언문

사형은 법의 이름으로 승인된 형벌제도 중 가장 과격하고 고루한 형벌제도입니다. 사형을 통해 질서를 유지하고자 하는 사회는 아직도 잔인하고 비인도적이며 반이성적인 분위기를 벗어나지 못했다는 증거입니다.

우리는 인간의 존엄과 가치를 법과 국가의 최고 가치로 승인하는 자유민주적 법치국가의 헌법원리에 입각하여 오늘이야 말로 우리 사회가 사형 없이도 질서를 유지하고 인간의 평화로운 공동생활을 영위할 수 있을 만큼 성숙된 시기임을 고백합니다.

극악한 범죄에 대한 최선의 방법은 극형뿐이라는 인습을 타파하고 인간과 인간의 생명에 대한 사랑의 정신만이 극악범죄의 악순환을 극복하고 새로운 인간다운 질서를 정착시킬 수 있다는 믿음에서 우리는 사형의 종식을 앞당기기 위해 이 자리에 모였습니다.

인간의 생명은 천하보다 귀합니다. 이 생명은 각인이 창조주로부터 부여받은 각인에게 고유한 것이며, 남에게 빌릴 수도 남에게 빌려줄 수도 없는 소중한 것입니다. 이 생명은 그것 자체가 목적으로 실존하는 것이므로 다른 사람의 목적을 위한 수단으로 전락될 수도 없습니다. 그것은 비록 타인의 생명을 침해한 극악한 범죄인에게도 함부로 박탈될 수 없는 신성한 것입니다.

인간성 상실의 시대에 인간다운 사회를 건설하고 발전시키기 위해 우리는 먼저 이 지고의 인간생명을 불가침·불가양의 권리로 승인하는 데서부터 우리의 행동원칙들을 이끌어 내고자 합니다.

법과 국가가 인간을 위해 존재하는 것이지 인간이 법과 국가를 위해 존재하는 것은 아닙니다. 법의 숭고한 도덕성은 법이 다른 목적을 위해 한

인간의 생명을 수단으로 삼지 않고 목적 그 자체로서 존중하는 데에 있습니다. 따라서 사형을 과하는 모든 법률은 폐지되어야 마땅합니다. 이것이 법을 인간답게 만드는 첫 걸음이 된다는 믿음에서 우리는 지금부터 기존의 모든 사형법률의 개폐운동을 전개하고자 합니다.

극악한 범죄인이라 할지라도 우리가 공동사회의 한 시민으로 그와 함께 살아왔다는 점에서 발견되는 공동책임을 스스로 시인하고 그 죄의 값도 우리가 함께 나누어 져야 하리라는 인식에서 우리는 죄값을 오직 그 범죄인에게만 지우는 사형의 집행을 거부하고자 합니다.

사형은 추상적인 정의의 요구는 만족시켜 줄 수 있을지 모릅니다. 그러나 구체적인 현실에서 사형은 범죄와 법의 폭력과 증오를 종식시키고 법의 도덕적인 권위를 회복시키는데 아무 도움도 주지 못합니다.

사랑의 힘이 정의의 요구를 완성시킵니다. 법이 사랑의 편에서 폭력으로 점철된 사회를 향해 새로운 도덕적인 도전을 해야 할 시기에 이르렀습니다.

우리는 이 사랑의 편으로 법을 끌어 당기면서 우리의 고유한 전통의식 속에 감추어졌던 경천애인의 민족정신을 새로운 시대정신으로 고백하며 사형은 지금 폐지되어야 마땅하다는 확신으로 이 운동을 전개하고자 합니다. 인간에 대한 사랑과 사회에 대한 섬김의 몸가짐으로 이 운동을 폄으로써 세계문화민족들의 성숙한 인간다운 사회질서를 우리도 이 땅 위에서 겸손히 실천하고자 하여 이 모임의 발기를 선언하는 바입니다.

1989. 5. 30.

한국사형폐지운동협의회 발족준비위원장

이 상 혁

[자료 2]

사형제도 폐지를 위한 범종교 연합 공동 성명서

사형제도 폐지, 우리 모두의 힘으로!
—사형제도 폐지를 위한 범종교 연합 공동 성명서—

1. 지난 20여 년 동안 세계 각국에서 뜻있는 많은 이들이 비인간적인 사형제도를 폐지하려고 노력해 왔습니다. 이제 이에 찬성하는 사람들이 점차 증가하고 있을 뿐만 아니라, 사형제도를 폐지한 나라가 1백 개국을 넘어선 것은 인류의 미래를 위한 희망의 표징입니다.

2. 우리가 사형제도를 폐지하자고 주장하는 것은 인간의 존엄함과 인간 생명의 신성함을 강력히 옹호하기 위해서입니다. 생명권은 어느 누구도 빼앗을 수 없는 모든 인간의 가장 기본적인 권리입니다. 아무리 흉악한 죄를 범한 사람일지라도 그의 생명권은 존중되어야 합니다.

3. 사형이 중대한 범죄를 예방하는 효과가 있다는 결정적 증거도 없습니다. 지금까지 사형이 집행되었어도 범죄는 계속해서 발생하고 있는 현실이 그러한 사실을 웅변으로 증명합니다. 그뿐만 아니라 사형이 정치적 목적으로 악용되어 온 경우가 적지 않은 것 또한 사실입니다. 물론 범죄인을 제재하고 처벌하는 것은 사회의 정당한 권리이자 양도할 수 없는 의무입니다. 그러나 이 권리를 사람을 죽일 수 있는 권한으로까지 확대해서는 안 됩니다.

4. 현대 사회는 사형말고도 범죄로부터 자신을 보호할 수 있는 능력이 있습니다. 사형만이 범죄자에게 죗값을 치르게 하는 유일한 방법이 아닙니다. 그러므로 아무리 중대한 범죄에 대해서도 사형이 아닌 형벌을 적용해야 합니다. 사회의 안전에 대한 염려에 부응하여 종신형도 가능한 것입니다.

5. 사형제도의 근원에는 중죄를 저지른 범죄자의 죗값으로 사형은 너무나 당연

하다는 생각이 자리잡고 있는 것 같습니다. 우리는 피해자의 정의에 대한 권리를 인정합니다. 그러나 범죄인들을 죽인다고 이들의 범죄 때문에 잃어버린 것이 복구될 수 있겠습니까? 사형집행은 폭력을 가중시킬 뿐 참된 치유나 결말을 가져오지 않는 것입니다. 그것은 범죄인의 회개할 가능성을 막고 오판을 바로잡을 가능성을 앗아가 버립니다. 가난 때문에 자신을 제대로 변호하지 못해 사형을 당하는 경우가 흔할 뿐더러, 심지어 적지 않은 무고한 사람들이 오판 때문에 사형에 희생된 것 또한 사실입니다.

6. 이제 범죄 때문에 사람을 죽이는 것이 절대로 필요한지 진지하게 자신에게 물으면서 우리 모두 죽음의 문화를 생명의 문화로, 원수와 보복의 문화를 사랑과 자비의 문화로 바꾸는데 나서야 할 때입니다. 사형이 아닌 형벌을 적용하는 것은 공동선과 인간의 존엄성에 더욱 부합하며, 비폭력 원칙, 생명 보호와 같은 우리의 전통적 가치관에도 부합하는 것입니다.

7. 사형제도는 결코 범죄에 대한 해결책이 될 수 없습니다. 문제의 해결책은 포괄적인 도덕 교육과 전통적 가치의 회복에 있습니다. 형벌은 엄정하고 범죄에 비례하는 것이어야 하지만, 가능한 한 범죄자를 사회의 건설적 구성원으로 복귀시키는 것을 지향해야 합니다. 사형제도는 더 이상 정당화될 수 없습니다. 사형제도는 이제 실패한 실험이라는 것이 널리 인정되고 있습니다. 그것은 마땅히 폐지되어야 합니다.

8. 우리는 어떠한 경우에도 "살인은 안 된다."라고 거듭 호소합니다. 아무리 가증할 범죄를 저지른 흉악범에게라도 치유와 용서를 통한 갱생의 삶을 살아갈 기회를 주는 사랑과 자비가 절실히 요청되는 지금입니다. 그렇게 함으로써 우리 모두 더 나은 세계를 건설하는 데 매진해야 하겠습니다.

2001. 6. 2.

사형제도 폐지를 위한 범종교 연합 공동 대표
(불교, 원불교, 유교, 천도교, 천주교, 한국민족종교협의회)

[자료 3]

우리는 사형집행의 재개를 강력하게 반대합니다

―전국의 형사법교수 132명 일동―

최근 몇몇 연쇄살인사건을 계기로 사형집행을 재개하려는 주장들이 나오고 있습니다. 특히 정치인들의 잇따른 사형재개 발언과 법무부에서 사형의 재집행 여부를 검토하겠다는 보도를 대하면서, 작금의 사태전개에 심각한 우려를 표합니다. 사형의 문제는 우리사회의 인권과 정의실현 정도의 척도이기 때문입니다.

현재 59명의 사형수를 두고 있는 우리나라에서 지난 11년간 사형을 미집행함으로써, 한국은 이미 '사실상의 사형폐지'(abolitionist in practice) 국가가 되었습니다. 그럼에도 이러한 소중한 성과를 한순간에 뒤집을 수 있는 사형집행움직임은 전세계적인 사형폐지 추세에 역행하는 것이고, 인권후진국으로의 전락을 의미합니다.

이에 전국의 형사법학자들은, 지속적이고 깊이 있는 연구를 바탕으로, 사형의 재집행은 결코 허용될 수 없다는 확신에서 이를 강력히 반대합니다. 우리의 조국에서는 어떠한 사형도 없어져야 할 것입니다.

1. 사형은 야만적이고 비정상적인 형벌로, 헌법상 보장된 인간의 존엄과 가치를 근본적으로 부인하는 형벌입니다.

2. 사형폐지는 오늘날 범세계적 추세입니다. 해마다 2~3개의 국가에서 사형제를 폐지하고 있으며, 사형을 폐지하거나 10년 이상 처형하지 않는 국가도 전세계 197개국 중 138개국이나 됩니다. 이에 반해 최근(2007년) 한 해 동안 사형을

집행한 국가는 24개국에 불과합니다.

3. 사형이 살인범을 억제하는 효과적인 방법이라는 주장은 과학적인 근거가 없습니다. 사형제도의 존치 여부가 살인율의 변화에 실질적 영향을 미치지 못함은 세계적으로 증명되고 있기 때문입니다. 사형의 위협이 두려워 살인을 억제하려는 연쇄살인범은 없습니다.

4. 생명의 존엄성을 보호해야 할 국가가 사형이라는 제도적 살인의 주체가 되어선 안 됩니다.

5. 모든 판결에는 오판가능성이 없지 않습니다. 살인범죄의 경우에도 오판의 사례가 적지 않습니다. 살인죄에 대한 유죄확정자 중에서도 사법부의 재심을 통해 무죄판결이 확정된 사례도 이미 수십 건 이상이 쌓여 있습니다. 불완전한 인간의 재판으로 돌이킬 수 없는 생명박탈은 용납될 수 없습니다.

6. 세계의 역사는 사형의 정치적 남용의 사례로 가득 차 있습니다. 종교적 동기에 의한 사형, 정치권력의 유지를 위한 사형, 정치적 효과를 겨냥한 처형, 특정 집단에 대한 편견의 산물인 사형이 이어졌습니다. 민주화된 국가라 할지라도 사형집행의 대상 중에는 소수자, 약자의 집단 중에 선택되는 경우가 적지 않습니다.

7. 사형수는 "인간이기를 포기한 죄"를 저질렀다고 하나, 아무리 흉악범이라고 해도 개선 가능성을 부인할 수 없습니다. 그들도 인간입니다. 사형은 인간의 개선가능성을 원천적으로 부인하는 것입니다.

8. 장기자유형은 실제로 사형에 대한 대체효과를 가져옴이 모든 나라의 역사입니다. 오늘날 국가는 사형을 이용하지 않고서도 교도소에서의 장기간 격리를 통해 흉악범의 재범위험성을 제어할 수 있는 능력을 갖고 있습니다.

9. 피해자의 법감정에 비추어 사형이 필요하다는 주장을 합니다. 그러나 피해자 보호를 위해서는 피해자와 그 가족을 위한 정신적, 물질적 지원과 그들에

대한 공동체의 따뜻한 위로와 관심이 더욱 중요합니다. 사형제가 인간의 응보 욕구를 일부 채워주는 점은 없지 않겠지만, 사형을 통해 피해자가 얻을 수 있는 실제 이익은 없습니다.

10. 사형은 직무상 사형집행에 관여할 수밖에 없는 교도관들의 인권을 침해합니다.

11. 사형의 실행 여부는 북한과 대한민국을 가르는 의심할 나위 없는 인권지표입니다. 북한의 공개처형과 같은 인권 문제를 확실히 비판할 수 있기 위해서는 대한민국은 적어도 사형미집행을 통해 선도적 우위성을 계속 유지해야 합니다.

12. 사형폐지를 시기상조로 보는 여론이 더 우세하다고 합니다. 그렇지만 사형의 대안으로서 가석방 없는 절대적 종신형을 도입하면 또 여론조사 결과가 달라질 수 있습니다. 국회 및 행정부는 단순 여론조사를 통해 나타나는 의견에 추종하거나 편승해서는 안 됩니다. 다행히 우리나라에서도 16대, 17대, 18대 국회에서 <사형폐지를 위한 특별법안>이 계속 발의되었습니다. 행정부에서는 1997년말 이래 사형집행을 유예하고 있습니다. 이러한 11년 이상 지속되어온 흐름을 토대로, 이제 사형의 폐지를 위한 실질적 논의를 해가야 할 때입니다.

13. 사형집행의 재개를 말할 때, 그것이 일시적 사건이나 감정에 의해 좌우되어서는 안 됩니다. 대신 우리는 사형과 그 대체형에 대한 진지한 논의를 할 준비가 되어 있습니다. 사형을 폐지하지 않더라도, 사형에 대한 제도적 유예조치(moratorium)를 최소전제로 하고, 그 바탕 위에서 우리 국가와 사회가 진일보한 대안을 만들어낼 수 있는 준비를 해가야 할 것입니다.

14. 하나의 인간의 생명은 전지구보다 무겁습니다. 살인범이 인간의 생명을 경시했다고, 그에 대처하는 국가가 생명을 경시하는 것은 잘못입니다. 국가는 제도의 운용을 통해 인간의 생명가치를 고양시켜가는 방향으로 행동해야 합니다.

2009. 9. 13.

제 2 장

존속살해죄 비판

"인간생명에서 차이를 두는 것과 같은 전근대적
가정질서의 전제에서 나온 처벌규정을 두어야
할 합리적 이유가 있느냐"
(한상범)

Ⅰ. 들어가는 말

한국 형법전은 제250조 제1항의 '보통살인죄' 이외에 제250조 제2항에 '존속살해죄'를 별도로 규정하고 있다. 존속살해죄의 법정형은 사형, 무기 또는 7년 이상의 징역으로 보통살인죄의 법정형인 사형, 무기 또는 5년 이상의 징역에 비하여 상당히 높다. 1995년 형법 개정 이전 존속살해죄의 법정형으로는 사형과 무기만이 규정되어 있었으나, 학계에서의 위헌논란으로 7년 이상의 징역형이 선택형으로 추가된 것이다.[1]

이러한 한국 형법의 태도는 대다수의 서구 국가의 경우와는 물론이고, 유교적 전통을 공유하고 있는 동북아시아 지역 국가의 형법과 비교하더라도 독특한 것이다.[2] 예컨대 현재 중국, 일본, 북한의 형법전은 존속살해를 가중처벌하는 규정을 두고 있지 않다. 사실 한국 형법 제250조 제2항은, 1973년 일본 최고재판소에서 위헌으로 결정되고[3] 1995년 마침내 폐지된 일본 형법 제200조의 유제(遺制)이다.[4]

존속살해죄의 가중처벌규정과 관련하여 학계에서는 형법을 통하여 효라는 도덕적 가치를 유지시키려는 것이 타당한 것인지, 이러한 가중처벌은

---

1) 상세한 개정이유는 법무부, 『형법개정법률안 제안이유서』(1992.10), 120면 참조.
2) 영미법계 국가와 대륙법계 국가 중 스위스, 덴마크 등은 존속살해에 관한 가중처벌규정이 없으며, 독일은 1941년, 오스트리아는 1974년에 동 규정을 폐지하였다. 프랑스와 이탈리아 등 동 규정을 국가들은 비속 또는 배우자를 살해한 경우 이를 가중처벌하는 규정을 함께 두고 있다[박찬걸, "존속대상범죄의 가중처벌규정 폐지에 관한 연구: 존속살해죄를 중심으로", 한국형사정책연구원, 『형사정책연구』제21권 제2호(2010 여름), 183-186면; 헌법재판소 2013.7.25. 선고 2011헌바267 결정(재판관 이진성, 재판관 서기석의 반대의견)].
3) 日最判 1973.4.4. 刑集 27-3, 265.
4) 1995년 일본 형법 개정으로 존속살해를 비롯한 존속상해치사, 존속유기, 존속체포·감금 등의 가중규정이 삭제되었다.

직계비속을 그 "사회적 신분"(헌법 제11조 1항)에 따라 위헌적으로 차별하는
것은 아닌지, 그리고 법정형은 과도하게 무겁지 않은지 등에 대한 오랜 논의
가 있었다. 본격적 논쟁의 시작은 1973년 일본 최고재판소의 위헌 결정
직후 박동희, 한상범 두 교수 사이에 벌어진 치열한 논쟁이었다.[5] 이후 오랫
동안 이 주제에 대한 논문형식의 글은 발표되지 않았는데, 저자는 2001년
12월 존속살해죄의 전제와 근거를 비판적으로 검토하는 소고를 『형사법연
구』 제16호 특집호에 발표한 바 있다.[6] 이후 존속살해죄를 비판하는 우수한
논문이 여럿 발표되었다. 그런데 헌법재판소는 2002년 3월 28일 존속상해치
사죄가 합헌이라고 결정하였고, 2013년 7월 25에는 7 대 2의 다수의견으로
존속살해죄도 합헌이라고 결정하였다.[7]

저자는 윤리적 비난 속에서 가려진 존속살해범죄의 실상과 특징에 대
한 실증적 연구를 원용하여 형법이 전제하는 존속살해범의 모습의 일면적임
을 드러낸 후, 존속살해죄를 옹호하는 이론적 근거를 비판적으로 검토하고,
또한 1995년 형법개정으로 법정형이 변경되었음에도 이 가중처벌규정은
여전히 위헌임을 주장하고자 한다.

이 작업은 이하의 몇 가지 질문에 대한 답을 찾는 일이기도 하다. 즉,
존속살해범 전체를 자식의 도리를 저버린 '패륜범'으로 간단히 치부할 수
있을까, 형법은 효라는 가치의 유지와 증진을 위한 도구적 역할을 해야 하는
가, 비속의 불법 또는 책임이 적은 존속살해 사건의 경우 존속살해죄의 가중
처벌은 어떠한 문제를 야기하는가, 그리고 존속살해죄가 없을 경우 존속의

5) 박동희, "과연 존속살해죄는 위헌인가", 『새법정』 제3권 제6호(1973.6); 한상범,
   "평등의 법리와 전근대적 가족질서", 『사법행정』 제14권 제7호(1973.7); 박동희,
   "다시 한 번 존속살해죄에 대하여: 위헌론을 재강조하는 한상범 교수의 7월호
   새법정과 사법행정을 보고", 『새법정』 제30호(1973.8); 한상범, "평등의 법리의
   곡해와 전근대적 가족질서에 대한 오해—박동희 교수의 반론을 보고", 『사법행
   정』 제14권 제9호(1973.9).
6) 조국, "존속살해죄의 전제와 근거에 대한 재검토", 한국형사법학회, 『형사법연
   구』 제16호 특집호(2001.12).
7) 헌법재판소 2002.3.28. 선고 2000헌바53 결정; 헌법재판소 2013.7.25. 선고 2011헌
   바267 결정.

생명은 덜 보호되는가 등이다.

II. 가중처벌 옹호의 법리적 근거

1. 비속의 패륜성에 대한 책임 가중

한국이 조상숭배와 직계존속에 대한 효도를 강조하는 강한 유교적 전통을 갖고 있음은 주지의 사실이다. 조선왕조시대 국가와 사회를 유지하는 핵심이념이었던 "삼강오륜"(三綱五倫)은 "부위자강"(父爲子綱)과 "장유유서"(長幼有序)를 그 내용으로 하고 있었고, 당시 형사사법은 직계존속에 대한 범죄를 가장 중한 범죄의 하나, 즉 "십악"(十惡)8)의 하나로 분류하여 처벌하였다. 현대 한국 사회에서도 직계비속은 자신의 직계존속을 무조건적으로 따르고 존경하고 봉양하여야 한다는 관념은 뿌리 깊다.

사실 형법전은 존속살해죄 이외에도 여러 범죄에 대하여 그 대상이 직계존속일 경우 형을 가중하고 있다. 존속폭행(제260조 2항, 제261조), 존속상해(제257조 2항, 258조 2항, 259조 2항), 존속유기(제271조 2·4항, 제273조 2항, 제275조 1·2항), 존속체포·감금(제276조 2항, 제277조 2항, 제278조 1항, 제281조 2항), 존속협박(제283조 2항, 제284조) 등이 그 예이다. 1953년 형법전 제정 당시 입법자는 효도를 형법이 보호해야 할 사회적 법익으로 인식하고 있었다고 보인다.9)

존속살해죄의 가중처벌규정의 정당성을 옹호하는 입장은 형법의 도덕형성기능을 강조하는데서 출발한다. 이 입장은 형법은 "형사제재의 기준과 한계를 정하는 사법(死法)"이 아니라 "공동체의 가치질서와 도덕관을 함양하는 활법(活法)"으로 재탄생해야 한다고 주장하는 이수성 교수의 입론에서

---

8) 김기춘, 『조선시대 형전: 경국대전형전을 중심으로』(삼영사, 1990), 168면.
9) 조상제, "현행 존속살해가중의 문제점", 한국형사법학회, 『형사법연구』 제16호 특집호(2001.12), 182면.

가장 선명히 드러난다.10) 그는 "형법률은 … 도덕률을 지킴과 동시에 그 도덕적 영역과 효과를 확산하는 역할에 진가를 찾을 수 있을 것"이라고 파악하면서,11) 또한 이러한 형법적 도덕성의 한계는 전통이라고 말한다.

"적어도 동양적 윤리가 일반관념을 지배하는 우리 사회의 전통구조에 비추어 보면 존속범이란 행위주의 입장보다도 주관주의적 이론체계에 따라 행위자의 반사회성을 더욱 강력하게 나타내는 중요요소로서 가중처벌의 의미가 뚜렷해진다. 이 경우 그 전통의 당부성은 문제로 되지 아니한다. 왜냐하면 전통은 결국 일반적 도덕성의 구체화로서 현실적으로는 그 민족이 지니고 있는 사실개념인 까닭에, 명백하고 확정적인 이유가 없는 한 그 범위에서 일탈한다는 것은 무의미하기 때문이다."12)

김일수 교수 또한 가중처벌의 철저한 옹호자이다. 김 교수는 효도를 "가정과 사회의 기본질서를 이루는 핵으로서 객관화된 사회질서의 일부", "우리 전통문화와 사회윤리 내지 법의식의 본질적 구성부분"으로 파악하면서,13) 다음과 같이 말한다.

"형법은 … 직계비속이나 그 배우자에 의해 효도의 사회윤리적 가치가 내면화되기를 기대하고 있다. 이를 위한 적극적 일반예방의 관점에서 존속살해를 가중취급하는 것은 충분한 가치합리적·목적합리적 근거를 가지며 헌법상의 평등규정에 반하지 않는다."14)

---

10) 이수성, "한국의 문화전통과 형법", 한일법학회, 『한일법학연구』 제13권(1994), 37-38면.

11) 이수성, "형법적 도덕성의 한계에 관하여", 서울대학교 법학연구소, 『서울대학교 법학』 제18권 (1977.6), 110면. 이렇게 형법의 도덕형성력을 강조하는 입장은 (형)법과 도덕의 관계에 대한 유명한 '데블린 대 하트 논쟁'에서 데블린의 시각을 수용하는 것으로 보인다[Patrick Devlin, *The Enforcement of Morals* 4-17 (1965)]. 실제 이수성 박사는 상기 논문에서 데블린의 *Morals and the Criminal Law* (1959)를 인용하고 있다[*Ibid.* 110면의 주 7, 113면의 주 15].

12) *Ibid.* 111-112면 (강조는 인용자).

13) 김일수, 『한국형법 Ⅲ』(각론 상, 1997), 66, 74면.

14) *Ibid.* 74면. 김 교수의 이러한 입장은 직계존속의 범위에 관한 통설과 달리, 사망

일찍이 1973년 박동희 교수는 단언했다.

"자식이 아버지를 죽이는 것과 아버지가 자식을 죽이는 것이 원칙적으로 같을 수 없다."15)

이상의 견해에 따르자면 존속살해죄의 가중처벌은 합리적 입법목적이 있는 것이며, 따라서 이는 직계비속을 위헌적으로 차별하는 것이 아니다. 헌법재판소도 같은 입장을 취하고 있다. 2002년 존속상해치사죄 합헌결정에서 헌법재판소는 다음과 같이 설시하였고, 이는 2013년 존속살해죄 합헌결정에서도 재확인된다.

"비속의 직계존속에 대한 존경과 사랑은 봉건적 가족제도의 유산이라기보다는 우리 사회윤리의 본질적 구성부분을 이루고 있는 가치질서로서, 특히 유교적 사상을 기반으로 전통적 문화를 계승·발전시켜 온 우리나라의 경우는 더욱 그러한 것이 현실 … 비록 법과 도덕이 준별된다 하더라도 책임판단에 있어서 윤리적 요소를 완전히 제거할 수는 없는 것이고, 이 사건 법률조항은 법에 의한 도덕의 강제가 아니라 **패륜으로 인한 책임의 가중**을 근거로 형을 가중하는 데 지나지 않는 것이며, 법에 의하여 도덕이 강제될 수 없다 하더라도 사회도덕의 유지를 위한 형법의 역할을 전적으로 부정할 수는 없[다]."16)

2. 법관의 양형에 의해 해소될 수 있는 법정형 격차

1995년 형법개정 이전 존속살해죄의 법정형이 사형과 무기뿐이었을 때 존속살해에 대한 가중처벌을 옹호하는 입장을 취했던 학자들이 1995년 개정 이후의 보다 '가벼워진' 법정형을 옹호하는 것은 필연적이다. 권영

한 배우자의 직계존속도 제250조 제2항에 의해 보호되어야 한다는 주장으로 전개되기도 한다.

15) 박동희, "다시 한 번 존속살해죄에 대하여: 위헌론을 재강조하는 한상범 교수의 7월호 새법정과 사법행정을 보고", 『새법정』제30호(1973.8), 37면.

16) 헌법재판소 2002.3.28. 선고 2000헌바53 결정(강조는 인용자).

성·신우철 양 교수는 헌법학의 입장에서 법정형의 높고 낮음의 문제는 단순한 입법정책의 문제로, 법정형의 하한을 2년 정도 늘린 것은 "형벌의 종류와 범위에 대한 입법자의 형성의 자유(입법재량권)"[17]라고 보고 있다. 2013년 헌법재판소 결정에서 7 대 2의 다수의견은 사형, 무기 또는 7년 이상의 징역이라는 법정형도 합헌이라고 판단한다.

> "법정형의 하한이 '5년 이상의 징역'인 일반 살인죄와의 법정형의 격차가 현저하게 줄어들어 기존에 제기되었던 양형에 있어서의 구체적 불균형의 문제도 해소되었다고 봄이 상당하고, 개개 사건에서 범행동기나 행위태양 등에 비추어 비난가능성이 상대적으로 가벼운 경우에는 법관의 양형을 통하여 그 책임에 맞는 적정한 형벌을 선고하는 것이 가능하게 되었다."[18]

Ⅲ. 한국 사회에서 존속살해의 현황과 특징 — 존속살해의 '패륜성' 재검토

존속살해죄의 가중처벌규정의 위헌성 문제를 논의하기에 앞서, 한국 사회에서 존속살해범죄의 현황과 특징에 대하여 살펴보기로 하자. 학계의 다수의견과 헌법재판소는 존속살해죄의 형벌가중을 행위자의 패륜적 심정 반가치에 근거한 책임가중, 즉 "가해자인 비속의 패륜성에 대한 고도의 사회적 비난가능성"[19]으로 파악한다. 그러나 존속살해범의 패륜성은 선험적으로 전제되어선 안 되며 실증적으로 검토되어야 한다.

근래 들어 아동학대 등 '가정폭력'(domestic violence)의 심각성에 대한 인식이 높아져 가고 있지만,[20] 존속살해가 발생할 경우 대중의 분노는 즉각

---

17) 권영성·신우철, 『신고헌법학연습』(법문사, 1999), 122면.
18) 헌법재판소 2013.7.25. 선고 2011헌바267 결정.
19) 헌법재판소 2002.3.28. 선고 2000헌바53 결정; 헌법재판소 2013.7.25. 선고 2011헌바267 결정.
20) 이에 대해서는 한국형사정책연구원, 『가정폭력의 실태와 대책에 관한 연구』(1992

적으로 촉발되며, 그 원인과 배경과 무관하게 범죄인은 인륜을 저버린 극악 무도한 인간이하의 존재로 규정되기 십상이다. 사실 1996년 최인섭·김지선 양인의 존속범죄에 대한 연구가 나오기 전까지는 존속살해에 대한 객관적 이해를 위한 연구는 거의 전무하였다. 최인섭·김지선 양인은 1986년부터 1994년까지의 9년 동안의 공식통계자료에 대한 분석을 통하여 존속을 대상 으로 한 범죄의 발생추세와 특징을 밝혔는데, 이 연구는 한국 사회에서 존속 살해의 현황과 특징이 무엇인가를 이해하는 중대한 공헌을 하였다.21) 이 연구의 내용은 다음과 같이 요약된다.

(1) 존속살해범죄는 평균적으로 매년 40건 내외 발생하고 있고 세인의 관심만큼 흔하게 발생하는 것은 아니며, 발생추이는 불규칙한데 급격한 경 향을 나타내지는 않는다.22)

(2) 존속살해범은 20대 미혼 남성이 주를 이루고 있으며, 19세 이하의 청소년도 19.0%나 된다.23) 존속살해범의 가장 큰 특징은 정신질환을 가지 는 비율이 매우 높다는 점이다. 즉, 과거에 정신질환을 갖고 있었던 경우가 24.1%, 범행 당시 정신질환을 앓고 있었던 경우가 20.5%로, 보통살인범의 정신이상자 비율이 1.8%(1993년 기준)에 불과한 것에 비하면 그 비율이 매우 높다. 그리고 범행 당시 또는 범행 직후 정신이상이 있는 것은 판단되어 치료감호를 받은 사건은 35.4%에 달하였다.24) 범죄경력면에서 초범자의 비율이 59.5%로 다른 형법범에 비하여 그 비율이 높고, 동종전과를 가진 사람은 거의 없다.25)

(3) 존속살해범죄의 피해자는 주로 피해자의 직계존속으로, 실부가 41.7%, 실모가 29.8%였다.26) 피해자가 가해자의 직계존속이었던 경우 피해 자가 가족구성원을 상습적으로 학대하여 범행이 예견되고 있었던 경우가

한국형사정책연구원, 『가정폭력이 자녀의 비행에 미치는 영향』(1998)을 참조하라.
21) 한국형사정책연구원, 『존속범죄의 실태에 관한 연구』(1996).
22) Ibid. 37-38면.
23) Ibid. 58-61면.
24) Ibid. 62-63면.
25) Ibid. 64-65면.
26) Ibid. 66-67면.

상당한 비율을 차지하였다. 피해자가 가족구성원을 상습적으로 학대한 경우가 ―신체적, 정서적, 성적 학대를 총괄하여― 41.7%에 달하고 있고, 그중 신체적 학대와 정서적 학대가 결합된 경우가 21.4%, 정서적 학대를 가한 경우가 21.4%, 신체적 학대만 가한 경우가 4.8%, 이상의 모든 학대가 결합된 경우가 3.6%에 달하였다.[27]

(4) 존속살해범죄의 범행이유 중 가장 높은 비율을 차지하는 하는 것은 가해자의 정신이상으로 전체의 36.9%를 차지하며, 그 다음은 피해자의 가해자 또는 가족구성원에 대한 학대가 26.2%를 차지하였고, 이욕 때문에 존속을 살해한 경우는 7.1%에 불과하였다.[28]

(5) 가해자의 처벌에 대한 가족들의 반응은 피해자가 가해자나 가족구성원을 학대한 경우(90.5%)나 피해자가 가해자에게 모욕감을 심어준 경우(66.7%) 가족이 처벌을 원하지 않은 비율이 높이 나타났다. 반면 이욕을 목적으로 존속을 살해한 가해자에 대해서는 처벌을 원하는 비율이 83.3%로 나타났다.[29]

이상의 조사에 기초하여 양인은 다음과 같은 결론을 제출하였다.

"모든 존속살해범죄를 패륜이라는 도덕적 · 윤리적 잣대를 갖고 평가할 수 없다 … 존속살해범죄의 경우에는 정신이상자에 의해 발생하는 범죄가 많다. … 정신이상자에 의한 존속살해사건과 함께 부모로부터 심하게 학대받았거나 아버지가 어머니를 심하게 학대하는 것에 대한 누적적 분노로 인하여 부모를 살해하는 사건이 존속살해범죄의 대표적 유형인 것으로 나타났다. 이러한 유형의 **가해자는 폭력적인 가정의 최대의 피해자이다.**"[30]

---

27) *Ibid.* 74면. 신체적 학대의 대상이 가해자의 모인 경우가 33.3%, 가해자의 모와 가해자 자신이 대상인 경우가 23.8%, 가해자 자신만인 경우가 19.0%, 가해자의 모, 가해자의 형제자매, 가해자 자신 모두가 대상인 경우가 19.0%에 달하였다(*Ibid.* 75면).
28) *Ibid.* 78-80면. 피해자별 범행이유는 피해자가 아버지인 경우는 피해자의 학대 때문에 범행을 지른 경우가 42.9%였고, 피해자가 어머니인 경우는 가해자의 정신이상이 범행이유인 경우가 53.8%였다(*Ibid.* 81-82면).
29) *Ibid.* 84-85면.
30) *Ibid.* 145면(강조는 인용자).

1997~2006년간 발생한 살인범죄를 연구한 2008년 강은영과 박형민의 연구 역시 최인섭·김지선의 연구와 유사한 결론을 보여주었다. 존속살해범 중 학대를 경험한 비율은 44.4%이며, 정신분열증이 있는 경우는 4.3%, 우울증이 있는 경우 6.4%, 정신지체가 있는 경우 2.1% 등이었다.[31]

이상의 통계 뒤의 생생한 현실을 파악하기 위해 예를 들어보자. 2000년 5월 전국민을 경악시켰던 부모살해 후 사체토막 유기 사건의 피고인 이모씨의 경우를 보자. 그는 당시 한국 최고 명문사립대를 다니던 학생이었고, 아버지는 해군사관학교 출신 예비역 중령, 어머니는 명문 사립여대를 졸업한 재원이었던바 외견상 행복만이 가득한 가정이었다. 그러나 피고인은 청소년 시절 늘 반에서 3등 안에 드는 우등생이었음에도, "그렇게 해서 서울대에 갈 수 있느냐", "너처럼 모자란 자식은 필요 없다, 나가 죽어라", "싹수가 노란 놈" 등의 폭언을 듣고 자랐고, 서울대 진학에 실패하자 '실패한 자식' 취급을 받았고 이는 군대 제대 후까지 계속 이어졌다. 검거 후 실시된 정신감정에서 피고인은 우울증과 회피성 인격 장애 등 정신 장애 정도가 심각한 상태였던 것으로 확인되었다.[32] 2011년 11월에는 고등학교 3학년생이 잠든 어머니의 목을 흉기로 찔러 살해한 사건이 발생하여 충격을 주었다. 피고인은 반에서 1~3등을 놓치지 않는 우등생이었지만, 어머니는 늘 "전국 1등을 해야 한다."는 말을 되풀이하며 성적을 이유로 밥을 주지 않거나 잠을 못 자게 하였고, 사건 당일 피고인이 꾸중이 두려워 전국 4천등을 한 모의고사 성적표를 62등으로 위조해 어머니에게 보여주자 어머니는 야구방망이와 골프채로 10시간에 걸쳐 체벌을 가했다.[33] 이러한 사건에서 피고인이 부모를 죽이는 극단적 선택을 한 이유를 단지 아들의 '패륜성'에서만 찾을 수는 없을 것이다.

---

31) 강은영·박형민, 『살인범죄의 실태와 유형별 특성』(한국형사정책연구원, 2008), 425, 429면.

32) 표창원, "자녀학대가 부른 끔찍한 패륜범죄", <시사저널> 제1200호(2012.10.17.) (http://www.sisapress.com/news/articleView.html?idxno=59011: 2014.11.1. 최종방문).

33) <연합뉴스>(2012.1.16.)(http://news.naver.com/main/read.nhn?mode=LSD&mid=sec& sid1=102&oid=001&aid=0005470390: 2014.11.1. 최종방문).

요컨대, 존속살인에 대한 실증연구는 도덕적 색안경으로 끼고서는 존속살해범죄의 전모가 제대로 파악되지 않음을 보여주었다. 즉, 존속살해죄는 대중의 통념과는 달리 '패륜'과 무관한 정신질환자이거나 또는 오히려 직계존속의 '패륜'이 선행된 경우가 상당수를 차지하고 있다. 전자는 형벌부과 대상이 아니며, 또한 후자는 존속살해범이 살해된 직계존속의 가정폭력의 희생자였기에 불법 또는 책임이 상당히 줄어드는 경우이다.

Ⅳ. 존속살해죄의 원리적 정당성과 위헌성 비판

학계에서 존속살해죄에 대하여 합헌론, 위헌론, 합헌이나 폐지론 등이 병립되어 있다.[34] 저자는 위헌론을 취하고 있는바, 이하에서는 존속살해죄 규정이 현대 민주주의 사회에서 요구되는 형법의 역할에 부합하는 것인지, 존속살해죄의 불법내용이 보통살인죄와 본질적으로 구별되어야 할 성질의 것인지, 그리고 형벌가중의 정도가 과도한 것은 아닌지를 검토하기로 한다.

1. "정당한 입법목적"인가? ― 도덕주의적·가부장주의적 입법

차별적 입법의 위헌성 여부를 판단하려면 먼저 그 입법이 "정당한 입법목적"[35]을 가지고 있는가가 검토되어야 한다.

현대 민주주의 사회에서 형법이 도덕과 분리되어야 한다는 것은 형법학의 출발점으로 수용되고 있다. 도덕적 가치는 도덕규범에 의해 먼저 보호되어야 하며, 형법은 최후수단으로 역할해야 한다. 형법과 도덕 사이에 중복되는 부분이 있는 것은 분명하지만, 양자의 기본역할이 구별되는 것 역시 사실이다. 배종대 교수의 말을 빌자면,

---

34) 각 입장에 대한 정리는 박달현, "존속살해죄 위헌 논거의 허와 실: 새로운 해석", 한국법학원, 『저스티스』제139호(2013.12), 115-125면을 참조하라.
35) 헌법재판소 1996.11.28. 선고 96헌가13 결정.

"'효'는 형법규범이 보호해야 할 형법법익이 아니다."[36]

그리고 김양균 헌법재판관이 1990년 간통죄 합헌판결에 대한 반대의견에 말한 것처럼, "처벌에 대한 두려움이 윤리 도덕을 지키는 주요동기가 된다면 그것은 오히려 윤리의식의 퇴보를 의미하는 것이며 그것은 예컨대 불효를 형벌로서 다스려 효도를 강요할 때 그 효도는 이미 참 의미의 효도가 아닌 것"이라 하겠다.[37] 요컨대, 효도는 비형법적 방법으로 장려되어야 하지 형사제재의 위협으로 강제되어선 안 된다.

만약 형법이 자신을 도덕규범의 수호자로서 자처한다면, 형법은 형벌이라는 제재를 사용하며 시민의 사생활에 개입하고 이를 규격화하려고 할 것이다. 고 강구진 교수의 지적처럼, 형법이 법률만능사상에 따라 도덕을 강제하려 한다면 인간의 존엄성을 침해되고 사회의 전체주의화, 그리고 나아가 오히려 도덕의 타락이 초래될 수 있는 것이다.[38] 일찍이 프란츠 폰 리스트는 갈파하였다.

"형벌의 기원은 윤리와 분리할 수 있고, 또 분리해야 한다. … 형벌과 윤리를 분리함으로써 형법학이 윤리의 기초를 둘러싼 끝없는 투쟁에 말려들 위험으로부터 벗어나게 할 뿐만 아니라, 형법학으로 하여금 그 존재의 근거가 되는 어떤 정당한 원천을 날마다 새롭게 증명해야 할 의무로부터도 해방시킨다."[39]

요컨대, '도덕적 다원주의'(moral pluralism)를 전제하고 있는 현대 사회에서 형법에 의한 도덕의 강제는 바람직한 것이 아니며, 현대 사회에서 형법은 도덕적 문제에 대해서는 '최소주의'의 입장을 견지할 필요가 있다.

직계존속에 대한 존경과 공경을 강조하는 한국의 전통은 현대 한국

---

36) 배종대, 『형법각론』(제7전정판: 홍문사, 2010), 82면.
37) 헌법재판소 1990.9.10. 선고 89헌마82 결정.
38) 강구진, 『형법강의 각론 I』(박영사, 1983), 34면. 또한 강구진, "형법에 의한 도덕의 강제", 『판례월보』(1981년 11월호)를 참조하라.
39) 프란트 폰 리스트(심재우·윤재왕 옮김), 『마르부르크 강령: 형법의 목적사상』(강, 2012), 43면.

사회에서도 소중히 간직되어야 할 유산이다. 2007년 '효행 장려 및 지원에 관한 법률'이 제정된 것은 이런 맥락에서 긍정적 의미가 있다. 그러나 이러한 전통에 대한 강조가 봉건적·가부장적 가족개념의 부활로 이어져서는 안 된다. 직계존속에 대한 직계비속의 무조건적 복종을 강조하고, 직계비속을 독립된 인격체가 아닌 직계존속의 종속물로 보는 관념은 현대 민주주의 사회에서 용납될 수 없다. 근래 들어 조명 받고 있는 아동학대 등 '가정폭력' 문제는 한국의 많은 직계존속이 직계비속에 대한 자신의 의무를 다하지 않음은 물론, 직계비속의 생명, 안전, 인격을 무참히 짓밟고 있음을 보여주고 있다. 2013년 헌법재판소 결정에서 이진성, 서기석 두 재판관이 반대의견에서 밝혔지만, 현대 한국 사회에서는 "헌법이 보장하는 가족제도는 가족구성원 모두가 인격을 가진 개인으로서 평등하게 존중받는 민주적인 가족관계를 그 내용으로 한다."[40)]는 점이 오히려 강조되어야 한다. 그리고 산업화에 따라 가족해체가 이루어지고 민주화에 따라 가족구성원의 관계가 재구성된 결과, 효도 및 가족 내에서의 직계존·비속간의 관계에 대하여 현대 한국인이 갖는 관념은 1953년 형법 제정당시의 관념과는 중대한 차이가 있음도 유념해야 한다.[41)]

이상의 점에서 "전통의 당부성은 문제로 되지 아니한다."라는 이수성 교수의 단언은 재고되어야 한다. 형법에서 전통의 역할은 현대 민주주의의 원칙과 헌법적 원리의 관점에서 끊임없이 재검토되어야 한다. 성낙인 교수의 지적처럼, "과연 현대적인 입헌주의체제하에서 추구하는 인간관에 비추어 본다면 이러한 전통적인 가족주의적 인간관이 배태한 이러한 형법규정이 설 자리가 여전히 남아 있는 것인지 의문"이라 하겠다.[42)] 최근 들어 여성인권의 신장과 더불어 가족법이 개정되어 가는 과정은 시사하는 바가 많다.

---

40) 헌법재판소 2013.7.25. 선고 2011헌바267 결정(재판관 이진성, 재판관 서기석의 반대의견).

41) 조상제 교수는 다음과 같이 평가한다. "전통적 가치로서의 효는 이제 우리 사회에서도 더 이상 법률에 의의하여 강제될 수 있는 법(규범)적 속성을 지닌 것으로 평가하기 보다는, 오히려 자발적으로 권장할 도덕규범의 영역으로 점차 편입되어 가고 있다."[조상제(각주 9), 181면].

42) 성낙인, 『헌법연습』(법문사, 2001), 238면.

이러한 취지에서 저자는 다음과 같은 임웅 교수의 주장에 동의한다.

> "법의 불평등 여부만을 논할 것은 아니고, 그 토대에 도덕이 자리잡고 있다면 그 토대를 이루고 있는 '도덕'의 불평등 여부에도 비판적 시선을 던져볼 필요가 있다고 생각한다."43)

형법의 구성과 적용에 있어서 도덕이 중요한 역할을 하는 것은 분명하지만, 현대 민주주의 사회에서 형법이 요구하는 도덕의 개념은 "비판적 도덕"(critical morality) 개념이다.44) 형법은 기성의 사회도덕에 압도되거나 그것을 맹종해서는 안 된다.45) 그리고 웅거의 표현을 빌자면, 기성의 도덕질서는 그것에 외재하면서 "규정적 기능을 하는 이상"(regulative ideal)에 의해 평가되어야 한다.46)

이상의 관점에서 볼 때 존속살해죄 규정은 현대 민주주의 사회에서 형법의 역할을 넘어서는 도덕주의적 입법이며, 또한 불평등한 가족관계를 전제하는 기초한 가부장주의적 입법이다. 따라서 존속살해죄는 "정당한 입법목적"을 달성하기 위한 것이라고 볼 수 없음으로 위헌이다.

2. 존속살해죄의 행위반가치 또는 불법 재검토

다음으로 존속살해죄에서의 행위반가치 또는 불법내용, 그리고 형벌가중의 문제에 대하여 검토해보기로 한다.

먼저 상술했듯이 학계의 다수의견과 헌법재판소는 존속살해죄의 형벌가중을 "가해자인 비속의 패륜성에 대한 고도의 사회적 비난가능성"47)으로 파악한다. 그러나 김일수 교수의 경우는 효도를 사회질서의 일부로 보고서

---

43) 임웅, 『형법각론』(개정판: 법문사, 2003), 31면.
44) H.L.A. Hart, *Law, Liberty, and Morality* 19-20(1963).
45) 이러한 의미에서 저자는 '데블린 대 하트 논쟁'에서 후자의 시각에 공감한다.
46) Robert M. Unger, *The Critical Legal Studies Movement* 25(1986).
47) 헌법재판소 2002.3.28. 선고 2000헌바53 결정; 헌법재판소 2013.7.25. 선고 2011헌바267 결정.

이는 형법상 보호해야 할 법익으로 파악하기 때문에 존속살해죄에서의 형의 가중은 책임가중이 아니라 불법가중으로 본다. 이에 따르면 존속살해죄의 성립에서 행위자의 패륜성은 검토할 필요가 없고, 직계존속을 살해하였다는 객관적 사실만이 문제될 뿐이다.[48]

전술하였듯이 저자는 효도를 형법이 나서서 보호해야 할 사회질서로 보는 견해에 동의하지 않는다. 설사 이를 불법의 문제로 이해한다 하더라도, 존속살해죄가 보통의 생명침해 이외에 사회질서 파괴라는 추가적 불법내용이 있는지 의문스럽다. 이정원 교수는 다음과 같이 비판한다.

"보통살인죄의 불법내용은 경미한 사회질서의 파괴행위에 대한 반가치가 충분히 용해될 만큼 중대하다. 즉, '생명침해+패륜성에 의한 사회질서 파괴'라는 불법내용이 '생명침해'라는 불법내용과 본질적인 차이(wesentliche Differenzierung)를 형성할 수 없다. 그렇다면 존속살해죄는 본질적으로 동등한 것을 자의적으로 차별하여 취급하는 것이다."[49]

불법내용의 측면에서 존속살인죄과 보통살인죄를 구별하는 표지(標識)가 본질적인 것은 아니라 할 때, 이러한 비본질적 차이를 근거로 대상을 차별하는 허용될 수 없는 것이다.

둘째, 이욕적(利慾的) 동기에 의한 존속살해의 경우 그 패륜성으로 심정반가치 외에 행위반가치도 무거워진다는 점은 동의할 수 있다. 문제는 존속살해죄를 범한 비속이 존속의 장기간의 반복적 가정폭력의 희생자였던 경우는 —Ⅲ.(46-47면)에서 보았듯이 이 경우에 해당하는 수는 상당하다— 비속의 심정·행위반가치가 높다고 단정할 수 없다. 그럼에도 제250조 제2항은 비속의 심정·행위반가치만을 상정하고 있기에 일면적인 입법이다.

48) 김일수(각주 13), 65-66면.
49) 이정원, 『형법각론』(제2판: 법지사, 2000), 51-52면.

3. 비례의 원칙에 반하는 '중벌(重罰)위헌'

1995년 형법개정 이전과 비교하면 존속살해죄의 형벌의 강도가 약해진 것은 사실이다. 그러나 제250조 제2항이 존속하는 한, 직계존속에 의한 장기간의 반복적 가정폭력의 희생자였던 직계비속이 직계존속의 학대로부터 벗어나기 위하여 직계존속을 살해한 경우, 즉 피고인의 '패륜' 정도 보다 범죄피해자의 '패륜' 정도가 높거나 또는 동등하다고 할 수 있는 경우에도 7년 이상의 징역형이라는 법정형 때문에 1회의 작량감경으로는 형의 하한이 3년 6개월이 되므로 집행유예를 선고하기가 어렵다는 문제가 발생한다(형법 제55조, 제62조).[50]

물론 법정형의 높고 낮음으로 바로 헌법위반을 이끌어낼 수는 없지만,[51] 상술한 입법목적의 문제점, 직계비속의 패륜성에 대한 부당전제, 행위반가치와 불법의 내용 등을 종합할 때 집행유예를 원천 봉쇄하는 존속살해죄의 법정형은 과도하며 범죄와 형벌 사이의 비례의 원칙을 위배하고 있다고 판단한다.[52] 2002년 헌법재판소는 존속상해치사죄의 합헌결정에서는 동죄의 법정형이 무기 또는 5년 이상의 징역이므로 1회의 법률상 감경 또는 작량감경에 의하여 집행유예의 선고가 가능하고, 따라서 이러한 가중처벌은

---

50) 존속살해죄의 무거운 법정형은 법관이 보통살인죄보다 책임이 낮다고 판단하더라도 법관이 집행유예를 선고할 수 없으므로 법관의 양형재량권도 침해한다[박달현(각주 34), 131면].
51) 헌법재판소 1995.4.20. 선고 91헌바11 결정.
52) 이 문제에 대한 헌법재판소의 일반원칙은 다음과 같다. "법정형의 종류와 범위의 선택은 그 범죄의 죄질과 보호법익에 대한 고려뿐만 아니라 우리의 역사와 문화, 입법 당시의 시대적 상황, 국민 일반의 가치관 내지 법감정 그리고 범죄예방을 위한 형사정책적 측면 등 여러 가지 요소를 종합적으로 고려하여 입법자가 결정할 사항으로서 광범위한 입법재량 내지 형성의 자유가 인정되어야 할 분야이므로, 어느 범죄에 대한 법정형이 그 범죄의 죄질 및 이에 따른 행위자의 책임에 비하여 지나치게 가혹한 것이어서 현저히 형벌체계상의 균형을 잃고 있다거나 그 범죄에 대한 형벌 본래의 목적과 기능을 달성함에 있어 필요한 정도를 일탈하였다는 등 헌법상의 평등의 원칙 및 비례의 원칙 등에 명백히 위배되는 경우가 아닌 한, 쉽사리 헌법에 위반된다고 단정하여서는 아니된다"(헌법재판소 1995.4.20. 선고 93헌바40 결정).

불합리하지도 않고 과잉금지의 원칙에 반하지도 않는다고 판단했다. 그런데 2013년 존속살해죄 합헌결정에서 다수의견은 집행유예가 불가능하도록 설계되어 있는 존속살해죄의 법정형의 문제점을 파고들지 않았다.

이상의 점에 저자는 2013년 헌법재판소 결정에서 이진성, 서기석 두 재판관의 다음과 같은 반대의견에 동의한다.

> "결국 존속살해범죄 중에는 일반적인 살해범죄에 비하여 그 불법성이나 책임성이 높은 경우도 존재하지만, 오히려 그 반대인 경우도 존재한다. 그럼에도 불구하고, 이 사건 법률조항은 그 범행동기 등도 전혀 감안하지 않고 일률적으로 형의 하한을 가중하는 방법을 택함으로써, 존속살해죄에 대하여 일단 선고할 수 있는 형을 상향시키고 있을 뿐만 아니라, 일반적인 작량감경사유 외에 별도의 감경사유가 없는 이상 집행유예의 선고가 아예 불가능하도록 하고 있는 바, 이는 도저히 합리성의 범주 내로 포섭하기 어렵다."[53]

4. 직계존속 생명의 차별적 가중보호

첫째, 존속살해죄의 법정형은 보통살인죄의 법정형보다 높다. 이는 직계존속의 생명을 일반인의 생명보다 중시하는 것으로 평등의 원칙에 반한다. 박찬걸 교수의 지적처럼, "생명의 가치는 유무의 문제이지 정도의 문제가 결코 되어서는 아니 된다. 즉, 생명의 가치를 논함에 있어서 경중을 평가해서는 안 된다."[54]

물론 헌법재판소는 존속살해죄의 입법목적은 피해자인 존속을 더 보호하고자 함에 있지 않으며, "결과적으로 존속이 강한 보호를 받게 된다 하더라도 이는 반사적 이익에 불과하고 개개인의 일생을 통하여 보면 결국에는 각자 동등한 보호를 받게 된다."라면서 차별을 정당화한다.[55] 그러나 가중

---

53) 헌법재판소 2013.7.25. 선고 2011헌바267 결정(재판관 이진성, 재판관 서기석의 반대의견).
54) 박찬걸(각주 2), 192면.
55) 헌법재판소 2002.3.28. 선고 2000헌바53 결정(강조는 인용자).

적 법정형을 통한 직계존속 생명의 강한 보호가 단지 '반사적 이익'이라고
할 수 있는지 의문이다. 박달현 교수의 비판처럼, 이러한 논리는 '모든 형벌'
은 모두 법익보호를 위해 부과되므로 '모든 형벌은 모두 반사적 이익'이라는
이상한 결론으로 귀착될 수 있다.[56] 그리고 '반사적 이익'이건 아니건 간에
직계존속의 생명이 더 강하게 보호되고 있는 것은 분명하다. 또한 길게 보면
다들 직계존속이 되므로 문제없다는 논리는 비약이다. 당장 일생 동안 자식
이 없는 삶을 사는 사람도 많다. 더 중요하게는 직계존속이 될 미래의 불확
실한 가능성을 이유로 현재의 일반인의 생명을 덜 보호하는 것은 정당화될
수 없다.

둘째, 형법은 직계비속의 직계존속 살해는 가중처벌하지만 직계존속의
직계비속 살해는 가중처벌하지 않는바, 직계비속의 생명 보다 직계존속의
생명을 보다 강하게 보호하고 있다.

먼저 헌법 제11조 1항의 차별금지규정은 '열거규정'이 아니라 '예시규
정'이므로,[57] 직계비속은 헌법 제11조 제1항의 '사회적 신분'에 해당하며
존속살해에 대한 가중처벌규정은 헌법상 평등권의 적용범위에 포함된다.
그리고 이러한 가중처벌은 직계비속을 그 '사회적 신분'에 따라 위헌적으로
차별하는 것이다. 존비속관계에서 요구되는 도덕과 윤리는 책임 비난에서
동일하게 적용되어야 함에도 형법은 직계비속에게는 가중된 책임을 묻고
직계존속에게는 그렇지 않다.[58] 즉, 자신의 부모를 살해하는 것은 존속살해
죄로 무겁게 의율(依律)됨에 비하여, 자신의 자식을 살해하는 것은 보통살인
죄로 가볍게 의율되고 영아살해의 경우는 10년 이하의 징역이라는 훨씬
가벼운 법정형으로 의율된다.

그리하여 일찍이 1973년 한상범 교수는 존속살해죄를 비판하면서, "인
간생명에서 차이를 두는 것과 같은 전근대적 가정질서의 전제에서 나온

---

56) 박달현(각주 34), 120면.
57) 헌법재판소 1992.4.28. 선고 90헌바24 결정.
58) 박찬걸(각주 2), 193면; 이철호, "존속살해 범죄와 존속살해죄 가중처벌의 위헌성
   검토", 한국경찰학회, 『한국경찰학회보』 제14권 제2호(2012), 231면; 임웅(각주 43),
   31면.

처벌규정을 두어야 할 합리적 이유가 있느냐"라고 문제제기를 했던 것이었다.[59] 2013년 헌법재판소 결정에서 이진성, 서기석 두 재판관의 반대의견 역시 같은 맥락이다.

> "서로 부양하고 협조하여야 할 배우자 또는 보호하고 교양하여야 할 직계비속을 살해하는 경우, 또는 그와 같은 신분관계는 없으나 가해자를 보호하고 교양하여 존경과 보은을 받아 마땅한 사람을 살해하는 경우 등은 일반살인죄로 처벌하거나, 심지어 직계존속이 치욕 은폐 등의 동기로 영아를 살해하는 경우는 처벌을 감경하는 것과는 달리, 직계존속을 살해하는 경우에는 양육이나 보호 여부, 애착관계의 형성 등 다른 사정은 전혀 묻지 아니하고 그 형식적 신분관계만으로 가중 처벌하도록 하고 있다."[60]

마지막으로 형법 제250조 제2항이 없으면 직계존속의 생명이 덜 보호되는가의 문제는 남아있다. 제250조 제1항의 보통살인죄가 엄연히 존재하고 있기에, 진정으로 패륜적 존속살인범은 얼마든지 중하게 처벌할 수 있다. 실제로 형법 제51조는 피고인의 형량을 결정할 때 "피해자에 대한 관계"를 고려할 것을 요구하고 있다.

요컨대, 존속살해죄의 가중처벌은 본질적으로 동일한 생명을 차별적으로 보호하고 있으므로 헌법 제11조 법 앞의 평등의 원칙을 위배한다.

5. 소　결

요컨대, 존속살해죄는 비속의 패륜만을 전제로 하는 일면적 입법, 보통살인죄의 불법내용에 충분히 흡수되는 불법내용을 별도로 입법화한 과잉입법, 패륜성이 없는 가해자 비속에 대한 집행유예의 선고를 가로막는 중벌주

---

59) 한상범, "평등의 법리와 전근대적 가족질서", 『사법행정』 제14권 제7호(1973.7), 15면.
60) 헌법재판소 2013.7.25. 선고 2011헌바267 결정(재판관 이진성, 재판관 서기석의 반대의견).

의 입법, 직계존속의 생명을 가중보호하는 차별적 입법으로 위헌이며, 국회
는 헌법재판소의 새로운 결정 이전이라도 폐지를 결단해야 한다.

V. 존속살해죄 폐지 이전의 해석론

이상과 같이 저자는 존속살해죄는 위헌적 입법이기에 폐지되어야 한다
라고 주장하지만, 현실적으로 이 조항이 폐지되기 전까지는 어떻게 이 조항
을 해석할 것인가는 문제는 남아있다.

먼저 이와 관련하여 조상제 교수의 제안이 있다.[61] 그는 존속살해죄의
가중처벌의 근거인 행위자의 패륜성을 존속살해죄의 "기술되지 아니한 책
임요소"(ungeschrieben Schuldmerkmal)로 해석하자고 주장한다. 즉, 패륜적 양
태를 띤 존속살해만 제250조 제2항을 적용하고, 패륜적 양태를 띠지 않는
존속살해는 제250조 제1항을 적용하자는 해석론이다.

이는 1973년 존속살해죄 합헌론을 주장한 박동희 교수의 해석론의 재
판(再版)이다. 박 교수는 "오죽 해야 아버지를 죽여"하는 경우는 "효의 비난
의 가치도가 상대적으로 감소되어 입법자가 요구하는 '크게 비난'의 요건이
충족되지 않았으므로" 존속살해죄의 구성요건이 충족되지 않고 일반살해죄
가 성립한다고 보았다. 즉,

> "입법자가 존속살해죄를 입법할 때 '크게 비난' 때문에 입법했던 것이며
> 그 '크게 비난이란 관념'이 과거와 오늘 달라졌고 달라진 관념의 풀이는 입법자
> 의 과제가 아니라 법학도의 과제 … 존속살해죄의 구성요건은 존속을 상해하는
> 명시적 요건 외에 미(未)기술적 구성요건으로 '크게 비난'을 요구한다."[62]

물론 김일수 교수는 존속살해죄의 구성요건 표지에 특별한 책임가중적

---

61) 조상제(각주 9), 184면.
62) 박동희(각주 15), 40면.

표지가 없으므로 직계존속을 살해하였다는 객관적 사실만이 있으면 패륜성에 대한 검토 없이 제250조 제2항이 적용되어야 하며, 그러한 책임표지가 없음에도 있는 것처럼 해석하는 것은 허용되지 않는 유추해석이라고 반박한다.[63] 제250조는 살해의 객체에 따라 제1항과 제2항으로 구별 정립되어 있다. 패륜성 없는 존속살해는 제250조 제2항을 적용하고 패륜성 없음은 양형에서 고려된다고 보는 것이 통상적인 문리해석에 부합할 것이다. 이 점에서 박동희, 조상제 두 교수의 제안은 '입법론적 해석'으로 보일 수 있다.

그러나 패륜성이 없는 존속살해의 불법과 책임에 부합하는 형벌을 내리기 위해서는 충분히 의미 있는 시도이다. 그리고 통설과 판례가 절도죄의 '불법영득의사'를 기술되지 않은 구성요건요소로 보고 있다는 점을 생각하면, 박, 조 두 교수의 해석을 채택하지 않을 이유는 없다. 그리고 이러한 해석으로 가벌성의 범위가 축소되므로 죄형법정주의 위반 문제는 발생하지 않는다.

둘째, 우리 법원과 형법학계에는 생소한 '매맞는 아동 증후군'(battered child syndrome) 이론을 활용하는 방안이 있다. 1970년 말 미국의 러노르 워커 박사에 의해 정립된 '매맞는 여성 증후군'(Battered Woman Syndrome) 이론이 미국 법원에 의해 수용되어 가정폭력 피해자의 가해자 살인사건에서 피고인의 정당방위 항변을 보강하는 증거로 사용된 이후,[64] 이 이론은 매맞는 여성만이 아니라 매맞는 아동에까지 확장되었다.[65] '매맞는 아동증후군' 이론은 장기간의 반복적인 가정폭력을 당하는 피해자가 "비대결상황"(non-confrontation cases)[66]에서 가해자를 살해한 경우 전통적인 정당방위 또는 긴급피난의 요

---

63) 김일수(각주 13), 65면; 김일수·서보학, 『새로 쓴 형법각론』(제6판: 박영사, 2004), 28면.
64) 이에 대해서는 조국, "'매맞는 여성 증후군' 이론의 형법적 함의", 한국형사법학회, 『형사법연구』제15호(2001)를 참조하라.
65) '매맞는 아동 증후군' 이론을 수용한 대표적 판결로는 State v. Janes, 850 P.2d 495 (Wash. 1993); State v. Nemeth, 694 N.E. 2d 1332 (Ohio 1998)을 보라. 현재는 양이론을 포괄하여 '매맞는 사람 증후군'(Battered Person Syndrome)이라고 일컬어지고 있다.
66) 가정폭력 피해자의 반격행위의 상황은 통상 두 가지로 나누어질 수 있다. 첫째는 남성 또는 가장에 의한 구타가 진행되는 동안 여성 또는 자식이 반격을 가하

건을 완화할 것을 요청하는데, 우리 형법조문체제상으로는 이 살해행위를 위법성을 조각하는 '방어적 긴급피난'(defensiver Notstand) 또는 책임을 조각하는 '면책적 긴급피난'으로 이해하는데 도움이 될 것이다.

최근 대전지방법원 제12형사부(안병욱 부장판사)는 가정폭력을 일삼던 아버지를 살해한 고등학생에게 징역 3년에 집행유예 4년, 사회봉사 120시간을 선고했다. 피고인은 초등학교 4학년 때 아버지가 어머니를 폭행하는 모습을 처음 목격하고 우울감과 불안감에 시달려 왔고, 이후에도 어머니에 대한 아버지의 폭력이 끊이지 않자 자신이 말리지 못했다는 죄책감에 고교 1학년 때 자살을 시도하기도 했다. 사건 당일 아버지가 어머니를 때린 사실을 전해들은 피고인은 잠든 아버지를 둔기로 때려 살해했다. 피고인에 대한 재판은 국민참여재판으로 열렸는데, 배심원 7명도 만장일치로 피고인의 심신미약을 인정했고, 양형에 대해서는 집행유예 의견이 4명이었던바, 재판부는 피고인의 범행을 "두려움으로 의사를 결정할 능력이 미약한 상태에서 순간적이고 우발적 충동으로 저지른 범행"이라고 평가하고 "존엄한 생명을 침해한 행위는 엄중히 처벌해야 마땅하지만 정군의 아버지가 계속 가정폭력을 일삼으며 어린 자녀들을 방치한 만큼 그에게도 이 사건 발생에 상당한 책임이 있다"고 판시했다.[67] 물론 재판부가 '매맞는 아동증후군' 이론을 명시적으로 원용한 것은 아니지만, 그 문제의식은 수용한 것으로 보인다. 요컨대, 가정폭력의 희생자인 자식이 가정폭력 가해자인 존속을 살해한 경우 피고인의 책임감경을 적극적으로 인정하고 집행유예를 선고하는 실무가 필요하다.

마지막으로 존속에 의한 가정폭력의 희생자인 비속이 존속을 살해한 사건의 경우는 자수(형법 제52조 제1항) 등의 법률상 감경사유가 있다면, 법률상 감경 이후 작량감경을 하여 총2회의 감경으로 집행유예의 선고를 내리는

는 상황으로 이는 '대결 상황'(confrontation cases)으로 불린다. 둘째는 남성 또는 가장의 구타가 진행되고 있지는 않으나 새로운 공격이 예상되는 상황에서 여성 또는 자식이 공격을 가하는 상황으로, 이는 '비대결 상황'으로 불린다.

67) <연합뉴스>(2014.1.23.)(http://news.naver.com/main/read.nhn?mode=LSD&mid=sec& sid1=102&oid=001&aid=0006717654: 2014.11.1. 최종방문).

것을 적극 검토해야 할 것이다.

VI. 맺 음 말

존속살해죄 위헌론과 폐지론은 존속살해죄에 대한 대중적 감정과 부합
하지는 않을 것이다. 그러나 형법은 대중적 감정에 휘둘려서는 안 된다.
범죄는 진공 속에서 발생하지 않는다. 존속살해범죄의 동기와 배경에 대한
진지하고 구체적인 연구 없이, 도덕과 전통에 호소하며 존속살해죄를 옹호
하는 것은 현대 민주주의 형법의 역할을 포기하는 것이다. 형법과 도덕이
완전히 절연되지는 않으며, 형법이 전통을 존중하는 것은 사실이다. 그러나
효도를 형벌로 강제하고 존속의 생명을 차별적으로 가중보호하는 도덕주의
적·가부장주의적 입법은 현대 민주주의 체제의 기본원리와 부합하지 않는
다. 존속살해죄를 폐지하면 존속살해가 증가할 것이라거나 효의 가치가 무
너질 것이라는 주장이 있을지도 모르나, 이는 살인죄의 특성을 무시하는
사고이며 또한 법조문 폐지와 범죄간의 인과관계에 대하여 상당한 비약을
범하는 주장이라 하겠다.

존속살해죄 폐지론은 한국 사회를 '서구화'하자거나 또는 한국 사회의
문화적 전통을 포기하자는 주장이 아니다. 이는 도덕증진의 명분 아래 형법
이 시민의 사생활에 과도하게 개입하는 것을 막고, '전통'을 현대 민주주의
의 관점에서 해체·재구성하려는 주장이며, 또한 직계존속의 중대한 학대의
희생자였던 직계비속의 반격행위로 발생한 존속살해범죄의 경우 피고인에
게 집행유예의 선고를 가능하게 해주기 위한 입론이다.

제3장

낙태 비범죄화론

"죄의식 없는 낙태를 나는 반대하지만 죄의식 과잉으로
한 인간을 평생 떨게 만드는 일에도 나는 반대한다.
하지만 그 사이에 공간이 있어야 한다. 그리고
그 공간은 여자들의 인권이나 사회 제도적
불평등과 함께 고려되어야 한다."
(공지영)

I. 들어가는 말

형법 제정 당시 국회는 낙태죄 폐지 여부를 놓고 논쟁이 벌어졌는데, 법사위 수정안(존치안)과 변진갑 의원이 제출한 낙태죄 삭제안이 표결에 부쳐서 전자가 압도적 다수표를 얻어 1953년 형법에 현행 낙태죄가 규정된다.[1] 폐지론은 여성의 사회적·경제적 지위 개선, 인구증가에 대한 규제 등을 논거로 제시했으나, 성도덕 유지, 태아의 생명권을 내세운 존치론을 이길 수 없었다.[2] 1960년대 이후 정부는 경제발전을 위해 강력한 출산억제 정책을 실시하였고,[3] 이는 우생학적 사유, 윤리적 사유, 범죄적 사유, 보건의학적 사유 등 낙태의 허용사유를 명문화하는 1973년 모자보건법 제정으로 이어진다[동법 제14조 제1항: '허용사유 방식'(Indikationlösung)]. 정부는 1976년 사회·경제적 사유를 추가하는 개정안, 1983년 비혼(非婚)여성[4]의 낙태와 2자녀 영세민 가구의 단산낙태를 합법화하는 개정안, 1985년 비혼여성의 낙태 합법화 추진방안 등 낙태의 허용범위를 확대하려고 시도하였으나 실현되지 못했다.[5] 모자보건법 제정을 통한 부분적 낙태 허용과 허용사유의 확대 시도는 서구와 같이 여성들의 낙태자유화 요구의 산물이 아니라, 개발

---

1) 동 삭제안은 1차 표결에는 재적의원 수 107인 중 가 27, 부 2, 제2차 표결에서 재석의원 수 107인 중 가 23, 부 2로 폐기된다[신동운·최병천, 『형법개정과 관련하여 본 낙태죄 및 간통죄에 관한 연구』(한국형사정책연구원, 1991), 68-69면].
2) 양 입장의 논변에 대해서는 *Ibid.* 60-68면을 참조하라.
3) 상세한 논의는 배은경, "한국 사회 출산조절의 역사적 과정과 젠더 ―1970년대까지의 경험을 중심으로", 서울대 박사학위 논문(2004)을 참조하라.
4) 통상 사용하는 '미혼여성' 또는 '미혼모'란 용어는 결혼은 반드시 해야 하는데 아직 하지 못했다는 의미를 포함하고 있으므로, 이 글에서는 '비혼여성' 또는 '비혼모'라는 중립적 용어를 사용한다.
5) 심영희, 『낙태실태 및 의식에 관한 연구』(한국형사정책연구원, 1991), 40면.

독재국가의 "인구억제정책의 부산물"이었다.6)

한편 모자보건법상 허용사유는 사회·경제적 사유가 없는 등 그 범위가 좁지만, 낙태는 광범하게 이루어지고 있고 그 처벌은 거의 이루어지지 않는 법과 현실의 괴리 현상, 낙태죄의 사문화(死文化) 현상은 현재까지 계속되고 있다.7) 이하 김영삼 정부 이후 2012년까지 20년간 낙태죄 처벌에 대한『검찰연감』통계를 보면 1년 평균 61.1건의 낙태만이 포착되었는데, 이는 낙태죄가 대표적인 '암수(暗數)범죄'임을 잘 보여준다. 이 중 기소되는 사건은 연간 평균 9.1건, 그 중 구속기소되는 사건은 20년 동안 총 2건에 불과한바, 검찰에서도 이 범죄를 중대한 범죄로 생각하지 않고 있음을 우회적으로 보여준다. 2010년 통계에서 사건 수가 갑자기 증가한 것은 2009년 낙태를 반대하는 산부인과 의사의 모임인 '프로라이프'가 낙태 시술 병원에 대한 고발을 벌인 여파로 보인다.

| 연도 | 총계 | 기소 | | | | 불기소 |
| | | 소계 | 구공판 | | 구약식 | 소계 |
			구속	불구속		
1993	27	4	0	4	0	22
1994	35	0	0	0	0	34
1995	49	2	0	2	0	41
1996	33	4	0	2	2	26
1997	35	1	0	1	0	34
1998	59	3	0	0	3	56
1999	70	11	0	5	6	59
2000	84	16	2	4	10	60
2001	87	13	0	8	5	66
2002	55	10	0	5	5	44

---

6) 정현미, "낙태죄와 관련된 입법론", 한국형사법학회, 『형사법연구』 제22권 특집호(2004), 691면.

7) 임웅 교수는 '자낙태'와 '동의낙태'가 사문화되어 있음을 지적하면서, 연간 전체 추정낙태시술 건수에 대한 기소율을 7만분의 1로 보고 있다[임웅, "낙태죄의 비범죄화에 관한 연구", 성균관대학교 비교법연구소, 『성균관법학』 제17권 제2호 (2005), 374면].

2003	51	9	0	6	3	40
2004	55	6	0	4	2	49
2005	51	3	0	1	2	48
2006	67	10	0	5	5	55
2007	47	7	0	4	3	35
2008	64	9	0	5	4	54
2009	63	9	0	4	5	50
2010	127	28	0	19	9	83
2011	80	19	0	12	7	56
2012	83	18	0	14	4	56

낙태를 둘러싸고 학문적 논의를 넘어 격렬한 정치적·사회적 논쟁과 충돌이 벌어진 외국과는 달리, 한국에서 낙태 문제는 오랫동안 전문가들 간의 논의 수준을 벗어나지 못했던바, 한국은 "낙태논쟁의 불모지"[8]였다. 그런데 1990년대 이후 낙태 문제가 점점 사회적 쟁점으로 떠오르고 있다. 학계의 논의가 활발해지고 정밀해짐은 물론, 정부, 국회, 종교계 등에서도 낙태에 대한 논의가 꾸준히 계속되고 있다. 물론 사실상 사문화된 낙태죄에 대해서는 정반대의 입장이 충돌하고 있다. 즉, 모자보건법상 낙태의 허용사 유에 사회·경제적 사유를 추가하거나 '기간 방식'(Fristenlösung)을 도입하여 일정 기간 이내의 낙태를 허용하자는 입장과, 모자보건법 제14조를 폐지하 여 낙태를 전면적으로 금지하거나 현행법을 엄격히 집행하여 낙태 단속 및 처벌을 강화하자는 입장의 대립이다.[9] 이러한 상황에서 2012년 헌법재 판소는 4 대 4로 의견이 팽팽히 갈렸으나 1표가 부족하여 낙태죄에 대해서 위헌결정이 내려지지 못한다.[10]

저자는 모자보건법 제정 30주년이 막 지난 2004년, 핀란드의 낙태법 현황을 번역·소개한 바 있다.[11] 이후 낙태 관련 법 현실은 거의 변화하지

---

8) 심영희(각주 5), 39면.
9) 형법상 낙태죄 및 모자보건법 개정에 대한 여러 입장에 대해서는 박형민, 『낙태 의 실태와 대책에 관한 연구』(한국형사정책연구원, 2011), 104-130면을 참조하라.
10) 헌법재판소 2012.8.23. 선고 2010헌바402 전원재판부 결정.
11) 라이모 라티(조국 역), "인간생명의 법적 보호 —핀란드의 관점", 한국형사법학회,

않았다. 제3장은 낙태를 둘러싼 우리 형법학계의 논의를 총괄하며 낙태 비
범죄화론의 논변을 재정리하고, 주요 경제협력개발기구(OECD) 나라의 낙태
비범죄화 방식을 검토한 후, 낙태 비범죄화의 입법론과 해석론을 제시하고
자 한다.

II. 낙태 비범죄화의 담론 재정리

1. 형법과 종교의 분리

서구 문화의 뿌리라고 할 수 있는 그리스에서 낙태는 범죄로 규율되지
않았다.[12] 플라톤은 40세가 넘은 여성이 임신하면 국가가 정책적으로 낙태
를 해야 한다고 주장하였고, 아리스토텔레스는 적정한 가족규모를 위한 낙
태의 필요성을 주장했다.[13] 로마법은 태아를 사람이 아니라 모체의 일부로
보았고, 낙태는 부도덕한 행위로 비난받거나 가사재판에 회부되는데 그쳤는
데, 셉티미우스 세베루스(Septimius Severus) 황제 하에서 최초로 낙태는 범죄
로 규정되어 처벌되었다.[14] 이후 로마는 태아를 사람으로 취급하고 낙태한
여성을 유배형에 처했고, 낙태를 도운 사람은 천민의 경우 광산노역형, 귀족
의 경우 재산 일부 몰수와 유배형으로 처벌했다.[15] 반면, 히브리법에서 낙태
처벌 관련 원전은 <출애굽기>인데 여기서 '자(自)낙태'는 처벌대상이 아니
었고,[16] 현대 유대교 교리는 임신 지속이 임부에게 육체적 또는 심리적 해악
을 초래하는 경우 낙태를 허용하고 있다.[17]

『형사법연구』제22권 특집호(2004).
12) 태경수, "고대 근동법에 나타난 낙태에 관한 연구", 삼육대학교 신학과 석사학위
   논문(2010), 46면.
13) 전효숙·서홍관, "해방 이후 우리나라 낙태의 실태와 과제", 대한의사학회, 『의사
   학』제12권 제2호(2003), 130-131면.
14) 조규창, 『로마형법』(고려대학교 출판부, 1998), 209-210면.
15) *Ibid.* 210면.
16) 태경수(각주 12), 49-53면.
17) http://en.wikipedia.org/wiki/Judaism_and_abortion(2014.11.1. 최종방문); http://www.aish.

한편, 전(前)근대 한국 사회에서도 낙태는 범죄로 간주되지 않았다. 중국의 명률(明律)을 원용하던 조선시대의 경우 임부 자신이 직접 행하는 '자낙태'는 애초에 범죄가 아니었다. 임부를 구타하여 수태 후 90일이 경과하고 형체가 이루어진 태아를 죽인 것은 '타태죄'(墮胎罪)로 처벌되었고, 형태가 이루어지지 않은 태아가 죽은 경우는 임부의 신체 일부를 손상한 것으로 보아 '상해죄'로 처벌되었다.[18] '자낙태'의 처벌은 일제 강점으로 일본 형법이 의용(依用)되면서부터 시작되었다. 일본의 봉건사회에서도 낙태는 범죄가 아니었던 바, 도쿠가와 시대 개정율례(律例)도 낙태를 범죄로 규정하지 않았다.[19]

그러나 기독교가 국교로 자리 잡은 중세 서구에서는 교회법에 따라 낙태를 살인과 동일하게 취급하였다. 중세 교회법과 독일 보통법은 잉태 후 10주 이내에 영혼이 태아 속으로 들어간다는 '영혼입주(入住)설'을 제시하고 있었기 때문이었다.[20] 현재 한국 가톨릭교회는 낙태 절대 반대라는 입장을 유지하고 있으며, 모자보건법 제14조 폐지를 주장하고 있다.[21] 2000년 천주교 마산교구청 박청일 신부 외 19명은 모자보건법 제14조 자체를 폐지하는 입법청원을, 2001년 낙태반대운동연합은 동법 제14조 제1항 제1-4호의 허용사유를 삭제하는 입법청원을 국회에 제출한 바 있다.

1994년 결성된 '낙태반대운동연합'은 개신교 단체 중심으로 이루어져 있고, 보수적 개신교 단체연합인 '한국기독교총연합회'(한기총)은 낙태 반대 입장을 분명히 하고 있는바, 한국 개신교회의 다수는 "낙태 시술은 하나님의 생명주권에 대한 도전이며 인간존엄의 가치에 반하는 행위"라는 1999년 '낙태에 관한 기독교 생명윤리 선언'의 입장을 공유하고 있는 것으로 보인다.[22] '낙태반대운동연합' 대표를 역임한 김일수 교수는 다음과 같이

---

com/ci/sam/48954946.html(2014.11.1. 최종방문).

18) 신동운·최병천(각주 1), 51-52면.

19) 김기춘, 『형법개정시론』(삼영사, 1984), 480면.

20) 김용효, "낙태죄의 존폐에 대한 고찰", 한양법학회, 『한양법학』 제22권 제1집(2011), 188면.

21) 생명절대 존중이라는 가톨릭교회의 입장은 사형 폐지, 안락사 또는 존엄사 반대 등으로도 이어진다.

22) http://www.cbioethics.org/data/view.asp?idx=93&sour=c(2014.11.1. 최종방문).

말한다.

> 인간존재 중 가장 약한 자가 태아이다. 가장 약한 자를 강한 자들의 여러
> 가지 사정에 따라 살해하는 행위라고 할 수 있다."23)

각 종교에서 낙태를 어떻게 규정하는가는 종교의 자유의 영역이다. 그
러나 종교에서 '죄악'(sin)으로 규정하고 금지하는 것 모두를 형법이 '범
죄'(crime)로 규정해야 하는 것은 아니다. 예컨대, 가톨릭교회는 동성애, 피
임, 이혼 등을 금지하고 있지만, 한국 사회에서 이를 범죄로 규정해야 한다
고 주장하는 사람은 극소수일 것이다. 낙태에 대한 종교의 입장을 존중하면
서도, 이를 범죄화할 것인지 여부, 비범죄화한다면 어떠한 방식을 취할지
등의 문제는 '세속'적 상황과의 합의가 필요하다. 낙태는 절대 금지되어야
한다는 종교교리를 그대로 형법으로 연결시키는 것은 정교분리의 원칙에
어긋난다. 철저한 가톨릭 국가로 낙태 절대 금지의 입장을 고수했던 우루과
이와 아일랜드가 각각 2012년과 2013년 낙태를 제한적으로 허용하는 법률
을 제정하였다는 점을 생각하면,24) 낙태 문제에 대하여 '성'(聖)과 '속'(俗)은
대화와 타협을 해야 한다.

2. 형법의 과잉도덕화 방지

종교계나 일부 의료계에서는 태아에게 '인성'(personhood)을 주장하지

---

23) 김일수, "낙태죄의 해석론과 입법론", 고려대학교 법학연구원, 『법학논집』 제27
    호(1992), 108-109면(강조는 인용자). 단, 김 교수는 낙태의 전면금지를 주장하지
    는 않는다. "강간 및 근친상간에 의한 임신, 태아나 기형아일 경우 및 산모의 생
    명의 건강에 중대한 위험이 있을 경우에 한하여 낙태를 허용하되 그것도 12주
    또는 22주 이내에만 허용되도록 기간상의 제한을 가하는 것이 타당하리라고 본
    다"(*Ibid.*).
24) http://news.naver.com/main/read.nhn?mode=LSD&mid=sec&sid1=104&oid=003&aid=
    0004737239(2014.11.1. 최종방문); http://news.naver.com/main/read.nhn?mode=LSD&
    mid=sec&sid1=104&oid=001&aid=0006368296(2014.11.1. 최종방문).

만,25) 형법학계에서는 "태아도 사람이고 낙태는 살인이다."라는 논변 위에
서서 모자보건법상 허용사유를 모두 삭제하자는 주장을 접하기는 어렵다.
그러나 현행 모자보건법상 허용사유를 확장하는 해석·개정에 반대하고 엄
격한 법해석·집행을 요구하는 주장은 존재한다. 이러한 주장의 바탕에는
태아의 생명보호라는 강한 윤리적 신념이 자리 잡고 있다.

예컨대, 김학태 교수는 낙태를 허용하게 되면 사회의 생명윤리 부재를
가속화시키고 인명경시풍조를 조장하며, 성도덕은 더 문란해지고 윤리가치
는 상실될 것이라고 우려한다.26) 그리하여 유전학적 사유, 의학적 사유(모자
보건법 제14조 제1항 제1, 2, 5호) 등의 개념이 포괄적이고 추상적이므로 낙태허
용사유를 보다 엄격하고 제한적으로 해석해야 한다고 주장한다.

> "태아가 비록 신체적, 정신적 질환이 있는 상태로 출생할 것이 예상된다
> 하더라도, 이 또한 인간으로서의 생명과 가치를 인정받아야 함이 마땅함으로,
> 단지 현실적 어려움 때문에 무제한적 낙태를 허용한다면 생명경시로 전락할
> 수밖에 없다 할 것이다."27)

그리고 김 교수는 낙태허용사유가 인정되더라도 임신 12주 이내에서만
허용해야 하며, 그 이후에는 산모의 생명에 중대한 영향을 끼칠 수 있는
경우에만 허용해야 한다고 주장하며, 현행법상 불법낙태에 대한 적극적 소
추와 제재를 요구한다.28)

한편, "낙태는 잔인한 방법에 의하여 태아의 생명을 말살하는 반인륜적
행위"29)라고 판단하는 윤종행 교수는 더 강경하다. 그는 수정란이 자궁에 착상

---

25) 태아를 의료의 대상으로 포섭하여 '인성'을 인정하려는 흐름에 대한 비판으로는,
김은실, "낙태에 관한 사회적 논의와 여성의 삶", 한국형사정책연구원, 『형사정
책연구』 제2권 제2호(1991 여름), 390-391면을 참조하라.
26) 김학태, "형법에서의 낙태죄와 모성보호", 한국외국어대학교 법학연구소, 『외법
논집』 제3집(1996), 389면.
27) *Ibid.* 395면.
28) *Ibid.* 394-395, 398-399면.
29) 윤종행, "낙태방지를 위한 입법론", 연세대학교 법학연구소, 『법학연구』 제13권
제1호(2003), 178면.

하기 이전에도 태아로 보고 낙태죄로 보호해야 하며, 혈족 또는 인척 간의
임신으로 인한 낙태(동법 제14조 제1항 제4호)도 정당화될 수 없고, 강간·준강간
에 의한 임신으로 인한 낙태(동법 제14조 제1항 제3호)가 무조건 정당화되는
것은 잘못으로 개별적으로 책임단계에서 논해야 할 문제라고 주장한다.[30]

"(혈족 또는 인척 간의 임신) 경우는 임신이라는 결과에 대한 책임을 그 원인
되는 행위를 한 본인들에게 지우는 것이 마땅하다. 반윤리적 행위를 한 사람들
이 또 다시 인간의 존엄성을 무시하면서 고귀한 생명을 유린하는 행위를 정당
화할 근거를 찾기 어렵다. … **강간에 의한 임신의 경우라고 하더라도 무조건
낙태를 정당화하고 있는 모자보건법에 찬동할 수 없다.** 강간에 의한 것이라는
것을 입증하기도 어렵겠지만 강간에 의한 것이 아님에도 강간에 의한 것이라고
주장하는 상황에서 강간에 의한 것이 아니라는 것을 입증하기란 더욱 어려운
일일 것이다. … 강간당하였다고 주장하는 여성에게 낙태를 하도록 권유하거나
도와주더라도 언제나 처벌하지 않는 것이 과연 정당한 것인지 의문이 아닐
수 없다."[31]

낙태 허용범위를 넓히고 불처벌 상황을 방치하면 생명윤리와 성도덕이
타락할 것이라는 주장은 논증하기 어렵다.[32] 먼저 형법이 윤리와 도덕을
지키는 도구로 사용되는 것이 옳은가에 대해서는 법철학적 의문이 존재한
다. 형법은 윤리와 도덕의 요구를 의식해야 하지만 그 요구에 종속되어서는
안 되며, 다른 인간적·사회적 요구에도 응해야 한다. 우리 사회가 합의할

---

30) *Ibid.* 176, 184면. 배종대 교수도 유사한 주장을 하고 있다[배종대, "낙태에 대한
형법정책", 고려대학교 법학연구원, 『고려법학』 제50호(2008), 238-239면].
31) 윤종행(각주 29), 191-193면(강조는 인용자).
32) 과거 다양한 피임기구가 개발되었을 때도 유사한 주장이 있었지만, 현재 그런
주장을 하는 이는 극소수일 것이다. 1990년 통일 후 1995년 형법 개정으로 독일
에서 낙태가 대폭 비범죄화된 후 낙태율이 7.6%였는데, 통일 전인 1987년 낙태
율은 23.2%였다는 점, 또한 일찍이 낙태를 비범죄화하였고 '성의 천국'이라고 불
리고 있는 네덜란드는 낙태율이 6.5% 수준이라는 유럽에서 매우 낮은 수준이라
는 점 등은 낙태의 비범죄화가 낙태율이나 성도덕의 문제와 직결되지 않음을 방
증한다[박숙자, "여성의 낙태 선택권과 입법과제 연구", 한국여성학회, 『한국여성
학』 제17권 제2호(2001), 87면].

수 있는 생명윤리와 성도덕은 무엇인지 분명하지 않고, 낙태가 생명윤리와 성도덕 저하의 주요 원인인지, 낙태를 엄금하면 이 현상이 줄어들거나 없어지는지 등은 확인되지 않는다. 예컨대, 낙태를 강력하게 금지하는 남미 국가와 낙태를 비범죄화한 서구 국가 중 후자에서 인명이 더 경시되고 성도덕이 더 문란한지 단언할 수는 없을 것이다.

철학적·생물학적 차원에서 태아가 사람으로 간주되어야 하는지에 대해서는 논란이 많지만, 형성 과정에 있는 인간이라 할 수 있는 태아의 생명도 존중하고 보호해야 한다는 점에 대해서는 이견이 없다. 김학태, 윤종행 두 교수의 의견처럼, 신체적, 정신적 질환이 있는 태아, 혈족 또는 인척 간의 임신, 강간·준강간으로 만들어진 태아의 생명도 귀중하다. 그러나 이런 경우에도 태아의 생명을 위하여 낙태를 처벌해야 한다는 제안은 '형법의 과잉도덕화'를 초래한다.

현행 모자보건법이 허용하지 않지만 우리 주변에서 흔히 발생하는 사회·경제적 사유에 따른 낙태의 경우도 마찬가지이다.[33] 예컨대, 미성년자의 임신과 낙태, 연인과 헤어진 후 발견한 임신과 낙태, 별거 또는 이혼소송 중 발견한 현 남편의 아이의 낙태, 이혼 후 발견한 전 남편의 아이의 낙태 등을 단지 성도덕 문란, 반윤리적 행위라고 비난하고 처벌하는 것이 옳은 것인지 의문이다. 형법은 생명윤리를 존중·수용해야 하지만, 형법은 평균적 시민이 준수할 수 있는 생명윤리를 요구해야 한다. 평균적 시민이 감당할 수 없는 매우 높은 수준의 생명윤리를 형사제재의 위협을 통해 실현하려는 것은 규범적 억압이다.[34]

한편, 낙태하는 여성은 성행위를 즐겨놓고 결과는 책임지지 않는 무책임하고 비윤리적인 사람, 모성애도 없는 여성이라는 낙인이 찍히기 십상이

---

33) 이에 대해서는 이 책 88-91면을 참조하라.
34) 형법 제정 당시 정남국 의원은 다음과 같이 말하였다. "이런 부자연한 법을 만드는 것보다는 차라리 합법적으로 하는 것이 좋다고 생각합니다. 이런 관계로 늘 부자연한 행위를 하느니보다는 차라리 이것은 각자의 도의심에 맡기는 것이 좋고, 이 법이 있으므로서 해로움이 있을지언정 실질적 이로움이 없을 것입니다"[『형사법령제정자료집(1)』(형사정책연구원, 1990), 462면].

다. 한국 사회에서 낙태를 하는 여성은 자신의 처지와 고민과 고통을 공개적으로 하소연할 수 없는 "침묵하는 절규자"35)이다. 반면 임신에 대하여 여성과 똑같은 또는 더 많은 책임을 지는 남성에 대한 비난은 실종 된다.

그러나 여성은 태아의 생명과 삶을 가장 절실하게 고민하고 생각하는 존재이며, 낙태 여부를 가장 고민하는 존재이다.36) 축복받지 못하고 태어나 제대로 양육될 가능성도 없고 산모와 아기를 도와주는 사회적 안전망도 극히 미흡한 상태에서 마지막 순간까지 고민하다가 낙태를 선택하고 그 선택 후에도 자책하고 고통받는 여성을 '비도덕적'이라고 비난하는 것은 과도하고 오만하며, 따라서 틀렸다.37) 같은 맥락에서 양현아 교수는 "여성의 선택이란 개념은 여성에게 작용하는 힘의 관계를 삭제하고 그 선택의 책임을 전적으로 개인에게 귀속시킨다."라고 비판하고, "여성은 낙태를 선택하는 것이 아니라 견디는 것이다."라고 항변한다.38)

3. 여성의 자기결정권과 재생산권의 존중

(1) 존중되어야 하나 형량가능한 법익인 태아의 생명

낙태의 비범죄화를 주장하는 형법학자들 중 낙태가 언제나 아무 제한 없이 허용되어야 한다고 주장하는 사람은 없다. 대다수 형법학자는 태아의 생명과 임부의 자기결정권은 모두 중요하므로 낙태법은 보호법익을 형량해서 판단해야 한다는데 동의하고 있다. 그런데 이 형량 이전에 확인해야 할

---

35) 이숙경, 『미혼여성의 낙태경험』, 양현아 편, 『낙태죄에서 재생산권으로』(사람생각, 2005), 15면.
36) 낙태 경험 여성의 생생한 목소리는 한국여성민우회, 『있잖아 … 나, 낙태했어』(다른, 2013)를 참조하라.
37) 로비 웨스트의 주장을 빌자면, 낙태 결정은 타인의 생명을 빼앗는 살인 결정과 달리 종종 '도덕적' 결정이기도 하다. "전형적으로 낙태 결정은 태아의 생명을 파괴하겠다는 바람이 아니라 새로운 생명은 부양되고 사랑받을 경우에만 태어나야 한다는 도덕적 바람에 기인한다"[Robin West, "The Supreme Court 1989 Term, Forward: Taking Freedom Seriously", 104 *Harvard Law Review* 43, 83(1990)].
38) 양현아, "여성 낙태권의 필요성과 그 함의", 한국여성학회, 『한국여성학』 제21권 제1호(2005)[이하 '양현아 I'로 약칭], 10면(강조는 인용자).

점이 있다. 즉, 현행법상 '태아'(fetus)는 '사람'이 아니며 ―수정란이 자궁에 착상하기 이전인 '배아'(embryo)가 '사람'이 아님은 물론이다―, 태아는 '독립된 인격체'가 아니라 전적으로 임부에게 의존하여 유지되는 생명이며,[39] "여성의 몸 안에서 그리고 여성의 몸을 통해 인간 공동체와 관계를 맺기 때문에 도덕적으로 중요"[40]한 존재이다. 이 점에서 박찬걸 교수의 다음과 같은 언명은 타당하다.

"태아의 생명은 사람의 생명과 달리 '비교형량 할 수 있는 법익'에 속한다."[41]

민법과 형법은 사람의 시기(始期)를 각각 '전부노출설'과 '진통설'에 따라 판단한다. 형법이 낙태죄와 살인죄를 완전히 구별하고 있음을 주지의 사실이다. 이상의 맥락에서 저자는 고 유기천 교수의 이하 견해에 동의한다.

"태아의 생명은 인간의 생명과 동일 수준에서 볼 수 없음은 물론일 뿐만 아니라, 인간 사회에는 출생시키지 않음이 출생시키는 것보다 더 가치 있는 때가 있다. … 이 자유와 책임의 양면을 합리적으로 조정함에는 태아의 발전단계에 따라 그 합법성의 한계를 달리하여야 할 것이다."[42]

헌법의 관점에서도 태아의 생명은 사람의 생명과 다르게 평가된다. 2008년 헌법재판소는 태아가 생명권의 주체가 됨을 인정하면서도, "생명의 연속적 발전과정에 대해 동일한 생명이라는 이유만으로 언제나 동일한 법적 효과를 부여하여야 하는 것은 아니다. 동일한 생명이라 할지라도 법질서가 생명의 발전과정을 일정한 단계들로 구분하고 그 각 단계에 상이한 법적 효과를 부여하는 것이 불가능하지 않다."라고 밝힌 바 있다.[43] 그런데 2012

39) 이영란, "낙태죄 입법정책에 관한 소고", 한국형사법학회, 『형사법연구』 제16호 특집호(2001), 343-345면.
40) 박은정, 『생명공학 시대의 법과 윤리』(이화여자대학교 출판부, 2000), 516면.
41) 박찬걸, "낙태죄의 합리화 정책에 관한 연구", 한양대학교 법학연구소, 『법학논총』 제27권 제1호(2010), 210면.
42) 유기천, 『전정신판 형법학』[각론강의 상](1982), 75-76면.
43) 헌법재판소 2008.7.31. 선고 2004헌바81 전원재판부 결정.

년 헌법재판소 다수의견은 낙태죄 합헌의견을 제출하면서, 독자적 생존능력을 기준으로 낙태 허용 여부를 판단해서는 안된다는 점을 밝힌 바 있다: "태아가 독자적 생존능력을 갖추었는지 여부를 그에 대한 낙태 허용의 판단 기준으로 삼을 수는 없다. 인간이면 누구나 신체적 조건이나 발달 상태 등과 관계없이 동등하게 생명 보호의 주체가 되는 것과 마찬가지로, 태아도 성장 상태와 관계없이 생명권의 주체로서 마땅히 보호를 받아야 한다."44) 그러나 다수의견의 취지는 '기간 방식'에 따라 낙태의 허용 여부와 요건을 달리하는 것을 반대하는 것이므로, 다수의견이 태아의 생명을 사람의 생명과 동일시 하였다고 독해하는 것은 틀린 것이다.

(2) 여성의 자기결정권과 재생산권

현재 "여성은 아이를 낳는데 존재의미가 있다", "여성은 남성의 '씨'를 받아 키우는 '밭'이다" 등과 같은 성차별적·봉건적 주장을 공공연히 하는 이는 없겠지만, 기존의 '태아 우선주의'와 '생명존중 담론'에서 여성은 발화자(發話者)도 행위자도 아닌 존재로 취급된다.45) 그러나 여성이야말로 자신의 몸으로 생명을 만들고 낳고 기르는 주체이다. 임신은 여성의 몸과 마음을 변화시키고 중대한 부담을 주며, 출산 직후부터 시작하는 육아 역시 각종 부담을 안겨준다. 이 부담은 정신적·심리적·육체적인 것은 물론 사회적·경제적인 것을 망라한다. 임신과 출산을 원하지 않는 경우라면 이 부담은 더 심각해진다.46) 사실 '모성의 사회화'가 잘 이루어진 조건 하에서도 원하지 않는 임신이 초래하는 여성이 감당해야 하는 부담은 크다. 자신과 태아의 삶에 대한 종합 판단 후 낙태를 선택하는 경우, 태아의 생명이 종료하는

---

44) 헌법재판소 2012.8.23. 선고 2010헌바402 전원재판부 결정.
45) 양현아, "범죄에서 권리로: 재생산권으로서의 낙태권", 양현아 편, 『낙태죄에서 재생산권으로』(2005)[이하 '양현아 II'로 약칭], 206면.
46) 김기춘 전 법무부장관은 말한다. "모친의 희망에 반하는 출산은 모친에게도 자식에게도 똑같이 불행한 결과를 초래할 것이기 때문에 모친의 자기결정권은 충분히 존중되어야 한다. 모자의 일생의 행·불행에 관계되는 중대결정을 실질적으로 그들의 일생을 책임져 주지도 못하는 국가나 국외자가 간섭하는 것은 또 다른 의미에서 그들의 존엄성과 행복추구권을 손상시키게 되는 것이다"[김기춘(각주 19), 480면].

것만 아니라 여성 자신의 건강도 중대하게 훼손되며 대부분의 여성들은 심한 죄책감에 시달린다.[47] 이 점에서 "이미 여성들은 낙태 결정으로 인해 스스로 일정한 처벌과 책임을 지게 된다."[48]

그런데 한국에서 여성의 '재생산권'(reproductive rights) ―"이 권리는 모든 커플과 개인들이 그들의 자식의 수, 터울, 시기를 자유롭고 책임 있게 결정할 수 있는 기본적 권리 및 그 권리를 행사할 수 있는 정보와 수단, 그리고 가장 높은 수준의 성적·재생산적 건강을 확보하는 권리에 달려 있다"[49]― 은 취약하다. 여성의 재생산과 모성에 대한 사회적 인정이나 지원이 약하고 공적인 사회관리체계는 부재하기에 임신, 출산, 양육이 수반하는 부담은 여성에 온전히 떠맡겨진다.[50] 과거에 비해 가정에서 남녀평등 수준이 높아졌다고 하나, 대부분 경우 일차적 양육과 교육 담당자는 여성이다.[51] 그리고 우리 사회에 존재하는 "가부장적 성규범과 여성의 성에 대한 뿌리 깊은 이중성"은 피임을 포함한 적극적 성교육을 가로 막고 여성이 남성에게 피임을 요구하는 것을 꺼리게 만드는바, "원하지 않는 임신을 예방하여 낙태에 이르지 않아도 되는 경로를 사회적으로 차단한다."[52] 그리하여 양현아 교수는 말한다.

> "적어도 한국에서 여성의 낙태행위는 자신의 운명(몸과 삶) 통제권을 반영하는 정도보다, 여성의 운명 통제권의 부족을 반영하는 정도가 좀 더 우세하다. … 낙태가 만연하는 것은 생명 존중 사상의 부족이 아니라 임신을 할 수 있는 여성의 몸, 성, 자기결정에 대한 존중 사상이 부족하기 때문이다. 여성의 낙태

---

47) 공지영 작가는 자신의 낙태 경험을 이렇게 고백한다. "나 혼자 편하자고 네가 죽여 없어져야 하는구나 …. 나 혼자 살겠다고 아무 잘못도 없는 아이를 죽여야 하는 자신이 끔직해졌고 훗날 아이를 낳은 후엔, 죄책감은 더해졌다"[공지영, 『공지영의 수도원 기행』(2001), 75면].

48) 양현아 II(각주 45), 227면(강조는 인용자).

49) UN International Conference for Population and Development, Program of Actions, 1994, para. 7.3.

50) 이인영, "출산정책과 낙태규제법의 이념과 현실", 한국여성연구소, 『페미니즘연구』 제10권 제1호(2010)[이하 '이인영 I'로 약칭], 45면.

51) 양현아 II(각주 45), 227면.

52) 김은실(각주 25), 398면.

결정이 오히려 처벌의 대상이 되고, 낙태가 여성의 몸과 마음에 남기는 폐해가 사회적으로 알려져 있지 않고, 성평등한 피임 수행이 자리 잡지 않았기 때문이다. 또한 아이를 낳았을 경우에는 가족과 남성에게 의존하지 않고 살 수 있는 어머니 조건이 제대로 마련되어 있지 않기 때문이다."[53]

이상과 같은 상황을 무시하고 낙태를 전면 금지하거나 낙태 허용범위를 축소하는 것은 여성의 프라이버시와 자기결정권 등을 중대하게 제약함은 물론 여성에게 미래의 고난을 강제하는 결과를 만든다.

Ⅲ. 경제협력개발기구(OECD) 주요 나라의 낙태 비범죄화 방식

1. 영 미 권

(1) 영국 및 영연방 국가

영국은 경제협력기구 소속 나라 중 최초로 1967년 낙태법(Abortion Act)에 따라 낙태를 비범죄화하였다.[54] 두 명의 의사가 이하 중 하나에 해당한다는 의견을 제시하면, 낙태는 허용된다. 즉, (ⅰ) 임신이 24주를 넘지 않았고 임신의 지속이 낙태보다 임부 또는 가정 내 자식의 육체적·정신적 건강에 대하여 더 큰 위험을 초래할 것이다, (ⅱ) 낙태가 임부의 육체적·정신적 건강에 중대한 영구적 손상을 예방하는 필요하다, (ⅲ) 임신의 지속이 낙태보다 임부의 삶에 더 큰 위험을 초래할 것이다, (ⅳ) 태아가 태어난다면 심각한 장애와 같은 육체적·정신적 이상(abnormality)으로 고통받을 실질적 위험이 있다.[55] 오스트레일리아의 경우 주별로 차이가 있다. 예컨대, 빅토리아 주의

---

53) 양현아 Ⅱ(각주 45), 226, 240면.
54) 영국 낙태법에 대해서는 정진주, "유럽 각국의 낙태 접근과 여성건강", 한국여성 연구소, 『페미니즘연구』 제10권 제1호(2010), 132-138면; Sheelagh McGuinnes(윤일구 역), "영국에서의 낙태죄의 역사", 전남대학교 법학행정연구소, 『법학논총』 제30권 제3호(2010)를 참조하라.
55) Abortion Act 1967, Chapter 87, Section 1.

경우 1969년 'R v. Davidson 판결'이 의사가 "임부의 생명 또는 육체적·정신적 건강에 심각한 위험"을 방지하기 위하여 낙태가 필요하다고 판단한 경우 낙태를 허용하였고,[56] 이후 2008년 낙태개혁법(Abortion Law Reform Act)은 임신 24주 이내의 낙태가 의사, 약사, 간호사 등에 의해 이루어지는 것을 허용한다.[57] 뉴사우스웨일스 주의 경우 1971년 'R v. Ward 판결'[58]이 'R v. Davidson 판결'과 같은 취지의 판결을 내렸고, 이후 1995년 'CES v. Superclinics Australia Pty Ltd 판결'[59]은 이 "정신적 건강"은 "임신 또는 출산으로 초래될 수 있는 경제적 또는 사회적 스트레스의 효과"도 포함한다고 해석하였다.[60]

　　뉴질랜드는 1978년 형법 개정으로 임신 20주 이내의 낙태를 허용하였는데, 허용사유는 영국과 오스트레일리아와 유사하다.[61]

(2) 미　　국[62]

　　미국에서 낙태의 비범죄화는 연방대법원의 판결에 의해 이루어졌다. 그 출발은 1973년 'Roe v. Wade 판결'[63]이었다. 이 판결에서 동 법원은 낙태는 헌법이 보장하는 여성의 프라이버시권의 일환이므로 주의 '필요불가결한 이

---

56) [1969] VR 667.
57) Abortion Law Reform Act, §5-6.
58) [1971] 3 DCR (NSW) 25.
59) (1995) 38 NSWLR 47.
60) 뉴사우스웨일즈 주 낙태법의 역사와 현황에 대해서는, Talina Drabsch, 『Abortion and the law in New South Wales』 [Briefing Paper No 9/05: http://www.parliament. nsw.gov.au/prod/parlment/publications.nsf/0/4b0ec8db3b4a730dca2570610021aa58/$FIL E/Abortion%20&%20index.pdf(2014.11.1. 최종방문)], 13-25면을 참조하라.
61) 박형민(각주 9), 81-82면.
62) 미국 낙태 판결에 대한 상세한 논의는 도회근, "낙태규제에 관한 미국 판례와 학설의 전개", 『울산대학교 사회과학논집』 제8권 제2호(1998); 김형남, "미국 헌법상 낙태 및 태아의 생명권에 대한 논의와 판례 분석", 미국헌법학회, 『미국헌법연구』 제16권 제1호(2005); 최희경, "Casey 판결상의 부당한 부담 심사기준", 한국헌법학회, 『헌법학연구』 제8권 제3호(2002.10); 최희경, "낙태절차의 위헌성 여부에 관한 연구 ―미 연방대법원 판례를 중심으로―", 한국헌법학회, 『헌법학연구』 제13권 제3호(2007.9) 등을 참조하라.
63) 410 U.S. 113(1973).

익'(compelling interest)이 있는 경우에만 제한될 수 있다고 보면서, 낙태를 범죄로 규정한 텍사스주법을 위헌으로 판단한다. 여기서 동 법원은 유명한 '3단계 3개월 기간구분법'을 제시하였다. 즉, 임신 후 첫 3개월 동안은 태아가 생존능력(viability)이 없으므로 주는 낙태를 금지하거나 규제할 수 없고, 제2단계 3개월, 즉 4개월부터 6개월 기간 동안은 오직 산모의 건강을 보호하기 위해서만 낙태를 규제할 수 있고, 제3단계 3개월 동안의 태아는 모체 밖 생존능력이 있으므로 낙태를 규제하거나 나아가 금지할 수도 있다.64)

낙태 자체를 범죄화할 수 없게 된 각 주가 이후 낙태를 위한 여러 가지 절차적 요건을 도입하자, 연방대법원은 이러한 규제에도 제동을 건다. 예컨대, 기혼여성 낙태시 남편의 동의를 요구하고 비혼 미성년 여성이 낙태시 부모의 동의를 요구하는 것,65) 낙태를 하려는 여성에게 낙태가 초래할 수 있는 부정적 효과에 대한 정보를 제공하고 서면동의를 요구하는 것,66) 제2단계 3개월 이후 낙태를 병원에서만 하도록 요구하는 것,67) 낙태 관련 상세한 기록을 보고할 것을 의무화한 것68) 등은 위헌이라고 결정하였다.

그런데 연방대법원은 1992년 'Planned Parenthood of S.E. Ra v. Casey 판결'69)에서 'Roe 판결'의 입장을 부분 수정한다.70) 먼저 'Casey 판결'은 (i) 태아가 모체 밖 생존능력이 인정되기 전에는 여성은 주의 간섭 없이

64) *Ibid.* at 163-165.
65) Planned Parenthood of Central Missouri v. Danforth, 482 U.S. 52(1976). 'Bellotti v. Baird II 판결'[443 U.S. 622(1979)]에서는 부모의 동의 요건을 두더라도 '사법적 우회절차'(judicial bypass procedure)를 둔다면 위헌이 아니라고 결정했다. 이 판결에 대한 상세한 내용은 최희경, "미국 낙태법상의 부모동의요건과 사법적 우회절차", 한국헌법학회, 『헌법학연구』 제9권 제4호(2003) 등 참조.
66) City of Akron v. Akron Center for Reproductive Heath, 462 U.S. 416, 443-444 (1983); Thornburgh v. American College of Obstetricians & Gynecologists, 476 U.S. 747(1986).
67) City of Akron v. Akron Center for Reproductive Heath, 462 U.S. 416(1983).
68) Thornburgh v. American College of Obstetricians & Gynecologists, 476 U.S. 747 (1986).
69) 505 U.S. 833(1992).
70) 이 판결 이전 'Webster v. Reproductive Health Services 판결'[492 U.S. 490(1989)]에서부터 'Roe 판결'을 약화하려는 시도가 이루어진다.

낙태를 할 권리를 갖고, (ⅱ) 태아가 생존능력을 가진 후에는 ─여성의 생명
이나 건강이 위험한 경우 예외규정을 두는 한─ 주는 낙태를 규제할 수 있으
며, (ⅲ) 주는 임신 초기부터 여성의 건강과 태아의 생명을 보호할 이익을
가진다는 점을 재확인한다.[71]

　　그러면서 동 판결은 'Roe 판결'의 엄격한 '3단계 3개월 기간구분법'과
주의 '필요불가결한 이익' 요건을 폐기한다.[72] 대신 태아가 생존능력을 갖기
전에 낙태하려는 여성의 길 앞에 '실질적 장애'(substantial obstacle)를 설치하지
않는 한, 주는 임신 전 기간에 걸쳐 태아의 생명 보호를 위한 규제를 할
수 있다고 결정한다['부당한 부담'(undue burden) 기준].[73] 이에 따라 동 판결
은 과거 판결을 번복한다. 예컨대, 비혼 미성년 여성이 낙태 시 부모의 동의를
요구하는 것,[74] 낙태를 하려는 여성에게 낙태 관련 정보를 제공하고 서면동
의를 요구하는 것,[75] 낙태 관련 기록의 보관 및 보고 요건[76]은 '실질적 장애'
를 초래하지 않으므로 합헌이라고 결정한다. 단, 낙태 시 배우자에게 고지해
야 한다는 조항은 '실질적 장애'가 되므로 위헌이라고 결정하였다.[77]

---

71) 505 U.S. at 846.
72) *Ibid.* at 873.
73) *Ibid.* at 866-867.
74) *Ibid.* at 899.
75) *Ibid.* at 882-883.
76) *Ibid.* at 900-901.
77) *Ibid.* at 893-894.

2. 대륙법계 유럽78)

(1) 독   일79)

독일에서 낙태의 비범죄화로 가는 단초는 구서독 당시 사민당(SPD)과 자민당(FDP) 법률안으로 이루어진 1974년 형법 개정이었다. 동 개정으로 임신 후 12주 이내 의사가 실시하는 낙태는 비범죄화되고, 12주 이후의 낙태는 여성의 건강과 관련한 의학적 사유가 있는 경우 처벌되지 않고, 22주 이내의 낙태는 태아에게 우생학적 사유가 있는 경우 처벌되지 않게 되었다 (제218조a). 그러나 기민당(CDU)과 기사당(CSU) 의원들은 효력정지가처분 신청을 연방헌법재판소에 제출하였고, 1975년 연방헌법재판소는 태어나지 않은 생명도 헌법적 보호 대상이고 태아에 대한 헌법적 보호는 전체 임신기간을 망라해야 한다는 입장을 취하면서 동 조항은 위헌이라고 결정한다.80) 위헌 논쟁이 당시 낙태허용을 찬성하는 여성단체는 "내 배는 내 것이다"(Mein Bauch gehört mir!)라는 플래카드를 내걸고 시위를 벌였으나, 헌법재판소는 "내 배는 제한적으로만 내 것이다."라고 판단한 것이다.81)

---

78) 2002년 유럽연합의회(EU Parliament)는 '성적 및 재생산적 건강과 권리'(sexual and reproductive health and rights)에 대한 리포트(보고자 이름을 따서 '앤 반 란커 보고서'(Anne van Lancker Report)라고 불린다)를 통하여, 소속 국가는 여성의 재생산적 건강과 권리를 보호하기 위하여 낙태가 합법화되고 안전하고 모두에게 접근 가능해야 하며, 불법낙태를 한 여성에 대한 기소를 억제할 것을 권고하였다 [보고서 원문은 이하에서 입수할 수 있다(http://www.europarl.europa.eu/sides/get Doc. do?pubRef=-//EP//NONSGML+REPORT+A5-2002-0223+0+DOC+PDF+V0//EN: 2014.11.1. 최종방문)].

79) 독일 상황에 대한 상세한 논의는 김학태, "독일과 한국에서의 낙태의 규범적 평가에 대한 비교법적 고찰", 한국외국어대학교 EU연구소, 『EU연구』 제26호(2010), 305-314면; 지규철, "미국과 독일의 낙태판결에 관한 비교적 고찰", 한국비교공법학회, 『공법학연구』 제9권 제1호(2008), 89-93면; 홍성방, "낙태와 헌법상의 기본가치 —미국 연방대법원과 독일연방헌법재판소 판례에 나타난 낙태와 헌법상의 가치의 관계를 중심으로—", 서강대학교 법학연구소, 『서강법학연구』 제3권(2001), 38-45면 등을 참조하라.

80) BVerfGE 39, 1.

81) 홍성방(각주 79), 38면.

이 1차 낙태판결 이후 1976년 연방의회는 형법을 다시 개정한다. 이번에는 낙태를 원칙적으로 처벌하는 입장을 취하면서도, 의학적, 우생학적, 범죄적 사유, 사회·경제적 사유 등을 규정한다. 그리고 낙태허용기간을 분류하여 우생학적 사유로 낙태를 하는 경우는 임신 후 22주 내, 그 밖의 사유는 12주내 내로 제한하였고, 낙태 전 3일 전 의사와의 상담을 의무화하였다.82) 그런데 1990년 독일통일 후 낙태 규제 법규는 변화한다. 통일 전 동독은 임신 12주 내에는 아무런 사유가 없어도 의사에 의한 낙태를 허용하고 있었던바, 통일 후 동서독의 다른 법적 태도를 정비해야 했다. 그리하여 사민당이 주도하고 자민당 및 기민당 일부가 찬성하여 1992년 '임부 및 가족 원조법'(Schwangeren- und Familienhilfegesetz, SFHG)이 제정된다.83) 그 내용은 임신 12주 내 긴급상황과 충돌상황에서 의사와 상담을 거친 의사에 의한 중절은 불처벌하는 것이었다. 이는 사실상 동독의 태도를 수용한 것이다. 그러나 기민당과 기사당 의원들은 다시 효력정지가처분 신청을 연방헌법재판소에 제출하였고, 1993년 동 재판소는 1차 낙태판결의 입장을 고수하며 다시 위헌결정을 내린다.84)

이후 연방의회는 1995년 다시 법을 개정하였고, 현재 시행되고 있다. 개정 독일 형법 제218조a는 착상 후 12주 내 낙태의 경우 최소 수술 3일 전 의사와의 상담을 거친 후 의사에 의해 시술된 낙태의 구성요건을 조각시킨다(제1항). 그리고 임부의 생명, 신체적·정신적 건강에 위험을 방어하기 위하여 다른 방법이 없는 경우 낙태의 위법성을 조각시키며(제2항: 의학적 사유), 임신이 강간 등 성범죄로 이루어졌다는 유력한 근거가 있는 경우 임신 후 12주 내 낙태의 위법성을 조각시킨다(제3항: 범죄적 사유).

---

82) 이와 별도로 1975년 형법개정부수법률을 통하여 제국 보험상 위법하지 않은 낙태는 사회보험인 의료보험의 급여의 하나로 규정하였다[홍완식, "독일 연방헌법재판소의 낙태판결에 관한 고찰", 강원대학교 비교법학연구소, 『강원법학』 제10호(1998), 543면].

83) 김학태(각주 79), 310-311면.

84) BVerfGE 88, 203.

(2) 오스트리아와 스위스[85]

오스트리아에서는 오랜 논쟁 끝에 1974년 사회민주당이 여성계의 요청을 받아들여 임신 초기 3개월 이내에 의사의 사전 조언에 따라 이루어진 의사에 의한 낙태를 비범죄화한다(형법 제97조 제1항 제1호). 이러한 '기간 방식' 외에 형법 제97조 제1항 제2호는 임부의 생명에 대한 위험, 임부의 육체적·정신적 건강에 대한 중대한 위험이 있거나, 임부가 임신 시점에 미성년자였거나, 태아가 장애를 입었을 심각한 위험이 있는 경우 낙태를 허용하고 있다.

스위스는 1976년 이후 낙태법 규정을 강화 또는 완화하는 법안을 놓고 3차례에 걸쳐 국민투표를 행하였지만, 모두 부결되었다. 그런데 2002년 정부가 임신 12주 내의 낙태를 허용하는 법안을 국민투표에 회부하고 이 법안이 유권자 72%의 지지를 받음에 따라, 낙태는 비범죄화된다. 절차적 요건으로 의사와의 상담이 필요하며, 임부가 판단능력이 결여된 경우에는 법적 대리인의 동의가 필요하다(형법 제119조).

(3) 프 랑 스

지스카르 데스탱 대통령 당시 보건부 장관이었던 시몬느 베일(Simone Veil)의 강력한 주장에 힘입어, 1975년 낙태를 5년간 한시적으로 합법화하는 법안이 의회를 통과한다[일명 '베일 법'(Loi Veil)]. 그 내용은 임신 10주 내의 경우 임부가 임신으로 정신건강이나 사회생활에 지장을 초래하는 경우 낙태를 허용하는 것이었는데, 1979년 법 개정으로 한시법을 벗어나고, 2001년 개정으로 낙태허용기간이 12주로 연장된다. 현재는 공중보건법에 따라 상담절차를 거친 임신 12주 내 낙태는 제한 없이 허용되고 있다. 임신 4개월부터 6개월까지는 임부의 생명, 신체적 건강에 위협이 되는 경우, 태아 기형의 위험이 있는 경우에만 낙태를 허용한다.[86]

---

85) 박형민(각주 9), 63, 66-67면을 참조하라.
86) 박형민(각주 9), 65-66면; 이호용, "낳지 않을 자유와 자기결정", 국제헌법학회 한

한편 프랑스 헌법재판소는 1975년 결정에서 낙태 허용 법률이 유럽인 권협약에 위반되는지 여부는 판단할 권한이 없다고 하면서 대상 법률이 프랑스 헌법에 반하지 않는다고 판단하였고, 1993년 결정에서는 형법전에서 낙태죄를 폐지하는 법률이 합헌이라고 판단하였으며, 2001년 결정에서는 낙태허용기간을 12주로 연장한 법률이 합헌이라고 판단하였다.[87]

(4) 북유럽 제국[88]

스웨덴은 1974년 제정되고 1995년 개정된 낙태규제법에 따라 임신 18주 내의 경우 여성이 서면으로 신청하고 여성의 건강에 이상이 없다면 의사의 시술에 의한 낙태를 허용하며, 그 이후의 낙태는 국립보건복지이사회의 승인을 얻어야 한다. 노르웨이는 임신 12주 내 상담을 거친 낙태는 처벌하지 않으며, 12주 이후는 우생학적 사유, 윤리적 사유, 보건의학적 사유, 사회적 사유가 있는 경우 낙태를 허용한다. 핀란드는 '기간 방식'을 취하고 있지 않지만, 사회적 사유를 포한 여러 허용사유를 두고 있다. 핀란드 낙태법 제1조 제1호는 사회·경제적 사유로 다음을 규정한다. "아이의 출생 또는 육아가 임부와 그 가족의 생활조건 기타 상황과 관련하여 중대한 부담을 주는 경우"(제2호), "임부가 임신 시 만 17세에 달하지 아니하였거나 만 40세 이상인 경우, 또는 이미 4명의 아이를 출산한 경우"(제4호).

3. 일   본

1948년 제정된 우생보호법에 규정된 허용사유를 완화하여 해석하여 형법상 낙태죄 규정이 거의 사문화되어, 임신 후 22주까지의 중절은 널리 허용되었다.[89] 1996년 우생보호법은 모체보건법으로 개칭되었는데, 임신의 지속

국학회,『세계헌법연구』제16권 제3호(2010), 227-228면.

87) 상세한 내용은 전학선, "프랑스 헌법재판소의 임신중절 결정", 한국외국어대학교 법학연구소,『외법논집』제36권 제4호(2012)를 참조하라.

88) 이인영 I(각주 50), 52, 56-57, 60, 67면; 라티(각주 11), 328-336면.

89) 이호용(각주 86), 234면.

이나 분만이 신체적 또는 경제적 이유로 인해 모체의 건강을 현저히 해할 우려가 있는 경우 중절을 허용한다(제4조 제1항). 여기서 문언상 경제적 이유는 모체의 건강을 해할 정도를 요구하지만, 그 조사와 확인은 여성 본인의 신고만으로 이루어지는데 그친다.[90] 수술을 하는 의사는 여성 본인 및 배우자의 동의를 얻어야 하지만, 배우자를 알 수 없거나 배우자가 의사표시를 할 수 없거나 사망한 경우는 여성만의 동의로 수술을 할 수 있다. 허용사유에 대한 판단은 의사에게 위임되어 있고 판단은 엄격하게 이루어지지 않는다.[91]

4. 소 결

낙태를 비범죄화하는 대륙법계 유럽 대다수 나라는 '기간 방식'과 '허용사유 방식'을 결합하고 있으며, 전자의 경우 임신 12주 이내의 낙태를 제한 없이 허용하고 있다. 반면 영국, 영연방 국가 및 일본은 허용기간을 20~24주로 길게 잡고 있다는 점에서 차이가 있다. 우생학적 사유, 윤리적 사유, 보건의학적 사유 외에 사회·경제적 사유를 인정한다는 점은 공통적이다. 미국은 임신 12주 이내의 자유로운 낙태를 허용하는 입장에서 기한 방식을 포기하는 쪽으로 변화하지만, 허용사유가 널리 인정되고 있다는 점에서는 차이가 없다.

Ⅳ. 낙태죄 개정론과 해석론

모자보건법 제14조 제1항에 규정된 우생학적 사유, 윤리적 사유, 보건의학적 사유 등 낙태의 허용사유는 태아의 생명과 여성의 자기결정권 및

---

90) 임웅, 『형법각론』(개정판: 법문사, 2003), 104면.
91) 大谷 實, 『刑法講義各論』(2000), 59頁; 西田典之, 『刑法各論』(第2版, 2002), 20頁; 林 幹人, 『刑法各論』(1999), 43頁; 이기원, "낙태죄의 허용사유에 관한 비교법적 고찰", 조선대학교 법학연구원, 『법학논총』 제19권 제3호(2012), 413면.

재생산권 사이의 적정한 형량을 위한 최저선(最低線)으로, 반드시 유지되어야 한다. 그리고 동법이 제정되었던 1973년 이후 40년이 흐르면서 비약적으로 높아진 여성의 자기결정권 및 재생산권에 대한 인식을 반영하고, 법과 현실의 괴리 현상을 해소하여 법의 규범력을 높이고, 어쩔 수 없이 불법낙태를 선택했고 또한 선택할 수밖에 없을 무수한 여성의 죄책감을 풀어주고, 동시에 낙태를 예방할 제도적 조치를 마련하기 위하여 법 개정이 필요하며 그 이전이라도 새로운 법 해석이 필요하다고 주장하고자 한다. 이는 1980년 고 김기두 교수의 이하 제언의 연장선에 서 있다.

"양육가능성 없는 출생은 태아 자체의 불행일 뿐만 아니라 양친의, 나아가 사회의 불행의 씨가 되고 있다. ⋯ 물론 태아의 생명을 침해한다는 것은 중대한 법익침해가 될 것이지만 ⋯, 단순한 감상적 인도주의에 입각하여 낙태죄의 처벌을 주장하는 것은 지나친 것이며 과학적 합리주의에 입각하여 낙태죄를 재평가해야 할 것이다. 현실의 사회상황 하에서 임신·육아·출산이 여성의 인생에 어떠한 영향을 미치는가는 누구나 쉽게 추측할 수 있을 것이다. ⋯ 낙태를 전면적으로 허용한다는 것은 생명의 존중이라는 점에서 긍정할 수 없지만, 모자보건법의 개정이나 형법의 낙태죄 규정을 개정하여 보다 낙태허용사유를 넓힐 뿐만 아니라 안전한 낙태수술을 받을 수 있는 제도적 장치를 강구함으로써 사회에 만연되고 있는 비합법적 낙태를 합리적 임신중절로 전환시킴으로써 국민의 법의 법위에 대한 신뢰도를 높이고 임부의 생명·신체뿐만 아니라 태아의 생명도 안전하게 보호할 수 있도록 하여야 할 것이다."[92]

1. 배우자 동의 요건의 삭제

모자보건법 제14조 제1항은 낙태허용사유가 있는 경우에도 배우자(사실혼 관계 포함)의 동의가 있어야 한다고 규정하고 있다. 이는 두 가지 점에

---

[92] 김기두, "낙태죄에 관한 연구", 서울대학교 법학연구소, 『서울대학교 법학』 제20권 제22호(1980), 14, 23-24면.

서 위헌이다. 먼저 피임 실패에 단독 또는 공동책임이 있음에도 출산과
양육에는 책임을 지지 않으려는 남성이 많은 현실을 생각할 때, 이러한
요건은 부담은 지지 않고 자신의 아이는 갖고 싶은 남성의 이익만을 보호
하며, 여성의 자기결정권을 남성의 동의하에 두어 형해화(形骸化)시킨다.
이는 "배우자의 동의 여부에 가벌성이 좌우되는 법은 가부장제의 유물"93)
로 위헌 소지가 큰바, 삭제되어야 한다. 모자보건법의 요건이 충족되는
상황에서 여성이 낙태에 동의하는데 배우자가 동의하지 않는다면 결국
법원의 재판으로 가야 하는데, 이는 "부녀 자신의 신체에 대한 처분권을
법원에 인정하는 결과가 되므로 극히 불합리하다."94) 한편, 이 조항은 법
률혼 및 사실혼 배우자의 동의를 요구하고 있을 뿐, 이런 관계에 미치지
못하는 연애·동거 관계의 남성의 동의는 요구하지 않는다.95) 이는 혼인관
계에 있는 여성을 혼인관계에 있지 않는 여성에 비하여 비합리적으로 차별
하는 것으로 위헌이다. 2012년 헌법재판소 결정에서 이 점이 다루어지지
못한 점이 아쉽다.

상술하였듯이 미국 연방대법원은 배우자 동의 요건을 위헌이라고 결정
했으며, 주요 경제협력개발기구 나라 중 낙태법에 이런 요건을 설정하고
있는 나라는 없다. 1992년 법무부 형법개정안과 2010년 이영애 의원 대표발
의 모자보건법 개정안96)은 이 동의조항을 삭제한 바 있다.

2. 우생학적 허용사유 및 범죄적 허용사유의 재정리

모자보건법이 규정하는 우생학적 허용사유는 우생학적·유전학적 정
신장애 또는 신체장애, 전염성 질환에 한정되어 있다. 그러나 임신 중의

---

93) 이기헌·정현미, 『낙태의 허용범위와 허용절차규정에 관한 연구』(형사정책연구원,
  1996), 48면; 정현미 I, 698면. 이인영, "낙태죄 입법의 재구성을 위한 논의", 양
  현아 편, 『낙태죄에서 재생산권으로』(2005)[이하 '이인영 II'로 약칭], 145면도 같
  은 취지다.
94) 신동운·최병천(각주 1), 102면.
95) 박숙자(각주 32), 84면; 이기헌·정현미(각주 93), 47면; 이인영 II(각주 93), 144면.
96) 모자보건법 일부개정법률안(의안번호 9696), 제14조 제1항.

충격, 약물복용 등으로 인하여 태아가 손상을 입은 경우도 포함하는 법개정이 필요하다.[97] 1985년부터 시작되어 1992년 확정된 형법개정안은 모자보건법 관련 조항을 형법에 흡수하면서, "태아가 유전적 소질 또는 출생 전의 유해한 영향으로 인하여 건강상태에 중대한 손상을 입고 있거나 입을 우려가 뚜렷한 경우"를 낙태허용사유로 규정한 바 있다.

그리고 모자보건법이 규정하는 범죄적 허용사유는 강간·준강간에 의한 임신에 한정되어 있다. 그러나 이 범죄 외의 성범죄, 예컨대 미성년자간음죄나 형사특별법상의 성범죄로 인한 임신이 제외되어야 할 아무런 이유가 없다. 따라서 범죄적 허용사유를 "형법상 처벌될 수 있는 성범죄로 인하여 임신된 경우"로 규정하는 것이 타당하다.[98]

3. 사회·경제적 허용사유의 수용

모자보건법은 사회·경제적 허용사유를 수용해야 한다. 예컨대, 미성년자의 임신, 비혼 임신, 사실혼 관계에서 임신 후 헤어진 경우, 별거 또는 이혼소송 상태에서 발견한 법적 남편의 아이 임신, 이혼 후 발견한 전 남편의 아이 임신, 임신 후 남편이 사망·행방불명·실종된 경우, 혼인 중 출산한 아이의 양육이 현실적으로 불가능한 경우 등이 있다.[99] 현재로는 이러한 경우의 낙태는 모두 범죄이기에 낙태 여성은 비난받고 처벌받아야 한다. 2012년 헌법재판소 다수의견은 사회·경제적 사유에 의한 낙태를 허용하고 있지 아니한 것이 임부의 자기결정권에 대한 과도한 제한이라고 보기 어려우며, "사회적·경제적 사유로 인한 낙태로까지 그 허용의 사유를 넓힌다면, 자칫 자기낙태죄 조항은 거의 사문화되고 낙태가 공공연하게 이루어져 인간 생명에 대한 경시풍조가 확산될 우려마저 없지 않다."라고 말하고 있다.[100]

---

97) 박찬걸(각주 41), 20면; 이기헌·정현미(각주 93), 129면; 이인영 II(각주 93), 133, 142면.
98) 박찬걸(각주 41), 214면; 이기헌·정현미(각주 93), 129면; 이인영 II(각주 93), 142면.
99) 박찬걸(각주 41), 215면; 신동운·최병천(각주 1), 127면; 신현호, "낙태죄의 제문제", 한국법학원, 『저스티스』 제121호(2010.12), 388-389면.
100) 헌법재판소 2012.8.23. 선고 2010헌바402 전원재판부 결정.

그러나 국가가 형사처벌의 위협을 사용하여, 청소년 비혼모에 대한 보호나 지원 대책은 극히 저열함에도 미성년자에게 아이를 낳을 것을 요구하는 것, 비혼모와 "애비 없는 자식"에 대한 편견이 만연하고 비혼모가 사회·경제생활을 영위하는데 수많은 난관이 있는 사회에서 비혼여성에게 헤어진 애인의 아이를 낳으라고 요구하는 것은 국가의 직무유기를 여성에게 전가하는 것으로 형벌권의 오남용이다. 혼인관계가 파탄으로 가고 있거나 혼인 관계가 이미 종료했음에도, 국가가 형벌권을 동원하여 (전)남편의 아이를 낳으라고 요구하는 것은 여성의 몸을 남성의 종족확산의 통로로만 보는 봉건적 사고를 형법이 승인하는 것이다. 그리고 빈곤층의 육아와 자식교육 등에 대한 국가적 지원은 미흡한 상황에서 경제적 곤궁함이 심하여 기존 가족의 하루하루의 생계를 꾸리기도 급급한 여성이 선택한 낙태를 간단히 범죄로 규정하는 것은 경제적 억압에 규범적 억압을 더하는 것이다.

요컨대, 이상과 같은 사회·경제적 사유로 인한 낙태는 '당벌성'(Strafwürdigkeit)이나 '형벌필요성'(Strafbedürftigkeit)이 약하며,[101] 이를 범죄로 규정하는 것은 '과잉범죄화'이다. 이상의 점에서 저자는 이하 두 교수의 의견에 공감한다.

> "우리 사회가 기아(棄兒) 문제를 해결하고 떠맡을 능력이 없으면서 —낙태를 막을 사회안전망도 갖추어 놓고 있지 못하면서— 임부 개인에게는 낙태하지 말 것을 강요하는 모순적 현실을 직시해야 하지 않을까?"[102]

> "피임교육조차 받은 적이 없는 10대의 청소년들에게 일탈의 결과이나 할 수 없이 아이를 낳아야 한다고 할 수 있느냐, 준비가 되어 있지 않은 미혼의 여성에게 아이를 낳으라고 할 수 있느냐, 그 경우 남자들은 나몰라하고 돌아서는데 여성이 고스란히 떠안아서 아이를 낳아야 한다고 할 수 있느냐, 기혼자에게도 양육의 여유조차 없는 절망적인 상황에서 생각하지도 않은 아이를 낳아야

---

101) '당벌성'과 '형벌필요성'의 개념에 대해서는 임웅, 『비범죄화의 이론』(법문사, 1999), 9-10, 14-15면을 참조하라.
102) 임웅(각주 101), 387면.

한다고 할 수 있느냐는 물음에 마주치게 되면 누구든지 1년 이하의 징역에 처하는 법률규정을 지켜야 한다고 생각하지 않는다."[103]

그리하여 2005년 보건복지부와 고려대학교 산부인과 예방의학교실의 모자보건법 개정안은 '사회·경제적 이유' ─"사회경제적 이유로 인해 임신의 유지나 출산 후 양육이 어렵다고 판단되는 경우"─ 를, 2007년 보건복지부와 연세대학교 의료법윤리학연구소의 모자보건법 개정안 제1안은 '사회적 적응사유'를 추가할 것으로 제안하고 있다.[104]

그런데 배종대 교수는 아동 또는 미성년자의 임신으로 인한 낙태와 비혼 여성의 임신의 경우 등은 허용사유로 인정할 필요가 있다고 하면서도,[105] 기혼여성의 경제적 사유에 의한 낙태를 허용해서는 안된다고 주장한다.[106] 즉, 10대나 비혼모와는 달리 결혼에 수반하는 사회적 책임에 따를 수 있는 정신적·신체적 능력을 충분히 가지고 있음에도 "사소한 부주의로 원치 않는 임신의 결과를 초래했으므로 그들의 과실은 중과실에 속"하며, 당연히 그 책임을 져야 한다는 것이다.[107]

혼인생활을 약속하고 살고 있는 성인의 경우 10대나 비혼모보다 임신에 대한 책임이 높다는 점은 동의한다. 그렇지만 낙태의 허용 여부가 혼인여부에 달려있다고는 할 수 없다. 기혼여성의 경우 임신을 피할 수 있었음에도 주의의무를 다하지 않아 임신을 한 '중과실'이 있으므로 경제적 사유에 의한 낙태를 허용해서는 안된다는 주장은 기혼여성의 임신 상황을 너무 단순화한 것이다. 피임이라는 '주의의무'는 여성에게만 있지 않는데, 그 '중과실'이 아내 때문인지 또는 남편 때문인지 또는 공동책임인지 불분명한데 아내만 형사처벌의 책임을 져야 하는 것인지 의문스럽다. 그리고 임신에 관하여 기혼여성으로서의 '중과실'이 있다고 하더라도, 심각한 경제적 궁핍

103) 이인영 I(각주 50), 73-74면.
104) 법안 내용은 박형민(각주 9), 109-114면을 참조하라.
105) 배종대(각주 30), 241-242면.
106) 신동운·최병천(각주 1), 126-127면도 같은 의견이다.
107) 배종대(각주 30), 243면.

상태에 있는 기혼여성의 낙태를 경제적 여유가 있는 미성년자나 비혼여성의 낙태와 완전히 다르게 대우해야 할 이유는 없다.

요컨대, "임부의 불가피한 사회적 긴급상황은 다른 사유에 비하여 가벼운 것이라는 편견을 버려야"[108]하며, "임신의 지속이 임부에게 의학적 정당화 사유에 해당하는 것과 동일한 정도의 비중을 가지고 임부에게 중대한 위기상황을 야기하는 부담으로 미치는 경우에는 사회적 적용사유로서 수용해야 한다."[109] 그리고 한국 사회가 급속한 경제성장으로 부의 규모가 매우 커진 것은 사실이나 가구 소득이 가구원 수를 고려한 해당 연도의 최저생계비에 미치지 못하는 절대빈곤층이 상당히 존재한다는 점을 생각하면,[110] 경제적 허용사유를 원천적으로 배제하는 것에는 동의할 수 없다.

사회·경제적 허용사유를 일괄적으로 명문화하는 것이 부담스럽다면, 후술하듯이 임신 12주 내의 낙태를 비범죄화하는 기간 방식을 채택하여 우회적으로 이 문제를 해결할 수 있다. 이 시기 낙태의 다수는 사회·경제적 사유에 따른 낙태일 가능성이 높기 때문이다. 기간 방식을 채택하지 않더라도, 사회·경제적 허용사유 중 적어도 미성년자와 비혼여성의 낙태만큼은 허용사유로 추가할 필요가 있다.

---

108) 정현미(각주 6), 703면. 정 교수는 다음과 같이 말한다. "임부에게 낙태를 통해 건강에 대한 위험을 회피할 수 있도록 허용하면서, 그녀의 개인적인 인생계획이나 그녀의 직업적 목표, 그녀의 가족 상황 또는 다른 사후적인 사회적 문제들에 대해서는 주의를 기울이지 않는 것은 불충분할 뿐만 아니라 모순적이기도 하다"[정현미, "낙태규제에 있어서 형법의 효용성", 이화여자대학교 법학연구소, 『법학논집』 제16권 제2호(2011), 152-153면].

109) 이인영 I(각주 50), 79면.

110) 보건사회연구원의 조사에 따르면, 2005-2009년 동안 우리나라 네 가구 중 한 가구는 절대빈곤층을 경험했다[<한국경제>(2012.1.30.)(http://www.hankyung.com/news/app/newsview.php?aid=2012011276981: 2014.11.1. 최종방문); <머니투데이>(2012.1.30.)(http://www.mt.co.kr/view/mtview.php?type=1&no=2012013015265548970&outlink=1: 2014.11.1. 최종방문)].

4. '기간 방식'과 '허용사유 방식'의 결합 및 상담절차의 의무화

모자보건법 시행령 제15조 제1항에 따라 동법 제14조 제1항 허용사유에 따른 낙태도 임신 24주일 이내만 허용된다(2009년 시행령 개정 이전에는 28주일 이내였다). 그러나 이는 너무 획일적이다.[111] 오히려 임신 12주 이내의 낙태, 임신 12주에서 임신 24주까지의 낙태, 임신 24주 이후 낙태를 구분하고 요건을 차별화하는 것이 타당하다. 그 근거는 2012년 헌법재판소 결정에서 이강국, 이동흡, 목영준, 송두환 네 명의 재판관이 제출한 반대의견에서 잘 정리되어 있다.

"태아에 대한 국가의 보호의무에는 여성이 임신 중 또는 출산 후 겪게 되는 어려움을 도와주는 것까지 포함된다고 보아야 할 것이고, 국가는 생명을 보호하는 입법적 조치를 취함에 있어 인간생명의 발달단계에 따라 그 보호정도나 보호수단을 달리할 수 있다. 현대 의학의 수준에서는 태아의 독자적 생존능력이 인정되는 임신 24주 이후에는 임부의 낙태를 원칙적으로 금지하고, 임부의 생명이나 건강에 현저한 위해가 생길 우려가 있는 등 특단의 사정이 있는 경우에만 낙태를 허용함이 바람직하다. 임신 중기(임신 13주~24주)의 낙태는 임신 초기(임신 1주~12주)의 낙태에 비하여 임부의 생명이나 건강에 위해가 생길 우려가 증가한다는 점에서 국가는 모성의 건강을 증진하기 위하여 낙태의 절차를 규제하는 등으로 임신 중기의 낙태에 관여할 수 있다고 할 것이다. 그런데 임신 초기의 태아는 고통을 느끼지 못하는 반면, 임신 초기의 낙태는 시술방법이 간단하여 낙태로 인한 합병증 및 모성사망률이 현저히 낮아지므로 임신 초기에는 임부의 자기결정권을 존중하여 낙태를 허용해 줄 여지가 크다."

이러한 관점에서 저자는 '기간 방식'과 '허용사유 방식'의 결합을 제안한다. 먼저 임신 12주 내의 낙태는 허용사유를 묻지 않고 허용한다. 이 방식은 독일, 오스트리아, 스위스, 프랑스, 네덜란드, 스웨덴, 노르웨이 등의 법률과 미국 연방대법원의 1973년 'Roe v. Wade 판결'이 취하고 있다.[112] 12주

---

111) 박찬걸(각주 41), 218-219면.
112) 단, 스웨덴은 임신 18주 이내, 네덜란드는 임신 13주 이내 낙태를 비범죄화하여

를 기준으로 삼은 것은 태아의 독자생존능력과 임부에게 초래되는 해악의 정도 등을 고려한 것이다.

이러한 기간 방식에 따른 낙태 비범죄화는 "태아의 생명을 2등급의 생명으로 차등취급하는 발상"[113)]이고 "임신 3개월을 전후한 태아의 발육상태의 차이를 과학적으로 검증할 수 없다"[114)]라는 비판이 있고, 헌법재판소 다수의견도 '기간 방식'을 위헌이라고 보고 있음을 고려하자면, 2005년 보건복지부와 고려대학교 산부인과 예방의학교실의 모자보건법 개정안, 2007년 보건복지부와 연세대학교 의료법윤리학연구소의 모자보건법 개정안 제1안 및 핀란드 낙태법처럼, 임신 12주 내의 낙태 경우도 사회·경제적 사유를 포함한 여러 허용사유를 규정하는 방식을 채택할 수 있을 것이다.[115)] 한편 2010년 홍일표 의원 대표발의 모자보건법 개정안은 인공임신중절수술 허용 사유에 대통령령으로 정하는 사회·경제적인 사유를 추가하되, 임신한 날부터 12주 이내의 경우에만 할 수 있도록 하였는바 참고가 될 것이다.[116)]

중요한 것은 이 시기의 낙태에서 의사와의 상담 및 사회적 상담을 의무화하는 것이다. 의료적 상담 외에 사회적 상담을 의무화하는 것은 독일, 프랑스, 노르웨이, 핀란드 등의 예를 따르는 것인데,[117)] 임신 12주 내 낙태의 비범죄화에 대한 낙태금지론의 우려를 해소하고, 또한 여성의 낙태 여부에 대한 결정에 단지 의사만이 아니라 국가가 관여하는 장치를 마련하기 위함이다. 사회적 상담은 보건복지부 장관의 승인을 받은 자가 담당하며, 낙태에 대한 여성의 고민과 갈등을 청취하고 관련 정보를 제공하여 임부가 지식, 정보, 책임을 가지고 낙태 여부를 결정할 수 있도록 돕는다. 사회상담원이나 상담의사가 출산을 장려·강요하는 것은 금지되며, 낙태 이외의 대안, 국가

비범죄화 기간을 더 늘려놓고 있다.
113) 신동운·최병천(각주 1), 125면.
114) 법무부, 『형법개정법률안 제안이유서』(1992.10), 137면.
115) 박형민(각주 9), 110면; 라티(각주 11), 328-329면.
116) 모자보건법 일부개정법률안(의안번호 8153), 제14조 제1항 제6호 및 제4항.
117) 라티(각주 11), 333-334면; 이기헌·정현미(각주 93), 106-108면; 이인영 II(각주 93), 155-159면.

적·사회적 차원의 도움에 대한 정보 제공에 그쳐야 한다.[118]

둘째, 임신 12주 이내의 낙태와는 달리, 임신 12주부터 24주까지의 낙태는 모자보건법상의 ─상술한 방식으로 개정된─ 우생학적 사유, 윤리적 사유, 범죄적 사유, 보건의학적 사유, 사회·경제적 사유가 있는 경우 허용한다. 이는 노르웨이가 취하고 있는 방식이다. 물론 이 경우도 의학적 상담과 사회적 상담은 의무화해야 한다. 핀란드의 예를 따라, 사회·경제적 허용사유에 대한 객관적 판단을 위하여 낙태신청여성과 그녀의 가족의 생활조건 및 기타 상황에 대해서는 사회복지공무원의 보고서가 필요하도록 해야 한다.[119] 그런데 낙태금지론이 사회·경제적 사유 추가에 대하여 우려하고 있음을 고려하자면, 허용사유 전체에 대하여 스웨덴처럼 '국립보건복지이사회'[120]의 심사와 승인, 핀란드처럼 '전국의료법문제심의기구'[121]의 심사와 승인을 요건으로 설정하는 것을 고려할 수 있다.

마지막으로 임신 24주 이후의 낙태는 태아에게 심각한 이상이 있어 출생 후 생존이 불가능한 경우, 임신 유지나 출산이 모체의 생명에 직접적 위험을 주는 경우 등 보건의학적 이유가 있는 경우에 한하여 허용한다.[122]

이상의 모자보건법 제14조 개정안 내용을 도해화하면 다음과 같다.

---

118) 이기헌·정현미(각주 93), 110-111, 130-131면; 이인영 II(각주 93), 160면.
119) 라티(각주 11), 333면.
120) 이인영 I(각주 50), 52면.
121) 라티(각주 11), 329면.
122) 박형민(각주 9), 110-111면; 신현호(각주 99), 408면.

제1안	① 의사에 의한 임신 12주내의 인공임신중절수술은 처벌을 면제한다. ② 의사는 다음 각 호의 어느 하나에 해당되는 경우 임신 12주 이후 24주 이내의 임신중절수술을 할 수 있다. 　1. 태아가 유전적 소질 또는 출생 전의 유해한 영향으로 인하여 건강상태에 중대한 손상을 입고 있거나 입을 우려가 뚜렷한 경우 　2. 형법상 처벌될 수 있는 성범죄로 인하여 임신된 경우 　3. 법률상 혼인할 수 없는 혈족 또는 인척 간에 임신된 경우 　4. 임신의 지속이 보건의학적 이유로 모체의 건강을 심각하게 해치고 있거나 해칠 우려가 있는 경우 　5. 사회경제적 이유로 인해 임신의 유지나 출산 후 양육이 어렵다고 판단되는 경우 ③ 의사는 다음 각 호의 어느 하나에 해당되는 경우 임신 24주 이후의 인공임신중절수술을 할 수 있다. 　1. 임신유지나 출산이 모체의 생명에 직접적 위험을 주는 경우 　2. 제2항 제1호에 해당한다는 의사의 진단이 임신 24주 이후에 내려진 경우 ④ 제1항 내지 제3항의 인공임신중절수술 이전에 다음 각 호의 요건이 충족되어야 한다. 　1. 본인의 동의. 본인이 심신장애로 의사표시를 할 수 없을 때에는 그 친권자나 후견인의 동의로, 친권자나 후견인이 없을 때에는 부양의무자의 동의로 각각 그 동의를 갈음할 수 있다. 　2. 의사 및 보건복지부장관령에 따른 상담자격자와의 상담. 상담의 내용과 절차는 보건복지부장관령에 따른다.
제2안	① 의사는 다음 각 호의 어느 하나에 해당되는 경우 임신 24주 이내의 임신중절수술을 할 수 있다. 　1. 태아가 유전적 소질 또는 출생 전의 유해한 영향으로 인하여 건강상태에 중대한 손상을 입고 있거나 입을 우려가 뚜렷한 경우 　2. 형법상 처벌될 수 있는 성범죄로 인하여 임신된 경우 　3. 법률상 혼인할 수 없는 혈족 또는 인척 간에 임신된 경우 　4. 임신의 지속이 보건의학적 이유로 모체의 건강을 심각하게 해치고 있거나 해칠 우려가 있는 경우 　5. 사회경제적 이유로 인해 임신의 유지나 출산 후 양육이 어렵다고 판단되는 경우 ② 의사는 다음 각 호의 어느 하나에 해당되는 경우 임신 24주 이후의 인공임신중절수술을 할 수 있다. 　1. 임신유지나 출산이 모체의 생명에 직접적 위험을 주는 경우 　2. 제1항 제1호에 해당한다는 의사의 진단이 임신 24주 이후에 내려진 경우 ③ 제1항 내지 제2항의 인공임신중절수술 이전에 다음 각 호의 요건이 충족되어야 한다. 　1. 본인의 동의. 본인이 심신장애로 의사표시를 할 수 없을 때에는 그 친권자나 후견인의 동의로, 친권자나 후견인이 없을 때에는 부양의무자의 동의로 각각 그 동의를 갈음할 수 있다. 　2. 의사 및 보건복지부장관령에 따른 상담자격자와의 상담. 상담의 내용과 절차는 보건복지부장관령에 따른다.

5. 입법형식

현재 형법은 낙태를 범죄화하고 모자보건법은 제한적으로 허용하고 있다. 낙태를 비범죄화하는 법개정을 할 경우 입법형식을 어떻게 할 것인가에 대하여 견해 차이가 있다. 낙태의 허용기간과 허용사유만을 규정하는 것이라면 형법에 규정하는 것이 규범력을 높일 수 있다. 그러나 상담, 시술장소, 의료보험 등을 같이 규정할 필요가 있다는 점을 생각하면 특별법 형식을 취하는 것이 타당하다고 본다.[123]

6. 해석론—"모체의 건강"의 확대해석

이상과 같은 방식으로 모자보건법이 개정되기 전이라도 모자보건법상 허용사유에 해당하지 않는 낙태의 위법성을 해석을 통하여 조각하는 길을 찾을 필요가 있다.

모자보건법 제14조 제1항 제5호는 낙태를 허용하는 보건의학적 사유를 다음과 같이 규정하고 있다. "임신의 지속이 보건의학적 이유로 모체의 건강을 심각하게 해치고 있거나 해칠 우려가 있는 경우." 여기서 "모체의 건강"을 단지 육체적 의미의 건강으로 제한하지 않고 정신적·심리적 건강을 포괄하는 의미로 해석한다면,[124] 위법성이 조각되는 낙태의 범위가 넓어질 것이다. 그리고 이러한 해석은 문언의 가능한 범위를 넘어서지 않으며 피고인에게 유리하기도 하므로 허용된다. 상술한 1995년 오스트레일리아 'CES v. Superclinics Australia Pty Ltd 판결'[125]이 '정신적 건강'에는 "임신 또는 출산으로 초래될 수 있는 경제적 또는 사회적 스트레스의 효과"도 포함한다고 해석하였던바, 이는 시사하는 바가 크다. 우리 법원이 이러한 해석을 택한다면 법개정 없이도 사회·경제적 허용사유를 사실상 도입하는 효과를

---

123) 신현호(각주 99), 397-398면; 이기헌·정현미(각주 93), 36면; 이인영 II(각주 93), 119면.
124) 신동운·최병천(각주 1), 106-107, 128면; 이인영 I(각주 50), 58면.
125) (1995) 38 NSWLR 47.

가져올 것이다.

다음으로 모자보건법이 허용하지 않는 낙태를 형법 제22조의 긴급피난으로 해결하려는 시도도 가능할 것이다. 물론 학계나 판례는 '사회적 긴급피난'을 인정하지 않지만, 태아의 생명과 임부의 자기결정권이라는 두 개의 정당한 가치가 충돌하는 상황은 긴급피난의 전형적 상황에 비견될 수 있다. 임신 12주 이내는 후자가 본질적으로 우월하다고 볼 수 있기에 위법성이 조각되고, 임신 12주 이후에는 후자가 우월하다고 보기 어려우므로 책임이 조각되거나 형벌이 면제된다고 해석될 수 있을 것이다. 그리고 대법원은 '사회상규성'을 인정하는데 엄격한 경향을 보이고 있지만,[126] 낙태를 형법 제20조의 정당행위로 포섭하는 시도도 가능할 것이다. 고 유기천 교수는 다음과 같이 말한 바 있다. "낙태에 관한 국가적 견해와 일반대중의 견해가 변천되어, 오늘날 성행되는 가족계획의 사상이 이러한 낙태죄를 벌하지 않는 방향으로까지 이르게 된다면, 형법 제20조에 의하여 위법성이 조각되는 경우가 있을 것이다."[127]

V. 맺음 말

여성의 자기결정권과 재생산권을 존중하여 낙태의 허용 범위를 확장하면 태아의 생명 보호의 범위는 축소된다. 이 점에서 양자는 '제로 섬 게임' 관계에 있다. 헌법재판관들의 의견이 4 대 4로 갈린 것은 이러한 긴장의 반영이다. 태아의 생명 존중이라는 종교적·윤리적·철학적 원칙은 소중하지만, 동시에 현실 사회의 질곡을 자신의 몸으로 헤쳐 나가야 하는 여성의 삶에 대한 존중 역시 긴요하다. 모자보건법 제정 후 40년이 흐른 지금, 여성의 자기결정권 및 재생산권과 태아의 생명 사이의 형량은 새로이 이루어질

---

126) 대법원 1994.4.15. 선고 93도2899 판결; 대법원 1996.11.12. 선고 96도2214 판결; 대법원 2001.2.23. 선고 2000도4415 판결; 대법원 2004.8.20. 선고 2003도4732 판결.
127) 유기천(각주 42), 79면.

필요가 있다. 이때 종교계, 학계 및 국회는 가톨릭 신자인 공지영 작가의 다음과 같은 진솔한 고백과 제언에 귀를 기울이길 권한다.

> "나 역시 낙태의 경험이 있고 나 역시 그때 아직 어렸다. 임신 판정을 받고 거리를 배회하면서 흘렸던 눈물을 나는 아직도 기억하고 있다 … 죄의식 없는 낙태를 나는 반대하지만 죄의식 과잉으로 한 인간을 평생 떨게 만드는 일에도 나는 반대한다. 하지만 그 사이에 공간이 있어야 한다. 그리고 그 공간은 여자들의 인권이나 사회 제도적 불평등과 함께 고려되어야 한다."[128]

최근 프란치스코 교황도 동성애, 낙태, 이혼 등 가톨릭교회가 반대하는 관행에 더 동정심을 가져야 한다고 강조하며, 다음과 같이 말한 바 있다. "우리는 새로운 균형점을 찾아야 한다. 그렇지 않으면 교회 전체의 도덕적인 체계가 마치 카드로 지은 집처럼 붕괴할 위험이 있다."[129]

정반대로 낙태 처벌을 강화하자거나 낙태 허용사유를 더 좁게 해야 한다는 주장이 제기되고 있지만, 이러한 조치는 과잉도덕화된 형법을 낳을 것이며 법과 현실의 괴리의 폭을 더욱 심화시킬 것이라고 예상한다. 형법 규범과 형법 정책은 현실주의에 기초하여 수범자가 준수가능한 요구를 해야 한다.

낙태 감소는 낙태의 범죄화와 형사처벌로 이루어지는 것이 아니라, 청소년 시기부터 지속적·체계적 피임교육, 상담절차의 의무화, 비혼모에 대한 사회·경제적 지원, 입양문화의 활성화 등 비형법적 정책을 통하여 가능할 것이다. 이러한 비형법적 조치는 낙태 찬반론 모두가 동의할 내용일 것이다. 저자는 모자보건법 제정 50주년이 되는 2023년 이전에 저자의 낙태 비범죄화 제안이 국회에서 수용되기를 희망하지만, 현행 모자보건법 제14조 제1항이 그대로 유지된다고 하더라도 이러한 비형법적 조치만큼은 우선적으로 입법화되기를 희망한다.

---

128) 공지영(각주 47), 75면.
129) <경향신문>(2013.9.20.)(http://news.khan.co.kr/kh_news/khan_art_view.html?artid=201309201112161&code=970100: 2014.11.1. 최종방문); <동아경제>(2013.9.21.)(http://economy.donga.com/3/all/20130921/57739139/2): 2014.9.1. 최종방문).

제 4 장

학교체벌의 허용 여부와 범위

"나는 체벌은 어떤 상황에서도 옳지 않다고 생각한다. 나는 가벼운
체벌의 경우 그 폐해는 극히 적지만 아무 효험을 보지 못하고
호된 체벌은 잔인성과 야만성을 낳는다고 확신한다."

(버트런드 러셀)

I. 들어가는 말

우리 사회에서 학교체벌은 '사랑의 매'로 포장되어 정당화되어 왔다. 그 와중에 체벌은 오·남용되었고 많은 학생들의 정신적·육체적 피해는 연이어 발생했다. 대법원은 허용되는 체벌의 요건과 절차를 제시했지만, 이는 학교현장을 크게 바꾸지는 못했다. 통상 체벌은 신체적 고통을 가하는 방법에 따라 '직접체벌'과 '간접체벌'로 나뉜다. 전자는 도구나 신체를 사용하여 학생의 신체에 직접적인 고통을 가하는 것이며, 후자는 도구나 신체를 사용하지 않고 학생에게 의무 없는 일을 하게 함으로서 신체적 고통을 느끼게 하는 것이다.

그런데 2010년 2월 김상곤 경기도 교육감이 체벌금지를 명문화한 학생인권조례를 발표하는 것을 필두로 하여, 서울, 광주 등의 '진보교육감'들은 학생인권조례를 제정하여 학교에서의 체벌을 금지하였다. 교육과학기술부는 물론 보수적 교육단체를 포함한 보수진영은 이에 강하게 반발했지만, 이후 2011년 3월 '직접체벌'을 명시적으로 금지하는 초·중등교육법 시행령 개정이 이루어진다. 2012년 12월 서울시 교육감 재보궐선거에서 '보수단일후보'로 당선된 문용린 교육감도 체벌 반대라는 입장을 밝힌 바 있다. 2014년 4월 '민주진보단일후보'로 문 교육감을 꺾고 당선된 조희연 교육감 역시 확고한 체벌 반대의 입장을 가지고 있다.

이렇게 학교체벌과 관련된 법제도적 환경이 중대하게 변화하였기에 학교체벌의 허용 여부와 범위를 새로이 검토해야 할 필요가 있다. 이 글은 먼저 학생인권조례 제정 이전 학설과 판례를 검토하고, 동 조례의 제정 과정과 귀결을 정리·평가하고, 학교체벌에 대한 경제협력개발기구 소속 국가의 입법태도와 국제인권법의 입장을 살펴본 후, 개정 초·중등교육기본법 시행령이 허용하는 체벌의 위헌 여부 및 허용되는 체벌의 범위와 절차를 분석한다.

Ⅱ. 학생인권조례 제정 이전 학설과 판례

1. 학   설

교사의 체벌행위에 대한 학설의 입장은 크게 나누어 엄격한 요건 하에 체벌의 정당화를 인정하는 입장과 완전히 부인하는 입장으로 갈린다. 그런데 대부분 학설에서는 초·중등교육법과 초·중등교육법시행령의 조문에 대한 정밀한 분석이 이루어지지 못하고 있었다. 공통적으로 발견되는 문제점으로는 첫째, 초·중등교육법 제18조와 초·중등교육법시행령 제31조는 '징계'와 '지도'를 명백히 구별하고 '지도' 속에 신체적 고통을 가하는 체벌을 포괄하고 있음에도(초·중등교육법시행령 제31조 제8항), 이러한 구별을 무시한 채 체벌을 '징계'의 일환으로 설명하거나,[1] 둘째, 초·중등교육법과 초·중등교육법시행령상 체벌의 자격은 학교장에게만 부여되어 있는데, 학교장에 의한 체벌과 교사에 의한 체벌을 구별하지 않고 논지를 전개하였다는 점을 들 수 있다.

먼저 교사의 체벌을 법령에 의한 정당행위로 보는 견해가 있다. 임웅 교수는 체벌이 주관적 요건으로서 교육의 목적, 훈육의 목적으로 행해지며, 객관적 요건으로서 다른 징계수단으로는 그 목적을 달성할 수 없을 것, 필요한 한도 내에서 행해질 것, 징계대상자의 비행의 정도, 연령, 성별, 건강, 체력 등에 상응하는 징계인 경우에 허용될 수 있다고 본다.[2] 정성근, 박광민, 정영일, 이인영 교수 등은 행위가 행해진 구체적인 사정을 보아 교육의 목적 달성을 위하여 체벌의 필요성이 있고, 그 정도가 사회상규에 반하지 않는다

---

1) 이 점에 대해서는 윤용규 교수의 정확한 지적이 있다[윤용규, "교원의 학생 체벌에 관한 형법적 고찰", 한국형사법학회, 『형사법연구』 제21호(2004년 여름), 133-134면].
2) 임웅, 『형법총론』(개정판: 법문사, 2002), 201면.

면 허용된다고 한다.3) 한편 윤용규 교수는 대상판결의 입장과 동일하게, 학교장에 의해 체벌의 자격이 교사에게 위임될 수 있으므로, 교사의 체벌도 법령에 의한 행위로 보아야 한다는 의견을 제시한다.4)

다음으로 김일수, 서보학 양 교수는 초·중등교육법 제18조와 초·중등교육법시행령 제31조의 목적론적 해석상 체벌행위는 학교장이나 교사의 체벌은 법령상 허용된 행위가 아니며, 다만 그것이 교육목적으로 위하여 필요최소한의 조치였을 경우 업무로 인한 행위로 정당화된다고 보고 있다.5)

한편 교사의 체벌을 사회상규에 반하지 아니하는 정당행위로 보는 견해가 있다. 박상기 교수는 초·중등교육법이 규정하고 있는 학생에 대한 징계에는 체벌권이 포함되지 않으므로 체벌행위를 법령에 의한 정당행위라 볼 수는 없으나, 교육현장의 필요상 구체적 상황에서의 체벌필요성 여부 및 방법과 한계설정을 전제로 개별적·제한적으로 허용할 수 있다고 본다. 체벌의 방법·정도 등이 교육의 목표를 달성하기 위한 것으로서 사회상규에 위배되지 않으면(예: 단체로 실시하는 기합이나 손바닥을 몇 대 때리는 행위 등) 정당행위 중 기타 사회상규에 위배되지 않는 행위로 보는 것이 타당하다고 한다.6)

손동권 교수는 초·중등교육법은 교장에 의한 체벌행위만을 허용하고 있으므로 교사의 체벌행위는 법령에 의한 정당행위로 해석될 수 없으며, 단지 사회상규에 반하지 않는 행위로 위법성이 조각될 수 있을 뿐이라는 입장을 취하고 있다.7) 그리고 오영근 교수와 김성천, 김형준 양 교수는 교육현장에서 체벌은 없어져야 한다는 원칙을 표명하면서도, 교사에게는 법령상 체벌자격이 부여되어 있지 않으므로 사회상규에 반하지 아니하는 행위로서의 정당행위가 인정될 뿐이라는 견해를 밝히고 있다.8)

---

3) 이인영, "사회상규의 의미와 정당행위의 포섭범위", 한국형사판례연구회, 『형사판례연구』제13호(2005), 182면; 정성근·박광민, 『형법총론』(삼지원, 2001), 214면; 정영일, 『형법총론』(개정판: 박영사, 2007), 240-241면.

4) 윤용규(각주 1), 140면.

5) 김일수·서보학, 『새로 쓴 형법총론』(제11판: 박영사, 2006), 340, 342면.

6) 박상기, 『형법총론』(제6판: 박영사, 2004), 156면.

7) 손동권, 『형법총론』(개정판: 율곡출판사, 2004), 207, 216면.

8) 오영근, 『형법총론』(박영사, 2005), 300면; 김성천·김형준, 『형법총론』(제3판: 동

한편 체벌 자체를 완전히 부정하는 견해가 있다. 먼저 이재상 교수는 인간의 존엄과 가치를 존중하는 헌법정신과 교육의 목적에 비추어볼 때 체벌이 허용된다고 볼 수 없고, 초·중등교육법 제18조의 징계 또는 지도에는 초·중등교육법 시행령 제31조와의 관계에 비추어 체벌이 포함되지 않는다고 해석하고, 체벌은 다른 위법성 조각사유에 해당하지 않는 한 징계권의 행사로서 허용될 수는 없다고 한다.[9] 또한 정웅석 교수는 체벌의 내재된 폭력성 때문에 그 교육적 효과가 떨어지며, 체벌 이외에 상담, 격려, 벌점 등의 방법이 있다는 점에서 —학교장에 의하건 교사에 의하건— 학생에 대한 체벌은 허용될 수 없다는 입장을 취하고 있다.[10]

한편 배종대 교수는 초·중등교육법이 정하고 있는 학교장의 징계내용은 특별교육이나 선도처분이므로, 학교장의 징계에 체벌은 포함되지 않으며, 따라서 교사의 체벌권은 더욱 인정될 여지가 없다고 한다.[11] 천진호 교수도 체벌을 초·중등교육법 제18조의 '징계'로 해석하면서 여기에는 체벌이 포함되지 않으므로 허용되지 않는다는 견해를 표시하고 있다.[12]

2. 판 례

먼저 대표적인 두 개의 민사판결을 보자. 1988년 대법원은 교사가 자신의 체벌을 피하려는 학생에게 대걸레자루를 높이 치켜들고 때리려고 휘두르고 이를 피하는 학생의 머리를 구타한 사건에서 대법원은 이러한 교사의 행위는 정당행위에 해당하지 않는다고 판시하면서, 다음과 같이 설시한다.

현출판사, 2005), 305면.
 9) 이재상, 『형법총론』(제5판: 박영사, 2003), 278면.
10) 정웅석, 『형법강의』(제6판: 대명출판사, 2005), 206면.
11) 배종대, 『형법총론』(제8전정판: 홍문사, 2005), 315면. 단 배 교수는 초·중등교육법과 초·중등교육법시행령상 규정된 신체적 고통을 가하는 '지도'에 대해서는 언급하지 않고 있지만, 이러한 '지도' 역시 금지되는 것으로 파악하는 것으로 보인다.
12) 천진호, "'사회상규에 위배되지 아니하는 행위'에 대한 비판적 교찰", 한국비교형사법학회, 『비교형사법연구』 제3권 제2호(2002), 179-180면.

"교사의 학생에 대한 체벌이 징계권의 행사로서 정당행위에 해당하려면 그 체벌이 교육상의 필요가 있고 다른 교육적 수단으로는 교정이 불가능하여 부득이 한 경우에 한하는 것이어야 할 뿐 아니라, 그와 같은 경우에도 그 체벌의 방법과 정도에는 사회관념상 비난받지 아니할 객관적 타당성이 있지 않으면 안 된다고 할 것이다."13)

1990년 대법원은 교사가 다른 학생 10여 명과 함께 단체로 체벌을 받고 있던 중 갑자기 웃어버린 학생의 머리를 막대기로 때리고 구둣발로 여러 번 차서 학생에게 6주간의 치료를 요하는 상해를 입히고 후유장애로 일반노동능력의 70퍼센트를 상실시킨 사건에서, 그 교사는 징계의 목적으로 체벌을 가하는 교사로서 통상 요구되는 주의의무를 현저히 게을리 함으로써 상해의 결과를 초래한 중대한 과실이 있었다고 판단하면서, 다음과 같은 기준을 제시하였다.

"교사가 징계목적으로 학생에게 체벌을 가한 행위가 사회관념상 비난받을 행위로서 불법행위를 구성하는 경우에 그 교사에게 중대한 과실이 있었는지의 여부를 가려보기 위하여서는 체벌을 가하게 된 동기와 경위, 체벌을 가하는 방법과 정도 및 체벌을 가한 신체부위와 그 체벌로 인한 상처의 정도 등을 종합적으로 고려하여 체벌을 가하는 교사로서의 통상 요구되는 주의의무를 현저히 게을리 하였는지의 여부를 판단하여야 한다."14)

즉, 대법원은 교육상 체벌의 필요성이 있었는지, 체벌이 최후수단으로 사용되었는지 여부, 그리고 체벌의 동기와 경위, 체벌의 방법과 정도, 체벌을 가한 신체부위와 그 체벌로 인한 상처의 정도 등을 종합적으로 고려하여 체벌의 위법성을 판단해야 한다는 것이다.15)

---

13) 대법원 1988.1.12. 선고 87다카2240 판결.
14) 대법원 1990.2.27. 선고 89다카16178 판결.
15) 또 다른 민사판결에서 대법원은 교사가 수업시간에 가지고 오라고 한 시험지를 피해자를 비롯한 수명의 학생이 가지고 오지 않았다는 이유로 빗자루 막대기로 그 학생들의 종아리를 2대씩 때리는데 피해자가 욕설을 하므로 그를 "교단 앞에 꿇어앉힌 후 수업시간이 끝날 때까지 계속하여 주먹으로 뺨과 머리를 수십 회 구타"하여 실명을 야기한 것은 일반적으로 용인되는 교육업무상의 정당한 행위

이러한 기준은 형사판례에서도 관철된다. 간략히 정리하자면, 중학교 교장직무대리자가 "훈계의 목적으로 교칙위반학생에게 뺨을 몇 차례 때린 것"은 징계의 방법으로서 사회관념상 비난의 대상이 될 만큼 사회상규를 벗어난 것으로는 볼 수 없지만,[16] 반면 교육자가 "대나무 막대기로 나이어린 피교육자의 전신을 수회 구타하여 상해까지 입힌" 것은 징계권의 범위를 일탈한 것이며,[17] 교사가 학생이 자신에게 욕설을 한 것으로 오인하고 격분하여 "피해자가 욕설을 하였는지 확인도 하지 않을 정도로 침착성과 냉정성을 잃"은 채로 "좌우 주먹으로 위 피해자의 얼굴 양측두부를 각 1회씩 구타하여 동인을 실신시키고 동인에게 전치 10일을 요하는 쇼크 및 양측측두부 타박상의 상해를 입힌" 것은 징계권의 범위를 일탈한 위법한 폭력행위라고 보았다.[18] 그리고 교사가 국민학교 5학년인 피해자를 양손으로 교탁을 잡게 한 다음 길이 50센티미터, 직경 3센티미터 가량 되는 나무 지휘봉을 거꾸로 잡고 엉덩이를 두 번 때리고, "아파서 무릎을 굽히며 허리를 옆으로 트는 피해자의 엉덩이 위 허리부분을 다시 때려 6주간의 치료를 받아야 할 상해까지 입힌" 경우 그 징계행위는 그 방법 및 정도가 교사의 징계권행사의 허용한도를 넘어선 것으로서 정당한 행위로 볼 수는 없고,[19] 교사가 학생을 엎드리게 한 후 몽둥이와 당구큐대로 그의 둔부를 때려 3주간의 치료를 요하는 상해를 입힌 것은 비록 제자를 훈계하기 위한 것이었다 하더라도 이는 징계의 범위를 넘는 것이라고 판시하였다.[20]

3. 체벌 허용요건에 대한 지도적 판결
― 대법원 2004.6.10. 선고 2001도5380 판결

이 판결의 사실관계는 다음과 같다. 여자중학교 체육교사 겸 태권도

를 벗어난 위법행위라고 보았다(대법원 1991.5.28. 선고 90다17972 판결).
16) 대법원 1976.4.27. 선고 75도115 판결.
17) 대법원 1978.3.14. 선고 78도203 판결.
18) 대법원 1980.9.9. 선고 80도762 판결.
19) 대법원 1990.10.30. 선고 90도1456 판결.
20) 대법원 1991.5.14. 선고 91도513 판결.

지도교사인 피고인은 1999년 3월 자신이 체육교사로 근무하는 충남 모 여중
학교 운동장에서 피해여학생들이 "무질서하게 구보한다."는 이유로 손이나
주먹으로 두 차례 머리 부분을 때리고, 자신이 신고 있는 슬리퍼로 피해여학
생의 양손을 때렸으며, 같은 달 태권도대회출전과 관련해 질문하는 유 모양
등 2명에게 낯모르는 학생들이 보는 가운데 "싸가지 없는 년"이라고 욕설하
여 폭행·모욕혐의로 기소되었다. 제1심과 항소심은 유죄를 인정하고 벌금
100만원을 선고하였다. 피고인은 "자신의 행위가 교육목적상 정당한 징계
행위이므로 정당행위"임을 주장하며 상고하였다. 이에 대법원은 피고인이
행한 체벌이 정당행위에 해당하지 않는다며 상고를 기각하였다.

먼저 이 판결에서 대법원은 초·중등교육법시행령상 '지도'로서의 체벌
의 법적 지위를 확인한다. (구)초·중등교육법시행령 제31조 제1항은 학교
내의 봉사, 사회봉사, 특별교육이수, 퇴학처분 등 학생에 대한 '징계'를 제한
적으로 규정하고 있고, 제7항은 '징계' 외의 '지도'를 규정하고 있다. 제7항
은 "학교의 장은 … 지도를 하는 때에는 교육상 불가피한 경우를 제외하고
는 학생에게 신체적 고통을 가하지 아니하는 훈육·훈계 등의 방법으로 행하
여야 한다."라고 규정하고 있는바, 그 '지도'는 원칙적으로 신체적 고통을
가하지 않는 방식으로 이루어져야 하지만 "교육상 불가피한 경우"에는 예외
가 있음을 밝히고 있다. 여기서 통상 '체벌'로 불리는 행위는 법상 '신체적
고통을 가하는 지도'의 일종이라고 정리할 수 있다.21) 이전의 판례나 학설의
경우 '징계'와 '지도'를 혼동하여 논의를 전개하고 있었던바, 대상판결은
이 점을 바로 잡은 것이다.22)

둘째, 교사의 체벌권은 학교장의 '위임'에 따라 인정된다고 밝혔다. (구)
초·중등교육법시행령 제31조 제7항은 신체적 고통을 가하지 않는 지도이
건 가하는 지도이건 학생에 대한 지도권은 학교장에게 있음을 규정하고
있다. 그런데 우리 교육현실에서 체벌, 즉 '신체적 고통을 가하는 지도'는
대개 학교장이 아니라 교사에 의해서 이루어진다. 이전 판례나 학설은 이러

21) 윤용규(각주 1), 133면.
22) 이인영(각주 3), 189면.

한 교사의 체벌이 어떻게 정당화되는가에 대하여 명확한 답을 주지 않았는데, 이 판결에서 대법원은 초·중등교육법령에 따르면 교사는 "학교장의 위임을 받아" 체벌을 할 수 있다고 명시적으로 답하고 있다. 헌법재판소도 관련 법규를 종합하여 해석하면서, "비록 체벌이 교육적으로 효과가 있는지에 관하여는 별론으로 하더라도 교사가 학교장이 정하는 학칙에 따라 불가피한 경우 체벌을 가하는 것이 금지되어 있지는 않다."라고 결정한 바 있다.23)

셋째, 대법원은 체벌의 위법성 판단기준을 종합적으로 제시하였다. 이 판결은 Ⅱ.에서 소개한 대법원 1988.1.12. 선고 87다카2240 판결과 같이, 교육상 체벌의 필요성이 있었는지, 체벌이 최후수단으로 사용되었는지를 따져보아야 한다고 말한다. 그리고 교사의 체벌이 정당행위로 인정받을 수 없는 예로, ① 학생에게 체벌의 교육적 의미를 알리지도 않은 채 지도교사의 성격 또는 감정에서 비롯된 지도행위, ② 다른 사람이 없는 곳에서 지도할 수 있음에도 낯선 사람들이 있는 데서 공개적으로 체벌·모욕을 가하는 행위, ③ 학생의 신체나 정신건강에 위험한 물건 또는 교사가 신체를 이용해 부상의 위험성이 있는 부위를 때리는 행위, ④ 학생의 성별·연령·개인 사정에 따라 견디기 어려운 모욕감을 준 행위 등을 구체적으로 열거하였다.

이상은 종전 판례에서 확인되었던 사항들을 종합하여 정리한 것이다. 과거의 기준에 비하여 새롭게 부각되는 점은 ①, ②, ④이다. ①은 체벌 전에 그 교육적 의미를 학생에게 고지하여야 한다는 점을 밝히고 있고, ②는 체벌이 학생의 인격을 존중하여 원칙적으로 다른 사람이 없는 장소에서 이루어져야 함을 요구하고 있으며, ④는 신체에 직접 고통을 가하는 체벌은 물론, 학생에 대한 모욕적 언사도 형사처벌의 대상이 될 수 있음을 밝히고 있다.

과거 판례에서는 체벌의 정당행위 여부를 판단하기 위한 여러 기준을 제시하였지만, 실제로는 체벌이 상해의 결과를 야기했는가가 가장 중요한 기준을 작동한 것처럼 보인다. 그러나 교사의 체벌행위는 그 자체가 적정한

---

23) 헌법재판소 2000.1.27. 선고 99헌마481 결정.

교육행위인가 여부를 따져 판단되어야지 결과발생을 기준으로 판단하는 것은 주객이 전도된 것이었다.[24] 이에 비하여 대상판결은 행위를 중심으로 허용되지 않는 체벌의 유형을 명시적으로 제시하였던바, 불법 체벌을 통제하는데 중요한 기여를 하였다.

Ⅲ. 학생인권조례가 야기한 논쟁과 변화

1. 2010년 이후 체벌 금지를 포함한 학생인권조례 제정
    — '유엔아동권리위원회' 권고의 수용

2009년 4월 8월 경기도 교육감 선거 이후 선출된 다수의 '진보교육감'들은 학생인권조례 제정을 추진한다. 그 출발은 경기도 교육청이었는데, 2010년 2월 김상곤 경기도교육감은 체벌금지를 명문화한 학생인권조례를 발표하여 입법예고하였고, 동년 9월 17일 조례안이 도의회를 통과하고 10월 5일 공포·시행되었다. 광주시 교육청도 장휘국 교육감이 발의한 조례안이 2011년 10월 5일 시의회를 통과하였고, 2012년 1월 1일 시행되었다.[25] 서울시 교육청의 경우 초등학생에게 가혹하게 체벌을 가한 '오장풍 교사'[26] 사건이 큰 사회적 물의를 일으키자 2010년 7월 곽노현 전 교육감은 체벌 금지를 지시하였고, 이후 주민발의 절차를 거쳐 체벌 금지를 포함한 12월 19일 학생인권조례 주민발의안이 시의회를 통과하고, 2012년 1월 26일 공포·시행되었다.

---

24) 심재무, "징계권의 한계", 한국비교형사법학회, 『비교형사법연구』 제2권 제3호 (2000), 63-64면.
25) 동 조례 제정의 상세한 배경과 과정에 대해서는 안진, "광주광역시 학생인권조례의 내용과 과제", 전남대학교 법률행정연구소, 『법학논총』 제31집 제3호(2011), 708-713면.
26) 이 교사는 "손바닥으로 한 대만 맞아도 날아간다."는 의미에서 '오장풍'으로 불리고 있었는데, 학생 구타 동영상이 공개된 후 해임되었다.

이러한 학생인권조례 제정은 Ⅳ.에서 상술할, "모든 형태의 체벌을 명백하게 금지"하라는 '유엔아동권리위원회(UN Committee on the Rights of the Child)'의 권고를 지방 교육청 차원에서 수용한 것이다. 그리고 김영삼 정부 하 '대통령 자문 교육개혁위원회' 1997.6.2.자 보고서의 다음과 같은 제안을 수용한 것이기도 하다.

> "(체벌은) 21세기를 살아가게 될 신세대의 감각에 맞는 효과적인 생활지도 수단이 아니며 교육적 효과보다는 학생의 정신적 상처를 유발시키고 폭력을 재생산하는 부작용을 초래할 수 있으므로 학생의 인간적 존엄성이 존중되는 풍토를 조성하기 위하여 학교 내에서의 체벌을 금지하고 이를 교육 관련법에 반영토록 한다."[27]

학생인권조례에 대하여 진보적 교원단체인 '전국교직원노동조합(이하 '전교조'로 약칭)' 및 진보 성향 언론들은 환영의 뜻을 표했다.[28] 그러나 보수적 교원단체인 '한국교원단체총연합회(이하 '한국교총'으로 약칭)' 및 보수성향 언론들은 학교질서 붕괴, 교권 침해 가능성 등의 이유로 반대하였다.[29]

한편 2010년 11월 서울시 교육청은 <소통과 배려가 넘치는 평화로운 학교 만들기 —문제행동 유형별 학생생활지도 매뉴얼>을 일선 학교에 배포했다. 이 매뉴얼은 용의복장 규정 위반, 음주 및 흡연, 학습태도 불량, 교사에 대한 불손한 언행, 수업지도 방해 행동 등 교실에서 발생하는 문제행동을 총 18가지로 분류하고, '이렇게 지도해 보세요', '이렇게도 할 수 있어요', '그래도 안 될 때는' 등 3단계로 나눠 각 문제행동에 대한 대응 방안을 제시

---

27) 김성기, 『학생체벌, 왜 금지되어야 하는가』(대통령자문교육위원회, 1997).
28) 전국교직원노동조합, "한국의 학교, 체벌은 없다. 소모적인 논란을 반대한다." (보도자료 2010.7.23.); "최근 연이은 학생의 교사 폭행에 대한 입장"(보도자료 2010.12.21.)(http://www.eduhope.net/commune/list.php?board=eduhope-4: 2014.11.1. 최종방문).
29) 한국교원단체총연합회, "체벌, 사회적 합의안 마련하자!"(보도자료 2010.7.20.); "빼앗긴 '교편', 교육자는 통탄한다!"(보도자료 2010.11.1.)(http://www.kfta.or.kr/news/list.asp?bName=news&s_div=1&pageNum2=2: 2014.11.1. 최종방문).

했다. 동 매뉴얼은 체벌 대체 프로그램으로, '성찰 교실'로의 격리, 생활평점제 운영, 학생자치법정 운영, 봉사명령, 학부모 면담 등을 제시하였다.[30]

2. 교육과학기술부의 대응과 초중등교육법 시행령 개정
─ '직접체벌'의 명시적 금지

'진보교육감'들에 의해 학생인권조례 제정이 가시화되자, 2011년 1월 18일 이주호 교육과학부 장관은 직접체벌은 금지하고, 교실 뒤 서 있기, 운동장 걷기, 팔굽혀 펴기 등 간접체벌은 허용하는 <인성 및 공공의식 함양을 위한 학교문화 선진화 방안>을 발표하였다.

교과부는 동 방안에서 체벌금지 이후 교사의 지도에 불응하면서 교사에게 욕설을 하거나 (성)희롱하고 폭행을 가하는 교실붕괴 현상이 초래되었고, 그 결과 교사의 교육활동이 위축되어 대다수의 학생들의 학습권이 침해되고 있다고 파악하였다. 그리고 체벌금지 이후에도 여론은 체벌이 필요하다는 쪽이 다수라는 한국교육개발원 조사를 인용하고, 일부 시·도교육청에서 체벌 대체지도 방안은 현장적합성이 미흡하고 평가하였다. 교과부는 간접체벌 실시의 구체적인 절차와 방법, 범위와 수준 등은 학교구성원의 의견을 수렴하여 학칙으로 결정할 수 있도록 하였다.

그리하여 2011년 3월 18일 대통령령 제22712호로 초중등교육법 시행령이 개정된다. 개정 전 동 시행령 제31조 제7항은 "학교의 장은 법 제18조 제1항 본문의 규정에 의한 지도를 하는 때에는 교육상 불가피한 경우를 제외하고는 학생에게 신체적 고통을 가하지 아니하는 훈육·훈계 등의 방법으로 행하여야 한다."였다. 문언해석만으로는 "교육상 불가피한 경우"에는 체벌 ─직접체벌이건 간접체벌이건─ 이 허용된다고 볼 수 있는 조항이었다.

이에 비하여 개정된 초중등교육법 시행령 제31조 제8항은 "학교의 장은 법 제18조 제1항 본문에 따라 지도를 할 때에는 학칙으로 정하는 바에 따라 훈육·훈계 등의 방법으로 하되, 도구, 신체 등을 이용하여 학생의 신체에 고통

---

30) 이 매뉴얼은 http://cafe.naver.com/ket21/3354(2014.11.1. 최종방문)에서 입수가능하다.

을 가하는 방법을 사용해서는 아니 된다."(강조는 인용자)로 바뀌었다. 개정 법령
은 직접체벌 금지를 명백히 선언한 것이다. 그런데 동조에는 '신체의 주체'에
대한 언급이 없기에 학생 자신의 신체가 이용되는 간접체벌도 금지된다는
주장이 가능할 것이다. 그렇지만 교육부장관의 발언과 <인성 및 공공의식
함양을 위한 학교문화 선진화 방안>의 내용을 고려하자면 학생의 신체가 이
용되는 체벌, 즉 간접체벌은 허용될 수 있다는 해석이 입법취지에 부합한다.

개정 전후 초중등교육법 시행령의 차이를 도해화하면 다음과 같다.

	체벌 이외 훈육·훈계의 우선성	"교육상 불가피한 경우"란 문언	직접체벌과 간접체벌의 구별
개정 전 초중등교육법 시행령 제31조 제7항	○	○	X
개정 후 초중등교육법 시행령 제31조 제8항	○	X	○

3. 평 가

학생인권조례 제정 이전 교과부, 한국교총과 보수언론 등은 직접체벌
과 간접체벌 모두 필요하다는 입장을 고수하고 있었다. 구 초·중등교육법
시행령은 체벌 일반을 예외적으로 허용하고 있었고, 대법원 판례도 엄격한
요건이 충족될 때만 체벌은 정당화된다고 보았지만, 학교 현실에서 체벌은
광범하게 그리고 엄격한 통제 없이 무차별적으로 사용되고 있었다. 구 시행
령의 "교육상 불가피한 경우" 요건은 체벌 오남용의 통제기능을 하지 못하
였으며, 체벌은 '최후수단'이 아니라 '최선(最先)수단'으로 사용되는 일이
다반사였다. 김은경 박사의 다음과 같은 지적은 통렬하다. "현재 한국의
학교현장은 훈육의 이름 아래 폭력불감증과 체벌중독증에서 벗어나지 못하
고 있다."[31] 그리고 교사의 체벌이 형사사건화되는 경우는 법령과 판례의
취지가 작동되지만, 법령과 판례의 요건을 지키지 않고 행사되는 체벌이

---

31) 김은경, "체벌불가피론과 학생인권", 한국사회문화학회, 『사회와 문화』 제11집
    (2000), 93면.

형사사건화되지 않고 묻히는 경우도 허다하였다. 그 결과 법령과 판례가
설정한 원칙과 예외는 전도되었고, 그 규범력은 추락했다.

2002년 6월 교육인적자원부는 학교생활규정(안)에서 체벌의 기준으로
"별도의 장소에서 제3자를 동반하여 실시, 체벌 도구는 지름 1.5cm내외·
길이 60cm이하의 직선형 나무, 체벌 부위는 남자 둔부·여자 대퇴부, 1회
체벌봉 사용 횟수는 10회 이내" 등을 제시하였고, 일선 학교의 학칙도 이에
따라 만들어졌다. 그러나 이 정도의 기준도 학교현장에서는 잘 지켜지지
않았다. 윤용규 교수는 구 초·중등교육법 시행령에 따라 만들어진 학칙은
신체이용 체벌은 허용하지 않고 일정 조건하에서 도구이용 체벌만 허용하며
간접체벌은 금지하고 있었다고 해석하면서, 구 초·중등교육법 시행령은
"완충적 입법이자 고뇌와 성찰이 담긴 입법"이고 직접체벌만 금지하는 신
초·중등교육법 시행령은 "퇴행적 입법"이라고 평가한다.[32)

구 초·중등교육법 시행령에 따른 학칙의 문언으로만 보면 윤 교수의
해석이 타당할 수 있다. 그런데 실제 학칙의 상위규범인 구 시행령은 직접체
벌과 간접체벌이 모두 예외적으로 허용될 수 있도록 기술되어 있다. 또한
구 시행령에 따라 만들어진 학칙하에서 간접체벌은 여전히 사용되었다. 윤
교수도 인정하듯이, "구조항 등은 적용되지 않음으로써 현실과 겉돌았고,
이런 상황에서 체벌의 관성은 더 오래 유지되었다."[33) 물론 이러한 현상은
구 초·중등교육법 시행령의 문언 때문만은 아니며, 원칙과 예외를 전도시킨
관계자의 의식과 행태 때문이다.

그렇지만 저자는—모든 체벌 금지가 이루어지기 이전 단계에서— 직접
체벌은 명시적으로 금지하고 간접체벌은 일정 조건하에서 허용할 수 있도록
한 신 초등교육법 시행령이 학교현장에서 벌어지는 체벌의 오남용을 막는데
더 나은 입법이라고 생각한다. 직접체벌은 교사의 신체나 도구를 사용하여
학생의 신체에 직접 고통을 가하는 것이기 때문에, 학생이 받은 정신적 충격

32) 윤용규, "체벌논의에 대한 반성적 고찰: 체벌법규의 해석을 중심으로", 한국형사
정책연구원, 『형사정책연구』 제23권 제3호(통권 제91호, 2012년 가을), 181-182면,
각주 48, 189-190면.
33) *Ibid.* 193면.

이나 인격적 모멸감이 간접처벌에 비하여 매우 커진다. 그리고 직접체벌에
서는 학생의 반응에 따라 교사가 흥분할 가능성과 그에 따라 체벌이 과도하
게 진행될 가능성이 상존하고 있다. 또한 직접체벌의 교육적 효과가 얼마나
있는지, 간접체벌에 더하여 '직접체벌'을 반드시 가해야 할 교육적 필요성이
있는지도 의문스럽다.

사실 직접체벌이라는 건조한 용어 뒤에 실재하는 것은 야만적 폭력인
경우가 많다. 손바닥이나 슬리퍼로 뺨을 때리고, 주먹이나 발로 난타하고,
발로 짓밟고, 머리를 벽에 쳐 박으며, 대걸레 자루, 야구방망이, 아이스하키
채, 각목, 죽도, 삽자루 등이 휘둘러진다. 규율이 강하게 요구되는 군대, 범죄
인을 수감하고 있는 교도소나 소년원 등에서도 직접체벌은 일체 금지되는
데,[34] 교육을 목적으로 하는 학교에서 직접체벌이 허용될 수 있다는 주장은
—예외적이라고 설정하고 여러 조건을 부과해놓더라도— 정당성의 근거가
극히 취약한 것이었다. 신 초·중등교육법 시행령은 이러한 직접체벌을 전면
금지하여 허용되는 체벌의 범위를 대폭 줄였고, 교사의 직접체벌 사용 유혹
을 억지하였다.

이 점에서 저자는, 직접체벌의 경우 "상대적으로 약자에 해당하는 학생
측의 인권보호를 위해서는 위법성조각사유로서 일정한 예외를 허용하는
것 보다는 처음부터 예외사유를 허용하지 않는 것이 바람직하다."[35]는 박찬
걸 교수의 견해에 동의한다. 개정된 초·중등교육법 시행령 제31조 제8항에
따라 간접체벌은 형법 제20조의 '법령에 의한 행위'로 위법성이 조각될 수 있지
만, 직접체벌은 그럴 수 없다. 단, '꿀밤 먹이기'나 '딱밤 때리기' 같은 정도의
경미한 직접체벌은 형법 제20조의 '사회상규에 위배되지 아니하는 행위'로
위법성이 조각되는 기회를 가질 것이다. 그러나 그 외의 직접체벌의 위법성

---

34) 군인복무규율 제15조 제1항은 다음과 같다. "군인은 어떠한 경우에도 구타·폭언
   및 가혹행위 등 사적 제재를 행하여서는 아니 되며, 사적 제재를 일으킬 수 있
   는 행위를 하여서도 아니 된다." 보호소년 등의 처우에 관한 법률이 허용하는
   징계(제15조)에도 체벌은 포함되지 않는다.
35) 박찬걸, "교원에 의한 체벌행위의 정당성과 그 허용범위", 한국형사정책연구원,
   『형사정책연구』제22권 제1호(통권 제85호, 2011년 봄), 54면.

조각에 대한 심사는 매우 엄격하게 이루어져야 한다.

이 점에서 학생인권조례 제정 이후 교과부와 한국교총이 직접체벌 전면금지에 동의하게 된 것은 만시지탄이지만 다행한 일이었다. 이상의 점에서 Ⅱ. 3.에서 소개한 대법원 2004.6.10. 선고 2001도5380 판결도 공식 변경되어야 한다. 그리고 2010년 11월 서울시 교육청의 <문제행동 유형별 학생생활지도 매뉴얼>은 국가기관이 최초로 제시한 구체적인 체벌 대체방안이었다. 체벌의 필요성 및 체벌 금지의 범위에 대한 이견과 별도로 이 매뉴얼의 문제의식과 제안은 공유되어야 한다.

Ⅳ. 학교체벌에 대한 주요국 입법례와 국제인권법의 요청

1. '경제협력개발기구' 나라의 현황

학생인권조례 제정과 초·중등교육법 시행령 개정 이후 학교체벌의 허용범위와 절차를 논의하기 전에 경제협력개발기구(OECD) 소속 주요 국가를 중심으로 입법례를 검토하기로 한다.[36) 기존 연구 중에는 부정확한 정보를 제공하거나 최신 상황을 반영하고 있지 못하고 있는 것이 많기에, 주요 국가의 입법례를 총괄적으로 재정리할 필요가 있다.

(1) 유   럽

스웨덴은 입법을 통하여 나라 전체에서 학교체벌을 금지한 세계 최초의 나라다(후술하듯이 미국 뉴저지 주는 1867년 학교체벌을 금지하였지만 이는 주 차원의 금지이다). 1918년 교육법 개정을 통하여 초등학교에서의 체벌을 금지한 이후 1962년에는 모든 학교에서 체벌을 금지하였고, 1966년 아동과 부모에

---

36) 학교체벌의 허용 및 금지에 대한 전세계적 현황 요약은 Global Initiative to End All Corporal Punishment of Children이 만든 이하 표를 참조하라. http://www.endcorporalpunishment.org/pages/progress/table_a-d.html(2014.11.1. 최종방문).

관한 법률(Children and Parents Code) 개정으로 부모의 체벌권도 삭제했다.[37] 노르웨이, 핀란드, 덴마크 등 다른 북구 나라들도 같은 법적 조치를 취한다.

독일은 2000년 민법 개정으로 가정에서의 체벌을 금지하였다.[38] 학교 체벌은 1973년부터 주에서 금지되기 시작하여 1980년 바이에른 주가 마지막으로 학교체벌을 금지함으로써 독일 모든 학교에서 체벌이 금지되었다.[39] 오스트리아는 1974년 학교교육법 제47조 제3항에서 학교체벌을 금지하였고,[40] 1989년에는 가정에서의 체벌도 금지하였다.[41] 프랑스의 경우 행정규칙으로 학교체벌을 금지하고 있으나, 판례는 교육적 목적으로 가진 체벌은 인정하고 있다.[42]

(2) 영연방 국가

코몬로는 학교에서 학생에 대한 교사의 체벌을 인정하였으나, 현대에 들어와 영연방 국가는 입법으로 학교체벌을 금지하고 있다.

먼저 잉글랜드는 1986년 교육법 제48조에 따라 공립학교 및 국가의 지원을 받는 학교에서의 체벌을 금지하였고,[43] 1988년에는 사립학교에서의 체벌도 금지하였다. 오스트레일리아는 주별로 차이가 있는데, 오스트레일리아 수도지역, 뉴사우스 웨일즈, 태스매니아에서는 모든 학교에서 체벌이 금지되고, 빅토리아, 웨스턴 오스트레일리아, 퀸스랜드 등에서는 공립학교에서의 체벌만 금지된다.[44] 잉글랜드과 오스트레일리아의 경우 가정에서

---

37) Ministry of Health and Social Affairs & Ministry of Foreign Affairs(Sweden), Ending Corporal Punishment(2001), 11-12면. 스웨덴 입법사례에 대해서는 홍신기·김현욱·권동택, "주요국의 아동 체벌 금지 입법 사례와 시사점", 한국비교교육학회, 『비교교육연구』 제20권 제1호(2010), 35-37면을 참조하라.
38) Bürgerliches Gesetzbuch, §1631(2).
39) 박광현, "학생체벌의 정당성에 대한 법률적 고찰", 국민대학교 법학연구소, 『법학논총』 제25권 제1호(2012), 62면.
40) Schulunterrichtsgesetz, §47(3).
41) Allgemeines Bürgerliches Gesetzbuch, §146a.
42) http://www.endcorporalpunishment.org/pages/progress/reports/france.html(2014.11.1. 방문).
43) Education (No. 2) Act 1986, Chapter 61, §48.
44) http://www.endcorporalpunishment.org/pages/progress/reports/australia.html(2014.11.1. 방문).

부모의 자식에 대한 "합리적 체벌"은 허용한다. 뉴질랜드는 1989년 교육법 제139A조에 따라 1990년부터 모든 학교에서 체벌을 금지하였고,45) 2007년 에는 가정에서의 체벌도 금지하였다.46) 남아프리카 공화국은 1996년 남아 공 학교법 제10조에 따라 모든 학교에서 체벌을 금지하였고,47) 2000년 남아 공 헌법재판소는 헌법상 종교의 자유에 따라 기독교 사립학교에서 체벌이 부과될 수 있다는 주장을 기각했다.48)

한편, 캐나다 형법 제43조는 "합리적 수준을 초과하지 않는 유형력 (force)"을 사용하는 학교와 가정에서의 체벌은 위법성이 조각된다고 규정하 고 있다.49) 그런데 1973년 브리티시 콜럼비아를 시초로 다수의 주와 자치구 역이 공립학교에서의 체벌을 금지하였다.50) 이러한 상황에서 2004년 연방 대법원은 6 대 3의 다수의견으로 형법 제43조가 위헌은 아니라고 결정한 다.51) 그런데 다수의견은 동조가 합헌이기 위한 체벌의 조건을 제시하는데, 그 중 체벌의 대상과 방법이 우리에게 시사점을 준다. 예컨대, (ⅰ) 2세 이하 의 아동이나 12세 이상의 아동에게는 허용되지 않는다, (ⅱ) 도구를 사용해 선 안 되며, 대상자의 뺨이나 머리를 때려서는 안 된다, (ⅲ) 체벌이 상해를 야기해선 안 된다, (ⅳ) 체벌이 상해를 초래할 합리적 가능성이나 우려를 야기해선 안 된다 등이다. 의회에서 형법 제43조 폐지법안이 연이어 제출되 고 있으며, 시민사회에서도 폐지운동이 전개되고 있다.52)

---

45) Education Act 1989, §139A.
46) The Crimes (Substituted Section 59) Amendment Act (2007). 뉴질랜드의 입법 사 례에 대해서는 홍신기·김현욱·권동택(각주 37), 40-42면을 참조하라.
47) South African Schools Act, §10. 가정에서의 "합리적 체벌"은 허용된다.
48) Christian Education South Africa v. Minister of Education, 2000 (4) SA 757 (CC).
49) Criminal Code, §43.
50) http://www.endcorporalpunishment.org/pages/progress/reports/canada.html(2014.11.1. 최종방문).
51) Canadian Foundation for Children, Youth and the Law v. Canada (2004) 1 SCC 4.
52) 이 운동에 대해서는 Repeal 43 Committee의 홈페이지를 참조하라[http://www.repeal 43.org/ (2014.11.1. 최종방문)].

(3) 미 국

미국 연방대법원은 플로리다 주 공립학교에서 교사가 학생에게 20대의 매를 때린 사건을 검토한 1977년 'Ingraham v. Wright 판결'[53])에서 5 대 4의 다수의견으로 학교체벌은 "잔인하고 이상한 형벌(cruel and unusual punishment)"을 금지하는 수정헌법 제8조 위반이 아니며, 체벌 오남용은 주법에 따라 민형사적 통제가 가능하므로 규제는 주법의 문제이므로 수정헌법 제14조의 '적정절차'의 적용이 필요없다고 보았다.[54])

그리하여 학교체벌 금지 여부는 주별로 차이를 보인다. 뉴저지 주는 1867년 선구적으로 체벌을 금지하였으며,[55]) 100여 년이 흐른 후 1971년 매사추세츠 주가 두 번째로 금지하였다.[56]) 현재 31개 주와 D.C.는 공립학교에서의 체벌을 금지하고, 뉴저지와 아이오와 주는 공립과 사립학교 모두에서 체벌을 금지하며, 19개 주에서는 학교체벌을 허용한다.[57]) 체벌을 허용하는 주의 다수는 기독교 전통이 강한 '바이블 벨트' 지역의 주다.[58]) 주의할 점은 체벌을 허용하는 아칸소, 플로리다, 조지아, 몬태나 등 6개주는 체벌의 조건으로 제3자 입회를 요구하고 있다.[59])

---

53) 430 U.S. 657 (1977).
54) *Ibid.* at 664, 671, 682. 미국의 학교체벌에 대한 상세한 판례동향은 송요원, "학교 내에서 학생의 인권과 교원의 체벌 —미국 법원의 판례를 중심으로—", 한국토지공법학회, 『토지공법연구』 제20호(2004), 324-328면; 정순원, "미국의 학생체벌에 관한 입법과 판례 동향", 한국헌법학회, 『헌법학연구』 제17권 제1호(2011.3), 156-173면을 참조하라.
55) NJ Permanent Statutes, Education 18A:6-1.
56) MA General Laws, Education Sec. 37G.
57) http://www.endcorporalpunishment.org/pages/progress/reports/usa.html; http://www.stophitting.com/index.php?page=statesbanning(2014.11.1. 최종방문) 각 주의 학칙에 대해서는 http://www.corpun.com/usscr2.htm(2014.11.1. 최종방문)을 참조하라.
58) 송요원(각주 54), 322면, 각주 27.
59) 정철호, "공교육체계에서의 학생체벌에 대한 법적 고찰", 한국아동권리학회, 『아동권리연구』 제10권 제3호(2006), 384면.

(4) 일   본

일본은 1879년 교육령 제46조에 체벌금지 규정을 둔 이후 법적으로 체벌을 금지하고 있다. 현행 학교교육법 제11조도 명시적으로 체벌금지를 규정한다. 단, 법원은 개별 사안에 따라 체벌의 정당화 여부를 판단하고 있다.[60)]

2. 국제인권법의 요청 — 모든 형태의 체벌 금지

1989년 11월 20일 유엔총회에서 채택된 '아동의 권리에 관한 국제협약 (International Convention on the Rights of the Child)'[61)] 제19조 제1항은 아동에 대한 "모든 형태의 신체적·정신적 폭력, 상해나 학대"를 금지한다. 2006년 10월 유엔총회에 보고된 '유엔 사무총장의 아동에 대한 폭력 연구'[62)]도 회원국에게 '전통' 또는 '규율'의 이름 아래 수용되고 있는지 여부와 관계없이 모든 형태의 체벌을 금지해야 한다고 요구했다. 2004년 '유럽의회(Parliamentary Assembly of the Council of Europe)'는 제1666호 권고를 통하여 회원국에서 모든 체벌이 금지되어야 한다는 의견을 표명했다.[63)]

2006년 '아동권리위원회(Committee on the Rights of the Child)'의 '아동의 권리에 관한 국제협약'에 대한 일반논평(general comment) 제8호는 '체벌' 금지를 명시하고 있다. 여기서 '체벌'은 "물리적 힘이 사용되고, 아무리 가볍다고 하더라도 일정한 고통과 불편을 유발하도록 의도된 모든 처벌"로 정의된다.[64)] 즉, 직접체벌과 간접체벌 모두의 금지를 요청하고 있는 것이다.

---

60) 박광현(각주 39), 63-64면.
61) 우리나라는 1990년 9월 25일 동 협약에 서명하고 1991년 12월 20일 비준하였다.
62) http://daccess-dds-ny.un.org/doc/UNDOC/GEN/N06/491/05/PDF/N0649105.pdf?Open Element(2014.11.1. 최종방문).
63) http://assembly.coe.int/Mainf.asp?link=/Documents/AdoptedText/ta04/EREC1666.htm (2014.11.1. 최종방문).
64) CRC/C/GC/8(2 March 2007), para. 11 (http://daccess-dds-ny.un.org/doc/UNDOC/GEN/ G07/407/71/PDF/G0740771.pdf: 2014.11.1. 최종방문).

그리고 동 위원회는 체벌을 유지하고 있는 회원국에 대하여 체벌 폐지를 계속 권고하고 있다. 예컨대, 동 위원회는 한국 정부의 보고서에 대한 1996년, 2003년, 2009년의 최종견해(concluding observations)에 연이어 "모든 형태의 체벌을 명백하게 금지할 것"을 권고하였고, 2003년과 2009년의 최종견해에서는 한국 정부가 체벌 대신 "긍정적이고 비폭력적인 형태의 징계"를 증진시킬 것, 국가인권위원회의 체벌 금지 권고를 이행할 것 등을 촉구하였다.[65]

3. 소   결

이상에 보았듯이 OECD 소속 국가에서는 학교 —특히 공립학교— 에서의 체벌 금지가 지배적 흐름이다. 체벌금지시 직접체벌과 간접체벌을 구별하지 않는다. 국제인권법은 모든 학교에서 일체의 체벌 금지 입장을 확고히 하고 있다. 이 점에서 모든 학교에서 직접체벌만 명시적으로 금지하는 우리나라 초·중등교육기본법 시행령과 차이가 있다. 이상을 간단히 도해화하면 다음과 같다.

	유럽과 국제인권법	영연방과 미국	한국
직접체벌	모든 학교에서 금지	공립학교에서 금지가 다수	모든 학교에서 금지
간접체벌	모든 학교에서 금지	공립학교에서 금지가 다수	모든 학교에서 허용

외국의 입법례와 국제인권법이 우리나라의 법과 교육현실에 직접적·즉각적 변화를 일으키는 규범력을 갖지는 못하며, 우리나라가 체벌금지국으로 나아가려면 어떠한 구체적인 체벌 대체방안이 필요한지를 바로 알려주지는 않는다. 그러나 우리나라의 법과 교육현실이 지향해야 할 목표점이 무엇

---

65) Committee on the Rights of the Child, Consideration of Reports Submitted by States Parties under Article 44 of the Convention, CRC/C/15/Add. 51 (13 November 1996), para. 22; CRC/C/15/Add.197 (18 March 2003), para. 38; CRC/C/KOR/CO3-4 (6 October 2011).

인지는 분명히 알려주고 있다. 특히 2007년 12월 신설된 초·중등교육법 제18조의4가 "학교의 설립자·경영자와 학교의 장은「헌법」과 국제인권조약에 명시된 학생의 인권을 보장하여야 한다."라고 규정하고 있다는 점을 고려할 때, 국제인권법의 요청은 더욱 심각하고 진지하게 수용되어야 한다.

V. 간접체벌의 위헌 여부 및 허용 범위와 절차

구체적 범위를 정하지 않고 체벌 금지를 규정한 학생인권조례와 달리, 그 이후 개정된 초·중등교육법 시행령 제31조 제8항은 직접체벌은 명시적으로 금지하고 있다. 시행령이 조례 보다 규범적 우위에 서므로, 향후 간접체벌을 허용하는 학칙 개정이 뒤따를 것으로 예상한다. 제5장에서는 간접체벌의 위헌 여부 및 허용되는 간접체벌의 범위와 절차를 검토한다.

1. 위 헌 론

법학계에서 학교체벌 위헌론은 근래서야 비로소 제기되었는데, 정철호, 한상희 두 교수가 이를 정면으로·주장하였다.

정철호 교수는 2011년 개정 이전 구 초·중등교육법 시행령을 대상으로 한 논문에서, 학교체벌은 다음과 같은 이유에서 위헌이라고 주장하였다.[66] 첫째, 체벌은 성인에게는 인정되지 않는 폭력을 학생에게 인정하는 것으로, 기본권 주체성 내지 행사능력과 기본권 제한원리를 차별적으로 제한하므로 평등권 위반이다. 둘째, 체벌이 교육목적을 위하여 행해진다고 하더라도 학생에게 정신적·신체적 고통을 통하여 그 목적으로 달성하려는 것이므로 인간의 존엄과 가치를 훼손한다. 셋째, 체벌은 학생의 신체의 자유를 침해하므로 법률적 근거가 있어야 하는데, 초·중등교육법은 체벌을 명시하지 않은 채 동법의 시행령에 위임하였는바 이는 법률유보의 원칙에 반하고 위임입법

---

66) 정철호(각주 59), 388-392면.

의 한계를 일탈한 것이다.

한상희 교수는 제2장에서 상술한 2011년 <학교문화 선진화 방안>을 비판하면서 직접체벌이 위헌임은 물론, 간접체벌을 허용하는 초·중등교육법 시행령도 위헌이라고 주장하였다.[67] 논지를 요약하자면 다음과 같다. 첫째, 체벌은 인간의 신체에 대한 공격적 폭력으로 체벌 받는 자의 인격권을 침해하고 인간으로서의 존엄과 가치를 부정한다. 둘째, 국제법 존중주의를 취하고 있는 우리 헌법 체계하에서 체벌을 허용하는 시행령은 국내법적 효력을 갖는 '아동의 권리에 관한 국제협약'이라는 상위법 위반이다. 셋째, "신체적 고통", "훈육"과 같은 모호한 개념을 사용하기에 명확성의 원칙 위반이다. 넷째, 시행령은 모법인 초·중등교육법의 위임의 한계를 일탈하였기에 무효이다.

한편, 헌법재판소는 학교체벌의 위헌 여부를 정면으로 다룬 적은 없다. 방론(傍論)으로나마 표현된 헌법재판소의 입장을 보면, "비록 **체벌이 교육적으로 효과가 있는지**에 관하여는 **별론으로 하더라도** 교사가 학교장이 정하는 학칙에 따라 불가피한 경우 체벌을 가하는 것이 금지되어 있지는 않다고 보여진다. 그러나 어떤 경우에 어떤 방법으로 체벌을 가할 수 있는지에 관한 기준은 명확하지 않지만 대법원은 징계행위는 그 방법 및 정도가 교사의 징계권행사의 허용한도를 넘어선 것이라면 정당한 행위로 볼 수 없다",[68] "정도가 심하지 않은 체벌은 체벌대상 학생에게도 학습의 효과를 높여주고, 질서가 유지된 상태에서 공부할 수 있도록 함으로써 다른 학생들의 학습권을 보호할 가능성이 있다."[69] 등이 있다. 이상의 점에서 헌법재판소는 체벌을 위헌으로 보고 있지 않음을 추론할 수 있다.

그러나 저자는 학교체벌 위헌론에 동의한다. 위헌론의 논거에 대한 상

---

67) 한상희, "체벌 및 초·중등교육법시행령 개정안의 위헌성", 민주주의법학연구회, 『민주법학』 제45호(2011.3), 226-235면.
68) 헌법재판소 2000.1.27. 선고 99헌마481 결정(강조는 인용자).
69) 헌법재판소 2006.7.27. 선고 2005헌마1189 결정. 동 결정에서 보충의견을 쓴 권성 재판관은 "상황에 따라서는 체벌이 보다 효과적이거나, 체벌이 아니면 질책의 효과가 없다고 할 경우도 있을 것임은 사리상 당연"하다고 보았다.

세한 검토는 다음으로 미루어야 하지만, 법률이 아니라 시행령으로 체벌의 근거를 마련하고 있는 점은 특히 문제이기에 국회의 입법적 조치가 필요하다고 본다. 그리고 여기서는 체벌의 교육적 효과 —헌법재판소가 판단을 유보했던—에 대한 사회과학적 연구를 소개하고자 한다.

체벌옹호론의 근저에는, 체벌이 학생의 인격과 신체에 대한 침해이지만 적절한 체벌이라는 '사랑의 매'는 교육적 효과가 있는 '필요악'이라는 주장이 자리 잡고 있다. 그러나 김은경 박사의 실증연구에 따르면, 이러한 주장은 "신화"이다.[70] 현재와 같은 다인수(多人數) 학급상황과 입시위주의 교육환경에서 학교질서를 유지하고 학생의 수업집중도를 높이기 위하여 체벌이 사용되고 있다.[71] 그러나 체벌은 교사와 학생 간의 유대 및 신뢰관계를 파괴하며, "제1차 체벌은 학생이 부정적 심리반응 등을 매개로, 제2차 체벌을 불러일으키고, 이것이 다시금 더 부적응 행태를 강화하고, 다시 이에 대응하기 위해 더 강도 높은 제3차 체벌이 시행되는 등 그야말로「체벌의 순환적 악화과정」"이 진행된다.[72] 그 과정에서 생기는 '낙인효과'는 '모범생'과 '문제아'의 구별을 구조화하고 '불량'과 '비행'을 오히려 상승시키는데, 이러한 부정적 효과는 가정적 문제 및 학교적응상 문제를 가진 '비행학생'들에게 뚜렷이 나타난다.[73] 이상의 점에서 저자는 다음과 같은 헌법재판소의 견해에 동의한다.

"교사들이 관심영역과 개성이 다른 많은 학생들을 효과적으로 교육하기가 어려운 것이 현실이지만, 그렇다고 하더라도 학생들의 눈높이에 맞추어 적절한 교육방법을 택하지 아니하고 체벌로 쉽게 학생들을 통제하려는 것은 교육자로서의 바람직한 태도가 아니다. 또 벌 받을 만한 행동이 반드시 맞을 짓은 아니며, 진정한 벌이나 지도란 학생이 스스로 깨달음을 얻도록 도와주는 것이다.

---

70) 김은경, "체벌의 신화와 실제", 한국사회학회,『한국사회학』제34집(2000년 봄호), 87면.
71) 김은경(주 31), 106-107면.
72) 김은경(주 70), 100면.
73) *Ibid.* 100-101면; 김은경, "체벌이 자아낙인과 비행에 미치는 영향", 한국아동권리학회,『아동권리연구』제4권 제1호(2000), 127-133면.

자칫 심각한 인권침해를 불러올 수 있는 체벌보다 학생의 잘못에 대해 책임을 일깨우고 민주적 가치와 인권의식을 체화시키는 대안적 훈육방법, 효과적인 학급경영기법 및 학생지도능력을 강화하여 개발하는 것이 바로 교육담당자의 직무인 것이다."74)

2. 해석론 — 간접체벌의 정당화 요건

저자는 체벌위헌론에 동의하지만, 초·중등교육법과 동 시행령은 위헌으로 결정되기 전까지는 법적 효력을 가진다. 여기서 동 시행령이 허용하는 것으로 이해되고 있는 간접체벌의 방법과 절차에 대한 해석론이 필요하다.

먼저, Ⅲ.에서 상술하였듯이 신 초·중등교육법 시행령은 직접체벌, 즉 교사가 "도구, 신체 등을 이용하여 학생의 신체에 고통을 가하는 방법"을 금지하며, 학생의 신체가 이용되는 간접체벌은 허용한다. 그런데 이를 확대해석하여 교사가 학생으로 하여금 도구나 신체를 이용하여 다른 학생에게 체벌을 가하도록 하는 것은 허용된다고 해석하는 것은 법령의 취지에 정면으로 반할 것이다. 이런 방식의 체벌은 학생을 이용한 직접체벌과 다름이 없으며, 체벌을 받는 학생에게 더 큰 인격적 모멸감을 주기에 금지되어야 한다.

둘째, 간접체벌이라도 "학생의 성별, 연령, 개인적 사정에서 견디기 어려운 모욕감을 주어 방법·정도가 지나치게 된 지도행위"75)는 금지되어야 한다. 도구나 신체를 사용하지 않는다고 하더라도 학생에게 심각한 인격적 모멸감이나 신체적 고통을 주는 것은 허용되어선 안 된다. 예컨대, 군대에서 사용되는 '얼차려' 수준을 넘는 간접체벌이 학교에서 사용되어서는 안 된다. 미성년 대상 교육조직에서 규율을 잡기 위한 체벌이 성인으로 이루어지는 전투조직에서의 체벌보다 강해서는 안 된다.76)

---

74) 헌법재판소 2006.7.27. 선고 2005헌마1189 결정.

75) 대법원 2004.6.10. 선고 2001도5380 판결.

76) 육군의 '얼차려' 관련규정을 보면, 병 교육기관에서는 팔굽혀펴기, 앉았다 일어서기, 개인호 파고 되 메우기, 군장 보행, 순환식 체력단련이 '얼차려' 방법으로 허용되고, 야전 부대에서는 추가로 군장 뜀걸음, 특정지역 청소, 반성문 작성, 참선 등이 허용된다(http://army.mil.kr/sub_alife/sub_alife_2_4_10.html: 2014.11.1. 최종방문).

향후 교과부과 일선 학교는 상호 논의를 통하여 허용되는 간접체벌을 학칙으로 규정해야 할 것인데, 저자의 생각으로는 교과부가 예시한 교실 뒤 서있기, 운동장 걷기, 팔굽혀 펴기 등은 허용되지만, 과거 체벌로 많이 사용되었던 다른 학생들이 보는 앞에서 무릎 꿇고 앉히거나 의자 들고 서있기, '토끼 뜀'이나 '오리걸음'으로 운동장 돌기, 깍지 끼고 팔굽혀 펴기, '원산폭격', '한강철교' 등은 인격적 모멸감이나 신체적 고통이 크므로 금지되어어 한다.

셋째, 신 초·중등교육법 시행령에서는 구 시행령에 있던 "교육상 불가피한 경우"라는 문언이 삭제되었다. 그렇지만 간접체벌이 교육상 불가피하지 않은 경우에도 사용될 수 있다고 해석되어서는 안 된다. 간접체벌 역시 학생의 인격과 신체에 대한 침해를 야기한다는 점은 분명하기에 교육적 불가피성을 엄격히 따져야 한다.

예컨대, 성적을 올릴 목적으로 간접체벌을 가하는 것은 허용될 수 없다. 성적 향상이 체벌을 통해서 가능한지, 또한 바람직한 것인지에 대하여 근본적 의문이 있다. 사회학자인 김은경 박사의 연구에 따르면 체벌은 생활지도 영역보다 학습지도영역에서 더 빈번하게 사용되고 있는데, 이러한 성적관련 체벌은 학생들이 가장 받아들이기 어려운 체벌이다. 즉, " '공부를 못하고', '능력이 없기' 때문에 "학교에 다니는 것"인데, 학습능력과 관련하여 신체의 자유 등 기본인권을 제한한다는 것은 교육목표의 상식에 맞지 않는다."[77] 학생의 지각, 무단결석, 무단조퇴, 복장불량, 흡연, 불량한 소지품 소지, 두발 상태 불량 등의 경우도 '신체적 고통을 가하지 않는 지도'가 없이 바로 체벌이 가해지는 경우가 태반일 것인바, 이러한 경우도 "교육상 불가피한 경우"로 인정될 수 있을지 의문스럽다. 김은경 박사의 비판을 한 번 더 인용하자면, "현 교육과정에 잠재된 또는 교육제도에 의해 부추겨지는 구조적 일탈 및 부적응사태를 편의적으로 "교육상 불가피한 경우"라는 규준에 쓸어 담아 체벌로 다루려는 발상은 사실상 "교육적 활동"에 대한 포기"일 것이다.[78]

---

77) 김은경, "체벌의 위법성판단을 위한 쟁점들: 교사의 정당행위와 학생인권 간의 이해간극을 중심으로", 『판례실무연구』 Ⅶ(2004.12), 81면.
78) *Ibid.*

넷째, 간접체벌도 최후수단으로 사용되어야 한다. 과거 대법원은 체벌 일반의 허용요건을 설정하면서 이 점을 분명히 한 바 있다. 즉,

"다른 교육적 수단으로는 교정이 불가능하였던 경우로서 그 방법과 정도에서 사회통념상 용인될 수 있을 만한 객관적 타당성을 갖추었던 경우에만 법령에 의한 정당행위로 볼 수 있을 것이다."[79]

간접체벌은 '신체적 고통을 가하지 않는 지도'를 선행하지 않고 바로 시행될 경우 정당화되어선 안 된다. 예컨대, 학생이 수업시간에 떠들면서 전체 학습 분위기를 소란스럽게 하는 경우 교사는 그 학생에게 바로 체벌을 가하기 전에, 교실 바깥으로의 학생 격리, 화장실이나 쓰레기장 청소시키기, 화단의 잡초 제거, 교실과 복도의 껌 제거 등을 시켜야 한다. 그리고 간접체벌을 실시할 경우 다음과 같은 헌법재판소의 요청을 준수해야 한다.

"학생에게 체벌의 목적을 알리고 훈계하여 변명과 반성의 기회를 주고, 신체의 이상 유무를 살핀 후 시행해야 한다. 만약 학칙에서 정한 체벌 절차가 따로 있는 경우에는 특별한 사정이 없는 한 그에 따라야 한다."[80]

다섯째, 대법원 2004.6.10. 선고 2001도5380 판결은 교사의 체벌자격은 법령상 규정이 없지만 교사는 학교장의 위임을 받아 체벌을 할 수 있다고 판단하였다. 과거 저자는 직접체벌의 반인권성과 위험성을 고려하여 교사는 직접체벌을 직접 가해서는 안 되고 학교장에게 학생의 문제점과 체벌의 필요성을 보고하는데 그쳐야 하며, 학교장이 교사와 학생의 의견을 청취한 후 직접체벌을 할 수 있다는 견해를 제시한 바 있다.[81]

그러나 직접체벌이 금지된 상황에서 과거 견해를 수정하고자 한다. 즉,

79) 대법원 2004.6.10. 선고 2001도5380 판결.
80) 헌법재판소 2006.7.27. 선고 2005헌마1189 결정.
81) 조국, "교사의 체벌과 정당행위", 서울대학교 법학연구소, 『서울대학교 법학』 제48권 제4호(2007.12), 326면.

간접체벌이 이상의 요건을 충족하는 방식으로 정형화될 경우 교사에게도
체벌권한이 위임될 수 있다. 단, 실시한 간접체벌의 방법과 장소 등에 관하
여 사후 학교장에게 보고하는 것을 의무화하여 사후 점검과 통제가 가능하
도록 해야 한다.82)

개정 초·중등교육법 시행령 해석상 허용되는 교사의 체벌을 도해화하
면 다음과 같다.

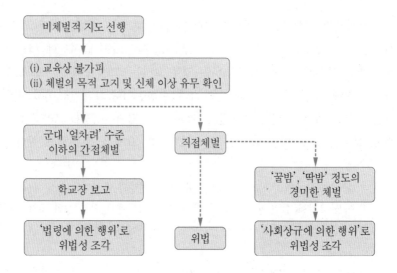

82) 헌법재판소는 '얼차려'에 대하여 다음과 같이 결정한 바 있다. "중대장급 이상의
지휘관 및 대위급 이상 장교만이 결재 없이 얼차려 교육을 시행할 수 있고 모든
소대장 이하 분대장 등은 병사에 대하여 얼차려를 실시하려면 반드시 얼차려의
실시시간 및 장소, 방법 등에 관하여 **결재권자의 승인 후**에 실시하도록 되어 있
으며, 집행시기도 일과시간 내의 개인 자유시간이나 일과시간 외의 개인 자유시
간으로 제한되어 있다. 그렇다면 하사 배ㅇ열이 결재권자의 승인을 받지 않은
채, 더구나 총검술교육 실시를 하던 일과시간으로서 개인 자유시간이 아닌 때에
청구인에 대하여 얼차려 명령을 하였다면 이는 적법절차를 무시한 명령으로서
결코 상관의 정당한 명령이 될 수 없다 할 것이다"(헌법재판소 1989.10.27. 선고
89헌마56 결정; 강조는 인용자).

Ⅵ. 맺음말

학교체벌은 교육적 효과가 의심스럽고, 교육목적달성을 위해 학생의 신체의 완전성을 침해하는 수단을 사용하는 것은 수단과 목적의 비례성 및 보충성을 충족시키지 못하며, 폭력에 의한 통제는 인간의 존엄과 가치, 학생의 자율과 책임감의 형성을 저해한다는 점에서 강하게 금지되어야 한다. 일찍이 버틀런드 러셀은 다음과 같이 갈파했다.

> "나는 체벌은 어떤 상황에서도 옳지 않다고 생각한다. 나는 가벼운 체벌의 경우 그 폐해는 극히 적지만 아무 효험을 보지 못하고 호된 체벌은 잔인성과 야만성을 낳는다고 확신한다. 사실 체벌을 당한 사람이 체벌하는 사람을 전혀 원망하지 않는 경우도 적지 않다. 체벌이 습관화되면 아이들은 익숙해져서 체벌을 자연스러운 일로 여긴다. 그러는 사이에 아이들 마음속에는 권위를 지키기 위해 신체에 고통을 가하는 것은 정당한 일이라는 생각이 자라난다. 권력을 행사하는 직위에 오르는 가능성이 높은 사람들에게 이것을 가르치는 것은 특히 위험하다."[83]

OECD 소속 나라 외에 학교체벌을 금지하고 있는 나라 몇몇을 뽑아보자면, 아프가니스탄, 보스니아/헤르제고비나, 베트남, 몽골리아, 캄보디아, 에티오피아, 나미비아, 콩고 공화국, 콩고 민주공화국, 잠비아, 푸에르토리코, 에콰도르, 엘살바도르, 코스타리카, 온두라스 등이 있다. 저자는 이들 나라의 교육현실이 정확히 어떠한지 알지 못하지만, 정치·사회·경제적 여건이 우리나라 보다 낫지 않을 것이라고 추단한다. 이들 나라에서도 하고 있는 체벌금지를 우리나라에서 하지 못한다는 주장에 공감하기 어렵다.

초·중등교육법 시행령 해석상 간접체벌은 허용되지만, 교실에서 발생하는 여러 문제를 체벌로 처리하려는 체벌만능주의 경향은 종식되어야 하며, 허용되는 간접체벌의 종류, 강도, 절차는 엄격히 규정·집행되어야 한다.

---

83) 버트런드 러셀(이순희 옮김), 『나는 무엇을 보았는가』(비아북, 2011), 160-161면.

입법적으로 체벌의 전면금지가 이루어진 상태가 아니지만, '아동권리위원
회'가 권고한 대로 "긍정적이고 비폭력적인 형태의 징계"를 계발하고 증진
시키는 것은 정치적 입장을 떠나 정부, 시민사회단체 및 학교 관계자의 공동
의 책무이다. 2010년 11월 서울시 교육청이 제시한 <소통과 배려가 넘치는
평화로운 학교 만들기 —문제행동 유형별 학생생활지도 매뉴얼>은 이를 위
한 첫 걸음이 될 것이다. 그리고 체벌 금지 논쟁을 정치논쟁으로 끌고 가려
는 당파적 경향을 경계해야 한다. 학생인권조례는 '진보교육감'들에 의해
제정되었지만, 이는 국제인권법의 요구를 수용한 것임은 물론 김영삼 정부
하 '대통령 자문 교육개혁위원회'의 1997년 보고서를 수용한 것이기도 함을
유념해야 한다.

제 2 부

프라이버시

제 5 장

'비범죄화' 관점에 선 간통죄 소추조건의 축소해석 *

"불륜이다. 지탄받을 사랑이다. 하지만 지금 죄책감을 내려놓기로
했다. 서로에 대한 마음이 진실하고, 가볍게 불장난으로 시작한
사랑은 아니었다. 무엇보다 여자로서 사랑받고 싶었다. 남편에게
단 한번이라도 나는 귀한 사람이었던가."

(연애하는 여자)

Ⅰ. 들어가는 말

헌법학과 형법학에서 간통죄는 해묵은 주제이다. 형사법학계의 압도적 다수설은 간통죄 폐지론을 취하고 있으나,[1] 헌법재판소는 네 번의 결정에서 모두 간통죄 합헌결정을 내린 바 있다.[2] 이러한 과정에서 존치론과 폐지론, 합헌론과 위헌론 양측의 입장과 논리는 충분히 드러났다. 저자는 폐지론과 위헌론의 입장을 견지하고 있다.

간통은 1953년 형법 제정 당시 치열한 논쟁 끝에 범죄화되었다. 이후 60년이 흐르면서 시민의 애정관과 결혼관은 급격히 변화했고, 성적 자기결정권에 대한 인식도 매우 높아졌다. 사실 해방 후 정부가 수립되고 조직된 법제편찬위원회는 형법초안을 작성할 때 간통죄를 폐지하기로 하였으나, 정부에서는 위원회 의견을 수용하지 않고 간통죄를 삭제하지 않은 정부초안을 작성하여 국회에 넘겼고, 간통죄를 남녀쌍벌주의와 친고죄로 하는 현행 규정은 국회의원 재석원수(110명)의 과반수(56표)에서 단 한 표가 많은 57표의 찬성으로 간신히 통과되었다.[3] 요컨대, 형법 제정 당시에도 간통죄는

---

* 헌법재판소는 2015년 2월 26일 재판관 7 대 2의 의견으로 간통죄가 위헌임을 결정했다(헌법재판소 2015.2.26. 선고 2009헌바17). 이로써 동죄는 효력을 잃었기에 동 결정에 대한 별도의 분석을 추가하지 않았다. 간통죄가 효력을 잃었기에, 소추조건을 축소해석하여 간통죄의 부작용을 최소화하려 한 제5장 Ⅲ.-Ⅴ.의 시도는 법적 의미가 사라졌다. 그러나 그 부분을 통하여 간통죄의 오남용을 엿볼 수 있고 이를 해석론으로 시정하려는 노력을 기록으로 남겨둘 필요가 있기에 삭제하지 않고 그대로 수록한다.

1) 한국형사법학회는 1989년 간통죄에 대한 의견서를 헌법재판소에 제출한 바 있다 [자료, 간통죄에 관한 의견서, 한국형사법학회, 『형사법연구』 제3호(1990)].

2) 헌법재판소 1990.9.10. 선고 89헌마82 결정; 헌법재판소 1993.3.11. 선고 90헌가70 결정; 헌법재판소 2001.10.25. 선고 2000헌바60 결정; 헌법재판소 2008.10.30. 선고 2007헌가17,21, 2008헌가7,26, 2008헌바21,47(병합) 결정.

논란이 많았던 것이다.

이후 1985년 구성된 형사법개정특별심의위원회 산하 소위원회는 1989년 간통죄 삭제 8, 존치 0, 기권 2로 간통죄 폐지로 의견을 모았다. 그러나 이후 공청회와 형사법개정특별심의위원회 전체회의를 거치면서 입장이 변화한다. 즉 1991년 11월 23일 전체회의 표결은 간통죄 삭제 16, 존치 7, 기권 1이었고, 5월 27일 마지막 전체회의는 간통죄는 유지하되 2년 이하의 징역을 1년 이하의 징역으로 낮추고 선택형으로 500만 원 이하의 벌금형을 추가하는 절충안을 채택하였다.4) 그렇지만 이 절충안도 실현되지 못한다.

헌법재판소는 2011년 8월 의정부지법의 위헌법률심판 제청에 따라 현재 간통죄에 대한 다섯 번째 위헌심사를 진행하고 있다. 과거와 달리 청문회 등에서 확인된 현재 재판관 성향은 위헌 또는 헌법불합치 의견이 다수로 보인다. 그리고 2014년 4월의 헌법재판소법 제47조 개정으로, 위헌결정인 내려진 법률은 직전 합헌결정이 있었던 날의 다음날로 소급하여 효력이 상실되는 것으로 바뀌었다. 이 점에서 헌법재판소는 간통죄 위헌결정이 수반할 재심청구와 재판, 재심무죄판결을 근거로 한 형사보상신청 등의 비용에 대한 염려를 덜게 되었다. 이상의 점에서 헌법재판소가 다섯 번째 심사에서 위헌결정을 내릴 가능성은 높아졌다고 판단한다.

그러나 이 다섯 번째 심사가 어떻게 마무리될지는 함부로 예측할 수는 없다. 이에 저자는 폐지론과 위헌론의 관점에 서면서도, 간통죄의 오남용을 막을 수 있는 해석론이 필요하다고 판단한다. 이 글은 간통의 복합적 본질과 변화한 성도덕을 무시하는 간통의 범죄화와 자유형 일원주의 처벌을 비판적으로 검토한 후, 혼인해소 또는 이혼소송 제기(형사소송법 제229조)와 간통의 종용 또는 유서(동법 제241조 제2항 단서) 등 간통죄의 소추조건에 대한 대법원 판례를 비판하고 이에 대한 축소해석론을 제시한다.

---

3) 신동운·최병천, 『형법개정과 관련하여 본 낙태죄 및 간통죄에 관한 연구』(형사정책연구원, 1991), 142-143, 151-152면.

4) 법무부, 『형법개정법률안 제안이유서』(1992.10), 235-236면.

Ⅱ. 과잉도덕화, 과잉범죄화, 과잉형벌화의 산물

1. 간통의 복합적 본질—'불륜'과 '혼외사랑'의 교집합

간통죄는 형법 제정 시기부터 현재까지 끊임없이 개폐 논란의 대상이었다. 형법이론의 관점에서 보면, 부부간의 애정의 문제에 형법이 개입하는 것이 옳은가라는 근본적 의문이 해소되지 못하고 있기 때문이다. 특정 이성에게 사랑을 느끼고 나아가 성적 결합을 희망하는 감정은 애초에 법과 윤리를 뛰어넘는 문제이다. 이 감정이 사람을 사로잡을 때 어떤 이는 법과 윤리를 존중하며 기존 배우자에 대한 성적 성실의무를 지키는 선택을 하고, 어떤 이는 그 의무를 압도하는 사랑의 감정 때문에 윤리적 비난과 법적 제재를 감수하며 다른 선택을 한다.

전 세계의 수많은 위대한 문학작품이 후자의 상황에 처한 주인공의 고뇌와 갈등을 묘사하는데 바쳐지고 있다. 사랑 없는 결혼을 벗어나 목사 딤즈데일과 사랑에 빠져 임신을 한 '죄'로 처벌받는 헤스터 프린, 그리고 자신의 그 아이의 아비임에도 그녀에게 아비가 누구냐고 추궁해야 했고 이후 양심의 고통 속에서 죽는 딤즈데일의 처지를 생생하게 묘사한 너대니얼 호손의 <주홍글씨>(1850)는 대표적이다. 세상에 널리 알려진 여러 위인들도 사생활을 파고 들어가 보면 숨겨진 불륜이 있었음을 쉽게 확인할 수 있다.

이상은 간통이 인간의 본성과 관련된 것으로, 단지 윤리적 비난과 법적 제재를 받아야 할 행위로만 규정할 수 없는 다른 그 무엇이 있음을 알려준다. 이러한 맥락에서 헌법재판소 결정에서 위헌의견을 제시한 재판관들은 계속 이 점을 지적하고 있다.

"간통행위는 사람의 성적인 본능에서 비롯되는 것으로서 사람의 감정, 특히 애정과 깊은 관련이 있는 행위이고 즉흥적·충동적·정감적·은밀적으로 행하여지며 자기법익의 자기처분행위에 속하는 대표적인 사례라고 할 수 있는 점에서 여타의 행위와는 성질을 달리 하는 것이다."5)

"간통은 윤리적 비난과 도덕적 회오(悔悟)의 대상이지 형사처벌의 문제는 아니다. 바꾸어 말하면 국가가 개입하여 형벌로 다스려야 할 일, 즉 범죄가 아닌 것이다. 성관계는 원래 가장 사사롭고 내밀한 영역이므로 그 성실의무는 결코 물리적으로 강제될 수 없으며 국가가 감시하고 형벌로 조련시킬 대상도 아닌 것이다."6)

"성도덕에 맡겨 사회 스스로 자율적으로 질서를 잡아야 할 내밀한 성생활의 영역을 형사처벌의 대상으로 삼아 국가가 간섭하는 것은, 국가가 사생활의 비밀과 자유를 침해하는 것이고, 성적 자기결정권의 내용인 성행위 여부와 상대방 결정권을 지나치게 제한하는 것이다."7)

물론 혼인한 부부 일방이 성적(性的) 성실의무를 위반하게 되면 상대방은 심각한 심신의 고통을 갖게 된다. 따라서 유책배우자는 도덕적 비난을 받아야 하며 일정한 법적 책임을 져야한다.

그런데 부부관계는 열렬한 사랑에서 갑자기 냉정한 파탄으로 급전하지 않는다. 파탄은 대개 하나의 과정이며, 그 끝이 법률혼의 청산인 것도 아니다. "부부관계가 거의 또는 사실상 완전히 파탄되었으나 아직 이혼하지 아니 하였거나, 어떠한 사정으로 의식적으로 이혼하지 아니 하는 경우"도 상당히 있다.8) 이 과정에서 법적 배우자 아닌 사람과의 정교행위가 발생하는 것은 흔한 일이다.

그리고 간통은 단일한 현상이 아니다. 간통이라는 단어를 통하여 통상

---

5) 헌법재판소 1990.9.10. 선고 89헌마82 결정(재판관 김양균의 위헌의견).
6) 헌법재판소 2001.10.25. 선고 2000헌바60 결정(재판관 권성의 위헌의견).
7) 헌법재판소 2008.10.30. 선고 2007헌가17,21, 2008헌가7,26, 2008헌바21,47(병합) 결정(재판관 김종대, 재판관 이동흡, 재판관 목영준의 위헌의견).
8) 이동진, "부부관계의 사실상 파탄과 부정행위에 대한 책임: 비교법적 고찰로부터의 시사", 서울대학교 법학연구소, 『서울대학교 법학』 제54권 제4호(2013.2), 68면.

연상되는 단어는 '호색한', '난봉꾼', '바람둥이', '카사노바' 등이다. 이는 배우자가 있음에도 수시로 상대를 바꾸어가며 혼외성관계를 맺는 유책배우자 또는 미혼자이지만 상대의 미·기혼을 가리지 않고 성관계를 추구하는 사람을 비난하는 단어이다(이하 '제1유형').9) 그런데 이와는 행위양태가 다른 간통도 있다. 예컨대, 무난하지만 덤덤한 혼인관계가 지속되는 상황에서 배우자보다 훨씬 매력적인 상대를 만나게 되어 기존의 혼인에 대해 회의를 하고 새로운 상대와 사랑에 빠진 경우(이하 '제2유형'), 배우자의 정신적·육체적 건강상태가 좋지 않거나 가출 또는 행방불명된 상태에서 혼외 사랑·성관계를 추구하는 경우(이하 '제3유형'), 기존의 혼인이 해소되거나 이혼소송이 제기되지 않았지만 별거를 하는 등 혼인이 사실상 파탄에 이른 상태에서 새로운 진지한 사랑의 상대를 만나 성적 결합으로 나아간 경우(이하 '제4유형') 등이 있다.

이러한 각 유형의 간통에 대하여 일률적으로 '불륜'이라고 낙인찍고 도덕적 비난과 법적 제재를 가하는 것이 타당할 것인가? 각 유형의 차이를 불문하고 혼인이 해소되기 전까지 성적 성실의무를 지켜야 한다고 훈계할 수 있다. 그러나 이러한 요구가 간통죄의 수범자(垂範者)인 보통의 인간에게 수용될지 의문이다. 허일태 교수는 말한다.

> "성숙한 사람일지라도 남녀 간의 애정문제는 언제나 합리적이고 이성적으로만 전개되는 것이 아니다. 사람의 감정에 속한 문제여서 순간적 분위기나 상황에 따라 얼마든지 달라질 수도 있기 때문이다. … 남녀 간의 애정문제를 언제 어디서나 도덕군자처럼 처리하는 사람이 현대 사회에서 대부분이라고 말할 수는 없는 것이다."10)

---

9) 이러한 행위가 성매매에 해당한다면 성매매 특별법으로 의율될 것이다.
10) 허일태, "간통죄의 위헌성", 한국법학원, 『저스티스』 제104호(2008), 133-134면.

2. 변화한 성도덕

1953년 이후 간통죄는 전혀 변화없이 유지되고 있지만 그 위하력(威嚇力)과 억지력은 약해진지 오래다. 2003년 7월 <한겨레21>과 <바람난 가족>을 제작한 '명필름'이 함께 여론조사 전문기관 '엔아이코리아'에 의뢰해 전국의 기혼 남녀 3857명(남자 2175명, 여자 1682명)을 대상으로 실시한 '부부의 성생활에 대한 설문조사' 결과는 놀라운 사실을 보여준다. 조사 결과, 남성의 42.2%, 여성의 19.9%가 배우자 이외의 '애인'을 사귀어본 적이 있었다. 부부의 성생활이 즐겁다는 응답이 남성 39.5%, 여성 36.4%였지만, 배우자 이외의 이성과 관계를 갖고 싶다는 응답도 남성의 83.8%, 여성의 49.4%에 이르렀다.[11]

또한 동 조사는 현대 한국 사회에서 일부일처제가 뿌리에서 흔들리고 있음을 보여준다. 인터뷰에 응한 기혼여성(당시 38세)은 4번의 혼외 '연애'를 했다고 하면서, 다음과 같이 말한다.

"연애 안 하는 사람이 있나? 내 주위에 있는 30~40대 남녀들에게 1~2번 이상 연애 경험은 다 있다. … 꼭 성에만 탐닉해서 애인을 사귀는 것은 아니지만, 모르는 남자와 하룻밤 잘 수 있어도 남편과는 정말 못하겠다. 남편에게 맺힌 것, 상처받은 것이 너무 많다. 그런 감정은 회복불능이 아닌가 고통스럽다. 2년 전부터 남편과 각방을 쓰지만 이혼은 하지 않을 것이다. 남편이 아이들 아빠로서나 인간적으로 나쁜 사람은 아니고 애인과 결혼할 생각은 없기 때문이다."[12]

인터뷰에 응한 기혼남성(당시 33세)은 유부녀 애인을 두고 있다면서, 다음과 같이 말한다.

---

11) <한겨레21> 제468호(2003.7.17.) http://news.naver.com/main/read.nhn?mode=LSD&mid=sec&sid1=114&oid=036&aid=0000002324: 2014.11.1. 최종방문).
12) *Ibid.*

"대학 친구들과 함께 한 자리에서 지금 연인을 만났다. 처음 만났을 때는 그녀에게 별로 매력을 느끼지 못했지만 몇 번 만나면서 무뚝뚝한 아내에게서 찾지 못했던 따뜻함을 느꼈다. 아내에 대한 애정은 이미 식어 있었고, 애인 역시 가부장적인 남편과 멀어질 대로 멀어져 있는 상태였다. 만난 지 5개월 만에 잠자리를 했고, 이후로는 애인하고만 잔다. 아주 가끔씩 아내가 성관계를 요구하지만 이제는 아내와 자는 것은 불가능해져버렸다. (그렇지만 이혼은 꿈도 못 꾼다) 집안이나 직장에 줄 충격 때문에 용기를 낼 수 없다. 부모님들께서도 용서하지 않을 것 같다."13)

2014년 8월 <한겨레> 신문에 "연애하는 여자"라는 익명으로 여덟 살 연하 남성후배와의 '불륜'에 대한 글을 쓴 유부녀는 다음과 같이 고백한다.

"불륜이다. 지탄받을 사랑이다. 하지만 지금 죄책감을 내려놓기로 했다. 서로에 대한 마음이 진실하고, 가볍게 불장난으로 시작한 사랑은 아니었다. 무엇보다 여자로서 사랑받고 싶었다. 남편에게 단 한번이라도 나는 귀한 사람이었던가. … 지금 이 사랑의 끝이 어딜지, 결과가 무엇일지 모르지만 나는 지금 끝까지 가보고 싶다."14)

이상에서 볼 때 성문제에 있어서 매우 개방적이어서 대통령이 영부인 외에 연인을 공개적으로 두고 있어도 아무도 문제 삼지 않는 프랑스까지는 아니겠지만, 한국인의 사랑관, 부부관, 결혼관 등에 중대한 변화가 발생했음은 분명하다.15) 또한 혼외사랑에 빠진 사람은 일종의 "확신범"16) 또는 "양심범"17)으로 사고하고 행위한다는 헌법재판관들의 지적이 현실적합성이

13) *Ibid.*
14) <한겨레>(2014.8.22.)(http://www.hani.co.kr/arti/society/society_general/652367.html: 2014.11.1. 최종방문).
15) <한겨레21> 기사를 작성한 박민희, 김창석 기자는 "텔레비전 일일 연속극에 등장하는, 식탁에선 많은 대화가 오가고 예쁘게 단장한 아내와 남편이 다정하게 잠드는 '모범가정'은 사라지고 있다."라고 지적하고 있다(*Ibid.*).
16) 헌법재판소 1990.9.10. 선고 89헌마82 결정(재판관 김양균의 위헌의견).
17) 헌법재판소 2008.10.30. 선고 2007헌가17,21, 2008헌가7,26, 2008헌바21,47(병합)

있음을, 그리고 이러한 성도덕의 변화 속에서 간통죄는 위하력과 억지력을 갖지 못할 것임을 확인한다.[18] 2008년 헌법재판소 결정 위헌의견도 이 점을 직시하고 있다.

"최근의 우리 사회는 급속한 개인주의적·성개방적인 사고의 확산에 따라 성(性)과 사랑은 법으로 통제할 사항이 아닌 사적인 문제라는 인식이 커지고 있다. 또한 오늘날 성도덕과 가족이라는 사회적 법익보다 성적 자기결정권이라는 개인적 법익이 더 중요시 되는 사회로 변해가고 있다. 성의 개방풍조는 막을 수 없는 사회변화이고 이젠 그것을 용인할 수밖에 없게 된 것이다. 이러한 사회환경의 변화로 간통죄의 존립기반이 이제 완전히 붕괴되었다고까지 단언하기는 어렵다고 할지라도, 적어도 그 존립기반이 더 이상 지탱할 수 없을 정도로 근본적인 동요를 하고 있음은 부인하기 어렵다."[19]

이상과 같이 우리 사회에서 간통은 광범하게 이루어지고 있지만 실제 처벌되는 간통은 소수에 속한다. 박찬걸 교수의 지적처럼, "오늘날 간통죄는

결정(재판관 김종대, 재판관 이동흡, 재판관 목영준의 위헌의견).
18) '세기의 연인'으로 불린 미국 여배우 잉그리드 버그만은 남편과 딸이 있는 상태에서 네오리얼리즘 영화의 거장으로 유부남이었던 로베르토 로셀리니 감독과 사랑에 빠져 이탈리아로 떠났고, 그 결과 미국 사회에서 혹독한 비난을 받았다. 그런데 버그만은 명성과 재산을 잃으면서도 다음과 같이 말했다. "한 번도 사랑다운 사랑을 해보지 못한 사람은 모를 거예요. 내가 불륜을 저지르는 게 아니라 사랑을 하고 있다는 것을."[<주간한국>(제2437호, 2012.8.13.); <좋은 생각>(2002년 4월호)]. <주홍글씨>의 주인공 헤스트 프린은 "그 사람(아서 딤즈데일)이야말로 이 세상에서는 사람들의 승인을 받지 못하지만 둘이 함께 최후의 심판대에 설 것이며, 더욱이 그것이 그들의 결혼의 제단이며 거기서 끝없는 인과응보의 업보를 함께 영원히 받아야 할 사람"이라고 확신하였다[너대니얼 호손(임유란 옮김), 『주홍글씨』(블루에이지, 2010), 45면]. 한편, 한국 영화 <처녀들의 저녁식사>(1998, 임상수 감독)에서 유부남과 연애를 하는 여주인공 호정은 "도대체 언제부터 형사랑 검사들이 내 아랫도리를 관리해온 거냐?"라며 불만을 토로하고, <질투는 나의 힘>(2003, 감독 박찬옥)에서 주인공 한윤식(문성근 분)은 "마누라에게도 잘 하고 애인에게도 잘 하는 것이 마누라에게도 못하고 애인 하나 없는 것보다 백 번 낫다."라고 주장한다.
19) 헌법재판소 2008.10.30. 선고 2007헌가17,21, 2008헌가7,26, 2008헌바21,47(병합) 결정(재판관 김종대, 재판관 이동흡, 재판관 목영준의 위헌의견).

간통행위자 중 극히 일부만 처벌받는 암장범죄화(暗葬犯罪化)되었기 때문에 다수의 잠재적 범죄자를 양산하고 그들의 기본권만을 제한할 뿐 그 실효성은 거의 없는 시정이다."[20]

한편 우리나라 이혼관련 법과 판례는 혼인지속 의사가 없으면 이혼을 허가하는 것 —'파탄주의'— 이 아니라 혼인관계 파탄의 책임을 따져 이혼을 허가한다('유책주의'). 반면 대부분의 경제협력기구(OECD) 소속 나라에서는 그 책임을 묻지 않고 혼인지속의사가 없음이 확인되면 이혼을 허가한다. 외국 드라마나 영화에서 '쿨한 이혼'이 묘사되는 이유가 바로 이것이다. 그러나 우리나라는 '유책주의'를 채택하고 있으므로 이혼 과정이 '전쟁'처럼 치러진다. 이혼경험자에 대한 사회적 편견 역시 강하게 존재한다. 그 결과 혼인관계에 매우 불만이 있더라도 이혼을 하지 못하고, 혼인은 형식적으로 유지하면서 혼인 밖에서 새로운 사랑을 찾는 일이 발생한다. 사회의 시선, 가족에 대한 책임 등으로 인하여 이혼을 바로 결행할 엄두를 내지 못하면서 새로이 발견한 혼외사랑을 포기하지도 못하게 되는 것이다.

이상에서 사랑과 결혼에 대한 의식변화, '유책주의' 이혼법으로 인한 이혼의 어려움 등으로 인하여 현재의 배우자와 사랑이 식었으나 이혼을 원하지 않고 '불륜' 비난과 민·형사제재를 감수하면서 '혼외사랑'을 추구·유지하는 사람들이 많아졌음을 확인할 수 있다.

3. 응보만을 위한 과잉 형사제재와 그 부작용

혼인이 원만하건 아니건 '혼외사랑'을 억지하는 사람은 도덕적으로 높은 평가를 받을 것이다. 문제는 여러 가지 이유로 '혼외사랑'을 추구하는 사람에게 '불륜'이라는 도덕적 비난과 민사제재에 더하여 형사제재를 가하는 것이 옳은가 이다. 그리고 형사제재가 필요하다고 하더라도 2년 이하의

---

20) 박찬길, "간통죄 폐지의 정당성에 관한 고찰", 경희대학교 경희법학연구소, 『경희법학』 제45권 제2호(2010), 37면.

징역이라는 법정형이 적정한가의 문제가 있다.

먼저 간통죄는 대중적 인식과 달리 혼인 회복을 위한 법률이 전혀 아니다. 간통죄는 배우자의 고소가 소추요건인데(제241조 제2항), 간통죄의 고소는 혼인이 해소되거나 이혼소송을 제기한 후가 아니면 할 수 없으며(형사소송법 제229조), 고소를 하였더라도 다시 혼인하거나 이혼소송을 취하한 때에는 고소는 취소된 것으로 간주된다(동조 제2항). 간통죄 존치론자인 김일수 교수도 이 점을 인정한다.

> "간통죄의 처벌은 깨어진 혼인을 정상으로 되돌려 놓기 위한 형사정책적 목적을 가진 것이 아니다. 이 점에서 그것은 원상회복목적과 거리가 멀고 특별예방목적과도 관련성이 약하다. … 결국 간통죄 처벌은 기존의 혼인에 개입하여 그것을 회복시키려는 것이 아니라 간통으로 혼인을 깨뜨렸다는 점에 대한 일종의 응징이다. 그 응징으로써 이미 깨어진 결혼관계를 법적으로 청산하는 의미를 지닌다."[21]

이처럼 간통죄는 철두철미 응보사상의 산물이다. 게다가 이러한 응보는 무책배우자 개인뿐만이 아니라 그의 가족 구성원이 할 수 있는 것으로 관념된다. 즉, "간통죄에 있어서 피해자(고소권자)인 배우자가 사망한 경우에는 생존중의 피해자의 명시한 의사에 반하지 않는 한 그의 형제자매도 적법한 고소권자가 될 수 있고 그들에 의하여 제기된 고소는 간통죄의 공소제기 요건으로서 적법하다 할 것이다."[22] 무책배우자 사망 이후에도 그 가족의 고소에 의해 유책배우자에 대한 응보를 허용하는 것이 근대 형법의 원리에 부합하는지 의문이다. 그리고 상술하였듯이 간통의 복합적 본질과 변화하는 성도덕으로 인하여 간통죄의 일반예방 및 특별예방 효과는 극히 낮다. 오직 응보만을 위하여 간통의 범죄화를 고수하는 것은 현대 민주주의가 요구하는 형법의 역할을 넘어선 것이다.

---

21) 김일수, 『한국형법』 IV(각론 하) (1997), 368면.
22) 대법원 1967.8.29. 선고 67도878 판결. 이 판결의 문제점에 대해서는 이 책 158-159면을 참조하라.

그리고 간통죄는 혼인과 가족생활을 보장한다는 헌법 제35조 제1항을 일면적·정태적으로 이해하고 있다. 혼인은 무조건 지켜져야 하는 신성불가 침한 것이 아니라, 양 당사자의 합의에 따라 성립되고 파기되는 계약이다. 간통죄가 우회적·간접적으로 기존의 혼인을 지키는 기능을 할 수도 있으나, 행복하지 않은 기존의 혼인을 해소하고 새로운 혼인을 추구하는 것을 저지 하는 도구로 기능한다면 심각한 문제가 아닐 수 없다. 이 점에서 저자는 이희훈 교수의 견해에 동의한다.

"헌법 제36조 제1항의 혼인 및 가족제도를 보장한다는 규정은 형식적으로 존재하는 또는 한번 맺은 혼인 및 가족관계에 대해서만 국가가 형벌로 강요하고 이를 보장한다는 뜻이 아니라 이러한 형식적인 혼인 및 가족관계를 해체하고 애정을 바탕으로 새롭게 시작하려는 혼인 및 가족관계에 대해서도 보장해준다는 뜻이므로, 형법상 간통죄 규정은 이러한 헌법적 기능을 수행하지 못한다."[23]

다음으로 범죄구성요건으로 포섭되는 행위는 반사회적 유해성이나 비난가능성이 거의 동일해야 한다. 그러나 위에서 제시한 몇몇 유형의 간통만 보더라도 그 불법에 큰 차이가 있다. '제1유형'은 도덕적 비난을 가장 많이 받을 것이고, 민사 및 형사적 제재를 가하자는 여론도 높을 것이다. 그러나 '제3유형'과 '제4유형'에 대하여 도덕적 비난이나 법적 제재를 가해야 한다는 의견은 소수일 것이며, '제2유형'의 경우는 논란이 있을 것이다. 그러나 현재로는 어느 유형이건 가장 강도 높은 제재인 형사제재가 일률적으로 부과되며, 무책배우자나 그 가족이 고소를 하면 유책배우자는 처벌을 받게 된다. 2008년 헌법재판소 결정에서 헌법불합치 의견을 제시한 김희옥 재판관의 이하 의견도 같은 맥락이다.

"장기간 생활을 공동으로 영위하지 아니하는 등 사실상 혼인이 파탄되고 부부간 성적 성실의무가 더 이상 존재한다고 보기 어려운 상태에서 행한 간통

---

23) 이희훈, "간통죄의 위헌성에 대한 연구", 한국토지공법학회, 『토지공법연구』 제 43집 제3호(2009), 506면.

이나 단순한 1회성 행위 등과 같이 일부일처주의 혼인제도나 가족생활을 저해하는 바 없고 선량한 성도덕에 반한다고 보기 어려워 반사회성이 극히 약한 경우까지 처벌하는 것은 불필요하거나 과도한 형벌로서 국가형벌권의 과잉행사에 해당하며, 개인의 성적 자기결정과 사생활의 비밀·자유에 관한 지나친 국가의 형벌권 개입에 해당한다고 본다. 즉 이러한 경우는 형벌의 필요성 요건을 갖추지 못하여 민사적 제재 등 다른 수단으로도 충분히 그 제재가 가능하다고 할 것이다."24)

게다가 법정형은 벌금형이 없는 2년 이하의 징역으로 규정되어 있어 불법의 정도에 비례하는 제재가 불가능하다.25) 간통의 범죄화는 합헌이라고 보면서도 법정형으로 징역형만을 규정한 것은 위헌이라는 의견을 낸 송두환 재판관은 다음과 같이 말한다.

"이 사건 법률조항이 간통 및 상간행위에 대하여 선택의 여지없이 반드시 징역형으로만 응징하도록 규정하고 있는 것은, 형벌의 본질상 인정되는 응보적 성격을 지나치게 과장하여 행위자의 책임에 상응하는 형벌을 부과하기 어렵게 하는 것으로 균형감각을 잃은 것이다. … 실무상 수사 및 재판의 과정에서 구체적 사례 여하에 따른 적절한 법운용을 어렵게 하고, 판결 선고 단계에서 법관의 양형재량권을 제한하고 있다."26)

1990년대 말까지 간통죄 사건의 다수는 구속수사 및 구속재판으로 처리되었다.27) 간통죄의 고소권이 증오심, 복수심, 파괴본능 등의 동기로 또는

---

24) 헌법재판소 2008.10.30. 선고 2007헌가17,21, 2008헌가7,26, 2008헌바21,47(병합) 전원재판부(재판관 김희옥 헌법불합치의견).

25) "형법상의 풍속을 해하는 죄에는 징역형과 벌금형을 선택하여 처벌하도록 규정하였는데 그 죄 중에서 유독 간통죄만이 자유형뿐이며, 간통죄보다 형이 더 무거운 음행매개죄도 벌금형을 선택할 수 있게 되어 있다"[헌법재판소 1990.9.10. 89헌마82 결정(재판관 한병채, 이시윤의 헌법불합치의견)].

26) 헌법재판소 2008.10.30. 선고 2007헌가17,21, 2008헌가7,26, 2008헌바21,47(병합) 전원재판부(재판관 송두환의 위헌의견).

27) 이러한 실무는 1995년 형사소송법 개정으로 영장실질심사제도가 도입되면서 중대하게 변화한다. 구속기소되는 간통사건 수가 점점 줄어들었고, 2008년 이후에

터무니없는 위자료를 받기 위한 수단으로 사용되는 경우가 허다했다.28) 무책배우자는 유책배우자를 구속시켜 놓은 후 고소취소권을 활용하여 위자료 협상에 유리한 위치를 차지하고자 했다. 간통죄가 혼인회복이 아니라 응보와 위자료 확보를 위한 수단으로 사용되었던 것이다. 우리나라 이혼시 위자료는 간통배우자의 재산상태를 고려하여 정해지므로 그 금액이 많지 않을 수 있으며, 남성이 혼인 중에 형성한 재산을 아내에게 분할해 주지 않기 위해서 다른 사람의 명의로 이전해 놓는 경우도 있기에 피해여성이 충분한 위자료를 받기는 어렵기 때문에 여성으로서는 남편을 일단 감옥에 넣어 놓고 위자료 협상을 하는 전략을 택했던 것이다.

먼저 간통죄가 이런 용도로 사용된다는 것은 위자료 지급능력 여부에 따라 형사처벌 여부가 달라지는 불평등의 문제를 일으킨다. 즉, "경제적 자력의 유무에 따라 자력이 있는 자는 위자료로 해결이 가능하여 처벌을 면함으로써 사생활 은폐권이 그대로 유지될 수 있을 것이나 자력이 없는 자는 그렇지 못하여 결과적으로 자력의 유무 및 그 정도가 사태해결의 최후 열쇠가 되며 보다 상위의 애정문제가 보다 하위의 금전문제에 의하여 좌우되는 셈이 되고 마는 것이다."29)

위자료와 재산분할 문제는 민법을 통하여 해결해야 한다.30) 예컨대, 민법은 간통한 아내에게도 이혼시 재산분할 청구권을 인정하고 있으며(민법 제839조의 2),31) 부부 재산 공동명의제도 보장하고 있는 등(민법 제829조) 여러

는 한자리 수(간통사건의 1% 이하)를 유지하고 있다. 한편 1987년 이후 통계를 보면 1987년 이혼 100건당 간통죄 고소 수는 39.7건인데 이후 매년 감소하여 2012년에는 3.4건에 불과하다.

28) 임웅, 『비범죄화의 이론』(법문사, 1999), 80면.

29) 헌법재판소 1990.9.10. 89헌마82 결정(재판관 김양균의 위헌의견).

30) 대법원은 "이혼위자료청구권은 상대방 배우자의 유책불법한 행위에 의하여 혼인관계가 파탄상태에 이르러 이혼하게 된 경우 그로 인하여 입게 된 정신적 고통을 위자하기 위한 손해배상청구권"(대법원 1993.5.27. 선고 92므143 판결)이라고 파악하고 있다.

31) 대법원은 아내가 남편과 이혼할 때까지 가사에 충실하지 아니한 채 돈을 가지고 가출하여 낭비하면서 간통을 범하였다 하더라도 "처가 가사노동을 분담하는 등으로 내조를 함으로써 부(夫)의 재산의 유지 또는 증가에 기여하였다면 그와 같

여성보호조치를 하고 있다. 저자는 이러한 보호조치의 실효성에 대해서는 비판적 검토가 필요하고, 민법에서 성평등이 더욱 강하게 보장되도록 법과 제도 개선이 필요하다고 생각한다. 또한 저자는 간통배우자가 지불해야 할 위자료 액수를 현실화하고, 위자료 징구(徵求)의 효과적 방식을 마련할 필요가 있음에도 전적으로 동의한다. 그러나 여성보호조치의 미흡함을 이유로 간통죄 존치를 정당화하는 것에는 동의할 수 없다. '재산'보다 '(성적)자유'가 우위에 서야 하기 때문이다.

한편 언론에서 종종 보도되듯이, 간통죄의 고소권은 다른 범죄목적으로 종종 사용된다. 즉, "사회적으로 명망 있는 사람이나 일시적으로 탈선한 가정주부를 공갈하는 수단으로, 상간자로부터 재산을 편취하는 수단으로 악용되는 폐해도 종종 발생한다."[32]

그리고 가부장제 전통이 강한 우리 사회에서는 남편의 간통과 아내의 간통에 대해서 서로 다른 도덕규범이 작동하며, 남편이 가정 바깥에서 성을 추구하는 것을 용인하는 문화가 존속한다.[33] 이혼남에 비해 이혼녀에 대한 사회적 시각이 덜 우호적이며, 사회에서 여성이 경제적으로 자립하기가 쉽지 않은 조건 등 때문에 여성이나 그 가족은 남편의 간통을 묵인하는 경우가 많은 반면, 남성이나 그 가족은 그러하지 아니하므로 외도를 한 아내를 보았을 때 용서하지 않는다. 심영희 교수 등의 조사연구에 따르면, 여성의 간통에 대해서는 77%의 응답자가 결코 용납할 수 없다고 답한 반면, 남성의 간통에 대해서는 53.4%의 응답자가 동일한 반응을 보였다.[34] 이러한 맥락에서 "비록 법은 간통죄의 경우에 남녀쌍벌주의에 의하고 있음에도 불구하고 실제로는 여성에 더 가혹하게 적용되는 파행성을 띠고 있으며 따라서

이 쌍방의 협력으로 이룩된 재산은 재산분할의 대상이 된다."라고 판시한 바 있다(대법원 1993.5.11. 선고 93스6 결정).

32) 헌법재판소 2008.10.30. 선고 2007헌가17,21, 2008헌가7,26, 2008헌바21,47(병합) 전원재판부(재판관 김종대, 재판관 이동흡, 재판관 목영준의 위헌의견).

33) 이호중, "성형법 담론에서 섹슈얼리티의 논의지형과 한계", 한국형사정책학회, 『형사정책』 제23권 제1호(2011), 346면.

34) 심영희·박선미·백월순·김혜선, 『간통의 실태 및 의식에 관한 연구』(한국형사정책연구원, 1991)[이하 '심영희 외'로 약칭], 69-70면.

여성의 행동과 자유를 크게 제약하는 범죄가 되고 있다"35)는 지적은 정확하다. 요컨대, 여성이 이혼을 쉽게 선택할 수 없도록 하는 사회·경제·문화적 환경 속에서 간통죄는 간통한 여성에게 보다 엄혹하게 적용될 수밖에 없다.

한편 간통죄를 처벌하는 형사절차상 발생하는 인권침해는 심각하다. 간통죄가 인정되려면 장소와 일시를 특정하여 성기의 삽입이 입증되어야 하므로, 도청기, 캠코더, 무전기 등이 동원하여 간통의 현장을 덮치기 위한 노력이 전방위적으로 전개된다. 수사 및 재판과정에서 간통사실을 부인하는 배우자에 대하여 속옷의 정액 검사, 질내 정액 검사 등이 이루어지기도 하는데, 이 과정은 여성에게 더 가혹하게 진행된다.36)

4. 소결 — 해소되어야 할 '삼중의 과잉'

이상에서 간통죄는 과잉도덕화, 과잉범죄화, 과잉형벌화 등 삼중의 과잉임을 확인하였다. 2001년 헌법재판소 다수의견은 간통죄의 합헌성을 인정하면서도, 다음과 같이 설시한 바 있다.

"다만 입법자로서는 그 동안 꾸준히 제기되고 있는 간통죄폐지론의 논거로 주장되고 있는바, 첫째 기본적으로 개인간의 윤리적 문제에 속하는 간통죄는 세계적으로 폐지추세에 있으며, 둘째 개인의 사생활 영역에 속하는 내밀한 성적 문제에 법이 개입함은 부적절하고, 셋째 협박이나 위자료를 받기 위한 수단으로 악용되는 경우가 많으며, 넷째 수사나 재판과정에서 대부분 고소취소되어 국가 형벌로서의 처단기능이 약화되었을 뿐만 아니라, 다섯째 형사정책적으로 보더라도 형벌의 억지효나 재사회화의 효과는 거의 없고, 여섯째 가정이나 여성보호를 위한 실효성도 의문이라는 점 등과 관련, 우리의 법의식의 흐름과의 면밀한 검토를 통하여 앞으로 간통죄의 폐지 여부에 대한 진지한 접근이 요구된다고 하겠다."37)

---

35) 헌법재판소 1990.9.10. 89헌마82 결정(재판관 한병채, 이시윤의 헌법불합치의견).
36) 정계선, "간통죄와 혼인빙자간음죄 관련 헌법소원사건 등에 대한 헌법재판소의 입장 —판례를 중심으로—", 양현아·김용화 편, 『혼인, 섹슈얼리티와 법』(경인문화사, 2011), 71면.
37) 헌법재판소 2001.10.25. 선고 2000헌바60 결정.

그러나 입법자는 이에 조응하는 어떠한 법적 조치도 하지 않았던바, 업무태만으로 비판받아야 한다. 간통죄 존치론자인 이수성 교수가 강조한 "간통행위의 불법성을 법인(法認)함으로써 가지는 교육적 의미와 규범형성적 의미"38)는 이제 매우 미미해졌다. 이에 저자는 간통죄 위헌론과 폐지론의 입장에 서면서도 위헌결정이나 폐지가 이루어지기 전까지 간통죄의 문제점을 최소화할 수 있는 해석론을 제시하고자 한다.

Ⅲ. 협의이혼의사의 확인과 고소

현재 판례는 간통죄 고소인과 피고소인 간에 협의이혼의사가 확인되었다고 하더라도 이것만으로 바로 간통의 종용이나 유서로 보지 않고, 상대방이 다른 이성과 정교를 나누는 것을 동의한다고 볼 수 있는 명백한 의사표시가 있었는지를 검토한 후 간통죄 고소의 유효 여부를 판단하고 있다. 이 장에서는 1960년대 이후 현재까지 판례를 검토한 후 간통 비범죄화의 관점에서 축소해석을 시도한다.

1. 1960~80년대 판결

1960~70년대 대법원 판결에서 간통종용을 인정한 것으로 두 판결이 확인된다. 먼저 대법원은 피고인 남편과 배우자가 자유의사로 협의 이혼신고서에 서명날인 하였다면, 그로서는 아직 이혼의 효력이 생기지 않으나 그 이혼의 의사표시에는 그 이후 다른 이성과의 정교를 서로 묵인한다는 의사가 포함되어 있는 간통종용으로 보았다.39) 그리고 1977년 대법원은, 피고인 아내와 고소인 남편이 부부싸움을 한 끝에 이혼에 합의하고 그 이틀

---

38) 이수성, "한국의 문화전통과 형법", 한일법학회, 『한일법학연구』 제13권(1994), 34면.
39) 대법원 1969.2.25. 선고 68도859 판결; 대법원 1972.1.31. 선고 71도2259 판결.

날 남편이 세 들고 있는 집 주인으로부터 방전세금 중 그간 밀린 방세를 제하고 남은 돈을 받고 가재도구를 챙겨서 서로 헤어진 경우 이 이혼합의에는 호적상의 부부관계가 해소되기 전이라도 그 이후의 피고인이 다른 남자와의 정교관계를 종용하는 의사표시가 포함되어 있다고 판단했다.[40]

그런데 1980년대 판결에서는 간통종용·유서의 의사표시 인정이 엄격해진다. 예컨대, 1983년 판결은 부부간인 피고인과 고소인간에 합의이혼서를 작성하려고 한 사실만이 인정되고 완전한 합의이혼서를 작성하지는 못한 상황에서 고소가 제기된 사건을 다루었는데, 대법원은 이 경우는 상기 1960~70년대 판결의 논지는 적용되지 않는다고 보았다. 즉, 대법원은 완전한 이혼합의서가 작성될 때 간통종용의 의사표시를 인정된다고 본 것이다.[41] 이 논지는 이혼합의서가 없어도 간통종용의 의사표기를 인정했던 상기 1977년 77도2701 판결과 긴장을 일으킨다.

그리고 1986년 판결은 고소인과 피고인이 법원으로부터 협의상 이혼의 확인을 받았음에도 불구하고 간통유서의 의사표시를 인정하지 않는다. 논지는 다음과 같다. 즉, "협의상 이혼의 확인이 있다하여 여기에 혼인생활중에 있었던 위 간통행위를 유서한다는 의사가 당연히 내포되어 있었다고 할 수는 없고, … 고소인이 협의상 이혼의 확인을 받을 당시에 위 간통행위를 유서하였다고 볼 자료가 없을 뿐만 아니라 오히려 위 고소인은 이 사건 1심 법정에 이르기까지 피고인과 공소외인에 대한 처벌을 바라는 의사를 표명하고 있음이 명백하므로 협의상 이혼의 확인을 받은 후에 한 고소인의 이 사건 고소는 유서로 인한 고소권 소멸후의 고소로서 부적법한 것이라는 취지의 논지는 받아들일 수 없다."는 것이다.[42]

당사자 간의 이혼의사가 합치되어 법원으로부터 협의이혼의 확인을 받았음에도, 이혼 당시 간통행위를 용서한다는 특별한 의사표시가 없었고 고소인이 이혼신고 이전에 한 간통고소의 의사를 유지하고 있다면 여전히

---

40) 대법원 1977.10.11. 선고 77도2701 판결.
41) 대법원 1983.11.22. 선고 83도2504 판결.
42) 대법원 1986.6.24. 선고 86도482 판결.

고소는 유효하다는 것이다. 여기서 판례는 간통죄를 이혼한 전 배우자에 대한 복수수단으로 파악하고 있음을 확인한다.

2. 대법원 1991.3.22. 선고 90도1188 판결과 그 이후 — '명백한 이혼 의사의 합치' 기준

1990년대 이후 대법원이 이혼의사와 간통종용·유서간의 관계에 대한 일반적 판단기준을 제시한다. 지도적 판결인 1991년 판결의 사실관계는 다음과 같다.[43]

피고인 남편과 고소인 아내는 1979년 12월 15일 결혼 후 1980년 4월부터 별거를 하였는데 1983년 7월 피고인이 이혼심판청구를 하였으나 패소한다. 이후 고소인은 피고인이 1986년 동안 2회에 걸쳐 간통하였다고 고소하여 유죄확정판결을 받게 하였고, 또한 1986년 11월 3일 이혼 및 위자료청구소송을 제기하였다. 이 소송 중 1987년 3월 27일 피고인의 소송대리인은 간통 사실을 인정하고 이혼에 응하기로 진술하였으며 제1심에서 이혼판결이 선고되었고 이 판결은 대법원에서 확정되어 두 사람의 법률상 부부관계는 해소된다. 그런데 고소인은 피고인이 이혼에 응하기로 심리기일에서 진술한 이후인 1987년 9월 8일에 이 사건 간통행위를 하였다 하여 피고인을 또 고소하였다. 피고인은 간통으로 이미 유죄판결을 받았으나 이혼소송 심리기일 이후에도 간통을 범했다는 이유로 다시 고소를 당한 것이다. 여기서 배우자에 대한 복수수단으로서의 간통죄의 기능을 재차 확인할 수 있다.

이에 대법원은 고소인이 피고인을 상대로 제기한 이혼심판의 심리기일에 피고인의 소송대리인이 이혼청구에 응하겠다고 진술하였을 때 고소인과 피고인 사이의 '명백한 이혼의사의 합치'가 있었다고 보는 것이 타당하고 이는 그 이후의 간통에 대한 종용에 해당한다고 판시하면서, 다음과 같이 설시한다.

---

43) 대법원 1991.3.22. 선고 90도1188 판결.

"혼인 당사자가 더 이상 혼인관계를 지속할 의사가 없고 이혼의사의 명백한 합치가 있는 경우에는, 비록 법률적으로 혼인관계가 존속한다고 하더라도 간통에 대한 사전동의인 종용에 관한 의사표시가 그 합의 속에 포함되어 있는 것으로 보아야 할 것이고, 그러한 명백한 합의가 없는 경우에는 비록 잠정적, 임시적, 조건적으로 이혼의사가 쌍방으로부터 표출되어 있다 하더라도 간통종용의 경우에 해당하지 않는다고 할 것이다."44)

즉, "잠정적, 임시적, 조건적인 이혼의사 표출"로는 간통종용이라고 볼 수 없고 "이혼의사의 명백한 합치"가 있어야 간통종용으로 본다는 것이다.

1997년 대법원은 '명백한 합치'의 판단기준을 제시한다. 이 사건에서 고소인 남편은 피고인 아내에게 1개월 이내에 이혼절차를 밟을 것이니 아이를 데리고 나가라고 하며, 같이 거주하던 아파트의 열쇠를 넘겨받고 아울러 피고인 명의로 등기되어 있는 아파트의 소유명의를 이전받기 위하여 필요한 피고인의 인감도장과 주민등록증까지 요구하자 피고인 역시 그렇게 하자고 하면서 고소인의 요구대로 인감도장과 주민등록증을 고소인에게 넘겨주고 짐을 챙겨 작은 아이만 데리고 집을 나왔다. 그 후 고소인은 1개월 이내에 이혼절차를 취하려고 했고, 1개월 후에 피고인의 친정집에 전화하여 집을 전세 놓아 이사 가야 하니 피고인의 짐을 가져가라고 하여 피고인 측에서도 그에 응해 피고인의 짐을 찾아갔다. 그 후 가정법원 조사관의 면전에서도 양자는 상호 이혼하기로 합의하고 판사의 확인판결일자까지 지정했다. 이러한 상황전개에도 불구하고 남편은 아내를 간통죄로 고소했다. 대법원은 다음과 같이 설시한다.

"당사자가 더 이상 혼인관계를 지속할 의사가 없고 이혼의사의 명백한 합치가 있는 경우에는 비록 법률적으로는 혼인관계가 존속한다 하더라도 상대방의 간통에 대한 사전 동의라고 할 수 있는 종용에 관한 의사표시가 그 합의 속에 포함되어 있는 것으로 보아야 하고, 이혼의사의 명백한 합의가 있었는지 여부는 반드시 서면에 의한 합의서가 작성된 경우뿐만 아니라, 당사자의 언행 등

---

44) *Ibid.*

여러 가지 사정으로 보아 혼인당사자 쌍방이 더 이상 혼인관계를 유지할 의사
가 없었던 사정이 인정되고, 어느 일방의 이혼요구에 상대방이 진정으로 응낙
하는 언행을 보이는 사정이 인정되는 경우에도 그와 같은 의사의 합치가 있었
다고 인정할 수 있다."45)

이혼의사의 명백한 합치는 서면에 의한 합의서가 작성되지 않은 경우
에도 인정될 수 있다는 것으로, 이는 상기 1977년 77도2701 판결과 같은
취지이다.
　'이혼의사의 명백한 합치' 기준은 이후 확고히 자리 잡는다. 2000년대
두 개의 대법원 판결이 있다. 2000년 판결에서 피고인 남편은 고소인 아내를
상대로 종교생활과 낭비벽 등을 이유로 이혼 등의 소를 제기하였는데, 이에
고소인은 별소로서 피고인의 이 사건 이전의 간통 및 폭행을 이유로 하는
이혼심판청구의 소를 제기하였다가 심리의 편의상 별소를 취하하고 피고인
이 제기한 이혼심판청구절차에서 같은 취지의 반소를 제기하면서 피고인의
이혼청구에 응할 수 없다고 다투던 중에 피고인이 이 사건 간통을 범하였다.
대법원은 이러한 사정을 볼 때 고소인이 피고인의 이혼요구를 조건 없이
응낙한 것이 아니라 혼인관계 파탄의 책임이 피고인에게 있음이 인정됨을
조건으로 하여 이혼의 의사를 표명한 것으로 보아야 할 것이어서, 고소인과
피고인 사이에 서로 다른 이성과의 정교관계가 있어도 묵인한다는 의사가
포함된 이혼의사의 합치가 있었다고 보기는 어렵다고 보았다.46) 2008년
판결에서 대법원은 일방 또는 쌍방이 제기한 이혼소송 계속중 가사조사관
앞에서 쌍방이 비록 위자료, 재산분할 등에 관하여는 의견차이가 있었지만
각자 이혼의사를 명백히 진술하였다면 적어도 이혼에 대해서는 명백한 합의
가 있었다고 보았다.47)

---

45) 대법원 1997.2.25. 선고 95도2819 판결.
46) 대법원 2000.7.7. 선고 2000도868 판결.
47) 대법원 2008.7.10. 선고 2008도3599 판결.

3. 소결—'묵시적 이혼의사의 합치' 기준으로의 전환

"잠정적, 임시적, 조건적인 이혼의사 표출"만으로 간통종용이라고 볼 수는 없다는 판례의 판단은 타당하다. 그러나 이혼의사 합치의 '명백성'의 정도를 너무 높이 잡게 되면 과잉범죄화의 부작용을 낳을 것이다. 판례의 '명백한 이혼의사의 합치' 기준은 두 가지 측면을 가지고 있다. 첫째는 서면에 의한 합의서가 작성되지 않은 경우에도 부부 관계에 대한 종합적 판단을 통하여 상대방이 다른 이성과 정교를 나누는 것을 동의한다는 의사표시를 인정할 수 있다는 점이다. 둘째는 상술한 1983년 83도2504 판결에서 보듯이, 쌍방의 이혼의사가 표명되더라도 명백한 이혼의사의 합치가 인정되지 않을 수도 있다. 완성된 서면 합의서가 없는 경우에는 사안별로 개별적 판단을 해서 '명백한 이혼의사의 합치' 여부를 판단하기 때문이다.

이에 저자는 다음과 같이 비범죄화의 폭을 넓히는 기준이 필요하다고 판단한다. 첫째, 당사자들이 협의이혼 신고서에 서명 날인한 경우는 물론, 이혼의사가 표명되어 합의이혼서 작성에 합의한 경우에는 '명백한 이혼의사의 합치'가 있고 그 이후 상대방이 다른 이성과 정교를 맺는 것을 종용하는 의사표시를 한 것으로 추정한다. 둘째, 협의이혼 신고서 작성 합의가 이루어지지 않은 경우라도 혼인 기간 동안의 언동, 가정폭력 존재 여부, 별거 여부와 기간 등을 종합적으로 고려하여 간통종용의 의사표시를 인정한다.

두 번째 점과 관련하여 '명백한 이혼의사의 합치'가 공식적으로 확인되기 어려운 상황이 있다. 예컨대, 상습적·장기적 가정폭력이 진행되는 상황에서 가정폭력의 피해자는 "학습된 무기력"(learned helplessness)에 빠져 가해자에 대항하여 이혼의사를 밝히기도 어렵다.48) 이 경우 '의사의 합치'를 묻는 것 자체가 부당하다. 가해자는 혼인파탄의 책임을 지므로 피해자의 간통에 대하여 책임을 물을 자격이 없다. 그리고 배우자의 인권을 짓밟고

---

48) 조국, "'매맞는 여성 증후군' 이론의 형법적 함의", 한국형사법학회, 『형사법연구』 제15호(2001), 42-43면.

혼인을 파괴하는 가정폭력은 그 자체로 강력한 명백한 이혼의사이자 간통종
용으로 해석되어야 한다. 그렇지 않다면 가정폭력의 피해자가 새로운 사랑
을 찾아나갈 때 가해자는 이 피해자를 간통죄로 처벌할 수 있게 된다.

그리고 우리나라는 일정 기간 별거하면 자동적으로 이혼이 되는 제도
를 택하지 않고 있다.49) 이 점에서는 별거 그 자체로는 '명백한 이혼의사의
합치'라고 볼 수는 없을 것이다. 실제 대법원은 부부관계가 사실상 파탄이
나서 피고인이 집을 나가 다른 여성과 동거를 하였는데 이에 대하여 고소인
이 특별한 의사표시나 행동을 하지 않은 경우에도 간통의 유서를 인정하지
않고 간통죄를 인정한다.50) 그러나 21세기 한국 사회에서 결혼생활이 사실
상 파탄에 이르러 별거하는 부부는 상대의 정교의 자유를 사실상 묵인한다
고 보아야 하지 않을까. 즉, '명백한 이혼의사의 합치'는 아니더라도 '묵시적
이혼의사의 합치'는 인정될 수 있을 것이다. 상술한 2000도868 판결의 사실
관계를 보더라도, 부부관계는 사실상 파탄난 상황인데 이 때 간통죄를 동원
하여 상대를 처벌하는 것을 허용하는 것이 타당한 것인지 매우 의문스럽다.

간통죄 사건이 아니라 보험약관에 규정된 사실혼 관계에 해당하는지
여부를 판단하는 사건이지만, 2009년 대법원은 "중혼적 사실혼관계일지라
도 **법률혼인 전 혼인이 사실상 이혼상태에 있다는 등의 특별한 사정이 있다면
법률혼에 준하는 보호를 할 필요가 있을 수 있다.**"라고 판시한 바 있다.51)
이 사건에서 몽골 교포인 피고는 배우자가 가출하여 행방불명이 되자 다른
사람과 동거하면서 사실혼 관계를 유지하였다.52) 이러한 경우 피고에게 행

---

49) 독일은 1년 미만의 별거, 1년 이상의 별거, 3년 이상의 별거, 5년 이상의 별거
   등 4단계로 별거기간을 구분하고 있고, 프랑스는 6년으로 별거기간을 단일화하
   고 있으며, 영국은 2년과 5년의 별거기간을 두고 있고, 미국은 주별로 차이가 있
   는데 6개월에서 2년 사이이다[한봉희, "이혼법의 당면과제", <법률신문> 제2046
   호(1991.7.18.)].
50) 대법원 1999.5.14. 선고 99도826 판결.
51) 대법원 2009.12.24. 선고 2009다64161 판결(강조는 인용자). 이 판결에 대한 평석
   으로는 주선아, "중혼적 사실혼의 보호범위", 한국법학원, 『저스티스』 통권 129호
   (2011.12)를 참조하라.
52) 그런데 법률상 배우자가 행방불명하거나 무단가출하였다는 점에서 사실관계가
   2009다64161 판결과 유사한 대법원 1995.9.26. 선고 94므1638 판결과 대법원

방불명된 법률상 배우자를 기다리며 성적 충실 의무를 다하라고 요구하고 그 위반에 대해서 형사제재를 가하는 것이 온당한 일인지 의문이다. 학계의 통설은 중혼적 사실혼은 원칙적으로 보호받을 수 없으나 법률혼이 사실상 이혼상태에 있거나 중혼적 사실혼의 배우자 또는 제3자가 선의인 경우에는 보호한다는 입장이다('상대적 유효설').

저자는 간통죄에 의한 과잉범죄화를 막기 위해서는 이 판결의 취지를 살리는 것이 좋다고 본다. 즉, '명백한 이혼의사의 합치' 기준 대신 '묵시적 이혼의사의 합치' 기준을 택하고, 별거 등 혼인이 사실상 파탄이 일어난 경우에는 간통종용을 인정하는 것이 옳다.

IV. 협의이혼 후 이혼소송의 취하와 간통죄 처벌 ─ 대법원 2007.1.25. 선고 2006도7939 판결

이 사건에서 남편인 고소인인 아내인 피고인을 간통죄로 고소하였는데, 이후 원심법원에서 협의이혼의사 확인을 받고 이혼신고를 하고 원심법원에 이혼소송을 취하한다는 내용의 소취하서를 제출하였다. 이에 피고인의 변호인은 고소인이 이혼소송을 취하하였으므로 공소기각의 판결이 선고되어야 한다고 주장하였다.

그러나 원심법원과 대법원은 일관되게 이 주장을 기각하였다. 그 논지는 다음과 같다.

"고소를 취소한 것으로 간주되는 이혼소송의 취하는 그것에 의하여 혼인관계를 해소하려는 의사가 철회되어 결과적으로 혼인관계가 존속하는 경우를 의미하는 것일 뿐, 배우자가 이혼소송을 제기한 후 그 소송 외에서 협의이혼 등의 방법으로 혼인 해소의 목적을 달성하게 되어 더 이상 이혼소송을 유지할

1996.9.20. 선고 96므530 판결에서는 중혼적 사실혼의 보호가 부정되었다[주선아 (각주 51), 521면].

실익이 없어 이혼소송을 취하한 경우까지 의미하는 것이라고는 볼 수 없고, 이러한 경우 간통고소는 '이혼소송의 계속'과 선택적 관계에 있는 '혼인관계의 부존재'라는 고소의 유효조건을 충족시키고 있어 여전히 유효하게 존속한다."

간통죄 고소 이후 협의이혼이 되어 이혼소송이 취하되었기 때문에 간통죄 고소의 효력은 유효하다는 논지이다. 형사소송법 제229조 제1항은 간통죄 고소의 전제로 혼인 해소와 이혼소송 제기를 선택적으로 규정하고 있으므로, 동조 제1항과 제2항을 통합적으로 해석하면 이혼소송이 취하되었더라도 협의이혼으로 혼인이 해소되었다면 고소는 유효하다는 입장이다. 그러나 이는 형사소송법 제229조 제2항을 피고인에게 불리하게 확장해석한 것이다. 먼저 이 조문은 "이혼소송을 취하한 때는 고소는 취하된 것으로 간주한다."라고 규정하고 있을 뿐, 어떠한 이유로 이혼소송이 취하되었는지는 묻지 않고 있다. 동조문은 협의이혼 신고 이전에 이혼소송이 취하된 경우는 물론, 간통죄 고소 이후 협의이혼이 되어 이혼소송이 취하된 경우도 포함한다고 해석되어야 한다. 그렇지 않다면 박기석 교수가 지적한 것처럼, 절차의 우연에 따라 처벌 여부가 달라지는 결과가 나온다. 즉, 협의이혼 신고 전에 이혼소송을 취하했다면 고소는 취소되어 불벌인데, 협의이혼 후 이혼소송을 취하하였다고 하여 처벌된다는 것은 부당하다.[53] 이에 저자는 박기석 교수의 다음과 같은 평석에 동의한다.

"협의이혼이 중간에 개입되었다면 그 합의시에 간통죄에 대한 책임과 배상도 포함되었을 것으로 보는 것이 상식적이다. … 간통죄의 범죄로서의 기초가 부실하고, 친고죄로 배우자의 결정에 의해 처벌여부가 갈리는 형벌권 발동의 필요성이나 강제성이 약한 범죄라면 협의이혼 정도의 의사합치이면 묵시적 고소취소로 이해할 수 있지 않을까 한다. … 협의이혼까지 된 마당에 굳이 사후에 간통행위를 처벌할 필요성이 있는지 의문이다."[54]

---

53) 박기석, "협의이혼 후 간통죄 처벌 여부", 한양법학회, 『한양법학』 제22집(2008.2), 243면.
54) *Ibid.* 241-242면.

요컨대, 간통죄 고소 이후 협의이혼을 한 경우에는 간통죄 고소를 취소하지 않는다는 명시적 의사표시가 없는 한 고소취소의 의사표시를 포함하고 있다고 해석하여야 한다. 실무적으로는 공소제기전 검사가, 공소제기후 법원은 고소취소의 의사표시를 분명히 확인할 필요가 있다.

V. 고소권의 남용

1. 부정한 행위를 한 배우자의 간통고소 — 대법원 2002.7.9. 선고 2002도2312 판결

이 사건의 피고인 남편은 아내에 의하여 간통죄로 고소당하였다. 그런데 피고인의 간통 이전에 피고인은 고소인 아내가 다른 남성과 여관에 투숙하는 등 정조의무를 위반했다는 이유로 아내를 대상으로 이혼소송을 제기하여 항소심에서 승소하였고, 아내는 이에 불복, 상고하여 아직 그 판결이 확정되지 않은 상태였다. 대법원은 고소인 아내가 이혼소송의 항소심에 대하여 불복, 상고하였기에 피고인 남편의 간통을 종용하였다고 볼 수도 없다고 판시했다. 대법원이 확정한 원심판결문을 인용하면,

"피고인이 고소인에게 협의이혼을 할 것을 요구하였으나 고소인이 이를 거부하자 피고인이 고소인을 상대로 이혼소송을 제기하였고, 그 항소심에서 이혼청구를 인용하는 판결을 선고받은 후 ○○○과 각 성교하였다고 하더라도 그 당시 고소인이 이혼소송의 항소심판결에 불복, 상고하여 아직 그 판결이 확정되지 않은 상태이었다면, 당사자 사이에 더 이상 혼인관계를 지속할 의사가 없고 이혼의사의 명백한 합치가 있는 경우라고 할 수 없어 간통에 대한 사전동의라고 할 수 있는 종용에 관한 의사표시가 있었다고 볼 수 없다."[55]

---

55) 수원지방법원 제1형사부 2002.5.2. 선고 2001도3517 판결.

그리고 피고인 남편은 고소인 자신이 부정행위를 저지르고서도 피고인에 대하여 간통고소를 한 것은 고소권의 남용이라고 주장하였지만, 대법원은 이 주장을 받아들이지 않았다. 즉,

"고소인이 재판상 이혼원인에 해당하는 부정한 행위를 하였다고 하더라도 그러한 사정만으로 고소인의 이 사건 고소가 고소권을 남용한 것으로서 위법하다고 볼 수도 없다."[56]

대법원이 취하고 있는 '이혼의사의 명백한 합치' 기준에 따르면 이혼소송이 최종적으로 마무리되지 않았으므로 간통종용을 인정할 수 없을 것이다. 그러나 이 사건 1심 법원이 확인한 것처럼, "범행 당시 피고인과 고소인 간에 부부간의 신뢰가 완전히 상실"[57]되어 있고 부부가 각각 외도를 하는 상황에서는 '이혼의사의 묵시적 합치'가 있다고 보는 것이 현실적합성이 있을 것이다. 그리고 자신이 간통을 범하여 이혼소송을 당한 배우자가 상대 배우자가 간통을 범하였다고 고소하였는데, 이혼소송이 대법원에서 확정되지 않았다고 하여 상대 배우자를 처벌하는 것은 전형적인 과잉범죄화이며 이러한 고소권 행사는 민법 제2조 제2항이 금지하는 '권리남용'에 해당한다고 판단한다.[58]

이 사건에서 피고인 남편은 결국 상간자 여성과 혼인하였는데, 피고인의 행동을 종합적으로 평가할 때 도덕적·법적으로 비난하기란 쉽지 않다. 제1심 법원도 이상의 점을 고려하여 선고유예의 판결을 내렸고 이는 최종 확정되었던바, 이는 피고인의 상황을 잘 고려한 유의미한 판단이라고 본다. 단, 한 걸음 더 나아가 간통종용을 인정하고 공소기각의 판결을 내릴 수는 없었는가에 대해서는 아쉬움이 있다.

---

56) 대법원 2002.7.9. 선고 2002도2312 판결.
57) 수원지방법원 평택지원 2001.10.17. 선고 2000고단1308 판결.
58) 모파상의 소설 <벨아미>(Bel-Ami)에는, 자신도 정부가 있는 주인공 뒤루아가 조건이 더 좋은 여인과 결혼하기 위해서 부인의 간통 현장을 경찰과 함께 급습하는 장면이 나온다. 형법이 이러한 주인공을 돕는 역할을 해야 하는지 극히 의문이다[기 드 모파상(송덕호 역), 『벨아미』(민음사, 2009), 457면 이하 참조].

2. 사망한 무책배우자 친족의 고소 — 대법원 1967.8.29. 선고 67도878
판결; 대법원 2010.4.29. 선고 2009도12446 판결

형사소송법 제225조 제2항은 피해자가 사망한 때 그 배우자, 직계친족, 형제자매는 고소할 수 있으며, 단 피해자의 명시적 의사가 있는 경우는 고소할 수 없다고 규정하고 있다. 이 조문을 간통죄에 적용하면 간통피해 배우자가 사망한 경우 그의 직계친족, 형제자매는 간통배우자를 고소할 수 있다는 결론이 자연스럽게 도출된다. 그리하여 1967년 대법원은 다음과 같이 설시하였다.

> "간통죄에 있어서 피해자(고소권자)인 배우자가 사망한 경우에는 생존중의 피해자의 명시한 의사에 반하지 않는 한 그의 형제자매도 적법한 고소권자가 될 수 있고 그들에 의하여 제기된 고소는 간통죄의 공소제기 요건으로서 적법하다 할 것이다."[59]

이 사건에서 피고인 남편은 간통을 했을 뿐 아니라 아내를 살해한 사람이었던바, 피해자가 피살된 후 피해자의 친동생이 피고인은 간통죄로 고소한 것이다. 그런데 주목할 것은 원심판결은 간통죄는 배우자의 고소가 있어야 공소제기가 적법한 것이고 고소자인 배우자가 사망하였을 때에 그의 친제가 고소를 제기하였다하여도 배우자의 고소로 볼 수 없다는 이유로 공소기각의 재판을 하였다는 점이다.[60] 이 원심판결문은 공개되지 않아 그 논리를 확인할 수 없지만, 고소권이 피해자의 가족으로 확대되는 것을 막으려 했다고 추정한다.

2010년에도 대법원은 1967년과 같은 취지의 판결을 내린다. 이 사건에서 피고인 아내의 남편은 2006년 트럭에 깔리는 교통사고를 당하여 식물인간이 되어 금치산선고를 받는데, 처음에는 피고인이 후견인이 되었다가 이후

---

59) 대법원 1967.8.29. 선고 67도878 판결.
60) 광주고등법원 1967.5.18. 선고 67노56 판결.

피고인의 시어머니가 후견인이 된다. 시어머니는 피고인이 2008년 간통을 범했다는 이유로 이혼소송을 제기하고 또한 간통죄 고소도 제기하였다.[61] 원심법원의 판결에는 피고인의 행위에 대하여 "배우자인 ○○○이 식물인 간 상태로 병상에 누워있는 동안 저지른 범행의 죄질과 범정이 가볍지 아니"[62]하다는 평가를 내렸고, 대법원은 이 어머니가 제기한 고소가 간통죄의 공소제기 요건으로서 적법하다는 원심판결을 수긍하고 확정하였다.[63]

형사소송법 제225조 제2항의 문리해석에 따르면 이상과 같은 결론이 나올 수밖에 없다. 그 결과는 간통죄가 가족 간의 복수의 도구로 사용되는 것이다. 배우자가 식물인간이 되는 등 금치산자가 된 경우 이를 감당해야 하는 배우자에게 어느 정도의 정절의무를 요구할 수 있는가는 '일부종사'(一夫從事)류의 봉건적 관념을 떨쳐내고 판단해야 한다. 그리고 현재의 판례에 따를 때 상술한 대법원 2002.7.9. 선고 2002도2312 판결에서 부정행위를 한 고소인 아내가 이후 사망하였다고 가정해보면, 그 가족이 피고인 남편을 대상으로 간통죄 고소를 하여 처벌할 수 있다는 것인데 그 타당성은 극히 의심스럽다.

물론 형사소송법 제225조 제2항이 존재하는 상황에서 이를 고소권의 남용이라고 할 수는 없을 것이다. 대신 저자는 이러한 경우에는 고소도 유효하고 범죄도 성립하지만 형벌면제사유로 보아 형벌권 발동이 저지된다고 해석해야 한다고 주장한다.

VI. 맺음말

간통죄가 간통을 억지한다는 주장은 이론적 정당성도 현실적합성도 의심스럽다. 또한 애초에 간통죄는 혼인 회복을 위한 조항으로 설계되어

---

61) 사실관계는 수원지방법원 성남지원 2009.2.11. 선고 2008고단2313,2615(병합) 판결; 수원지방법원 제4형사부 2009.10.15. 선고 2009노965 판결 참조.
62) 수원지방법원 제4형사부 2009.10.15. 선고 2009노965 판결 참조.
63) 대법원 2010.4.29. 선고 2009도12446 판결.

있지 않다. 간통죄가 우회적·간접적으로 기존의 혼인을 지키는 기능을 할지도 모르나, 기존의 혼인을 해소하고 새로운 혼인을 추구하는 것을 형사제재의 위협으로 저지하는 심각한 문제를 야기한다.

여성운동가 황오금희 씨는 간통죄 폐지에 동의하며, 다음과 같이 말한다.

> "이미 깨져버린 가정의 평화를 간통죄가 무슨 수로 지켜주겠는가. … 사생활과 개인의 감정을 법으로 통제한다는 것은 시대착오적이며, 결혼제도로 상대를 묶어놓을 수 있다는 인식도 구시대적이다. 시간이 흐를수록 주체적이고 독립적으로 살아가려고 하는 여성들은 늘어나고 있다.[64]

간통죄 보유를 통해 '도덕국가'의 외양을 유지하려는 것은 도덕적 가식이다. 간통죄 처벌에 사용되는 국가의 자원은 성폭력, 가정폭력, 강요된 성매매를 처벌하는 데 사용되어야 한다. 지금까지 네 번의 헌법재판소의 간통죄 결정 중 가장 최근인 2008년 결정에서는 합헌 의견 4인(이강국, 이공현, 조대현, 민형기), 위헌 의견 4인(김종대, 이동흡, 목영준, 송두환), 헌법불합치 의견 1인(김희옥)으로 위헌과 헌법불합치 의견을 합한 수가 합헌 의견을 수보다 많아졌다. 국회는 헌법재판소는 다섯 번째 결정을 기다릴 것이 아니라 입법부로서의 책무를 다해야 한다.[65]

한편 간통죄가 사실상 파탄이 난 부부 사이에 복수수단으로서 기능하는 것을 막는 해석론도 필요하다. 판례의 기준인 '명시적 이혼의사의 합치'가 있는 경우는 물론 '묵시적 이혼의사의 합치'가 확인되는 경우에도 간통종용을 인정하고, 간통죄 고소 이후 협의이혼을 한 경우 간통죄 고소를 취소하지 않는다는 명시적 의사표시가 없는 한 고소취소의 의사표시를 포함하고

---

64) 황오금희, "간통죄, 이 시대 여성을 보호 못한다", <뉴스메이커> 제386호(2000.8.17.).
65) 경제협력개발기구(OECD) 국가 중 간통죄를 보유하고 있는 나라는 매우 예외에 속한다. 유럽 국가는 오스트리아가 1996년 간통죄를 폐지함으로써 모두 폐지국이 되었고, 미국의 경우 24개 주가 명목상으로 간통죄를 보유하고 있지만 이는 사문화된 지 오래이며 '모범형법전'은 간통죄를 삭제하였다[Model Penal Code, 213.6, at 434, 435-437(1980)]. 또한 유교전통을 공유하는 동북아시아 국가 중 중국, 일본, 북한도 간통죄를 범죄화하고 있지 않다.

있다고 해석할 필요가 있다. 간통죄 합헌의견을 고수한 헌법재판소 다수의
견이 이와 같은 소송법적 문제를 전혀 분석하지 않은 점은 문제가 있다.
그리고 스스로 부정행위를 한 배우자가 상대 배우자를 간통으로 고소하는
것은 고소권의 남용으로 보아야 한다. 또한 간통피해자가 사망하거나 금치
산선고를 받은 경우 그 가족이 간통고소권을 행사할 수 있게 한다면 간통죄
가 부부 당사자를 넘어 양측 가족 전체의 복수 도구로 사용될 것이므로,
이 경우는 형면제사유로 파악하여 형벌권 발동을 저지해야 한다. 이상의
해석은 '입법적 해석'으로 보일 수 있으나, 헌법재판소의 다수의견도 인정한
간통죄의 문제점을 줄이기 위해서는 이러한 과감한 해석을 시도할 필요가
있다고 판단한다.

제 6 장

혼인빙자간음죄 위헌론 *

"혼인을 전제로 한 성관계에 있어서도 여성의 자유로운
판단과 결정을 기초로 해서 여성 스스로가 책임져야
할 문제이지 형법이 개입할 것은 아니다."

(임 웅)

I. 들어가는 말

형법학계의 다수의견은 형법 제304조 혼인빙자간음죄에 대한 매우 비판적인 태도를 취하고 있고, 1992년 법무부의 형법개정안과 2009년 한국형사법학회, 한국형사정책학회 및 한국형사정책연구원 형법각칙 개정안은 동죄의 삭제를 제안하였다.[1] 2002년 헌법재판소는 7 대 2의 다수의견으로 동죄의 합헌을 결정하였는데,[2] 최근 2008헌바58 위헌소원 사건에서 다시 동조의 위헌성 여부를 검토하고 있기에 귀추가 주목된다.

혼인빙자간음죄는 "음행의 상습이 없는 부녀"의 성적 자기결정권이 남성의 위계로 인하여 침해되는 것을 막는 것을 입법목적으로 삼고 있다. 그러나 이러한 여성보호의 외양에도 불구하고 동죄에는 남성중심적 성 이데올로기가 투영되어 있다. 이 글은 혼인빙자간음죄가 어떠한 점에 형법의 보충성의 원칙에 어긋나는지, 동 죄가 여성의 성적 자기결정권 보호라는 명분을 내걸고 있으나 실제로는 어떻게 여성의 능력을 폄하하고 있는지, 그리하여 동 죄는 어떠한 점에서 헌법상 과잉금지의 원칙과 평등원칙에 반하는지를 소략하게 검토하는 것으로 목적으로 한다.

---

* 이 글은 헌법재판소 2008헌바58 형법 제304조 위헌소원 사건에 제출된 저자의 참고인 의견서를 보완하여 『형사법연구』 제21권 제3호(2009)에 게재되었다. 이후 2009년 헌법재판소는 재판관 6 대 3의 의견으로 혼인빙자간음죄가 위헌임을 결정하였다[헌법재판소 2009.11.26. 선고 2008헌바58, 2009헌바191(병합) 결정]. 이로써 동죄는 효력을 잃었기에 2009년 위헌결정에 대한 별도의 분석 없이 졸고를 그대로 수록한다.

1) 법무부, 『형법개정법률안 제안이유서』(1992.10), 15면; 한국형사정책연구원·법무부·한국형사법학회·한국형사정책학회 2009년 공동학술회의 자료집, 『형법개정의 쟁점과 검토: 죄수·형벌론 및 형법각칙』(2009.9.11.) 참조.

2) 헌법재판소 2002.10.31. 선고 99헌바40, 2002헌바50(병합) 결정.

Ⅱ. 21세기 현대 한국 시민의 성문화와의 충돌

혼인빙자간음죄의 위헌성을 검토하기 이전에 필수적으로 요구되는 것
은 현재 한국 사회를 살고 있는 시민들의 성생활이 어떠한가를 정확히 이해
하는 것이다.

정치적 민주화는 성의 급속한 개방과 자유화를 수반하였다. 21세기
현대 한국 사회를 사는 시민들의 성생활은 형법이 제정되었던 1953년 시기
와는 현격한 차이가 난다. 물론 지금도 혼인의 틀 바깥에서 이루어지는 성적
자기결정권 행사를 '비도덕적 행위' 나아가 '범죄'라고 파악하는 성관(性觀)
을 가진 시민이 상당수 있다. 그러나 성적 자기결정권을 합법적 혼인을 전제
로 하지 않고 행사하고 이를 법과 제도의 틀의 바깥에 있는 원초적 놀이라고
이해하는 시민이 급속히 늘어 난 것 역시 사실이다.

특히 성의 개방과 자유화는 여성의 성적 자기결정권 행사에서도 엄청
난 변화를 가져왔다. 여성은 원래 성에 소극적이다 또는 소극적이어야 한다
는 인식, 성교는 바로 혼인으로 이어진다 또는 이어져야 한다는 인식은 이미
낡은 것이 된지 오래이다. 현대 한국 사회에서 여성은 ―남성과 마찬가지
로― 적극적으로 성관계의 상대방을 찾고 있으며, 혼인에 대한 약속과 무관
하게 성관계를 맺고 있으며, 나아가 다수의 파트너와 동시에 교제를 하는
경우도 많다. 성관계 이력에 대하여 남녀차별적 평판이 남아있기는 하지만,
여성이 이를 두려워하여 성관계를 포기하거나 자제하지는 않는다.3)

이러한 변화를 '도덕적 타락'이라고 개탄하는 시민도 있겠지만, 이러한
변화는 불가역적인 현실이라고 보는 것이 현실적 판단일 것이다. 2002년
헌법재판소의 다수의견은 "교활한 무기"를 사용하여 "순결한 성을 짓밟고

---

3) 김승훈, "[기획취재] 신세대 性의식-①부 10대 여고생들의 대담한 성의식", <동아
일보>(2007.5.16.)(http://news.donga.com/3/all/20070516/8442551/1: 2014.11.1. 최종방
문); 김승훈, "신세대 性의식 ②부-20대 여대생들의 당당한 성의식", <동아일보>
(2007.5.21.)(http://news.donga.com/3/all/20070521/8444266/1: 2014.11.1. 최종방문) 등
참조.

유린하는" 남성과 "성의 순결성을 믿고 있는 여성" 간의 대립을 전제로
하면서 논지를 전개하고 있지만,4) 이러한 대립항(項)은 21세기 한국 사회에
서는 더 이상 통용되지 않는다. 혼인빙자간음이 문제가 되는 상황에서 등장
하는 남성은 카사노바(Casanova) 같은 엽색가(獵色家)이고, 여성은 루크레티
아(Lucretia) 같이 순결하고 정숙한 여성일 것이라는 가정은 변화한 현실에
전혀 조응하지 않는 가정이다.

Ⅲ. 여성의 성적 자기결정권 침해 여부

성적 자기결정권은 헌법 제10조의 인간의 존엄과 가치 및 행복추구권
의 필수구성요소이다.5) 이는 "각인 스스로 선택한 인생관 등을 바탕으로
사회공동체 안에서 각자가 독자적으로 성적 관(觀)을 확립하고, 이에 따라
사생활의 영역에서 자기 스스로 내린 성적 결정에 따라 자기책임 하에 상대
방을 선택하고 성관계를 가질 권리"6)로 정의된다.

2002년 헌법재판소의 다수의견은 여성의 성적 자기결정권의 침해는
강간처럼 여성의 의사를 억압하는 방식으로 이루어질 수 있음을 물론, 여성
을 중대한 착오에 빠뜨려 그 성을 편취함으로써도 가능하므로 타인을 기망
하여 재산상의 이익을 얻는 사기죄가 처벌되어야 하는 것처럼 혼인빙자간음
도 처벌되어야 한다는 입장을 밝혔다.7)

1. 여성의 능력에 대한 폄하

그러나 앞에서 본 성의 개방과 자유화 현상을 고려할 때, 현대 한국
사회에서 평균적인 사리판단 능력이 있는 성년의 여성이 단지 상대 남성의

---

4) 헌법재판소 2002.10.31. 선고 99헌바40, 2002헌바50(병합) 결정.
5) 헌법재판소 2001.10.25. 선고 2000헌바60 결정.
6) 헌법재판소 2002.10.31. 선고 99헌바40, 2002헌바50(병합) 결정.
7) *Ibid.* 김성천·김형준, 『형법각론』(제2판: 동현출판사, 2006), 270면도 같은 논지를
   전개한다.

혼인빙자에 기망당하여 성관계를 맺는다고 상정하는 것은 무리이다. 남성의 구애는 필연적으로 자신의 인격, 능력, 체력, 건강, 직위, 재산 등에 대한 일정한 과장과 기망을 내포한다.[8] 그리고 남성은 구애 과정에서 명시적 또는 묵시적으로 혼인에 대한 약속을 하곤 한다. 이러한 남성과 동일한 사회에 살고 있는 여성은 남성의 이러한 구애행위의 특징을 알고 있거나 알고 있어야 하며, 혼인에 대한 약속을 포함한 상대 남성의 인격과 품성, 그리고 그의 구애의 진의를 자기 책임 하에 면밀히 검토한 후 성교 여부에 대한 선택을 해야 한다. 만약 그러한 주의의무를 다하지 않고 성교를 하였다면 그 결과에 대한 책임은 여성이 부담해야 한다. 요컨대, "혼인을 전제로 한 성관계에 있어서도 여성의 자유로운 판단과 결정을 기초로 해서 여성 스스로가 책임져야 할 문제이지 형법이 개입할 것은 아니다"[9]라고 할 것이다.

요컨대, 혼인빙자간음죄는 형법적으로 보호해야 할 법익이 없음에도 성인 간의 성행위에 개입하고 있기에 그 '목적의 정당성'이 의심스럽다. 그리고 동죄는 남성과 마찬가지로 자기 책임 아래 성적 자기결정권을 행사할 수 있는 여성의 능력을 폄하·부인하고 있으며, "부녀를 미성년자, 심신미약자 등과 같이 자신의 성적 자기결정권을 제대로 행사할 수 없는 미숙한 존재로 비하"[10]하고 있기에 그 '목적의 정당성'은 다시 한 번 의심스러워진다. 제304조가 미성년자와 심신미약자에 대한 위계·위력에 의한 간음을 처벌하는 제302조와 13세 미만의 부녀에 대한 간음을 처벌하는 제305조 사이에 배치되어 있다는 점도 제304조가 성인 여성을 미성년자, 심신미약자

8) 헌법재판소 2002.10.31. 선고 99헌바40, 2002헌바50(병합) 결정에서 권성 재판관의 반대의견도 같은 취지이다.
9) 임웅, 『형법각론』(개정판: 법문사, 2003), 188면. 헌법재판소 2002.10.31. 선고 99헌바40, 2002헌바50(병합) 결정에서 주선회 재판관의 반대의견도 같은 취지이다.
10) 오영근, 『형법각론』(제2판: 박영사, 2009), 198면. 헌재 2002.10.31. 99헌바40, 2002헌바50(병합)에서 주선회 재판관의 반대의견도 같은 취지이다. 같은 맥락에서 배종대 교수는 "부녀의 성적 자기결정권을 혼인에 결부시킨 것은 부녀의 자율적 인간존재성을 부정한 것"이라고 주장한다[배종대, 『형법각론』(제6전정판: 홍문사, 2006), 263면].

등과 동일시하고 있음을 보여주는 예이다.

물론 '법률후견주의'(legal paternalism)적 시각에 기초하여 혼인빙자가 일어나는 상황에 국가형벌권이 개입하여 여성을 보호해주어야 한다는 주장이 제기될 수 있을 것이다. 그러나 '법률후견주의'적 모든 간섭은 "행위능력과 책임능력 있는 성인이 최고로 자리 잡아야 하는 인격적 자율성의 영역을 침범하는 것이기에 도덕적으로 공격적"11)이라는 점을 유념해야 한다. 세계의 압도적 절대다수의 자유주의·민주주의 국가에서 혼인빙자간음죄를 두고 있지 않는 것도 바로 이러한 이유 때문이다.12)

2. '강제성교', '비동의간음' 및 사기와의 비교

혼인빙자간음 상황에서 여성은 하자 있는 의사에 따라 남성과 성관계를 맺는다. 그러나 주의할 점은 혼인빙자간음 상황에서의 성교는 '최협의의 폭행·협박'을 사용하여 여성의 의사를 제압하는 강간과는 전혀 다른 모습을 띤다는 것이다. 성적 자기결정권이라는 중요한 법익 보호를 위하여 국가가 나서야 함은 분명하지만, 성적 자기결정권이 침해되는 모든 상황에 국가형벌권이 동원되어야 하는 것은 아니다. 물론 성교의 외관이 강간의 형태를 취하지 않더라도 국가형벌권이 개입해야 하는 경우가 있다. 미성년자나 심신미약자와의 성교가 바로 그것이다(형법 제302조, 제305조, 청소년성보호에 관한 법률 등). 그러나 이러한 경우 이외의 모든 상황에서 평균적인 사리판단능력이 있는 성년 여성의 성적 자기결정권을 국가형벌권을 동원하여 보호해야 한다는 것은 과잉범죄화의 폐해를 초래하게 된다.

예컨대, 피해자의 의사에 반한 성관계를 가지지만 '최협의의 폭행·협박'에 미치지 못하는 폭행·협박이 사용되는 '강제성교'의 경우와 피해자의 의사에 반한 성관계를 가지지만 '협의의 폭행·협박' 조차도 사용되지 않는

---

11) Joel Feinberg, *Harmless Wrong-doing, The Moral Limits of the Criminal Law*, Vol. 4 (1984), xvii.

12) 현재 이러한 죄를 두고 있는 것으로 확인되는 나라는 터키, 쿠바, 루마니아 정도이다.

'비동의간음'의 경우는 우리 형법상 처벌되지 않는다. "안돼는 안돼이
다"("No means no")라는 여성주의 명제의 문제의식의 타당성에도 불구하고,
'강제성교'나 '비동의간음'의 행위양태는 매우 다양하고 외연이 불분명하기
에 이를 범죄로 규정하는 것은 힘들고, 그럼에도 이를 범죄화하면 여러 부작
용이 생기기 때문이다.13) 그런데 혼인빙자간음의 경우는 피해자의 하자 있
는 의사에 따라 성관계가 이루어지지만, '최협의의 폭행·협박'은 물론 '협의
의 폭행·협박'도 사용되지 않는다.

성인여성의 성적 자기결정권을 침해하는 행위에 대한 범죄화 여부와
요건에 대한 현행 형법의 태도를 간략히 도식화하면 다음과 같다.

	폭행·협박 사용 요부와 정도	피해자의 동의 여부	범죄화 여부
강 간	최협의의 폭행·협박 사용	피해자의 부동의	범죄화
강제성교	협의의 폭행·협박 사용	피해자의 부동의	비범죄화
비동의간음	폭행·협박 불사용	피해자의 부동의	비범죄화
혼인빙자간음	폭행·협박 불사용	하자 있는 의사에 따른 피해자의 동의	범죄화

이렇듯 '강제성교'나 '비동의간음'과 혼인빙자간음을 비교하자면 앞
두 개의 행위의 불법성이 후자의 불법성 보다 높거나 적어도 동등할 것임
에도, 전자는 비범죄화되어 있고 후자는 범죄화되어 있다는 것은 비례의
원칙에 반한다. 1992년 법무부 형법개정 제안이유서가 "형법에 의한 성적
자유의 보호는 의사를 자유를 제압한 경우나 자유가 없는 때로 제한되어
야 하는데 혼인빙자의 경우에는 의사를 제압하였다고 할 수 없다"14)라고
판단하고, 혼인빙자간음죄의 폐지를 결정하였던 것도 같은 이유 때문일

---

13) 저자는 '협의의 폭행·협박'이 사용되는 '강제성교'는 범죄화되어야 하고, '비동의
간음'은 비범죄화되어야 한다는 입장을 취하고 있다[조국, 『형사법의 성편향』(제
2판, 2004), 41-50, 222-227면].
14) 법무부, 『형법개정법률안 제안이유서』(1992.10), 155면.

것이다.

한편 혼인빙자간음과 사기를 유비(類比)하는 것은 부적절하다. 남성의 혼인빙자 등의 위계를 통하여 여성이 성교를 하는 동기에 착오가 생기고 여성의 의사에 하자가 발생한 것은 사실이지만,[15] 그렇다고 하여 재산죄인 사기죄와 똑같이 국가형벌권이 나서서 위계행위를 처벌해야 하는 것은 아니다.

무엇보다도 먼저 사기죄의 보호법익과 혼인빙자간음죄의 보호법익 사이에는 근본적인 차이가 존재한다. 전자는 재산권을, 후자는 성적 자기결정권을 보호한다. 성적 자기결정권이 문제가 되는 성관계라는 현상은 재산을 편취하는 상황과 비교할 수 없을 정도로 매우 내밀하고 다면적이며 미묘하다. 혼인빙자간음 보다 불법이 중하거나 적어도 같은 '비동의간음'이 비범죄화되어 있는 이유에서도 알 수 있듯이, 모든 성적 자기결정권을 보호하겠다는 국가형벌권의 '선한' 의도는 필연적으로 나쁜 결과를 낳을 수밖에 없다.

그리고 사기죄보다 혼인빙자간음죄는 사실 확정이 매우 어렵다. 즉, 남성이 애초부터 혼인빙자의 의도를 가지고 있었는지, 여성이 남성의 혼인빙자에 속아 성교를 하였는지 등을 판단하기가 쉽지 않다. 대법원 판례에 따르면 성관계를 맺을 당시에는 혼인의 의사가 있었으나 그 후 사정 변화로 변심하여 혼인을 할 의사가 없어진 경우에는 범죄성립은 부정된다.[16] 이는 혼인빙자간음죄의 남용을 막기 위한 정당한 해석론이지만, 개방화되고 자유화된 현재의 성풍조를 고려할 때 성교 당시 남성의 '진의'가 무엇이었는지를 확정하는 것은 난감한 과제이다. 그리고 여성의 성교 선택이 단지 남성의 혼인약속에 의해서만 이루어진다고 보기도 어렵다.

마지막으로 혼인빙자간음죄 존속론자 일부는 의사가 환자에게 의학적 검사라고 속이면서 자신의 성기를 삽입하거나 또는 의학기구를 삽입한

---

15) 혼인빙자는 위계의 한 예이므로 이론적으로 직위빙자, 재산빙자, 건강빙자에 의한 간음도 처벌대상이 된다. 그러나 이러한 종류의 위계에 의한 간음이 형사처벌의 대상인지 의문스럽고, 실제 이를 처벌하는 실무도 확인하기 어렵다.

16) 대법원 2002.9.4. 선고 2002도2994 판결.

다고 속이면서 자신의 성기를 삽입한 경우를 상정하면서, 이러한 행위를 처벌하기 위하여 형법 제304조가 필요하다고 주장한다.[17] 그러나 이러한 행위는 우리 형법 제299조의 준(準)강간죄 또는 제302조 미성년자 등 위계·위력 간음죄로 처벌될 수 있으므로 제304조가 폐지되더라도 처벌의 공백은 없다.

Ⅳ. 과잉금지의 원칙 위배

1. 가부장적 도덕주의적 성관(性觀)의 강제와 '책임주의' 위배

현대 민주주의 사회에서 형법이 도덕과 분리되어야 한다는 것은 형법학의 출발점이다. 도덕적 가치는 도덕규범에 의해 먼저 보호되어야 하며, 형법은 최후수단으로 역할해야 한다. 만약 형법에게 도덕규범의 수호자 역할이 부여된다면, 국가는 형벌이라는 제재를 사용하며 시민의 사생활에 개입하고 이를 규격화하려고 할 것이다. '도덕적 다원주의'(moral pluralism)를 전제하고 있는 현대 사회에서 형법에 의한 도덕의 강제는 바람직한 것이 아니며, 현대 사회에서 형법은 도덕적 문제에 대해서는 '최소주의'의 입장을 견지할 필요가 있다.

형법의 구성과 적용에 있어서 도덕이 중요한 역할을 하는 것은 분명하지만, 현대 민주주의 사회에서 형법이 요구하는 도덕은 단지 사회의 다수자 집단이 수용·공유하고 있는 "전통적 도덕"(conventional morality)이 아니라, "비판적 도덕"(critical morality), 즉 "실재하는 사회제도에 대한 비판 속에 사용되는 일반적 도덕원칙"이다.[18] 형법이 "전통적 도덕"에 함몰되거나 그것을 맹종한다면, 다수자가 혐오하는 일체의 '비도덕적' 또는 '반도덕적' 행위는 바로 범죄로 규정되고 처벌되고 말 것이다.

---

17) 김성천·김형준(각주 7), 273면.
18) H. L. A. Hart, *Law, Liberty, and Morality* 19-20(1963).

남녀 간의 성관계는 사생활에 속하는 문제로 원칙적으로 사적 자치에 맡겨야 하며, 법률상 금지대상이 될 수 없는 혼전 성관계와 관련된 여러 문제는 도덕규범에 의하여 규율되어야 한다. 그리하여 1992년 법무부 형법개정 제안이유서는 "진실을 전제로 한 혼전성교의 강제는 도덕과 윤리의 문제에 불과"하다고 판단하고 이 동조의 폐지를 제안하였던 것이다.[19)]

그런데 형법 제304조는 특정한 도덕의 성관을 강제하고 있다. 혼인빙자간음죄는 일본 형법 가안(假案)에 있던 것이 1953년 형법 제정시 수용된 것이다.[20)] 우리 형법전과 일본 형법 가안(假案) 상의 혼인빙자간음죄에 "음행의 상습이 없는 부녀"이란 표현이 들어간 이유는 당시 일본 및 한국 사회에 '공창제'가 존재하였기 때문이다. 그러나 현대 한국 사회가 '공창제'를 허용하지 않는데 비하여, 성 개방과 자유화는 급속히 진행되고 있기에 "음행의 상습"의 문언적 의미가 정확히 무엇인지 확정하기 어렵다.[21)]

대신 동조에 따르면 다수의 남성 파트너와 동시에 교제하는 여성 일체가 "음행의 상습"이 있는 부녀로 낙인찍힌다는 점, 보호대상이 "음행의 상습"이 없는 부녀로 한정되어 있다는 점 등에서 전형적인 남성중심적 성이데올로기가 법제화되어 있다.

그리고 혼인빙자간음죄의 대표적인 모습으로 유부남이 미혼인 것처럼 여성에게 접근하여 결혼을 빙자하고 성관계를 맺거나, 약혼녀와 이미 성관계를 맺고 있는 남성이 다른 여성에게 결혼을 빙자하면서 성관계를 맺는 행위가 거론된다. 이러한 행위를 한 남성에 대한 도덕적 비난과 민사적 법적 책임 추궁은 가능하다.[22)] 그러나 이러한 행위를 범죄로 규정하고 처벌하는 것은 형법의 고유의 역할을 넘어서는 형법의 도덕화이며, 이는 '과잉금지의

---

19) 법무부, 『형법개정법률안 제안이유서』(1992.10), 15면.
20) 막상 이후 제정된 일본 형법은 혼인빙자간음죄를 규정하지 않았다.
21) "음행의 상습"이라는 문언의 의미가 불명확하므로 이를 기준으로 형법 제304조의 보호대상을 구분하는 것도 불분명해졌다. 이러한 점에서 형법 제304조는 명확성의 원칙에 반하여 위헌이다.
22) 혼인빙자간음을 청구원인으로 위자료 청구는 법원이 인정하고 있다(대법원 1987. 11.10. 선고 84므31 판결).

원칙'에 반하는 것이다. 그리고 형법의 대원칙인 '책임주의'는 도덕적 책임
이 아니라 형법적 책임이 있는 자에게 형사제재를 가할 것을 요구하고 있는
바, 형법 제304조는 이러한 책임주의의 요청을 무시하고 있다.

2. 기타 과잉금지의 원칙 위배

'목적의 정당성' 이외에도 형법 제304조는 과잉금지의 원칙의 여러 하
위원칙을 위배한다.

첫째, 김영삼 정부가 들어선 1993년부터 2009년까지 대검찰청의 『범죄
분석』 통계에서도 알 수 있듯이, 형법 제304조에 의한 일반예방 효과는 의심
스러우며, 따라서 '수단의 적정성'이 의문스럽다. 법무부장관은 매년 일정하
게 기소가 이루어지고 있고 2004년 이후 기소율도 조금씩 증가하고 있다는
점을 근거로 혼인빙자간음죄의 실효성과 규범력은 여전히 존재한다고 주장
한다.[23)]

혼인빙자간음은 이 기간 동안 매년 평균 680건이 꾸준히 발생하고 있지
만, 기소율은 평균 6.3%를 유지하며 불규칙적으로 증감하고 있으며, 매년
약 89.8%의 사건이 혐의없음 또는 공소권없음의 처분을 받고 있다. 이는
법무부장관의 주장과 달리, 수범자에게 혼인빙자간음죄의 규범력이 높지
않고, 검찰도 동죄를 반드시 처벌해야 할 중한 범죄로 보고 있지 않지만,
동죄는 고소인에 의하여 매우 많이 남용되고, 그 결과 국가의 자원이 허비되
고 시민의 가장 내밀한 사생활은 파헤쳐지고 있음을 보여준다. 그리고 기소
된 사건의 경우도 피고인은 사기나 폭행 등 다른 범죄혐의로 같이 기소된 경우가
다수이기에, 혼인빙자간음죄가 위헌무효가 된다고 하더라도 죄질이 매우
나쁜 피의자는 다른 범죄로 기소되어 처벌받을 것이라는 점도 유념해야
한다.

---

23) 법무부, 『형법개정법률안 제안이유서』(1992.10), 155면.

통계 연도	혼인빙자간음죄 의 총계	기소 건수	혐의 없음	공소권 없음	기소 중지	참고인 중지	기소율
1993	877	78	172	482	110	0	8.9%
1994	912	53	203	513	130	0	5.8%
1995	787	44	153	467	116	0	5.6%
1996	696	28	148	414	91	6	4.0%
1997	587	30	163	315	64	10	5.1%
1998	693	36	190	382	72	10	5.2%
1999	698	35	216	353	77	11	5.0%
2000	662	49	198	344	57	9	7.4%
2001	642	49	190	336	59	4	7.6%
2002	657	56	179	343	72	4	8.5%
2003	569	39	180	281	59	8	6.8%
2004	784	37	214	409	117	7	4.7%
2005	703	37	196	391	74	5	5.3%
2006	764	47	256	369	86	6	6.1%
2007	572	41	203	271	56	1	7.2%
2008	502	33	158	256	49	3	6.6%
2009	454	36	183	204	28	2	7.9%

둘째, 혼인빙자간음이라는 행위를 한 자에 대해서는 도덕적 비난과 민사적 법적 책임을 부과할 수 있다. 외견상 도덕주의적 성문화를 유지하고 있는 한국 사회에서 혼인빙자간음을 행한 자에게는 강한 도덕적 비난이 가해질 것이다. 그리고 그에게 민사적 책임이 물어질 경우 그는 금전적 배상을 감당해야 할 뿐만 아니라 소송절차 속에서 인격적 수모를 받게 된다. 이렇듯 도덕적 비난이나 민사적 책임을 부과하는 것으로도 충분히 형벌부과와 같은 목적달성의 결과를 가져올 수 있음에도 이에 더하여 형사처벌이라는 매우 강한 피해를 초래하는 제재수단을 동원하는 것은 '피해의 최소성' 원칙에 반한다(그리고 혼인빙자간음에 대한 도덕적 비난이나 민사책임으로 충분함에도 불구하고 형사책임을 부과한다는 것은 '과잉범죄화'이기에, 이는 '형법의 보충성'의 원칙에 반한다).

셋째, 동조를 통하여 보호하는 법익은 음행 없는 여성의 성적 자기결정

권이고 제약하는 것은 혼인빙자 등의 위계에 의한 간음이라는 행위의 자유이
다. 그러나 상술하였듯이 성 개방과 자유화, 남녀간의 성관계의 복잡성과
다면성을 고려하자면, 형법 제304조에 의해 보호되는 법익이 침해되는 법익
이 보다 분명히 크며 따라서 '법익의 균형성'이 충족된다고 단정하기 어렵다.

V. 평등원칙의 위배

   형법 제304조는 "음행의 상습이 없는 부녀"만 범죄의 객체로 삼고 있
다. 여기서 두 가지 점에서 평등원칙의 위배가 발생한다.
   첫째, 동 조항은 남성을 범죄의 객체에서 제외하고 있다. 법무부장관은
헌법 제34조 제3항에 규정된 국가의 여성배려 의무를 이유로, 이러한 차별대
우가 정당화된다고 주장한다.24) 이 주장에 따르면 혼인빙자간음을 당한 남성
의 성적 자기결정권 희생은 헌법이 예정하고 있는 희생이라고 말하는 것이다.
   그러나 1953년 형법이 제정될 당시와 달리, 현대 한국 사회에서는 성에
대한 여성의 의식이 변화하고 여성의 사회적 지위나 재산상태가 높아짐에
따라 여성이 남성의 성을 공략하는 경우도 허다하다. 여성이 혼인빙자를
행하는 경우도 분명 존재한다. 유부녀가 자신을 미혼으로 속이고 남성에게
접근하여 혼인을 빙자하고 성관계를 맺거나, 약혼남과 이미 성관계를 맺고
있는 여성이 다른 남성에게 혼인을 빙자하면서 성관계 맺는 일이 발생하고
있다. 2002년 헌법재판소의 다수의견은 혼인빙자간음을 당한 여성에게는
"돌이킬 수 없는 충격과 피해"25)가 생긴다고 보았는데, 그 논리에 따르자면
이러한 충격과 피해가 남성에게 발생하지 않는다고 상정하는 것은 차별이
아닐 수 없다. 물론 이러한 피해남성이 고소를 한 경우는 극히 드물지만,
그 이유는 남성중심의 성문화가 지배하는 한국 사회에서 피해를 호소하는
남성은 '남성적'이지 못한 한심한 존재로 조롱받을 것이기 때문이다. 이상의

---

24) 헌법소원심판청구사건에 대한 법무부장관 의견서(2008.12), 14면.
25) 헌법재판소 2002.10.31. 선고 99헌바40, 2002헌바50(병합) 결정.

점에서 형법 제304조에 의한 남성차별은 '입법목적의 정당성'과 '차별대우의 적합성'이 없다.

그리고 헌법 제34조 제3항을 남성의 성적 자기결정권은 아예 보호하지 않은 채 여성의 성적 자기결정권만 보호해도 무방하다는 취지로 독해할 수는 없다. 성적 자기결정권을 침해하는 대표적인 범죄인 강간죄의 경우 2012년 형법개정 이전에는 객체가 여성으로 제한되어 있었지만, 당시에도 형법은 강제추행죄를 두어 남성에 대한 성적 자기결정권을 보호하고 있기에 강간죄가 평등원칙 위반으로 위헌이라는 주장을 하기는 어려웠다.26) 이에 비하여 혼인빙자간음죄의 경우는 남성의 성적 자기결정권 보호를 완전히 포기하고 있기에 이러한 차별은 '차별대우의 필요성'과 '법익의 균형성' 등의 헌법적 요청을 충족시키지 못한다.

둘째, 형법 제304조는 여러 파트너와 동시에 자유로운 성생활을 추구하는 여성과 그렇지 않은 여성을 법적으로 차별대우한다.27) 여성의 성적 자기결정권은 그 여성이 유지·향유하는 성문화와 무관하게 보호되어야 함에도, 동조는 여러 파트너와 동시에 자유로운 성생활을 추구하는 여성에게 "음행의 상습"이 있는 여성이라는 도덕적 낙인을 찍으며 비난할 뿐만 아니라 법적 보호에서도 제외하고 있다. 이러한 차별은 평등원칙의 헌법적 요청을 위배하는 것이다.

VI. 입법적 결단 이전 위헌무효의 필요성

어떤 행위를 범죄로 규정하고 그에 대하여 어떠한 형사제재를 부과할 것인가는 원칙적으로 입법자의 재량에 속한다.28) 그러나 상술하였듯이, 혼인빙자간음죄처럼 국가형벌권을 통하여 특정 성 이데올로기를 강제하고

---

26) 대법원 1967.2.28. 선고 67도1 판결. 위헌논란이 있는 간통죄의 경우도 쌍벌주의를 취함으로써 평등원칙 위배를 피하고 있다.

27) 이정원, 『형법각론』(증보판: 법지사, 2000), 220면.

28) 헌법재판소 2001.11.29. 선고 2001헌가16 결정.

시민의 사생활의 가장 내밀한 성생활을 파헤치려는 개입의 합헌성에 대해서
는 매우 엄격한 잣대를 사용하여 심사해야 할 것이다. 성생활이라는 시민의
가장 예민하고 은밀한 사생활 영역에 대한 국가형벌권 개입은 입법재량이라
는 논변으로 쉽게 정당화되어서는 안 된다.[29)]

　1992년 법무부는 형법학계의 의견을 수렴하여 동죄의 삭제를 제안하였
다. 2002년 헌법재판소의 다수의견은 제304조의 합헌성을 확인하면서도,
"첫째 개인의 사생활 영역에 속하는 남녀간의 내밀한 성적 문제에 법이
지나치게 개입하는 것은 부적절하고, 둘째 세계적으로도 혼인빙자간음행위
를 처벌하는 입법례가 드물며, 셋째 이 사건 법률조항이 협박을 하거나 위자
료를 받아내기 위한 수단으로 악용되는 경우가 많고, 넷째 국가 형벌로서의
처단기능이 많이 약화되었으며, 다섯째 형사정책적으로도 형벌의 억지효과
가 거의 없고, 여섯째 여성 보호의 실효성도 의문이라는 점 등에 대한 면밀
한 관찰을 통하여 혼인빙자간음죄를 앞으로도 계속 존치할 것인지 여부에
관한 진지한 접근이 필요하다고 보여진다."[30)]라고 설시한 바 있다.

　그러나 입법자는 이러한 제안을 완전히 무시해 왔다. 성도덕에 대해서
는 이중기준을 가지고 있는 국민 다수자를 의식해야 하는 입법자가 정치적
으로 이득은 없고 도덕적 비난만 초래할 수 있는 법개정을 기대하는 것은
비현실적이다. '사법적극주의'와 '사법소극주의' 중 어느 한 쪽이 본질적으
로 우월·타당한 것이라고는 할 수 없으며, 헌법재판소의 위헌결정은 입법자
의 입법형성권을 제약하기에 신중해야 한다. 그러나 혼인빙자간음죄의 오남
용이 계속되고 있음에도 입법자가 어떠한 입법적 조치로 취하지 않는 직무
해태를 계속하는 상황에서는 헌법재판소의 적극적 개입이 필요하다.

---

29) 헌법재판소 2002.10.31. 선고 99헌바40, 2002헌바50(병합) 결정에서 주선회 재판관
　　의 반대의견도 같은 취지이다.
30) 헌법재판소 2002.10.31. 선고 99헌바40, 2002헌바50(병합) 결정.

VII. 맺 음 말

이상에서 검토한 것처럼 형법 제304조의 혼인빙자간음죄는 성의 개방과 자유화가 자리 잡은 현대 한국 사회 시민의 성생활에 전혀 조응하지 못한다. 그럼에도 불구하고 동조는 시민에게 특정한 성 이데올로기를 강제하며 이에 따르지 않는 시민에게 형벌을 가하므로 '형법의 보충성'의 원칙을 위태롭게 하고 있다. 동조는 성년 여성의 성생활을 국가형벌권으로 보호한다는 외관을 취하고 있으나, 그 근저에는 남성과 마찬가지로 자기 책임 아래 성적 자기결정권을 행사할 수 있는 여성의 능력을 폄하·부인하고 있기에 헌법 제10조에 반한다. 그리고 동조는 남성과 "음행의 상습"이 있는 부녀를 범죄의 객체에서 제외하며 차별하고 있기에 헌법 제34조 제3항에 반한다. 또한 동조는 "음행의 상습"이라는 불명확한 개념을 사용하고 있으므로 죄형법정주의에 반하여 위헌이다. 이러한 형법조항은 입법자가 신속히 폐지함이 타당하지만, 그 이전이라도 헌법재판소는 위헌결정을 통하여 특정 성 이데올로기를 강제하고 시민의 사생활의 가장 내밀한 성생활을 파헤치는 국가형벌권을 통제하는 것이 바람직하다.

제 7 장

군인간 합의동성애 형사처벌 비판

"오늘자로 '묻지도 답하지도 말라'로 알려진 차별적 법은
최종적으로 그리고 공식적으로 폐지됩니다. 오늘자로 우리
무장병력은 더 이상 수많은 게이 및 레즈비언 구성원의
특별한 기술과 전투경험을 잃지 않을 것입니다."

(버락 오바마)

Ⅰ. 들어가는 말

한국 사회에 동성애자가 존재하고 있음은 주지의 사실이다. 국가인권위원회법 제2조 제3호는 성적 지향(sexual orientation)에 의한 차별을 "평등권 침해차별 행위"로 규정하고 있지만, 한국 사회에서 여전히 동성애에 대한 편견과 차별은 존재한다.[1] 형법은 제정시부터 합의에 기초한 동성애를 비범죄화하였지만,[2] 이러한 입법태도는 군인에게 관철되지 않는다.[3] 2013년 개정된 현행 군형법 제92조의6은 "항문성교나 그 밖의 추행한 자는 2년 이하의 징역에 처한다."라고 규정하여 합의에 기초한 군인 간의 동성애 행위를 형사처벌하고 있다[이 조항은 개정전 제92조의5 "계간(鷄姦)이나 그 밖의 추행한 자는 2년 이하의 징역에 처한다."에서 '계간'이라는 용어를 '항문성교'로 대체한 것이다]. 그리고 군인사법 시행규칙 제56조 제2항 제4호는 "변태적 성벽자(性癖者)"를 현역복무부적합자로 규정하여 동성애자로 밝혀진 경우 제대시킬 수 있는 법적 근거를 마련해두고 있다.

개정전 군형법 제92조의5와 마찬가지로 '계간'이라는 용어를 사용하고

---

1) 이에 대해서는 한인섭·양현아 편, 『성적 소수자의 인권』(사람생각, 2002)을 참조하라.
2) 동성애자에 대한 형사처벌은 국제인권법 위반이다. '유엔자유권규약위원회'(United Nations Human Rights Committee)는 1994년 'Toonen v. Australia 사건'에서 성인 간의 합의동성애를 형사처벌하는 호주 지역정부의 법규는 '시민적·정치적 권리에 관한 국제규약' 제17조가 보장하는 사생활의 자유를 침해한다고 결정한 바 있다[Comm. No. 488/1992, U.N. Doc. CCPR/C/50/ D/488/1992 (U.N. Human Rights Committee 1994)]. 동 문서는 이하에서 입수가능하다.
   http://www.iilj.org/courses/documents/Toonenv.Australia.pdf(2014.11.1. 최종방문).
3) 군대내 동성애로 처벌된 사례에 대해서는 이경환, "군대내 동성애 행위의 처벌에 관하여", 서울대학교 공익인권법센터, 『공익과 인권』 제5권 제1호(2008), 67-68면을 참조하라.

있던 (구)군형법 제92조에 대하여, 헌법재판소는 2002년 6 대 3으로 합헌결정을 내렸고,4) 2011년에는 5(합헌) 대 3(위헌) 대 1(한정위헌)의 의견으로 합헌결정을 내렸다.5) 반면 국가인권위원회는 2006년 1월 <2007-2011 국가인권정책기본계획(NAP) 권고안>에서 "계간이라는 비하적 언어를 사용하는 등 동성애에 대한 편견"을 드러내고 있는 (구)군형법 제92조 및 군인사법 시행규칙 제56조 제2항 제4호 등이 정비되어야 한다고 권고하였고,6) 동년 6월에는 국방부장관에게 동성애자 사병에 대한 인권보호 지침을 수립하고 병영내 동성애자관리지침을 개정할 것을 권하였으며,7) 헌법재판소의 2008헌가21 위헌법률심판을 앞둔 2010년 10월 25일에는 전원위원회 전원일치 결정으로 (구)군형법 제92조는 헌법에 정한 과잉금지 원칙을 위반하여 군인 동성애자들의 평등권 및 성적자기결정권, 사생활의 비밀과 자유를 침해하고 죄형법정주의 원칙에 어긋난다는 의견을 헌법재판소에 표명하였다.8)

형법의 과잉도덕화에 반대하는 저자는 국가인권위원으로 2010년 국가인권위원회 의견 표명에 참여하였으며, 2011년 헌법재판소 결정이 나온 후 『형사법연구』제23권 제4호에 (구)군형법 제92조의5를 비판하는 논문을 발표하였다.9) 그런데 이후 2013년 국회는 군형법을 개정하면서 제92조의5를 대체하는 제92조의6에서 '계간'이라는 용어를 삭제하고 '항문성교'를 명기하였다. 제7장은 저자의 2011년 논문의 입장을 유지하면서, 2013년 개정 군형법에 대한 비판을 추가한다.

---

4) 헌법재판소 2002.6.27. 선고 2001헌바70 결정.
5) 헌법재판소 2011.3.31. 선고 2008헌가21 결정.
6) 국가인권위원회, 『2007-2011 국가인권정책기본계획 권고안』(2006.1). 동 문서는 이하에서 입수 가능하다(http://www.humanrights.go.kr/03_sub/body06_01.jsp: 2014. 11.1. 최종방문).
7) 국가인권위원회, 전원위원회 결정 06진차87 군대내 동성애자 사병에 대한 인권 침해 및 차별(2006.6.26.). 동 문서는 이하에서 입수 가능하다(http://www.humanrights. go.kr/02_sub/body02_v.jsp?id=568&page=122: 2014.11.1. 최종방문).
8) 국가인권위원회, 「군형법」제92조에 대한 위헌법률심판(2008헌가21)에 대한 결정 (2010.12.8.). 동 문서는 이하에서 입수 가능하다(http://www.humanrights.go.kr/02_sub/body02_v.jsp?id=2675&page=9: 2014.11.1. 최종방문).
9) 조국, "군형법 제92조의5 '계간 그 밖의 추행죄' 비판", 한국형사법학회, 『형사법연구』제23권 제3호(2011 겨울).

Ⅱ. 군형법 구성요건에 대한 법원 및 군 당국의 해석

1. 행   위

2013년 개정전까지 (구)군형법 제92조의5는 '계간'이라는 용어를 사용하고 있었다. 당시 군 당국은 '계간'을 "동성의 사람 혹은 동물과의 비정상적인 성교행위"로 해석하여 '수간'(獸姦)을 포함하는 개념으로 해석하고 있었고,10) 반면 대법원은 '계간'을 '항문성교'로 해석하고 있었다.11) 2013년 국회는 '계간'이라는 용어가 "동성간의 성행위를 비하"한다는 이유로 이를 삭제하고 대신 '항문성교'를 범죄구성요건으로 명기하였다.12)

한편 대법원은 '그 밖의 추행'을 "계간(항문 성교)에 이르지 아니한 동성애 성행위 등 객관적으로 일반인에게 혐오감을 일으키게 하고 선량한 성적 도덕관념에 반하는 성적 만족 행위로서 군이라는 공동사회의 건전한 생활과 군기를 침해하는 것"으로 해석하며 이에 해당하는지 여부는 "행위자의 의사, 구체적 행위태양, 행위자들 사이의 관계, 그 행위가 공동생활이나 군기에 미치는 영향과 그 시대의 성적 도덕관념 등을 종합적으로 고려하여 신중히 결정되어야 할 것"이라는 입장을 취하고 있다.13) 적용사례를 보면 '그 밖의 추행'은 구강성교, 상대방의 성기 만지기 등을 포괄한다.14)

<hr>

10) 국방부 인권팀,『병영내 동성애자 관리정책에 대한 연구―외국 사례분석을 중심으로』(2007.12), 46면; 육군본부법무실,『군형법주해』(2010), 383면.
11) 대법원 2008.5.29. 선고 2008도2222 판결.
12) 군형법 일부개정법률안(대안)(의안번호: 3944), 2면.
13) 대법원 2008.5.29. 선고 2008도2222 판결. 이호중 교수는 대법원이 군형법상 추행의 정의하며 '성적 만족 행위'라는 개념을 사용한 것은 추행 개념을 제한적으로 해석하려는 의도로 파악한다[이호중, "군형법 제92조의5 추행죄의 위헌성과 폐지론, 한국형사법학회,『형사법연구』제23권 제1호(2011년 봄·통권 제46호), 234-235면].
14) 이경환(각주 3), 67-68면.

2. 주체, 장소 및 공연성

'항문성교 그 밖의 추행'의 주체의 성별은 남성으로 제한되어 있지 않다. 국방부는 2007년에 실시한 연구에서 (구)군형법 제92조의5의 입법목적은 "남군과 남군, 여군과 여군 사이의 동성애 또는 수간과 같은 변태적 성적 행위"를 금지하는 것이라고 밝혔던바, 여성 간의 '계간 그 밖의 추행'도 처벌대상으로 해석했다.[15] 또한 국방부는 헌법재판소에 제출한 의견서에서 동조는 남성간, 여성간에는 물론 이성간의 '계간 그 밖의 추행'에도 적용된다고 밝힌 바 있다. 이러한 해석은 개정 군형법 제92조의6에 대해서도 그대로 유지될 것이다. 즉, 남남, 남녀, 여여 불문 군인간의 항문성교, 구강성교 등은 '추행'으로 규정되어 처벌대상이다.

그리고 대법원은 (구)군형법 제92조의5의 입법취지는 "군내부의 건전한 공적생활을 영위하기 위한 이른바 군대가정의 성적 건강을 유지하기 위한 것"으로 보고, "민간인과의 사적생활관계에서의 변태성 성적 만족 행위에는 적용되지 않는 것으로 해석함이 타당"하다고 해석한다.[16] 동조가 군인과 민간인 간의 성적 행위에 적용되지 않아야 하는 이유로는 "상대방인 민간인의 추행사실이 공개되므로서 그 명예를 오손하는 부당한 결과를 초래하게 되며, 또 본죄는 친고죄가 아니므로 고소 없이 처벌할 수 있으나 본죄보다 중한 강제추행죄는 친고죄임으로 고소가 있어야 비로소 처벌할 수 있으므로 소송조건에도 균형을 잃은 결과가 되는 점" 등을 들고 있다.[17] 동조의 적용범위가 확대되는 것을 해석으로 제한한 것이다.

한편, 군형법 제92조의6은 동조는 '항문성교 그 밖의 추행'의 장소를 규정하지 않고 있다. 따라서 병영 내부는 물론 외부에서 이루어지는 '항문성교 그 밖의 추행'에도 적용된다고 해석될 여지가 있다.[18] 그리고 동조는

---

15) 국방부 인권팀(각주 10), 46면.
16) 대법원 1973.9.25. 선고 73도1915 판결. 헌법재판소도 동조의 "주된 보호법익은 '개인의 성적 자유'가 아니라 '군이라는 공동사회의 건전한 생활과 군기'라는 사회적 법익"이라고 보고 있다(헌법재판소 2002.6.27. 선고 2001헌바70 결정).
17) *Ibid*.
18) 단, 국방부 인권팀은 동조는 병영 내에서의 행위에 대해서만 적용된다는 해석을

형법 제245조(공연음란죄)와 달리 '공연성'을 요구하지 않는바, 군인간의 공개되지 않는 은밀한 성적 행위도 처벌 가능하다.

3. 강 제 성

군형법 제92조의6는 형법이나 성폭력특별법과 달리 폭행·협박 등 강제성 없는 추행행위도 처벌한다. 동의 없는 '추행'이 처벌되어야 함은 이론의 여지가 없는데, 이러한 행위에 대해서는 군형법 제92조의6가 없어도 동법 제92조의2(유사강간), 제92조의3(강제추행), 제92조의4(준강간, 준강제추행) 등으로 처벌이 가능하다(2013년 군형법 개정으로 이상의 죄는 비친고죄가 되었다).[19] 특히 강제성 있는 항문성교에 대하여 2013년 신설된 제92조의2는 다음과 같이 규정한다. "폭행이나 협박으로 … 구강, 항문 등 신체(성기는 제외한다)의 내부에 성기를 넣거나 성기, 항문에 손가락 등 신체(성기는 제외한다)의 일부 또는 도구를 넣는 행위를 한 사람은 3년 이상의 유기징역에 처한다."

Ⅲ. 헌법재판소의 합헌결정 — 입법자의 선택 존중과 군기보전의 우선시

헌법재판소는 2002년과 2011년 두 번에 걸쳐 (구)군형법 제92조 합헌결정을 내렸다. 두 결정의 다수의견과 반대의견을 종합하여 대립점을 살펴본다. 두 결정에 대한 비판적 분석은 Ⅵ.에서 상세하게 이루어진다.

내리고 있다[국방부 인권팀(각주 10), 47면].

19) 육군본부법무실은 합의에 의하지 않은 추행의 경우 강제추행죄와 (구)군형법 제92조의5의 상상적 경합을 인정한다[육군본부법무실(각주 10), 387면]. 그러나 2009년 군형법 개정으로 형법상 강간죄와 강제추행죄 보다 가중처벌되는 구성요건이 신설되었다는 점을 고려하면, (구)군형법 제92조의5 추행죄와 제92조 강간죄 및 제92조의3 강제추행죄는 법조경합이라고 보는 것이 타당하다[이호중(각주 13), 239면].

1. 명확성의 원칙

먼저 헌법재판소 다수의견은 동조의 '그 밖의 추행'이 명확성의 원칙에 반하지 않는다고 보았다. 그 근거는 첫째, "'추행'이란 일반적으로 정상적인 성적 만족행위에 대비되는 다양한 행위태양을 총칭하는 것이고, 그 구체적인 적용범위도 사회적 변화에 따라 변동되는 동태적 성격을 가지고 있기 때문에, 입법자가 이러한 변태성 성적 만족행위의 모든 형태를 미리 예상한 다음, '추행'에 해당하는 행위를 일일이 구체적, 서술적으로 열거하는 방식으로 명확성의 원칙을 관철하는 것은 입법기술상 불가능하거나 현저히 곤란하다."20) 둘째, 대법원 판결이 '추행'에 대하여 구체적이고 종합적인 해석기준이 제시하고 있는 이상, "건전한 상식과 통상적인 법감정을 가진 군형법 피적용자는 어떠한 행위가 이 사건 법률조항의 구성요건에 해당되는지 여부를 어느 정도 쉽게 파악할 수 있으며, … 법률적용자가 이 사건 법률조항 중 '기타 추행' 부분을 자의적으로 확대하여 해석할 염려가 없다."21) 요컨대, 법적 개념에 대한 입법자의 선택을 존중하고 설사 그 선택이 부족하다고 하더라도 판례의 해석으로 보완될 수 있다는 논리이다.

반면 2001헌바70 결정의 반대의견은 '추행' 자체의 의미에 대해서는 명확성 여부가 문제되지 않지만, "그 밖의 구성요건요소, 즉 추행이 강제 또는 비강제에 의한 것인지 여부, 추행의 주체나 그 상대방 등에 대해서는 아무런 제한을 두고 있지 않아" 명확성의 원칙에 반한다고 보았다.22) 즉, 폭행·협박에 의하지 않은 비강제에 의한 추행만 처벌하는지, 강제에 의한 추행도 처벌하는지, 그리고 남성간의 추행만을 대상으로 하는지, 여성간의 추행이나 이성간의 추행행위도 그 대상으로 하는지 등이 모호하다는 것이다.

---

20) 헌법재판소 2002.6.27. 선고 2001헌바70 결정.
21) 헌법재판소 2002.6.27. 선고 2001헌바70 결정; 헌법재판소 2011.3.31. 선고 2008헌 가21 결정.
22) 헌법재판소 2002.6.27. 선고 2001헌바70 결정(재판관 송인준, 재판관 주선회의 반 대의견).

2008헌가21 결정의 반대의견은 강제적 추행과 비강제적 추행은 보호법익, 가벌성, 비난가능성에 현저한 차이가 있는데 같은 조항에 따라 처벌되는 불합리성이 발생함을 지적한다.23) 그리고 동조는 행위의 정도와 관련하여 음란정도가 어느 정도에 이를 때 '그 밖의 추행'에 해당하는지 아무런 기준을 제시하지 못하고 있고, 행위장소에 대한 제한이 없으므로 군영 내의 추행에만 적용되는지 아니면 물론 군영 외의 추행에 대해서도 적용되는지 불분명하다는 점을 비판한다.24) 이러한 이유로 반대의견은 수사기관, 공소제기기관 및 재판기관의 자의적인 해석과 적용을 초래한다고 보았다.

2. 과잉금지의 원칙

다음으로 헌법재판소 다수의견은 (구)군형법 제92조가 과잉금지의 원칙에 위배되지도 않는다고 보았다. 그 근거는 첫째, (구)군형법 제92조로 "군인들이 받게 되는 성적자기결정권이나 사생활의 비밀과 자유의 제한 정도가, 이 사건 법률조항을 통하여 달성하고자 하는 '군이라는 공동사회의 건전한 생활 및 군기의 보호', 나아가 국가의 존립과 모든 자유의 전제조건인 '국가안보'라는 공익보다 크다고 할 수 없으므로, 법익 균형성을 일탈하였다고 보기도 어렵다."25) 둘째, "우리나라의 안보상황과 징병제도 하에서 단순한 행정상의 제재만으로는 효과적으로 추행 행위를 규제하기 어렵고, 이 사건 법률조항은 다른 법률에 규정된 추행 관련 범죄와 비교하여 그 법정형이 지나치게 무겁다고 볼 수 없으며, 법정형이 1년 이하의 징역형으로 되어 있어 구체적인 사안을 고려하여 선고유예도 가능하다는 점을 종합해 보면, 피해최소성원칙에 반한다고 볼 수 없다."26) 셋째, 입법자가 "군형법 피적용자가 행한 추행의 유형이나 그 상대방의 피해상황 등을 구체적으

---

23) 헌법재판소 2011.3.31. 선고 2008헌가21 결정(재판관 김종대, 재판관 목영준, 재판관 송두환의 반대의견).
24) *Ibid.*
25) 헌법재판소 2011.3.31. 선고 2008헌가21 결정.
26) *Ibid.*

로 구분하지 아니하고 위와 같은 사회적 법익을 침해한 모든 추행행위에 대하여 일괄적으로 1년 이하의 징역형으로 처벌하도록 규정하였다는 사유만으로 입법재량권을 자의적으로 행사하였다고 보기는 어렵다."27) 요컨대, 군인의 성적 자기결정권 보다 군기나 국가안보가 우위에 서야 하므로 일괄적인 법정형 1년 이하의 징역형도 과도한 제재가 아니라는 것이다.

반면 2001헌바70 결정의 반대의견은 "추행이 강제에 의하지 않고 군형법 피적용자 상호간에 은밀하게 행해짐으로써 타인의 혐오감을 직접 야기하지 않는 경우에는 그러한 행위가 군이라는 공동사회의 건전한 생활과 군기라는 보호법익에 어떠한 위해를 가한다는 것인지 쉽게 이해하기 어렵"고, "성에 대한 사회적 의식 및 제도가 개방된 사정하에서는 공연성이 없고 강제에 의하지 않은 동성간의 추행을 군의 전투력 보존에 직접적인 위해를 발생시킬 위험이 있다고 보기 어렵"고, 따라서 (구)군형법 제92조는 입법목적을 달성하기 위한 효율적인 수단이 아니며, 입법목적을 달성하기 위해 필요한 정도를 넘는 과도한 규제라고 보았다.28)

3. 평등권 침해

헌법재판소 다수의견은 (구)군형법 제92조가 동성애자의 평등권을 침해한다고 볼 수 없다고 판단했다. 즉, "군대는 동성 간의 비정상적인 성적 교섭행위가 발생할 가능성이 현저히 높고, 상급자가 하급자를 상대로 동성애 성행위를 감행할 가능성이 높으며, 이를 방치할 경우 군의 전투력 보존에 직접적인 위해가 발생할 우려가 크므로, 이 사건 법률조항이 동성 간의 성적 행위만을 금지하고 이를 위반한 경우 형사처벌한다고 볼 경우에도, 그러한 차별에는 합리적인 이유가 인정되므로 동성애자의 평등권을 침해한다고 볼 수 없다."29) 여기서 다수의견은 평등권의 침해를 심사함에 있어 "동성

27) 헌법재판소 2002.6.27. 선고 2001헌바70 결정.
28) 헌법재판소 2002.6.27. 선고 2001헌바70 결정(재판관 송인준, 재판관 주선회의 반대의견).
29) 헌법재판소 2011.3.31. 선고 2008헌가21 결정.

간의 성적 행위와 이성 간의 성적 행위에 대한 차별은 헌법상 차별을 금지한 영역인 성을 이유로 한 남녀 차별의 문제가 아니며, 헌법에서 특별히 평등을 요구하고 있는 경우에도 해당하지 아니하고, 차별적 취급으로 인하여 관련 기본권에 대한 중대한 제한을 초래할 사정도 발견되지 않"는다는 이유로, 자의금지원칙에 의한 완화된 심사척도를 적용하였다.[30] 요컨대, (구)군형법 제92조의 문언은 성적 지향에 대한 차별이 아니라 특정 행위에 대한 처벌을 규정하고 있을 뿐이며, 성적 지향은 헌법상 차별금지사유에 포함되지 않는다는 것이다. 반대의견은 평등권 침해에 대해서는 별다른 견해를 표명하지 않았다.

Ⅳ. 군형법 개정논의 및 국방부의 대처 현황

1. 법개정안

현행 군형법은 1962년에 제정된 이래 수차례 개정되었지만, 군인간의 합의동성애를 처벌하는 태도는 전혀 변함이 없다. 민주화 이후 성적 소수자의 인권에 대한 관심이 높아지고 2001년 제정된 국가인권위원회법이 성적 지향에 의한 차별을 규정하면서 군형법에 대한 개정 논의도 서서히 일어났다.

2004년 이경재 의원이 대표발의한 군형법개정안은 제92조를 "군대 요새·진영 또는 군용에 공하는 함선이나 항공기 그 밖의 장소·설비 또는 건조물에서 위계 또는 위력으로 군인 또는 이에 준하는 자를 추행한 자는 5년 이하의 징역에 처한다."로 바꾸고 있다.[31] 즉, '계간'이라는 용어를 삭제하고, 위계 또는 위력에 의한 추행으로 처벌대상을 축소하고, 행위가 일어나는 장소 역시 제한하였다. 동 개정안은 2001헌바70 결정의 반대의견을 수용

---

30) *Ibid.*
31) 군형법중개정법률안(이경재 의원 대표발의, 2004.7.2.).

한 것으로 보이는데, 제안이유는 다음과 같다.

"현행 계간, 즉 비역질이라는 용어가 남성간의 동성애 행위만을 규정하고 있는바,[32] 여군과의 관계에서 형평성과 성차별의 논란을 함의하고 있음. 또한 개인의 성적 자기 결정권 측면에서 형법으로 이를 규율하는 것이 타당치 않다고 보여짐. 동성애 행위에 대해서는 군기문란에 대한 제재로서 행하는 현행의 내부징계의 방법과 현역복무부적합 회부 등의 방법으로 행함이 적절함."

2005년 정부제출 개정안은 군형법 제92조를 세분화·구체화한다.[33] 개정안 제92조 제1항은 "폭행 또는 협박으로 계간 그 밖의 추행"을 한 자를 5년 이하의 징역에, 제2항은 "위계 또는 위력으로 계간 그 밖의 추행"을 한 자를 3년 이하의 징역에 처한다고 규정하고, 제3항은 제1항 및 제2항 이외의 방법으로 계간 그 밖의 추행을 한 자는 1년 이하의 징역 또는 500만 원 이하의 벌금에 처한다고 규정한다. 계간 그 밖의 추행을 여전히 처벌하되 벌금형을 추가하고, 폭행·협박, 위계·위력을 사용한 계간 그 밖의 추행을 가중처벌하는 구성요건을 신설한 것이다.

2009년 이주영 의원이 대표발의한 군형법개정안은 2005년 정부제출안의 틀을 그대로 따르면서, 폭행·협박이나 위계·위력을 사용되지 않은 계간 그 밖의 추행에 대한 법정형 중 벌금형을 700만원으로 수정하였다.[34] 계간 그 밖의 추행을 처벌한다는 점은 문제가 있지만, 이하의 제안이유에는 2001 헌바70 결정의 반대의견의 취지가 반영되어 있음을 확인한다.

"「군형법」상의 계간이 행위의 주체 및 상대방, 행위의 시간과 장소, 행위태 양 등에 대해 아무런 제한요건 없이 모든 동성 간의 성적행위를 처벌대상으로 하고 있어 「헌법」과 「형법」상의 기본원칙인 죄형법정주의상의 "명확성의 원

---

32) 이 점에서 법안제출 의원들의 '계간'에 대한 정의는 대법원의 정의와 다름을 확인할 수 있는바, '계간'의 의미가 법률전문가들 사이에서도 일치하지 않고 있었음을 확인할 수 있다.
33) 군형법 일부개정법률안(정부, 2005.12.26.).
34) 군형법중 개정법률안(이주영 의원 대표발의, 2009.8.26.).

칙" 그리고 「헌법」 제37조제2항의 기본권 제한의 일반원칙인 "과잉금지의 원
칙" 등에 반하기 때문에 위헌의 소지가 있으므로 추행죄의 규정을 보다 명확하
고 상세하게 규정하고자 함."

2009년 김옥이 의원이 대표발의한 군형법개정안은 계간 그 밖의 추행
을 그대로 처벌하면서 법정형을 2년 이하의 징역을 상향한다.[35] 그렇지만
이상의 개정안 모두는 국회에서 통과되지 못하고 폐기되었다.

2013년 김광진 의원이 대표발의한 군형법개정안[36]과 권성동 의원이
대표발의한 군형법개정안[37]을 수용한 법제사법위원장 대안으로 군형법이
개정되는데, 이로서 '계간'이라는 용어는 드디어 삭제된다.

2. 국방부의 대처 — 2011년 이전 미국 법정책의 차용

국방부는 (구)군형법 제92조의5를 둘러싼 사회적·법적 논란이 계속되
자, 동조의 존속을 전제로 하여 '부대관리훈령'을 만들었다.[38] 이는 2006년
만들어진 '병영내 동성애자 관리지침'[39]을 조문화한 것이다.

'부대관리훈령' 제6장 '동성애자 병사의 복무' 부분을 보자면, 동성애
병사의 신상비밀 보장을 위하여 지휘관 등에게 병영 내 병사들에게 대하여
성지향성 설문조사 등을 통한 동성애자 식별활동, 성 경험·상대방 인적
사항 등 사생활동 관련 질문, 병 생활기록부를 제외한 각종 서류에 동성애자
병사의 인적 사항 기록, 동성애자 입증 취지의 관련 자료 제출 요구 등을
금지한다(제261조). 그리고 자살 등 사고가능성이 현저한 경우를 제외하고,
누구든지 동성애 병사의 동의 없이 부모, 친구, 부대에 동성애 사실을 알리
는 것을 금지한다[제262조; '아웃팅'(outing) 제한]. 또한 동성애자에 대한 구타,

---

35) 군형법중 개정법률안(김옥이 의원 대표발의, 2009.9.20.).
36) 군형법중 개정법률안(김광진 의원 대표발의, 2013.1.9.).
37) 군형법중 개정법률안(권성동 의원 대표발의, 2013.2.12.).
38) 개정 국방부 훈령 제1349호(2011.10.11.).
39) 이 지침은 국방부 인권팀(각주 10), 53-56면에 수록되어 있다.

가혹행위, 모욕, 욕설, 성희롱, 성폭력의 금지·처벌하고, 동성애자임을 스스로 밝힌 경우 강제전역 시킬 수 없으며, 동성애 병사에게 강제채혈 및 후천성면역결핍증 검사를 강요할 수 없음을 규정하고, 동성애 병사를 격리시키는 수단으로 비전 캠프나 병원에의 입소·인원 조치를 사용하는 금지한다(제263조). 이외에도 교육 및 상담 강화(제264조), 지속적인 지휘관심의 경주(제265조) 등을 규정한다.

이상의 내용은 그 이전에 비하여 동성애 병사의 인권보호를 위하여 진일보한 조치로 평가할 수 있다. 그러나 동 훈령은 군형법 제92조의5에 따라 동성애의 형사처벌 또는 행정징계를 내리는 것을 전제로 하고 있다(제260조 제2항)는 점에서 한계를 가지고 있다. 요컨대, 국방부의 현재 입장은 병영내 동성애를 적극적으로 조사·색출하지는 않겠지만, 어떠한 경로로건 그 사실이 밝혀지면 처벌하고 징계를 내리겠다는 것이다. 이는 군인간 동성애의 범죄화 정책과 "묻지도 답하지도 말라"(Don't Ask, Don't Tell) 정책을 결합한, 2011년 이전 미국의 법정책을 차용한 것이다.

V. 경제협력개발기구(OECD) 주요 국가의 입법 및 판례

1. 유럽연합 및 캐나다, 호주— 군인 동성애의 비범죄화 및 동성애자의 군복무 허용

유럽연합(European Union)의 1997년 암스테르담 조약(The Treaty of Amsterdam)은 성적 지향을 이유로 하는 차별을 금지하며,[40] 2000년 12월 유럽회의(Council of Europe) 의회는 유럽연합 권리장전(Charter of Fundamental Rights) 제21조에 성적 지향에 의한 차별금지를 명문화하였다.[41] 그리고 유

---

40) 동 문서는 이하에서 입수 가능하다. http://www.eurotreaties.com/amsterdamtreaty.pdf (2014.11.1. 최종방문).
41) 동 문서는 이하에서 입수 가능하다. http://www.europarl.europa.eu/charter/pdf/text_en.pdf(2014.11.1. 최종방문).

럽 각국에서 동성애가 형사처벌되지 않고 있다. 관련한 지도적 판결은 동성
애 처벌은 성생활을 포함한 시민의 사생활의 자유를 침해하므로 '인권과
기본적 자유의 보호에 대한 유럽협약' 제8조 위반이라는 1978년 유엔인권재
판소(European Court of Human Rights)의 'Dudgeon vs. UK 판결'42)이다. 유럽연
합에 가입하려는 새로운 국가는 동성애의 비범죄화 조치를 취해야 한다.

군인간의 동성애도 비범죄화되어 있다. 미국 캘리포니아 산타 바바라
대학교의 팜 센터(Palm Center)의 2010년 조사에 따르면, 어떠한 공식적 제한
없이 동성애자의 군복무를 허용하는 나라 —아시아권은 조사대상에서 제
외— 로는 대부분의 유럽연합 국가, 이스라엘, 남아프리카 공화국, 우루과이
등 25개국이다.43)

네덜란드가 가장 선구적이었는데 일찍이 1970년대부터 동성애자의 군
복무를 허용했다.44) 독일은 2000년 이전까지는 동성애자가 지원병으로 복무
할 수 없었고, 1990년 11월 연방행정법원은 동성애자 군인의 교육관 발령
신청을 거부한 국방부장관의 결정은 적법한 인사재량권 행사라고 판결한
바 있다.45) 그러나 2001년 1월 이후부터는 국방부는 섹슈얼리티 문제에 대한
'상관지침서'를 택하면서 군대내 성적 지향에 따른 차별을 전면금지하였
고,46) 현재 군인의 성적 지향이 아니라 군대라는 특수한 집단생활에 무리없
이 동참할 수 있는지 여부를 기준으로 통해 복무부적합 판정을 하고 있다.47)

한편, 영국은 1994년 '형사사법과 공공질서에 관한 법률'(The Criminal

---

42) 동 문서는 이하에서 입수 가능하다. http://cmiskp.echr.coe.int/tkp197/view.asp?action=
html&documentId=695350&portal=hbkm&source=externalbydocnumber&table=F69A27F
D8FB86142BF01C1166DEA398649(2014.11.1. 최종방문).
43) Palm Center, Gays in Foreign Militaries 2010: A Global Primer 137(February 2010;
동 문서는 이하에서 입수가능하다.
http://www.palmcenter.org/files/FOREIGNMILITARIESPRIMER2010FINAL.pdf
(2014.11.1. 최종방문).
44) 동성애자인권연대·한국게이인권운동단체 친구사이,『군 관련 성소수자 인권증진
을 위한 프로젝트 모듬자료집』(2008), 88-89면.
45) BVerwG, NJW 1991.11.27.
46) Führungshilfe für Vorgesetzte, Bd.2., A, Ⅲ, 7.
47) 국방부 인권팀(각주 10), 83면.

Justice and Public Order Act)로 군대 내의 동성애의 형사처벌을 폐지하였지만, 동성애자를 전역시키는 정책은 계속되었다. 그러나 1999년 유럽인권재판소의 'Lustig-Prean and Beckett v. UK 판결'[48) 및 'Smith and Grady v. UK 판결'[49) 이후에는 동성애자의 군복무를 금지하는 정책이 폐지된다. 이 사건에서 제소자 Lustig-Prean와 Beckett는 동성애 남성, Smith는 동성애 여성, Grady는 동성애 남성으로 동성애자를 군대에서 추방하기 위한 조사에서 자신이 동성애자임을 인정한 후 그 성적 지향을 유일한 이유로 강제전역되었는데, 유럽인권재판소는 이러한 조치는 유럽인권협약 제8조 위반이라고 결정했다. 두 판결에서 유럽인권재판소는 군대라는 특수상황은 동성애자 강제전역을 요구하며, 동성애자의 존재는 군기를 훼손한다는 주장을 비판하면서, 동성애자 조사는 "예외적 수준으로 인권침해적(intrusive)"이고, 동성애 군인의 전역은 그들의 "경력과 전망에 심대한 영향"을 끼치며, 동성애자라는 점이 밝혀지기만 하면 그 개인의 행위 또는 근무기록과 무관하게 전역조치가 이루진다는 점에 이 조치의 "절대적이고 전반적 성격"은 "충격적"이라고 판단했다.

캐나다의 경우 1988년까지는 동성애자의 군복무를 금지시키다가, 1988년부터는 복무는 허용하되 승진이나 포상을 불허하는 정책으로 전환한다. 이후 5명의 군인이 이러한 정책이 1985년 '권리와 자유 헌장'(Canadian Charter of Rights and Freedom)에 위배된다는 소송을 제기하고 제1심에서 승소하자, 국방부는 1992년 10월 동성애자 군인에 대한 차별을 폐지하는 결정을 내린다.[50) 호주 역시 1992년 동성애자 군복무금지정책을 폐지한다. 당시 호주 총리는 이 정책은 국제적 흐름, 국제인권조약, 에이즈 대책에 반한다고

---

48) 29 Eur. H. R. Rep. 49(1999). 동 문서는 이하에서 입수 가능하다.
   http://www.bailii.org/eu/cases/ECHR/1999/71.html(2014.11.1. 최종방문).
49) 29 Eur. H. R. Rep. 548(1999). 동 문서는 이하에서 입수 가능하다.
   http://www.bailii.org/eu/cases/ECHR/1999/72.html(2014.11.1. 최종방문).
50) Palm Center(각주 43), at 13-14; Aaron Belkin & Melissa Sheridan Embser-Herbert, The International Experience, in *The U.S. Military's "Don't Ask, Don't Tell" Policy: A Reference Handbook* 59, 61-62(Melissa Sheridan Embser-Herbert ed., 2007); 국방부 인권팀(각주 10), 80-81면.

선언했다.[51]

2. 미국—"묻지도 답하지도 말라" 정책의 폐지

(1) 군인간의 '소도미' 처벌

1960년까지 미국의 모든 주가 이성 및 동성 간의 구강·항문 성교를 금지하는 '소도미'(sodomy) 법을 시행하고 있었고,[52] 2003년 연방대법원의 'Lawrence vs. Texas 판결'[53] 당시 9개 주가 '소도미'를 범죄화하고 있었다. 동 판결에서 연방대법원은 6 대 3의 다수의견으로 동성 간의 성행위를 범죄로 규정한 텍사스 주형법 제21.06조 (a)는 연방헌법의 적법절차조항을 침해한 위헌이라고 판시하였다. 그 핵심은 다음의 문장으로 요약된다. "국가는 청구인들의 사적인 성적 행위를 범죄로 만드는 방식을 통하여 그들의 존재를 비하하거나 그들의 운명을 통제할 수 없다."[54] 그리하여 현재 미국에서 시민의 동성애는 비범죄화되어 있다.

그런데 군형법상 군인간의 동성애는 범죄화되어 있다. 1950년 제정된 '통일군사법전'(UCMJ: the Uniform Code of Military Justice) 제125조는 모든 형태의 "동성 간 또는 이성 간 또는 동물과의 비자연적인 성교행위"를 금지하고 있으며, 이 조항은 현재도 유지되고 있다. 미국 군사항소법원(the Court of Appeals for the Armed Forces)은 2004년의 두 판결, 즉 'United States vs. Marcum 판결'[55]과 'United States vs. Stirewalt 판결'[56]에서 소도미 처벌은 합헌이라고 보았다.

'Marcum 판결'에서 피고인 공군 기술하사 Marcum이 복무 시간 외에

---

51) Palm Center(각주 43), at 16-18; Belkin & Embser-Herbert(각주 50), at 68; 국방부 인권팀(각주 10), 82면.
52) 강달천, 『동성애자의 기본권에 대한 연구』(중앙대학교 대학원 법학박사논문, 2000.12), 57면.
53) 539 U.S. 558(2003).
54) 539 U.S. at 578.
55) 60 M.J. 198(2004).
56) 60 M.J. 297(2004).

군영 밖 숙소에서 하급자인 공군 상병 Harrison과 소도미를 하였다는 이유로 기소되었는데, 강제적 소도미는 무죄, 비강제적 소도미는 유죄판결을 받았다. 군사항소법원은 "군사적 임무의 관점에서 볼 때 군복무자가 시민과 동일한 자율성을 갖지 않는다는 점은 명백하다."라고 확인하면서,[57] 'Lawrence 판결'을 통일군사법전 제125조 위반사건에 적용하기 위한 세 가지 심사기준을 제시한다. 즉, 첫째, 유죄판결을 받은 피고인의 행위가 'Lawrence 판결'이 확정한 자유의 범위 안에 들어 있는가, 둘째, 피고인의 행위가 'Lawrence 판결'의 분석이 적용되지 않도록 하는 행위나 사실관계, 예컨대 소도미 대상자가 미성년자인지, 소도미를 강제당하거나 쉽게 거절하기 어려운 관계에 놓여 있었는지, 소도미가 공연하게 이루어졌는지 또는 성매매와 관련이 있는지 등을 포괄하고 있는가, 셋째, 'Lawrence 판결'이 확정한 자유의 본성과 범위에 영향을 주는 군사적 조건과 관련된 추가적 요소가 있는가.[58] 그런 연후 군사항소법원은 Marcum은 Harrison을 감독하고 평가하는 위치에 있었기에, Harrison은 소도미를 사실상 강제당하거나 쉽게 거절하기 어려운 관계에 놓여 있었다는 점을 주목하면서, Marcum의 행위는 'Lawrence 판결'이 보장하는 자유의 범위 바깥에 있다고 판시했다.[59]

그리고 'Stirewalt 판결'에서 해안경비대 소속 남성 병사 Stirewalt는 자신보다 더 높은 직위에 있는 여성 직원과 합의에 따라 이성애 소도미를 하여 기소되었다. 동 판결은 피고인의 행위가 'Marcum 판결'이 제시한 삼 단계 심사기준 중 두 단계는 통과하지만 마지막 단계는 통과하지 못한다고 판단하였다. 즉, 해안경비대 내규는 구성원 간의 "애정관계"(romantic relationships)를 금지하고 있고, 피고인의 자유는 "규율과 명령이라는 명백한 군사적 이익"의 관점에서 고려되어야 한다는 것이다.[60]

---

57) 60 M.J. 198, 206(2004).
58) *Ibid.* at 206-207.
59) *Ibid.* at 208.
60) 60 M.J. 297, 304(2004).

(2) "묻지도 답하지도 말라" 정책의 채택과 폐지

이러한 법적 상황 속에서 1993년 12월 21일 클린턴 행정부는 "묻지도 답하지도 말라"(Don't Ask, Don't Tell; DADT)[61] 정책을 채택하였고, 이후 최근까지 동성애자 군인이라고 하더라도 자신의 성적 지향을 공개적으로 밝히지 않으면 복무할 수 있고 지휘관은 부하의 성적 지향을 물을 수 없다는 정책이 유지되었다. 연방항소법원은 이 정책이 평등권을 침해하지 않는다고 판결했다.[62]

그러나 이후 DADT 정책의 위헌성에 대한 비판에 계속되었다.[63] 드디어 2010년 9월 9일 캘리포니아주 지방법원의 버지니아 필립스 판사가 DADT 정책 실행중지판결을 내린 후,[64] 오바마 행정부는 2011년 9월 20일자로 DADT 정책을 폐지하였다. 오바마 대통령은 이 정책을 폐지하면서 발표한 성명서에서 다음과 같이 말했다.

"오늘자로 '묻지도 답하지도 말라'로 알려진 차별적 법은 최종적으로 그리고 공식적으로 폐지됩니다. 오늘자로 우리 무장병력은 더 이상 수많은 게이 및 레즈비언 구성원의 특별한 기술과 전투경험을 잃지 않을 것입니다. 그리고 오늘 나는 총사령관으로서 이 차별적 법으로 전역된 사람들이 여러분의 나라가 여러분의 봉사를 높이 평가한다는 점을 알기 바랍니다. … 나는 작년 12월 DADT 폐지법에 자랑스럽게 서명하였습니다. 왜냐하면 나는 이 폐지법이 우리의 국가안보를 신장시키고 우리의 군사적 준비성을 증가시키고 우리를 미국이라고 정의하는 평등과 공정의 원칙에 우리를 더 가까이 가도록 만들 것임을

---

61) 10 U.S.A. §654.
62) Able v. United States, 155 F.3d 628(2d Cir. 1998).
63) DADT 정책의 헌법적 쟁점에 대한 요약으로는 Theresa M. Suozzi, "Don't Ask, Don't Tell, or Lie-N-Hide? Congressional Codification of Military Exclusion: A Constitutional Analysis", 1 *Syracuse Journal of Legislation and Policy* 169(1995)를 참조하라.
64) Log Cabin Republicans v. United States, No. CV 04-08425-VAP, 2010 U.S. Dist. LEXIS 93612(C.D. Cal. Sept. 9, 2010). '로그 캐빈 리퍼블리컨'은 게이, 래즈비언, 양성애자, 성전환자인 공화당원 단체이다.

알고 있었기 때문입니다."65)

DADT 정책의 폐지는 상술한 통일군사법전 제125조의 사문화 또는
폐지로 이어지고, 관련 판례도 군인간 합의동성애를 비범죄화하는 방향으로
변경될 것으로 예상된다.

Ⅵ. '호모포비아'에 기초한 과잉범죄화

1. 입법목적의 부당성

기독교 전통이 강한 서구와 달리 한국 형법은 애초부터 동성애를 범죄
화하고 있지 않다. 형법제정 당시 입법자가 참조한 일본 형법가안이 동성애
를 비범죄화하고 있었던 점이 영향을 주었을 것이라고 추측할 수 있다. 그러
나 동성애를 반자연적·비도덕적인 행위로 보는 특정 종교교리에 따른 편견,
동성애자에 대한 두려움, 경멸, 혐오의 감정인 '호모포비아'(homophobia)는
우리 사회에서 엄존한다.66) 그리고 동성애에 대한 이성애의 우월성, 생물학
적 성기에 기반한 성역할, 생식 위주의 섹슈얼리티 등을 강조하는 '이성애주
의'67) 역시 강력하게 자리 잡고 있다.

이는 법률가의 의식 속에도 확인된다. 예컨대, 1990년 간통죄 위헌여부
헌법재판소 결정의 반대의견 중 한병채, 이시윤 재판관은 동성애는 "간통죄
보다 선량한 풍속을 더 크게 해치고 혐오감이 더 크다."라고 보았으며, 김양
균 재판관도 동성애의 "도덕적 비난가능성은 간통죄에 비하여 덜하다고

---

65) 성명서 전문은 이하에서 입수가능하다. http://www.whitehouse.gov/the-press-office/
 2011/09/20/statement-president-repeal-dont-ask-dont-tell(2014.11.1. 최종방문).
66) 동성애에 대한 고정관념에 대한 비판으로는 공자그 드 라로크 지음(정재곤 옮
 김), 『동성애: 동성애는 유전자 때문인가』(웅진씽크빅, 2007)을 참조하라.
67) 한채윤, "성적 소수자 차별의 본질과 실제 그리고 해소방안", 한인섭·양현아 편,
 『성적 소수자의 인권』(2002), 47-48면.

할 수 없"다고 밝힌 바 있다.[68] 임웅 교수는 동성애의 비범죄화를 주장하면
서도, 다음과 같이 말한 바 있다. "물론 동성애가 사회규범을 일탈하는 비정
상적 행태이고, 이성애는 자연적이고도 정상적인 성적 행동양식이라는 것을
부정할 수는 없다."[69]

요컨대, 군형법 제92조의6는 이러한 '호모포비아'와 '이성애주의'의 산
물이다. 동조 구성요건의 문언은 처벌대상을 동성애 행위로 규정하고 있지
않다. 그렇지만 이 조항의 입법목적이 동성 군인간 ―특히 남성 군인간―
의 성적 행위의 처벌임은 분명하다. 실제 남성 군인 간의 합의에 의한 성적
행위 외의 다른 행위가 동조에 의하여 처벌된 예가 없다.

2013년 법개정으로 '계간'이라는 용어는 삭제되었지만, 동조는 동성애
적 성적 행위를 '추행'이라는 모멸적 용어로 규정하고 있다. 그리고 대법원
과 헌법재판소도 동성애를 "변태성 성적 만족 행위"[70]로 파악하고 있다.
"군대가정의 성적 건강"[71] 유지가 동조의 입법취지라는 판단 뒤에는 동성애
는 성적으로 건강하지 못한 행위라는 판단이 자리 잡고 있다. 이상의 점은
대법원과 헌법재판소가 '정상적 성행위'와 '비정상적 성행위'를 구분하고
있음을 보여준다. 이는 "동성애 성행위를 변태적이라거나 성도덕에 반하는
사회유해적인 것이라고 인식했던 과거의 잘못된 편견"[72]의 반영이다.

또한 '군대가정'이라는 표현은 가부장 중심의 가정문화가 군대에도 관
철되어야 하며, 이성애를 전제로 하는 가부장제는 동성애를 용납할 수 없다
는 함의를 품고 있다. 이 점에 대하여 한채윤은 다음과 같이 비판한다. "가부
장제가 강한 사회일수록 이성애주의도 강하다. … 동성애자를 비롯한 성적
소수자들에게 가족은 보호가 아닌 억압의 기제로 작동한다."[73]

한편 군형법 제92조의6의 보호법익으로 "군기의 보호",[74] "군의 전투

---

68) 헌법재판소 1990.9.10. 선고 89헌마82 결정.
69) 임웅,『비범죄화의 이론』(법문사, 1999), 83면.
70) 대법원 1973.9.25. 선고 73도1915 판결; 헌법재판소 2002.6.27. 선고 2001헌바70
    결정.
71) 대법원 1973.9.25. 선고 73도1915 판결.
72) 이호중(각주 13), 237면.
73) 한채윤(각주 67), 47, 51면.

력 보존"75) 등이 주장되고 있다. 그러나 합의에 기초하여 비공개적으로 이루어지는 동성애가 군기나 전투력을 저하시킨다고 판단하기는 어렵다. 실제 합의에 따른 동성애적 행위로 처벌된 피고인 중 상당수가 범행이 발각되기 이전까지는 군 생활에서 성실함과 높은 업무능력을 인정받은 경우가 많았다.76) 또한 동성애자의 군복무를 허용하고 있는 OECD 주요 국가의 군대에서 군기와 전투력이 약화되었다는 분석은 없다. 팜 센터의 조사에 따르면, 이러한 허용 정책이 군 기강의 저하나 에이즈 비율의 증가 등을 일으키지 않았다.77) 상술한 미국 오바마 대통령의 반성처럼, 동성애자를 군대에서 배제하는 정책은 동성애자 군인의 특별한 기술과 전투경험을 스스로 포기하여 군대의 전투력에 해를 끼칠 수도 있다.

현재 한국 사회에 존재하는 '호모포비아' 중의 하나로 군대 내에서 남성 동성애자 군인이 다른 남성 군인에게 성폭력을 가할 수 있다는 우려가 존재하고 있다.78) 먼저 이러한 성폭력은 군형법 제92조의6가 아닌 다른 군형법 조항으로 처벌할 수 있으며, 처벌해야 마땅하다. 그리고 2003년 국가인권위원회가 실시한 군대 내 남성 간 성폭력에 대한 조사를 보면 가해자가 동성애자인 경우는 한건도 없었으며, 오히려 가해자들은 "자신이 동성애자로 취급받는 것이 억울하다"며 강한 동성애혐오증을 보였다.79) 2010년 국가인권위원회 결정에서 지적한 것처럼, "군대내 남성간 성폭력의 본질은 위계와 권력의 폭력적 행사에 기인한 것이지 동성애자들이 자신의 성욕을 참지 못하여 이를 행사하는 것으로 보기는 어렵다" 할 것이다.80)

---

74) 헌법재판소 2011.3.31. 선고 2008헌가21 결정.
75) 헌법재판소 2002.6.27. 선고 2001헌바70 결정.
76) 이경환(각주 3), 94-95면; 이호중(각주 13), 251-253면.
77) Palm Center(각주 43), at 24-103.
78) 동성애자인권연대 정욜 씨의 경우 군복무중 동성애자로부터 온 연애편지가 공개되자 "네가 젊은 군인들을 그냥 두겠느냐?"라는 의혹을 받았고, 이후 정신병원에 2개월에 수용되어 정신병자임을 인정하라고 요구받았다[육성철, 『세상을 향해 어퍼컷』(샨티, 2008), 105-106면].
79) 국가인권위원회, 『군대 내 성폭력 실태조사』(연구용역보고서, 2004), 22-23면.
80) 국가인권위원회(각주 8), 5면.

2. 성적 자기결정권과 평등권 침해

헌법 제10조가 보장하는 행복추구권에는 "성행위여부 및 그 상대방을 결정할 수 있는 성적자기결정권"이 포함되어 있다.[81] 이러한 성적 자기결정권은 군대라는 상황 속에서 일정하게 제한될 수 있다. 특히 헌법이 정하는 국민개병제(헌법 제38조)에 따라 징집되는 사병은 휴가기간 외에는 내무반을 중심으로 단체생활을 해야 하기에 성적 자유나 성적 자기결정권이 제한될 수 있다.

그러나 군형법 제92조의6의 제한은 너무 과도하고 광범하다. 첫째, 남녀 군인, 남남 군인, 여여 군인 간이 합의에 따라 항문성교, 구강성교, 성기애무 등의 성적 행위를 하는 것이 범죄가 되어 처벌되는바, 이는 군인의 성적 자기결정권을 침해한다. 성기결합 성교 외의 모든 성적 행위를 '추행'으로 파악하고 범죄화하는 것은 특정 성생활을 절대화하는 오류이며,[82] 형벌권으로 동원한 국가의 성생활 개입은 극도의 기본권 침해를 초래할 수 있다. 게다가 법률문언상으로는 영외에서의 이러한 행위도 처벌될 수 있는바, 이 경우 성적 자기결정권에 대한 침해는 분명해진다.

둘째, 군형법 제92조의6의 문언은 동조의 적용대상을 동성애 군인으로 제한하고 있지 않고, '항문성교 그 밖의 추행'이라는 행위를 처벌한다는 식으로 표현되어 있다. 그렇지만 이성애 군인 남녀 —부부 또는 연인— 가 합의에 기초하여 동조가 처벌대상으로 하는 항문성교, 구강성교, 성기애무 등을 한 경우 수사대상 조차 되지 않는다. 반면 동성애 군인간의 성적 행위는 수사대상이 되고 처벌된다. 상술하였듯이 국방부는 동조항이 이성군인간에도 적용된다는 의견을 표명하며 차별적 요소가 없다고 주장하고,[83] 헌법

---

81) 헌법재판소 1990.9.10. 선고 89헌마82 결정; 헌법재판소 2008.10.30. 선고 2007헌가 17,21, 2008헌가7,26, 2008헌바21,47(병합) 결정; 헌법재판소 2009.11.26. 선고 2008헌 바58, 2009헌바191(병합) 결정 등.

82) 이는 과거 기독교 선교사들이 해외 선교를 하면서 선주민(先住民)들에게 '정상체위'를 강요했고 그 결과 이 체위가 '선교사체위'(missionary position)이라는 이름을 얻게 되었다는 사실을 상기시킨다[드 라로크(각주 66), 90-91면].

83) 국방부 인권팀(각주 10), 47면.

재판소 다수의견도 이 점을 강조하며 평등권침해는 없다고 결정했지만,[84] 이성애 군인 남녀가 합의에 따라 군형법 제92조의6의 적용대상이 되는 성적 행위를 하여 형사입건된 경우는 전무하며, 실무상으로 이를 입건대상으로 고려하는 경우도 전혀 없다.[85]

이 점에서 군형법 제92조의6는 성적 지향을 이유로 하는 처벌의 외관을 취하고 있지 않지만, 실제로는 동성애 군인만을 차별적으로 처벌하는데 사용되고 있는 바 그의 평등권을 침해한다.[86] 이 점에서 헌법재판소 다수의견은 법조문의 외피만 보고 그 실질의 위헌성은 외면하고 있다.

그리고 헌법재판소 다수의견은 동성애에 대한 차별은 남녀차별과 달리 헌법상 '성별'에 의한 차별도 아니고, 특별한 헌법적 평등이 요구되지도 않는다고 결론짓는다.[87] 헌법 제11조 제1항은 "성별·종교 또는 사회적 신분"에 의한 차별을 금지하는데, 성적 지향은 여기서 명기되어 있지 않다는 논리이다. 그러나 헌법 제11조 제1항의 차별금지사유는 예시적인 것으로 보아야지, 여기에 명기된 사유 이외의 사유로 차별이 허용된다고 해석되어서는 안 된다. 하위 법률이지만 국가인권위원회법 제2조 제3호는 성적 지향에 의한 차별금지를 규정하고 있다는 점, 한국 정부가 가입한 국제인권조약의 해석에서도 성적 지향은 차별금지사유에 포함되는 것으로 해석되고 있다는 점 등을 고려하고, 헌법이 명기하고 있는 차별금지사유와 비교하더라도 한국 사회에서 성적 지향에 따른 차별의 양과 질은 결코 간과할 수준이 아니며 한국 사회에서 동성애자는 소수자 중의 소수자라는 점을 유념해야 한다. 민주주의가 다수자의 전제(專制)가 되지 않기 위해서는 헌법은 소수자를 보호해야 하고, 이를 위해서는 헌법 조문의 의미를 중시하면서도 그에 기속되지는 않는 '동태적 헌법해석주의'(constitutional dynamism)[88]가 필요하

---

84) 헌법재판소 2011.3.31. 선고 2008헌가21 결정.
85) 이경환(각주 3), 90면.
86) 노기호, "군형법 제92조 "추행죄"의 위헌성 고찰", 한국헌법학회, 『헌법학연구』 제15권 제2호(2009.6), 290면.
87) 헌법재판소 2011.3.31. 선고 2008헌가21 결정.
88) Morton J. Horwitz, "The Supreme Court, 1992 Term—Foreword: the Constitution of Change: Legal Fundamentality Without Fundamentalism", 107 *Harv. L. Rev.* 32,

다. 이상의 점에서 동성애자에게는 준(準)헌법적 평등이 요구되고, 동성애 차별이 평등권을 침해하는지 여부를 심사함에 있어서는 엄격한 심사척도가 적용되어야 한다.

3. 사생활의 비밀과 자유 침해

군대의 임무와 조직적 특성상 군인에게는 헌법 제17조가 보장하는 사 생활의 비밀과 자유가 제한될 수 있다. 그러나 이 제한은 시공간으로 무제한 적으로 이루어져서는 안 된다. 예컨대, 병사가 휴가, 외박을 나온 경우나 상근예비역의 퇴근 이후의 시간에 이루어지는 성생활은 강한 헌법적 보호를 받아야 한다. 직업군인으로서 복무하고 있는 장교 및 부사관이 업무외의 시간에 자신의 숙소에서 행하는 성생활 역시 마찬가지이다.[89] 이 점에서 군형법 제92조의6은 "시간과 장소, 업무관련성 등을 전혀 고려하지 않고 모든 행위를 처벌함으로써 군인들의 기본권을 침해하고 있다."[90] 만약 동조 가 이성애 군인 부부 또는 연인간의 합의에 기초한 항문성교, 구강성교, 성기애무 등에도 적용된다고 해석한다면, 사생활의 비밀과 자유 침해는 더 욱 명백해진다.[91]

4. 명확성의 원칙 위배 — 백지형법 수준의 포괄성

두 번의 헌법재판소 결정의 반대의견이 적시하였듯이, 군형법 제92조 의6은 추행이 강제 또는 비강제에 의한 것인지 여부, 추행의 주체나 그 상대 방, 행위 장소 등에 대해서 아무런 제한을 두고 있지 않다.[92] 상술하였듯이

32-41, 98-117(1993). 브레넌 대법관의 이하의 글도 이 입장을 잘 정리하고 있다. William J. Brennan, Jr., "Constitutional Adjudication", 40 *Notre Dame L. Rev.* 559, 563, 568-569(1965).
89) 이경환(각주 3), 91면.
90) *Ibid.*
91) 노기호(각주 86), 286면.
92) 헌법재판소 2002.6.27. 선고 2001헌바70 결정(재판관 송인준, 재판관 주선회의 반

대법원 판례가 군인과 민간인 사이의 성적 행위에는 동조가 적용되지 않는
다는 입장을 취하고 있으므로,93) 이 점을 제외하고 분류해보더라도 동조가
적용될 수 있는 상황이 무엇인가에 대하여 여러 질문이 던져질 수 있다.

즉, 군형법 제92조의6는 (i) 남성군인간, 여성군인간, 남녀군인간 '항
문성교 그 밖의 추행' 모두에 적용되는가, (ii) 강제적 '항문성교 그 밖의
추행'과 비강제적 '항문성교 그 밖의 추행' 모두에 적용되는가, (iii) 군영
내에서의 '항문성교 그 밖의 추행'와 군영 외에서의 '항문성교 그 밖의 추행'
에도 적용되는가, (iv) 공연한 '항문성교 그 밖의 추행'과 은밀한 '항문성교
그 밖의 추행' 모두에 적용되는가 등등. 판례는 이에 대한 분명한 답변을
주지 않고 있지만, 군형법 제92조의6의 문언만으로는 이상의 질문 모두에
대하여 적용가능이라는 답변이 도출될 수 있다. 그렇다면 동조의 적용범위
는 백지형법 수준으로 확대되며 기본권 침해 역시 매우 심각해질 것이다.
헌법재판소 다수의견은 동조가 명확성의 원칙을 침해하지 않는다고 파악하
지만,94) 이 정도의 추상성과 모호성, 그에 따른 과잉포괄성을 헌법이 허용해
서는 안 된다.

이상의 점에서 저자는 군형법상 추행죄 구성요건에 관하여 대법원이
제시한 '추행' 개념의 해석기준으로 해석상의 불명확성이 해소될 수 없고
따라서 위헌이라고 본다. 이호중 교수의 비판을 인용하자면,

> "'어떠한 성행위'가 군기 확립이라는 보호법익에 '어떠한 영향'을 미치는
> 것인지에 관하여 합리적인 해석기준을 도출해내기란 거의 불가능에 가깝고,
> '정상/비정상'을 구분하는 대법원의 해석은 다분히 동성애에 관한 편견에 기초
> 한 것으로 합리적인 해석기준으로 용인되기 어려우며, '정상/비정상'이 아닌
> 다른 어떤 기준에 의하여 군기 확립에 미치는 영향이 판단될 수 있는지 그
> 판단기준을 도무지 알 길이 없기 때문이다."95)

대의견); 헌법재판소 2011.3.31. 선고 2008헌가21 결정(재판관 김종대, 재판관 목
　영준, 재판관 송두환의 반대의견).
93) 대법원 1973.9.25. 선고 73도1915 판결.
94) 헌법재판소 2002.6.27. 선고 2001헌바70 결정; 헌법재판소 2011.3.31. 선고 2008헌
　가21 결정.
95) 이호중(각주 10), 245면.

5. 최후수단으로서의 형법의 역할 훼손 ― 과잉금지의 원칙 침해

폭행·협박을 사용한 군인간의 동성애가 범죄로 의율되어야 한다는 점
에 대해서는 아무 이견이 없을 것이다. 그리고 폭행·협박은 사용되지 않았
지만 상급자가 위계·위력을 사용하여 하급자를 추행하는 행위는 범죄화되
어야 한다는 점도 쉽게 동의를 얻을 것이다. 2008년 조사에 따르면, (구)군형
법 제92조의5가 적용된 사건 중 98%는 형법 또는 성폭력특별법으로 처리할
수 있는 강제추행죄, 업무상 위력에 의한 추행죄였던바,[96] 군형법 제92조의
6의 실효성은 의문스럽다.

문제는 군인간의 합의동성애를 범죄로 규정하고 바로 형사처벌하는
것이 정당한가 이다. 군인간 동성애가 군인으로서의 직무를 유기하면서 이
루어진다면 직무유기에 해당하는 행정적 또는 형사적 제재를 가하면 된다.
군인간 동성애가 영내에서 공연히 또는 반복적으로 이루어져 집단생활을
저해한다면 행정징계를 부과하거나 현역복무부적합 심사를 통하여 전역시
키면 된다(이 점에서 상술한 동성애 병사의 인권을 보호하기 위한 '부대관리훈령'이
의미를 가지려면 군형법 제92조의6의 폐지가 전제되어야 한다). 군인이 영외에서
합의동성애를 하는 경우는 군기나 전투력 저하와 아무런 관련이 없으므로
비범죄화되어야 함은 물론 행정징계의 대상에서도 제외되어야 한다. 이상의
점을 고려하지 않고 군인간 동성애를 일률적으로 범죄화하는 것은 형법의
최후수단성을 무시하고 형법의 보충성의 원칙을 훼손한다. 그 결과 해당
군인은 수사절차 및 재판절차에서 동성애자임이 강제로 공표되고 자신의
성적 지향은 형사관련 국가문서에 기록된다. 이상의 점에서 군형법 제92조
의6은 수단의 적절성과 침해의 최소성 원칙을 갖추지 못하고 있고, 따라서
과잉금지의 원칙을 침해한다.

---

96) 이경환(각주 3), 73-74면.

6. 입 법 론

이상의 점에서 군형법 제92조의6의 구성요건은 "위계 또는 위력으로 제1조 제1항부터 제3항까지에 규정된 사람에 대하여 추행한 자"로 개정될 필요가 있다. 이는 2004년 이경재 의원이 대표발의한 (구)군형법개정안의 취지를 따르는 것으로, 군인간의 합의동성애는 원칙적으로 비범죄화하면서, 폭행·협박을 사용한 추행 보다 낮은 단계의 추행을 신설하여 군대내 성폭력에 대한 처벌의 공백을 메우는 것이다.

Ⅶ. 맺 음 말

군형법 제92조의6는 특정한 성적 지향을 처벌하지 않고 '항문성교 그 밖의 추행'이라는 행위를 처벌하는 외관을 취하고 있다. 그러나 실제로는 동성애 군인의 처벌을 목적으로 삼고 있다. 동성애를 변태 또는 비정상으로 파악하고 차별하는 '호모포비아'가 군형법에 반영되어 있는 것이다. 동조는 성적 지향에 따른 처벌이라는 비난을 피하기 위하여 행위주체를 한정하지 않고 있지만, 그 결과 동성 군인 사이는 물론 이성 군인 사이의 합의에 따른 항문성교, 구강성교 등이 처벌될 수 있으므로 중대한 기본권침해 소지를 내포하고 있다. 그리고 동조의 구성요건으로는 강제성 여부, 공연성 여부, 행위의 시간과 장소, 업무관련성 등을 파악할 수 없으므로 명확성의 원칙을 침해한다. 또한 강제성 있는 '계간 그 밖의 추행'은 다른 형법조문으로 처벌할 수 있고, 군기를 저해고 집단생활규칙을 위배하는 합의동성애의 경우 행정징계를 부과하거나 현역복무부적합 심사를 통하여 전역시킬 수 있는바 군인간 동성애를 일률적으로 형사처벌하는 것은 과잉금지의 원칙을 침해한다. 이상의 관점에서 볼 때 군인간 동성애는 원칙적으로 비범죄화하고, 군형법 제92조의6의 구성요건을 '위계·위력에 의한 추행죄'로 개정하여 군대 내 성폭력에 대한 처벌의 공백을 채울 필요가 있다.

군형법 제92조의6에 따라 처벌가능성이 있는 합의기초 항문성교, 구강
성교 등 '추행'의 상황을 도해화하면 다음과 같다.

	남+남/남+여/여+여
영내 합의 성행위 (업무시간 내외 불문)	군형법 제92조의6 위반으로 처벌
영외 합의 성행위 (업무시간 내외 불문)	군형법 제92조의6 위반으로 처벌

그리고 군형법 제92조의6의 폐지를 주장하는 저자의 대안은 다음과
같다.97)

	남+남/남+여/여+여
업무시간 내 영내 합의 성행위	행정징계
업무시간 외 영내 합의 성행위	(i) 개인숙소에서 발생: 비범죄화 (ii) 합동숙소에서 발생: 행정징계
업무시간 내 영외 합의 성행위	군형법상 수소(守所)이탈죄, 군무이탈죄, 무단이탈죄 위반으로 의율
업무시간 외 영외 합의 성행위	비범죄화

동성애자와 같은 사회적 소수자의 인권이 문제가 되는 상황에서 국회,
대법원, 헌법재판소는 국가인권위원회의 권고와 결정 및 경제협력개발기구
국가의 정책적 전환을 진지하게 수용해야 한다. 동성애 병사의 인권을 보호
하기 위한 '부대관리훈령'이 의미를 가지려면 군형법 제92조의6의 폐지가
전제되어야 한다. 그렇지 않는다면 군대 내에서 차별받을 것을 우려한 동성
애자의 외국 망명이 연이어 발생하여 한국의 인권수준의 후진성이 세계에
알려지는 일이 계속 발생할 것이다.98)

97) 이러한 행위가 '공연성'을 갖는다면 형법 제245조 공연음란죄 등으로 처벌될 것
이므로, 도표상의 행위는 '공연성'이 없는 성적 행위로 제한한다.
98) 2009년 7월 캐나다 이민·난민심사위원회(IRB)는 평화주의 신념과 동성애 성적
지향을 이유로 병역을 거부한 한국인 김경환 씨의 난민지위 신청을 받아들인 바
있다. http://app.yonhapnews.co.kr/YNA/Basic/article/new_search/YIBW_showSearchArti
cle.aspx?searchpart=article&searchtext=%eb%8f%99%ec%84%b1%ec%95%a0+%eb%82
%9c%eb%af%bc&contents_id=AKR20111215020300004(2014.11.1. 최종방문).

제 **3** 부

표 현

제 8 장

정치권력자 대상 풍자·조롱행위의 과잉범죄화 비판

"오히려 정부와 수사기관의 시대착오적 시각이 시민들에게 폭로되는 계기가 된 것 같아 좋았다. … 권력이 국민의 공포를 원할 때 오히려 국민이 웃어버리면, 국민은 권력자에게 가장 무서운 존재가 됩니다. 그래서 풍자라는 것이 의미 있는 일이지요."

(박정수)

Ⅰ. 들어가는 말

이명박, 박근혜 정부 하에서 전·현직 대통령을 풍자·조롱하는 표현행위가 계속 발생하면서, 이에 대한 수사와 기소가 뒤따르고 있다. 예컨대, 2011년 10월 G20 정상회의 홍보 포스터에 스프레이 페인트로 쥐를 그린 대학 시간강사 박정수 씨와 연구원 최지영 씨의 행위(세칭 '쥐 벽서(壁書)' 사건),[1] 2011년 5월 서울 연희동 주택가 일대에 전두환 전 대통령이 29만 원짜리 자기앞수표를 들고 있는 그림 70여 장을 벽에 붙인 팝아트 작가 이하(본명 이병하 씨) 의 행위,[2] 2012년 6월 당시 박근혜 대통령 후보를 박정희 전 대통령의 얼굴이 들어간 사과를 들고 있는 백설공주로 묘사한 포스터를 만들어 서울, 부산, 광주 등 건물과 버스 정류장 등에 부착한 이하 씨의 행위,[3] 2014년 5월 이하 씨가 만든, 세월호를 상징하는 침몰하는 종이배를 배경으로 한복 차림의 박근혜 대통령이 개들과 환하게 웃고 있는 손바닥 크기의 스티커를 강릉 시내 가로등에 부착한 사진작가 함수원 씨의 행위,[4] 동년 10월 서울 광화문 소재 동화면세점 옥상에서 박근혜 대통령을 머리에 꽃을 꽂은 미친 여자로 묘사하고 'WANTED'(수배중), 'MAD GOVERNMENT'(미친 정부)라는 글자를 넣은 포스터를 만들어 살포한 이하 씨의 행위,[5] 동년 10월 대구시 반월당역과 대구백화점 앞 야외무대, 박근혜 대통령 생가 터 표지판

---

1) http://news.khan.co.kr/kh_news/khan_art_view.html?artid=201011160315425&code=940202 (2015.3.15. 최종방문).
2) http://news.heraldcorp.com/view.php?ud=20120718000082&md=20120720003231_BL (2015.3.15. 최종방문).
3) http://news.naver.com/main/read.nhn?mode=LSD&mid=sec&sid1=100&oid=001&aid=0005668040(2015.3.15. 최종방문).
4) http://www.hani.co.kr/arti/society/society_general/639141.html(2015.3.15. 최종방문).
5) http://www.hani.co.kr/arti/society/society_general/660547.html(2015.3.15. 최종방문).

등에 닭 부리를 달고 있는 박정희 전 대통령의 얼굴과 'PAPA CHICKEN'(아빠 닭)이라는 글자를 스프레이 페인트로 그려 넣은 미대 대학생의 행위,[6) 동년 12월 서울 명동 일대의 건물 및 바닥에 "ㅈㅂㅇㄱㅎㅎ 나라꼴이 엉망이다."라는 글귀를 스프레이 페인트로 바닥에 적은 행위('ㅈㅂㅇㄱㅎㅎ'는 정윤회와 박근혜의 초성을 결합한 것),[7) 2015년 2월 침몰하는 세월호를 배경으로 기모노를 입고 웃고 있는 박근혜 대통령의 모습과 '경국지색', '나라를 기울게 하는 치명적인 色', '나라꼴 자~알 돌아 간다' 등의 문구가 들어간 유인물 및 박 대통령과 이명박 전 대통령이 합체된 사진 위아래에 'OUT BLUE HOUSE, IN PRISON'(청와대에서 나가 감옥으로 들어가라)라는 문구를 넣은 유인물을 부산 지역에 살포한 윤철민 씨의 행위,[8) 동년 2월 박 대통령이 김정일 전 북한 국방위원장과 나란히 서서 찍은 사진과 함께 '박근혜도 국가보안법 철저히 수사하라!', '자기들이 하면 평화활동, 남이하면 종북/반국가행위' 등의 문구가 찍힌 유인물을 만든 <동글이의 유랑투쟁기>의 저자이자 여행가인 박성수 씨 및 이 유인물을 새누리당 대구시당 및 경북도당 앞에서 뿌린 <시와 공화국>의 저자이자 시인인 변홍철 씨의 행위[9) 등이 있다.

제8장은 이상과 같이 전·현직 대통령을 풍자·조롱하는 낙서, 그림, 포스터, 유인물 등을 작성·부착·배포하는 행위를 범죄화하는 형사정책을 비판하는 것을 목적으로 한다. 먼저 이상의 표현행위에 대한 형사처벌을 최대한 억제되어야 한다는 입장을 근거짓기 위하여 형법학 또는 형사정책의 기본 개념인 '당벌성'과 '형벌필요성'을 소략히 검토한다. 다음으로 이상의 사건 중 수사가 진행중인 사건에서 수사기관의 대응을 비판적으로 검토한

6) http://www.imaeil.com/sub_news/sub_news_view.php?news_id=64314&yy=2014#axzz3 Mum2DhYz; http://www.ohmynews.com/NWS_Web/View/at_pg.aspx?CNTN_CD=A000 2064057(2015.3.15. 최종방문).
7) http://www.hani.co.kr/arti/society/society_general/670861.html(2015.3.15. 최종방문).
8) http://www.newsis.com/ar_detail/view.html?ar_id=NISX20150212_0013476805&cID=10811& pID=10800; http://www.ohmynews.com/NWS_Web/View/at_pg.aspx?CNTN_CD=A0002084 233&PAGE_CD=ET000&BLCK_NO=1&CMPT_CD=T0000(2015.3.15. 최종방문).
9) http://www.ohmynews.com/NWS_Web/View/at_pg.aspx?CNTN_CD=A0002089068; http://www.nocutnews.co.kr/news/4377368(2015.3.15. 최종방문).

다. 마지막으로 대법원 판결이 나온 '백설공주 박근혜 포스터' 사건 및 'G20 포스터 쥐 그림 그래피티' 사건의 판례를 분석한다.

Ⅱ. 기소되었어야 할 범죄인가?

1. '당벌성'과 '형벌필요성'

이상의 풍자·조롱 행위가 기소되었어야 할 행위인가를 검토하기 위하여 형법학의 기본개념인 '당벌성'(Strafwürdigkeit)과 '형벌필요성'(Strafbedürftigkeit) 을 살펴볼 필요가 있다.

먼저 '당벌성'은 어떤 행위가 사회공동체 유지에 필수불가결한 조건을 침해하는 '사회유해성'(Sozialschädlichkeit)을 가지고 있어 이를 범죄로 규정하고 금지해야 한다는 의미이다.[10] '당벌성'은 구성요건에 해당하고 위법하며 유책한 행위가 범죄라는 '형식적 범죄 개념'을 넘어 '실질적 범죄 개념'에 대한 고민을 요구한다. 즉, '형식적 범죄 개념'에 따라 범죄가 성립하더라도 어떠한 행위를 범죄화하는 것인 '정당성'(legitimacy)을 갖는가를 검토하고 "구체적 타당성에 의해 사회공동체에 해롭지 않는 경우 형법의 투입은 자제될 필요"가 있음을 요구한다.[11]

'당벌성'의 근거 개념인 '사회유해성' 개념은 통상 동성애, 성매매, 음란물 제조, 마약흡입 등 당해 사회의 주류 도덕에 반하는 행위를 범죄화하는 것을 비판하는데 사용되어 왔다. 그러나 이 개념은 정치·사회적 측면에서 형법이 헌법과 국제인권법의 요구에 부합하는지를 비판적으로 검토하는데

---

10) 김창군, "비범죄화의 실현방법", 한국형사정책학회, 『형사정책』 제8호(1996), 12-20면; 임웅, 『비범죄화의 이론』(1999), 14-15면. '사회유해성' 기준을 명시적으로 제시한 사람은 벡카리아이다. "범죄의 유일 타당한 척도는 사회에 끼친 해악이다"[체사레 벡카리아(한인섭 신역), 『범죄와 형벌』(박영사, 2006), 32면].

11) 박광현, "사회유해성에 기초한 형법의 정당성 판단", 조선대학교 법학연구원, 『법학논총』 제18권 제3호(2011), 4, 22면.

도 원용되어야 한다. 그렇지 않다면 '사회유해성' 개념은 국가권력이나 지배
계급의 정치적 이익에 반하는 행위를 처벌하는 근거만 제공해주고 말 것이
다. 형법의 입법·해석·집행을 통하여 '표현의 자유'가 금지·억압되고 있
는 경우 특히 그러하다.

남은 문제는 '사회유해성' 개념의 실질이다. 김창군 교수는 '사회유해
성'을 '체계비판적 법익'으로 연결시키면서 그 내용으로 "헌법의 가치질서
(특히 헌법의 인간상과 기본권)"을 제시한 바 있다.12) 필자는 이에 동의하면서
몇 가지 점을 구체화하고자 한다.

먼저 '체계비판적 법익'의 내용에는 국제인권법의 요청이 추가되어야
한다. 그렇지 않다면 특정 시기 특정 국가의 '헌법의 가치질서'의 의미는
그 나라 헌법해석의 최고기관의 다수의견으로 고착될 수 있다. 그 다수의견
이 국제인권법 사이에 긴장과 대립이 발생하는 경우가 많이 있는데,13) 이
때 전자에 기초하여 범죄화를 유지하는 것은 경계해야 한다. 통상 국제인권
법은 헌법이 아니라 법률과 동급의 권능을 갖는 것으로 파악되지만, 국제인
권법은 특정 국가의 헌법과 법률이 간과하거나 무시하고 있는 인권의 가치
를 포착하고 있는 경우가 많기 때문이다.

다음으로 특정 행위가 '헌법의 가치질서'를 위협하는가에 대하여 법률
심 최고기관 또는 헌법해석의 최고기관 내부에서 의견이 갈릴 때 다수의견
에 의거하여 범죄화를 고수하는 것 역시 경계해야 한다.14) 당해 행위의 '당
벌성'과 '사회유해성'에 대한 의문과 회의가 헌법과 법률에 대한 최고해석

---

12) 김창군(각주 10), 16-17면.
13) 예컨대, 1995년 '유엔인권이사회'는 국가보안법 제7조가 '세계인권규약'에 위반된
다는 결정을 내렸고, 한국 정부의 유엔인권규약 준수에 대한 보고서를 평가하는
'유엔인권위원회'의 1999년 '최종의견'(Concluding Observations)에서도 "국가보안
법을 단계적으로 폐지(phase out)해나가야 함"을 권고하였다. 또한 2009년 11월
유엔 경제·사회·문화적 권리위원회는 한국 정부가 '업무방해죄' 적용으로 노동
자들의 파업권을 약화시키고 안정적이고 조화로운 노사관계가 형성되는 것을 막
고 있다는 점에 대하여 심각한 우려를 표명했다.
14) 예컨대, 국가보안법상 반국가단체 찬양·고무행위의 범죄화 문제가 있다. 이에
대해서는 제13장을 참조하라.

기관 내부에서도 발생하였다면 진지하게 그 행위의 비범죄화를 검토해야 한다.

'사회유해성'이 인정되더라도 '형벌필요성'이 자동적으로 인정되는 것은 아니다. '형벌필요성'은 "형벌이 법익의 효과적인 보호와 법질서의 수호를 위하여 유일하고 불가피한 수단이어야 함"을 의미하는 것으로, "국가의 형벌수단은 형법의 법익보호임무가 그 이외의 다른 방법으로는 도저히 충족될 수 없는 곳에서만 투입되어야 한다."는 형벌의 보충성 및 최후수단성의 요청을 의미한다.[15] '당벌성'이 있는 행위라고 하더라도 그에 대한 대처방법으로는 형사제재 외에, 사회 내에서는 자율적 해결, 손해배상 등 사법적 해결, 행정법이나 사회법 등 비형법적 규제수단 등이 존재한다.[16] 물론 '형벌필요성'의 요청이 있다고 하여 모든 사안에서 반드시 형사제재가 시간적 순서로 비법률적 대응, 비형사적 제재 뒤에 이루어져야 하는 것은 아니며, 사안에 따라서는 이 세 가지가 동시에 진행될 수도 있다. 그러나 범죄화 여부를 놓고 도덕적·정치적 논쟁이 끊이지 않고 전개되고 있는 사안의 경우, 형벌은 최후수단으로 위치 지워져야 한다. 이 경우 형벌이 최우선수단으로 작동하는 것은 도덕적·정치적 논쟁을 형벌로 정리하겠다는 것으로 그 효과는 미미할 것이고, 국가형벌권에 대한 불만과 불신은 배가될 것이다.

이상과 같은 '당벌성'과 '형벌필요성'의 요청은 형법해석에 있어 영미법상 '관대성의 원칙'(rule of leniency)을 호출한다. 즉, "형벌규정을 엄격하게 해석함으로써 범죄 성립요건을 제한하여 해석상 불명확한 부분에서는 피고인에게 유리하도록 해석방향을 설정해야 한다는 원칙"[17]이다. 이 원칙에 따르면, 구성요건의 의미나 내용이 명확하지 않을 경우 불명확한 규정에 의한 형사처벌을 부정해야 하며, 가벌성이 극히 경미한 경우에는 그 행위가

---

15) 김창군(각주 10), 18-19면. 임웅 교수는 '형벌필요성'을 "당벌적인 법익침해(위험성)로부터 사회를 보호하고 법질서를 유지하기 위하여 형벌이 '불가결한' 수단인 동시에 범죄에 대한 반동으로서 '적합하고 유효한' 수단으로 평가되는 것"이라고 정의한다[임웅(각주 10), 17면].

16) 임웅(각주 10), 17면.

17) 김일중·정기상, "과잉범죄화의 극복을 위한 비범죄화에 관한 연구", 한국법학원, 『저스티스』제140호(2014.2), 326면.

구성요건을 형성하는 구체적 개념에 해당하지 않는 것으로 해석해야 한다. 이와 같은 '관대성 원칙'에 따라 범죄구성요건을 엄격 해석하면 실질적 비범죄화 효과를 얻을 수 있다.[18]

2. 사안 분석

Ⅰ.에서 소개한 행위는 G20 정상회의 또는 전·현직 대통령을 정면으로 겨냥한 풍자·조롱이다. 행위 양태를 크게 분류하면 첫째는 건물 벽, 거리 바닥 등에 스프레이 페인트로 글씨나 그림을 그려 넣는 '그래피티'(graffiti) 행위이고, 둘째는 특정인의 얼굴과 그를 비판하는 문구를 그려 넣은 포스터나 유인물을 제작하여 배포하는 행위로 나뉜다.

첫 번째 유형의 행위 중 'G20 포스터 쥐 그림 그래피티' 사건은 공용서류 등의 무효죄(형법 제141조 제1항) 위반 혐의로 수사·기소되어 제1, 2, 3심에서 일관되게 유죄판결이 내려졌고, 'PAPA CHICKEN 박정희 그래피티' 사건과 'ㅈㅂㅇㄱㅎㅎ 그래피티 사건'은 손괴죄(형법 제366조) 위반 혐의로 수사가 진행 중이다.

두 번째 유형의 행위 중 '백설공주 박근혜 포스터' 사건은 공직선거법 제93조 제1항 위반 혐의로 수사를 받은 후 기소되었으나 제1, 2, 3심에서 일관되게 무죄판결이 내려졌다. 그렇지만 '29만원 전두환 그림' 사건은 경범죄처벌법상 광고물 무단부착혐의로 약식명령 벌금 10만원을 부과 받았으며, '광녀 박근혜 포스터' 사건은 주거침입죄(형법 제318조 제1항) 위반 혐의, '세월호 종이배 박근혜 스티커' 사건은 '옥외광고물 등 관리법' 위반 혐의, '경국지색 박근혜 유인물' 사건은 경범죄처벌법상 광고물무단살포 혐의, 자동차관리법 위반 혐의, 그리고 '박근혜 국가보안법 수사 촉구 유인물' 사건은 출판물에 의한 명예훼손죄(형법 제309조 제1항) 위반 혐의 등으로 수사가 진행되고 있다.[19]

---

18) 김일중·정기상(각주 17), 326-327면.
19) '경국지색 박근혜 유인물' 사건 피의자에게 자동차관리법 위반 혐의 수사가 진행

이상의 풍자·조롱 행위를 통하여 침해된 것은 박근혜 대통령, 박정희·
전두환·이명박 전 대통령 등 정치권력자의 '명예'인데, 사실적시가 있다고
보기는 어려우므로 모욕죄의 구성요건에 해당할 가능성이 높다. 그러나 모
욕죄는 친고죄인 바, 피해자의 고소가 없었으므로 처벌이 불가능하다. 피해
자들이 화가 나서 고소를 한다고 하더라도 형법 제20조(정당행위)에 의거하
여 위법성이 조각될 가능성이 있다. 이러한 법률적 판단과 별도로 피해자의
고소는 정치적 논란을 일으켜 정치적 손해가 될 것인 바, 피해자가 고소하지
않을 것으로 예상한다. 이러한 이유로 경찰은 명예에 관한 죄가 아닌 다른
죄로 피의자들을 수사하기로 한 것이다.[20]

확정판결이 내려진 'G20 포스터 쥐 그림 그래피티' 및 '백설공주 박근
혜 포스터' 두 사건 판결에 대한 평석은 Ⅲ.으로 미루기도 하고, 다른 행위에
대한 형법 적용 현황을 간략히 보기로 하자. '형식적 범죄 개념'의 관점에서
는 이상의 풍자·조롱 행위가 주거침입죄, 손괴죄, 옥외광고물 등 관리법
위반 등의 요건을 충족한다고 판단할 수 있을 것이다.

예컨대, '광녀 박근혜 포스터'를 살포하기 위하여 동화면세점 옥상으로
올라간 이하 씨를 주거침입죄로 처벌하려면, 그 행위가 건물 관리자나 소유
자의 의사에 반한 것인지 검토해야 한다. 이 때 당해 건물 옥상이 누구나
출입할 수 있도록 개방된 곳이었는지, 아니면 시정장치가 되어 있어 외부인
출입이 금지된 곳이었는지 등을 확인해야 할 것이다.[21] 그리고 여러 '그래피

되고 있는 이유는 피의자가 자신의 오토바이를 불법 개조했다는 것 때문이다.
20) '박근혜 국가보안법 수사 촉구 유인물' 사건은 출판물에 의한 명예훼손죄 위반
혐의로 수사를 받고 있으나, 판례에 따르면 이 유인물이 '출판물'에 해당하는지
의문이 있다. "피고인이 배포한 이 사건 인쇄물은 가로 25㎝ 세로 35㎝ 정도 되
는 일정한 제호(題號)가 표시되었다고 볼 수 없는 낱장의 종이에 단지 단편적으
로 피고인의 주장을 광고하는 문안이 인쇄되어 있는 것에 불과한 것인바, 이와
같은 이 사건 인쇄물의 외관이나 형식에 비추어 볼 때 이 사건 인쇄물이 등록된
간행물과 동일한 정도의 높은 전파성, 신뢰성, 보존가능성 등을 가지고 사실상
유통·통용될 수 있는 출판물이라고는 보기 어렵다 할 것이다"(대법원 1998.10.9.
선고 97도158 판결).
21) "다방, 당구장, 독서실 등의 영업소가 들어서 있는 건물 중 공용으로 사용되는
계단과 복도는 주야간을 막론하고 관리자의 명시적 승낙이 없어도 누구나 자유

티' 작성 피의자들의 경우는 '그래피티'로 인하여 타인의 재물의 효용이나 이용가치를 훼손했는지를 검토해야 한다.22) '옥외광고물 등 관리법' 위반의 경우 동법이 금지하는 '금지광고물'(제5조) 중 어디에 해당하는지를 판단해야 한다.23)

3. 소결―과잉·강경 형사정책 비판

'형식적 범죄 개념'의 관점에서 이상의 풍자·조롱 행위를 보면 구성요건해당성이 있다는 판단이 나올 수 있다. 그러나 이상의 풍자·조롱 행위를 '실질적 범죄 개념'의 관점에서 평가하자면 '당벌성', '사회유해성'이 크다고 보기 어렵다. 박정희, 전두환, 이명박, 박근혜 등은 살아서건 죽어서건

롭게 통행할 수 있는 곳이라 할 것이므로 관리자가 1층 출입문을 특별히 시정하지 않는 한 범죄의 목적으로 위 건물에 들어가는 경우 이외에는 그 출입에 관하여 관리자나 소유자의 묵시적 승낙이 있다고 봄이 상당하여 그 출입행위는 주거침입죄를 구성하지 않는다"(대법원 1985.2.8. 선고 84도2917 판결).

22) "건조물의 벽면에 낙서를 하거나 게시물을 부착하는 행위 또는 오물을 투척하는 행위 등이 그 건조물의 효용을 해하는 것에 해당하는지 여부는, 당해 건조물의 용도와 기능, 그 행위가 건조물의 채광·통풍·조망 등에 미치는 영향과 건조물의 미관을 해치는 정도, 건조물 이용자들이 느끼는 불쾌감이나 저항감, 원상회복의 난이도와 거기에 드는 비용, 그 행위의 목적과 시간적 계속성, 행위 당시의 상황 등 제반 사정을 종합하여 사회통념에 따라 판단하여야 한다"(대법원 2007.6.28. 선고 2007도2590 판결).

23) 제5조(금지광고물등) ① 누구든지 다음 각 호의 어느 하나에 해당하는 광고물등을 표시하거나 설치하여서는 아니 된다.
  1. 신호기 또는 도로표지 등과 유사하거나 그 효용을 떨어뜨리는 형태의 광고물등
  2. 그 밖에 도로교통의 안전을 해칠 우려가 있는 광고물등
  ② 누구든지 광고물에 다음 각 호의 어느 하나에 해당하는 내용을 표시하여서는 아니 된다.
  1. 범죄행위를 정당화하거나 잔인하게 표현하는 것
  2. 음란하거나 퇴폐적인 내용 등으로 미풍양속을 해칠 우려가 있는 것
  3. 청소년의 보호·선도를 방해할 우려가 있는 것
  4. 내국인용 카지노·복권 등의 광고물에 사행심을 부추기는 것
  5. 인종차별적 또는 성차별적 내용으로 인권침해의 우려가 있는 것
  6. 그 밖에 다른 법령에서 광고를 금지한 것

풍자와 조롱을 감수해야 할 공인 중의 공인이라는 점, 정치권력자에 대한 풍자와 조롱은 국제인권법과 헌법이 규정하는 어느 권리 보다 강력하게 보호되어야 할 '표현의 자유'의 일부라는 점을 생각하면 특히 그러하다. 명예훼손적 표현에 관한 헌법재판소의 이하 설시는 이상의 풍자·조롱 행위에 대해서도 유의미하다. "공적 인물과 사인, 공적인 관심 사안과 사적인 영역에 속하는 사안 간에는 심사기준에 차이를 두어야 하고, 더욱이 이 사건과 같은 공적 인물이 그의 공적 활동과 관련된 명예훼손적 표현은 그 제한이 더 완화되어야 하는 등 개별사례에서의 이익형량에 따라 그 결론도 달라지게 된다."[24)]

그리고 '형식적 범죄 개념'에 의거하여 범죄구성요건을 찾더라도 그것은 형법이 아니라 경범죄처벌법이어야 한다. 경범죄처벌법은 형법상 주거침입죄, 손괴죄, 그리고 옥외광고물 등 관리법의 금지행위 등과 중복되는 구성요건을 갖추고 있으며, 그에 대한 제재는 가볍다.[25)] 예컨대, 경범죄처벌법상 제3조 제1항은 "다른 사람 또는 단체의 집이나 그 밖의 인공구조물과 자동차 등에 함부로 광고물 등을 붙이거나 내걸거나 끼우거나 글씨 또는 그림을 쓰거나 그리거나 새기는 행위 등을 한 사람 또는 다른 사람이나 단체의 간판, 그 밖의 표시물 또는 인공구조물을 함부로 옮기거나 더럽히거나 훼손한 사람 또는 공공장소에서 광고물 등을 함부로 뿌린 사람"(제9호), "출입이 금지된 구역이나 시설 또는 장소에 정당한 이유 없이 들어간 사람"(제37호) 등을 10만 원 이하의 벌금, 구류 또는 과료의 형으로 처벌하도록 규정하고 있다. I.에서 언급한 '형벌필요성'은 형법과 비(非)형사법률, 비(非)법률규범 중 어느 것은 적용해야 하는가에 대한 고민은 물론, 형법을 적용할 때도

---

24) 헌법재판소 1999.6.24. 선고 97헌마265 결정. 이 결정에 대해서는 237-238면 참조.
25) 필자는 현행 경범죄처벌법의 구성요건은 형법이나 중한 특별형법에 비하여 느슨하여 '명확성의 원칙' 위반 소지가 많으며, 구성요건에 규정된 행위에 대한 제재를 형벌이 아니라 과태료로 바꾸어야 한다는 생각을 가지고 있다[이근우, "법률의 품격ㅡ경범죄처벌법에 대한 비판적 제언", 한국비교형사법학회, 『비교형사법연구』 제15권 제2호(2013); 이승호, "한국에서의 질서위반법 도입; 질서위반행위에 대한 제재체계의 정비를 위한 일 고찰, 법조협회, 『법조』 제53권 제10호(2004) 등 참조]. 그렇지만 여기서는 현행 경범죄처벌법의 존재를 전제로 논리를 전개한다.

불법의 경중을 면밀히 따져 어느 법률을 적용할 것인가에 대한 고민을 요구
한다.

'당벌성'과 '형벌필요성'의 요청을 고려할 때, 이상의 풍자·조롱 행위
를 형법 또는 중한 특별형법위반으로 의율한 수사기관의 선택은 '과잉범죄
화'이다. 이상의 풍자·조롱 행위의 대상이 전·현직 대통령이 아닌 사람이
었다면 어떤 법률이 적용되었을지 가정해볼 필요가 있다. 수사 자체가 착수
되지 않았을 가능성, 그리고 수사가 착수되더라도 적용 법조는 경범죄처벌
법이었을 가능성이 크다.

그리고 'G20 포스터 쥐 그림 그래피티' 사건의 박정수 씨에 대해서는
구속영장이 신청되었다가 법원에서 기각되었는데, 통상의 '그래피티'에 대
하여 이런 강력한 조치가 내려지는지 매우 의문이다. '세월호 종이배 박근혜
스티커' 사건의 경우 사진가 함수원 씨의 신병을 확보하기 위해 경찰관들이
피의자 집 인근에서 '잠복'을 하고,26) '경국지색 박근혜 유인물' 사건에서
피의자 집과 컴퓨터에 대한 압수수색을 실시하였는데,27) 통상 옥외광고물
등 관리법, 자동차관리법, 경범죄처벌법 위반 혐의자를 이런 방식으로 수사
하는지 의문이다.

한편, 경범죄처벌법 위반은 경찰훈방의 대상이다. '즉결심판에 관한
절차법'은 "20만원 이하의 벌금, 구류 또는 과료에 처할 수 있"(제2조)는
경미한 범죄사건의 "범증이 명백"(제1조)할 때 신속·적정한 절차로 심판하
기 위한 절차를 마련하고 있다. 동법 제3조 제1항은 경찰서장에게 즉결심판
청구권을 부여하고 있고, 동법 제19조에서 성질에 반하지 않는 한 형사소송
법 규정을 준용하도록 규정하고 있다. 기소독점주의에 대한 예외로서 경찰
서장에게 즉결심판청구권이 인정되었다고 볼 때, 검사에게 인정된 기소편의
주의도 경찰서장에게도 준용될 수 있다. 즉, 경찰서장은 즉결심판청구권을
행사함에 있어 형사소송법 제247조 제1항의 기소편의주의를 준용해 훈방권

---

26) http://www.hani.co.kr/arti/society/society_general/639141.htm(2015.3.15. 최종방문).
27) http://www.ohmynews.com/NWS_Web/View/at_pg.aspx?CNTN_CD=A0002084233&PA
   GE_CD=ET000&BLCK_NO=1&CMPT_CD=T0000(2015.3.15. 최종방문).

을 행사할 수 있다.28)

요컨대, 이 글의 분석대상인 각종 풍자·조롱 행위가 갖는 표현의 자유
로서의 본질을 고려할 때 동 행위는 경범죄처벌법 위반에 해당하지만, 경찰
서장의 판단에 따라 훈방조치되어야 했다. 그리고 경찰이 훈방조치하지 아
니하고 형법 위반으로 기소의견을 제출했더라도, 검찰은 기소유예 처분을
내렸어야 했다.29)

물론 현실에서는 훈방도 기소유예도 이루어지지 않았다. 오히려 경찰
과 검찰은 이 사건들을 '공안사건'처럼 처리했다. 최고권력자인 대통령에
대한 풍자·조롱이라는 점 때문에 강경한 선택을 한 것으로 추측한다. 그러
나 이러한 강경한 형사정책은 피의자의 반발은 물론 대중의 조롱을 받았고,
그 결과 국가형벌권의 권위는 떨어졌다. 예컨대, '박근혜 국가보안법 수사
촉구 유인물' 사건의 피의자 박성수씨는 경찰의 출석요구서를 받은 후 개
사료 한 포대를 보냈다.30) 'G20 포스터 쥐 그림 그래피티' 사건의 피고인
박정수씨는 다음과 같이 항변한 바 있다.

> "오히려 정부와 수사기관의 시대착오적 시각이 시민들에게 폭로되는 계기가
> 된 것 같아 좋았다. ⋯ 권력이 국민의 공포를 원할 때 오히려 국민이 웃어버리
> 면, 국민은 권력자에게 가장 무서운 존재가 됩니다. 그래서 풍자라는 것이 의미
> 있는 일이지요."31)

---

28) 이 점에서 즉결심판법이 작동하는 범위 내에서는 '수사권 독립'은 이루어져 있
다. 경찰훈방권에 대해서는 조국, "경찰 '훈방권'의 법적 근거와 한계", 한국경찰
법학회, 『경찰법연구』 창간호(2003.6)를 참조하라.

29) 미국 뉴욕에서 오바마 대통령의 얼굴이 새겨진 콘돔을 팔고 있는 호세 안듀하
씨는 경찰에 체포되었으나 뉴욕주 형사법원은 그의 행위가 표현의 자유에 속하
므로 무죄라고 판결했다(http://www.ohmynews.com/NWS_Web/view/at_pg.aspx?CNTN_CD=
A0001584011: 2015.3.15. 최종방문). 그리고 인종차별주의자로 골수 공화당 지지자
인 소방관이 오바마 대통령을 비난하는 스티커를 소방서 곳곳에 붙이고 오바마
대통령의 얼굴이 인쇄된 화장지를 소방서 내의 화장실에 비치하였는데, 그는 이 행위
로 인하여 해고되었으나 형사처벌 되지는 않았다[http://nownews.seoul.co.kr/news/news
View.php?id=20121204601001: 2015.3.15. 최종방문].

30) http://www.nocutnews.co.kr/news/4377368; http://www.ohmynews.com/NWS_Web/View/
at_pg.aspx?CNTN_CD=A0002089068(2015.3.15. 최종방문).

31) http://news.khan.co.kr/kh_news/khan_art_view.html?artid=201012140003165&code=940202

그리고 박정수 씨에 대해 수사와 기소가 이루어지자, 한국을 대표하는 영화감독들이 연이어 "(박 씨의) 행위는 국민들에게 풍자적인 웃음과 해학을 제공해 주었을 뿐, 어느 누구에게도 심대한 피해를 끼치지 않았으며, 국가의 위신을 실추시킨 바도 없습니다."는 내용의 탄원서를 제출하고,[32] 한 시민의 제안으로 만들어진 '쥐벽서 티셔츠'가 절찬리 판매되었다는 점[33] 등은 이 사건 처리에 대한 시민의 반응을 보여주는 예다.

III. 판례평석

1. 대법원 2014.6.12. 선고 2013도15474 판결 ─ '백설공주 박근혜 포스터' 사건

2012년 6월 이하 씨는 박근혜 대통령 후보가 박정희 전 대통령의 얼굴이 들어간 사과를 들고 있는 백설공주로 묘사한 포스터와, 문재인 및 안철수 두 대선 후보의 얼굴 절반이 합쳐져 있는 얼굴 모습과 'Co + innovation'이라는 문구가 새겨진 포스터를 부착한 이유로 지역 선관위로부터 고발당하였고, 이후 검찰에 의해 공직선거법 제93조 제1항 위반으로 기소되었다.[34] 검찰은

(2015.3.15. 최종방문).

32) http://www.ohmynews.com/NWS_Web/view/at_pg.aspx?CNTN_CD=A0001560600 (2015.3.15. 최종방문).

33) http://news.khan.co.kr/kh_news/khan_art_view.html?artid=201105181929071&code=940100; http://www.ohmynews.com/NWS_Web/view/at_pg.aspx?CNTN_CD=A0001572773 (2015.3.15. 최종방문).

34) 동 조는 다음과 같다. "누구든지 선거일전 180일(보궐선거 등에 있어서는 그 선거의 실시사유가 확정된 때)부터 선거일까지 선거에 영향을 미치게 하기 위하여 이 법의 규정에 의하지 아니하고는 정당(창당준비위원회와 정당의 정강·정책을 포함한다) 또는 후보자(후보자가 되고자 하는 자를 포함한다)를 지지·추천하거나 반대하는 내용이 포함되어 있거나 정당의 명칭 또는 후보자의 성명을 나타내는 광고, 인사장, 벽보, 사진, 문서·도화, 인쇄물이나 녹음·녹화테이프 그 밖에 이와 유사한 것을 배부·첩부·살포·상영 또는 게시할 수 없다."

'백설공주 박근혜 포스터'는 박 후보를 반대하기 위한 것, '문재인 안철수 합성 포스터'는 두 후보를 지지·추천하기 위한 것이라고 판단한 것이다.

그러나 국민참여재판으로 열린 제1심 재판에서 배심원들은 박 후보 포스터의 공직선거법 위반 혐의에 대해 8명이 무죄, 1명이 유죄 의견을, 문·안 후보 포스터에 대해서는 5명이 무죄, 4명이 유죄의견을 밝혔고, 제1심 재판부는 이를 존중하여 무죄를 선고했다.35) 이는 제2심과 대법원에서 유지되었다.36) 무죄판결의 이유는 제1심 판결문에 상세히 서술되어 있다.

"처벌법규인 공직선거법 제255조 제2항 제5호를 적용함에 있어서는 헌법상 기본권이자 자유민주주의의 기초를 이루는 정치적 의사표현의 자유가 최대한 보장될 수 있도록 합리적이고 조화로운 해석이 필요하다는 점과 형벌법규는 문언에 따라 엄격하게 해석·적용하여야 하고 당초의 입법목적을 달성하기에 필요한 최소한의 범위를 넘어 국민의 기본권이 과도하게 제한되지 않도록 해야 한다는 점을 항상 염두에 두어야 한다.

· · ·

공소사실 제1항의 벽보를 보면, 박근혜가 청와대를 배경으로 백설공주의 옷을 입은 채 박정희 전 대통령의 얼굴이 들어있는 사과를 들고 비스듬히 누워 있는 모습이 그려져 있을 뿐 벽보 어디에도 박근혜를 지지·추천하거나 반대하는 내용 기타 그 어떠한 문구도 기재되어 있지 아니하고, 박근혜의 얼굴을 묘사함에 있어서도 인물의 동일성을 식별할 수 있는 외모상의 특징을 사실적으로 부각시켰을 뿐 악의적인 표현상의 왜곡이나 변형을 찾아볼 수 없다. … 박근혜가 사과를 든 백설공주로 묘사된 것은 당시 국내 언론이 사용하던 박근혜의 별명을 박근혜를 상징하기 위한 관련 소재로 활용한 것에 불과한 것으로 보일 뿐 지지 혹은 반대의 의사가 반영된 것으로 보이지 아니하는 점, 백설공주 동화의 내용에 비추어 보더라도 이 그림이 박근혜에 대한 호감 또는 비호감을 표현한 것인지 불분명하고 다의적으로 해석될 여지가 충분한 점 등을 종합하여 보면, 위 벽보는 정치인 박근혜를 소재로 한 예술창작 표현물에 불과하고 박근

---

35) 서울중앙지방법원 2013.10.1. 선고 2013고합538 판결.
36) 서울고등법원 2013.12.6. 선고 2013노3199 판결; 대법원 2014.6.12. 선고 2013도 15474 판결.

혜를 반대하는 내용을 포함하고 있다고 단정할 수는 없다.

. . .

공소사실 제2항 및 제3항의 벽보를 보면, 문재인 및 안철수의 얼굴을 절반씩 그린 얼굴 모습과 'Co + innovation'이라는 문구가 기재되어 있을 뿐 문재인 및 안철수를 지지·추천하거나 반대하는 그 어떠한 명시적인 표현이 나타나 있지 아니하고, 역시 인물의 동일성을 식별할 수 있는 외모상의 특징을 사실적 으로 부각시켰을 뿐 특별히 멋있게 꾸미려는 식의 표현은 찾아볼 수 없다. 여기에 더하여 'Co + innovation'은 '공동혁신'을 의미하는 가치중립적인 단어 이고 그 자체로 지지·추천의 의미를 갖는다고 볼 수 없는 점, 피고인이 'Co + innovation'이라는 문구를 기재한 것은 문재인과 안철수를 예술활동의 대상 으로 선정하면서 두 인물과 관련된 이슈인 '단일화'를 은유적으로 표현한 것에 불과한 것으로 보이는데 이는 두 인물에 대한 지지 여부와 무관하게 관련 소재 의 활용이라는 측면에서 충분히 가능한 것으로 보이는 점, … 비록 피고인이 선거에 즈음하여 불특정 다수의 상대방이 접할 수 있는 공공장소에 이 사건 벽보를 부착한 점이나 이 사건 각 벽보와 관련하여 선거관리위원회나 수사기관 의 조사를 받으면서 피고인이 스스로 진술한 내용에 견주어 볼 때 '순수한 예술적 신념과 철학에 기초한 활동이었다.'라는 이 법정에서의 피고인의 변명 에 다소 의구심이 드는 사정이 있기는 하나, 위 벽보는 피고인이 지속적으로 행하여 온 정치인을 대상으로 한 거리예술 창작물에 불과한 것으로 볼 여지도 충분하고 검사가 제출한 증거만으로는 위 벽보에 문재인 및 안철수를 지지· 추천하는 내용이 포함되어 있다고 단언하기 부족하다."

필자는 판결의 논지에 동의한다. 공직선거법 제93조 제1항의 문언을 확대해석하면 선거 기간 동안 표현의 자유는 무한정으로 제약될 우려가 있는 바, 엄격해석이 필요하다. '백설공주 박근혜 포스터'는 박근혜를 박정 희라는 독 사과를 든 공주로 비판한 것이고, '문재인 안철수 합성 포스터'는 문재인·안철수 두 후보의 단일화를 촉구하는 것으로 해석될 소지가 있다. 그렇다고 하더라도 그 정도의 메시지는 후보 간 격돌이 벌어지는 대선 시기 평균적 시민의 상식과 예상을 벗어나지 않은 것으로, 이 정도의 작품이 선거 판세에 실질적 영향을 줄 것이라고 판단하기 어렵다. 따라서 이러한 표현행

위에 형법이 개입하여 제재를 가하려고 하는 것은 형법의 보충성과 최후수
단성의 원칙을 벗어나는 것이다.

'백설공주 박근혜 포스터' 사건은 기소 자체가 되지 않았어야 했다.
이러한 기소는 "수사와 공소제기 권한을 적극적·공격적으로 활용하여 남기
소(濫起訴)"37)한 것으로, 예술가의 작품활동시 자기검열을 강요하여 예술(가)
의 창조성을 억압하는 결과를 낳기 마련이다.

이 사건에 대한 기소를 다른 풍자 표현물에 대한 불기소와 비교해보자.
먼저 2012년 11월 진보성향 홍성담 화백은 유신 40년 전시회에 박근혜 후보
가 다리를 벌리고 박정희로 보이는 검은 색안경을 쓴 아기를 출산하는 그림
인 '골든타임—닥터 최인혁, 갓 태어난 각하에게 거수경례를 하다'(=일명
'박근혜 출산 그림')를 자신의 블로그에 올렸다가 중앙선거관리위원회로부터
선거법 위반으로 검찰에 고발당했으나, 검찰은 무혐의처분을 내렸다.38) 그
리고 동년 12월 보수성향 만화가 최지룡 씨가 문재인·안철수 두 후보가
알몸으로 성행위를 하는 것을 연상시키는 만화, 문재인 후보가 '박근혜 출산
그림'을 보며 자위행위를 하는 만화 등을 블로그에 올려 중앙선거관리위원
회가 선거법 위반으로 검찰에 고발했지만, 검찰은 무혐의처분을 내렸다.39)

'박근혜 출산 그림'과 '문재인·안철수 동성애 만화'는 '백설공주 박근혜
포스터' 보다 훨씬 공격적이며 노골적이다. 그럼에도 '백설공주 박근혜 포스
터' 사건은 기소되어 대법원 판결까지 나아간 것은 기소의 정치적 의도가
의심스럽다.

---

37) 김재윤, "검사의 소추재량권에 대한 민주적 통제방안", 한국형사법학회, 『형사법
    연구』 제21권 제4호(2009), 123면.
38) http://www.mediatoday.co.kr/news/articleView.html?idxno=110767; http://news.khan.co.kr/kh_
    news/khan_art_view.html?artid=201306182227031&code=940301(2015.3.15. 최종방문).
39) http://news.kukinews.com/article/view.asp?page=1&gCode=pol&arcid=0006691652&cp=nv;
    http://news.khan.co.kr/kh_news/khan_art_view.html?artid=201306182227031&code=940301
    (2015.3.15. 최종방문).

2. 대법원 2011.10.13. 선고 2011도11074 판결 — 'G20 정상회의 포스터 쥐 그림 그래피티' 사건

2011년 10월 대학 시간강사 박정수 씨와 연구원 최지영 씨는 대통령 소속 국가기관인 G20 정상회의 준비위원회에서 G20 행사 홍보 목적으로 설치한 대형 홍보물 13개, 소형 홍보물 9개에 스프레이 페인트로 쥐를 그려 넣어 공용물건을 손상하였다는 혐의로 기소되었다. 제1심에서 검사는 "피고 인은 우리 국민들과 아이들로부터 청사초롱과 번영에 대한 꿈을 강탈한 것입니다."라고 말하며 징역 10개월을 구형하였는데,[40] 제1심 법원은 유죄 를 인정하고 박 씨에게는 벌금 2백만 원, 최 씨에게는 벌금 1백만 원을 각각 선고하였다.[41] 이는 제2심과 대법원에서 유지되었다.[42] 피고인들은 세계적으로 유명한 영국의 그래피티 예술가 뱅크시(Banksy: 가명)가 많이 사 용한 쥐 그림을 차용하여 쥐를 그려 넣었는데, 이는 'G'와 '쥐'의 발음이 유사함을 이용하여 G20 정상회의를 야유하기 위함이었다.[43]

제1심 법원은 피고인의 예술창작 또는 예술표현의 자유를 인정하면서 도, 이는 "다른 사람의 창작물이나 공공안내문, 게시판에 그림을 그리거나 낙서하는 등의 방법으로 그 물건을 훼손하는 경우"에는 정당화되지 않는다 고 판단했다.[44]

> "피고인 박정수는 G20 홍보물에 피고인이 생각하는 G20의 의미를 담아 쥐 그림을 그려 넣었으며, 위 피고인은 이러한 행위를 그래피티 아트라는 표현 방식이라고 주장하지만, ① 이 사건 홍보물은 G20에 관한 홍보, 안내, 공지 등을 표현하는 공용물건인 점, ② 변호인은 이 사건으로 인한 경제적 손실이 적다고 하나 재물적 가치만을 따졌을 때 적다는 의미일 뿐 이 사건 홍보물이

---

40) http://www.hani.co.kr/arti/society/society_general/474519.html(2015.3.15. 최종방문).
41) 서울중앙지방법원 2011.5.13. 선고 2011고단313 판결.
42) 서울중앙지방법원 2011.8.11. 선고 2011노1742 판결; 대법원 2011.10.13. 선고 2011 도11074 판결.
43) http://www.hani.co.kr/arti/society/society_general/474519.html(2015.3.15. 최종방문).
44) 서울중앙지방법원 2011.5.13. 선고 2011고단313 판결.

갖는 홍보기능적인 측면을 고려하면 결코 가치가 작다고 단정할 수만은 없는
점, ③ 뱅크시는 반전, 평화와 자본주의에 대한 비판적 메시지를 스프레이를
이용하여 낙서 형식의 벽화를 만들지만 다른 사람이 만든 표현물이나 창작
작품 위에 그래피티를 하지는 않았고, 빌리 바우마이스터는 아르노 브뢰커의
'복수자'라는 작품의 엽서에 머리를 그려넣어 새로운 작품을 만들었을 뿐 원작
품을 훼손하지는 않았던 점, ④ 이 사건 홍보물을 직접 훼손하지 않으면서도
이 사건 홍보물과 같은 내용의 밑그림을 그리고 그 위에 그래피티를 하여 전시
하는 등 다른 방법으로 자신의 생각을 담은 그래피티 작업을 할 수도 있었으므
로 이 사건 범행 이외에 달리 자신의 의사를 표현할 방법이 전혀 없었던 상황은
아니었던 점, … 등에 비추어 보면, 피고인 박정수의 위와 같은 표현행위가
다른 법익을 침해하지 않으면 예술창작 및 표현의 자유로서 보호되어야 하지
만, 위 피고인이 이 사건 홍보물에 직접 쥐 그림을 그려 넣어 공용물건을 훼손한
행위는 예술 또는 표현의 자유의 한계를 벗어났다."45)

제2심 법원은 문제의 포스터가 형법 제141조 제1항 구성요건상 "공무
소에서 사용하는 물건"이 아니라는 피고인의 주장을 반박하는데 집중하였
다. 즉, "공무소에서 사용하는 물건"은 장소적으로 공무소 내부에 현실적으
로 존재하고 있어야 하는 것은 아니며, 장소와 무관하게 "공무소가 사용하는
물건"의 의미라는 것이다.

"… ② 일정한 공무상의 목적을 위하여 공무소가 주체가 되어 작성, 게시한
물건은 그 자체로서 물적 측면에서의 공무상 기능을 수행하고 있는 것이고,
위 물건의 설치 장소가 유형적인 장소 또는 건조물로서의 공무소 내부인지의
여부에 따라 그 공무상 기능의 수행에 대한 보호의 필요성 유무가 달라진다고
볼 수는 없는 점, ③ 원래 '공무소'라 함은 공무원이 직무를 행하는 유형적인
장소 또는 건조물 뿐 아니라 제도로서의 관공서 기타 조직체를 뜻하는 것이기
도 하고, '공무소에서'라 함은 장소적 제한이 아닌 주체를 나타낸 것으로 해석
될 수 있으며, '사용'이라 함은 단지 '일정한 목적이나 기능에 맞게 씀'이라는
의미로서 '보관'과는 달리 현실적 점유라는 관념을 수반하지 않는 개념이므로,

45) *Ibid.*

'공무소에서 사용하는 물건'이 반드시 장소적 제한의 개념을 내포하는 용어는 아니라고 보는 것이 문언의 통상적인 의미에서 벗어나는 해석이라고 할 수도 없는 점, ④ 나아가 만일 형법 제141조 제1항의 공용물건손상죄의 객체가 앞서 본 바와 같은 장소적 제한을 요건으로 한다고 해석할 경우, 같은 조 제2항에 규정된 '공무소에서 사용하는' 건조물, 선박, 기차 또는 항공기 역시 유형적인 장소로서의 공무소 내부에 현존하여야 공용물파괴죄의 객체가 될 수 있다는 납득하기 어려운 결과가 초래되는 점 등에 비추어 보면, 결국 형법 제141조 제1항의 '공무소에서 사용하는' 물건이라 함은, 제도로서의 관공서 기타 조직 체가 공무상의 목적이나 기능을 수행하기 위하여 관리하는 일체의 물건을 의미하는 것이고, 위 물건이 반드시 유형적인 장소 또는 건조물로서의 공무소 내부에 현실적으로 존재하고 있어야 하는 것은 아니라고 봄이 상당하며, 이러한 해석이 형벌법규의 명확성의 원칙에 반하는 것이거나 죄형법정주의에 의하여 금지되는 확장해석 또는 유추해석에 해당한다고 할 수는 없다."[46]

제2심 판결의 지적처럼, 제141조 제1항과 제2항에서 공통적으로 사용되는 "공무소에서 사용하는 물건"의 의미는 공무소라는 장소 내부에 존재하는 물건이라고 해석하기는 어렵다. 그리고 대통령 소속 국가기관인 G20 정상회의 준비위원회가 사용하는 물건인 홍보포스터는 "공무소에 사용하는 물건"에 해당하며, 여기서 스프레이 페인트로 쥐 그림을 그려 넣으면 포스터의 효용이 일정하게 떨어지게 된다는 점은 사실이다.

그렇지만 여기서 머물러서는 안 된다. 형법 제141조 제1항 공용서류등의 무효죄는 행위양태로 "손상 또는 은닉하거나 기타 방법으로 그 효용을 해"하는 것을, 형법 제366조 손괴죄는 "손괴 또는 은닉 기타 방법으로 기(其) 효용을 해"하는 것을 규정하고 있는 바, 양자는 같은 의미처럼 보인다. 그러나 전자는 '공무방해에 관한 죄'이고 후자는 '재산에 대한 죄'라는 차이가 있다. 여기서 전자의 행위는 공무방해 수준에 이를 것을 요한다고 해석하는 것이 타당하다. 이는 전자의 법정형이 7년 이하의 징역 또는 1천만 원 이하의 벌금으로, 후자의 법정형인 3년 이하의 징역 또는 700만 원 이하의 벌금

---

46) 서울중앙지방법원 2011.8.11. 선고 2011노1742 판결.

과 비교하면 매우 중하다는 점을 고려하면 더욱 그러하다. 이렇게 볼 때 피고인의 '그래피티' 행위가 공무방해 수준인가는 의문이 생긴다. 또한 형법 상 이 두 범죄와 별도로 경범죄처벌법상 제3조 제1항은 "다른 사람 또는 단체의 집 … 등에 함부로 … 글씨 또는 그림을 쓰거나 그리거나 새기는 행위"(제9호)를 10만 원 이하의 벌금, 구류 또는 과료의 형으로 처벌하도록 규정하고 있다.

요컨대, 헌법 제22조는 보장하는 예술의 자유를 규정하고 있고, 그러한 예술 창작과 표현의 자유로서 피고인의 풍자적 그래피티 작업의 의미를 존중하고, 그로 인한 법익침해는 홍보 포스터 22개의 훼손이 재물가치와 홍보가치의 심대한 침해라고 보기는 어렵다는 점을 생각하자면 피고인의 행위에 적용되어야 할 법률은 경범죄처벌법이라고 판단한다. Ⅱ.3.에서 서술했듯이, 형법의 보충성과 최후수단성의 원칙을 관철시키면 민사상 손해배상을 전제로 하여 훈방조치가 내려질 수도 있는 사안이라고 본다. 만약 이러한 그래피티가 G20 홍보포스터가 아닌 공무소 포스터에 그려졌거나, 그려진 그림이 쥐가 아닌 다른 동물이었다면 ―이명박 정부 하에서 이 대통령 반대자들은 그를 야유하는 차원에서 '쥐박이'라고 부르고 있었다― 전격적인 수사가 진행되었을지 의문이다.

그리고 제1심 법원은 뱅크시는 스프레이 페인트를 이용하여 낙서 형식의 벽화를 만들지만 다른 사람이 만든 표현물이나 창작 작품 위에 그래피티를 하지는 않았다라고 지적한다. 그러나 'G20 정상회의 포스터'가 7년 이하의 징역 또는 1천만 원 이하의 벌금의 법정형을 통하여 지켜야 할 표현물인지 의문스럽다. 그리고 실제 뱅크시의 작품을 보면, 타인의 건물 벽에 그래피티 작업을 한 것이 많다.47) 뱅크시의 행위는 실정법률 위반이었으나 한 번도 그에 대하여 수사가 착수된 적이 없음은 물론, 그의 작품을 안내하는

---

47) 뱅크시(이태호 & 리경 옮김), 『Wall and Peace 거리로 뛰쳐나간 예술가, 벽을 통해 세상에 말을 걸다』(위즈덤피플, 2009); 마틴 불(이승호 옮김), 『아트 테러리스트 뱅크시, 그래피티로 세상에 저항하다』(리스컴, 2013); 김강석, "거리의 미술 스토리텔링에 관한 소고: 뱅크시의 그래피티(graffiti)를 중심으로", 글로벌문화콘텐츠학회, 『글로벌문화콘텐츠』 제14권(2014) 등 참조.

안내책자가 판매되고 할리우드 유명인들이 그의 작품을 구입하고 있다는 점은 많은 시사점을 준다.

한편, 독일 추상미술의 대가 빌리 바우마이스터(Willi Baumeister)는 히틀러가 총애하던 조각가 아르노 브레커(Arno Breker)의 '복수자'(Der Rächer)라는 작품이 찍힌 엽서를 사서 작품 인물의 성기 부분에 만화 속 인물의 머리를 그려 넣어 브레커와 당시 미술계를 조롱하는 작품을 만들었다. 제1심 법원의 지적처럼, 바우마이스터는 브레커의 작품 위에 바로 만화를 그려 넣은 것은 아니다. 또한 제1심 법원의 지적처럼, 피고인들은 'G20 정상회의 포스터' 위에 바로 쥐를 그리지 않고 스스로 'G20 정상회의 포스터'과 유사한 밑그림을 그리고 그 위에 쥐 그림을 그렸다면 법적 문제는 발생하지 않았을 것이다. 이상의 점을 인정하더라도 피고인의 행위가 형법 적용 대상인지, 경범죄처벌법 적용 대상인지에 대한 판단은 별도로 이루어져야 했다.

Ⅳ. 맺음말 — '국가모독죄'의 우회적 부활?

전·현직 대통령 등 최고 권력자를 풍자·조롱하는 낙서, 그림, 포스터, 유인물 등을 작성·부착·배포하는 행위를 대상이 된 권력자 자신이나 지지자들이 환영할리 만무하다. 이 경우 경찰·검찰 등 수사기관은 '하명'(下命)이 없더라도 가장 중한 적용 법률과 법조를 선택하고 중한 구형을 하는 등 강경한 대처를 하는 경향을 보이고 있다. 유신 체제하인 1975년 만들어져 국가원수에 대한 비판을 금압했던 '국가모독죄'(제104조의 2)는 1988년 폐지되었다. 그러나 최근의 형사정책을 보면 이 죄가 우회적으로 부활한 느낌을 준다.

이상의 행위를 범죄화하기 전에 형법의 보충성과 최후수단성이라는 원칙을 되돌아볼 필요가 있다. 표현의 자유는 민주주의가 살아 숨쉬기 위해 필수적인 공기 같은 원칙이다. 정치권력자에 대한 신랄하고 통렬한 풍자와 조롱은 주권자 국민의 권리이며, 권력자는 이를 감수할 의무가 있다. 표현의 자유를 행사한 결과 일정한 법익 침해가 발생하기도 하지만, 그것을 이유로 가장 중한 형법조문을 적용하여 처벌하려는 시도는 표현의 자유를 억압할 뿐만 아니라 국가형벌권의 권위를 떨어뜨리는 부작용을 낳는다. 경찰훈방권과 기소편의주의는 이러한 부작용을 막는 방향으로 사용되어야 한다. 권력자에 대한 풍자 · 조롱이 과잉범죄화되는 2015년 민주공화국 대한민국에는, 아래와 같은 두 형법사상가의 오래되었으나 여전히 빛나는 혜안이 필요하다.

"수많은 사소하고 무해한 행위를 금지하는 것은 후속적인 범죄를 예방하는 것이 아니라 새로운 범죄를 만들어 내는 것이다."[48]

"형벌은 법익 침해를 통한 법익 보호이다. 법질서의 필요에 따라 반드시 요구되지 않는 경우인데도 형벌을 함부로 부과하여 시민의 육체적 · 윤리적 · 경제적 존립을 말살하는 것은 목적사상에 대해 가장 커다란 죄악을 범하는 일이다."[49]

---

48) 벡카리아(각주 10), 175면.
49) 프란츠 폰 리스트(심재우 · 윤재왕 옮김), 『마르부르그 강령』(강: 2012), 87-88면.

제 9 장

사실적시 명예훼손죄 및 모욕죄의 재구성
─공적 사안 관련 공인대상 명예에 관한 죄의 명시적 비범죄화─

"대통령 욕하는 것은 민주사회에서 주권을 가진 시민의 당연한 권리입니다. 대통령 욕하는 것으로 주권자가 스트레스를 해소할 수 있다면 전 기쁜 마음으로 들을 수 있습니다."

(노무현)

Ⅰ. 들어가는 말

2013년 한 언론은 한국은 "명예훼손 공화국"이 되었다고 보도했다. 2012년 명예훼손이나 모욕으로 기소된 사람의 수가 1만 3,838명으로 2003년 3,140명에 비하면 10년 새 4배가 증가했다. 인터넷의 보급, 격렬한 이념 대립 등이 그 원인으로 지적되고 있다.[1] 사인과 사인 사이, 사인과 공인 사이에 민·형사소송이 폭증하고 있다. 이 속에서 정부, 공직자, 공적 인물에 대하여 비판적 언사를 행한 시민이 처벌되는 일이 허다하게 발생하고 있다. 특히 2008년 미국산 광우병 보도를 한 MBC <PD수첩> 관계자에 대한 허위사실적시 명예훼손 수사와 기소는 언론의 자유에 대한 격렬한 사회적 논쟁을 야기했다. <PD수첩> 사건의 수사를 지휘했던 서울중앙지검 형사2부 임수빈 부장검사가 무혐의 의견을 굽히지 않아 사표를 내는 일까지 발생했다. 최근에는 일본 극우성향 산케이신문의 가토 다쓰야 서울지국장이 자신의 칼럼을 통하여 허위사실을 드러내어 박근혜 대통령의 명예를 훼손했다는 이유로 기소되어 국내외에서 큰 논란이 일어났다.

명예훼손과 모욕은 헌법, 민법, 형법적 쟁점이 중첩된 사안임은 물론, 권력, 언론, 시민이 각각 얽혀있는 복잡한 사안이다. 권력과 언론, 권력과 시민, 언론과 시민이 교차충돌하며, 각 경우 '강자'와 '약자'의 지위는 변화한다. 명예와 표현의 자유라는 소중한 두 가치가 충돌하여 전자가 침해되었을 때 어떤 한도 내에서 어떤 종류의 제재가 동원되어야 하는가는 나라별로 차이가 있다. 민사제재를 가동하는 다수 민주주의 국가와 달리 우리나라는 —허위사실적시 명예훼손은 물론— 사실적시 명예훼손과 모욕을 범죄화하고 있다.

---

1) <헤럴드 경제>(2013.6.18.)(http://news.heraldcorp.com/view.php?ud=20130618000491&md=20130621004511_AT: 2014.11.1. 최종방문).

90년대 중반 이후 대법원과 헌법재판소는 표현의 자유를 보호하고 공인에 대한 사실적시 명예훼손에 대한 민·형사제재를 제한하는 일련의 판결을 내놓고 있다. 특히 공인과 사인, 공적 사안과 사적 사안을 구분해서 판단해야 하고, 공인에 대한 명예훼손은 "악의적이거나 현저히 상당성을 잃은 공격"이 아닌 한 허용되어야 한다는 기준은 중대한 변화였다. <PD수첩> 관계자들에게도 1심부터 대법원까지 일관되게 무죄가 선고된 것도 바로 이러한 흐름이 잡혀있었기에 가능한 것이었다.[2]

학계에서도 사실적시 명예훼손죄에 대한 비판 흐름이 형성되었다. 2003년 신평 교수는 사실적시 명예훼손죄의 위헌론을 최초로 제기하였다.[3] 이후 저자의 지도학생 김준호 군은 2007년 대학원생으로 사실적시 명예훼손죄의 비범죄화를 주장하는 논문을 발표하였다.[4] 박경신 교수는 2009년 모욕죄의 위헌성,[5] 2010년 사실적시 명예훼손죄의 위헌성을 주장하는 논문을 연이어 발표하였고,[6] 2012년 손태규 교수는 사실적시 명예훼손죄의 폐지를 주장하는 논문을 발표하였다.[7] 2012년 박영선 의원 대표발의 형법 일부개정법률안과 2013년 유승희 의원 대표발의 형법 일부개정법률안은 사실적시 명예훼손죄를 삭제하였다.[8]

한편 진중권 씨가 변희재 씨에 대한 '듣보잡'(듣도 보도 못한 잡놈) 발언으로 모욕죄 유죄판결을 받은 후 헌법재판소에 모욕죄 위헌소송을 제기하

2) 서울중앙지방법원 2010.1.20. 선고 2009고단3458 판결; 서울중앙지방법원 제9형사부 2010.12.2. 선고 2010노380 판결; 대법원 2011.9.2. 선고 2010도17237 판결.
3) 신평, "새로운 명예훼손법 체계의 구축에 관한 시도", 한국공법학회, 『공법연구』 제31집 제3호(2003).
4) 김준호, "형법 제307조 제1항의 비범죄화에 관한 소고", 서울대학교 BK21 법학연구단 공익인권법연구센터, 『공익과 인권』 제4권 제2호(2007).
5) 박경신, "모욕죄의 위헌성과 친고죄 조항의 폐지에 대한 정책적 고찰", 고려대학교 법학연구원, 『고려법학』 제52호(2009).
6) 박경신, "진실적시에 의한 명예훼손 처벌제도의 위헌성", 국제헌법학회 한국학회, 『세계헌법연구』 제16권 제4호(2010).
7) 손태규, "형법상 명예훼손죄의 폐지", 한국공법학회, 『공법연구』 제41집 제2호(2012).
8) 형법 일부개정법률안(의안번호 286; 2012.6.22.); 형법 일부개정법률안(의안번호 8698; 2013.12.20.)

였는데, 2013년 헌법재판소는 5 대 3의 다수의견으로 모욕죄 합헌결정을 내렸지만, 위헌의견이 3표가 나왔다.[9] 요컨대 사실적시 명예훼손죄와 모욕죄의 정당성에 대한 의문과 비판이 쌓여가고 있는 것이다.

제9장은 사실적시 명예훼손과 모욕죄에 대하여 판례가 정립한 구성요건 및 위법성조각 해석론을 살펴본 후, 두 죄는 어떠한 점에서 위헌 소지가 있는지, 특히 이 두 죄가 어떻게 통상 '공인'으로 불리는 공직자와 공적 인물에 대한 비판과 검증을 억제하는지를 비판적으로 분석한다. 이를 기초로 사실적시 명예훼손죄와 모욕죄를 재구성하는 법 개정을 제안한다.

Ⅱ. 사실적시 명예훼손죄

1. 판 례

(1) 구성요건과 위법성조각 해석 일반론

판례는 형법 제307조 제1항의 사실적시 명예훼손죄가 성립하려면 "특정인의 사회적 가치 내지 평가가 침해될 가능성이 있는 구체적인 사실을 적시하여야"[10] 하고, "어떤 표현이 명예훼손적인지 여부는 그 표현에 대한 사회 통념에 따른 객관적 평가에 의하여 판단하여야 한다."라는 입장을 취하고 있다.[11] 그리고 "적시된 사실이 허위의 사실인지 여부를 판단함에 있어서는 적시된 사실의 내용 전체의 취지를 살펴볼 때 중요한 부분이 객관적 사실과 합치되는 경우에는 세부(細部)에 있어서 진실과 약간 차이가 나거나 다소 과장된 표현이 있다 하더라도 이를 허위의 사실이라고 볼 수는 없다"고 보고 있다.[12]

---

9) 헌법재판소 2013.6.27. 선고 2012헌바37 결정.
10) 대법원 2000.2.25. 선고 98도2188 판결; 대법원 2007.10.25. 선고 2007도5077 판결.
11) 대법원 2007.10.25. 선고 2007도5077 판결.
12) 대법원 2000.2.25. 선고 99도4757 판결(강조는 인용자); 대법원 1998.10.9. 선고 97
    도158 판결; 대법원 1999.10.22. 선고 99도3213 판결; 대법원 1998.10.9. 선고 97

다음으로 "오로지 공공의 이익에 관한 때" 위법성을 조각하는 형법 제307조 제2항의 해석에 있어서는, "공공의 이익에 관한 것에는 널리 국가·사회 기타 일반 다수인의 이익에 관한 것뿐만 아니라 특정한 사회집단이나 그 구성원 전체의 관심과 이익에 관한 것도 포함하는 것이고, 적시된 사실이 공공의 이익에 관한 것인지 여부는 당해 적시 사실의 내용과 성질, 당해 사실의 공표가 이루어진 상대방의 범위, 그 표현의 방법 등 그 표현 자체에 관한 제반 사정을 감안함과 동시에 그 표현에 의하여 훼손되거나 훼손될 수 있는 명예의 침해 정도 등을 비교·고려하여 결정하여야 하며, 행위자의 **주요한** 동기 내지 목적이 공공의 이익을 위한 것이라면 부수적으로 다른 사익적 목적이나 동기가 내포되어 있더라도 형법 제310조의 적용을 배제할 수 없다."13) 그리고 1996년 대법원은 한겨레신문의 '이내창 씨 사망 전 안기부 요원 동행' 보도 사건에서 '상당한 이유' 기준을 도입한다.

> "명예훼손죄에 있어서는 개인의 명예보호와 정당한 표현의 자유보장이라는 상충되는 두 법익의 조화를 꾀하기 위하여 형법 제310조를 규정하고 있으므로 적시된 사실이 공공의 이익에 관한 것이면 진실한 것이라는 증명이 없다 할지라도 행위자가 **진실한 것으로 믿었고** 또 그렇게 **믿을 만한 상당한 이유가 있는 경우**에는 위법성이 없다."14)

목적의 공공성, 사실의 진실성이 충족되지 않더라도 행위자가 진실이라고 믿을 상당한 이유가 있으면 위법성이 조각된다고 보았다. 판례는 제

도158 판결 등도 동지(同旨).

13) 대법원 1998.10.9. 선고 97도158 판결(강조는 인용자).

14) 대법원 1996.8.23. 선고 94도3191 판결(강조는 인용자). 이는 피고가 피해자를 악덕변호사라고 비방하는 수기를 <주부생활> 잡지에 게재한 사건에 대한 1988년 대법원의 민사판결에서 선취(先取)된 것이었다. "형사상이나 민사상으로 타인의 명예를 훼손하는 행위를 한 경우에도 그것이 공공의 이해에 관한 사항으로서 그 목적이 오로지 공공의 이익을 위한 것일 때에는 진실한 사실이라는 증명이 있으면 위 행위에 위법성이 없으며 또한 그 증명이 없더라도 행위자가 그것을 진실이라고 믿을 상당한 이유가 있는 경우에는 위법성이 없다"[대법원 1988.10.11. 선고 85다카29 판결(강조는 인용자)].

310조의 명문에는 없는 '상당한 이유'를 도입하여 위법성조각의 범위를 확장하였다.[15] 그리고 형법총론의 관점에서 볼 때 '진실성'에 대한 착오를 '위법성조각사유의 전제사실에 대한 착오'로 보는 다수 학설에 따르면 형법 제15조의 사실의 착오가 적용되어 고의가 조각되거나(제한적 책임설, 법효과제한 책임설) 제16조의 금지착오가 적용되어 책임이 조각되어야 하는데(엄격책임설), 판례는 이러한 착오에 상당한 이유가 있는 경우 위법성이 조각된다는 입장을 취하고 있다.

그리고 2005년 대법원은 대학교수의 여학생 성추행을 인터넷 홈페이지와 소식지에 올린 여성단체 간부들이 피소된 사건에서 다음과 같이 설시한다.

> "특히 공인의 공적 활동과 밀접한 관련이 있는 사안에 관하여 진실을 공표한 경우에는 원칙적으로 '공공의 이익'에 관한 것이라는 증명이 있는 것으로 보아야 할 것이며, 행위자의 주요한 동기 내지 목적이 공공의 이익을 위한 것인 이상 부수적으로 다른 개인적인 목적이나 동기가 내포되어 있더라도 형법 제310조의 적용을 배제할 수 없는 것이다. 그리고 형법 제309조 제1항 소정의 출판물에 의한 명예훼손죄 … '비방할 목적'이란 가해의 의사 내지 목적을 요하는 것으로서 공공의 이익을 위한 것과는 행위자의 주관적 의도의 방향에 있어 서로 상반되는 관계에 있다고 할 것이므로, 적시한 사실이 공공의 이익에 관한 것인 경우에는 특별한 사정이 없는 한 비방할 목적은 부인된다고 봄이 상당하다."[16]

---

15) 김재형, 『언론과 인격권』(박영사, 2012), 282면. '상당한 이유'에 대한 판단기준은 다음과 같다. "언론매체의 보도를 통한 명예훼손에 있어서 행위자가 보도 내용이 진실이라고 믿을 만한 상당한 이유가 있는가의 여부는 적시된 사실의 내용, 진실이라고 믿게 된 근거나 자료의 확실성과 신빙성, 사실 확인의 용이성, 보도로 인한 피해자의 피해 정도 등 여러 사정을 종합하여 행위자가 보도 내용의 진위 여부를 확인하기 위하여 적절하고도 충분한 조사를 다하였는가, 그 진실성이 객관적이고도 합리적인 자료나 근거에 의하여 뒷받침되는가 하는 점에 비추어 판단하여야 할 것이다."(대법원 1998.10.27. 선고 98다24624 판결; 강원일보의 '김일성 사망 애도편지' 보도사건)
16) 대법원 2005.4.29. 선고 2003도2137 판결(강조는 인용자).

공인의 공적 활동에 대한 비판의 경우 '공공의 이익'이 있는 것으로 추정하고, '공공의 이익'이 있으면 '비방할 목적'을 부인함으로써 형법 제310조에 따른 위법성조각의 범위를 넓힌 것이다.

한편 1999년 헌법재판소는 강원일보의 '김일성 사망 애도편지' 보도에 대한 불기소처분 사건에 대한 결정에서, 명예훼손죄의 합헌적 해석지침 세 가지를 제시한다. 첫째, 명예훼손적 표현이 진실한 사실이라는 입증이 없어도 행위자가 진실한 것으로 오인하고 행위를 한 경우, 그 오인에 정당한 이유가 있는 때에는 명예훼손죄는 성립되지 않는다.[17] 둘째, 형법 제310조 소정의 "오로지 공공의 이익에 관한 때에"라는 요건은 언론의 자유를 보장한다는 관점에서 그 적용범위를 넓혀야 한다. 셋째, 형법 제309조 소정의 "비방할 목적"은 그 폭을 좁히는 제한된 해석이 필요하며, 법관은 엄격한 증거로써 입증이 되는 경우에 한하여 행위자의 비방 목적을 인정하여야 한다.[18] 또한 동 결정은 명예훼손의 대상이 공인인 경우 면책의 범위를 넓혀야 함을 밝히고 있다.

> "당해 표현으로 인한 피해자가 공적 인물인지 아니면 사인(私人)인지, 그 표현이 공적인 관심 사안에 관한 것인지 순수한 사적인 영역에 속하는 사안인지, 피해자가 당해 명예훼손적 표현의 위험을 자초(自招)한 것인지, 그 표현이 객관적으로 국민이 알아야 할 공공성·사회성을 갖춘 사실(알권리)로서 여론형성이나 공개토론에 기여하는 것인지 등을 종합하여 구체적인 표현 내용과 방식에 따라 상반되는 두 권리를 유형적으로 형량한 비례관계를 따져 언론의 자유에 대한 한계 설정을 할 필요가 있는 것이다. 공적 인물과 사인, 공적인 관심 사안과 사적인 영역에 속하는 사안 간에는 심사기준에 차이를 두어야 하고, 더욱이 이 사건과 같은 공적 인물이 그의 공적 활동과 관련된 명예훼손적 표현은 그 제한이 더 완화되어야 하는 등 개별사례에서의 이익형량에 따라

---

17) 한겨레신문의 '이내창 씨 사망 전 안기부 요원 동행' 사건에 대한 1996년 대법원 판결 부분에서 언급했던 것과 같은 맥락에서, 헌법재판소도 진실성의 오인에 정당한 이유가 있으면 명예훼손죄는 성립되지 않다는 것을 위법성이 조각된다는 의미로 서술하고 있다고 보인다.

18) 헌법재판소 1999.6.24. 선고 97헌마265 결정.

그 결론도 달라지게 된다."[19]

이 결정은 명예훼손 여부를 판단하는데 있어 공인/사인, 공적 사안/사적 사안을 구별해야 한다는 점을 밝힌 획기적 결정이다. 그 실천적 의미는 공적 인물에 대한 명예훼손 또는 공적 사안에 관련된 명예훼손의 경우 '상당한 이유'를 널리 인정하여 위법성조각을 용이하게 해야 한다는 것이다.[20]

이 입장은 이후 명예훼손 관련 민·형사판결에서 관철된다. 예컨대, 대법원은 상술한 2011년 <PD수첩> 판결에서 이 헌법재판소 결정을 명시적으로 인용하고 있다.[21] 민사판결에서도 마찬가지인데, 2002년 민주노총, 참여연대, 민변 등의 이념을 비난한 잡지 <한국논단>의 명예훼손 여부를 다룬 대법원 판결은 1999년 헌법재판소 결정을 전면적으로 수용한다. 특히 이 판결은 공인에 대한 명예훼손의 경우 피고의 입증부담을 완화시켜야 한다고 판시한다. 즉,

"당해 표현이 공적인 존재의 정치적 이념에 관한 것인 때에는 특별한 의미가 있다. … 사람이나 단체의 정치적 이념 … 에 대한 의혹 제기나 주관적 평가 의혹의 제기나 주관적인 평가가 진실에 부합하는지 혹은 진실하다고 믿을 만한 상당한 이유가 있는지를 따짐에 있어서는 일반의 경우에 있어서와 같이 엄격하게 입증해 낼 것을 요구해서는 안 되고, 그러한 의혹의 제기나 주관적인 평가를 내릴 수도 있는 구체적 정황의 제시로 입증의 부담을 완화해 주어야 한다."[22]

(2) 미국 '현실적 악의'(actual malice)의 법리와 그 수용 여부

그런데 명예훼손과 관련하여 전세계적으로 영향을 미친 법리로 미국의 '현실적 악의'(actual malice)의 법리가 있다.[23] 미국에서 명예훼손은 형사범죄

---

19) *Ibid.*(강조는 인용자).
20) 이 구별을 반대하는 입장은 한수웅, "표현의 자유와 명예의 보호 ―한국, 독일과 미국에서의 명예훼손의 법리에 관한 헌법적 고찰과 비판을 겸하여―", 한국법학원, 『저스티스』 제84호(2005)를 참조하라.
21) 대법원 2011.9.2. 선고 2010도17237 판결.
22) 대법원 2002.1.22. 선고 2000다37524, 37531 판결(강조는 인용자).
23) 이 법리의 상세한 현황에 대해서는 염규호, "공직자와 명예훼손 ―미국 언론법의

가 아니라 민사불법행위이다. 그런데 미국 판례는 '현실적 악의'의 법리에 따라 민사상 명예훼손도 매우 엄격하게 인정하고 있다.

이 법리는 공인에 대한 명예훼손과 관련하여 기념비적 판결인 1964년 미국 연방대법원의 'New York Times v. Sullivan 판결'24)에 의해 최초 정립되었다. 동 판결은 원고 '공직자'(public official) ―이 사건에서는 킹 목사가 주도하는 비폭력시위를 제약한 몽고메리시 경찰국장― 에 대한 (민사상) 명예훼손이 성립하려면, 원고가 피고 ―이 사건에서는 뉴욕타임즈지― 가 자신이 공표하는 내용이 "허위임을 알았거나 또는 그 허위 여부에 대하여 분별없이 무시(reckless disregard)하였음"을 입증해야 하며, 그 입증부담의 정도는 '명백하고 확실한 증명'(clear and convincing proof)이라고 판시하였다.25) 이는 원고가 '현실적 악의'를 입증하는 것은 사실상 불가능하게 할 정도로 어렵게 만드는 것인바, 표현의 자유를 강하게 보호하려는 취지였다. 이 판결을 한국식 법률용어로 풀자면, 공직자에 대한 명예훼손은 언론사가 확정적 고의나 미필적 고의에 의하여 명예를 손상시켰다고 피해자이자 원고인 공직자가 입증해야 피고인 언론사가 손해배상책임을 진다가 될 것이다.26)

이후 1964년 'Garrison v. Louisiana 판결'27)은 '현실적 악의'의 법리가 형사상 명예훼손에도 적용된다고 판단했고, 1966년 'Rosenblatt v. Baer 판결'28)과 1971년 'Monitor Patriot Co. v. Roy 판결'29)은 각각 이 법리가 선거

'현실적 악의'를 중심으로", 『언론중재』 1999년 겨울호; 염규호, "공적 인물과 명예훼손 ―미국 언론법의 '현실적 악의'를 중심으로", 『언론중재』 2000년 봄호를 참조하라.
24) 376 U.S. 254(1964).
25) *Ibid.* at 280, 285-286.
26) 배병화, "공익보도에 의한 명예훼손과 면책사유 ―상당성 이론과 현실적 악의 이론을 중심으로―", 대한민사법학회, 『민사법연구』 제13집 제1호(2005.6), 49면; 전원열, "명예훼손불법행위에 있어서 위법성 요건의 재구성"(서울대 법학박사 논문, 2001), 97면 각주 228; 한위수, "공인에 대한 명예훼손의 비교법적 일고찰 ―'현실적 악의' 원칙을 중심으로―", 한국언론법학회, 『언론과 법』 창간호(통권 제1호, 2002), 157면. 단, 신평 교수는 "허위 여부에 대하여 분별없이 무시"를 미필적 고의가 아니라 중과실로 보고 있다[신평, 『헌법적 관점에서 본 명예훼손법』(2004), 184면].
27) 379 U.S. 64, 67(1964).

를 통하지 않고 임명된 공무원과 공직에 출마한 후보자에게도 적용된다고
판단했으며, 1967년의 'Curtis Publishing Co. v. Butts 판결'[30]과 'Associate
Press v. Walker 판결'[31]은 동 법리가 '공직자' 외에 '공적 인물'(public figure)
에 대한 명예훼손에도 적용되어야 한다고 판단했다. 특히 1974년 'Gertz
v. Robert Welch, Inc. 판결'[32]은 '공적 인물'에 대한 정의를 내린 판결로
유명하다.[33]

상술하였듯이 일련의 한국 판례는 명예훼손의 대상이 공인인 경우 면
책의 범위를 넓혀야 한다는 입장을 취하고 있다. 그러나 대법원은 1997년과
1998년의 두 개의 민사판결에서 '현실적 악의'의 법리를 명시적으로 부정한다.

> "언론의 특성상 공직자의 윤리 및 비위 사실에 관한 보도에 있어서는 특별히
> 보도의 내용이 허위임을 알았거나 이를 무분별하게 무시한 경우에만 상당한
> 이유가 없다고 보아야 할 것이라거나 상당한 이유에 대한 입증책임을 피해자
> 가 부담하여야 할 것이라는 등의 상고이유의 주장은 독자적인 견해에 불과하여

---

28) 383 U.S. 75(1966).
29) 401 U.S. 265(1971).
30) 388 U.S. 130(1967).
31) 388 U.S. 130(1967).
32) 418 U.S. 323(1974).
33) 이 사건에서 시카고 지역 인권변호사 거츠는 경찰관의 총에 맞아 죽은 17세 소
   년의 대리인으로 손해배상소송을 제기했는데, 웰치는 자신의 편집인으로 있는
   잡지를 통하여 거츠를 공산주의자이며 마르크스주의 조직 간부라고 비방했고,
   이에 거츠가 웰치를 상대로 명예훼손소송을 제기했다. 하급심 법원은 거츠가 웰
   치의 '현실적 악의'를 입증하지 못했다고 판단하고 원고의 청구를 기각했으나
   연방대법원은 5 대 4로 이를 파기한다. 동 판결은 '공적 인물'을 '전면적 공적
   인물'(general purpose public figure)과 '제한적 공적 인물'(limited purpose or vortex
   public figure)로 나누고, 전자는 "그의 이름을 관계된 사람들의 다수가 즉각 알
   수 있고, 그의 활동을 그 집단의 사람들이 관심을 갖고 지켜보며, 이러한 사실
   등으로 그의 의견이나 행위가 집단의 사람들이 독자적인 의사결정을 하는 과정
   에서 알려지고 고려될 것이 합리적으로 기대되는 사람", 후자는 "자발적이고 의
   도적인 행위로 특정의 논쟁을 해결하는데 직접적으로 영향을 미치고자 노력하는
   사람"으로 정의했다[염규호(2000); 각주 23 참조]. '제한적 공적 인물'은 자신의
   관여한 논쟁과 관련이 있는 명예훼손에 대해서만 '현실적 악의'를 입증할 책임
   을 지고, 그렇지 않은 명예훼손에 대해서는 그 책임을 지지 않는다.

받아들일 수 없다."34)

"방송 등 언론매체가 사실을 적시하여 개인의 명예를 훼손하는 행위를 한 경우에도 그 목적이 오로지 공공의 이익을 위한 것일 때에는 적시된 사실이 진실이라는 증명이 있거나 그 증명이 없다 하더라도 행위자가 그것을 진실이라고 믿었고 또 그렇게 믿을 상당한 이유가 있으면 위법성이 없다고 보아야 할 것이나, 그에 대한 입증책임은 어디까지나 명예훼손 행위를 한 방송 등 언론매체에 있고, 피해자가 공적(公的)인 인물이라 하여 방송 등 언론매체의 명예훼손 행위가 현실적인 악의에 기한 것임을 그 피해자측에서 입증하여야 하는 것은 아니다."35)

이 두 판결은 피해자가 공적 인물이라고 하더라도 기존의 '상당한 이유' 기준 대신 "허위임을 알았거나 이를 무분별하게 무시한 경우" 기준을 사용하는 것은 아니며, '상당한 이유'나 '현실적 악의'에 대한 입증책임도 피해자인 공직자나 공인이 지는 것은 아니라고 못 박았다.

대법원이 '현실적 악의'의 법리의 수용을 거부한 이유는, 한국과 미국은 명예관념, 헌법상 언론의 자유의 보장정도, '증거개시'(discovery) 존재 여부 등 민사소송절차가 다르며, 동 법리를 수용하는 나라는 비교법적으로도 소수라는 점이 거론된다.36) 또한 '현실적 악의'의 법리는 '징벌적 손해배상'(punitive damage)을 배제하기 위한 것인데,37) 한국은 '징벌적 손해배상'이라는 초강력 민사제재가 존재하지 않는다. 실제 영미법계 국가에서도 이 법리를 그대로 채택하고 있는 곳은 소수이며, 다수는 부분적으로 수용하거나 또는 거부하고 있다.38)

---

34) 대법원 1997.9.30. 선고 97다24207 판결. 이는 공직자의 비위 사실을 제보받고 사실인지 여부에 대하여 공직자의 직속상관으로부터 부정적 답변을 들었음에도 그 진위 확인 없이 일방적인 제보만을 바탕으로 신문 기사를 작성하여 보도하자, 이에 대하여 공직자가 정정보도를 청구한 사건이다.
35) 대법원 1998.5.8. 선고 97다34563 판결. 이는 문화방송이 사전 확인 내지 조사활동을 거치지 아니한 채 명예훼손의 내용이 담긴 실명에 의한 논픽션 라디오 드라마를 방송하여 피해자가 손해배상을 청구한 사건이다.
36) 한위수(각주 26), 179-182면.
37) 김재형(각주 15), 288면.
38) 이에 대해서는 손태규, "'현실적 악의 규정'에 대한 인식과 판단: 한국 법원과 외

그런데 2003년 이후 대법원은 여러 민사판결을 통하여 "악의적이거나 현저히 상당성을 잃은 공격"이라는 새로운 판단기준을 제시한다. 대표적인 것을 보자면 다음과 같다.

"공공적·사회적인 의미를 가진 사안에 관한 표현의 경우에는 언론의 자유에 대한 제한이 완화되어야 하고, 특히 공직자의 도덕성, 청렴성에 대하여는 국민과 정당의 감시기능이 필요함에 비추어 볼 때, 그 점에 관한 의혹의 제기는 **악의적이거나 현저히 상당성을 잃은 공격이 아닌 한** 쉽게 책임을 추궁하여서는 안 된다."[39]

"공직자의 업무처리가 정당하게 이루어지고 있는지 여부는 항상 국민의 감시와 비판의 대상이 되어야 하고, 특히 선거법위반사건 등 정치적인 영향력을 가진 사건 처리의 공정성에 대한 정당의 감시기능은 정당의 중요한 임무 중의 하나이므로, 이러한 감시와 비판기능은 보장되어야 하고 그것이 **악의적이거나 현저히 상당성을 잃은 공격이 아닌 한** 쉽게 제한되어서는 아니된다."[40]

"정당 대변인으로서의 공식적인 정치적 논평이나 정치적 주장에는 국민의 지지를 얻기 위하여 어느 정도의 단정적인 어법도 종종 사용되고, 이는 수사적인 과장표현으로서 용인될 수도 있으며, 국민들도 정당 대변인의 정치적 주장 등에 구체적인 사실의 적시가 수반되지 아니하면 비록 단정적인 어법으로 공격하는 경우에도 대부분 이를 정치공세로 치부할 뿐 그 주장을 그대로 객관적인 진실로 믿거나 받아들이지는 않는 것이 보통이므로 … 정당의 정치적 주장에 관하여는

국 법원의 비교 연구", 한국언론학회, 『한국언론학보』 제49권 제1호(2005.2); 윤기택, "영연방국가의 인격권 보호와 명예훼손에 관한 연구", 청주대 법학연구소, 『법학논집』 제27호(2006) 등을 참조하라.

39) 대법원 2003.7.8. 선고 2002다64384 판결. 이는 한나라당 대변인이 전북도지사 사택의 절도범의 말을 믿고 도지사가 사택에 미화를 보관하고 있다가 도난당하였음에도 이를 은폐하고 있다는 내용의 성명을 발표한데 대하여 도지사가 손해배상을 제기한 사건이다.

40) 대법원 2003.7.22. 선고 2002다62494 판결. 이는 한나라당 부총재이자 국회의원이 서울지검 남부지청 형사부 검사가 정치적 보복기소를 하였다고 기자회견을 한데 대하여 해당 부장검사가 손해배상을 제기한 사건이다.

그것이 어느 정도의 단정적인 어법 사용에 의해 수사적으로 과장 표현된 경우라고 하더라도 구체적 정황의 뒷받침 없이 악의적이거나 현저히 상당성을 잃은 공격이 아닌 한 쉽게 그 책임을 추궁하여서는 아니 된다고 할 것이다."⁴¹⁾

상술한 2011년 <PD수첩> 판결도 이러한 "악의적이거나 현저히 상당성을 잃은 공격이 아닌 한" 기준을 채택하고 있다.

"특히 정부 또는 국가기관의 정책결정이나 업무수행과 관련된 사항은 항상 국민의 감시와 비판의 대상이 되어야 하는 것이고, 이러한 감시와 비판은 이를 주요 임무로 하는 언론보도의 자유가 충분히 보장될 때에 비로소 정상적으로 수행될 수 있으며, 정부 또는 국가기관은 형법상 명예훼손죄의 피해자가 될 수 없으므로, 정부 또는 국가기관의 정책결정 또는 업무수행과 관련된 사항을 주된 내용으로 하는 언론보도로 인하여 그 정책결정이나 업무수행에 관여한 공직자에 대한 사회적 평가가 다소 저하될 수 있다고 하더라도, 그 보도의 내용이 공직자 개인에 대한 악의적이거나 심히 경솔한 공격으로서 현저히 상당성을 잃은 것으로 평가되지 않는 한, 그 보도로 인하여 곧바로 공직자 개인에 대한 명예훼손이 된다고 할 수 없다."⁴²⁾

물론 이상의 판결을 상술한 1997년 97다24207 판결과 1998년 97다34563 판결을 결합하여 판단하면, 대법원이 '현실적 악의' 법리를 전면적으로 수용했다고 말할 수는 없다. 그러나 "악의적이거나 현저히 상당성을 잃은 공격이 아닌 한"이란 표현에서 '현실적 악의'의 법리의 영향은 분명 확인된다. 그리고 "악의적이거나 현저히 상당성을 잃은 공격이 아닌 한" 기준은 그 이전의 '상당한 이유' 기준과는 문언상 분명한 차이를 보임은 물론, 그

---

41) 대법원 2005.5.27. 선고 2004다69291 판결. 이는 새천년민주당 대변인이 한나라당 내부에 국가정보원 출신 정보공작팀이 있는데, 여기에는 김대중 정부 출범 이후 직권면직된 국가정보원의 간부 21명이 모여 결성된 단체 '국가사랑모임'이 관련을 맺고 있다고 발표한데 대하여 '국가사랑모임' 회원이 손해배상을 제기한 사건이다(대법원 2007.11.30. 선고 2005다40907 판결 동지).
42) 대법원 2011.9.2. 선고 2010도17237 판결(강조는 인용자). 단, 이 사건에서 대법원은 피고인들의 명예훼손에 관한 고의를 부정하여 무죄를 선고하고 있다.

실천적 의미도 차이가 있다. 즉, 이는 "상당성의 법리와는 별개로 명예훼손에 대한 면책법리를 전개"[43]한 것으로, 공적 인물에 대하여 악의가 없거나 현저하지 않는 정도로 상당성을 잃은 공격, 즉 허위 여부를 무분별하게 무시하지 않은 공격은 용인된다는 취지를 밝힌 것으로 보이며,[44] 이는 '상당한 이유' 기준 보다 훨씬 엄격하게 공적 인물에 대한 명예훼손을 인정하게끔 만들고 있다. 이 점에서 저자는 이하 배병화 박사의 논지에 동의한다.

> "헌법재판소 1999년 결정이나 대법원 2002년 판결의 논지는 바로 현실적 악의 이론을 염두에 두고, 현실적 악의 이론의 '무모한 무시'를 우리 헌법실정에 맞게 변용시킨 것으로 봄이 타당하다."[45]

물론 2003년 이후의 관련 판결이 "악의적이거나 현저히 상당성을 잃은 공격"에 대한 입증부담을 원고인 공직자가 져야 한다고 판시하고 있지는 않다. 그러나 상술한 1999년 헌법재판소의 '김일성 사망 애도편지' 결정과 이를 수용한 2002년 대법원의 <한국논단> 판결을 결합하여 읽으면, 공적 인물에 대한 명예훼손의 경우 입증책임을 원고에게 부담시키지는 않지만 피고의 입증부담을 대폭 완화시키고 있음을 확인할 수 있다. 이 점에서 소송법적 차원에서도 '현실적 악의'의 법리는 한국 법 현실에 맞추게 수정·변형되어 도입되었다고 보인다.

2. 위헌론과 폐지론

이상의 판례를 보면 법원은 공인의 명예권과 그 공인에 대해 비판적 의사표현과 검증을 할 수 있는 시민과 언론의 기본권을 적정하게 형량하고

---

43) 한위수, "명예훼손에 특유한 위법성조각사유에 대한 고찰", 사법연구지원재단, 『사법』 창간호(2007), 69면. 단, 신평 교수는 "악의적이거나 현저히 상당성을 잃은 공격"을 기존의 '상당한 이유'의 기준의 틀 내에서 해석한다[신평(각주 26), 310면].
44) 이 책 305면 참조.
45) 배병화(각주 26), 59면.

있다고 결론지을 수 있다. 그러나 이는 법해석론적 한계에 갇혀 있는 결론이다. 대법원의 판단기준은 여전히 추상적이고, 대법원의 판례에도 불구하고 구체적 사건에서 위법성조각에 대한 판단은 사건별로 달라지며, 하급심과 상급심의 판단이 달라지기도 한다. 요컨대, 사실을 적시한 행위가 위법성이 조각되어 종국적으로 무죄가 될 가능성이 있다는 것은 "문자 그대로 가능성에 그칠 뿐"46)이다. 피고인이 위법성조각의 '가능성'을 '현실성'을 바꿔내기 위해서는 시간, 정력, 비용이 소요될 수밖에 없으며, 그럼에도 그 전화는 항상 보장되는 것은 아니다. 최관호 교수의 표현을 빌면, "변호사의 조력을 제대로 받을 수 없는 일반 국민이 수사에서부터 제310조에 의해 무죄가 될 때까지 겪게 되는 고초는 형벌 이상의 고통이다."47) 이런 상황에서 공인에 대한 시민과 언론의 비판은 억지될 수밖에 없다. 두 논자의 말을 인용하자면,

"명예훼손의 행위자는 자신의 행위가 공공의 이익에 관한 것이라고 주장하지만 반대로 명예훼손의 피해자는 그것이 공공의 이익과는 무관한 것이라고 주장하는 상황에서, 이를 판단하는 것은 결국 법원이다. … 명예훼손의 피고인으로 전락한 시민은 법률전문가인 검사를 상대로 치열한 법정공방을 주고받지 않으면 안 된다. 그리하여 시민은 자신의 적시한 사실이 진실이며 공익을 위한 것이라는 재판부의 판단을 이끌어내지 않으면 안 된다. 만약 재판부의 그러한 판단을 이끌어내는데 실패하였을 때 그 책임은 오롯이 시민의 몫으로 돌아간다. … 이러한 모든 상황을 감수할 용기가 부족한 시민은 진실의 표현을 포기할 수밖에 없다. 법원이 제310조를 어떻게 해석하든 간에 형법 제310조 제1항은 진실의 표현을 강력하게 제한하는 것이다."48)

"공익성의 항변의 구성요건이 올바르게 해석된다고 할지라도 이 항변에 대해 입증책임을 가지고 있는 화자의 입장에서는 위축효과(chilling effect)에 시달릴 수밖에 없다."49)

46) 김준호(각주 4), 123면.
47) 최관호, "표현의 자유에 대한 형사법적 규제의 법리와 그 대안 —명예훼손죄를 중심으로—", 민주주의법학연구회, 『민주법학』 제50호(2012.11), 432면.
48) 김준호(각주 4), 123면.
49) 박경신(각주 6), 49면.

한편 신평 교수는 사실적시 명예훼손죄는 위헌이라고 주장한다.

"명예훼손죄는 일반적으로 추상적 위험범이라고 설명 … 문제가 있는 표현, 진술에 대하여 반론을 할 수 있는 사회적 기회를 마련하고, 민사상 손해배상책임을 인정하는 위에 다시 더 나아가 명예가 침해될 추상적 위험만 있어도 형사처벌의 대상이 되게까지 할 필요가 있을 것인지 의심스럽다. … 나아가 형법 제307조 제1항에서는 적시된 사실이 진실한 경우에도 사람의 명예를 훼손하는 경우에는 처벌받도록 한다. 소위 허명(虛名)의 경우이다. 허명도 보호될 가치가 있다 하여, 진실의 사실적시의 경우에도 책임을 묻는다. 그러나 언론출판의 자유가 갖는 우리 사회에서의 기능을 비추어 생각하다면, 이 같은 허명의 보도는 그 헌법적 근거를 찾을 수 없다. 허명을 보호하기 위해 형사적인 제재를 가하여 언론출판의 자유를 제약한다는 것이 헌법상 정당화될 수 없음은 재론할 여지가 없다고 본다."[50]

박경신 교수는 신 교수의 주장에 동의하면서,[51] "진실적시 명예훼손 처벌제도는 바로 진실의 발화를 처벌함으로써 사상의 자유시장의 근거를 붕괴시킨다."고 비판한다. 그리고 손태규 교수는 "민사상 손해배상이 명예를 훼손당한 개인들에게 적절한 구제 수단이 됨에도 불구하고 사회 질서 유지 등의 명분으로 여전히 현대 사회에서 형사처벌이 존재하는 것은 그 배후에 정치적 동기와 목적이 있다"고 지적한다.[52] 그리하여 손 교수는 사실적시 명예훼손죄의 폐지를 주장한다.

사실 비교법적으로 OECD 수준의 민주주의 나라에서 사실적시 명예훼손을 범죄화하는 나라는 소수이다. 독일, 프랑스, 이탈리아 외의 다수 유럽 국가, 영국, 아일랜드, 뉴질랜드 등 영연방 국가, 그리고 미국 각주에서는 형법상 명예훼손죄는 폐지되었거나 사문화되었다. 보스니아-헤르체고비나, 우크라이나, 그루지아, 루마니아 등 여러 동유럽 국가들도 체제전환 이후 동죄를 폐지하였다.[53] 2010년 5월 6일~17일 정부 초청으로 방한한 프랑크

---

50) 신평(각주 26), 313면.
51) 박경신(각주 6), 66면.
52) 손태규(각주 7), 383면.
53) *Ibid.* 391-395면.

라 뤼(Frank La Rue) UN 의사 표현의 자유 특별보고관은 2011년 3월 21일 유엔인권이사회 17차 회기에 의제 제3호로 위 방문에 따른 한국보고서를 제출하면서, 명예훼손의 비범죄화를 강조했다.

"명예훼손이 민법에서 금지되고 있음에 비추어, 대한민국정부는 국제적 동향에 맞추어 형사상 명예훼손죄를 형법에서 삭제하여야 한다. 특별보고관은 공무원과 공공기관들이 명예훼손 소송을 제기해서는 안 된다는 점을 강조하고자 한다. 왜냐하면 모든 민주주의 사회에서 공직은 견제와 균형의 일환으로서의 대중에 의한 감시를 수반하기 때문이다. 또한, 특히 공무원, 공공기관 및 기타 유력 인사들에 대한 비판을 포함하여 비판적 의견을 수용하는 문화를 조성할 것을 대한민국 정부에게 촉구하며, 이러한 문화는 민주주의의 필수 요소다."54)

그리고 2011년 '유엔 자유권규약위원회'(U.N. Human Rights Committee)는 '일반총평'(General Comment) 제34호에서 다음과 같이 밝혔다.

"당사국은 명예훼손의 비형사화를 고려해야 하고, 그 어떤 경우에도 형법의 적용은 가장 심각한 사안에서만 지지되어야 하며, 자유형은 결코 적정한 형벌이 아니다."55)

이상과 같은 입장은 국회의원 발의 형법 개정안에도 반영되고 있다. 예컨대, 2012년 박영선 의원 대표발의 형법 일부개정법률안은 사실적시 명예훼손죄를 처벌하는 규정을 삭제하고, 출판물 등에 의한 명예훼손죄의 경우에도 사실적시 명예훼손죄를 처벌하는 규정은 삭제하고 있다.56) 2013년 유승희 의원 대표발의 형법 일부개정법률안도 사실적시 명예훼손죄와 출판

---

54) Report of the Special Rapporteur on the Promotion and Protection of the Right to Freedom of Opinion and Expression, A/HRC/17/27/Add.2.(21 March 2011), para. 89 (강조는 인용자).
55) U.N. Human Rights Committee, General Comment No. 34, CCPR/C/GC/34(12 September 2011), para. 47.
56) 형법 일부개정법률안(의안번호 286; 2012.6.22.).

물에 의한 명예훼손죄도 삭제하고 있다.[57]

3. 개정론—'공적 사안' 관련 '공인' 대상 사실적시 명예훼손의 명시적 비범죄화

저자는 이상과 같은 위헌론과 폐지론의 문제의식에 상당 부분 공감한다. 타인에 대한 사실을 말한 결과 타인의 명예가 침해된다고 하여 이를 형벌의 위협으로 금지하는 것은 그 입법목적과 사용되는 수단의 정당성이 의심스럽다. 표현의 자유를 보장하는 헌법체제하에서 '허명'은 헌법적 보호 대상이 아니며, 민사배상과 언론중재라는 제도가 있음에도 최후수단으로 사용되어야 할 가장 강력한 법적 제재인 형사처벌을 사용하는 것은 과잉범죄화로 위헌 소지가 있다. 이론적으로는 위법성조각의 가능성이 남아 있지만, 타인에 대하여 허위가 아닌 사실을 말했다는 것이 바로 범죄구성요건에 해당하여 수사의 대상이 될 수 있으므로 표현의 자유를 억지하는 효과는 사라지지 않는다. 게다가 대부분 사건에서 고소인은 위법성조각의 가능성이 없는 허위사실적시 명예훼손으로 고소를 해놓고 보기에 '억지효과'는 더 강해진다. 이상의 점은 공직자나 공적 인물 같은 '공인'이 관련된 '공적 사안'에서는 더욱 타당할 것이다.

그렇지만 저자는 사실적시 명예훼손죄의 완전 폐지에는 동의하지 않는다. 그리고 상술한 판례의 해석론이 정립되어 있기에 헌법재판소에서 위헌 결정이 날 것이라고 예상하기는 어렵다.

먼저 왜 사인(私人)의 사적 문제에 대한 사실적시 명예훼손의 비범죄화는 동의하지 않는지 예를 들어 설명하기로 한다. 공적 영역에서 활동하지 않고 있는 사인의 숨기고 싶은 병력(病歷), 성적 지향(sexual orientation), 연애 경험, 이혼이유 등 민감한 프라이버시를 본인의 의사에 반하여 온라인 또는 오프라인에서 공개하는 행위, 그리고 도박, 간통, 마약흡입 등과 같이 법률상 신상공개 대상이 아닌 사인의 범죄사실을 온라인 또는 오프라인에서

---

57) 형법 일부개정법률안(의안번호 8698; 2013.12.20.).

공개하는 행위 등을 민사제재로만 규제할 것인가? 이러한 행위를 통하여 공개되는 사안이 허위가 아니라 사실이라고 해서 자유로이 공개되는 것이 옳은가? 이러한 행위에 대해서는 민사상 손해배상이 가능하겠지만, 현재 민사제재만으로 이러한 행위에 대한 효율적 통제가 가능할 것인가? 저자의 답은 부정적이다.

사인의 사적 사안에 대한 사실은 헌법이 보장하는 인격권이나 프라이버시권의 구성부분이며, 아무런 공적 이익이 없음에도 이를 공개하는 것이 인격권, 프라이버시권의 침해로 표현의 자유의 범위 안에 있다고 보기 힘들고 사상의 자유 시장을 활성화하는데 기여한다고 보기도 힘들다. 스위스 형법은 공공의 이익과 관계없는 타인의 사생활이나 가족생활을 비방한 경우 피의자에게는 그러한 진실의 입증이 허용되지 않는다고 규정하고 있고 있는 바(제173조), 오히려 강력한 통제를 명문화하고 있다.

그리고 사인에 대한 사실적시 명예훼손을 행한 주체가 언론인 경우, 사인이 민사소송에서 대등하게 언론과 싸우기란 쉽지 않다. <PD수첩> 사례처럼 언론이 정치권력이나 시장권력을 비판하고 감시하는 과정에서는 소송을 당하는 경우도 있지만, 반대로 언론이 권한을 오남용하여 사인을 괴롭히는 경우도 많다. 이 점에서 '사회적 약자'인 사인이 '사회적 강자'인 언론에 의해 명예훼손을 당한 경우 국가형벌권의 도움을 받을 수 있는 길을 남겨두어야 한다. 명예훼손의 주체가 언론기관이 아니라 사인이라면 언론중재 및 피해구제 등에 관한 법률에 따른 구제와 제재도 불가능하다. 인터넷 시대 개막 이후 사인에 의한 사인의 인격권과 프라이버시 침해가 급격히 증가하고 있고, 이에 대한 민사제재의 효율성에 대한 의문이 남아 있는 상황에서 형사제재마저 사라진다면 그 침해는 통제할 수 없는 수준으로 확산될 것이라고 예상한다.

특히 한국은 영미법 국가가 갖고 있는 강력한 민사제재인 '징벌적 손해배상' 제도를 구비하지 못하고 있다. 이러한 민사적 대체수단이 없이 사실적시 명예훼손죄 전체를 완전히 삭제할 수는 없다. 이상과 같은 이유로 저자는 사인의 사적 사안에 대한 사실적시 명예훼손은 범죄구성요건으로 유지시킬 필요가 있다고 판단한다.

다음으로 사실적시 명예훼손이 공적 관심 사안과 관련하여 공직자나 공적 인물을 향해서 이루어진 경우 위법성조각이 되어야 한다는 점을 명문화할 필요가 있다. 공직자나 공적 인물은 자신들의 "의사결정과 행위가 타인에게 큰 영향을 주는 사람들"로 "사회적 권력"을 가지고 있는바, 그러한 권력에 비례하여 인격권 제한을 받는 것이 마땅하다.58) <PD수첩> 관계자 수사 및 기소 당시 검찰은 정운천 전 장관 등 피해자가 고소했기에 해야 한다고 주장하자, 대표적 보수논객 이상돈 교수는 2009년 칼럼을 통하여 다음과 같이 비판한 바 있다. "정운천 전 장관 등은 민사소송을 제기할 능력이 없는 이른바 '사회적 약자'가 아니다."59) 요컨대, 공적 사안과 관련하여 사실적시 명예훼손을 당한 공인은 형사소송이 아니라 민사소송에 호소해야 한다.60) 독일 연방대법원의 표현을 빌자면, 공인은 "명예보호에 관한 권리를 자발적으로 포기하였다"고 보아야 하기 때문이다.61) 현재의 판례에 따르더라도 이런 경우 최종적으로는 위법성이 조각되겠지만, 이를 법조문에 명시하는 것은 표현의 자유 위축을 방지하는 긍정적 효과를 가져올 것이다.

그러나 공인의 사적 사안에 대한 명예훼손까지 전면적으로 비범죄화하는 것은 곤란하다. 예컨대, 공인의 업무와 무관한 병력이나 성적 지향을 공개하는 것은 형사불법으로 남겨둘 필요가 있다. 이 점에서 저자는 미국 연방대법원이 잠시 유지했다가 포기한 '공공의 이익'(public interest)62) 기준

---

58) 최관호(각주 47), 431면.
59) 이상돈,『조용한 혁명』(뷰스, 2011), 35면.
60) 김대중 정부 시절 <월간조선>은 대통령정책기획자문위원장인 고려대 최장집 교수의 논문이 '친북'적이라는 보도를 하였는데 최 교수는 손해배상소송을 제기했던 것에 비하여, 이명박 정부 시절 정운천 장관 등은 <PD수첩> 관계자들이 미국산 쇠고기의 광우병 위험을 왜곡보도했다는 이유로 민·형사소송 모두를 제기했다. 저자는 전자의 모습이 공직자와 언론간의 충돌을 해결하는 적정한 방법이라고 생각한다.
61) BVerfGE, 82, 43; 82, 272[한수웅(각주 20), 35면에서 재인용].
62) 이 기준은 1971년 'Rosenbloom v. Metromedia 판결'[403 U.S. 29(1971)]에서 제시되었는데, '현실적 악의' 법리는 공직자나 공적 인물이 아닌 사인의 경우에도 그가 '공공의 이익'에 관련되어 있다면 적용될 수 있다고 판시하여, 동 법리의 범

은 우리나라에서는 유지되어야 한다고 판단한다.

이상과 별도로 제309조 제1항의 출판물 등에 의한 사실적시 명예훼손의 경우도 제310조를 적용하여 위법성조각의 기회를 줄 필요가 있다.[63] 현재로는 출판물 등에 의한 사실적시 명예훼손은 형법 제20조의 사회상규 위배 여부를 검토하여 위법성조각이 되는 가능성만 남아 있는데, 그 가능성과 범위가 너무 협소하다. 현대 사회에서 공인에 대한 사실적시 명예훼손은 구두에 의해서보다는 신문, 잡지, 라디오 기타 출판물에 의해서 훨씬 많이 이루어진다. 이 경우 '전파가능성'이 높지만, 그렇다고 하여 제310조의 적용을 원천적으로 배제해야 할 근거는 되지 못한다. 또한 상술하였듯이 판례는 제309조 제1항 '비방할 목적'은 적시한 사실이 공공의 이익에 관한 것인 경우에는 부인된다고 판시하였던바,[64] '비방할 목적'이란 구성요건이 있다고 하여 제310조의 적용을 배제해야할 이유도 없다.

이상과 같은 사실적시 명예훼손죄의 구성요건과 위법성조각 요건의 개정 외에, 상술한 2011년 '유엔 자유권규약위원회'의 권고를 따라 법정형에서 자유형을 삭제하거나, 적어도 감경해야 할 것을 제안한다. 실제로 사실적시 명예훼손죄로 기소된 피고인에게 자유형이 선고되는 것은 매우 드물다. 허위가 아닌 사실을 적시하여 타인의 명예를 훼손하는 행위의 불법이 법정형 2년 이하의 징역이나 금고(출판물 등에 의한 사실적시 명예훼손은 3년 이하의 징역이나 금고)에 해당할 정도로 중대한지 의문스럽다. 자유형을 삭제한다면 벌금형의 상한을 한 단계씩 상향 조정할 수 있을 것이다.

위를 확장하였다.

63) 구성요건 차원에서는 텔레비전을 통한 사실적시 명예훼손이 제309조에 의해 의율되는지 여부에 대한 논란이 있으므로, 이를 포함시키는 개정도 필요하다. 텔레비전을 통한 사실적시 명예훼손의 전파력은 라디오 이상이므로 제309조에 명문화할 필요가 있다.

64) 대법원 2005.4.29. 선고 2003도2137 판결.

Ⅲ. 모 욕 죄

1. 구성요건과 위법성조각 해석 일반론

형법 제311조 모욕죄에서 말하는 모욕이란 사실을 적시하지 아니하고 모멸적 언사를 사용하여 사람의 사회적 평가를 저하시킬 만한 추상적 판단이나 경멸적 감정을 표현하는 것이다.[65] 예컨대, "빨갱이 계집년", "만신(무당)", "첩년" 등의 표현,[66] "야 이 개 같은 잡년아, 시집을 열두 번을 간 년아, 자식도 못 낳는 창녀 같은 년",[67] "늙은 화냥년의 간나",[68] "아무 것도 아닌 똥꼬다리 같은 놈",[69] "저 망할 년 저기 오네"[70] 등의 표현 등이 있다. 사실을 적시한 경우에도 구체성이 없는 경우에는 명예훼손죄가 아니라 모욕죄가 성립한다. 예컨대, "잘 운영되어 가는 어촌계를 파괴하려 한다",[71] "애꾸눈, 병신",[72] "고발당해서 경찰서에 갔다 왔다. 년놈이 신고해서 경찰서에 갔다 왔다. 년은 안 나오고 놈만 나왔다"[73] 등의 발언은 구체적 사실적시가 없어 명예훼손이 아니라 모욕에 해당한다. "부모가 그런 식이니 자식도 그런 것이다" 정도의 발언은 상대방의 기분이 다소 상할 수 있다고 하더라도 그 내용이 너무나 막연하여 모욕죄도 구성하지는 않는다.[74]

한편 형법 제310조는 모욕죄에는 적용되지 않는다. 남은 것은 형법 제20조 사회상규에 위배되지 않는 경우의 위법성조각뿐이다. 판례도 이 점을 확인한다. "어떤 글이 특히 모욕적인 표현을 포함하는 판단 또는 의견의

---

65) 대법원 1981.11.24. 선고 81도2280 판결; 대법원 2003.11.28. 선고 2003도3972 판결; 대법원 2008.12.11. 선고 2008도8917 판결.
66) 대법원 1981.11.24. 선고 81도2280 판결.
67) 대법원 1985.10.22. 선고 85도1629 판결.
68) 대법원 1987.5.12. 선고 87도739 판결.
69) 대법원 1989.3.14. 선고 88도1397 판결.
70) 대법원 1990.9.25. 선고 90도873 판결.
71) 대법원 1989.3.14. 선고 88도1397 판결.
72) 대법원 1994.10.25. 선고 94도1770 판결.
73) 대법원 1994.6.28. 선고 93도696 판결.
74) 대법원 2007.2.22. 선고 2006도8915 판결.

표현을 담고 있는 경우에도 그 시대의 건전한 사회통념에 비추어 그 표현이 사회상규에 위배되지 않는 행위로 볼 수 있는 때에는 형법 제20조에 의하여 예외적으로 위법성이 조각된다."75) 보다 구체적인 위법성조각의 논리는 MBC 방송 시청자의견란에 올린 글에 대한 모욕죄 기소에 대한 2003년 대법원 판결에서 제시된다.76) 즉,

> "피고인이 방송국 홈페이지의 시청자 의견란에 작성·게시한 글 중 일부의 표현은 이미 방송된 프로그램에 나타난 기본적인 사실을 전제로 한 뒤, 사실관계나 이를 둘러싼 문제에 관한 자신의 판단과 나아가 이러한 경우에 피해자가 취한 태도와 주장한 내용이 합당한가 하는 점에 대하여 자신의 의견을 개진하고, 피해자에게 자신의 의견에 대한 반박이나 반론을 구하면서, 자신의 판단과 의견의 타당함을 강조하는 과정에서 부분적으로 그와 같은 표현을 사용한 것으로서 사회상규에 위배되지 않는다고 봄이 상당하다."77)

이러한 판단기준은 고경태 <한겨레21> 편집장 사건에 대한 2008년 대법원 판결에서 보다 상세화된다.78) 즉,

> "어떤 글이 이러한 모욕적 표현을 담고 있는 경우에도 그 글을 게시하게

---

75) 대법원 2008.7.10. 선고 2008도1433 판결. 이 사건에서 피고인은 골프클럽 경기보조원들의 구직편의를 위해 제작된 인터넷 사이트 내 회원 게시판에 특정 골프클럽의 운영상 불합리성을 비난하는 글을 게시하면서 클럽담당자들에 대하여 "부장이나 조장 마주치지 않게 피해서 다녀야 됨. 조장들 한심한 인간들임. 불쌍한 인간임. 잘못 걸리면 공개처형됨"이라는 글을 올렸는데, 위법성이 조각되었다.

76) 이 사건에서 피고인은 2002년 MBC 방송 '우리 시대' 프로그램을 시청한 후 시청자 의견란에 불특정 다수인이 볼 수 있도록 "학교 선생님이 불법주차에 그렇게 소중한 자식을 두고 내리시다니 … 그렇게 소중한 자식을 범법행위의 변명의 방패로 쓰시다니 정말 대단하십니다. 한 가지 더 견인을 우려해 아이를 두고 내리신 건 아닌지."라는 글을 올렸는데, 위법성이 조각되었다.

77) 대법원 2003.11.28. 선고 2003도3972 판결.

78) 이 사건에서 피고인은 <한겨레21> 편집장으로 <시사저널>의 기사삭제 사건을 비판하는 칼럼을 실었는데, 그 표현 중 "뒷구멍 기사 삭제 사건", "편집책임자를 왕따시키고 기사를 삭제한 금창태 사장의 행위는 몰상식의 표본으로 기록될 만합니다", "제대로 된 언론탄압의 전형을 오랜만에 보여준 금창태 사장님께 감사드려야 할 것 같습니다" 등이 있어 기소되었으나, 위법성이 조각되었다.

된 동기나 그 경위 및 배경, 글의 전체적인 취지, 구체적인 표현방법, 전제된
사실의 논리적·객관적 타당성, 그 모욕적 표현이 그 글 전체에서 차지하는
비중과 전체적인 내용과의 연관성 등을 고려하여 볼 때, 그 글이 객관적으로
타당성이 있는 사실을 전제로 하여 그 사실관계나 이를 둘러싼 문제에 관한
자신의 판단과 피해자가 취한 태도 등이 합당한가 하는 데 대한 자신의 의견
을 밝히고, 자신의 판단과 의견이 타당함을 강조하는 과정에서 부분적으로
모욕적인 표현이 사용된 것에 불과하다면, 다른 특별한 사정이 없는 한 이는
사회상규에 위배되지 않는 행위로서 형법 제20조에 의하여 위법성이 조각된다
고 보아야 한다."79)

요컨대, 시민은 모욕적 표현을 사용할 수 있으나 그것은 자신의 판단과
의견이 타당함을 강조하는 과정에서 부분적으로 사용되었을 때만 위법성이
조각된다는 것이다. 이에 따르면 모욕적 표현 단독으로는 위법성조각이 불
가능하다.

2. 공인에 대한 모욕의 형사처벌

(1) 주요 사건 판례

이하에서는 90년대 이후 공직자나 공적 인물에 대한 모욕이 처벌된
대표적 사례를 몇 개 검토하기로 한다. 명예훼손죄와는 달리 공인에 대한
모욕죄에 대해서는 판례에 대한 소개나 분석이 거의 많이 이루어지지 않고
있으며, 이하 판례는 '법고을'에도 포함되어 있지 않기에 사실관계와 판례
원문을 충실히 소개하기로 한다.

먼저 1998년 당시 김홍신 한나라당 의원은 한나라당 경기도지사 정당
연설회에서 다음과 같이 발언하였다.

"김대중 대통령은 입만 열면 거짓말을 한다. 몇 십 년 동안 거짓말을 해
왔다. 우리는 준비된 대통령이라는 말에 속았다. 그 당시에 호주머니를 준비한

---

79) 대법원 2008.2.28. 선고 2007도9411 판결(강조는 인용자).

것이다. 돈을 준비한 것이다. 사람이 죽으면 염라대왕이 거짓말한 것만큼 바늘로 뜨는데 김 대통령은 거짓말을 하도 많이 하고 너무 많이 속여서 바늘로 한뜸한뜸 뜰 시간이 없어서 공업용 미싱을 갖다가 드르륵 드르륵 박아야 할 것이다. 말 바꾸기의 천재성을 가진 사람, 거짓말의 인간문화재, 유별나게 사기 치는 사람이 바로 김대중 대통령이다."

이 사건에서 피해자인 김 대통령 자신이 고소를 제기하지 않았고 다른 시민이 위임을 받아 고소를 제기했다. 제1심에서부터 대법원은 밑줄 친 발언에 대하여 모욕죄 유죄를 인정하였다.[80] 서울고등법원의 판시를 인용하자면,

"피고인의 전체적인 발언 내용, 그 중 특히 공업용 미싱 운운하는 발언에 이어진 말바꾸기의 천재성을 가진 사람, 거짓말의 인간문화재 등의 표현 부분 등과 기록에 나타난 표현행위를 하게 된 동기와 경위, 장소와 상대방, 표현의 전달방법 및 파급효과, 당시의 사회적인 상황 등과 종합하여 살펴보면, 이 사건 표현행위가 공인의 정치적인 행태에 관하여 풍자적인 묘사를 하고 있는 면이 일부 없지는 아니하나, 피고인이 선거운동의 일환으로 상대방 후보의 자질논평 외에 의도적으로 상대당 총재인 대통령에 대한 평가를 저하시켜 자신이 속한 당의 후보의 득표를 올리려는 인식을 가지고, 청중에게 선명한 인상을 남기기 위해 일반적으로 용인되는 비판의 범주를 넘어서 모욕적인 측면이 강한 표현을 사용하였다고 보아야 할 것이다."

2004년 충북대 국어교육과 교수이자 충북 시민사회단체 연대회의 및 충청일보 바로세우기 범도민대책위원회의 공동대표인 김승환 교수는 인터넷신문인 <충북인뉴스> 등에 <충청일보>의 사주 임광수 씨(임광건설 회장), 대표이사, 전무 등을 비판하면서, "개과천선하지 않으면 언젠가는 그대들도 철철철 피를 흘릴 날이 올 것이다", "충청일보 청산의 망상은 모리배들의 작란이다", "괴뢰 노릇을 하는 모사꾼", "토목자본을 섬기며, 돈의 찬가를 부르니", "임광 삼십년 안에 혹 멸망하지 않더라도 하늘이 기억하고 계셔서

---

80) 서울지방법원 2000.3.9. 선고 98고합569 판결; 서울고등법원 2000.9.26. 선고 2000노770 판결; 대법원 2002.6.14. 선고 2000도4595 판결.

반드시 응징하니리 그대 자손들이 원한에 맺힌 사람들의 돌팔매를 맞으면서", "그대가 섬기던 잡귀신 돈쇠에게" 등의 표현을 사용하였고, (사)충북협회 회원들을 향해서는 "아첨으로 일가를 이룬 아첨가들", "낙오자들", "정신이상자", "판단착오자", "더러운 사기꾼", "사업가 행세를 하는 삼류 장사꾼들" 등의 표현을 사용하였다.[81] 대법원은 다음과 같이 판시했다.

> "피고인의 글들이 충청일보 사태라는 공적 관심사에 관한 것이었다 하더라도 피고인이 주장하는 바와 관계가 없거나 굳이 기재할 필요도 없는 모멸적인 표현들을 매번 계속하여 사용하면서 피해자들에 대하여 인신공격을 가한 경우에 해당하며, 충청일보사태에 관한 피고인의 판단과 의견을 밝히는 과정에서 부분적으로 모욕적인 표현을 사용한 것에 불과하다고 볼 수는 없다."[82]

2008년 사회복지공동모금회에 익명으로 거액을 기부한 사람이 배우 문근영 씨임이 보도되자, 극우성향 군사평론가 지만원 씨는 "좌익 메뚜기 떼들이 문근영 영웅 만들기에 혈안이 돼 있다. 그녀의 선행을 미화하는 것은 옳은 일이다. … 그러나 인터넷에 뜬 동영상과 글들은 선행을 미화하는 데 그치지 않고 모종의 음모를 연출하고 있다. … 저들은 문근영을 최고의 이상형으로 만들어 놓고 빨치산에 대한 혐오감을 희석시키고, 호남에 대한 호의적 정서를 이끌어 내려는 다목적 심리전을 펴고 있다고 생각한다." 등의 글을 자신의 사이트에 올렸다. 그러자 이 사건의 피고인은 자신의 블로그에 "지만원, 지는 만원이나 냈나?"라는 제목의 게시물을 올렸다. 그 내용은 다음과 같다.

> "지만원의 사이트에 가보니 자기에게 후원금을 보내 달라는 글을 대문에 떡 걸어놨던데, 아마도 <빨/치/산 운운, 좌파운운>하면 극우파들이 그에게 박수를 보내며 후원금을 낼 것으로 생각하는 모양이다. 사실, 후원금을 낼 꼴/통들도

---

81) 청주지방법원 2006.1.25. 선고 2005고단986 판결; 청주지방법원 2006.6.7. 선고 2006노152 판결.
82) 대법원 2008.4.24. 선고 2006도4408 판결.

없지는 않을 것이다. 단 1만 원이라도 지만원의 통장에 후원금이 들어왔다면 지만원의 헛소리는 성공한 셈이 된다. 그런데, 지만원 씨, 지는 만원이라도 후원금을 내고 문근영을 음해하는 헛소리를 하는 것일까? … 문근영을 몰아가는 극우파들은 이제 더 이상 양심에 털난 행동을 그만 해야 한다. … 수준급 개그는 모두를 행복하게 하는 개그인데, 지만원 씨의 개그는 남도 불행하게 하고 자기도 불행하게 만들기 때문이다. 나이 65세의 노인네가 갓 20세의 어린 여자에게 이게 뭐하는 짓인지 모르겠다. 칭찬해 줘도 부족할 판에 험담을 하다니 …. 혹시 문근영에게 마음이 있는 것인가?/ㅉㅉㅈ 주책이다."

제1심에서부터 대법원은 밑줄 친 글에 대해 모욕죄 유죄를 인정하였다.[83] 제2심 법원은 다음과 같이 판시했다.

"피고인이 그 주장과 같이 인터넷에 게시한 피해자의 글이 문근영의 명예를 훼손하였다고 판단하여 이를 비판하려는 취지에서 위 글을 게시한 것으로 공적 관심사에 관한 것이었다 하더라도, 앞서 본 바와 같이 위 글에서의 모욕적인 표현들은 피해자의 구체적인 행태를 논리적 · 객관적인 근거를 들어 비판하는 것이 아니라 피해자의 이름을 이용하거나 피해자를 개그맨 또는 어린 여자에게 마음이 있는 노인네 정도에 빗대어 오로지 피해자를 비하하고 조롱하려는 것인 점, 위 모욕적인 표현들이 반복되고 위 글 전체에서 상당 부분을 차지하고 있는 점, 위 글의 전체적인 취지, 전제된 사실의 논리적 · 객관적 타당성 등에 비추어 보면, 피고인의 위 행위가 정당행위로서의 수단이나 방법의 상당성, 긴급성, 보충성 등의 요건을 갖추었다고 할 수 없을 뿐만 아니라, 피고인이 자신의 판단과 의견의 타당함을 논리적 · 객관적인 근거를 들어 강조하는 과정에서 그 글을 전개함에 있어 필요하여 부분적으로 모욕적인 표현을 사용한 것에서 크게 벗어나 피고인이 주장하는 바와 관계가 없거나 굳이 기재할 필요도 없는 모멸적인 표현들을 계속하여 사용하면서 피해자에 대하여 인신공격을 가한 경우에 해당한다고 봄이 상당하므로, 피고인의 행위를 사회상 규에 위배되지 아니한다고 할 수 없다."

---

[83] 서울중앙지방법원 2009.10.29. 선고 2009고단2679 판결; 서울중앙지방법원 2010. 6.25. 선고 2009노3555 판결; 대법원 2011.3.24. 선고 2010도8943 판결.

마지막으로 2013년 헌법재판소 모욕죄 합헌결정으로 이어진 사건이다. 2009년 당시 시사평론가 진중권 씨는 (구)진보신당 당원게시판에 '가엾은 조선일보'라는 제목의 글을 올리면서, 변희재 씨를 '듣보잡'으로 지칭하면서 "조중동은 왜 이 함량미달의 듣보잡을 키워줄까요? 방송과 인터넷 까는 일에 내세우는 거죠. 조중동이라고 멍청하겠습니까? 함량이 모자라도 창피한 줄 모를 정도로 멍청하게 충성할 사람은 그 밖에 없으니 싼 맛에 갖다 쓰는 거죠."라는 글을 올렸다. 이어 진씨는 자신의 블로그에 '비욘 드보르잡의 근황…'이라는 제목의 글을 게재하면서, "요새 통 얼굴 보기 힘드네. 난 아직 시작도 안했는데 벌써 개집으로 숨어 버렸나? 비욘 드보르잡이 지금 뭐하고 있을까요?"라는 글을 게시하였다.

제1심에서부터 대법원은 밑줄 친 글에 대해 모욕죄 유죄를 인정하였는데,[84] 제2심 법원은 다음과 같이 판시했다.

> "피해자가 먼저 피고인에 대하여 모욕적인 표현을 사용하여 근거 없는 비난을 하였다고 판단하여 이를 반박하려는 취지에서 위 글을 게시한 것이었다 하더라도, … 피해자의 구체적인 행태를 논리적·객관적인 근거를 들어 비판하는 것이 아니라 오로지 피해자를 비하하고 조롱하려는 것으로, 위 모욕적인 표현들이 반복되고 위 글 전체에서 상당 부분을 차지하고 있는 점, 위 글의 전체적인 취지, 전제된 사실의 논리적·객관적 타당성 등에 비추어 보면, 피고인이 자신의 판단과 의견의 타당함을 논리적·객관적인 근거를 들어 강조하는 과정에서 그 글을 전개함에 있어 필요하여 부분적으로 모욕적인 표현을 사용한 것에서 크게 벗어나 피고인이 주장하는 바와 관계가 없거나 굳이 기재할 필요도 없는 모멸적인 표현들을 계속하여 사용하면서 피해자에 대하여 인신공격을 가한 경우에 해당한다고 봄이 상당하므로, 피고인의 행위를 사회상규에 위배되지 아니한다고 할 수 없다."

이상의 사건에서 피해자 김대중 대통령은 최고위 공직자이며, 피해자 극우 군사평론가, 극우 시사평론가 등은 공적 영역에서 뛰어들어 스스로

---

84) 서울중앙지방법원 2010.2.5. 선고 2009고단6302 판결; 서울중앙지방법원 2010.7. 16. 선고 2010노615 판결; 대법원 2011.12.22. 선고 2010도10130 판결.

논쟁을 일으킨 공적 인물이다. 여기서 상술한 2003년 MBC 방송 시청자의견 사건 판결과 2008년 고경태 <한겨레21> 편집장 사건 판결에서 제시된 기준 이 동일하게 적용되고 있음을 확인한다.

(2) 평   석

당시 현직이었던 김대중 대통령에 대한 모욕 발언은 수준이 매우 저열 하며 표현방식도 매우 자극적이다. 아무리 반대파 대통령이라고 하더라도 현직 대통령에 대하여 현직 국회의원이 선택할 용어가 아니다. 그런데 극단 의 대립과 충돌이 벌어지는 한국 정치현실에서 반대파 정치인, 특히 자신이 지지하지 않는 대통령에 대한 조롱과 경멸은 일상화되어 있다. 직업정치인 은 물론 보통의 시민들도 대통령 포함 반대파 정치인에 대한 공개적인 모욕 발언을 수시로 행한다. 노무현, 이명박, 박근혜 대통령의 경우도 각각 자신 의 반대파 인사들로부터 독한 조롱과 경멸의 언사를 받아야했다. 각 인은 반대파 시민들에 의하여 '노가리', '쥐박이', '닭근혜' 등으로 불렸고, 지금도 그러하다. 이 점에서 대통령에 대한 모욕은 사회상규성이 인정된다고 보아 야 한다. 2004년 8월 28일 당시 한나라당 의원들이 집단적으로 출연한 연극 <환생경제>는 노무현 대통령에 대한 적나라한 저급 욕설로 가득했다. 그렇 지만 그러한 욕설이 어느 정파로부터 던져지던 간에 범죄화하는 것이 타당 하다고는 생각하지 않는다.

이상의 점에서 (ㄱ)한나라당 신지호 의원에 대한 모욕 사건에 대한 무죄 판결의 취지를 강조할 필요가 있다. 이 사건 피고인은 고교 교사로 2008년 고교 역사교과서 수정 논란을 다룬 TV 토론에서 신 의원이 교과서에 실린 신동엽 시인의 시 '껍데기는 가라'를 비판한 것을 보고, 신 의원의 홈페이지 게시판에 (i) '신지호 의원! 껍데기는 누구?신지*? 억울하세요?'란 제목으 로 "왜 그렇게 사십니까? 아직까지! … 스스로 흑사리 '껍데기'라 생각되어 서 기분이 나쁜 것인가요? … 씹어댈 교과서를 대충이라도 살펴보고 나오셔 야지요", (ii) '신 의원!! 제발 제대로 배우고 행동하시고!!'란 제목으로 "멀 쩡하게 뚫려있는 두 귀로 상대방의 말씀을 경청하기 … 어찌하여 입만 있고

귀는 없는가? … 귀는 2개나 달고 어디에 쓰는가? … 귀는 쓸데도 없이
두개나 달린 것은 아닐진데!! 등의 글을 올리고, (iii) '뇌와 귀 없이 입만
가지고 토론에 임하는 신지호!'란 제목으로 "박사 공부까지 한 사람이 온
국민이 지켜보는 공중파 TV 토론에 나와서 논리도 없이 뺄소리 지껄이면서
실실 쪼개기나 하고!!" 등을 글을 올렸다.

  그런데 2009년 제1심 판결에서 서울북부지법 형사4단독 박미리 판사
는 피고인의 표현이 모욕에 해당하지 않거나 모욕적 언사이지만 사회상규에
위배되지 않는다는 이유로 무죄를 선고하였다.[85] 이는 제2심과 대법원에
의해 확정된다.[86] 제2심 판결은 이하의 점을 강조하였다.

> "국회의원은 선거에 의하여 선출되는 공직자로서 헌법상 부여된 지위에 비
> 추어 국가적·사회적 영향력이 막중하므로 언행·능력·도덕성 등 국회의원의
> 자질에 대한 비판의 자유가 보장될 필요가 있는 점 … 위와 같은 표현이 포함된
> 글들은 … 고소인의 사적인 영역이 아닌 공적인 사안을 대상으로 하고 있을
> 뿐만 아니라 고소인의 정치적 활동에 대한 비판과 더불어 한국 근·현대사 검정
> 교과서의 수정과 관련한 여론형성에도 기여하는 것으로 보이는 점 … 정치인
> 내지 정치적 활동에 대한 비판의 경우 비판의 효과를 높이기 위하여 다소 풍자
> 적인 표현이나 희화적인 표현이 흔히 사용되는 것이어서 그 표현을 읽는 사람
> 들도 그러한 속성을 어느 정도 감안하여 받아들여야 하는 점"

  대통령 등 고위공직자는 오히려 모욕을 당할 사실상의 '의무'를 지는
것이라고 보는 것이 민주주의의 원리에 부합한다. 고 노무현 대통령이 자신
을 향해 퍼부어진 욕설에 대하여 언급한 이하 발언은 정파 차이를 떠나
큰 의미가 있다.

> "대통령 욕하는 것은 민주사회에서 주권을 가진 시민의 당연한 권리입니다.

85) 서울북부지방법원 2009.9.16. 선고 2009고정1707 판결.
86) 서울북부지방법원 2010.2.9. 선고 2009노1469 판결; 대법원 2010.5.27. 선고 2010
    도3030 판결.

대통령 욕하는 것으로 주권자가 스트레스를 해소할 수 있다면 전 기쁜 마음으로 들을 수 있습니다."[87]

다음으로 지만원와 변희재 두 사람에 대한 발언은 우회적 표현형식을 사용한 조롱, 야유, 풍자에 가깝다. 먼저 두 피해자는 공적 논쟁의 장에 뛰어들어 매우 자극적인 표현으로 자신의 반대파 인물들을 공격해온 공적 인물임을 고려해야 한다. "지는 만원이나 냈나?"는 지만원 씨의 이름을 빈 조롱, "양심에 털 난 행동", "개그" 등의 표현, 그리고 "듣보잡" 등의 표현 등은 상호 치열한 논쟁 속에서 던져진 표현으로 사회상규성이 인정된다고 본다. 이러한 표현에 대하여 논쟁 상대가 동일한 수준의 조롱과 야유로 받아치는 것을 넘어 형사처벌을 이용하도록 허용하는 것은 논쟁 자체를 위축시킬 수밖에 없다. 또한 이 정도의 표현이 심각한 사회적 해악이나 중대한 명예감정 침해를 야기한다고 생각하지 않으며, '당벌성'과 '형벌필요성'이 있다고 생각하지도 않는다. 실제 "듣보잡"이란 용어는 이 사건 이후 더욱 광범하게 시민사회에서 사용되고 있다.

2013년 헌법재판소 결정에서 위헌의견을 낸 세 명의 재판관들은 '모욕'의 범위가 너무 광범하다는 점을 지적하면서, 다음과 같이 설시하였다.

"상대방의 인격을 허물어뜨릴 정도로 모멸감을 주는 혐오스러운 욕설 외에 현실 세태를 빗대어 우스꽝스럽게 비판하는 풍자·해학을 담은 문학적 표현, 부정적인 내용이지만 정중한 표현으로 비꼬아서 하는 말, 인터넷상 널리 쓰이는 다소 거친 신조어 등도 모욕죄로 처벌될 수 있다. 이 사건에서 문제되었던 '듣보잡'은 '듣지도 보지도 못한 잡놈'을 줄인 말로 '잘 알려지지 않은 사람

---

87) http://www.mediatoday.co.kr/news/articleView.html?idxno=99911(2014.11.1. 최종방문). 미국의 경우 대통령 등 공인에 대한 비판과 풍자가 아무리 과장되고 혹독하더라도 허용된다. 예컨대, 2008년 <뉴욕커> 잡지는 표지에 이슬람 복장을 한 오바마 대통령이 테러리스트로 묘사된 영부인과 성조기가 불타는 방안에서 춤을 추는 그림을 실었고, 2009년 로스앤젤레스에서는 오바마 대통령을 영화 <배트맨>에 나오는 악당 '조커'로 묘사하고 하단에 '사회주의'라는 글자를 새긴 포스터가 등장했다(http://impeter.tistory.com/2620: 2014.11.1. 최종방문).

또는 물건'을 가리키는 인터넷 신조어이다. 이러한 인터넷 신조어는 누리꾼 사이에 유행하는 재미있는 문화현상 중 하나로, 다소 거칠고 거북한 표현이 있다고 하여 이를 무조건 모욕적인 표현이라고 볼 것은 아니다. 표현의 자유는 구체적인 사회적 해악을 발생시키거나 개인의 명예감정을 심각하게 침해할 가능성이 있는 행위에 대해서만 제한하여야 한다. 추상적 판단과 감정의 표현에 의하여 발생할 해악이 크고 명백한 경우에 한정하고 그러한 표현만을 처벌하여야 할 것이다."[88]

지만원과 변희재 판결에서 판례는 피고인이 자신의 판단과 의견의 타당함을 전개하는 것과 관계없는 모멸적 표현을 사용하였음을 문제 삼고 있다. 그러나 주장의 타당성 전개에 모멸적 표현이 필요한 것인지, 필요하다면 어느 정도 필요한 것인지 등을 판단하기란 쉬운 일이 아니다. 특히 이 판단을 고등교육을 받은 법조엘리트인 판사의 시각에서만 하게 되면, 불필요했다는 쪽으로 귀결되기 쉽다. 모멸적 표현의 필요성 여부 및 정도에 대한 판단은 보통 대중의 교양과 언어감각을 기준으로 이루어져야 한다.

마지막으로 김승환 교수의 칼럼은 매우 맹렬하고 과격한 표현을 구사하고 있다. 김 교수가 비판 칼럼을 쓴 이유는 노조 파업에 맞선 <충청일보>의 직장폐쇄이다. 여기서 일단 점검해야 할 것은 <충청일보>의 사주 임광수 씨 등과 (사)충북협회 회원들이 공적 인물인가 하는 점이다. 이들이 '전면적 공적 인물'이 아님은 분명한데, '제한적 공적 인물'에 해당하는가는 불분명하다. 먼저 (사)충북협회 회원들은 '제한적 공적 인물'에도 해당한다고 보기 어렵다. 그리고 임씨의 경우 <충청일보>의 사주로서 직장폐쇄를 결정했다는 점만으로는 공적 논쟁의 장에 뛰어든 '제한적 공적 인물'에 해당한다고 볼 수 없을 것인데, 임 씨가 당해 상황에서 노조에 대하여 어떠한 발언을 하였는가에 따라 '제한적 공적 인물'에 해당할 수도 있을 것이다. 반면 피고인의 표현은 매우 극렬하고 자극적이다. 이러한 이유에서 이 사건에서 모욕죄가 성립한다는 결론에 잠정적으로 동의한다.

---

88) 헌법재판소 2013.6.27. 선고 2012헌바37 전원재판부 결정(재판관 박한철, 재판관 김이수, 재판관 강일원의 위헌의견)(강조는 인용자).

3. 개정론— 형법 제310조 적용 조항 신설

그런데 사실적시 명예훼손죄와는 달리 모욕죄에는 형법 제310조가 적용되지 않는다. 형법 제20조에 따라 사회상규에 위배되지 않는 경우 위법성 조각이 허용될 뿐이다. 학설 중에서는 모욕죄에 대해서는 형법 제310조의 위법성조각사유가 적용될 수 있다는 입장이 있다. 예컨대, 고 이재상 교수는 정치·학문·예술 분야의 비판 내지 논평에 있어서 어느 정도의 경멸적 판단이 포함되는 것이 일반적이고 그것이 공익성을 가질 때에는 제310조를 적용하여 위법성을 조각해야 한다고 주장한다.[89] 제310조의 법문상으로는 동조는 모욕죄에 적용되지 않지만, 위법성조각의 기회를 넓히기 위해 해석론으로 제310조의 유추적용을 주장하는 것이다. 그리고 김상호 교수는 보다 상세히 제310조 적용의 근거를 제시한다. 즉,

"일반적으로 명예훼손죄가 사실적시 없는 모욕죄 보다 불법의 양이 높기 때문에 전자의 경우에 특수한 위법성조각사유인 제310조가 적용된다면, 후자의 경우에도 당연히 적용되어야 한다. 동일한 법익을 보호하는 범죄 상호간에 불법이 큰 범죄가 위법성이 조각되는데, 불법이 작은 범죄가 동일한 조건 하에서 위법성이 조각되지 않을 수가 있겠는가? 비록 모욕죄에 대하여 명문으로 제310조의 적용을 명시하지 않고 있더라도 명예훼손죄에 대한 위 제310조의 유추적용을 인정함이 바람직하고 또한 그것이 행위자에게 유리하기 때문에 죄형법정주의에도 위반되지 않는다."[90]

저자는 이러한 해석론에 동의한다. 사실적시 명예훼손죄와 모욕죄의 차이는 사실적시 여부이다. 그렇지만 사실적시를 하지 않은 모욕이라고 제310조 적용을 배제하는 여부가 달라져야 할 논리필연적 이유가 되지 못한다. 한편 형법상 사실적시 명예훼손죄의 특별법인 공직선거법 제110조는 후보자 등의 사생활 비방금지를 규정하면서 "진실한 사실로 공공의 이익에

---

89) 이재상, 『형법각론』(제5판: 박영사, 2004), 200면.
90) 김상호, "형법상 모욕과 비방", 한국법학원, 『저스티스』 통권 제103호(2008/4), 69면.

관한 때"는 벌하지 않는다고 규정하고 있고, 동법 제251조는 후보자비방죄를 규정하면서 역시 같은 위법성조각사유를 명시하고 있다. 동법 제251조의 법정형은 3년 이하의 징역 또는 500만 원 이하의 벌금이다. 요컨대, 같은 명예에 관한 죄로 모욕죄 보다 법정형이 높은 사실적시 명예훼손죄나 후보자비방죄도 '공공의 이익'에 따른 위법성조각이 가능한데, 법정형이 낮은 모욕죄에 '공공의 이익'에 따른 위법성조각이 불가능한 것은 '적정성의 원칙'에 반한다.

이러한 맥락에서 모욕죄에도 형법 제310조가 적용되는 것과 같은 효과가 있는 법개정이 필요하다고 본다. 공직자나 공적 인물에 대한 모욕행위가 공인에 대한 검증, 비판과 토론의 활성화 등 공공의 이익에 기여하는 경우 위법성을 조각하는 조문을 추가하는 것이 표현의 자유 신장에 기여할 것이라고 보기 때문이다. 그리고 사실적시 명예훼손죄의 법정형 개정 제안과 같은 맥락에서, 자유형을 삭제하고 대신 벌금의 액수를 상향조정할 것을 제안한다.

Ⅳ. 개정안 ― 맺음말에 대신하여

'공인'과 언론은 '사회적 강자'이며, 이들에 비하여 사인은 '사회적 약자'다. 저자는 '사회적 강자'인 언론이 다른 '사회적 강자'인 공인의 명예를 훼손한 경우와 '사회적 약자'인 사인이 '사회적 강자'인 '공인'의 명예를 훼손한 경우에는 비형사적 해결방법만을 유지하고, '사회적 강자'인 언론이 '사회적 약자'인 사인의 명예를 훼손한 경우에는 민·형사적 해결방법을 모두 유지하자는 정책적·입법적 구상을 가지고 있다.

공인 역시 명예감정이 있기에 자신이 숨기고 싶은 사실이 공개되거나 통렬한 모욕을 받으면 상처를 입게 된다. 그러나 민주주의는 공인에게 비판, 검증, 야유, 조롱을 감내할 것을 요구한다. 공인은 사인에 비하여 '사회적 강자'임은 물론이고, 다른 '사회적 강자'인 언론과도 대등하게 싸울 수 있는 능력이 있다. 그런데 '사회적 강자'인 공인이 명예감정에 침해받았다고 하여 형벌권을 동원할 수 있게 한다면, 표현의 자유는 심각하게 제약될 수밖에 없다. 상술하였듯이 공적 사안과 무관한 공인 또는 사인의 프라이버시를 공개하는 행위는 민사제재는 물론 형사제재의 길을 남겨두어야 한다. 단, 영미법의 '징벌적 손해배상'이 도입되어 명예에 관한 죄에 적용될 수 있다면,[91] 사실적시 명예훼손과 모욕의 전면적 비범죄화를 선택할 수 있을 것이다.

사실적시 명예훼손과 모욕이 벌어지는 상황에 따라 원칙적으로 어떠한 대응이 적합한가에 대한 저자의 생각을 도해화하면 다음과 같다.

	공적 사안	사적 사안
공인 (=공직자 + 공적 인물)	비범죄화	'공공의 이익' 검토 후 위법성조각
사인	'공공의 이익' 검토 후 위법성조각 검토	범죄화

명예에 관한 죄 개정을 위하여 참조할 수 있는 법률과 법안으로는 먼저 언론중재 및 피해구제 등에 관한 법률 제5조 제2항이 있다.[92] 즉, "언론등의 보도가 공공의 이익에 관한 것으로서, 진실한 것이거나 진실하다고 믿는 데에 정당한 사유가 있는 경우."

한편 상술한 사실적시 명예훼손죄를 삭제한 2012년 박영선 의원 대표 발의 형법 일부개정법률안은 허위의 사실에 관한 명예훼손죄의 구성요건에 허위의 사실임을 알아야 한다는 요건을 추가하였다(안 제307조). 그리고 위법성조각사유를 개정하여, 허위사실의 공표 행위가 "진실한 사실이라고 믿을 만한 상당한 이유"가 있고 "공공의 이익을 주된 목적"으로 하거나 "상대방이 공직자 또는 공인으로서 그의 공적 활동과 관련된 경우" 또는 그 행위가

---

91) 미국에서 '징벌적 손해배상'의 의미와 이를 한국에 도입하는 것의 적합성에 대한 비판적 견해로는 김재형(각주 14), 463-484면을 참조하라.
92) 동법이 제정될 당시 동법 제5조 제2항은 다음과 같았다. "인격권의 침해가 사회 상규에 반하지 아니하는 한도 안에서 피해자의 동의에 의하여 이루어지거나 또는 공적인 관심사에 대하여 중대한 공익상 필요에 의하여 부득이하게 이루어진 때에는 위법성이 조각된다."

"공공성 또는 사회성이 있는 공적 관심 사안에 관한 것으로써 사회의 여론형성 내지 공개토론에 기여하는 경우"에는 처벌하지 않는 것으로 규정하였다(안 제310조). 여기서 '공인'은 "당사자가 중요한 사회적 관심사와 직접적으로 관련이 있거나 당사자의 지명도에 비추어 당사자의 행위가 사회 구성원 다수의 관심을 유도할 수 있는 위치에 있는 사람"으로 정의되고 있다. 또한 명예훼손죄를 친고죄로 만들어 고소가 있어야 공소를 제기할 수 있도록 하였다(안 제312조).[93] 그리고 상술한 2013년 유승희 의원 대표발의 형법 일부개정법률안은 허위사실적시 명예훼손죄는 "허위임을 알면서도 허위 사실을 적시하여 사람의 명예를 심각하게 훼손"한 경우에 한해서 처벌하도록 개정하였다(안 제307조 제1항 및 제2항). 또한 명예훼손죄는 고소가 있어야 공소를 제기할 수 있도록 하였다(안 제312조).[94]

상술했듯이 저자는 박영선·유승희 두 의원 대표발의법안과 같은 사실적시 명예훼손죄의 전면 폐지론에는 동의하지 않는다. 그리고 허위사실적시 명예훼손죄의 구성요건으로 "허위임을 알면서도"를 추가한 취지는 알겠지만, 추가문장 없는 현행 조문으로도 적시사실의 허위에 대한 고의는 인정되어야 하기에 추가문장은 불필요하다. 그렇지만 '공인'에 대한 사실적시 명예훼손의 비범죄화를 명문화하고 현행 제310조의 "오로지 공공의 이익에 관한 때"에 대한 판례의 축소해석을 반영하여 "공공의 이익이 주된 목적으로한 때"로 개정한 박영선 법안의 위법성조각사유 개정안, 현재 '반의사불벌죄'인 명예훼손죄를 '친고죄'로 바꾸어 수사기관의 선제적(先制的) 개입을 막은 박영선·유승희 두 법안의 개정안에는 동의한다.[95]

이상의 논의를 종합하여 저자가 제시하는 사실적시 명예훼손죄와 모욕죄 개정 법안은 다음과 같다. 제1안은 자유형을 삭제하고 벌금형의 상한을 상향시킨 개정안이고, 제2안은 자유형을 유지하는 개정안이다.

---

93) 형법 일부개정법률안(의안번호 286; 2012.6.22.).
94) 형법 일부개정법률안(의안번호 8698; 2013.12.20.).
95) 정보통신망 이용촉진 및 정보보호 등에 관한 법률상 명예훼손도 반의사불벌죄로 되어 있으므로(제70조 제3항) 이 역시 친고죄로 바꿀 필요가 있다.

[제1안]

제307조(명예훼손) ① 비방할 목적으로 공연히 사실을 적시하여 사람의 명예를 훼손한 자는 7백만 원 이하의 벌금에 처한다.

② 공연히 허위의 사실을 적시하여 사람의 명예를 훼손한 자는 1천5백만 원 이하의 벌금에 처한다.

제309조(출판물 등에 의한 명예훼손) ① 신문, 잡지 기타 출판물, 라디오, 텔레비전에 의하여 제307조 제1항의 죄를 범한 자는 1천만 원 이하의 벌금에 처한다.

② 전1항의 방법으로 제307조 제2항의 죄를 범한 자는 2천만 원 이하의 벌금에 처한다.

제310조(위법성의 조각) ① 제307조 제1항과 제309조 제1항의 행위가 공적 사안과 관련하여 공인을 대상으로 이루어진 경우 처벌하지 아니한다.

② 제307조 제1항과 제309조 제1항의 행위가 진실한 사실로서 공공의 이익을 주된 목적으로 한 때에는 처벌하지 아니한다.

③ 제1항에서 말하는 "공인"이란 당사자가 중요한 사회적 관심사와 직접적으로 관련이 있거나 당사자의 지명도에 비추어 당사자의 행위가 사회 구성원 다수의 관심을 유도할 수 있는 위치에 있는 사람을 의미한다.

제311조(모욕) 비방할 목적으로 공연히 사람을 모욕한 자는 500만 원 이하의 벌금에 처한다. 단, 제310조 제1항의 요건에 해당하는 때에는 처벌하지 아니한다.

제312조(고소) 본장의 죄는 고소가 있어야 공소를 제기할 수 있다.

[제2안]

제307조(명예훼손) ① 비방할 목적으로 공연히 사실을 적시하여 사람의 명예를 훼손한 자는 2년 이하의 징역이나 금고 또는 500만 원 이하의 벌금에 처한다.

② 공연히 허위의 사실을 적시하여 사람의 명예를 훼손한 자는 5년

이하의 징역, 10년 이하의 자격정지 또는 1천만 원 이하의 벌금에
처한다.

　제309조(출판물 등에 의한 명예훼손) ① 신문, 잡지 기타 출판물, 라디
오, 텔레비전에 의하여 제307조 제1항의 죄를 범한 자는 3년 이하의
징역이나 금고 또는 700만 원 이하의 벌금에 처한다.

　② 전1항의 방법으로 제307조 제2항의 죄를 범한 자는 7년 이하의
징역, 10년 이하의 자격정지 또는 1천 5백만 원 이하의 벌금에 처한다.

　제310조(위법성의 조각) ① 제307조 제1항과 제309조 제1항의 행위
가 공적 사안과 관련하여 공인을 대상으로 이루어진 경우 처벌하지 아니
한다.

　② 제307조 제1항과 제309조 제1항의 행위가 진실한 사실로서 공공
의 이익을 주된 목적으로 한 때에는 처벌하지 아니한다.

　③ 제1항에서 말하는 "공인"이란 당사자가 중요한 사회적 관심사와
직접적으로 관련이 있거나 당사자의 지명도에 비추어 당사자의 행위가
사회 구성원 다수의 관심을 유도할 수 있는 위치에 있는 사람을 의미한다.

　제311조(모욕) 비방할 목적으로 공연히 사람을 모욕한 자는 1년 이하
의 징역이나 금고 또는 200만 원 이하의 벌금에 처한다. 단, 제310조
제1항의 요건에 해당하는 때에는 처벌하지 아니한다.

　제312조(고소) 본장의 죄는 고소가 있어야 공소를 제기할 수 있다.

　첫째, 개정안 제307조 제1항과 제311조는 사실적시 명예훼손죄와 모욕
죄를 현행 출판물 등에 의한 명예훼손과 동일하게 '목적범'으로 변화시켰
다. "비방의 목적"이라는 초과주관적 구성요건요소를 추가함으로써, 동조의
적용을 제한시키는 것이다. "비방의 목적"에 대한 해석기준은 이미 판례에
의해 확립되어 있으므로 혼동은 없을 것이다.[96)]

　둘째, 개정안 제310조 제1항과 제3항의 '공인' 개념은 미국 판례가 사용

---

96) 대법원 2003.12.26. 선고 2003도6036 판결.

한 공직자와 공적 인물을 포괄한다. 한국어의 어감으로 '공적 인물'이란 단어를 선택할 수도 있지만, 이는 미국 '현실적 악의' 법리가 사용하는 — '공직자'와 구별되는— '공적 인물'97)을 연상시킬 것이기 때문에 '공인'이라는 개념을 선택했다. 물론 '공인'의 범위는 사안에 따라 판례가 유형화시켜 나가야할 것이다.

셋째, 개정안 제310조 제1항을 신설하여 '공적 사안'과 관련한 '공인' 대상 명예훼손의 비범죄화를 명문화하였다. 물론 개정안 제310조 제2항(또는 현행 제310조)의 해석을 통하여 같은 결론을 도출할 수 있기에 개정안 제310조 제1항의 신설이 필요 없다고 볼 수도 있다. 그러나 우리 사회의 경험을 고려할 때 '공적 사안'과 관련하여 비판과 검증을 받는 '공인'이 국가형벌권을 무기로 사용하여 표현의 자유와 언론의 자유를 억압하는 것을 원천적으로 봉쇄할 필요가 있기에 조문화하였다. 그리고 사실적시가 없는 모욕죄의 경우 개정안 제310조 제2항을 적용한다고 규정하는 것은 논란이 있을 수 있기에, 공인 대상 모욕죄에 제310조의 적용을 허용하기 위해서도 별도 조문이 필요하다. 이렇게 되면 개정안 제310조 제2항은 사적 사안 관련 공인 대상 명예훼손, 공적·사적 사안 관련 사인 대상 명예훼손의 위법성조각을 판단하는 조항이 된다. 물론 '공인'과 '공적 사안'에 대한 해석 문제는 남아 있지만 그 범위는 판례를 통하여 정립되어 나갈 것이다.

넷째, 개정안 제310조 제2항은 언론중재 및 피해구제 등에 관한 법률 제5조 제2항 및 박영선 의원 개정안 제310조와 차이가 있다. 내용적으로 볼 때 "제307조 제1항의 행위가 진실한 사실이거나 진실한 사실이라고 믿을만한 상당한 이유가 있는 경우" 처벌하지 않아야 한다는 점에 당연히 동의한다.

그런데 언론중재 및 피해구제 등에 관한 법률 제5조 제2항 및 박영선 의원 개정안 제310조 제1항은 '진실성'에 대한 착오만 규정하고 있지 '공익성'에 대한 착오는 언급하지 않고 있다. 두 착오 중 하나만 제310조에 명문화하는 것이 타당한지에 대해서는 더 많은 논의가 필요하다. 물론 두 착오에 대한 해결방안을 모두 제310조에 명문화할 수도 있겠지만 조문 구성이 매우

---

97) 각주 33 참조.

혼잡(混雜)해진다. 다수 학설에 따르면 '진실성' 또는 '공익성'에 대한 착오는 위법성착오 또는 구성요건착오로 불벌이 될 것이고, 판례에 따르면 '상당한 이유'가 있는 경우 위법성이 조각되는바, 이 착오의 문제를 별도로 조문화할 필요는 없다고 판단한다.

제 10 장

공직선거법상
'사실적시 후보자비방죄' 비판

"명백한 사실에 바탕을 둔 것이라도 박근혜에게 질문하면 안 된다.
질문하면 비방죄가 성립된다. 아, 그래서 검찰은 박근혜를 조사하지 않고
질문조차 하지 않았던 것이었구나."

(안도현)

Ⅰ. 들어가는 말

대의민주주의를 살아 숨 쉬게 하는 것은 선거다. 선거과정에서 표현의 자유가 보장될 때 유권자는 후보자에 대한 정보 획득과 평가가 가능하고, 이를 통하여 유권자는 자신의 뜻에 부합하는 대표자를 선출할 수 있다. 매번의 선거 과정에서 후보 및 가족을 둘러싼 공방은 치열하다. 시민들은 지지하는 후보자의 당선을 위한 표현 활동과 반대하는 후보자의 낙선을 위한 표현 활동을 전개한다. 이 때 치열한 비판과 반(反)비판이 교차됨은 물론이다.

그런데 "금권, 관권, 폭력 등에 의한 타락선거를 방지", "무제한적이고 과열된 선거운동으로 말미암아 발생할 사회경제적 손실과 부작용을 방지", "실질적인 선거운동의 기회균등을 보장" 등을 위하여 공직선거법에 따른 선거운동 규제가 이루어지고 있다.[1] 특히 공직선거법은 후보자 등에 대한 허위사실을 공표하는 행위(제250조 제1항)와 후보자 등의 사생활을 비방하는 행위(제110조)를 처벌하는 것에 더하여, 제251조에 따라 후보자 등에 대하여 사실을 적시하여 비방하는 행위도 처벌한다.

공직선거법 제251조는 다음과 같다. "당선되거나 되게 하거나 되지 못하게 할 목적으로 연설·방송·신문·통신·잡지·벽보·선전문서 기타의 방법으로 공연히 사실을 적시하여 후보자(후보자가 되고자 하는 자를 포함한다), 그의 배우자 또는 직계존·비속이나 형제자매를 비방한 자는 3년 이하의 징역 또는 500만 원 이하의 벌금에 처한다. 다만, 진실한 사실로서 공공의 이익에 관한 때에는 처벌하지 아니한다." 2010년 헌법재판소는 동죄의 입법 목적을 다음과 같이 서술하였다.

---

[1] 헌법재판소 1995.4.20. 선고 92헌바29 결정.

"공직선거법 제251조 부분은 선거시 당선을 목적으로 수단·방법을 가리지 아니하고 상대 후보자에 대한 **중상모략과 인신공격, 흑색선전** 등을 자행하여 선거풍토를 혼탁하게 하고 사회혼란까지 야기하였던 과거의 선거현실에 대한 반성의 산물이다. 즉, 후보자 등에 대한 과도한 인신공격을 방지하여 후보자 등의 명예를 보호하고, 건전한 선거풍토를 조성하며 나아가 선거인들로 하여금 후보자에 대하여 올바른 판단을 하게 함으로써 선거의 공정을 보장하기 위한 규정인 것이다."²⁾

이 글은 실무에서 광범하게 적용되고 있지만 학계에서는 상대적으로 조명을 덜 받고 있는 공직선거법 제251조의 '사실적시 후보자비방죄'의 핵심 법리를 제시하고 있는 판례를 정리하고 최근의 대표적 사례를 검토한 후, 대안적 해석론을 제시하는 것을 목표로 한다.

Ⅱ. 공직선거법 제251조의 구조와 판례의 해석론

1. 구성요건

공직선거법 제251조의 구성요건은 형법상 사실적시 명예훼손죄(제307조 제1항)³⁾와 정보통신망 이용촉진 및 정보보호 등에 관한 법률상 사이버명예훼손죄(제70조 제1항)⁴⁾가 유사하다. 세 죄 모두 '공연성'과 '사실적시'를 요건으로 한다는 점에서는 동일하나,⁵⁾ 그 외에는 차이가 있다.

먼저 동죄의 행위태양은 '명예훼손'이 아니라 '비방'이다. 이는 출판물

---

2) 헌법재판소 2010.11.25. 선고 2010헌바53 결정(강조는 인용자).
3) "공연히 사실을 적시하여 사람의 명예를 훼손한 자는 2년 이하의 징역이나 금고 또는 500만 원 이하의 벌금에 처한다."
4) "사람을 비방할 목적으로 정보통신망을 통하여 공공연하게 사실을 드러내어 다른 사람의 명예를 훼손한 자는 3년 이하의 징역 또는 3천만 원 이하의 벌금에 처한다."
5) 공직선거에서 '허위사실'을 공표하는 행위는 '허위사실공표죄'(공직선거법 제250조 제1항)으로 처벌된다(동죄에 대해서는 제8장 참조).

에 의한 명예훼손죄(형법 제309조 제1항) 및 사이버명예훼손죄에서 규정된 '비방의 목적'에서의 '비방'과 동일한 단어이다(후보자비방죄는 "당선되거나 되게 하거나 되지 못하게 할 목적"이 필요한 '목적범'이다). 출판물에 의한 명예훼손죄6) 및 사이버명예훼손죄7) 판례는 '비방'의 의미를 "가해"로 파악하고 있으며, 사실적시 후보자비방죄 판례는 '비방'의 의미를 "정당한 이유 없이 상대방을 깎아내리거나 헐뜯는 것"이라고 해석하고 있다.8) 따라서 사실적시 후보자비방죄는 "사실의 적시에서 더 나아가 비방행위라고 할 수 있는 때로 명백히 축소"되어야 한다.9)

2010년 헌법재판소는 '비방'의 의미가 죄형법정주의의 명확성원칙에 위배되는지 않는다고 결정하면서, '비방'에 대하여 보다 구체적인 정의를 제시하였다. 즉, "비방의 사전적 의미는 '남을 비웃고 헐뜯어서 말함'이다. 공직선거법 제110조에서는 '사생활' 비방을 금지하고 있는데 반해 공직선거법 제251조 부분의 "비방"의 대상에는 아무런 제한이 없으므로, 남을 헐뜯어 말함으로써 그의 사회적 가치평가를 저하시킬 수 있는 사실이면 사생활에 관련된 사실인지 여부와 관계없이 모두 이에 해당한다. … 이러한 점을 종합해 보면, 공직선거법 제251조 부분 중 "비방"의 의미는 '사회생활에서 존중되는 모든 것에 대하여 정당한 이유 없이 상대방을 깎아내리거나 헐뜯는 것'이라고 해석할 수 있다."10)

---

6) "형법 제309조 제2항 소정의 '사람을 비방할 목적'이란 가해의 의사 내지 목적을 요하는 것으로서, 사람을 비방할 목적이 있는지 여부는 당해 적시 사실의 내용과 성질, 당해 사실의 공표가 이루어진 상대방의 범위, 그 표현의 방법 등 그 표현 자체에 관한 제반 사정을 감안함과 동시에 그 표현에 의하여 훼손되거나 훼손될 수 있는 명예의 침해 정도 등을 비교, 고려하여 결정하여야"(대법원 2003.12.26. 선고 2003도6036 판결, 대법원 2006.8.25. 선고 2006도648 판결; 대법원 2007.7.13. 선고 2006도6322 판결 등)한다.
7) 대법원 2011.11.24. 선고 2010도10864 판결.
8) 대법원 2007.9.21. 선고 2007도2824 판결, 대법원 2008.7.10. 선고 2008도3261 판결; 대법원 2009.6.25. 선고 2009도1936 판결 등.
9) 박지현, "명예훼손 또는 사실공표 행위의 면책을 위한 '진실이라 믿을 만한 상당한 이유' 기준에 대한 재해석", 민주주의법학연구회, 『민주법학』제57호(2015.3), 98면.
10) 헌법재판소 2010.11.25. 선고 2010헌바53 결정(강조는 인용자).

그리고 대법원은 "후보자에 관련된 사실을 적시하여 당해 후보자를 비방함을 의미하는 것으로 사실적시 중에는 그 후보자 자신에 관한 것 뿐이라 간접사실이라도 이를 적시하는 것이 후보자의 당선을 방해할 염려가 있는 것을 포함하나, 그 후보자 소속 정당의 정책 및 그 정당 소속 인사에 관한 사항은 그것이 후보자의 당락과 밀접히 관련되고 있는 것이 아닌 이상, 위 조항의 후보자 비방에 포함되지 않는다."[11]라고 판시했다. 그리고 동죄가 성립하기 위해서는, "그 표현에 비방하거나 지지·추천·반대하는 특정인의 명칭이 드러나 있을 필요는 없다고 할 것이나, 그 표현의 객관적 내용, 사용된 어휘의 통상적인 의미, 표현의 전체적인 흐름, 문구의 연결방법, 그 표현의 배경이 되는 사회적 맥락, 그 표현이 선거인에게 주는 전체적인 인상 등을 종합적으로 고려하여 판단할 때 그 표현이 특정인을 비방하거나 지지·추천·반대하는 것이 명백한 경우이어야 한다."라고 판시하였다.[12]

다음으로 동죄의 객체는 "후보자(후보자가 되고자 하는 자를 포함한다), 그의 배우자 또는 직계존·비속이나 형제자매"로 제한된다. 그런데 공직선거법이 정의를 하고 있는 '후보자'(제49조 제1항), '예비후보자'(제60조의2 제1항)와는 달리 동법은 "후보자가 되고자 하는 자"에 대한 정의가 없다. 대법원은 그 의미를 "선거에 출마할 예정인 사람으로서 정당에 공천신청을 하거나 일반 선거권자로부터 후보자추천을 받기 위한 활동을 벌이는 등 입후보의사가 확정적으로 외부에 표출된 사람뿐만 아니라 그 신분·접촉대상·언행 등에 비추어 선거에 입후보할 의사를 가진 것을 객관적으로 인식할 수 있을 정도에 이른 사람도 포함된다."라고 파악하고 있다.[13]

2013년 헌법재판소는 바로 이 "후보자가 되고자 하는 자" 부분이 죄형법정주의의 명확성원칙에 위배되는 여부를 검토하게 되었는데, 위헌의견이 5인으로 다수였으나 위헌선언에 필요한 정족수 6인에 미달하여 위헌결정이 내려지지 않았다.[14]

---

11) 대법원 2007.3.15. 선고 2006도8368 판결(강조는 인용자).
12) 대법원 2008.9.11. 선고 2008도5178 판결.
13) 대법원 2001.6.12. 선고 2001도1012 판결; 대법원 2011.3.10. 선고 2011도168 판결 등.
14) 헌법재판소 2013.6.27. 선고 2011헌바75 결정.

2. 위법성조각사유

공직선거법 제251조는 위법성조각사유로 "진실한 사실로서 공공의 이익에 관한 때에는 처벌하지 아니한다."를 규정하고 있는데, 이는 사실적시 명예훼손죄의 위법성조각사유인 "진실한 사실로서 오로지 공공의 이익에 관한 때에는 처벌하지 아니한다"(형법 제310조)에서 '오로지'가 삭제되어 있다. 그러나 사실적시 명예훼손죄 판례는 '오로지'를 '주로'로 해석하고 있는 바,15) 양자 사이에 실질적으로 큰 차이는 없다. 사실적시 후보자비방죄 판례는 다음과 같이 설시하고 있다. "후보자를 비방하는 행위라 하더라도 적시된 사실이 진실에 부합하고 공공의 이익에 관한 때에는 위법성이 조각되는바(공직선거및선거부정방지법 제251조 단서), 여기서 적시된 사실이 진실에 부합한다 함은 그 내용 전체의 취지를 살펴볼 때 중요한 부분이 객관적 사실과 합치되면 족하고 세부에 있어 약간의 상위가 있거나 다소 과장된 표현이 있더라도 무방한 것이며, 공공의 이익에 관한 때라 함은 반드시 공공의 이익이 사적 이익보다 우월한 동기가 된 것이 아니더라도 양자가 동시에 존재하고 거기에 상당성이 인정된다면 이에 해당한다."16)

한편 출판물에 의한 명예훼손죄 판례는 '공공의 이익'이 인정되면 특별

---

15) 대법원 1989.2.14. 선고 88도899 판결; 대법원 1993.6.22. 선고 92도3160 판결; 대법원 1993.6.22. 선고 93도1035 판결; 대법원 1996.4.12. 선고 94도3309 판결 등.
16) 대법원 2003.11.13. 선고 2003도3606 판결(강조는 인용자). 특히 공직선거법에서 '오로지'라는 단어가 삭제된 이유를 포착한 판례는 이 점을 분명히 하고 있다. "형법 제310조나 구법하의 규정에 의하여서는 공공의 이익이 적어도 주된 동기가 되어야 하고 부수적으로 사적 이익이 포함되는 경우까지만을 이에 해당하는 것으로 해석하였으므로(대법원 1993.6.22. 선고 92도3160 판결 참조) 적어도 공공의 이익이 사적 이익보다 우월한 경우에만 이에 해당하였다고 할 것이다. 그러나, 이러한 해석으로는 선거운동의 자유를 충분히 보장할 수 없고 유권자에게 후보자에 대한 충분한 정보를 제공함으로써 유능하고 적합한 인물이 공직의 담당자로 선출되도록 기여하는 데 부족하다는 반성적 고려에서 공직선거법 제251조 단서는 "오로지"라는 단어를 삭제한 것이라고 할 것이므로, 이제는 진실한 사실의 적시에 관한 한 그것이 반드시 공공의 이익이 사적 이익보다 우월한 동기가 된 것이 아니더라도 양자가 동시에 존재하고 거기에 상당성이 인정된다면 위 단서 조항에 의하여 위법성이 조각된다고 보아야 할 것이다"(대법원 1996.6.28. 선고 96도977 판결).

한 사정이 없는 한 '비방의 목적'은 부정된다고 해석하고 있는 바,17) 양자는
상호배제적으로 파악되고 있음을 알 수 있다. 그리고 사이버명예훼손죄는
별도의 위법성조각사유를 두고 있지 않다.

3. 기   타

사실적시 후보자비방죄의 법정형은 3년 이하의 징역 또는 500만 원
이하의 벌금으로 형법상 사실적시 명예훼손죄(2년 이하의 징역이나 금고 또는
500만 원 이하의 벌금) 보다 높고, 출판물에 의한 명예훼손죄(3년 이하의 징역이
나 금고 또는 700만 원 이하의 벌금) 및 사이버 명예훼손죄(3년 이하의 징역 또는
3천만 원 이하의 벌금) 보다 벌금액수가 낮게 설정되어 있다. 사실적시 후보자
비방죄의 법정형이 출판물에 의한 명예훼손죄의 법정형과 가장 유사한 이유
는 양자가 '비방'이라는 구성요건을 공유하고 있다는 점, "연설·방송·신문·
통신·잡지·벽보·선전문서 기타의 방법"이라는 전자의 행위방법이 "신문,
잡지 또는 라디오 기타 출판물"이라는 후자의 행위방법과 유사하다는 점
등이 고려되었을 것으로 판단한다.

출판물에 의한 명예훼손죄(형법 제312조 제2항)와 사이버명예훼손죄는
'반의사불벌죄'이지만, 사실적시 후보자비방죄는 그렇지 않다. 앞 두 범죄의
보호법익이 명예라는 개인적 법익이라면, 사실적시 후보자비방죄의 보호법
익은 명예라는 개인적 법익 외에 공정한 선거 확보라는 국가적 법익도 있기
때문이다.

Ⅲ. 주요 사례

이상과 같은 '사실적시 후보자비방죄'의 의의와 판례의 해석론을 보면,
동죄가 필요하며 적정한 규제의 논리가 마련되어 있다고 일응 판단할 수

---

17) 대법원 2003.11.13. 선고 2003도3606 판결.

있다. 그리고 상당수 사건에서 기소가 이루어져도 무죄판결이 내려지는 것이 사실이다.

그러나 동죄가 적용되는 여러 구체적 사례를 보면, 동죄의 선거과정에서 표현의 자유를 행사하는 시민이 일단 수사를 받고 기소까지 되는 일이 매우 많이 발생하고 있고, 그에 따라 ─최종적으로 무죄판결을 받는가와 무관하게─ 표현의 자유에 대한 '위축효과'(chilling effect)가 크게 발휘되고 있다고 판단한다. 여기서는 판례와 책을 통하여 확인되는 대표적인 정치인 비방 사건을 개괄하기로 한다.

1. 박지원 국민회의 대변인 비방 사건

1996년 은행원이었던 피고인은 박지원 당시 국민회의 대변인에 대한 비판적 평가를 PC통신에 올렸다. 예컨대, "국민회의 대변인 박지원이 에세이집을 발간했다는데 … 속으로 이런 생각이 들었다. 「꼴값 떨고 있네」 … 그 사팔뜨기가 부천 어디에서 출마한다는데, 당선 여부가 전국에서 가장 궁금한 지역 중의 하나이다. 아무튼 … 가장 많은 저질 발언을 한 박지원이 수필집을 썼다는 말을 들으니 우습다는 생각이 든다", "정치가 저질이라기보단 박지원 개인이 저질이어요. 신한국당 손학규 의원(대변인)이 박지원만큼 저질적인 발언을 하던가요? … 박지원의 수준이 꼭 자해공갈단 수준이라는 생각을 안 하십니까?", "박지원이 저질인 근거를 대보라구요? … 박지원이 과거 전두환 정권에게 붙어 아부했다는 사실을 들은 적이 있지만, 그따위 저질스러운 이야기를 대변인이 해도 되는 것입니까?" 등.18)

대법원은 첫째, 피고인의 글 대부분이 박지원의 발언에 대한 피고인 자신의 경멸적 평가를 추상적으로 표현한 것이라 할 것이고, "박지원이 과거 전두환 정권에 붙어 아부했다", "그 사팔뜨기가 부천 어디에서 출마한다는데" 등 일부분이 사실의 적시라고 볼 수 있는 것도 있으나 그 일부분도 평가를 위한 전제로서 구체적 사실을 나열하였다기보다는 평가의 표현내용

18) 대법원 1997.4.25. 선고 96도2910 판결.

을 이루는 것이므로, 전체적으로 볼 때 사실의 적시라고 보기 어렵다. 둘째, 피고인이 이 사건 통신문을 게재한 것은 자신이 반대하는 정당의 대변인 지위에 있는 사람의 품위 없는 발언을 비난하고 정당별 의석수 등 전체 선거결과에 대한 관심을 표시한 것일 뿐, 제15대 국회의원 선거에 있어 박지 원이라는 특정인을 당선되지 못하게 할 목적으로 한 것이라고 볼 수 없다는 이유로 원심의 무죄판결을 확정하였다.[19]

2. 이회창 대통령 후보 비방 사건

1997년 대선을 앞 둔 9월, 중소기업을 운영하던 피고인은 PC통신에 이회창 후보를 비판하는 글을 올렸다. 예컨대, "그(이회창)의 말은 '이왕 버린 몸 … 끝까지 출마해서 대통령돼보겠다'고 고백한 것이다 ―일반 회사나 조직이라면 수백 번 잘리거나 평범한 사람이라면 스스로 물러났을 텐데 .. 학실히(?) 법대로(멋대로)는 뭐가 달라도 다르다", "이런 심보는 회창이의 법대로(멋대로)라는 일 개인의 비범함에도 기인하지만 보다 근원적으로는 지난 30년 간 유지돼온 지역 패권주의와 기득권 세력의 뿌리 깊은 반야당 감정과 이해관계에 원인이 있다고 볼 수 있다" 등. 피고인은 후보자비방죄로 구속기소되었는데, 57일 동안 서울구치소에서 구금된 뒤 제1심에서 징역 6개월에 집행유예 1년을 선고받았다. 제2심에서도 동일한 선고가 내려졌는 데, 피고인은 상고를 포기했다.[20]

3. 노무현 대통령 후보 비방 사건

다음으로 제16대 대통령 선거 시기 노무현 대통령 후보에 대한 비방 사건을 보자. 그 중 한 피고인은 2002년 조선일보 독자마당, 문화일보 자유

---

19) *Ibid.*
20) 박수진·박성철·노현웅·오승훈, 『리트윗의 자유를 허하라』(위즈덤하우스, 2012), 33-36면. 이 사건 판결의 사건번호는 확보할 수 없었다.

게시판, 피고인 개인 홈페이지 자유게시판 등에 "노무현이란 자의 저질스러운 입에서 내뱉은 말은 영원히 기억될 것이며 국가지도자로서의 의심스러운 것 불문가지로다", "상업학교 출신 학력의 닮은 꼴 후계자를 내세운 김대중이란 인간은 그를 닮은 주변의 혈족과 가신들 그리고 연고 집단의 인간성이 유유상종이란 말 듣기에 알맞다" 등 노 후보자를 비방하는 글을 올렸다는 이유로 기소되었다.

제1심 판결은 피고인이 위 사실을 적시한 것은 노 후보자의 평가를 저하하려는 의도보다는 유권자들에게 후보자의 자질에 대한 자료를 제공함으로써 적절한 투표권을 행사하도록 하려는 공공의 이익을 위하여 그러한 행위를 하였던 것으로 보이므로 위법성이 조각된다고 판결하였고, 이 결론은 제2심과 대법원 판결에까지 이어졌다.[21]

다른 사건에서 피고인은 한나라당 대전시 선거대책자문위원회 의장으로서, 한나라당 당원 등 약 200여 명을 상대로 연설을 하면서 "노무현이 대통령이 되면 안 된다. 노 후보 장인이 인민위원장 빨치산 출신인데 애국지사 11명을 죽이고 형무소에서 공산당 만세를 부르다 죽었다. … 공산당 김정일이가 총애하는 노무현이가 정권 잡으면 나는 절대 못산다."라는 발언을 하여 위 노무현 및 그 배우자를 비방하였다는 이유로 기소되었다.

제1심과 제2심은 피고인이 적시한 사실이 객관적 진실에 부합하는 것이라고 볼 자료가 부족하고, 피고인의 연설의 동기, 목적, 내용, 표현 수단, 전후의 정황 등을 종합하여 볼 때, 공공의 이익에 관한 때에 해당한다고도 할 수 없어 위법성조각사유의 요건을 갖추지 못하였다고 판단하여 공소사실을 유죄로 인정하였다. 그러나 대법원은 "피고인의 발언에 일부 과장된 표현이 있다고 할지라도 전체적으로 객관적 사실에 부합하는 내용이고 한편 피고인이 위 사실을 적시한 것은 노무현 대통령 후보자에 대한 평가를 저하시키려는 의도가 포함되어 있다고 할지라도 대통령선거에 즈음하여 후보 가족의 좌익 활동 전력에 관하여 언급함으로써 유권자들이 적절하게 선거권을 행사하도록 자료를 제공하려는 공공의 이익 또한 인정되고 거기에 상당

---

21) 대법원 2003.12.26. 선고 2003도4227 판결.

성도 있다."는 이유로 원심을 파기하였다.[22]

4. 박근혜 후보 비방 사건

(1) 안도현 시인의 박근혜 후보 안중근 유묵 절취 비방 사건

안도현 시인은 제18대 대선 당시 민주통합당 문재인 후보의 공동선거대책위원장이었는데, 대선 일을 앞두고 자신의 트위터에 "보물 제569-4호 안중근 의사 유묵 누가 훔쳐갔나? 1972년 박정희 정권 때 청와대 소장, 그 이후 박근혜가 소장했다는 기록이 있는데 문화재청에서는 도난문화재라고 한다", "박근혜 후보님, 아버지 박정희 대통령이 안중근 의사 글씨를 사랑하는 딸의 방에 걸어두었는지, 아니면 전두환이 소녀가장에게 6억을 건넬 때 덤으로 국가의 보물 한 점을 끼워주었는지...", "박근혜 후보님, 혹시라도 도난 문화재인 보물 제569-4호 안중근 의사 유묵을 이 기회에 국가에 돌려주실 생각이 없는지요?", "청와대에서 가지고 나온 일이 없는데 왜 소장자가 박근혜로 되어 있었는지 그걸 답해 달라는 겁니다" 등 17회에 걸쳐 박근혜 후보가 유묵이 사라진데 관련이 있다는 취지의 글을 올렸다.[23] 안 시인의 글은 위 유묵이 1976년 청와대에 기증된 이후 행방이 묘연해져 문화재청은 2011년 11월 문화재청 인터넷 홈페이지에 '소재불명 문화재'로 공고하였는데, 안중근의사숭모회측은 2009년 발간 도록에 "원 박근혜 소장이었으나 현재는 청와대가 소장"으로 기재해놓은 사실에 근거한 것이었다.

안 시인은 공직선거법상 허위사실공표죄와 후보자비방죄로 기소되었고, 안 시인은 국민참여재판을 신청했다. 배심원 7명 전원은 공소사실에 대해 모두 무죄 평결을 내렸다. 그런데 전주지법 제2형사부(재판장 은택 재판장)는 이 평결을 받아들이지 않았다. 즉, 피고인에게 허위사실에 대한 인식이 있다고 볼 수 없으므로 허위사실공표죄는 무죄임을 인정하면서도, 후보자비

---

22) 대법원 2004.10.27. 선고 2004도3919 판결.
23) 이 유묵은 "치악의악식자부족여의"(恥惡衣惡食者不足與議)로 1910년 안 의사가 뤼순 감옥에 있을 때 쓴 글씨다.

방죄의 유죄를 인정하고 벌금 100만원의 선고유예를 선고하였다.[24] 제1심 재판부는 배심원의 전원일치 무죄평결은 법원의 심증을 법률적으로 기속하지 않는다는 점을 밝히면서, "이 사건 공소사실은 피고인의 트윗 게재행위가 드러난 사실관계를 기초로 법리적으로 보아 그 내용이 사실적시에 해당하는지, 허위사실인지, 허위에 대한 인식이 있었는지, 낙선목적과 비방의도가 있었는지, 공익목적의 위법성조각사유가 있는지 여부 등이 쟁점인 사건으로서 법률전문가가 아닌 일반인으로 구성된 배심원이 법리적 관점에서 유무죄를 판단하기가 쉽지 아니하고, 사안의 성격상 배심원의 정치적 입장이나, 지역의 법감정, 정서에 그 판단이 좌우될 수 있는 여지가 엿보인다."라고 설시하였다.[25]

유죄판결 직후 안 시인은 자신의 트위터(@ahndh61)에 다음과 같이 심경을 토로했다.

"명백한 사실에 바탕을 둔 것이라도 박근혜에게 질문하면 안 된다. 질문하면 비방죄가 성립된다. 아, 그래서 검찰은 박근혜를 조사하지 않고 질문조차 하지 않았던 것이었구나."

그런데 이후 제2심 재판부는 안 시인이 적시한 내용은 '진위불명'이지 허위성이 입증되었다고 볼 수 없으므로 허위사실공표죄는 무죄라고 판결하고, 이어 후보자비방죄도 무죄라고 판결한다.[26] 트위터 글의 내용은 '비방'에 해당하고 박근혜 후보를 당선되지 못하게 할 '목적'이 인정되지만, 위법성이 조각된다는 것이다. 즉, "이 사건 유묵을 박근혜 후보가 소장하고 있는

---

24) "후보자비방죄 해당 여부에 관하여 보건대, 위 공표 내용이 대통령 후보로서의 능력이나 자질과 직접 관련이 없는 도덕적 흠집을 내는 것으로서 이 사건 공표 당시 피고인의 지위, 당시 대통령 선거 상황, 공표 시점, 공표 전후 피고인의 행적 등에 비추어 피고인이 주장하는 대통령 후보 자격의 검증이라는 공익목적은 명목상 동기에 불과하고, 박근혜 후보를 낙선시킬 목적으로 위 후보를 비방한 것이어서 법이 허용하는 표현의 자유의 한계를 일탈하여 위법하다"(전주지방법원 2013.11.7. 선고 2013고합96 판결).
25) *Ibid.*(강조는 인용자).
26) 광주고등법원 2104.3.25. 선고 2013노237 판결.

지에 대한 의혹 제기는 소재불명 상태에 있는 이 사건 유묵의 현존 확인은
물론 유권자들에게 박근혜 후보에 대한 대통령으로서의 공무담임 적격성을
가늠하는 데에 유용한 자료를 제공함으로써 적절한 투표권을 행사하도록
하려는 공공의 이익도 중요한 동기가 되었을 것"으로 보이고, "공직선거에
입후보한 자는 이미 공인으로서 그에 대한 사실은 유권자에게 알려져 비판
과 감시의 대상이 되고 투표의 판단자료로 제공되는 것은 공익에 부합한다
고 할 것이고, 후보자의 사생활 및 인격권을 침해할 수 있는 비방행위라고
하더라도 공직선거에 있어서 유권자의 적절한 투표권 행사를 도모한다는
공공의 이익에 의하여 일정한 요건 하에 그러한 비방행위를 정당한 것으로
용인하고 있는 공직선거법 제251조 단서의 입법 취지를 고려할 때 주관적
동기의 공익성을 보다 넓게 인정할 필요가 있는 점을 더하여 보면 사적
이익과 공공의 이익 사이에 상당성도 인정"되므로 된다는 것이다.27) 단,
제2심 재판부는 국민참여재판 배심원들의 평결 기속력에 대해서는 판단을
생략하였다. 이에 검찰은 대법원에 상고했다.

(2) "친일파이자 빨갱이 딸년", "독재자 딸" 비방 사건

2012년 8월 피고인은 중앙일보 인터넷 게시판에 "친일파이자 빨갱이
딸년 박근혜 봐라.. 두 번 다시 봉하마을에 오지마라.. 그리고 무식하고 더러
운 주둥이로 서민 민주화 경제 이야기 하지마라 18년아", "박근혜 이 18년은
BBK 허위사실 유포한 년이자나.. 감옥부터 가야지.. 남 고소하고 지랄이네"
등의 글을 올려, 후보자비방죄로 기소되었다.

제1심은 "게시된 글의 내용이 합리적 비판이라기보다는 확인되지 않은
사실이나 개인의 주관적 감정에 바탕하여 매우 비속한 언어를 사용하여
박근혜 후보를 일방적으로 매도하는 것이어서 표현의 자유의 범위에 있다고
보기도 어려운 점"을 지적하면서 유죄판결을 선고했다.28) 그러나 제2심은
이를 파기한다. 논거는 다음과 같다. "'친일파이자 빨갱이 딸', '무식하고

---

27) *Ibid.*
28) 인천지방법원 2013.2.20. 선고 2013고합44 판결.

더러운' 등의 표현은, 그 단어의 통상적 의미와 용법, 입증가능성, 그것이
사용된 문맥, 피고인이 게시한 글들의 표현 내용과 피고인의 의도 등을 종합
하여 볼 때 피고인의 박근혜 후보에 대한 부정적이고 경멸적인 평가를 드러
낸 것이지 증명 가능한 사실을 적시한 것으로 볼 수 없다. 결국 위와 같은
표현이 지극히 모욕적이라고 하더라도 사실을 적시한 것이 아닌 이상 공직
선거법상의 후보자비방죄를 구성할 수는 없다."29) 이는 대법원에 의해 확정
된다.30)

　　반면 다른 사건에서는 유사한 행위에 대하여 유죄판결이 내려졌다. 다
른 사건에서 피고인은 2012년 11월 23일부터 29일까지 인터넷 포털사이트
에 "면도칼빵 사건을 국가대사에 악용하다니 한심한 수준!", "북로당 빨갱이
/남로당 빨갱이 뭐가 다르냐?", "부모 총살로 뒈져 뇌세포가 어찌 된 거
아냐" 등 박 후보와 그 직계존속, 형제자매를 비방하는 내용의 글과 댓글을
386회에 걸쳐 올려 후보자비방죄 위반으로 기소되었다. 서울서부지법 형사
11부(부장판사 성지호)는 피고인이 "박정희 전 대통령의 남로당 활동 전력,
여자관계, 사망에 관한 사실을 기반으로 박근혜 후보 또는 그 직계존속을
인격적으로 비하하거나 평가를 저하·왜곡하는 취지를 드러내고 있다"고
판단하고 유죄판결을 선고했다.31)

　　한편 판결 결과는 아직 알 수 없으나, 2012년 2월 피고인은 트위터에
"북한 독재자 패족 김정일 자식 김정은 호화생활에 인민은 배고픈 고통
받는다. 남한 박정희 독재자 딸 패족 박근혜 호화생활에 무능한 3류 정치로
국민들은 가난에 고통 받는다", "박원순 시장에게 폭행하는 보수단체 아주
머니들 경찰은 뭐하나? 만약에 박근혜 대가리 때려볼까? 참자. 먼지와 악취
만 날 것 같다" 등의 글을 올렸다. 이후 경찰서 출두를 통지를 받고 조사를
받았다.32)

29) 서울고등법원 2013.4.26. 선고 2013노982 판결.
30) 대법원 2013.6.27. 선고 2013도5027 판결.
31) http://www.mt.co.kr/view/mtview.php?type=1&no=2013083118512124533&outlink=1
　　(2015.3.1. 최종방문). 이 사건 판결의 사건번호는 확보할 수 없었다.
32) http://www.mediatoday.co.kr/news/articleView.html?idxno=106429(2015.3.1. 최종방문).

(3) 홍성담 화백의 '박근혜 출산 그림' 사건

2012년 11월 진보성향 홍성담 화백은 유신 40년 전시회에 박근혜 후보가 다리를 벌리고 박정희로 보이는 검은 색안경을 낀 아기를 출산하는 그림인 '골든타임―닥터 최인혁, 갓 태어난 각하에게 거수경례를 하다'(=일명 '박근혜 출산 그림')를 자신의 블로그에 올렸다가 중앙선거관리위원회로부터 후보자비방죄 위반 혐의로 검찰에 고발당했으나, 검찰은 무혐의처분을 내렸다.[33]

5. 정몽준 후보 비방 사건

이 사건의 피고인은 대학휴학생으로 새누리당 서울시장 후보 경선을 앞둔 2014년 4월, 정몽준 후보의 아들의 "미개한 국민" 발언을 소재로 삼아 자신의 트위터에 세 차례에 걸쳐 정몽준 후보 쪽을 비판하는 글을 올렸다. 즉, "정몽준 의원은 미개한 국민들 상대로 7선 의원을 했고, 미개한 국민들 교통비 70원 아니냐 해놓고 욕먹으니 해명하겠다고 자기도 쓴다고 <학생용> 버스카드들과 '미개한 쇼'하던 전적이 있었는데 최후의 양심이 있다면 후보 자진사퇴하길. 7선 했음 됐지", "몽심지심… 국민 미개 + 시체 팔이 시장 후보와 논객 직함… 새민련 야당은 새누리에 정몽준 후보 사퇴를 촉구해야 한다", "정몽준 부인 선거법 위반ㅋㅋㅋㅋㅋㅋㅋㅋ 몽가루 집안이래 ㅋㅋㅋㅋㅋㅋ 온가족이 정몽준 안티라고ㅋㅋㅋㅋㅋ" 등이다.[34]

이에 검찰은 후보자비방죄로 기소를 했는데, 서울중앙지방법원 형사합의27부(부장판사 심규홍)는 피고인의 글은 진실성과 공직후보자의 역량·자질을 평가하는 자료가 될 수 있다고 보여 위법성이 조각되어 무죄라고 판결했다.[35]

---

33) http://www.mediatoday.co.kr/news/articleView.html?idxno=110767; http://news.khan.co.kr/kh_news/khan_art_view.html?artid=201306182227031&code=940301(2015.3.1. 최종방문).
34) http://www.ohmynews.com/NWS_Web/View/at_pg.aspx?CNTN_CD=A0002046057 (2015.3.1. 최종방문).
35) http://www.ohmynews.com/NWS_Web/View/at_pg.aspx?CNTN_CD=A0002066151

Ⅳ. 평 석

1. 후보자 관련 공적 사안에 대한 '비방'의 허용

이상의 사건에서 비방의 대상이 된 박지원, 이회창, 노무현, 박근혜, 정몽준 등은 공인 중의 공인으로 항상 정치적 논쟁을 일으키고 전개하는 사람들이다. 이들은 선거과정에서 자신에 대해 가해지는 비방을 기꺼이 감수해야 한다. 이상의 사건에서 피고인이 구사한 표현은 거칠고 조악할 수 있지만, 그 역시 표현의 자유의 일환으로 보호되어야 한다. 필자는 다음과 같은 윤상민 교수의 지적에 동의한다.

> "정치인의 일거수일투족은 국민의 평가 대상이 되어 때로는 찬사를 받을 수 있지만 비평과 비난을 받을 수 있다. 만약 진실한 사실에 의한 비평·비난이건 허위사실에 의한 비평·비난이건 이를 두려워한다면 아예 처음부터 정치를 하지 말아야 할 것이다."[36]

그런데 이상의 사건을 보면, 사실적시가 아니라 평가에 불과한 데 기소되어 무죄판결이 나고('박지원 비방 사건' 및 '친일파·빨갱이 딸년 박근혜 비방 사건'), 후보자의 자질에 대한 자료를 제공한다는 공공의 이익이 있음에도 기소되어 무죄판결이 났다('노무현 비방 사건', '안도현 시인의 박근혜 후보 비방 사건' 및 '정몽준 후보 비방 사건'). 이는 검찰과 경찰의 과잉수사의 예이자, 사실적시 후보자비방죄에 대한 판례의 해석론이 검찰과 경찰에게 명백한 지침을 제공하지 못함을 보여주는 예이다.
　해석론 차원에서 살피자면, 상술하였듯이 사실적시 후보자비방죄가 사용하는 '비방'은 '명예훼손'보다 높은 불법을 함의하는 용어다. 어의(語義)

(2015.3.1. 최종방문). 이 사건 판결의 사건번호는 확보할 수 없었다.
36) 윤상민, "형법상 정치인의 명예보호", 원광대학교 법학연구소, 『원광법학』제29권 제3호(2013), 144면.

차원에서도 '비방'은 '비판'이나 '비난'보다 훨씬 강한 부정적 의미를 가지
고 있다. 따라서 '비방' 자체에 대한 판단을 엄격히 할 필요가 있다. 상술했던
대법원 판례가 인정했듯이 후보자 소속 정당의 정책 및 그 정당 소속 인사에
관한 사항에 대한 비판은 후보자 비방에 포함되지 않아야 하며,37) 후보자의
공적 활동에 대한 비판·조롱·야유 등은 세부에 있어 약간의 상위가 있거나
다소 과장된 표현이 있더라도 비방으로 보아서는 안 된다.

　앞에서 헌법재판소가 사실적시 후보자비방죄의 입법목적으로 "상대
후보자에 대한 중상모략과 인신공격, 흑색선전" 방지를 거론하였음을 보았
는데,38) 이 점은 다시 살펴 볼 필요가 있다. 먼저 '중상'은 근거 없는 말로
남을 헐뜯어 명예나 지위를 손상시킨다는 뜻이고, '모략'은 사실을 왜곡하거
나 속임수를 써 남을 해롭게 한다는 뜻이다. '흑색선전'은 근거 없는 사실을
조작해 상대방을 교란시키는 선전을 뜻한다. 이렇듯 '중상모략'과 '흑색선
전'은 단지 사실을 적시하여 타인을 비방하는 행위 이상의 불법을 내포하고
있다. 두 행위는 공직선거법상 허위사실공표죄, 형법상 허위사실적시 명예
훼손죄로 규율 가능하다.

　그 다음의 행위양태는 '인신공격'으로 이것이 사실적시 비방과 가까운
용어이다. 후보자의 사생활에 관한 '인신공격'은 공직선거법상 후보자 사생
활 비방죄로 규율 가능하다. 남는 것은 후보자를 그가 관련된 공적 사안을
거론하며 '인신공격'하는 것인데, 이는 비범죄화되어야 한다. 이러한 '인신
공격'은 대의민주주의의 기초인 선거가 본래적 기능을 하기 위하여 필수적
이고 필요한 활동이라고 보아야 한다. 저자는 다음과 같은 박지현 교수의
의견에 동의한다.

　"진실한 사실의 적시 행위가 비방이 될 수 있는 경우가 선거공간에서 존재할
수 있는가. 필자는 도무지 그런 경우를 떠올리지 못하겠다. 공직선거에서 공직
후보자라는 공인에 대하여 진실한 어떤 사실의 공표가 비방행위가 될 수 있다

37) 대법원 2007.3.15. 선고 2006도8368 판결(강조는 인용자).
38) 헌법재판소 2010.11.25. 선고 2010헌바53 결정.

고 생각되지 않는다."39)

대법원은 사실적시 명예훼손죄 판결에서 "공인의 공적 활동과 밀접한 관련이 있는 사안에 관하여 진실을 공표한 경우에는 원칙적으로 '공공의 이익'에 관한 것이라는 증명이 있는 것으로 보아야 할 것"40)이라고 설시한 바 있다. 대법원은 사실적시 후보자비방죄에서도 같은 취지의 판결을 내려야 한다.41) 김경호 교수의 지적처럼, "공공의 관심사에 해당하는 사안에 대하여 진실한 사실을 적시하는 행위를 후보자비방죄로 처벌하는 것은 후보자에 관한 유권자의 알 권리와 표현의 자유를 근본적으로 제한하는 것이다."42)

입법론 차원에서 볼 때, 사실적시 후보자비방죄 및 허위사실공표죄와 별도로 사실적시 후보자비방죄를 두어야 하는지 의문이 있다. 권오걸 교수는 사실적시 후보자비방죄가 없더라도 후보자 개인의 명예를 훼손한 경우 명예훼손죄나 사이버명예훼손죄로 처벌할 수 있으므로 법률의 경고 기능과 위하력이 충분히 달성될 수 있음을 지적한 바 있다.43)

저자의 입장을 간략히 도해화하면 다음과 같다.44)

---

39) 박지현(각주 9), 108면.
40) 대법원 2005.4.29. 선고 2003도2137 판결(강조는 인용자).
41) 권오걸 교수는 미국 명예훼손법의 '현실적 악의'(actual malice) 법리의 원용을 주장한다[권오걸, "공직선거법상 후보자비방죄에 대한 연구", 한국법학회, 『법학연구』 제49집(2013), 81-192면]. 공인 대상 면책 범위를 넓혀야 한다는 문제의식에는 동의한다. 이 법리는 일정한 변형을 통하여 "악의적이거나 현저히 상당성을 잃은 공격" 기준이라는 이름으로 한국 민사판례에 도입된 후 형사판례에도 자리 잡았다. 이에 대해서는 이 책 238-244면을 참조하라.
42) 김경호, "후보자 검증을 위한 의혹제기와 후보자비방죄의 위법성조각 판단 기준에 관한 연구: 대법원 판결을 중심으로", 한국지역언론학회, 『언론과학연구』 제13권 제3호(2013), 39면.
43) 권오걸(각주 41), 167면.
44) 이러한 저자의 입장에 서면 '후보자사생활비방죄'와 '후보자비방죄'를 통합할 필요가 있다. 대법원이 다룬 사건 중 "후보가 어떻게 이혼을 했는지 그 소문을 이 자리에서 입이 부끄러워서 애기하지 않겠습니다."라는 발언을 '후보자비방죄'로 파악하고 유죄판결을 확정한 것이 있는데(대법원 2002.6.14. 선고 2000도4595 판결), 이러한 발언은 '후보자사생활비방죄'로 기소되었어야 하는 사건이 아닌가 한다. 박지현 교수는 "후보자의 신상에 관한 정보는 사생활이라도 정직과 충실성

행위양태	규율법규
후보자의 사생활 '인신공격'	사실적시 후보자 사생활 비방죄 (공직선거법 제110조)
후보자에 대한 '중상모략'과 '흑색선전'	허위사실공표죄(공직선거법 제250조 제2항), 허위사실적시 명예훼손(형법 제307조 제2항), 사이버 허위사실적시 명예훼손(정보통신망 이용 촉진 및 정보보호 등에 관한 법률 제70조 제2항)
후보자 관련 사적 사실 '인신공격'	사실적시 후보자비방죄(공직선거법 제251조)
후보자 관련 공적 사실 '인신공격'	'공공의 이익'에 부합하므로 비범죄화

이러한 입장이 법률과 판례로 분명하게 공표되지 않은 상태에서는 후보자와 후보자가 되고자 하는 자에 대한 비판은 언제든지 수사 대상이 되고, 시민의 표현의 자유는 위축된다. 시민은 물론 수사기관도 '사실적시'와 '평가'를 구별하기 어렵고, '공공의 이익'에 부합하는지 여부 역시 불분명하므로 대상자가 '거물'이거나 사회적 주목이 커지면 일단 수사하고 기소하는 선택을 하기 때문이다. 그리고 이상의 사건에 보았듯이 법원 사이에도 판단이 갈리므로 최종적으로 무죄판결이 나기 전까지 시민이 감내해야 할 정신적·심리적·물질적 고통은 심대하다.

2. 배심원 전원일치 무죄평결의 함의

한편 배심원 전원일치 무죄평결을 뒤집은 '안도현 시인의 박근혜 후보 비방 사건' 제1심 재판부의 판결은 다른 측면에서 비판되어야 한다. 물론 현행법에 의하면 배심원의 평결은 권고적 효력을 가지지 법관의 판단을 기속하지 않기에(국민의 형사재판 참여에 관한 법률 제46조 제5항), 제2심 재판부

등 인격과 자질에 연결될 수 있는 정보라면 모두 공개가치가 인정된다."라고 주장하고 있는 바[박지현(각주 9), 108면], 후보자사생활비방죄의 폐지도 염두에 두고 있는 듯하다. 그러나 필자는 후보자가 숨기고 싶은 병력(病歷), 성적 지향(sexual orientation), 이혼이유 등 사생활에 대한 비방은 범죄화되어야 한다고 본다.

의 판단은 위법은 아니다. 그러나 현행법 하에서도 배심원의 만장일치 평결은 "강한 권고적 효력"45) 또는 "사실상의 기속력"46)을 가진다고 보아야 한다. 그리고 제2심 판결은 물론 상술한 '노무현 비방 사건'의 사실관계와 판결 논리에 비추어보더라도, 안도현 시인의 행위는 유권자들에게 박근혜 후보자의 자질에 대한 자료를 제공한다는 공공의 이익이 있었다고 판단하는 것이 형평에 부합한다.

제1심 재판부가 배심원들은 "법리적 관점에서 유무죄를 판단하기가 쉽지 아니하고, 사안의 성격상 배심원의 정치적 입장이나, 지역의 법감정, 정서에 그 판단이 좌우될 수 있는 여지가 엿보인다."라고 서술한데서는 판사의 지적 오만 또는 배심원에 대한 편견이 강하게 드러난다. 재판장은 국민참여재판이 열린 지역은 전주로 이 지역에서는 박근혜 후보의 경쟁자인 문재인 후보의 득표율이 높았던 곳이기에 기피 절차를 통하여 선발된 배심원들이 피고인에게 우호적인 예단을 가지고 있을 것이라는 판단하고 있다. 이러한 판시는 심사숙고 끝에 전원일치에 이른 배심원의 노력은 물론 국민참여재판 제도 자체를 폄하하는 것으로 매우 적절하지 못하다.47)

---

45) 한상훈, "국민참여재판에서 배심원 평결의 기속적 효력에 관한 검토", 한국형사정책학회, 『형사정책』 제24권 제3호(2012), 29면. 국민참여재판으로 진행된 제1심에서 배심원이 만장일치로 한 평결 결과를 받아들여 강도상해의 공소사실을 무죄로 판단하였으나, 항소심에서는 피해자에 대하여만 증인신문을 추가로 실시한 다음 제1심의 판단을 뒤집어 이를 유죄로 인정한 사안에서, 항소심 판단에 공판중심주의와 실질적 직접심리주의 원칙의 위반 및 증거재판주의에 관한 법리오해의 위법이 있다고 판결한 대법원 판례의 취지도 이와 같다고 본다(대법원 2010.3.25. 선고 2009도14065 판결).

46) 황병돈, "국민참여재판 시행 과정상 제기된 문제점 및 개선 방안", 한양법학회, 『한양법학』 제21권 제2집(2010), 46면.

47) 박근혜 후보의 득표율이 높았던 부산 지역에서 박근혜 후보 비방 혐의로 기소된 사건에 대해 열린 국민참여재판에서 배심원들은 무죄평결을 내렸고, 부산지법 형사합의6부는 평결을 존중해 무죄를 선고했다[http://news20.busan.com/controller/newsController.jsp?newsId=20130625000136(2015.3.1. 최종방문)]. 배심원의 정치적 입장, 지역의 법감정을 문제 삼는다면, 이러한 무죄평결은 어떻게 평가해야 하는지 의문이다. 피고인이었던 안도현 시인은 제1심의 유죄판결 직후 자신의 트위터(@ahndh61)에 다음과 같이 심경을 토로했다. "재판부는 배심원 선정과정을 주재했으면서 이제 와서 배심원들을 의심하고 깎아내리면서 무죄 평결을 뒤집었다. 이것이야말로

V. 맺음말 — '비방지목'(誹謗之木)의 정신

중국 요(堯)임금은 궁궐 다리 위에 나무를 세워 놓고 백성들에게 왕이나 정치에 대하여 그릇됨을 지적하는 말을 쓰게 하여 스스로 반성하였다는 고사가 있다. 이 나무는 '비방지목'(誹謗之木)이라고 불렸다. 여기서 왕에 대한 '비방'은 '범죄'가 아니라 권장되어야 할 '덕목'이었음을 알 수 있다.

선거과정에서 시민의 표현의 자유는 지지하는 후보에 대한 열렬한 찬성과 성원, 반대하는 후보에 대한 야멸찬 비판과 조롱을 수반한다. 선거가 무덤처럼 고요해지면, 민주주의는 무덤 앞 묘비명의 문구로 전락한다. 백범 김구 선생의 말씀대로, 민주주의는 "훤훤효효"(喧喧囂囂),[48] 즉, 수많은 사람들이 저마다 떠들어서 시끄러워야 하는 법이다.

공직선거법상 사실적시 후보자 사생활 비방죄와 허위사실공표죄, 형법상 사실적시 명예훼손죄, 허위사실적시 명예훼손죄, 정보통신망 이용촉진 및 정보보호 등에 관한 법률상 사이버명예훼손죄 등이 존재하고 있다는 점을 생각할 때, 이와 별도로 사실적시 후보자비방죄가 필요한지 의문스럽다. 동죄가 야기하는 표현의 자유의 억지를 최소화하기 위해서는 후보자 관련 공적 사안을 이유로 후보자를 비방하는 것은 원칙적으로 처벌대상이 아니라는 해석론이 필요하다.

감성판결이며 정치적 판결이다. 재판부에 모욕당한 배심원들께 위로를 드린다."
48) 김구(도진순 주해), 『백범일지』(돌베게, 2006), 429면.

제 11 장

공직선거법상 허위사실공표죄 판례 비판
–일부 허위가 포함된 합리적 비판의 법적 책임–

"합리적 의심을 할 수 있는 근거가 있는 경우 합리적 의심을 함께
해보는 것, 그것이 선거의 활성화는 물론, 선거를 통해 자격 있는
지도자를 선출하기 위한 중요한 전제조건이다."

(박수진 · 박성철 · 노현웅 · 오승훈)

Ⅰ. 들어가는 말

공직선거에서 후보자에 대한 철저한 검증을 보장하는 것은 대의제 민주주의의 기본이다. 대표를 선출하고 그에게 강한 권한을 부여하고 그의 정치활동의 결과물에 구속되어야 하는 유권자에게 공직선거 후보자의 검증은 필수불가결하다. 그런데 현대 민주주의 사회에서 '정치'는 '전쟁'의 대체물이다. 특히 '제왕적 대통령제'와 소선거구제를 갖는 있는 한국 정치현실에서 대통령 선거와 국회의원 선거는 죽기 살기 전쟁처럼 치러지고, 각 정당과 소속 후보는 '검증'이라는 명분 아래 상대방에 대한 허위비방, 중상모략, 흑색선전 등을 일삼기도 한다.

이러한 상황은 공직선거법에 의하여 의율된다. 특히 공직선거법 제250조 제2항의 허위사실공표죄와 제251조 후보자비방죄 위반의 고소, 수사, 기소, 재판은 선거시기마다 반복되어 왔다. 전자는 "당선되지 못하게 할 목적으로 연설·방송·신문·통신·잡지·벽보·선전문서 기타의 방법으로 후보자에게 불리하도록 후보자, 그의 배우자 또는 직계존·비속이나 형제자매에 관하여 허위의 사실을 공표하거나 공표하게 한 자와 허위의 사실을 게재한 선전문서를 배포할 목적으로 소지한 자는 7년 이하의 징역 또는 500만 원 이상 3천만 원 이하의 벌금에 처한다"(강조는 인용자)라고 규정하고 있다. 후자는 "당선되거나 되게 하거나 되지 못하게 할 목적으로 연설·방송·신문·통신·잡지·벽보·선전문서 기타의 방법으로 공연히 사실을 적시하여 후보자(후보자가 되고자 하는 자를 포함한다), 그의 배우자 또는 직계존·비속이나 형제자매를 비방한 자는 3년 이하의 징역 또는 500만 원 이하의 벌금에 처한다. 다만, 진실한 사실로서 공공의 이익에 관한 때에는 처벌하지 아니한다"(강조는 인용자)라고 규정하고 있다.

특히 허위사실공표죄는 제17대 대통령 선거 시기 이명박 후보 관련 의혹 제기와 그에 대한 처벌로 인하여 정치·사회적으로 뜨거운 쟁점이 되었다. 2007년 한나라당 대선 후보 경선 시기 박근혜 후보와 그 측근들은 이명박 후보와 BBK 관련 의혹을 집요하게 제기했다. 예컨대, (구)한나라당 박근혜 후보자는 2007년 8월 경선 과정에서 "주가조작으로 수많은 사람들에게 피해를 준 BBK가 누구 회사인가. 오늘 아침 신문에 실제 주인이 우리당 모 후보라는 비밀계약서까지 있다고 나왔다. '정치공작'이라고 아무리 외쳐봤자 서류 한 장만 나오면 어쩔 수 없다. 음모론만 외친다고 해결되는 것은 없다"고 발언했고,[1] 박근혜 후보 캠프의 유승민 의원은 "이 전 시장측이 (BBK와의 연루의혹을 차단하기 위해) 'BBK가 다스에만 50억 원을 보냈을 뿐 이 전 시장에게는 송금한 적이 없다'고 거짓 해명하고 있으나 기록에는 BBK가 양측에 모두 돈을 송금한 것으로 돼 있다"며 해명을 촉구했다.[2] 이후 대선에서 (구)대통합민주신당은 이 점을 집중 부각시켰고 그 선봉에는 정봉주 의원이 있었다. 박근혜, 유승민 두 사람은 수사대상에 오르지 않았지만, 정봉주는 허위사실공표죄 등의 위반혐의로 수사를 받고 기소되었다.

정봉주 전 의원에 대한 항소심 유죄판결이 내려진 지 3년 후인 2011년 12월 22일 대법원에서 확정판결이 내려지고 그가 수감되자,[3] 야권은 이 판결이 표현의 자유와 언론의 자유를 제약한 것이라고 강력 반발하였다. 판결 직후 당시 한나라당 사무총장 권한대행 이혜훈 의원도 이 판결에 대하여 "정 전 의원이 왜 유죄인지 모르겠다. 국회의원들 모두가 물증을 가지고 얘기를

---

1) <연합뉴스>(2007.8.17.)(http://news.naver.com/main/read.nhn?mode=LSD&mid=sec&sid1=100&oid=001&aid=0001729378: 2014.11.1. 최종방문).
2) <연합뉴스>(2007.8.12.)(http://news.naver.com/main/read.nhn?mode=LSD&mid=sec&sid1=100&oid=001&aid=0001723996: 2014.11.1. 최종방문).
3) 공직선거법 제 270조는 "선거범과 그 공범에 관한 재판은 다른 재판에 우선하여 신속히 하여야 하며, 그 판결의 선고는 제1심에서는 공소가 제기된 날부터 6월 이내에, 제2심 및 제3심에서는 전심의 판결의 선고가 있은 날부터 각각 3월 이내에 **반드시** 하여야 한다."(강조는 인용자)라고 규정하고 있다. 이 점에서 대법원의 선고는 명백한 법률위반인데, 대법원이 이 조항을 강행규정으로 해석하고 있지 않은 것으로 보인다.

해야 한다면, 얘기를 할 수 있는 사람은 아무도 없다. 상식적으로 합리적인 근거가 있으면 의문을 제기할 수 있는 것이 우리 직업이다. 물증이 없다는 것과 상식적이고 합리적인 추론을 할 수 있다는 것은 다르다."라고 평했다.4) 이후 야당은 허위사실공표죄의 구성요건을 '목적범'으로 변경하고 위법성조각사유를 신설하는 공직선거법 개정안(세칭 '정봉주법')을 제출했다.5) 반면 여당인 새누리당은 2011년 서울시장 보궐선거에서 자당 나경원 후보가 허위사실 공표로 낙선했다고 판단하면서, 허위사실공표죄와 후보자비방죄 동조 위반의 처벌을 강화하는 동법 개정안(세칭 '나경원법')을 제출하였다.6)

　　이하에서는 공직 선거 후보자를 비롯한 공인에 대한 비판내용에 부분적 허위가 포함되어 있는 경우 어떠한 법적 책임을 져야 하는지에 대한 대법원 판례를 중심을 검토한다. 먼저 허위사실의 표현도 헌법적 보호의 대상이 된다는 헌법재판소의 결정을 간략히 살펴본 후, 대법원 판례가 제시하는 정치인의 발언이 민사책임을 지는 요건을 검토한다. 이어 공직선거법상 허위사실공표죄에 있어서 허위사실에 대한 검사의 입증책임을 완화한 대법원 판례 및 정봉주 전 의원 유죄판결을 비판적으로 분석한다.

　　여기서 제17대 대통령 선거 시기 이명박 후보 관련 의혹 주장에 대한 주요 판례가 거론되는 것은 이 후보나 그 비판자의 정치적 입장 중 한 쪽편을 들기 위함이 아니라, 대통령 후보라는 공인 중의 공인에 대한 검증이 어떤 범위 내에서 어떤 기준에 따라 허용되어야 하는가를 밝히기 위함이다.

II. 허위사실과 표현의 자유

　　현행법상 허위의 사실을 표현한 행위를 처벌하는 조항으로는 공직선거법 제250조 제2항의 '허위사실공표죄' 외에 형법 제307조 제2항 '허위사실

---

4) <한겨레>(2011.12.25.)(http://www.hani.co.kr/arti/politics/politics_general/511829.html: 2014.11.1. 최종방문).
5) 의안번호 14514(2012.1.9. 발의).
6) 의안번호 14636(2012.2.6. 발의).

적시 명예훼손죄'와 전기통신기본법 제47조 제1항의 '허위사실유포죄' 등
이 있다. 그러다 보니 허위의 사실을 표현하는 것은 자동적으로 형사처벌대
상이라고 속단하기 쉽다. 그러나 헌법재판소는 '허위사실유포죄'의 위헌성
이 문제가 된 세칭 '미네르바 사건' 결정에서 이 점을 교정한다.

'미네르바'라는 필명을 가진 박대성 씨는 정부의 경제정책을 맹비판하
고 한국 경제추이를 정확히 예견하는 글로 '인터넷 경제대통령'이라는 명성
을 얻었다. 그러나 검찰은 박씨가 정부가 외환시장에 개입했다는 허위사실
을 유포하였다는 이유로 기소하였고 2009년 법원은 그에게 글의 내용이
허위라는 인식이나 공익을 해할 목적이 없다는 이유로 무죄판결을 내렸다.[7]

박대성 씨는 무죄판결을 받았지만, 긴급체포 후 구속되어 구치소에 100
일 이상 갇혀 있으면서 심각한 정신적 충격을 받아 출감 후 병원 치료를
받아야 했고 체중도 40kg이 빠지는 지경에 이르렀으며, 경제평론활동도 중
단하였다. 그가 공고와 전문대를 졸업했다는 점이 언론에 의해 보도되면서
학벌주의 신봉자들로부터 부당한 인신공격을 받기도 했다. 그리고 당시 수
많은 네티즌들이 자신이 올린 정부비판 글을 삭제하는 일이 벌어졌다. 요컨
대, 허위사실유포자를 형사처벌한다는 그럴싸한 명분이 실제로는 한 개인을
얼마나 피폐하게 만들고 표현의 자유 일반을 위축시키는지를 잘 보여준
악례(惡例) 중의 악례였다.

2010년 헌법재판소는 "공익을 해할 목적으로 전기통신설비에 의하여
공연히 허위의 통신을 한 자"를 처벌하는 전기통신기본법 제47조 제1항의
구성요건 중 '공익'이라는 표현이 "형벌조항의 구성요건으로서 구체적인
표지를 정하고 있는 것이 아니라 헌법상 기본권 제한에 필요한 최소한의
요건 또는 헌법상 언론·출판의 자유의 한계를 그대로 법률에 옮겨 놓은
것에 불과할 정도로 그 의미가 불명확하고 추상적이다."라는 이유로 위헌결
정이 내렸다.[8] 사실 민주주의 사회에서 정부의 경제정책을 비판하는 것은

---

7) 서울지방법원 2009.4.20. 선고 2009고단304 판결.
8) 헌법재판소 2010.12.28. 선고 2008헌바157, 2009헌바88(병합) 결정. 당시 동죄의
   위헌성을 주장한 논문으로는 박경신, "허위사실유포죄의 위헌성에 대한 비교법
   적인 분석", 인하대학교 법학연구소, 『법학연구』 제12집 제2호(2009); 송기춘,

'공익을 해'하는 것이 아니라 '공익을 이롭게'하는 것이다.

특히 여기서 중요한 것은 헌법재판소가 허위사실의 표현도 헌법적 보호대상임을 밝혔다는 점이다. 당시 이강국, 이공현, 조대현, 김종대, 송두환 등 5인의 재판관은 과잉금지원칙 위반 여부에 관한 보충의견에서 다음과 같이 설시하였다.

"표현이 어떤 내용에 해당한다는 이유만으로 표현의 자유의 보호영역에서 애당초 배제된다고는 볼 수 없으므로, '허위사실의 표현'도 헌법 제21조가 규정하는 언론·출판의 자유의 보호영역에는 해당하되, 다만 헌법 제37조 제2항에 따라 제한될 수 있는 것이다. 그런데 이 사건 법률조항을 당해 사건에서와 같이 공익을 해할 목적의 허위사실을 내용으로 하는 통신에 적용하는 것은, '공익' 개념의 모호성, 추상성, 포괄성으로 말미암아 필연적으로 규제되지 않아야 할 표현까지 다함께 규제하게 되어 과잉금지원칙에 어긋난다. 나아가 이 사건 법률조항은, 자신이 행하고자 하는 표현이 규제의 대상이 아니라는 확신이 없는 기본권 주체로 하여금 규제를 받을 것을 우려하여 스스로 표현행위를 억제하도록 할 가능성이 높은바, 제재에 대한 두려움으로 인하여 표현이 억제된다면, 표현의 자유의 기능은 훼손될 수밖에 없다. 결국, 이 사건 법률조항은 과잉금지원칙에 위배하여 표현의 자유를 침해하는 것으로서 헌법에 위반된다."[9]

진실과 허위는 일도양단식으로 선명하게 나눠지지 않는다. 일상 시민의 표현에서 진실과 허위는 섞여 있는 경우가 많으며, 권위 있는 학문과 사상도 완전한 진리를 독점하지 못한다.[10] 물론 "○○○는 강간전과자다"

"이른바 '허위사실유포죄'는 없다 ─전기통신기본법 제47조 제1항의 해석 및 위헌론─", 민주주의법학연구회, 『민주법학』 제39호(2009.3); 이향선, "인터넷상의 표현규제에 관한 비교법적 고찰 ─사이버모욕죄 도입과 허위사실유포죄 유지의 법리적 정책성·타당성에 관하여─", 한국언론법학회, 『언론과 법』 제8권 제1호 (2009) 등을 참조하라.

9) *Ibid.*(강조는 인용자).

10) 이와 관련하여 박경신 교수는 다음과 같이 말한다. "진실과 허위의 구분은 항상 잠정적이며 추후에 폐기될 수 있음에도 불구하고 이를 기준으로 특정 표현에 대해 법적 제재를 가하는 것은 부당한 처벌이 될 수 있음은 물론 사람들이 '잠정

와 같이 진위 여부가 간단히 확인 가능한 허위사실을 퍼뜨려 타인의 구체적 법익을 침해하는 것은 민사적·형사적 제재를 받아야 한다.[11] 그러나 자신에 대한 허위사실이 적시, 공표, 유포 당하였다고 주장하는 사람이 공적 인물인 경우에는 법적 제재를 가동하는 것은 극도로 조심해야 한다.

민주주의 사회에서 공인은 항상적인 비판과 검증의 대상인데, 보통의 시민이 그 공인에 대한 완벽한 정보를 가지는 것은 불가능하다. 따라서 시민이 공인에 대한 비판을 하는 과정에서 부분적으로 허위사실이 제기되었다는 이유로 그 시민에게 법적 제재가 내려진다면 표현의 자유는 심각하게 위축될 것이 명약관화하다. 우지숙 교수의 지적처럼, "정부를 비판함에 있어서 '허위가 아닌 진실에 근거해야 한다'는 조건을 다는 것은 비판 자체를 듣지 않겠다는 것"과 같으며, "일반 국민들에게 허위가 아닌 진실에 근거한 비판만을 허용하다면 국민 개인들에게 매번 진실을 밝힐 의무를 지우는 것"과 같은 결과를 낳을 것이다.[12] 그리고 '허위사실유포죄'처럼 허위사실 유포로 침해되는 법익이 추상적인 경우는 그 위험성은 더욱 커진다. 진실과 허위에 대한 최종판단이 법에 의하여 이루어질 때 그 판단자는 국가권력, 특히 특정 시기 집권을 하고 있는 지배세력일 것이기 때문이다.

비교법적으로 볼 때도 허위사실 유포를 형사처벌 조항으로 보유한 민주주의 나라는 한국뿐이다. 서구 국가 중 캐나다가 이러한 조항을 갖고 있었으나, 1992년 연방대법원의 위헌결정으로 그 조문은 폐기되었다.[13] 이하의 동 법원의 설시에서, 상술한 5인 헌법재판관의 보충의견의 문제의식을 재확

적인 진실'을 의견의 형태로 공론의 장에 제시하기를 꺼리도록 하여 도리어 진실의 발견을 가로막거나 더디게 할 수 있다"[박경신(각주 8), 15면].

11) 예컨대, 2010년 6.2. 인천시장 재보궐선거에 출마한 백석두 후보는 상대후보인 송영길 시장을 낙선시킬 목적으로 송 후보가 국회의원 신분이던 2004년 8월 베트남 호치민시를 방문하여 현지 진출을 추진하던 국내 대기업으로부터 술, 골프 등 향응을 제공받고 미성년자 성매매를 한 혐의로 베트남 공안당국에 단속되었으나 대사관에서 무마하였다 등의 주장을 한 이유로 기소되어 유죄판결을 받았다(대법원 2013.4.1. 선고 2011도11688 판결).

12) 우지숙, "진실과 허위 사이: 허위(일 수도 있는)사실의 표현을 위한 항변", 서울대학교 공익산업법센터, 『경제규제와 법』 제2권 제1호(2009.5), 195면.

13) 박경신(각주 8), 27-30면.

인할 수 있을 것이다.

"과장 또는 명백한 조작(falsification)조차도 표현의 자유의 근저에 있는 가치와 연결된 유용한 사회적 목표에 기여할 수 있다. 동물학대와 싸우는 사람은 그의 신념을 추구하면서, 그리고 보다 근본적인 메시지, 즉 '동물학대가 확산되고 있는 바 이는 중단되어야 한다'라는 메시지를 전달하려는 목적을 가지고 허위의 통계를 이용할 수 있다. 의사는 확산되고 있는 전염병을 대비하여 예방접종하라고 설득하기 위하여 잠재적인 바이러스 감염자의 수나 지리적 위치를 과장할 수 있다. 예술가는 예술적 목적으로 갖고서 특정 사회가 사실의 주장이자 명백히 의도적인 거짓말로 간주할 수 있는 진술을 할 수 있다. … 이 모든 표현들은 정치적 참여와 개인의 자기실현을 촉진하는 내재적 가치를 가지고 있다."14)

III. 정치인의 경솔하거나 과장된 발언의 민사책임에 대한 판례 경향

1. 악의적이거나 심히 경솔한 공격으로서 현저히 상당성을 잃은 공격의 금지

정치인의 비판발언의 민사책임에 대한 두 개의 지도적 판결을 보자. 먼저 2000년 7월 피고 (구)한나라당 부총재 최병렬 의원이 서울 남부지청 부장검사가 제16대 국회의원 총선거에서 자신에게 정치보복을 하고 있다는 기자회견을 하자 이 검사가 손해배상소송을 제기한 사건에서, 대법원은 피고 패소 부분을 파기하면서 다음과 같이 설시했다.

"표현의 자유와 명예보호 사이의 한계를 설정함에 있어서는, 당해 표현으로 인하여 명예를 훼손당하게 되는 피해자가 공적인 존재인지 사적인 존재인지,

---

14) R. v. Zundel[1992] 2 S.C.R 731.

그 표현이 공적인 관심 사안에 관한 것인지 순수한 사적인 영역에 속하는 사안에 관한 것인지 등에 따라 그 심사기준에 차이를 두어, 공공적·사회적인 의미를 가진 사안에 관한 표현의 경우에는 언론의 자유에 대한 제한이 완화되어야 한다. 또한, 공직자의 업무처리가 정당하게 이루어지고 있는지 여부는 항상 국민의 감시와 비판의 대상이 되어야 하고, 특히 선거법위반사건 등 정치적인 영향력을 가진 사건 처리의 공정성에 대한 정당의 감시기능은 정당의 중요한 임무 중의 하나이므로, 이러한 감시와 비판기능은 보장되어야 하고 그것이 악의적이거나 **현저히** 상당성을 잃은 공격이 아닌 한 쉽게 제한되어서는 아니된다."15)

그리고 제16대 대통령선거를 앞둔 2002년 8월 피고 (구)민주당 이낙연 대변인은 국가정보원에서 직권면직된 사람들의 모임인 '국가사랑모임'이 (구)한나라당 이회창 후보 아들의 병역비리와 및 은폐의혹을 방해하는 정치공작과 관련이 있다는 주장을 펴자, '국가사랑모임' 소속 인사들은 손해배상소송을 제기하였다. 대법원은 원고 패소 판결을 확정하면서 다음과 같이 설시하였다.

"정당 대변인으로서의 공식적인 정치적 논평이나 정치적 주장에는 국민의 지지를 얻기 위하여 어느 정도의 단정적인 어법도 종종 사용되고, 이는 수사적인 과장표현으로서 용인될 수도 있으며, 국민들도 정당 대변인의 정치적 주장 등에 구체적인 사실의 적시가 수반되지 아니하면 비록 단정적인 어법으로 공격하는 경우에도 대부분 이를 정치공세로 치부할 뿐 그 주장을 그대로 객관적인 진실로 믿거나 받아들이지는 않는 것이 보통이므로, 정당 대변인의 정치적인 논평의 명예훼손과 관련한 위법성을 판단함에 있어서는 이러한 특수성이 충분히 고려되어야 할 것이다. … 따라서 공공의 이해에 관련된 사항에서 정당 상호간의 정책, 정견, 다른 정당 및 그 소속 정치인들의 행태 등에 대한 비판, 이와 직접적으로 관련된 각종 정치적 쟁점이나 관여 인물, 단체 등에 대한 문제의 제기 등 정당의 정치적 주장에 관하여는 그것이 어느 정도의 단정적인 어법 사용에 의해 수사적으로 과장 표현된 경우라고 하더라도 구체적 정황의

---

15) 대법원 2003.7.22. 선고 2002다62494 판결(강조는 인용자).

뒷받침 없이 악의적이거나 **현저히** 상당성을 잃은 공격이 아닌 한 쉽게 그 책임
을 추궁하여서는 아니 된다고 할 것이다."16)

이러한 판례경향은 이명박 후보의 **BBK** 연루의혹 수사검사에 대한 정
봉주 의원의 비판 발언을 다룬 민사판결에서도 확인된다. 이 사건의 원고
검사들은 서울중앙지방검찰청 특별수사팀에 소속되어 '김경준에 대한 범죄
인 인도청구 대상 범죄, 주식회사 다스의 사기 고소사건, 주식회사 다스의
주식매각 또는 백지신탁 불이행에 따른 (구)한나라당 이명박 후보자의 공직
자윤리법 위반 의혹, (구)대통합민주신당의 이명박 후보자 주가조작 고발사
건'에 관하여 수사하였는데, 피고 정봉주 의원이 기자회견 등을 통하여 원고
들이 (구)한나라당 이명박 후보자의 혐의를 덮어주기 위하여 이 후보자에게
불리한 증거자료를 숨기거나 은폐하는 방법으로 짜맞추기식 수사를 하였다
는 한 것으로 인식되도록 발언하여 자신들의 인격권을 훼손하였다는 이유로
손해배상소송을 제기하였다.
　　그러나 서울고등법원 제19민사부(재판장 고의영)는 피고의 이 사건 발언
이 원고들에 대한 불법행위임을 전제로 하는 원고들의 이 사건 청구는 이유
없다고 판단하고 이를 모두 기각하였다.17) 동 재판부는 정봉주 의원의 "발
언 당시 그 내용이 객관적 자료에 의하여 최종적으로 확인되지는 않았고
이 사건 발언으로 인하여 검사인 원고들의 사회적 평가가 저하될 수 있다고
하여 바로 원고들에 대한 명예훼손이 된다고 할 수 없고, 이 사건 발언이
공직자 또는 공직 사회에 대한 감시·비판·견제라는 정당한 표현의 범위를
벗어나 악의적이거나 심히 경솔한 공격으로서 현저히 상당성을 잃은 것으로
평가되지 않는다."라고 판단하고, "대통령선거 후보자의 도덕성과 자질에
관한 진실규명과도 직결될 수 사항에 관한 것"인 경우 언론의 자유에 대한
제한이 완화되어야 할 것이라고 판단하였다.18)

---

16) 대법원 2005.5.27. 선고 2004다69291 판결(강조는 인용자); 대법원 2003.7.8. 선고
　　2002다64384 판결; 대법원 2007.11.30. 선고 2005다40907 판결 동지.
17) 서울고등법원 제19민사부 2011.4.26. 선고 2010나68581 판결.
18) *Ibid.*

여기서 이명박 후보의 BBK 연루의혹에 대한 정봉주 의원의 발언에 대한 재판부의 판단을 보자.

> 피고는 이 사건 발언에서 메모B를 언급하였는데 이러한 메모B는 김경준이 작성한 것이어서, 피고가 이러한 메모B의 존재 자체를 언급하는 것은 허위의 사실을 공표하는 것이 아니라고 할 것이다.
> 검찰의 최종수사결과 발표에서는 김경준이 BBK지분 100%를 유지한다는 사업구상을 기재한 자필 메모까지 발견되었고 이명박 후보자가 LKe뱅크, BBK B.V.I.를 통해 BBK를 소유한 적이 없으며 이명박 후보자가 김경준과 공모하여 BBK와 관련된 주가조작 및 횡령에 가담하지 않았다는 사실이 확인되었다고 하였는바, 이는 김경준의 자필 메모가 위와 같은 수사결론에 이르게 된 하나의 근거가 되었다는 것이다. 그런데 피고가 입수하여 가지고 있던 메모B는 김경준이 작성한 것이면서도 이명박 후보자가 김경준과 함께 설립하여 그와 함께 대표이사로 취임한 LKe뱅크가 BBK B.V.I.의 100% 지분을 가진 것으로 기재되어 있어, 이러한 경우 피고로서는 위와 같은 수사결론에 의문을 가질 만한 이유가 있었다고 할 것이다.
> 피고는 메모B가 김경준의 필체라는 것을 확인하고 변호사를 통하여 메모B를 김경준이 작성하였음을 확인하였으며, 하나은행이 투자결정을 할 때 작성하였던 자료들, 이명박 후보자의 명함 등 및 당시까지의 언론기사들과 비교하여 메모B가 사실에 부합하는지를 검토하였고, 검찰의 최종수사결과 발표나 피고의 이 사건 발언 이전인 2007. 11. 22.경에는 이명박 후보자의 친구가 BBK와 LKe뱅크 및 EBK의 회장 겸 대표이사가 이명박 후보자로 되어 있는 명함을 이명박 후보자로부터 직접 받았다고 주장하면서 그 명함을 공개한 바가 있었다. 이러한 경우 피고로서는 메모B의 작성 및 내용의 신빙성 여부를 확인하기 위해 상당한 노력을 하였다고 할 것이고, 메모B가 상당한 정도의 신빙성을 가졌다고 믿음에 있어 피고가 심히 경솔

했다고 보기 어렵다고 할 것이다.

➤ 김경준에 대한 수사는 앞서 본 바와 같이 대통령선거 후보자의 공직 담당 적격을 검증하는 의미가 있어, 피고의 생각이나 판단과 같이 검찰이 메모A만을 검토하고 메모B를 고려하지 않았다면, 이 사건 발언 당시 국회의원인 피고로서는 검찰의 수사결론이 옳은지에 관하여 의문을 제기하고 조사를 촉구하는 등 감시와 비판을 할 필요가 있었다고 할 것이다.

이 판결은 대법원에 의하여 확정된다. 대법원은 다음과 같이 판시했다.

이 사건과 같이 검찰의 수사내용이 국민적 관심 대상인 경우 그 수사과정의 적법성과 공정성도 엄정하고 철저하게 검증되어야 하므로 수사과정에 대한 의혹 제기가 공적 존재의 명예보호라는 이름으로 쉽게 봉쇄되어서는 안 된다. 나아가 ○○○○○당의 대책단장인 피고가 소속 정당이 고발한 BBK 사건의 엄정하고 객관적인 수사가 이루어질 수 있도록 검찰에 메모B를 미리 제공하거나 이 사건 발언을 하기에 앞서 검찰에 그 내용을 확인하지 않은 것은 적절하지 않으나, 이 사건 발언의 내용이나 표현방식, 공익성의 정도, 사실확인을 위한 노력의 정도 등 여러 사정을 종합하면 피고의 행위가 표현의 자유의 한계를 벗어난 것으로 보기는 어렵다.[19]

물론 이 판결은 정봉주 의원의 'BBK 검사'들에 대한 비난이 민사불법에 해당하는가에 대한 것이지만, 정봉주 의원이 이명박 후보가 BBK의 실소유자라고 믿은 데는 상당한 이유가 있었다고 판단하였음을 알 수 있다.

---

19) 대법원 2013.6.28. 선고 2011다40397 판결. 같은 맥락에서 BBK 검사들이 <시사인>을 발간하는 주식회사 참언론과 소속 기자 주진우를 대상으로 제기한 손해배상 소송도 원고패소가 확정된다(대법원 2012.8.23. 선고 2011다40373).

2. 평 석

이상의 민사판결은 민주주의 사회에서 표현의 자유의 의미와 정치인의 역할이 무엇인지를 정확히 파악하고 있다. 공적 사안과 관련하여 공적 존재에 대한 비판은 부분적으로 허위를 포함하더라도 법적 책임을 물을 수 없으며, 이와 관련한 정치인의 단정적이고 과장된 표현은 용인되어야 한다는 것이다.

그리고 2002다62494 판결과 2004다69291 판결은 "구체적 정황의 뒷받침 없이 악의적이거나 현저히 상당성을 잃은 공격"은 허용되지 않는다고 밝히고 있다. 여기서 '악의'란 개념은 미국 법리상 '현실적 악의'(actual malice)에서 온 것으로 보이는데, 이는 피고인이 자신의 공표하는 내용이 허위임을 실제로 알았거나 또는 그 진실성에 대하여 중대한 의심을 가지고 있었던 경우를 말한다.[20] 그리고 현저히 '상당성'을 잃은 공격은 금지된다고 하였던바, 현저하지 않는 정도의 '상당성'을 잃은 공격은 용인되어야 한다는 취지라고 할 수 있다. 같은 맥락에서 2010나68581 판결은 "심히 경솔한 공격"은 허용되지 않는다고 하였는바, 이는 심하지 않은 '경솔한 공격'은 용인되어야 한다는 취지이기도 하다.

IV. 후보자 검증을 억제하는 허위사실공표죄 형사판례 비판

이러한 민사판례의 경향은 형사판결에서 변경된다. 재산적 배상을 수반하는 민사제재에 비하여 형사제재는 자유의 박탈이나 제한을 수반한다.

---

[20] 이는 공직자의 직무행위에 대한 언론의 비판이 민사불법으로서의 명예훼손이 되는가에 대한 미국의 지도적 판결인 New York Times v. Sullivan, 376 U.S. 254 (1964); St. Amant v. Thompson, 390 U.S. 727(1968) 등에서 확립되었다. '현실적 악의'의 법리에 대해서는 이 책 238-244면 및 신평, 『명예훼손법』(청림출판, 2004), 176-192면; 박용현·이순혁, 『정봉주는 무죄다』(씨네21북스, 2012), 96-117면을 참조하라.

헌법적 기본권 사이에 명확한 '서열'이 있다고 할 수는 없다고 하더라도,
자유가 재산에 비하여 우위에 선다는 점은 이견 없이 받아들여지고 있다.
그렇다면 형사제재가 수반되는 형사불법이 인정되기 위해서는 민사불법
보다 더 엄격한 요건이 요구되어야 한다. 그러나 대법원은 형사불법을 더
쉽게 인정할 수 있도록 요건을 설정한다. 이하에서 주요한 허위사실공표죄
판결을 분석하기로 한다.

1. 허위에 대한 검사의 '입증책임'의 완화

(1) 대법원 2003.2.20. 선고 2001도6138 전원합의체 판결과 대법원 2005.7.22. 선고 2005도2627 판결

허위사실공표죄에서 '허위'는 범죄사실을 구성하는 것이므로 소추측이
입증책임을 지는 것은 민주주의 형사소송의 기본이다. 대법원도 "공직선거
및선거부정방지법 제250조 제2항 소정의 허위사실공표죄가 성립하기 위하
여는 공표된 사실이 허위라는 점에 대한 적극적인 증명이 필요하고, 그 사실
이 진실이라는 증명이 없다는 것만으로는 허위사실공표죄가 성립할 수 없다
고 할 것이다."라고 밝힌 바 있다.[21]

그런데 이러한 원칙은 허위의 증명 방식과 정도에 대한 두 개의 대법원
판결, 즉 대법원 2003.2.20. 선고 2001도6138 전원합의체 판결과 대법원
2005.7.22. 선고 2005도2627 판결에 의하여 약화된다.

그간 2001도6138 전원합의체 판결은 선고유예의 요건 중 "개전의 정상
이 현저한 때"가 무엇을 의미하는지를 밝힌 판결로 조명을 받아왔지만, 상술
한 '정봉주 판결'을 비롯하여 허위사실공표 위반 여부를 판단하는 지침을
제시했다는 점은 주목받지 못했다.

이 사건 피고인 송영진은 제16대 국회의원선거에 충청남도 제1군선거
구에서 입후보한 사람으로, 후보자초청공개토론회에서 과거 충남 제1군에
제2국가공단을 조성할 당시 (구)민주정의당 소속 국회의원이었던 김현욱을

---

21) 대법원 2003.11.28. 선고 2003도5279 판결.

낙선시킬 목적으로 "제2 [국가]공단을 [만들 때] 수십억 [원대의] 정치 [자금
을 만들어] 당시 [민주정의당] 국회의원들이 그것을 나누어 썼다는[,] 그런
제보가 있었는데, 그것을 제가 [제13대 국회의원 선거 당시] 공적으로 유세
하면서 얘기했던 사실도 있습니다", "제2공단은 … [제5공화국] 시절에 김
현욱가 계시던 [민주정의당]에서 정치자금을 마련하기 위해서 … 당시[로서
는] 엄청난 돈으로 […] 대산건설을 시켜서 [만들었]습니다. 거기서 엄청난
돈이 빠져나가서 전두환 대통령한테 그것을 심판도 받고 그랬는데[…]"라고
발언하였다. 또한 피고인은 후보자합동연설회에서 "[김현욱이] 의심의 여지
가 많은 방법으로 군복무를 완수하지 못하고 '의가사 제대'했다고 했고,
그 자식도 … 고의로 체중을 불려 군대에 가지 않았다는 소문이 많이 있다."
라고 발언하였다.

대법원은 피고인의 유죄를 확정하면서, 다음과 같은 지당한 원론을 제
시한다.

> "민주주의정치 제도 하에서 언론의 자유는 가장 기초적인 기본권이고 그것
> 이 선거과정에서도 충분히 보장되어야 함은 말할 나위가 없다. 그리고 공직선
> 거에 있어서 후보자의 공직담당적격을 검증하는 것은 필요하고도 중요한 일이
> 므로 그 적격검증을 위한 언론의 자유도 보장되어야 하고, 이를 위하여 **후보자**
> **에게 위법이나 부도덕함을 의심케 하는 사정이 있는 경우에는 이에 대한**
> **문제 제기가 허용되어야 하며, 공적 판단이 내려지기 전이라 하여 그에 대한**
> **의혹의 제기가 쉽게 봉쇄되어서는 안 된다.**"22)

문제는 그 다음의 논리이다.

> "그러나 한편, 근거가 박약한 의혹의 제기를 광범위하게 허용할 경우 비록
> 나중에 그 의혹이 사실무근으로 밝혀지더라도 잠시나마 후보자의 명예가 훼손
> 됨은 물론 임박한 선거에서 유권자들의 선택을 오도하는 중대한 결과가 야기되
> 고 이는 오히려 공익에 현저히 반하는 결과가 된다.

---

22) 대법원 2003.2.20. 선고 2001도6138 전원합의체 판결(강조는 인용자).

그러므로 후보자의 비리 등에 관한 의혹의 제기는 비록 그것이 공직적격 여부의 검증을 위한 것이라 하더라도 무제한 허용될 수는 없고 그러한 의혹이 진실인 것으로 믿을만한 상당한 이유가 있는 경우에 한하여 허용되어야 한다. 그리고 이때 의혹사실의 존재를 적극적으로 주장하는 자는 그러한 사실의 존재를 수긍할 만한 소명자료를 제시할 부담을 진다고 할 것이고, 그러한 소명자료를 제시하지 못한다면 달리 그 의혹사실의 존재를 인정할 증거가 없는 한 허위사실의 공표로서의 책임을 져야 할 것인 반면, 제시된 소명자료 등에 의하여 그러한 의혹이 진실인 것으로 믿을만한 상당한 이유가 있는 경우에는 비록 사후에 그 의혹이 진실이 아닌 것으로 밝혀지더라도 표현의 자유 보장을 위하여 이를 벌할 수 없다고 할 것이다."[23]

이는 이후의 2005도2627 판결에서 구체화된다. 이 사건의 피고인 허인회는 당시 (구)열린우리당 전국청년위원장이자 제17대 국회의원선거 동대문을 선거구에 (구)열린우리당 후보로 입후보한 자로서, 기자들에게 박정희 전 대통령의 스위스 은행 비자금이 당시 (구)한나라당 박근혜 대표에게 전달되었다는 이야기가 있다는 발언을 하여 기소되어 유죄판결을 받았다.

"위[=검사의] 증명책임을 다하였는지 여부를 결정함에 있어서는, 어느 사실이 적극적으로 존재한다는 것의 증명은 물론 그 사실의 부존재의 증명이라도 특정기간과 특정장소에서의 특정행위의 부존재에 관한 것이라면 적극적 당사자인 검사가 이를 합리적 의심의 여지가 없이 증명하여야 할 것이지만, 특정되지 아니한 기간과 공간에서의 구체화되지 아니한 사실의 부존재를 증명한다는 것은 사회통념상 불가능한 반면 그 사실이 존재한다고 주장, 증명하는 것이 보다 용이한 법이므로 이러한 사정은 검사가 그 입증책임을 다하였는지를 판단함에 있어 고려되어야 할 것이고(대법원 2004.2.26. 선고 99도5190 판결 참조), 따라서 의혹을 받을 일을 한 사실이 없다고 주장하는 사람에 대하여 의혹을 받을 사실이 존재한다고 적극적으로 주장하는 자는 그러한 사실의 존재를 수긍할 만한 소명자료를 제시할 부담을 진다고 할 것이며, 검사는 제시된 그 자료의 신빙성을 탄핵하는 방법으로 허위성의 입증을 할 수 있다고 할

---

23) *Ibid.*(강조는 인용자).

것인데(대법원 2003.2.20. 선고 2001도6138 전원합의체 판결 참조), 이때 제시하여야 할 소명자료는 위의 법리에 비추어 단순히 소문을 제시하는 것만으로는 부족하고 적어도 허위성에 관한 검사의 입증활동이 현실적으로 가능할 정도의 구체성은 갖추어야 할 것이며, 이러한 소명자료의 제시가 없거나 제시된 소명자료의 신빙성이 탄핵된 때에는 허위사실 공표로서의 책임을 져야 할 것이다."24)

(2) 평 석

공직선거 과정에서 의혹을 주장하는 자와 의혹이 없다고 주장하는 자가 충돌할 때 전자는 자신의 주장을 뒷받침하는 일정한 근거와 자료를 제출해야 한다. 그렇지 않고 근거를 밝힐 수 없는 '제보'가 있다거나 '소문'이나 '설'이 있다는 이유로 막연한 의혹을 주장하여 상대방에게 돌이킬 수 없는 타격을 입히는 것은 허용되어서는 안 된다. 위 판례가 이 정도의 얘기를 하는 것이라면 동의할 수 있다. 두 사건의 피고인들의 행위는 "심히 경솔한 공격으로서 현저히 상당성을 잃은 공격"에 해당할 가능성이 있다. 의혹제기자가 의혹이 있다고 주장만 해놓은 경우에도 통상의 형사사건처럼 검사에게 그 의혹이 허위라는 점을 입증하는 부담을 강하게 지울 수는 없을 것이다.

문제는 실제 사건에서 "의혹이 진실인 것으로 믿을 만한 상당한 이유", "사실의 존재를 수긍할 만한 소명자료를 제시할 부담", "허위성에 관한 검사의 입증활동이 현실적으로 가능할 정도의 구체성"이 어떻게 해석되는가이다. 이 '상당한 이유', '부담', '구체성'의 수준을 높이 잡게 되면 형사사건에서 입증책임은 검사가 진다는 형사소송법의 원칙은 사실상 무너진다. 원칙과 예외가 전도되는 것이다. 검사는 의혹제기자의 주장이 '허위'인지 여부를 밝히지 않더라도 제기자의 주장 근거가 취약하다는 점만 밝히면 유죄판결을 확보할 수 있고, 이렇게 되면 공직자(후보)에 대한 검증은 형사처벌의 위협을 각오할 때만 가능해진다. 즉, "검사의 적극적인 입증책임을 피고인이 제출한 소명자

24) 대법원 2005.7.22. 선고 2005도2627 판결(강조는 인용자). 대법원 2009.3.12. 선고 2008도11443 판결 동지.

료에 대한 신빙성 탄핵 책임으로 사실상 완화시키고 있고, 이로 인해서 허위
사실공표죄의 구성요건인 사실의 허위성이 직접적으로 입증되지 않더라도
범죄가 성립할 수 있다는 역설적인 결과가 초래"될 수 있는 것이다.25) 그리
고 피고인의 '소명부담'의 수준에 대한 판단이 사건을 담당하는 판사마다
달라진다면 법집행의 형평성은 흔들린다.

제9장에서 검토한 미국의 'New York Times v. Sullivan 판결'은 민사사
건임에도 통상 민사사건에서 요구되는 '증거의 우월'(preponderance of evidence)
보다 입증 부담이 높은 '명백하고 확실한 증명'(clear and convincing proof)을
요구함으로써, 원고가 '현실적 악의'를 입증하는 것은 매우 어렵게 만들고
표현의 자유를 강하게 보호하였다. 그런데 대법원 판례는 형사사건임에도
소추측의 입증부담을 완화시켜주었다. 그리하여 김종철 교수는 다음과 같이
말한다.

"대법원의 이러한 태도는 입증책임의 완화를 통해 의도적으로 전혀 근거
없는 허위의 사실을 유포하고자 하는 권리남용자를 통제하기 위한 고육지책의
성격을 가지는 것이다. 그러나 이러한 예외입증의 완화는 허위사실임을 적극
인지한 것으로 객관적으로 증명되지 않고 허위사실의 유무가 오히려 수사에
의해 일정부분 직접 규명될 필요가 있는 표현행위로서 그 행위의 동기가 선거
에서 공직검증을 하기 위한 것과 같이 공공의 목적에 부합하는 사안인 경우에
는 적용되어서는 아니된다. 만일 이러한 예외를 인정하지 아니하면 역설적으로
허위사실의 입증책임이 오히려 표현행위자에게 전가되고 공적 목적을 위한
활동이 위축되는 역설이 초래될 수 있기 때문이다."26)

박영선 의원이 대표발의한 '공직선거법 일부개정법률안'27)의 발의자
들도 제안이유에서, 정봉주 판결과 선(先)판례는 "사실상 '허위'에 대한 입증

25) 윤지영, "공직선거법 제250조 제2항 허위사실공표죄의 구성요건과 허위성의 입
증", 한국형사판례연구회, 『형사판례연구』 제20호(2012), 623면.
26) 김종철, "공직선거법 제250조 제2항(낙선목적 허위사실 공표죄)와 관련된 대법원
판결에 대한 헌법적 검토", 연세대학교 법학연구원, 『법학연구』 제22권 제1호
(2012.3), 21면.
27) 의안번호 14514(2012.1.9. 발의).

책임을 의혹제기를 한 진술자에게 전환시킨 것"이고 "'허위'라는 입증을 검사가 직접적으로 하지 아니하였음에도 유죄 판결을 선고함으로써 향후 허위사실공표죄를 수사하는 검사는 의혹제기자의 근거가 충분한지 여부만 조사하면 되고 정작 '허위인지 여부'는 조사하지 않아도 되어 실체적 진실을 밝힐 필요가 없어"지도록 만들었다고 비판하고 있다.

요컨대, 허위성과 관련한 피고인의 '소명부담'은 검사의 '입증책임'보다 그 양과 질에 있어서 반드시 가벼워야 하고, 그 판단기준은 균일해야 한다. 그리고 2001도6138 전원합의체 판결과 2005도2627 판결은 형사입증책임분배의 원칙에 대한 예외를 인정하는 것으로 독해되어서는 안 된다. 이 판결들이 제시한 법리는 "보충적이고 제한적인 사실인정의 방법으로 원용되어야 할 것"인바, 법원의 촉구에도 불구하고 소명자료를 제출하지 못하거나 제출된 소명자료가 구체성 없는 막연한 내용에 불과한 경우에만 적용되어야 한다.[28]

한편, Ⅲ.에서 상술했듯이 민사판결은 '심히 경솔한 공격'으로 '현저히 상당성을 잃은 공격'을 불허하였다. 즉, 심하지 않는 정도의 '경솔한 공격', 현저하지 않는 정도의 '상당성'을 잃은 공격은 허용된다는 것이다. 그런데 위의 형사판결에 따르면 민사판결이 허용하는 수준의 공격도 불허되어 처벌될 수 있다. 이는 표현의 자유의 위축을 초래할 것이며, "공직선거및선거부정방지법 제250조 제2항소정의 허위사실공표죄가 성립하기 위하여는 공표된 사실이 허위라는 점에 대한 적극적인 증명이 필요하고, 그 사실이 진실이라는 증명이 없다는 것만으로는 허위사실공표죄가 성립할 수 없다고 할 것이다."[29]라는 다른 판결의 취지를 유명무실하게 만들 것이다.

---

28) 천대엽, "허위사실공표죄의 구성요건인 '허위사실'의 입증문제", 『형사재판의 제문제』 제5권(2005), 381-382면.
29) 대법원 2003.11.28. 선고 2003도5279 판결.

2. 김현미 의원 무죄 판결과 정봉주 의원 유죄 판결 비교

이하에서는 지난 제17대 대통령 선거 시기 이명박 후보 관련 의혹을 제기하여 기소되었던 두 명의 야당 정치인에 대한 판결을 차례로 보면서 공표내용이 허위인가에 대한 고의가 있는지, 그리고 진실성 오신에 대한 상당한 이유가 있는지에 대한 법원의 판단을 비교하기로 한다.

(1) 김현미 의원 무죄 판결

먼저 지난 제17대 대선 시기 김현미 의원은 (구)대통합민주신당 대변인으로서 '이명박 후보자가 다스와 도곡동 땅을 차명으로 보유하고 있다', '이명박 후보자는 자신이 소유하고 있는 건물에서 성매매 업소를 임대하여 임대료를 지급받는 불법적이거나 부도덕한 방법으로 재산을 모았다' 등의 발언을 한 이유로 기소되었다. 그러나 대법원에서 확정된 서울고등법원 제11형사부(재판장 이기택)의 판결은 무죄를 선고하였다.[30] 재판부는 김 의원이 이명박 후보자가 다스와 도곡동 땅을 차명으로 보유하고 있다고 공표하였지만, 허위사실공표의 범의가 있었다고 보기 어렵다고 판단했다. 즉,

"이명박 후보자가 다스와 도곡동 땅을 차명으로 소유하고 있다는 의혹은 한나라당 대통령후보 경선 과정에서부터 제기되어 이를 둘러싼 공방이 계속되고 있었고, 그러한 의혹은 김만제의 언급에 대한 언론 보도뿐만 아니라 2007년 8월 13일자 검찰의 수사 결과 발표에서도 어느 정도 근거가 있는 것으로 받아들여졌으며, 그 이후에도 도곡동 땅 매도대금 중 일부가 다스의 증자대금으로 사용되었고, 다스의 BBK 투자금이 LKe뱅크의 자본금으로 사용되었다는 언론보도 등에 의하여 뒷받침이 되고 있었던 점, 그 후 2007년 12월 5일 검찰의 수사 결과 발표에서 이명박 후보자가 다스의 실질적인 소유자라는 증거가 없다는 발표가 있기는 했으나, 그 이후에도 국민의 상당 수는 검찰의 수사 결과를 불신했고, 이러한 불신은 김경준의 자필메모, 민주

---

30) 서울고등법원 2008.12.17. 선고 2008노2739 판결. 이 항소심 판결은 대법원이 검사의 상고를 기각함에 따라 확정되었다(대법원 2009.6.23. 선고 2009도147 판결).

당 국회의원들과의 면담 내용 공개 등에 의하여 더욱 증폭되었으며, 결국 특별검사를 임명하여 전면적인 재수사를 하기까지 한 점, 김현미 의원은 민주당 대변인으로서의 당론에 따라 위 브리핑을 한 것인 점 등을 종합하여 보면, 김현미 의원이 허위라는 것을 인식했거나 그럴지도 모른다는 생각을 하면서도 이를 용인하고 위와 같이 브리핑을 했다고 단정하기는 어렵고, 오히려 위와 같은 여러 사정에 비추어 보면 **김현미 의원으로서는 이명박 후보자가 다스와 도곡동 땅을 실질적으로 소유하고 있다고 믿었고 그와 같 이 믿을 만한 상당한 이유도 있다고 봄이 상당하므로, 김현미 의원에게 허위 사실공표의 범의가 있었다고 보기 어렵다.**"31)

또한 이명박 후보 소유건물에 성매매 업소를 임대하였다는 주장의 경 우는 "한겨레신문에서 이명박 후보자 소유의 위 건물에 있는 유흥주점에서 성매매가 이루어지고 있고, 대명통상의 직원들이 거기에 협조까지 하고 있 다는 보도를 하였던 점, 유흥주점에서 성매매가 행하여지는 것은 종종 있는 일이고, 그 업주 … 또한 원심에서 증인으로 출석하여 위 유흥주점에서 성매 매가 이루어졌을 가능성이 있다는 것에 대하여 적극적으로 부인하지는 않은 점 등에 비추어 보면, 위와 같은 언급이 허위라고 단정하기는 어렵"고, 설사 허위라고 하더라도 김 의원이 그와 같이 믿은 것에는 상당한 이유가 있다고 판단하였다.32)

이 판결은 상술한 민사판례와 시각과 논리를 공유하고 있음을 확인할 수 있다. 피고인의 공격을 받은 사람이 대통령 후보라는 공인 중의 공인이라 는 점, 그리고 피고인이 이러한 주장을 하게 된 상황을 고려할 때 ―민사판결 의 표현을 빌자면― 그의 공격이 "악의적이거나 심히 경솔한 공격으로서 현저히 상당성을 잃었다"고는 볼 수 없다는 것이다.33)

---

31) 서울고등법원 2008.12.17. 선고 2008노2739 판결(강조는 인용자).
32) *Ibid.*
33) 재판부는 이명박 후보자의 배우자 김윤옥 씨가 착용하고 있는 시계가 1,500만 원 상당의 프랭크뮬러 시계라고 말한 점에 대해서는 허위사실공표죄의 유죄를 인정하였다. 재판부는 김의원이 부하직원으로 하여금 김씨의 시계가 찍힌 사진을 백화점 프랭크뮬러 매점의 직원 두 사람에게 보여주고 그들로부터 프랭크뮬러라 는 확인을 받았다는 항변을 믿지 않았다. 다스 및 도곡동 땅 소유, 성매매업소

이명박 후보와 관련은 없는 사안이지만, 사회적 관심을 끌었던 2011년 서울시장 보궐선거 과정에서 나경원 후보가 연간 1억 원이 드는 피부 클리닉을 다녔다는 <시사IN> 보도에 대하여 2012년 검찰이 무혐의 처분을 내린 것,[34] 그리고 2012년 11월 20일 <시사IN> 주진우 기자가 동 잡지 인터넷판에 "박근혜 후보 5촌 조카 살인사건의 새로운 의혹들"이라는 제목의 기사 및 딴지그룹 김어준 대표와 함께 진행하는 동년 12월 8일 팟캐스트 '나는 꼼수다' 방송을 통하여, 박 후보의 동생 박지만 씨가 문제의 살해사건에 연루된 것처럼 공표한 것에 대하여 국민참여재판의 배심원들의 다수가 무죄 의견을 제출하고 제1심 및 제2심 재판이 무죄를 선고한 것도 같은 맥락에서 이해될 수 있다.[35]

임대의 경우와는 달리 이 시계주장의 경우는 간단한 노력으로 그 진위가 확인될 수 있었는데 피고인은 그러한 노력을 충분히 하지 않은 것으로 판단하였던바, 이 점 동의한다.

34) 검찰이 문제의 피부클리닉의 장부를 압수해 확인한 결과 진료비의 연간 최고액은 1년에 약 3천만 원이고, 나 후보는 15차례에 걸쳐 550만 원을 낸 것으로 나타났다고 밝혔다. 그렇지만 '1억 원 피부 클리닉' 기사를 쓴 기자들에게 허위사실의 인식이 없기에 무혐의처분했다. 당시 <시사IN> 기자들은 해당 'ㄷ 클리닉' 원장을 취재하였는데, 그는 기자가 클리닉 비용을 '한 장'이라 듣고 왔다고 말하자 "한 장이 어떤 의미인지 알고 있냐"고 반문한 뒤 기자가 '1억 원'이라고 대답하자 "애(허은선 기자)는 젊으니까 그럴 필요 없다. 반 정도면 된다."라고 말했다[<시사인> 제227호(2012.2.6.)(http://www.sisainlive.com/news/articleView.html?idxno=12347: 2014.11.1. 최종방문)]. 또한 인근 병원장도 "ㄷ 클리닉 연회비 1억 맞다."라고 확인해주었다[<시사인> 제230호(2012.2.11.)(http://www.sisainlive.com/news/articleView.html?idxno=12401: 2014.11.1. 최종방문)]. 이런 점을 종합하면 기자들에게 범의를 인정하기는 어렵다.

35) 서울중앙지방법원 제27형사부 2013.10.23. 선고 2013고합569 판결; 서울고등법원 제6형사부 2015.1.16. 선고 2013노3469 판결. 제2심 판결은 다음과 같이 설시한다. "피고인들이 해당 기사와 방송을 통해 제기한 의혹 중에 위 판결 등에서 결정되거나 판시된 사항과 배치되거나 배치되는 것으로 해석될 수 있는 부분이 있는 것은 사실이다. 분쟁에 관한 법원의 최종 판단이 존중되어야 함은 물론이지만, 그렇다고 하여 언론의 입장에서 그 후에 발견된 기초 사정이나 합리적인 추론 등에 근거하여 의혹을 제기하는 것까지 원천적으로 봉쇄되어서는 아니 된다고 볼 것이다. 사회적으로 허용되는 취재방법에 따라 취재를 진행하고, 그러한 취재 결과를 토대로 나름대로 분석과 평가를 거친 언론 보도에 대하여 너무 쉽게 형사법적인 문제 제기가 허용된다면, 다른 관점과 견해가 공존할 수 있음을

(2) 정봉주 유죄판결

정봉주 의원은 대선 시기 김경준 씨의 주장, 김백준 씨의 명함, 이명박 후보의 광운대 연설 등 상당한 근거를 가지고 이명박 후보에 대한 의혹을 제기하였으나, 법원의 판단은 달랐다. 정 의원은 지난 대선 시기 '이명박 후보자가 김경준의 주가조작, 횡령 등 범죄의 공범일 뿐만 아니라 BBK에 거액을 투자한 주식회사 다스(자동차 부품 제조회사)와 BBK의 실소유자임에도 이를 숨기고 있다' 취지의 발언을 한 이유로 기소되었다. 대법원에서 확정된 서울고등법원 제2형사부 판결(재판장 박홍우)을 보자.[36)]

A. 공표내용이 허위인가에 대한 고의

먼저 동 재판부는 정 의원이 공표내용이 허위라는 점에 대한 고의가 있었다고 파악한다. 논거의 핵심은 이하 밑줄친 부분에 있다.

"이명박 후보자에 대한 이 사건 의혹의 주요 근거는 김경준의 주장과 그가 제시한 서류 내지 BBK와 관련된 서류 등이었는데, … 피고인의 이 사건 공표 행위 이전인 2002년에 이미 금융감독원이나 검찰에서 그 당시까지의 조사에 터 잡아 이 사건 의혹에 관하여 이명박 후보자에 대한 혐의를 확인하지 못한 상태에서 김경준이 미국에 도피한 관계로 김경준에 대하여만 기소중지 처분을 하고 더 이상 수사 등을 진행하지 않았던 점 …, 피고인이 검찰에서 조사받을 당시에 <u>피고인도 "이명박 후보자의 주가조작 혐의는 입증하기 어렵고, 이명박 후보자가 BBK를 소유하고 있다는 점이 입증되더라도 주가조작 혐의까지는 연결시키기 어렵다고 보았으나,</u> 국민들 사이에서 주가조작이라는 단어가 이미 각인되어 있는 상태였기 때문에 대책단의 명칭을 '이명박 주가조작 의혹사건

믿고 일정한 사회적 주제에 관하여 자신의 문제의식과 이해를 개진하되 그것이 여전히 확정적인 것은 아님을 유보하면서 다만 공론의 장에서 진지한 관심과 반론 등의 토론이 이루어질 것을 기본적으로 기대하는 행위마저 스스로 망설이게 함으로써 종국적으로는 중요한 헌법적 가치를 지닌 언론의 자유가 위축될 우려가 있기 때문이다."

36) 서울고등법원 2008.12.11. 선고 2008노1607 판결. 이 판결은 대법원에서 확정되었다 (대법원 2011.12.22. 선고 2008도11847 판결).

진실규명 대책단'이라고 명명하였다."라는 취지로 진술하였던 점 …, 피고인은 이 사건 공표 이전에도 이명박 후보자가 이 사건 의혹과 관련되어 있다는 취지 의 발언을 하면서 그에 대한 소명자료를 제시하기도 하였고, 한나라당에서 그 소명자료의 신빙성을 탄핵하는 자료를 제시하면서 피고인이 제기한 의혹에 대하여 해명하였음에도, 피고인은 객관적으로 이 사건 공표 이전의 조사결과나 이명박 후보자 측의 해명이 명백하게 허위라고 단정하기에는 부족한 단편적인 자료를 추가로 제시하면서 이 사건 의혹을 계속해서 제기하였던 점, … 피고인 은 직접 혹은 이 사건 대책단의 구성원을 통하여 이 사건 공표 당시에 제시한 소명자료들의 진정 성립과 그 작성 경위 및 이 사건 의혹과의 직접적인 관련성 등에 관하여 그 작성 명의자 등 관련자에 대한 확인과정은 거쳤어야 함에도 이러한 조사·확인도 없이 단순히 의혹을 제기하는 것을 넘어서 김경준과 이명 박 후보자가 2001. 4. 18. 무렵 이후에 결별하였다는 등으로 이 사건 의혹과 관련이 없다는 이명박 후보자의 주장은 거짓말이고, BBK는 이명박 후보자가 100% 소유하고 있다는 등의 단정적인 표현을 사용하였던 점 등을 기록상 인정 되는 피고인의 학력, 경력, 사회적 지위, 공표 경위, 공표 시점 및 이 사건 공표행 위로 말미암아 예상되는 파급효과 등 여러 사정에 비추어 보면, 피고인에게는 이 부분 공표내용이 허위라는 점에 관하여 적어도 미필적 고의는 인정된다고 할 것…"37)

이명박 후보와 한나라당의 해명에도 불구하고 이 후보의 BBK 관련 문제는 선거 당시 한국 사회의 평균인이라면 합리적 의심을 가질 수밖에 없는 사안이었다.38) 김경준이 사문서위조 등의 혐의로 체포영장이 발부되

---

37) *Ibid.*
38) 사실 이명박 후보의 BBK 관련 의혹은 검찰수사 발표가 나고 대법원 확정판결이 내려진 현재까지 해소되지 못하고 있다. 예컨대, 2011년 10월 5일 국회 법제사법 위원회 소속 (구)민주당 의원들은 법무부 국정감사에서 "BBK 김경준 씨의 기획 입국설을 뒷받침했던 신경화 씨의 편지가 조작된 것으로 드러난 만큼 검찰이 재 수사에 나서야 한다"고 촉구했다[<경향신문>(2011.10.6.)(http://news.khan.co.kr/kh_ news/khan_art_view.html?artid=201110062137505&code=910402: 2014.11.1. 최종방문)]. 그리고 새누리당 비상대책위원인 이상돈 중앙대 교수는 2011년 9월 16일 자신의 블로그에 올린 글에서 "BBK는 사화산이 아니고 휴화산임을 누구나 다 알 것"이 라며, "12.12와 5.18 특별법에 대해 헌법재판소는 대통령 재직 중에는 공소시효 가 중단된다고 판결했다. 따라서 BBK 등 사건에 대한 공소시효는 지금 중단 중

었던 사람으로 신뢰성이 의심받는 사람이었던 것은 사실이지만, 그러한 김경준과 이명박 후보가 한때 동업자였고 결별 이후에도 이 후보의 측근인 김백준과 김경준 사이에 의심스러운 자금 입출금이 있었다는 점도 사실이었다. 이러한 상황에서 반대 정당의 정치인이 의혹을 제기하는 것은 너무도 당연하다. 상술한 서울고등법원 제19민사부(재판장 고의영) 판결이나, 다스와 도곡동 땅 소유 의혹 및 성매매업소 임대 의혹을 제기한 김현미 의원에 대한 무죄판결의 취지를 생각해보면 이 점은 더욱 분명하다.

한편 재판부는 정 의원의 범의를 인정하는 근거로 이명박 후보자와 한나라당이 여러 번 해명을 했는데도 계속 의혹을 제기했다는 점을 들고 있다. 그러나 이러한 논리는 의혹을 받은 당사자인 반대 정당과 그 후보의 소명을 믿어야 한다는 결론으로 귀착되는바, 치열하게 다투는 정당정치의 현실을 외면하는 것이거나 편향된 정치적 시각이 반영된 것이다.39)

그리고 재판부는 피고인이 소명자료의 진정 성립, 작성 경위 및 의혹과의 관련성 등에 관하여 조사·확인을 했어야 했는데 그러지 않았다는 점을 지적하며, 정 의원의 범의를 인정한다. 피고인은 의혹제기 발언 당시 수사권이 없는 상황에서 각종 관련 회사문서, 금융감독원 제출 서류, 세금계산서, 법인등기부등본, 금융자료 등 확보하여 제시했다. 수사권이 없는 피고인이 미국으로 도주한 김경준을 대상으로 철저한 조사·확인을 진행할 수 없었고 김백준을 만나 사실을 확인하는 것도 가능하지 않았다.40) 김종철 교수의

이고, 따라서 다음 정권에선 언제든지 수사가 재개될 수 있다"며 차기 정권에서 BBK 의혹 재수사가 불가피함을 강조했다[http://www.leesangdon.com/bbs/board.php?bo_table=column&wr_id=567&sca=&sfl=wr_subject%7C%7Cwr_content&stx=BBK+%B0%F8%BC%D2%BD%C3%C8%BF&sop=and(2014.11.1. 최종방문)]. 이어 (구)한나라당 최고위원을 지낸 원희룡 의원은 정봉주 의원 판결과 김현미 의원 판결은 "본질적으로 차이가 없는데 법원끼리 판결이 다르다"고 비판하면서, 미국 내 옵셔널벤처스 사건 수사가 진행되고, 다스의 주식처분이나 운영상황이 문제될 수 있어 요건이 채워지면 BBK 사건은 재수사가 불가피해질 수 있다는 의견을 밝힌 바 있다[<한겨레>(2012.1.5. http://www.hani.co.kr/arti/politics/politics_general/513518.html(2014.11.1. 최종방문)].
39) 이재화, 『분노하라, 정치검찰』(이학사, 2012), 60면; 윤지영(각주 25), 618면.
40) *Ibid.* 62-63면.

지적처럼, 허위사실공표죄는 최대한 표현의 자유가 보장되어야 하는 선거과정에 관련된 범죄이므로, "확인노력의무는 표현 당시의 여러 상황이나 그 표현의 기능을 고려하여 합리적 수준에서 인정되어야 하고 그 수준의 준수 여부를 판단할 때 최대한 표현행위자의 진의를 존중하여야 할 것이다."[41] 그러나 재판부는 피고인에게 과도한 '소명부담'을 요구하면서 고의를 인정하였다.

그리고 재판부는 이명박 후보의 주가조작 혐의는 입증하기 어렵다고 보았다는 정 의원의 검찰 조사시 진술에 주목하며 정 의원의 범의가 있었다고 보았다. 그러나 선거 당시 주가조작에 대한 국민적 의혹이 여전한 상황에서 주가조작 혐의를 입증할 수 없었다고 하더라도 이에 대한 검증을 주장하는 것은 정치인이나 시민으로서 당연한 행동이다. 요컨대, '주가조작' 주장은 상술한 민사판례가 허용했던 정치적 '과장'과 '단정'이라고 보아야 한다.[42] 이명박 후보자의 주장은 '거짓말'이고, BBK는 이명박 후보자가 '100% 소유하고 있다'라는 정 의원의 주장 역시 마찬가지이다.[43]

B. 진실성 오신에 대한 상당한 이유

그리고 항소심 재판부는 정 의원이 공표한 내용이 진실이라고 믿을 만한 상당성이 없었다고 판단한다. 그런데 여기서 재판부는 대법원 판결이나 다른 하급심 판결에서 발견할 수 없는 독특한 논리를 전개한다. 먼저 재판부는 공표한 내용의 진실성에 관한 오신에 상당성이 있는지 여부는 공표 당시의 시점에서 판단되어야 한다고 하면서도, 다음과 같이 설시한다.

---

41) 김종철(각주 26), 21-22면.
42) 대법원 2005.5.27. 선고 2004다69291 판결. 대법원 2007.11.30. 선고 2005다40907 판결 동지.
43) 실제 김경준은 'BBK는 100% 김경준 소유다'라는 자필 메모와 'BBK는 100% 이명박 소유다'라는 자필메모를 남겨놓았고, 상술한 2010나68581 판결은 정 의원이 후자 메모를 신뢰하고 의혹을 제기한 것은 문제가 없다고 보았다.

"공표 당시의 시점에서 판단한다고 하더라도 그 전후의 수사과정과 밝혀진 사실들을 참고하여야 공표시점에서의 상당성 여부를 가릴 수 있는 것이므로, **공표 후에 수집된 증거자료도 상당성 인정의 증거로 사용할 수 있다.**"[44]

피고인의 오신에 대한 상당성을 판단함에 있어 공표 이후의 자료를 사용할 수 있다는 것으로 형사책임의 원칙을 중대하게 흔드는 것이다. 재판부가 이러한 논변을 제기한 이유는 정 의원이 이명박 후보 관련 의혹을 공표한 것은 검사와 특별검사가 수사 결과를 발표하기 전이었기 때문이다. 만약 공표 후 수집된 증거자료를 상당성 인정의 증거로 사용할 수 있다면, 정 의원을 비롯한 대다수 허위사실공표죄 피고인들의 허위에 대한 범의가 인정될 확률은 대폭 높아지고 오신의 상당성이 인정될 확률은 대폭 줄어들 것이 분명하다. 이러한 재판부의 논리는 사실상 정치인이나 시민에게 미래의 수사결과까지 예측하며 발언하라는 요구가 된다. 이 점은 상술한 서울고등법원 제19민사부의 다음과 같은 판시와 확연히 비교된다.

"표현행위 시점에서는 그 진실 여부가 불확실하지만 토론과정이나 법원에 의한 심리의 결과 비로소 진위 여부가 판명되는 경우가 있고, 만일 사후에 허위라고 판명될 가능성이 있었다고 이를 제재한다면 번복할 수 없는 진실만 표현될 수 있는 것으로 되기 때문에 그러한 위험을 우려하는 자에 대해서는 표현의 자유라고 하는 기본권의 행사를 위축시키는 효과를 야기할 것이다. 또한 타인의 명예를 훼손하는 표현이 진실한 사실인지, 행위자가 그것을 진실이라고 믿을 상당한 이유가 있는지 여부는 … 표현 당시의 시점에서 판단되어야 할 것이다. … 이 사건 발언 이후에 위에서 본 바와 같은 **특별검사의 수사발표와 김경준에 대한 유죄판결의 확정이 이루어졌다는 사정만으로는,** 이 사건 발언이 공직자 또는 공직 사회에 대한 감시·비판·견제라는 정당한 표현의 범위를 벗어나 악의적이거나 심히 경솔한 공격으로서 현저히 상당성을 잃은 것으로 평가된다고 할 수 없다고 할 것이다."[45]

---

44) 서울고등법원 2008.12.11. 선고 2008노1607 판결(강조는 인용자).
45) 서울고등법원 제19민사부 2011.4.26. 선고 2010나68581 판결(강조는 인용자).

이어 항소심 재판부는 공직후보자에 대한 검증을 위한 표현의 자유보다 국가기관의 권위를 중시하면서 공직후보자에 대한 의혹 제기를 대폭 억제하는 논변을 제시한다.

"… 그 의혹에 대하여 공적인 조사가 행해진 결과 의혹을 밝힐 증거가 없음이 밝혀졌는데도 불구하고, 그후 새로운 정황이나 증거 없이 계속하여 의혹을 제기하는 것은 상당성이 없는 것으로 평가하여야 함은 물론, … 특히, **특정한 공직 후보자의 범죄 혐의 등과 관련한 의혹의 제기는 원칙적으로 수사 및 재판의 책임과 권한을 부여받은 공적 기관의 보완적 역할에 그쳐야** 하고, 특별한 사정이 없는 한 구체적인 사건에 있어서 공적 기관의 판단은 우선적으로 존중되어야 할 것인데, 이는 일반적으로 인적, 물적 규모나 전문성에 있어 수사나 재판을 담당하는 공적 기관 이외의 기관이나 개인이 수사기관보다 우월하다고 볼 수 없고, 구체적인 사건에 있어서 주관적인 의혹에 기초하여 공적 기관의 판단을 부정한다면 수사나 재판을 담당한 공적 기관에 대한 국민의 불신은 증폭되어 범죄수사 및 재판과 관련된 제도의 존립 자체가 위협받을 가능성이 있을 뿐만 아니라, 심한 경우에는 의혹을 제기하는 기관이나 개인의 이해관계로 인하여 실체적 진실이 왜곡되는 결과가 발생할 가능성도 배제할 수 없기 때문이다."[46]

먼저 선거 시기 후보자를 검증하는데 시민은 "공적 기관의 보완적 역할"에 그쳐야 한다는 논리에 동의할 수 없다. 대의민주주의가 생기와 활력을 가지려면 시민의 적극적·주도적 문제제기는 필수적이다. 판결의 논리대로라면, "일반 시민은 특출난 뭔가가 없는 한 법원이나 검찰이 발표하거나 결정한 테두리 안에서만 발언(의혹제기)이 가능하다."[47] 수사기관의 수사결과 발표나 법원의 판결 이후에는 사실상 공직후보자에 대한 의혹 제기는 금지된다는 것이다. 이 판결에서 특히 문제가 되는 것은 수사기관에 대하여 매우 강한 신뢰를 표명하고 있다는 점이다.[48] 이명박 정부 출범 이후 여러

---

46) 서울고등법원 2008.12.11. 선고 2008노1607 판결(강조는 인용자).
47) 박용현·이순혁(각주 20), 34면.
48) *Ibid.* 36-37, 160-161면.

정치적 사건에서 검찰의 무리한 수사와 기소의 결과 법원에서 무죄판결이 내려졌고, 검찰 수사의 중립성과 엄정성은 비판을 받고 있다. 그렇지만 동 판결에 따르면 공직후보자 관련 사건에서 검찰의 판단에 의문을 제기하는 것을 "주관적인 의혹에 기초한" 것이 되고 만다.

그리고 항소심 재판부는 상술한 민사판례와는 정반대로 국회의원의 경우 표현의 자유를 억제하는 논리를 제출하였다. 즉,

> "비록 **국회의원의 경우**에는 정치활동의 자유가 보장되고, 공직선거에서 소속 정당 후보자나 국회의원 자신의 당선을 위한 선거운동 내지 정당활동을 보장할 필요가 있다고 하더라도, 일반 국민에 비하여 좀 더 광범위한 사실조사가 가능하고, 공무원으로서 성실의무 내지 법령준수의무가 있는 점을 고려한다면, **사적인 단체나 개인의 행위에 의한 경우보다는 엄격한 기준이 요구된다**할 것이다."[49]

국회의원이 일반 시민보다 많은 권한이 있고 무거운 의무를 지는 것은 사실이나, 이 점이 대의민주주의 및 정당민주주의 작동에 핵심을 이루는 헌법기관인 국회의원의 표현의 자유를 제약하는 근거로 사용되는 것은 동의하기 어렵다. 헌법의 요청은 공직후보를 선출하는 선거에서 국회의원이 일반 시민을 대리하여 더욱 더 철저하게 후보를 검증할 수 있도록 보장해주는 것이라고 보아야 한다.

대법원은 이상과 같은 항소심 판결의 논리에 특별한 언급을 하지 않은 채 "피고인이 제시한 소명자료의 신빙성이 탄핵된 반면 피고인이 직접적인 표현 방법 또는 간접적이고 우회적인 표현 방법으로 공표한 '이명박 후보자가 김경준과 공모하여 주가조작 및 횡령을 하였다는 사실', '이명박 후보자가 BBK를 소유하고 있다는 사실' 등이 허위임이 증명되었다"고 판단하고, 피고인의 이명박 후보자에 관한 의혹 제기가 진실인 것으로 믿을 만한 상당한 이유가 있는 근거에 기초하여 이루어진 경우에 해당되지 아니한다는

---

49) 서울고등법원 2008.12.11. 선고 2008노1607 판결(강조는 인용자).

원심의 판단에 동의하였다.[50] 생각건대, 이러한 정봉주 판결을 포함하여 허위사실공표죄 관련 여러 판례는 "선거의 본질과 정치적 표현의 자유의 우월적 지위에 대한 신중한 고려 없이 허위사실공표죄의 구성요건 및 관련 사항에 대한 완화된 해석론 … 을 고집"하였던바, '합헌적 법률해석'이 아니라 할 것이다.[51]

V. 맺 음 말

2010년 5월 6일~17일 정부 초청으로 방한한 프랑크 라 뤼(Frank La Rue) UN 의사 표현의 자유 특별보고관은, 2011년 3월 21일 유엔인권이사회 17차 회기에 의제 제3호로 위 방문에 따른 한국보고서를 제출하였다. 그 중 주제와 관련된 내용은 다음과 같다.

> "선거쟁점 또는 후보자와 관련한 정보의 배포가 어떠한 근거에서 표현의 자유에 관한 권리를 제한하는 사유로 정당화될 수 있는지는 명확하지 않다. 이러한 제약이 자유권 규약의 제19조 3항에 열거된 목적을 달성하기 위해 필요하다고 그 정당성이 인정될 수 있을지라도, 특별보고관은 6개월의 금지 기간은 그러한 목적을 달성하기에는 지나치게 긴 시간이라는 우려를 금할 수 없다. 또한, 특별보고관은 정당, 후보 또는 선거쟁점을 지지하거나 반대하는 정보를 배포한 행위에 대한 형사처벌이 과도하고 부당하다고 본다."[52]

선거라는 민주주의를 지탱하는 핵심절차에서 후보를 검증하기 위한 표현의 자유 행사를 형사처벌로 제약하는 것은 무조건 경계되어야 한다. 부분적 오류, 과장, 허위가 있다고 하더라고 공직후보자에 대한 검증을 억제

---

50) 대법원 2011.12.22. 선고 2008도11847 판결.
51) 김종철(각주 26), 16면.
52) Report of the Special Rapporteur on the Promotion and Protection of the Right to Freedom of Opinion and Expression, A/HRC/17/27/Add.2.(21 March 2011).

하는 것은 민주주의 원칙에 반한다. "합리적 의심을 할 수 있는 근거가 있는 경우 합리적 의심을 함께 해보는 것, 그것이 선거의 활성화는 물론, 선거를 통해 자격 있는 지도자를 선출하기 위한 중요한 전제조건이다."53)

이런 원칙이 확고히 서지 않으면, 정치적 검증은 언제나 국가형벌권의 칼날 앞에서 위축될 수밖에 없다. 특히 국가형벌권이 선택적·편향적으로 작동할 경우에는 문제는 더욱 심각해진다.54)

그러나 형사판례는 시민에게 "100% 확실한 증거가 없으면 입을 다물라."라는 메시지로 받아들여지기 쉽다. 이는 공직자후보에 대한 검증과 비판은 "악의적이거나 현저히 상당성을 잃은 공격이 아닌 한 쉽게 제한되어서는 아니된다."는 민사판례의 입장과 대비된다. 공인을 대상으로 하는 정치인의 비판발언의 민사책임과 형사책임에 대한 대법원 판례경향의 차이를 도해화

---

53) 박수진·박성철·노현웅·오승훈, 『리트윗의 자유를 허하라』(위즈덤하우스, 2012), 67면.
54) 예컨대, 2014년 서울시 교육감 선거에서 조희연 후보는 경쟁자였던 고승덕 후보를 향하여 "고 후보는 자신의 미국 영주권 보유 문제와, 두 자녀의 미국 영주권 보유 문제에 대해 사실대로 밝히라."는 내용의 기자회견 등을 하였다는 이유로 허위사실공표죄로 기소되었다. 이 사건의 사실관계는 간단하다. KBS 출신 탐사보도 전문가인 최경영 기자가 고 후보 및 가족의 영주권 문제를 트위터에서 제기하면서, SNS에서 이 의혹이 증폭되고 있었다. 조 후보측은 이와 같은 문제는 교육감 후보의 자격과 관련하여 매우 중대한 사안이며, 후보 검증 차원에서 공론화할 필요가 있다고 판단하여 고 후보의 해명을 요구했다. 영주권 보유 여부는 제3자가 확인할 수 없기에 당사자의 직접적인 해명을 요구할 수밖에 없었다. 이에 고 후보는 고 후보 자녀들은 고 후보 유학시절 미국에서 태어나 미국국적을 가지고 있지만, 고 후보 자신은 미국 영주권을 보유한 적이 없다고 공개편지로 해명했고, 조 후보는 다시 주장을 뒷받침할 객관적인 자료로 해명해달라는 공개 답신을 보냈다. 이에 고 후보는 여권 사본 등을 제시하며 영주권 없음을 주장했다. 이후 최경영 기자는 트위터에서 사과를 했고, 조 후보는 선관위로부터 주의경고를 받았다. 한편, 선거 당시 고승덕 후보도 조희연 후보를 향해 장남의 병역기피 의혹, 통진당 경기동부 연루 의혹 등에 대한 해명을 요구했다. 모두 사실 무근임이 판명되었고, 고 후보 역시 선관위로부터 주의경고를 받았다. 서로 한번 씩 치고받은 셈이다. 비교해볼 때, 고 후보측 주장 두 개는 모두 명백한 허위였다면, 조 후보측 주장은 두 개 중 하나만 허위로 분류될 수 있었다. 이상은 공직선거에서 통상 볼 수 있는 공방의 과정이었다. 선관위가 두 후보측에 주의 경고를 보낸 것은 적정했다. 선거가 끝난 후 경찰은 조 후보에 대한 '불기소(무혐의)' 의견을 검찰에 올렸다. 그러나 검찰은 조 후보만을 기소했다.

하면 다음과 같다.

	경솔한 공격으로 상당성을 잃은 것	악의적이거나 심히 경솔한 공격으로 현저히 상당성을 잃은 것	입증책임
민사판례	허용	불허	원고에게 강한 입증부담 요구
형사판례	불허	불허	소추측 입증책임의 완화

　결론적으로 형사판례의 경향은 민사판례의 경향으로 바뀌어야 한다. 이와 동시에 공직선거법 제250조 제2항의 구성요건을 엄격하게 개정하고 위법성조각사유를 신설하는 입법적 조치 역시 필요하다.[55]

---

55) 박영선 의원이 대표발의한 '공직선거법 일부개정법률안'(의안번호 14514; 2012.1.9.)은 동법 제250조 제2항을 다음과 같이 개정할 것을 제안한다. "당선되지 못하게 할 목적으로 연설·방송·신문·통신·잡지·벽보·선전문서 기타의 방법으로 후보자에게 불리하도록 후보자, 그의 배우자 또는 직계존·비속이나 형제자매에 관하여 **허위의 사실임을 알고 후보자를 비방할 목적으로** 공표하거나 공표하게 한 자와 허위의 사실을 게재한 선전문서를 배포할 목적으로 소지한 자는 7년 이하의 징역 또는 500만 원 이상 3천만 원 이하의 벌금에 처한다."(강조는 개정부분) 그리고 동조 제4항에 위법성조각사유를 다음과 같이 신설할 것을 제안한다. "제1항의 행위가 진실한 사실이라고 믿을 만한 상당한 이유가 있고 다음 각 호의 어느 하나에 해당하는 때에는 처벌하지 아니한다. 1. 공공의 이익을 주된 목적으로 한 때, 2. 공공성 또는 사회성이 있는 공적 관심 사안에 관한 것으로써 사회의 여론형성 내지 공개토론에 기여하는 경우."

제12장

'삼성 X파일' 보도 및 공개사건 판결 비판

"검찰이 보호하려는 통신비밀이 과연 어떤 내용입니까? 이건희 일가에 의해 모의된, 돈에 의한 국권 찬탈 음모는, 단 한 순간도 보호되어서는 안 될 '반헌법적 통신비밀'입니다."

(이상호)

"도둑을 보고 '도둑이야'라고 외쳤는데 도둑은 안 잡고 소리친 사람만 소란죄로 체포되는 것과 같은 지경이다."

(노회찬)

I. 들어가는 말

2005년 보도된 '삼성 X파일'은 우리 사회 지도층의 치부를 여지없이 드러냈다. '삼성 X파일'은 1997년 대선을 앞두고 삼성 그룹 회장 비서실장, 중앙일보 회장이 특정 후보에게 불법적으로 자금을 지원하고 검찰 고위간부에게 '떡값'을 제공하자고 공모하는 대화를 당시 국가안전기획부의 비밀조직이 불법적으로 도청한 파일이다.[1] 이러한 불법을 범한 관련자들은 공소시효가 경료하여 처벌될 수 없었다. 2005년 당시 한나라당, 민주노동당, 민주당, 자민련 등 야 4당은 '국가안전기획부 및 국가정보원의 불법도청과 불법 정치자금제공 등의 의혹사건 진상규명을 위한 특별검사의 임명등에 관한 법률안'[2]을 제출하였고, 당시 여당인 열린우리당은 '국가안전기획부 불법도청 테이프 처리 등에 관한 특별법안'[3]을 제출하였다. 이 두 법안은 '삼성 X파일' 내용 중 정경유착 등 권력형 범죄 부분을 공개하는 조항을 규정하고 있었던바, 이에 대한 위헌논란이 일면서 결국 모두 국회를 통과하지 못하였다.

그러나 '삼성 X파일'을 입수하여 보도한 문화방송 이상호 기자와 이 내용 중 '떡값 검사' 부분을 국회에서 보도자료로 배포하고 인터넷 홈페이지에 게재한 당시 민주노동당 소속 노회찬 의원은 기소되었다. 노 위원은 "도둑을 보고 '도둑이야'라고 외쳤는데 도둑은 안 잡고 소리친 사람만 소란죄로 체포되는 것과 같은 지경이다."[4]라고 항변했다. 한편 삼성그룹은 '대국민사

---

1) '삼성 X파일'의 보도과정에 대해서는 이상호, 『이상호 기자 X파일』(동아시아, 2012); 정장열, "X파일이 드러나기까지: 목숨을 건 진실이 '판도라의 상자'를 열었다: 특종보도 이상호·이진동 기자는 한국의 우드워드와 번스타인?", <주간조선> 제1866호(2005.8.8.)를 참조하라.
2) 의안번호 2360(2005.8.9. 발의; 대표발의자 강재섭).
3) 의안번호 2361(2005.8.9. 발의; 대표발의자 이은영).
4) 노회찬, 『노회찬과 삼성 X파일』(이매진, 2012), 73면.

과문'(2005.7.25.)에서 "어떠한 경우에도 옳지 못한 방법과 수단을 동원하여 목적을 달성하는 것은 용인될 수 없으며, 금번 사태의 원인이 된 불법도청과 무책임한 공개 및 유포는 개인의 인권과 확보와 우리 사회의 민주발전을 위해 반드시 근절되어야 할 것"[5]이라는 의견을 표명했다.

저자는 이상호 기자의 통신비밀보호법[이하 '통비법'으로 약칭] 위반에 대한 제1심 무죄판결 및 제2심 징역 1년과 형 선고유예 판결이 내려진 후 이에 대한 평석을 발표한 바 있으며,[6] 2010년 12월 16일 이 사건에 대한 대법원 전원합의체 공개변론에서 피고인측 참고인으로 출석하여 진술한 바 있다. 이후 2011년 3월 17일 대법원은 이 기자에 대한 유죄판결을 확정하였다. 한편 노회찬 의원의 통비법 위반 및 명예훼손죄 사건에 대해서 제1심 법원은 공소사실을 모두 유죄로 인정하고 징역 6월 및 자격정지 1년과 집행유예 2년 판결을 내렸고, 제2심 법원은 인터넷 홈페이지 게재에 의한 명예훼손 및 통신비밀보호법 위반의 점은 무죄, 보도자료 배포에 의한 통비법 위반의 점은 공소기각판결을 내렸는데, 대법원은 2011년 5월 13일 인터넷 홈페이지 게재행위에 대하여 유죄취지로 제2심 판결을 파기하고 환송하였다. 이후 저자는 노회찬 의원에 대한 대법원 판결을 비판하는 교수성명서에 이름을 올렸다.[7]

'이상호 기자 판결'의 핵심쟁점은 불법 감청·녹음에 관여하지 않은 언론이 그 통신 또는 대화의 내용을 보도하는 것이 형법 제20조의 정당행위로서 위법성이 조각되는가인데, 대법원의 8 대 5 다수의견은 위법성조각을 인정하지 않았다. '노회찬 의원 판결'에서 대법원은 '이상호 기자 판결'의 다수의견의 법리에 기초하면서 '떡값 검사' 관련 사항을 홈페이지에 게재한 행위가 형법 제20조의 정당행위에 해당하지 않는다고 판단하였다. 저자는 두 개의 대법원 판결에 대하여 비판적 의견을 가지고 있는바, 이를 종합적으로 검토할 필요를 느낀다.

---

5) *Ibid.* 28-29면.
6) 조국, "불법도청에 관여하지 않은 언론의 도청결과물 보도의 위법성조각 ―'X파일' 보도사건을 중심으로―", 법조협회, 『법조』 제627호(2008.12).
7) 노회찬(각주 4), 150-154면.

II. '삼성 X파일'의 증거능력

본격적인 논의 이전에 '삼성 X파일'은 통신비밀보호법의 요청에 따라 각종의 재판 또는 징계절차에서 증거로 사용되어서는 안 된다는 점을 확인해둘 필요가 있다(제4조). 삼성 그룹 회장 비서실장과 중앙일보 회장의 경우 공소시효가 지나 기소되지 않았지만, 설사 공소시효가 지나지 않았다고 하더라도 '삼성 X파일'에 수록된 대화내용은 증거능력이 없으므로 이에 기초한 기소는 불가하다.

'삼성 X파일'에서 드러난 삼성 그룹 회장 비서실장과 중앙일보 회장의 행태가 공분을 일으키는 것은 사실이지만, 그들의 프라이버시도 헌법과 법률에 의해 보호될 필요가 있다. 선인이건 악인이건 모두 프라이버시의 수혜자이며 통신비밀보호법의 보호대상이다. 그리고 만약 이들의 행위가 괘씸하다는 이유로 불법도청을 통하여 얻은 대화의 증거능력을 인정하는 예외를 승인한다면, 뒤이은 수많은 다른 사건에서 수사기관에 의한 시민 전체의 사생활 침해를 부를 빌미가 생길 것이기 때문이다.[8]

전술한 2005년 야 4당 법안 제2조는 특별검사가 '삼성 X파일' 관련자에 대하여 공소시효가 지난 사건이라도 수사하고 위법사실에 대하여는 그 결과를 발표하도록 규정하고 있다.[9] 그런데 공소시효가 지난 사건에 대한 수사가 정당한지 여부는 차치하고서라도, 통신비밀보호법에 따라 재판과정에서 증거능력이 없는 '삼성 X파일'을 사용하여 수사를 진행하는 것이 타당

---

8) 통신비밀보호법에 대한 저자의 견해로는 조국, "개정 통신비밀보호법의 의의, 한계 및 쟁점: 도청의 합법화인가 도청의 통제인가?", 한국형사정책연구원, 『형사정책연구』 제15권 제4호(2004); 조국, 『위법수집증거배제법칙』(박영사, 2005), 제3편 등을 참조하라.

9) 동 법안 제3조는 "특별검사가 수사결과를 발표함에 있어 불법도청테이프의 내용 중 위법사실이 확인된 경우에는 다른 법률의 규정에 불구하고 이와 관련된 내용을 공개한다."라고 규정하고 있다. 이는 통신비밀보호법 제16조 제1항 제2호의 예외를 만드는 것인데, 수사기관인 검사에게 이러한 권한을 주는 것이 옳은지 의문이다.

한 것인지는 의문이 있다. 위법수집증거로서 명시적인 증거능력배제 조항이 있음에도 그를 활용하여 수사를 진행하게 한다면 결국 통신비밀보호법 제4조의 취지는 무색해진다. 위법수집증거의 증거능력을 부정하면서도 그에 기초한 수사와 기소를 허용한다면 위법한 증거수집 활동은 억지되지 않을 것이다.

Ⅲ. 대법원 2011.3.17. 선고 2006도8839 판결
— 불법도청에 관여하지 않은 언론의 도청결과물 보도의 정당행위 해당 여부

1. 통신비밀보호법의 구성요건해당성 여부

하급심 판결이 진행되는 과정에서 통비법 제16조 제1항 제2호는 불법도청에 직간접적으로 관여하지 않은 자에게는 적용되지 않으며, 이 사람에게는 명예훼손의 죄책만을 물을 수 있을 뿐이라는 주장이 학계와 공동피고인으로부터 제기되었으나,10) 이는 다수의견은 물론 반대의견으로부터도 수용되지 못하였다.11)

이정원 교수의 견해를 중심으로 살펴보자. 이 교수는 통신비밀보호법 제16조 제1항 제2호는 불법도청에 직간접적으로 관여하지 않은 자에게는 적용되지 않으며, 이 사람에게는 명예훼손의 죄책만을 물을 수 있을 뿐이라고 파악한다. 그리고 피고인 이상호 기자의 '삼성 X파일' 보도의 경우 공공

---

10) 이정원, "도청정보의 공개에 대한 법적 고찰", 한국형사법학회, 『형사법연구』제 24호(2005), 245, 248면. 이 주장은 공동피고인인 <월간조선> 김연광 기자의 상고이유에서도 발견된다.
11) 대상판결의 다수의견은 "통신 또는 대화의 불법 감청·녹음 등의 행위에 관여하지 아니하고 다른 경로를 통하여 그 통신 또는 대화의 내용을 알게 된 사람이라 하더라도 그러한 사정을 알면서 이를 공개·누설하는 경우에는 통신비밀보호법 제16조 제1항 제2호 소정의 통신비밀보호법 위반죄가 성립한다."라고 명시적으로 정리한다.

의 이익을 위하여 이루어진 것이므로 형법 제309조는 적용되지 않고 형법 제307조 제1항만이 적용될 수 있을 뿐이지만, 이것도 형법 제310조에 따라 위법성이 조각된다고 파악한다.12) 이 교수는 동법 제16조 제1항 제2호의 문언 "제1호의 규정에 의하여 지득한 통신 또는 대화의 내용"을 "불법도청에 관여하여 지득한 통신 또는 대화의 내용"으로 해석하는 것이다.

그러나 이는 통신비밀보호법 제16조 제1항 제2호의 입법취지나 문언해석에 부합하지 않는다. 동 조항의 문언은 도청된 통신 또는 대화의 내용을 공개 또는 누설하는 자를 처벌하는데 있어 공개 또는 누설자가 그 통신이나 대화를 적법하게 취득하였는가 여부는 묻지 않고 있다. 동 조항의 적용범위를 애초에 축소하려는 이 교수의 해석은 통신비밀을 강하게 보호하려는 입법자의 의사와 충돌한다. 법정형을 비교해볼 때 입법자가 사실적시 명예훼손죄에 비하여 통신비밀보호법 위반을 중한 범죄로 설정하였음은 분명하고, 불법도청을 획득한 통신비밀이 어떠한 경로를 통해서건 공개되거나 누설되는 것을 금지하려 했다고 보인다.

불법도청의 결과물을 공개 또는 누설함으로써 초래되는 법익침해는 사실적시 명예훼손에 의해 초래되는 법익침해에 비하여 중하며, 전자의 경우 불법도청의 결과물을 공개 또는 누설한 자가 불법도청에 관여한 자이건 아닌 자이건 법익침해에는 차이가 발생하지 않는다. 이 교수의 해석에 따르면 불법도청에 관여하지 않은 잡지사가 배우의 은밀한 사생활을 담은 불법도청물을 입수하여 보도하는 경우 통신비밀보호법 제16조 제1항 제2호가 아니라 형법 제307조 또는 제309조가 적용되어 처벌될 것이다. 그러나 이러한 행위양태야말로 바로 통신비밀보호법 제16조 제1항 제2호가 처벌대상으로 상정하고 있는 것 중의 하나라고 본다. 그리고 통신비밀보호법 제16조 제4항은 합법적인 통신제한조치에 참여한 자 이외의 사람이 통신제한조치의 내용을 공개 또는 누설하는 경우를 처벌하고 있는바, 이는 불법도청 내용의 공개나 누설을 처벌하는 통신비밀보호법 제16조 제1항 제2호의 해석에 시사점을 준다.

---

12) 이정원(각주 10), 245, 248면.

한편 이정원 교수는 통신비밀보호법 제16조 제1항 제2호를 목적론적으로 축소해석하지 않는다면 도청에 관여하지 않은 자가 도청정보를 알고 나서 이를 부인이나 친구에게 말하는 행위도 처벌대상이 되며 이는 국민의 사적 대화를 완전히 봉쇄하는 결과를 초래할 것이라고 우려한다.[13] 이러한 우려는 정당하지만 그 때문에 통신비밀보호법 제16조 제1항 제2호를 구성요건 단계에서 축소해석할 것은 아니다. 부인이나 친구에게 자신이 지득한 도청정보를 알리는 행위 중 불법정도가 가벼운 경우가 많을 것인바, 이때에는 형법 제20조에 따라 위법성이 조각된다고 해석할 수 있다.

요컨대 저자는 공개 또는 누설자가 그 통신이나 대화를 적법하게 취득하였는지 여부는 통신비밀보호법 제16조 제4항의 구성요건에 해당하는가를 판단하는 단계에서가 아니라 위법성조각 단계에서 논해져야 한다고 판단한다.

한편 검찰은 통신비밀보호법 제3조 제1항 단서와 제2항에 규정된 통신비밀제한 허용사유 외에는 형법총칙의 위법성조각사유가 적용될 수 없다고 주장하였으나, 이 역시 대법원에 의해 수용되지 않는다. 형사범죄인 통신비밀보호법 위반에 대하여 형법총칙의 위법성조각사유가 적용되는 것은 당연하며, 통신비밀보호법상 통신비밀제한 허용사유는 기술적 또는 행정적 이유로 제한이 필요한 경우로 다른 법률에 따라 통신비밀의 제한이 허용되는 경우를 정리한 의미를 가질 뿐이다. 만약 통신 및 대화비밀의 제한이 허용되는 경우를 통신비밀보호법이 규정하는 경우로 제한한다면, 언론·출판의 자유는 현격히 위축될 수밖에 없고 그 결과 국민의 알 권리는 제대로 충족되지 못한다.

2. 다수의견 ─ 통신의 비밀보호를 확고한 우위에 놓은 엄격한 위법성조각요건의 설정

그리하여 판결의 핵심은 불법 감청·녹음에 관여하지 않은 언론이 그

---

13) *Ibid.* 245면.

통신 또는 대화의 내용을 보도하는 것이 형법 제20조의 정당행위로서 위법성이 조각되는가로 모아졌다. 다수의견이 정식화한 위법성조각의 요건은 다음과 같다.

> "첫째, 그 보도의 목적이 불법 감청·녹음 등의 범죄가 저질러졌다는 사실 자체를 고발하기 위한 것으로 그 과정에서 불가피하게 통신 또는 대화의 내용을 공개할 수밖에 없는 경우이거나, 불법 감청·녹음 등에 의하여 수집된 통신 또는 대화의 내용이 이를 공개하지 아니하면 **공중의 생명·신체·재산 기타 공익에 대한 중대한 침해가 발생할 가능성이 현저한 경우** 등과 같이 비상한 공적 관심의 대상이 되는 경우에 해당하여야 한다. … 둘째, 언론기관이 불법 감청·녹음 등의 결과물을 취득함에 있어 **위법한 방법을 사용하거나 적극적·주도적으로 관여하여서는 아니 된다.** 셋째, 그 보도가 불법 감청·녹음 등의 사실을 고발하거나 비상한 공적 관심사항을 알리기 위한 목적을 달성하는 데 필요한 부분에 한정되는 등 통신비밀의 침해를 최소화하는 방법으로 이루어져야 한다. 넷째, 언론이 그 내용을 보도함으로써 얻어지는 이익 및 가치가 통신비밀의 보호에 의하여 달성되는 이익 및 가치를 초과하여야 한다. 여기서 그 이익의 비교·형량은, 불법 감청·녹음된 타인간의 통신 또는 대화가 이루어진 경위와 목적, 통신 또는 대화의 내용, 통신 또는 대화 당사자의 지위 내지 공적 인물로서의 성격, 불법 감청·녹음 등의 주체와 그러한 행위의 동기 및 경위, 언론기관이 그 불법 감청·녹음 등의 결과물을 취득하게 된 경위와 보도의 목적, 보도의 내용 및 그 보도로 인하여 침해되는 이익 등 제반 사정을 종합적으로 고려하여 정하여야 한다."(강조는 인용자)

이어 다수의견은 이상호 기자의 보도행위가 이러한 기준에 모두 부합하지 않는다고 판단한다. 먼저 '삼성 X파일'에 수록된 대화내용이 첫 번째 요건을 충족시키지 못한다고 판단한다. 그 이유로 이 "대화의 내용은 앞으로 제공할 정치자금 내지 추석 떡값을 상의한 것이지 실제로 정치자금 등을 제공하였다는 것이 아닐 뿐더러, 이 사건 보도가 행하여진 시점에서 보면 위 대화는 이미 약 8년 전의 일로서 그 내용이 보도 당시의 정치질서 전개에 직접적인 영향력을 미친다고 보기 어렵고, 제15대 대통령선거 당시 기업들의 정치자금 제공에 관하여는 이 사건 보도 이전에 이미 수사가 이루어졌다."는 점을 들고 있다.

둘째, 피고인이 "처음부터 불법 녹음된 대화의 당사자나 내용의 공적 관심도에 착안하여 그 내용을 공개하고자 하는 목적으로 그 자료의 취득에 적극적·주도적으로 관여"하였다고 판단한다. 그 근거로 문제의 "도청자료가 불법 녹음이라는 범죄행위의 결과물이라는 사실을 알면서도 녹음테이프를 입수하기 위하여 미국으로 건너가 녹음테이프의 소지인을 만나 취재 사례비 명목의 돈으로 1,000달러를 제공하고 앞으로 1만 달러를 추가로 제공하겠다는 의사를 밝힌 것"을 들고 있다.

셋째, 다수의견은 피고인이나 문화방송이 문제의 대화의 주요 내용을 비실명 요약 보도하는 것을 넘어 대화 당사자들의 실명과 구체적인 대화 내용을 그대로 공개한 것은 수단이나 방법의 상당성을 결여한 것이라고 판단한다. 다수의견은 보도가 나가기 전 서울남부지방법원이 이 사건 도청 자료의 전면적인 방송 금지가 아닌 녹음테이프 원음의 직접 방송, 녹음테이프에 나타난 대화 내용의 인용 및 실명의 거론을 금지하는 내용의 가처분결정을 하였음에도 피고인과 문화방송이 이를 위배했다는 점을 주목한다.

넷째, 이 사건 보도에 의하여 얻어지는 이익 및 가치가 통신비밀이 유지됨으로써 얻어지는 이익 및 가치보다 결코 우월하다고 볼 수 없다고 판단하였다. 보도의 공익적 효과는 비실명 요약보도의 형태로도 충분히 달성할 수 있었고, 대화 내용을 공개하지 않더라도 공익에 중대한 침해가 발생할 가능성이 현저하지 않은 바 이 사건 대화 당사자들에 대하여 그 실명과 구체적인 대화 내용의 공개로 인한 불이익의 감수를 요구할 수는 없다는 점, 그리고 이 사건 대화 당사자들이 공적 인물이기는 하지만 그들의 사적인 영역에서의 대화가 도청되어 공개되는 것까지 허용할 수 없다는 점 등이 판단근거로 제시된다.

이상과 같은 다수의견은 유죄를 인정하고 징역 6월과 형 선고유예 판결을 내린 2006년 제2심 판결의 손을 들어준 것이다. 제2심 판결은 "국가안보가 위협을 받거나 사회질서가 교란되어 국민의 생명, 신체 등에 심각한 위험이 야기되는 등 특수한 상황이 아니라면, 통신비밀의 공개 누설행위에 대한 위법성 조각을 쉽사리 인정할 수 없는 것"이라는 입장을 취하면서, 수단과 방법의 상당성과 긴급성도 인정되지 않는다고 판단했다.[14]

3. 반대의견─언론의 자유를 고려하는 완화된 위법성조각요건의 설정

박시환·김지형·이홍훈·전수안·이인복 등 다섯 명의 대법관이 제출한 반대의견은 다수의견을 다음과 같이 비판한다. 첫째, 반대의견은 다수의견의 첫 번째 요건이 매우 제한적이라는 점을 비판한다. 다수의견은 불법 감청·녹음 등의 범죄가 저질러졌다는 점을 고발하는 과정에서 통신 또는 대화 내용이 불가피하게 공개되는 것은 정당화된다고 하지만, 다수의견이 허용된다고 상정하는 공개는 어떠한 통신 또는 대화가 이루어졌다는 고지를 허용하는데 불과하고 그 내용을 알려주는 공개가 아니라는 점, 그리고 "공중의 생명·신체·재산 기타 공익에 대한 중대한 침해가 발생할 가능성이 현저한 경우 등과 같이 비상한 공적 관심의 대상이 되는 경우"라는 요건은 통신 또는 대화의 내용이 직접적이고 임박한 위험을 내포하는 긴급상황에만 공개를 허용하려는 것이기에 위법성조각의 범위가 매우 제한된다는 점 등을 비판한다.

둘째, 반대의견은 불법 감청·녹음 결과물을 취득하기 위해 위법한 방법을 쓰지 않았다면 "적극적·주도적으로 관여"하였다고 하여 바로 위법성 조각을 부인해서는 안된다는 입장을 취한다. 언론의 취재활동은 그 본성상 적극적·주도적인 자료입수행위를 포함한다는 점을 강조한 후, "일반적인 취재과정에서도 정보원에게 취재 사례비를 지급하는 경우가 있을 수 있는데다, 불법 감청·녹음 등에 관여하지 아니한 사람이 그 결과물을 언론기관에 제공할 경우 감수하여야 할 위험이나 그 결과물의 중대성 등 구체적인 사정"을 고려할 때 피고인 이상호 기자가 녹음테이프의 소지인에게 취재 사례비 명목으로 대가를 제공한 것도 일률적으로 비난할 수 없다고 보았다.

---

14) 서울고등법원 형사9부 2006.11.23. 선고 2006노1725 판결.

셋째, 반대의견은 언론기관의 보도에 의한 통신비밀 공개행위의 위법성 조각 여부를 판단함에 있어서는 "종래 판례가 정당행위의 성립요건으로 들고 있는 긴급성과 보충성의 요건이 완화되거나 달리 이해되어야 한다"고 파악한다. 즉, "문제된 통신비밀의 내용이 공개 당시에 중대한 공적 관심의 대상으로서 시의성을 잃지 않고 있다면 그 긴급성을 부인할 수 없고, 통신비밀의 직접적이고 진실한 공개만이 중간자의 가공·편집에서 비롯되는 왜곡과 오해를 피할 수 있는 가장 유효적절한 수단이라고 한다면 보충성의 요건도 충족되었다고 봄이 상당하다. 그렇게 하지 아니하고 긴급성과 보충성의 요건을 다른 범죄행위에서와 마찬가지로 엄격히 적용한다면, 통신비밀의 공개행위가 주로 과거에 이루어진 통신 또는 대화의 내용을 그 대상으로 하는 이상 긴급성과 보충성을 충족할 여지가 거의 없게 되어 사실상 정당행위를 인정하지 않겠다는 것과 다를 것이 없다."

넷째, 반대의견은 피고인의 보도방법도 상당성이 인정된다고 보았다. 즉, 피고인과 문화방송은 '삼성 X파일' 내용 중 중대한 공공의 이익과 직접적으로 관련된 내용만을 보도하였고, 도청자료를 확보한 뒤 성문분석과 그 출처에 대한 보강취재 등을 통하여 도청자료의 진정성 여부를 확인하기 위하여 나름의 조치를 다하였고, 법률자문을 통하여 그 공개에 대한 관계법령의 검토를 하는 등 보도에도 신중을 기하였다고 평가한다. 보도 과정에서 대화 당사자들의 실명이 공개되기는 하였으나, 대화 내용이 중대한 공공성을 가지고 있다는 점, 대화 당사자들은 경제적·사회적으로 지대한 영향력을 행사하는 공적인 인물들이기에 어느 정도의 인격권 침해를 감수해야 한다는 점, 그리고 이 사건 보도 이전에 다른 언론매체를 통하여 대화의 주요 내용이 공개되었고 가처분신청과정에서 대화 당사자들의 실명도 공개되어 대화 당사자들의 그 비밀 보호에 대한 기대이익도 상당 부분 약화되었다는 점 등을 고려하면 이 사건 보도방법이 상당성을 결여하였다고 볼 수 없다고 판단한다.

그리고 반대의견은 불법 감청·녹음에 관여하지 않은 언론이 그 통신 또는 대화의 내용을 보도하는 행위의 위법성이 조각되는 요건을 다음과 같이 정식화한다.

　"불법 감청·녹음 등에 관여하지 아니한 언론기관이 이를 보도하여 공개하는
경우에 있어서, 그 보도를 통하여 공개되는 **통신비밀의 내용이 중대한 공공의
이익과 관련되어 공중의 정당한 관심과 여론의 형성을 요구할 만한 중요성
을 갖고 있고, 언론기관이 범죄행위나 선량한 풍속 기타 사회질서에 반하는
위법한 방법에 의하여 통신비밀을 취득한 경우에 해당하지 아니하며,** 보도의
방법에서도 공적 관심사항의 범위에 한정함으로써 그 상당성을 잃지 않는 등
그 내용을 보도하여 얻어지는 이익 및 가치가 통신비밀의 보호에 의하여 달성
되는 이익 및 가치를 초과한다고 평가할 수 있는 경우에는 형법 제20조 소정의
정당행위로서 이를 처벌의 대상으로 삼을 수 없다고 할 것이다. 여기서 어떠한
경우에 통신비밀의 내용이 그 공개가 허용되어야 하는 중대한 공공의 이익과
관련된 것으로 보아야 할 것인지는 일률적으로 정할 수 없고, 그 내용이 사회에
미치는 영향력과 파급효과, 통신 또는 대화 당사자의 사회적 지위·활동 내지
공적 인물로서의 성격 여부, 그 공개로 인하여 얻게 되는 공익 등을 종합적으로
고려하여 정하여야 할 것이다."(강조는 인용자)

　이러한 반대의견은 무죄판결을 내린 2006년 제1심 판결의 법리와 판단
을 지지한 것이다. 제1심 판결은 "언론기관이 우연히 취재원을 통하여 취득
한 정보의 내용이 국가의 안전이나 질서유지, 공공복리의 근간을 이루는
매우 중대한 공공의 이익과 직결되는 것이어서 그 정보에 대한 공공의 관심
사를 충족시켜 주는 것이 언론기관에 부여된 사회적 책무를 다하는 것으로
판단되는 경우에는, 예외적으로 그 정보의 공개가 부득이하다."라고 판단하
였고, '삼성 X파일'의 보도행위의 동기나 목적이 정당하고 행위의 수단이나
방법도 상당하다고 보았으며, '삼성 X파일' 속의 대화당사자의 인격권 침해
가 있으나 이는 공적 인물로서 감수해야 할 정도라고 파악하여 사회상규성
을 인정했다.[15)]
　2009년 조승수 의원의 대표발의로 통비법 개정법률안이 제출되는

---

15) 서울중앙지법 형사합의24부 2006.8.11. 선고 2006고합177 판결.

데,16) 이 법안은 동 제1심 판결의 취지에 따라 제16의2를 신설하였다. 즉, "공적인 관심사에 관한 것으로서 이를 공개하거나 누설하지 아니하면 국가 의 안전보장, 공공의 질서유지 또는 공공복리를 현저히 해할 우려가 있어 그러한 행위가 중대한 공익상 필요에 의하여 부득이하게 이루어진 때에는 처벌하지 아니한다."

4. 평   석

이 사건의 헌법적 쟁점은 통신비밀의 보호와 언론의 자유라는 두 가지 헌법적 기본권의 충돌을 어떻게 해결할 것인가 이며, 형법적 쟁점은 불법 감청·녹음에 관여하지 않은 언론이 그 통신 또는 대화의 내용을 보도하는 것이 형법 제20조의 "사회상규에 위배되지 아니하는 행위"로 인정할 수 있는가이다. 저자는 제1심 판결과 대법원 반대의견의 입장에 동의하는바, 이를 보충하는 차원에서 평석을 전개한다.

(1) 통신의 비밀보호와 언론의 자유간의 균형 실패

다수의견은 통신의 비밀보호와 언론의 자유 사이에서 전자를 중시하면 서, 불법도청에 관여하지 않은 언론의 도청결과물 보도의 위법성조각의 요 건을 매우 엄격하게 설정하였다. 다수의견이 설정한 첫 번째 요건이 특히 문제이다. 이 요건은 (ⅰ) "그 보도의 목적이 불법 감청·녹음 등의 범죄가 저질러졌다는 사실 자체를 고발하기 위한 것으로 그 과정에서 불가피하게 통신 또는 대화의 내용을 공개할 수밖에 없는 경우", (ⅱ) "불법 감청·녹음 등에 의하여 수집된 통신 또는 대화의 내용이 이를 공개하지 아니하면 공중 의 생명·신체·재산 기타 공익에 대한 중대한 침해가 발생할 가능성이 현저 한 경우 등과 같이 비상한 공적 관심의 대상이 되는 경우" 등 두 가지로 구성된다.

도청범죄가 저질러졌다는 점을 보도할 경우 통신 또는 대화의 내용이

---

16) 의안번호 5487(2009.7.17. 발의).

부수적으로 공개될 수밖에 없는바, (ⅰ)의 경우 위법성이 조각된다는 점에는 이견이 없다. 문제는 (ⅱ)의 경우이다. 다수의견이 상정하고 있는 허용상황은 임박한 범죄모의 통신 또는 대화로 사실상 한정되어 버린다. "기타 공익"이라는 포괄적 표현을 사용하고 있지만, 문언해석상 이 경우도 그 앞에서 예시적으로 제시된 "공중의 생명·신체·재산"에 중대한 침해가 발생한 가능성이 현저한 경우와 같은 수준의 긴급한 상황으로 한정될 수밖에 없다.[17] 그리하여 다수의견의 기준에 따르면 특정 대권후보에게 불법적으로 자금을 지원하고 검찰 고위간부에게 '떡값'을 제공하자고 공모하는 '삼성 X파일'의 대화내용은 공개가 허용되는 "비상한 공적 관심의 대상이 되는 경우"에 해당하지 않는다. '삼성 X파일'의 내용처럼 —반대의견의 요건인— "통신비밀의 내용이 중대한 공공의 이익과 관련되어 공중의 정당한 관심과 여론의 형성을 요구할 만한 중요성"을 갖고 있더라도 그 내용의 보도는 위법성조각을 검토할 여지가 애초부터 봉쇄되는바, 언론의 자유의 범위는 대폭 축소된다. 그러나 '삼성 X파일'의 정보는 "대한민국의 국민이 향후 선거에서 "어떠한 결정을 해야 하는가"라는 공익을 위해서 절대적으로 필요한 중요한 정보"이며,[18] 언론의 사회적 책무는 "정치권력과 자본권력의 비리, 공적인 인물과 공직자들의 청렴성·도덕성을 부단히 감시하고 비판함으로써 민주주의 질서와 체계의 유지·발전"에 있다.[19] 이런 경우 통신비밀의 자유는 언론의 자유에 한 걸음 양보해야 한다고 본다.

요컨대, 다수의견은 똑같이 헌법적 기본권인 통신의 비밀보호와 언론의 자유가 충돌하는 상황을 해결하기 위해 규범조화 또는 비교형량을 함에 있어 전자에 과도하게 기울어진 요건을 설정하였다.

---

17) 반대의견도 지적한 것처럼, 이러한 경우는 일반적 위법성조각사유인 형법 제20조의 정당행위를 적용하기 이전에 구체적·개별적 위법성조각사유인 형법 제22조의 긴급피난으로 위법성조각이 가능하다. 다수의견에 따르면 형법 제20조의 적용범위는 축소되어 그 고유의 기능을 잃게 된다.

18) 이정원(각주 10), 248면.

19) 이승선, "공적 인물의 통신비밀보호와 공적 관심사에 대한 언론보도의 자유", 한국언론정보학회, 『한국언론정보학』 통권 제38호(2007년 여름), 232면.

(2) 중대범죄를 범한 공적 인물의 인격권의 과잉보호

대법원이 정립한 사회상규성 인정요건은 "행위의 동기나 목적의 정당
성, 행위의 수단이나 방법의 상당성, 보호법익과 침해법익과의 법익균형성,
긴급성, 그 행위 외에 다른 수단이나 방법이 없다는 보충성" 등 다섯 가지이
다.[20] 그런데 정당행위의 일반적 위법성조각사유로서의 성격을 고려할 때
이 다섯 가지 요건이 모두 갖추어야 비로소 정당행위가 인정되는 것은 아니
다. 만약 그렇게 이해한다면, 정당행위는 다른 개별적 위법성조각사유 보다
더 성립요건이 엄격한 것이 되고, 이 경우 개별적 위법성조각사유가 성립하
지 않는 경우에 정당행위 규정이 적용되는 것이 아니라 반대순서의 적용을
해야 하는 결과를 초래한다.[21] 심헌섭 교수의 용어를 빌자면, 사회상규성의
요건 해석에 있어서는 "개별적 정의의 요구를 충족"시키는 "개별적 정의(正
義)기능(Gerechtigkeitsfunktion)"이 중요하다.[22] 대법원도 수지침 시술의 의료
법 위반을 다룬 판결에서 정당행위의 요건 중 긴급성이나 보충성 등의 요건
은 엄격하게 적용하지 않을 수 있다고 판시한 바 있다.[23]

그렇지만 대법원이 사회상규성을 인정한 판례의 다수는 '소극적 방어
행위'의 유형에만 집중되어 있고, 그 외의 경우는 사회상규성 인정에 매우
인색한 것이 현실이다.[24] 대법원 다수의견은 이러한 판례경향의 흐름 속에
있다. 이는 상술한 다수의견의 첫 번째 요건이 긴급성 인정의 요건을 매우
좁게 설정하고 있는데서 확인된다. 그러나 정당행위의 긴급성은 정당방위가
요구하는 엄격한 '현재성'이 아니라 긴급피난이 요구하는 느슨한 '현재성'과

20) 대법원 1994.4.15. 선고 93도2899 판결; 대법원 1996.11.12. 선고 96도2214 판결;
대법원 2000.4.25. 선고 98도2389 판결; 대법원 2001.2.23. 선고 2000도4415 판결;
대법원 2004.8.20. 선고 2003도4732 판결; 대법원 2008.12.24. 선고 2007도1776
판결 등.
21) 양화식, "형법 제20조의 "사회상규에 위배되지 아니하는 행위"에 대한 고찰", 한
국형사법학회, 『형사법연구』제19호(2003년 여름호), 195면.
22) 심헌섭, "일반조항 소고", 『분석과 비판의 법철학』(법문사, 2001), 241-242면.
23) 대법원 2000.4.25. 선고 98도2389 판결.
24) 임웅·강석구, "형법 제20조 사회상규에 관한 소고", 성균관대학교 비교법연구소,
『성균관법학』제14권 제1호(2002.7), 9면.

유사하게 이해되어야 한다. 긴급피난에서는 '지속적 위험'(Dauergefahr), 즉 과거부터 계속된 침해가 앞으로도 반복될 우려가 있는 상황이 인정되면 위난의 현재성이 충족된다.

'삼성 X파일' 사건의 경우를 보면, 1997년 대선 이후 8년이 지났지만 권·언·검의 유착문제는 보도시점까지 계속 문제가 되고 있었고, '삼성 X파일' 속의 등장인물에 대한 처벌이 불가능해지면서 향후 유사한 사례가 재발될 가능성이 존재하였던 반면, 권·언·검의 유착을 해결할 법적·제도적 장치는 취약 또는 부재하였던 상황이었다.25) 이 점에서 긴급성 요건은 충족된다. 사실 대통령중심제 정치체제에서 "불법적인 방법을 통해 대통령선거, 나아가 국정을 농단하려고 도모하는 것이야말로 시와 때를 넘어서 국민에게 알려야 할 우리 사회의 가장 중대한 공익적 필요가 있는 사안"으로 볼 수 있다.26)

그리고 '삼성 X파일' 보도는 "뉴스의 성격상 도청된 자료에 의존하지 않고서는 동일한 정보를 입수하기 어려운 경우"이었고, 또한 피고인이 정보 입수과정에서 별도의 불법을 범하지 않았고 "대다수의 언론인이 유사한 상황에서 동일한 수단과 방법을 사용하는 경우"였던바,27) 수단과 방법의 상당성도 인정된다. 제2심 판결은 도청자료를 공개하는 것 말고는 다른 방법이 없었는지에 대하여 의문을 제기하고 보도행위의 보충성을 부정한다.

---

25) 제1심 재판 당시 이상호 기자는 최후진술에서 다음과 같이 말하였다. "X파일은 '이건희 일가'가, 자신들의 사적인 자본의 이익을 도모할 욕심에 돈으로 국가 헌정질서를 문란케 한, 그러한 죄상을 스스로 밝히고 있는 이례적인 자료입니다. … 요는, 보호되어서는 안되는 비밀도 있다는 것입니다. 검찰이 보호하려는 통신비밀이 과연 어떠한 내용입니까? … 언론이 물어뜯고 짖어야 할 대상으로 정치권력만큼이나, 자본독재도 중요해졌습니다. 그만큼 X파일 보도가 필요했다는 애깁니다. 이건희 일가에 의해 모의된, 돈에 의한 국권 찬탈 음모는, 단 한 순간도 보호되어서는 안 될 '반헌법적 통신비밀'입니다." [<오마이뉴스>(2006.7.14.)(http://www.ohmynews.com/nws_web/view/at_pg.aspx?CNTN_CD=A0000345944: 2014.11.1. 최종방문)].

26) 이승선(각주 19), 232면.

27) 김경호, "도청된 자료의 보도와 언론의 책임에 관한 연구", 한국언론학회, 『한국언론학보』 제50권 제1호(2006.2), 23면.

그러나 'X파일'에서 드러난 권·언·검 유착에 대하여 사회적 경종을 올리기 위하여 언론이 보도 외에 어떠한 다른 방법을 취할 수 있을지 떠오르지 않는다.

한편, 다수의견은 이상호 기자가 '삼성 X파일' 소지인에게 사례비를 지급했다는 점을 주목하는바, 이는 이 기자가 '삼성 X파일' 관련 범죄를 고발하는 공익이 아니라 특종이라는 사익이 있음을 강조하기 위함으로 보인다. 그러나 취재사례비는 언론계의 관행이며 불법도 아니다. 이 기자는 1,000달러를 문화방송의 자금으로 지급하고 영수증까지 발부하였던바, 사례비 지급을 공개적이고 투명하게 처리했다. 그리고 보도행위의 동기와 목적이 완전히 공익을 위한 경우는 존재하지 않는다. 특종을 내겠다는 사적동기와 목적이 있다고 하더라도, 보도행위 전체를 파악하여 공익적 동기와 목적이 지배적이라면 그 정당성은 인정되어야 한다.

그리고 다수의견은 이상호 기자의 보도가 녹음테이프 원음의 직접 방송, 녹음테이프에 나타난 대화 내용의 인용 및 실명의 거론을 금지하는 서울남부지방법원의 가처분결정을 위배하였다는 점을 강조한다. 동 가처분결정은 도청자료의 존재나 그 내용에 대한 보도를 금지하지는 않았다. 그리하여 문화방송은 녹음테이프의 원음을 공개하는 대신 안기부 작성의 녹취보고서를 중심으로 도청자료의 존재 및 그 내용을 보도하였다. 여기서 문제가 되는 것은 실명공개의 상당성과 보충성이다.

이번 사건에서 이상호 기자의 보도로 통신의 비밀이 침해된 사람들은 모두 공적 인물이었고, 그들이 나눈 대화내용은 민주적 기본질서의 근간을 훼손하는 중대한 범죄모의였으며, 그들의 실명은 다른 언론의 보도 및 법원의 가처분결정 과정에서 이미 공개되었다. 이러한 상황에서 이 기자의 실명공개가 수단과 방법의 상당성을 결여했고 보충성 요건을 충족시키지 못했다고 파악하는 것은 중대범죄를 모의한 공적 인물의 인격권에 대한 과잉보호이다.[28] 이런 점에서 저자는 대법원이 상술한 2000년 '수지침 판결'의 취지가

---

28) 이러한 과잉보호는 다수의견의 '삼성 X파일' 내용에 대한 판단에서도 드러난다. 다수의견은 문제의 대화내용은 "앞으로 제공할 정치자금 내지 추석 떡값을 상의

이번 판결에서 관철되어야 했다고 판단한다.

물론 이상호 기자의 보도가 실명을 공개하지 말라는 가처분결정의 일부를 위배한 것은 사실이나, 언론의 자유의 의미를 고려할 때 가처분이라는 잠정적 사법판단 위배를 형사불법으로 바로 연결시키는 논리는 동의할 수 없다. 게다가 '삼성 X파일' 보도 당시 시점에는 가처분결정이 확정된 것도 아니었다는 점을 고려하자면 더욱 그러하다.

(3) 형법 제310조 및 언론중재 및 피해구제 등에 관한 법률 제5조 제2항과의 유비(類比)

제1심 판결이 가볍게 다루었고 저자가 하급심 판결 평석에서 제기했던 논점이 대법원 판결에서는 다루어지지 않았던바,[29] 재론하고자 한다.

먼저 형법 제310조에 따라 사실적시 명예훼손의 경우 그것이 공공의 이익에 관한 때 처벌되지 않는다. 개인의 명예와 언론·표현의 자유 사이의 충돌을 해결하기 위하여 진실성과 공익성이 있으면 위법성이 조각된다고 규정한 것이다. 특히 명예훼손의 피해자가 공적 인물이고 언론·표현 행위가 공적 사안에 관한 것인 경우 언론·표현의 자유에 대한 제한은 완화된다. 헌법재판소는 1999년 '김일성 조문편지' 결정에서 다음과 같이 설시한 바 있다.

"공적 인물과 사인, 공적인 관심 사안과 사적인 영역에 속하는 사안 간에는 심사기준에 차이를 두어야 하고, 더욱이 이 사건과 같은 **공적 인물이 그의 공적 활동과 관련된 명예훼손적 표현**은 그 제한이 더 완화되어야 하는 등 개별사례에서의 이익형량에 따라 그 결론도 달라지게 된다. … 객관적으로 국민이 알아야 할 공공성·사회성을 갖춘 사실(알 권리)은 민주제의 토대인 여론형성이나 공개토론에 기여하므로 형사제재로 인하여 이러한 사안의 게재

한 것"에 불과하고 "실제로 정치자금 등을 제공하였다는 것"은 아니라고 평가한다. 이는 공소시효가 완성되어 수사가 진행되지 못한 사건에 대하여 범죄구성요건의 불성립을 예단한 것이라고 보인다.

29) 조국(각주 6), 205면.

(揭載)를 주저하게 만들어서는 안 된다."30)

대법원도 "언론의 감시와 비판 기능은 그것이 악의적이거나 현저히 상당성을 잃은 공격이 아닌 한 쉽게 제한되어서는 안 된다."라고 밝히면서, 명예훼손죄를 사용한 언론의 자유 제약을 경계한 바 있다.31) 그리고 대법원은 형법 제310조가 민사상의 불법행위에도 유추적용된다고 보고 있다.32)

물론 통비법 위반죄와 형법상 명예훼손죄는 보호법익과 구조가 다르다. 전자는 통신의 비밀을 보호법익으로 하고, 후자는 명예를 보호법익으로 한다. 전자는 불법하게 획득한 통신비밀을 공개·보도하는 것이라면, 후자는 적시된 사실을 어떻게 획득했는지를 묻지 않는다. 그러나 양 죄의 보호법익은 모두 인격권에 속하며, 이 법익침해의 주체가 언론일 경우 침해되는 법익과 언론의 자유 사이의 형량이 문제가 된다는 점에서 공통점이 있다. 이렇게 볼 때 불법 감청·녹음에 관여하지 않은 언론이 그 통신 또는 대화의 내용을 보도하는 것이 형법 제20조의 정당행위로서 위법성이 조각되는가를 판단하는데 있어서 형법 제310조의 법리를 참조하여 위법성조각의 범위를 넓힐 필요가 있다.

한편 언론중재 및 피해구제 등에 관한 법률 제5조 제2항은 사생활의 비밀의 자유와 음성, 대화 등을 포함한 인격권에 대한 침해가 "사회상규에 반하지 아니하는 한도에서 피해자의 동의에 의하여 이루어지거나 또는 공적인 관심사에 대하여 중대한 공익상의 필요에 의하여 부득이하게 이루어진 때" 민사불법의 위법성이 조각된다고 규정하고 있다. 물론 동법 위반죄와 통비법 위반죄는 보호법익과 구조가 다르다. 그러나 명예훼손죄의 경우와 마찬가지로, 양죄는 일정한 공통점이 있다. 이 점에서 통비법 위반의 위법성

---

30) 헌법재판소 전원재판부 1999.6.24. 97헌마265 [기각] 【불기소처분취소】(강조는 인용자). 대법원 2002.1.22. 선고 2000다37524, 37531 판결도 같은 취지이다.
31) 대법원 2008.9.25. 선고 2008도4889 판결.
32) "형사상으로나 민사상으로 타인의 명예를 훼손하는 행위를 한 경우에도 그것이 공공의 이해에 관한 사항으로서 그 목적이 오로지 공공의 이익을 위한 것일 때에는 진실한 사실이라는 증명만 있으면 위 행위에 위법성이 없으며…"(대법원 1988.10.11. 선고 85다카29 판결).

조각을 판단하는데 있어서도 동법의 위법성조각사유를 참조할 필요가 있다. 물론 민사불법과 형사불법의 기준이 같을 수는 없다. 그러나 상술했듯이 1988년 85다카29 판결은 형법 제310조가 민사상의 불법행위에도 유추적용된다고 보고 있는바, 역으로 언론중재 및 피해구제 등에 관한 법률 제5조 제2항의 위법성조각사유를 형사사건의 위법성조각사유를 해석할 때 적극 참조할 필요가 있다.

언론보도로 야기될 수 있는 위법성이 조각될 수 있는 세 가지 상황을 도해로 비교해보면 다음과 같다.

언론보도에 의한 인격권 침해의 위법성 조각 (언론중재 및 피해구제 등에 관한 법률 제5조 제2항)	사실적시 명예훼손죄의 위법성 조각 (형법 제310조)	통신비밀보호법 위반 불법도청 결과물의 언론보도의 위법성 조각 (형법 제20조)	
"사회상규에 반하지 아니하는 한도에서 피해자의 동의에 의하여 이루어지거나 또는 공적인 관심사에 대하여 중대한 공익상의 필요에 의하여 부득이하게 이루어진 때"	"공적 인물과 사인, 공적인 관심 사안과 사적인 영역에 속하는 사안 간에는 심사기준에 차이를 두어야 하고, 더욱이 이 사건과 같은 공적 인물이 그의 공적 활동과 관련된 명예훼손적 표현은 그 제한이 더 완화되어야" (97헌마265)	제2심 및 2006도8839 다수의견: "불법 감청·녹음 등에 의하여 수집된 통신 또는 대화의 내용이 이를 공개하지 아니하면 공중의 생명·신체·재산 기타 공익에 대한 중대한 침해가 발생할 가능성이 현저한 경우 등과 같이 비상한 공적 관심의 대상이 되는 경우"	제1심, 대법원 2006도8839 반대의견 및 저자: "불법 감청·녹음 등에 관여하지 아니한 언론기관이 이를 보도하여 공개하는 경우에 있어서, 그 보도를 통하여 공개되는 통신비밀의 내용이 중대한 공공의 이익과 관련되어 공중의 정당한 관심과 여론의 형성을 요구할 만한 중요성을 갖고 있고, 언론기관이 범죄행위나 선량한 풍속 기타 사회질서에 반하는 위법한 방법에 의하여 통신비밀을 취득한 경우에 해당하지 아니하며, 보도의 방법에서도 공적 관심사항의 범위에 한정함으로써 그 상당성을 잃지 않는 경우"

(4) 다수의견의 우려에 대한 답변

그런데 다수의견은 통신의 비밀 보호 쪽으로 강하게 치우친 정당화요건을 설정하고 '삼성 X파일'의 보도가 위법하다고 판단하면서, 이러한 보도

행위가 허용될 경우 발생할 가상 상황을 염려하고 있다. 즉, "만약 이러한 행위가 정당행위로서 허용된다고 한다면 장차 국가기관 등이 사인 간의 통신이나 대화를 불법 감청·녹음한 후 소기의 목적에 부합하는 자료를 취사 선택하여 언론기관 등과 같은 제3자를 통하여 그 내용을 공개하는 상황에 이르더라도 사실상 이를 막을 도리가 없게 된다."

반대의견의 논리에 따르면 수사기관이나 정보기관이 공적 인물의 통신과 대화를 불법도청한 후 그 내용을 도청과 관계없는 언론 등 제3자에게 직·간접적으로 전달하여 공개하는 것이 정당화되어 결국은 통신의 비밀 침해가 예방·방지될 수 없다는 우려이다. 먼저 이런 상황을 예방하기 위한 첫 번째 조치는 불법도청을 행한 국가기관에 대한 단호한 처벌이다. '삼성 X파일'과 같이 공소시효가 경료할 때까지 범죄인을 방치하는 일은 없어야 한다.

그리고 다수의견이 우려하는 가상 상황은 '삼성 X파일' 보도사건과 달리 국가기관이 통신 또는 대화의 공개를 위하여 의도적으로 언론을 이용한 경우이다. 이 때 언론의 보도행위는 국가기관의 불법도청의 연장으로 보아야 하며, 이러한 보도행위의 상당성 평가는 '삼성 X파일' 보도의 경우와 달라져야 한다. 요컨대, 다수의견이 상정하는 가상 상황의 경우는 사회상규성을 인정할 수 없으며, 이는 소수의견의 상당성 판단요건을 유지하면서도 이를 엄격히 해석함으로써 대응할 수 있다.

(5) 미국 판례의 태도

마지막으로 '삼성 X파일' 사건과 유사한 사례에 대한 판결을 축적하고 있는 미국 판례를 소개하기로 한다. 이 판례들은 민사불법에 대한 판결이지만, 미국의 경우 민사불법과 형사불법을 엄격히 구별하지 않으므로 '삼성 X파일' 보도사건 판단을 위하여 참조할 가치가 있다. 이하의 미국 판례를 종합적으로 판단하면, 불법도청의 내용이 공적인 인물의 공적인 의미를 갖는 발언에 관한 것이고 언론기관은 불법도청에 관여하지 않고 그 내용을 보도하였다면 언론기관은 법적 책임을 지지 않는다는 상기 저자의 결론과 일치함을 확인할 수 있을 것이다.

먼저 뉴욕주 사례인 1993년 'Natoli v. Sullivan 판결'[33]은 언론이 도청 행위와 직·간접적으로 관련이 없는 상황에서 도청된 전화통화 내용을 의도적으로 공개했을 경우, 언론에 책임을 물어야 하는지가 쟁점이 된 사례다. 불법적으로 도청된 로버트 나톨리(Robert Natoli)의 사적 전화대화 내용을 뉴욕에 있는 신문사들이 보도했고, 소송이 제기되자 신문사들은 적법한 방법으로 입수한 사실적 자료를 보도하는 것은 헌법적 보호의 대상이라고 주장했다.

이에 대해 뉴욕법원은 신문사가 불법도청에 관여하지 않고 합법적인 방법으로 자료를 입수했다고 하더라도 입수된 정보가 불법도청을 통해 획득되었다는 사실을 알면서도 이를 보도하는 것은 언론의 자유를 보장하는 수정헌법 제1조의 범위를 벗어난 것이라고 판시했다.[34] 그리고 도청된 자료의 내용이 주요한 공익적 관심사가 아닌 사적 사항들로 이루어졌다는 것은 언론의 자유보다 개인의 통신비밀을 더 보호해야 하는 이유라고 보았다. "타인에 의해 도청되고 언론에 의해 보도된 대화는 순전히 사적인 것이었고 이를 공개하는 것은 어떠한 공적인 이익에도 봉사하지 않는다. 전화대화의 프라이버시를 불법적 침입으로부터 보호하려는 정부의 이익은 충분히 실질적이기에 이 사건에서 합법적으로 획득한 진실한 정보의 출판에 재재를 가하는 것은 허용된다."[35]

4년 뒤 1997년 'Peavy v. New Times, Inc. 판결'[36]에서는 'Natoli 판결'과는 상반되는 결과가 나왔다. 이 사건에서 선출직 학교운영위원인 피비의 인종차별적이고 상스러운 —예컨대 "지 애비와 붙어먹을 무지하고 빌어먹을 조그만 깜둥이 녀석들"과 "닭 똥 같은 그 애들의 부모들"— 사적 전화통화 내용이 도청되었고, 그 녹취록은 운영위원회의에 공개되었다. 주간지 <뉴 타임스>는 이 녹취록을 입수하여 보도했고, 피비는 프라이버시 침해와

33) 606 N.Y.S. 2d 504(Sup. Ct. 1993).
34) *Ibid.* at 507.
35) *Ibid.* at 509(강조는 인용자).
36) 976 F. Supp. 532(N.D. Tex. 1997).

연방도청법, 텍사스 도청법 등의 위반 혐의로 <뉴 타임스>를 상대로 소송을 제기했다.

연방항소법원은 학교운영위원인 원고의 인종차별적 견해는 댈라스 시민에게 중요한 공적인 문제라는 점을 지적하고, 비록 언론이 불법 도청을 통해 자료가 입수되었다는 사실을 사전에 인지했다 하더라도 도청된 통화 내용이 운영위원회에서 공개된 이상, 연방도청법을 적용하여 보도를 금지할 수는 없다고 판시했다.37)

이상과 같은 흐름 속에 2001년 연방대법원은 'Bartnicki v. Vopper 판결'38)을 내린다. 이 사건에서 펜실베니아 고교 교원노조와 학교 운영위원회 사이에 협상이 진행되고 있었는데, 익명의 제3자가 교원노조의 대표 캐인(Kane)과 협상책임자 바트니키(Bartnicki) 사이의 휴대전화 내용을 도청, 녹음하고, 이 테이프를 납세자연맹의 지도자 요컴(Yocum)의 우편함에 넣었다. 그·테이프에는 "우리는 그들의 집으로 가야 해. 그들의 현관을 폭파하기 위해서 말이야."라는 대화가 있었다. 교원에게 유리한 내용의 중재안이 양측에 의해 수용되자, 요컴은 이 테이프를 라디오 방송 진행자 보퍼스(Voppers)에게 전달했고, 보퍼스는 그 테이프가 불법도청의 결과임을 알고 있었지만 그 대화내용을 반복적으로 방송하였다.

제1심 법원은 입수된 대화내용이 불법도청의 결과임을 알면서 또는 알만한 이유가 있으면서도 그 대화를 의도적으로 공개하는 것은 ―대화 공개자가 불법도청과정에 관여하지 않았다고 하더라도― 위법이라고 판결한다. 그러나 항소법원은 반대로 피고의 수정헌법 제1조의 표현의 자유가 침해되었다는 입장을 취한다.

연방대법원에서 렌퀴스트 등 보수파는 개인의 프라이버시를 중시하고, 진보파 또는 중도파는 언론의 자유를 중시하는 입장을 드러냈다. 스티븐스 대법관이 대표집필한 연방대법원의 다수의견은 항소법원의 손을 들어준다. 요약하면, (ⅰ) 도청법은 대화를 공개한 시민이 그 대화가 불법적으로 취득되

---

37) *Ibid.* at 539-540.
38) *Ibid.* 532 U.S. 51(2001).

었음을 알고 있거나 또는 알아야 했더라도 그 대화내용을 의도적으로 공개하는 것을 일반적으로 금지하고 있다; (ⅱ) 그러나 그 대화테이프는 공적인 중요성을 가지고 있고, 피고가 **불법도청**에 관여하지 않았고 테이프 취득에서도 **불법**이 없었으므로 도청법을 피고에게 적용하는 것은 그의 표현의 자유를 침해하는 것이다.[39) 다수의견은 불법 도청을 막기 위해서는 도청을 한 사람을 처벌해야지, 적법하게 정보를 입수한 언론사를 처벌하는 것은 불법 도청을 막는 효과적인 방법이 될 수 없다고 보았으며, 한편 통신의 비밀을 보장하는 것이 정부의 의무이지만 중요한 사회적 문제에 대한 보도와 이익형량할 경우 그 중요성은 경감될 수밖에 없다고 덧붙였다.[40)

다수의견은 이 경우 프라이버시의 침해가 발생한다는 점을 인지한다. 그러나 다수의견은 "프라이버시의 권리는 공적인 사안 또는 일반이익(general interest)이 있는 사안에 대한 출판을 금지하지 않는다"[41)는 고전적 언명에 의거하면서, 공적인 중요성이 있는 사안의 출판 간의 이익균형에서는 프라이버시가 양보해야 한다는 점을 분명히 밝힌다.[42)

반면 렌퀴스트 대법원장과 스칼리아, 토마스 대법관은 프라이버시의 보장에 우위를 두는 반대의견을 제출한다. 그 요체는 다음과 같다. "개인적 프라이버시의 이익은 우리의 무선전화 대화에 대한 은밀한 도청으로부터 자유로울 권리 그리고 의사에 반하여 이 대화가 방송에 공개되는 것으로부터 자유로울 권리를 포함해야 한다. 다수의견은 이 권리를 스스로 발언하고 싶은 사람들의 주장이 아니라 낚아챈 타인의 발언을 공표하고 싶은 사람들의 주장에 복속시켰다. 그리하여 위와 같은 프라이버시의 주장을 자유롭게

---

39) *Ibid.* at 525.

40) 언론의 자유를 중시하는 이러한 입장은 연방대법원의 다른 판결에서도 확인된다. 즉, 연방대법원은 "신문이 공적인 중요성이 있는 사안에 대한 진실한 정보를 합법적으로 획득하였다면, 국가가 그 정보의 출판을 처벌하는 것은 위헌이다."[Smith v. Daily Mail Publishing Co., 443 U.S. 97, 102, 103(1979)]라는 입장을 견지하고 있다.

41) Samuel Warren & Louis Brandeis, "The Right to Privacy", 4 *Harv. L. Rev.* 193, 214(1890).

42) Bartnicki, 532 U.S. at 534.

말할 수 있는 주변적 권리와 형량하려는 의회의 노력은 무시되고 말았다."[43]

2006년 'McDermott v. Boehner 판결'[44])에서도 연방대법원은 'Bartniki 판결'에 따라 항소심의 판결을 파기하고 보도행위의 적법성을 인정했다. 이 사건에서 존 보너 공화당 하원의원은 하원 윤리위원회의 징계대상인 깅그리치 의장과 휴대전화로 통화하면서, 윤리위원회가 청문회를 열지 않는 대신 깅그리치는 어떠한 조치를 받을 것인가에 대한 전략을 짰는데 제3자가 이 대화내용을 도청했다. 이 도청물은 윤리위원회 소속인 제임스 맥더모트 민주당 의원에게 전달했고, 맥더모트는 그 내용을 복사하여 <뉴욕타임스>를 비롯한 신문사에 배포했고 신문사는 이를 보도했다.

IV. 대법원 2011.5.13. 선고 2009도14442 판결
— 국회의원에게 허용되는 불법도청 결과물 공개의 범위와 방식

노회찬 의원은 국회의원회관에서 '삼성 X파일'의 내용의 일부를 "삼성 명절 때마다 검사들에게 떡값 돌려. X파일에 등장하는 떡값검사 7인 실명 공개"라는 제목의 보도자료로 만들어 국회 기자실에 배포하고 홈페이지에 게재하였던바, 통비법을 위반하여 타인의 대화내용을 공개하였다는 점 그리고 '삼성 X파일'에는 안강민 전 서울지방검찰청 검사장의 실명이 없음에도 그 실명을 밝혔다는 점을 이유로 통신비밀보호법 및 형법 제307조 제2항 허위사실적시 명예훼손죄 위반으로 기소되었다.[45] 이에 대하여 제1심, 제2

---

43) *Ibid.* at 555-556.
44) 441 F.3d 1010(2006).
45) 검찰은 보도자료 배포행위와 홈페이지 게재행위를 포괄하여 하나의 행위로 파악하고, 허위사실적시 명예훼손죄와 통신비밀보호법 위반죄를 상상적 경합관계로 기소했고, 제1심은 이에 동의하고 유죄로 인정했다. 그러나 제2심은 두 행위를 별개의 행위로 보고 실체적 경합관계로 파악하고, 배포행위에 의한 명예훼손죄 및 통신비밀보호법 위반죄 상호간과 홈페이지 게재행위에 의한 명예훼손죄 및 통신비밀보호법 위반죄 상호간을 각 상상적 경합관계로 구성했다. 저자는 배포

심 및 대법원의 판결이 모두 차이가 있는바, 비교분석이 필요하다.

결론부터 먼저 말하자면, 저자는 ―'삼성 X 파일' 내용의 인터넷 홈페이지 게재가 국회의원의 면책특권 범위 안에 포괄되는가에 대한 판단은 제외하고― 기본적으로 제2심 판결에 동의한다.

1. '삼성 X파일' 내용이 담긴 보도자료의 배포와 면책특권

헌법 제45조는 "국회의원은 국회에서 직무상 행한 발언과 표결에 관하여 국회 외에서 책임을 지지 아니한다."고 규정하여 국회의원의 면책특권을 헌법적으로 보장한다. 대법원은 1992년 '유성환 의원 통일국시 발언' 사건에 대한 판결에서, 국회의원의 직무행위는 직무상의 발언과 표결 등 직무집행행위 자체에 국한되는 것이 아니라 직무집행에 "통상적으로 부수하여 행하여지는 행위까지 포함"된다고 판시한 바 있다.46) 유 의원은 1986년 9월 국회 대정부질문을 하기에 앞서 회의시작 30분 전에 기자실에서 국회출입기자들에게 발언원고사본을 배포하였는데, 국시가 반공이 아니라는 내용이 국가보안법 위반으로 이유로 구속되었고, 1심에서 유죄가 인정되어 실형 1년을 선고받았고, 항소심 계류 중 '6.29 선언'이 발표되자 구속집행정지로 석방되었다.47) 대법원은 유 의원의 원고사전배포는 면책특권의 범위에 속한다고 판단하면서, 직무부수행위에 대한 판단기준으로 (ⅰ) 회의의 공개성(국회의원이 배포한 자료의 내용이 공개회의에서 행할 발언내용일 것), (ⅱ) 시간적 근접성(자료의 배포시기가 당초 발언하기로 예정된 회의와 시간적으로 근접할 것), (ⅲ) 장소 및 대상의 한정성(배포 장소 및 대상이 한정될 것), (ⅳ) 목적의 정당성(배포의 목적이 보도의 편의를 위한 것일 것) 등을 제시하였다.48)

행위와 홈페이지 게재행위를 포괄하여 하나의 행위로 파악하는 것은 부자연스럽다고 본다.
46) 대법원 1992.9.22. 선고 91도3317 판결.
47) 이 사건에 대해서는 홍성우·한인섭 공저, 『홍성우 변호사의 증언, 인권변론 한 시대』(2011), 658-666면을 참조하라.
48) 대법원 1992.9.22. 선고 91도3317 판결.

평석대상 사건의 제1심 판결은 노회찬 의원의 보도자료 배포와 인터넷 홈페이지 게재를 포괄하여 이상의 기준에 부합하지 않는다고 판단하고 공소사실 모두 유죄로 인정하였다.[49] 제1심 판결은 유성환 의원 사건 판결의 취지에 정면으로 반한다. 노 의원은 문제의 보도자료를 배포한 후 그 내용을 국회 법제사법위원회에서 발언했다. 이는 유성환 의원 사건과 사실관계가 기본적으로 동일한바, 국회의원 직무행위의 전형적인 모습이다. 보도자료에는 안강민의 실명이 적혀있었지만 법사위에서 노 의원은 안강민의 실명을 거론하지 않았다는 점을 문제로 삼을 수도 있겠으나, 보도자료의 내용과 노 의원의 발언의 내용은 대동소이한 것이었다. 그리고 보도자료 배포 후 법사위가 개의되었고, 보도자료는 국회의원회관에서 국회출입기자만을 대상으로 배포되었으며, 배포의 목적은 기자들의 보도의 편의를 위한 것이었다는 점 등도 쉽게 인정된다. 따라서 제2심[50]과 대법원[51]이 공소사실 중 보도자료 배포를 면책특권의 대상이 되는 직무부수행위로 판단한 것은 타당하다.[52]

2. '삼성 X파일' 내용의 인터넷 홈페이지 게재

(1) 허위사실적시 명예훼손

제1심은 '삼성 X파일'상의 대화내용은 고위 검사들에게 '떡값'을 지급할 예정이라는 것이고 실제 지급하였다는 것이 아닌 점, '삼성 X파일'이 불법 도청으로 만들어진 것이기에 그 내용의 진실성이 확인되지 못하고 있었다는 점 등을 이유로 '삼성 X파일'은 허위사실을 적시한 것이고, 노

49) 서울중앙지방법원 2009.2.9. 선고 2007고단2378 판결.
50) 서울중앙지방법원 2009.12.4. 선고 2009노520 판결.
51) 대법원 2011.5.13. 선고 2008도14442 판결.
52) 그런데 제2심은 보도자료에 의한 명예훼손 부분에 대한 실체심리를 하고 무죄를 판단하면서도 상상적 경합관계인 통비법 위반에 대하여 공소를 기각한다는 이유로 따로 무죄를 선고하지 않았다. 대법원은 면책특권의 대상이 되는 한 실체심리나 판단 없이 공소기각의 판결(형사소송법 제327조 제2호)을 하면 족하다고 정정하였다.

의원은 '삼성 X파일'의 내용이 허위라는 인식이 있었다고 파악하였다. 그리고 이 행위는 형법 제20조의 정당행위에도 해당하지도 않는다고 보고 유죄를 선고하였다. 특히 '삼성 X파일'이 불법 도청으로 얻어졌음을 알고 있고 그 내용의 공개가 통비법 위반이라는 점을 알면서 그 내용을 공개하고, 나아가 '삼성 X파일'에는 없는 일부 전·현직 검찰간부의 실명을 공개한 것을 지적하며 수단과 방법의 상당성이 없다고 보았다.

　　이러한 제1심 판결은 사실관계 파악과 법리적용 모두에서 문제가 있다. 첫째, 보도자료의 기초가 된 '삼성 X파일'에는 안강민의 실명이 거론되어 있지 않았지만, '삼성 X파일'의 대화를 보면 홍석현 중앙일보 회장은 "이번에 부산에서 올라온 내 1년 선배인 2차장은 연말에나 하고, 지검장은 들어 있을 테니까 연말에 또 하고" 등의 발언을 하고 있다. 여기서 이 '지검장'이 '서울지방검찰청 검사장'을 가리키는 것이라고 파악하는 것은 합리적 추정인바, 노 의원이 1997년 당시 서울지방검찰청 검사장이었던 안강민을 특정하여 거론한 것이 허위의 사실을 적시한 것이라고 볼 수 없다.[53] 그리고 '삼성 X파일'에는 '지검장'에 대한 금품 제공을 계획하는 내용만 담겨있고 실제 제공하였는지 여부를 확인할 수 있는 내용은 담겨 있지 않은 것은 사실이다. "회장께서 전에 지시하신 거니까", "작년에 3천 했는데, 올해는 2천만 하죠", "연말에 또 하고" 등의 '삼성 X파일'의 내용을 접한 합리적 평균인이라면 삼성 그룹이 안강민을 포함한 고위 검사들에게 정기적으로 '떡값'을 실제 제공했을 것이라고 추정하지 않을 수 없다. 이러한 점에서도 노 의원이 허위사실을 적시했다고 볼 수 없다.

　　둘째, 검사는 노 의원이 허위사실을 적시했다는 점, 즉 안강민은 금품을

---

53) 당시 각 언론사가 확보하고 있던 '떡값 검사' 명단에도 문제의 '지검장'은 당시 서울지검장이었던 안강민으로 명기되어 있었다. 대법원은 다음과 같이 설시한 바 있다. "형법 제307조 제2항을 적용하기 위하여 적시된 사실이 허위의 사실인지 여부를 판단함에 있어서는 적시된 사실의 내용 전체의 취지를 살펴볼 때 중요한 부분이 객관적 사실과 합치되는 경우에는 세부(細部)에 있어서 진실과 약간 차이가 나거나 다소 과장된 표현이 있다 하더라도 이를 허위의 사실이라고 볼 수는 없다"(대법원 2000.2.25. 선고 99도4757 판결).

받지 않았다는 점을 증명할 책임을 진다. 안강민은 제1심에서 증인으로 출석하여 삼성으로부터 금품을 받은 사실이 없다고 진술하였다. 그러나 안강민의 진술만으로는 실체적 진실을 확정할 수는 없다. 그런데 검사는 '삼성 X파일'의 대화당사자인 홍석현, 이학수에 대한 수사를 전혀 진행하지 않았다. 물론 '삼성 X파일' 속의 범죄 중 공소시효가 지난 것은 수사할 수 없고, '삼성 X파일'은 통비법 제4조에 따라 증거능력이 인정되지 않는다. 그렇지만 공소시효가 남아 있고, '삼성 X파일'이 간접적으로 제시하고 있는 범죄사실에 대한 수사까지 막는 것은 아니다. 이번 사건과 같이 노 의원의 '허위사실'을 적시하였는지에 대한 수사는 필요하고 또한 가능하다. 그리고 기소 이후에도 검사는 홍석현, 이학수 두 사람이 안강민에게 실제 금품을 제공하지 않았다는 점을 입증하기 위한 노력을 기울이지도 않았다. 오히려 양인을 증인으로 신청한 측은 피고인측이었다. 이러한 점에서 검사는 안강민이 실제 삼성그룹으로부터 금품을 수령하지 않았다는 사실에 대한 수사와 입증을 해태하였음이 분명하다.

제2심이 이상의 두 가지 점을 지적하며 허위사실적시 명예훼손에 대하여 무죄를 선고하였고, 대법원이 이에 동의한 것은 매우 타당하다. 검사가 적용법조를 형법 제307조 제1항, 즉 사실적시 명예훼손으로 변경하였다고 하더라도, 형법 제310조 또는 제20조에 따라 위법성이 조각되어야 할 것이다.54)

(2) 통신비밀보호법 위반

제1심은 '삼성 X파일'의 내용을 보도자료로 배포하고 인터넷 홈페이지에 게재한 행위를 포괄하여 통비법 위반으로 판단하였다. 그리고 인터넷 홈페이지 게재는 국회의원의 면책특권이 적용되는 요건 중의 하나인 '장소와 대상의 한정성'을 위반하였다고 보았으며, 형법 제20조의 정당행위에 해당하지도 않는다고 판단했다. 명시적으로 인용하지는 않았지만, 제1심은

---

54) 오병두, "노회찬 전 의원 'X파일' 사건 제1심 판결의 문제점", 민주주의법학연구회, 『민주법학』 제41호(2009.11), 470-475면. 또한 이 책 234-238면 참조.

'이상호 기자 판결'의 다수의견의 엄격한 사회상규성 판단요건에 의존하여 위법성조각 여부를 판단하였음을 알 수 있다. 제2심은 인터넷 홈페이지 게재는 국회의원의 면책특권의 범위를 벗어난다고 보면서도, 형법 제20조의 정당행위에 해당하여 위법성이 조각된다고 판단했다. 대법원은 제1심의 손을 들어주었다.

'이상호 기자 판결'에 대한 평석에서 언급하였듯이, 불법도청에 관여하지 않고 다른 경로를 통하여 그 통신 또는 대화의 내용을 알게 된 사람이 불법도청이 이루어진 사정을 알면서 이를 공개·누설하는 경우에는 통신비밀보호법 위반죄의 구성요건해당성이 있다.[55] 여기서 쟁점은 국회의원이 '삼성 X파일'을 인터넷 홈페이지에 게재하는 것은 면책특권의 범위 안에 들어가는지, 들어가지 않는다고 하더라도 형법 제20조의 정당행위에 해당하는지 여부이다.

1) 정보화 시대 면책특권의 범위 — '장소와 대상의 한정성' 요건의 수정 필요성

첫째, 제1심, 제2심 및 대법원 모두 국회의원이 '삼성 X파일'의 내용을 인터넷 홈페이지에 올린 것은 면책특권의 범위 밖에 있다고 보았지만, 저자는 이에 동의하지 않는다. 판례의 입장은 다음과 같은 제2심의 판시에서 잘 요약되어 있다.

"피고인이 이 사건 보도자료를 인터넷 홈페이지에 게재한 행위는 인터넷이 가지는 가상공간성·전파성을 고려할 때 공간적으로 국회 내에서 행해진 행위로 볼 수 없다. 비록 피고인이 국회 회의에서 이 사건 녹취록을 공개할 경우 그것이 언론을 통해 공개될 것이 예측되는 상황이었고, 실제로도 언론에서 피고인의 발언을 보도하였으나, 국회의원이 국회 내에서 행한 행위를 언론이 보도하는 것과 국회의원이 직접 자신이 국회 내에서 발언할 내용을 외부에 전파하는 행위는 구별되어야 하며, 위와 같은 행위는 면책특권의 범위를 벗어나는 것이다."

---

55) 이 책 329-331면.

이러한 판단은 1992년 '유성환 의원 통일국시 발언' 사건 판결에서 제시한 '장소 및 대상의 한정성' 요건을 엄격히 적용한 결과이다. 유 의원의 발언은 1986년 정기국회 본회의에서 이루어졌는데, 발언 당시는 물론 대법원 판결이 내려진 1992년에도 한국 사회에서 인터넷이 지금처럼 활성화되어 있지 않았다. 그리고 면책특권이 제도화될 당시 입법자가 인터넷이라는 가상공간을 상상할 수도 없었음은 물론이다.

이후 한국 사회는 급속한 정보화혁명을 이루어냈고, 그 결과 인터넷은 사회구성원 대다수의 일상 및 국회의원의 의정활동과 불가분의 관계를 맺고 있다. 실제 대부분의 의정활동이 국회방송과 인터넷 의사중계시스템을 통하여 실시간으로 공개되고 있다. 이번 사건과 관련하여 보자면, 국회의원이 직무상의 발언을 정리한 보도 자료나 질의서를 자신의 인터넷 홈페이지에 게재하는 것은 직무집행에 "통상적으로 부수하여 행하여지는 행위"[56]가 되었다. 실제 국회의원의 홈페이지는 의정활동에 대한 홍보 외에 각종의 국정감시 기능과 국민의 알 권리를 충족시켜주는 기능을 하면서, 대의제 민주주의의 활성화에 큰 기여를 하고 있다.

그런데 대상판결은 "국회의원이 국회 내에서 행한 행위를 언론이 보도하는 것"과 "국회의원이 직접 자신이 국회 내에서 발언할 내용을 외부에 전파하는 행위"를 구별하고, 후자는 면책특권의 범위를 이탈한 것이라고 보았다. 국회의원이 같은 내용의 자료를 기자에게 배포하고 언론이 보도하면 처벌되지 않지만, 자신의 홈페이지에 직접 게재하면 처벌된다는 것이다. 국회의원이 인터넷 홈페이지에 보도자료를 게재하면 그 내용이 국회라는 장소 밖으로 전파되는 것은 물론이지만, 국회 출입기자에게 배포하더라도 시간적 차이만 있을 뿐 국회 밖으로 전파되는바 실제 효과는 대동소이하다. 언론을 통하여 걸러진다는 차이, 각 언론사의 보도에 대한 열람 횟수와 국회의원 홈페이지의 횟수의 차이 등이 있겠지만 이러한 차이가 양자에 대하여 근본적으로 다른 헌법적·형법적 평가를 해야 할 근거는 되지 못한다.[57]

---

56) 대법원 1992.9.22. 선고 91도3317 판결.
57) 면책특권의 범위에 대하여 미국 판례는 "회기 중 의원이 업무와 관련해서 일반

요컨대, 1992년 '유성환 의원 통일국시 발언' 사건 판결이 제시한 '장소와 시간의 한정성' 요건은 정보화 시대에는 인터넷이라는 가상공간의 사용을 허용하는 쪽으로 수정되어야 한다. 유성환 의원이 '통일국시' 발언을 자신의 인터넷 홈페이지에 올렸다고 가정할 경우 대상판결의 논리에 따르면 면책특권의 보호를 받지 못하여 처벌받아야 한다는 기묘한 결론에 이르게 된다. 저자는 국회의원이 국회 출입 기자에서 보도자료를 배포하는 것은 물론, 이를 인터넷 홈페이지에 올리는 것도 면책특권의 범위 안에 들어가며 따라서 법원은 공소기각의 판결을 내렸어야 했다고 본다.

2) 정당행위

둘째, 설사 '삼성 X파일'의 인터넷 홈페이지 게재가 면책특권의 범위에 들어있지 않는다고 하더라도 저자는 이 행위는 형법 제20조 정당행위에 해당하여 위법성이 조각된다고 본다. 이 점에서 저자는 제2심의 판단에 동의한다.

정당행위에 해당하지 않는다는 대법원의 논리는 다음과 같이 요약된다. (ⅰ) '삼성 X파일'의 인터넷 홈페이지 게재는 이를 공개하지 아니하면 공익에 대한 중대한 침해가 발생할 가능성이 현저한 경우로서 비상한 공적 관심의 대상이 되는 경우에 해당한다고 보기 어렵다; (ⅱ) 이미 언론매체를 통하여 그 전모가 공개된 데다가 국회의원이라는 지위에 기하여 수사기관에 대한 수사의 촉구 등을 통하여 그 취지를 전달함에 어려움이 없었음에도 굳이 전파성이 강한 인터넷 매체를 이용하여 불법 녹음된 대화의 상세한 내용과 관련 당사자의 실명을 그대로 공개한 행위는 대화의 직접 당사자나 위 대화에 등장하는 관련자들에게 그로 인한 추가적인 불이익을 주는 것으로 그 방법의 상당성을 결여한 것이다.

(ⅰ)은 상술한 '이상호 기자 판결'의 다수의견의 판단기준을 적용한 것

적으로 행하는 일"[Kilbourn v. Thompson, 103 U.S. 168, 204(1880)], "의회의 기능을 행사하는 과정에서 이루어지는 의원의 말과 행위"[Coffin v. Coffin, 4 Mass. 1, 27(1803)]로 보고 있다. 미국에서 국회의원이 보도자료를 인터넷 홈페이지에 올린 사건으로 처벌받은 사례는 발견하지 못하였다.

이다. 저자는 반대의견에 동의하는바, 재벌기업이 검찰 고위간부에 정기적으로 '떡값'을 제공하며 관리해왔다는 점은 재벌과 검찰의 유착, 검찰의 직무상 공정성과 염결성(廉潔性)의 위기라는 중대한 사회문제를 확인시키는 것으로 "중대한 공공의 이익과 관련되어 공중의 정당한 관심과 여론의 형성을 요구할 만한 중요성"을 가지고 있다. 따라서 검찰 고위간부라는 공적 인물의 인격권 침해는 감수되어야 한다.

한편 검찰은 '삼성 X파일' 사건의 본질을 도청으로 보면서 그 외의 사안에 대해서는 수사를 계속적으로 해태 또는 방기하였던바, (ⅱ)에서 말하는 단순한 수사 촉구로는 아무런 변화를 일으킬 수 없는 상황이었다. 이러한 상황에서 검찰을 감시하고 통제하는 국회 법제사법위원회 소속 국회의원이 '떡값 검사'의 명단을 공개한 것은 검찰 수사를 촉구함과 동시에 특별검사제를 도입하기 위해 선택한 불가피한 방편이라고 보아야 한다. 그리고 '이상호 기자 판결'의 반대의견처럼 "문제된 통신비밀의 내용이 공개 당시에 중대한 공적 관심의 대상으로서 시의성을 잃지 않고 있다면" 긴급성이 인정되어야 한다고 보는 저자로서는, 노 의원의 인터넷 게재행위도 긴급성이 인정된다고 본다. 특히 '떡값'은 뇌물의 속칭에 불과하고 '떡값 검사'는 수뢰후 부정처사죄를 범한 혐의로 수사를 받아야 하는데, 노 의원의 명단공개는 이 죄의 공소시효가 얼마 남지 않았다는 상황에서 긴급한 문제제기를 한 것으로 보아야 한다.

그리고 법원의 논리에 따르면 안강민의 실명을 보도자료를 통하여 공개한 것은 처벌대상이 아니다. 그렇다면 이미 오프라인에서 공개된 실명을 인터넷 홈페이지로 다시 공개할 경우 그 행위의 위법성은 경감되는 것으로 보아야 한다. 인터넷 홈페이지 게재는 전파성을 높아지는 것은 사실이지만, 정보화 시대 의정활동에서 이 행위는 거의 필수적인 것으로 보아야 한다.

이상에서 검토했던 국회의원의 불법도청 결과물 공개의 허용범위와 방식에 대한 입장 차이를 도해화하면 다음과 같다.

	제1심	제2심	대법원	저자
'X파일'의 보도자료 배포의 면책특권 해당 여부	불해당	해당	해당	해당
'X파일'의 인터넷 홈페이지 게재의 면책특권 해당 여부	불해당	불해당	불해당	해당
'X파일'의 인터넷 홈페이지 게재의 정당행위 해당 여부	불해당	해당	불해당	해당
'X파일'의 인터넷 홈페이지 게재의 허위사실적시 명예훼손	성립	불성립	불성립	불성립

V. 맺음말

'삼성 X파일'은 한국 사회에서 재벌, 정치계, 검찰 등이 어떻게 서로 유착하여 공통의 이익을 추구하는지를 보여주었다. '삼성 X파일'을 증거로 사용하여 그 속에서 드러난 범죄인들을 처벌하는 것은 금지되며(통비법 제4조), 범죄의 공소시효가 지난 경우 처벌은 불가능하다. 그리하여 불법 선거를 도모한 삼성측 인사, 불법 도청을 행한 안기부 직원, '떡값'을 받은 검찰 간부들은 형사처벌에 자유로워졌다. 반면 '삼성 X파일'을 보도한 기자와 이를 공개한 국회의원은 기소되어 유죄를 선고받았다. 모든 법 논리를 떠나 이러한 현실은 법 허무주의를 조장한다.

그런데 대법원은 불법도청에 관여하지 않은 언론의 도청결과물 보도의 정당행위 해당 여부를 검토한 '이상호 기자 판결'에서, 통신의 비밀 보호와 언론의 자유의 균형을 잡기 보다는 전자에게 강하게 치우친 위법성조각요건을 설정했다. 그리고 국회의원은 불법도청 결과물을 어느 범위까지 그리고 어떤 방식으로 공개할 수 있는지를 다룬 '노회찬 의원 판결'에서, '삼성 X파일' 중 '떡값 검사' 관련 사항을 보도자료로 만들어 기자들에게 배포한 것은 면책특권의 대상이 되는 직무부수행위로 보았지만, 이를 인터넷 홈페이지에 게재하는 것은 그렇지 않으며, 정당행위로 위법성이 조각되지도 않는다고 판단했다.

저자는 대법원 판결은 중대범죄를 모의하거나 범한 공적 인물의 인격권을 과잉보호했다고 평가한다. 통신비밀보호법은 '삼성 X파일' 속의 불법 행위자를 그것을 이용하여 처벌하는 것을 막아 통신비밀의 자유의 중요성을 확인하는데 그쳐야 하며, '삼성 X파일' 작성과 무관한 언론이 이 파일을 입수하여 보도하는 행위를 처벌하는 데까지 나아가서는 안 된다. 그리고 '노회찬 의원 판결'은 정보화 시대 국회의원의 면책특권을 협소하게 파악하여 국민의 대표기관의 의정활동을 과도하게 제약했다.

제13장

국가보안법상 이적성 판단기준의 변화와 그 함의

"'김일성 만세'/한국의 언론자유의 출발은 이것을/인정하는 데
있는데//이것만 인정하면 되는데//이것을 인정하지
않는 것이 한국/정치의 자유라고 장면이란/
관리가 우겨대니//나는 잠이 깰 수밖에."

(김수영)

Ⅰ. 들어가는 말

법무부장관이나 검찰총장 등 공권력의 수장들은 종종 "종북세력 척결" 의지를 표명한다. 그리고 정치적 사회적 논쟁이 벌어질 때마다 보수진영은 진보진영을 향하여 "종북좌빨"과 같은 생경한 비난을 퍼붓는다. 한국 사회의 근저에는 극단적 이념대립이 깊게 뿌리박고 있음을 보여주는 실례이다.

현재 헌법재판소와 대법원은 북한이 "조국의 평화적 통일을 위한 대화와 협력의 동반자"임과 동시에 "대남적화노선을 고수하면서 우리 자유민주주의체제의 전복을 획책하고 있는 반국가단체"라는 성격을 함께 갖고 있다고 파악하고, 따라서 반국가단체를 규율하는 국가보안법의 규범력은 여전히 존재한다는 입장을 취하고 있다.[1] 과거 권위주의 체제시기에 비하자면 국가

---

1) 헌법재판소 1997.1.6. 선고 92헌바6 결정, 93헌바34, 35, 36 결정. 대법원 판결 중 대표적인 것으로는 대법원 2008.4.17. 선고 2003도758 전원합의체 판결과 대법원 2010.7.23. 선고 2010도1189 전원합의체 판결 등을 참조하라. 단, 2010도1189 판결에서 박시환 대법관은 북한의 반국가단체성에 대하여 새로운 해석방법을 제시하는바, 주목할 필요가 있다. 즉, "… 북한의 반국가단체성을 규명할 때에도 … 북한과 관련된 일체의 사항에 대하여 원칙적으로 국가보안법의 반국가단체를 전제로 한 규정이 자동적으로 적용되는 것이 아니라, 북한의 반국가단체적 측면과 직접적으로 연관되는 사항에 한하여 북한을 반국가단체로 취급하여야 할 것이다. 북한과 관련된 모든 행위에 대하여 북한의 반국가단체적 측면과 연관되었는지 여부와 상관없이 일단 반국가단체와 관련된 행위로 보아 그 행위를 국가보안법의 적용대상으로 삼은 뒤, 남북의 교류·협력을 목적으로 하는 등 대한민국의 존립·안전에 위해가 없는 행위임이 밝혀진 경우에 한하여 국가보안법의 적용을 면제해 주는 식의 법 적용은 국가보안법의 제정 목적, 국가보안법 제1조 제2항의 엄격적용 원칙, 헌법 제37조의 기본권 보장규정 등에 비추어 타당하지 않다. 그리고 이는 어떤 행위를 국가보안법 위반으로 처벌하기 위해서는 **검사가 그 구성요건 해당사실을 증명해야 한다**는 형사소송절차의 기본 원칙에도 어긋나는 해석이다"[대법원 2010.7.23. 선고 2010도1189 전원합의체 판결(대법관 박시환의 반대의견 및 보충의견; 강조는 인용자)].

보안법의 남용은 현격히 줄어들었지만, 지금도 여러 종류의 급진적 표현행위와 단체결성행위가 형사처벌대상이 되고 있다. 권위주의 체제 하에서는 물론, 1987년 헌법이 만들어진 이후에도 대법원은 북한 노선을 추종하건 반대하건, '민족해방'(NL)노선이건 '민중민주'(PD) 노선이건 무관하게 좌파적 사상이나 실천전략을 담고 있는 대부분의 표현물을 국가보안법 제7조의 '이적표현물'이라고 금지해왔고, 그러한 좌파적 사상을 구현하기 위하여 의회주의를 넘어 대중투쟁 또는 혁명을 주장하는 조직을 '이적단체'라고 판단하고 처벌해왔다.

오랫동안 대법원은 이적성에 대한 구체적인 기준을 제시하지 않고 좌파는 바로 이적이라는 선험적 판단을 내리고 있었다. 이에 대하여 학계와 시민사회단체는 많은 비판을 제기하였고, 1990년 헌법재판소도 89헌가113 한정합헌 결정을 통하여 일정한 제동을 걸었으며, 이러한 상황에서 국가보안법은 1991년 개정된다. 이후 대법원은 몇 가지 이적성 판단기준을 제시하고 있다.

저자는 국가보안법의 폐지 또는 전면 개정, 특히 동법 제7조(찬양·고무죄)의 완전폐지를 주장하고 있다.[2] 제13장에서 저자는 표현의 자유의 최대 보장을 옹호하는 입장에 서서, 구체적 체제전복시도가 수반되지 않은 각종 표현행위의 이적성 또는 그러한 행위를 추구하는 단체의 이적성에 대한 대법원의 판단기준의 내용과 변화의 함의를 분석한다. 1992년 대법원 90도 2033 전원합의체 판결에서 다수의견과 반대의견으로 나뉘어 각각 정식화된 '적극적이고 공격적인 표현' 기준과 '구체적이고 가능한 위험' 기준, 1990년 헌법재판소 89헌가113 한정합헌결정에 의해 제시된 후 대법원 판례에 수용

---

2) 국가보안법에 대한 저자의 입장은 조국, 『양심과 사상의 자유를 위하여』(개정판: 책세상, 2007), 129-167면을 참조하라. 2004년 9월 20일 한국형사법학회·한국형사정책학회·한국비교형사법학회 등 3대 형사법 관련 학회는 '국가보안법 논쟁에 대한 전국 형사법 전공교수의 입장'라는 성명서를 발표하면서 국가보안법 폐지를 요구했다. 그 내용에 대해서는 <오마이뉴스>(2004.9.20.)(http://www.ohmynews.com/NWS_Web/View/at_pg.aspx?CNTN_CD=A0000210936&CMPT_CD=SEARCH: 2014.11.1. 최종방문)을 참조하라.

된 '실질적 해악을 줄 명백한 위험성' 기준, 그리고 2008년 '조국통일범민족
연합 남측본부' 판결과 2010년 '남북공동선언실천연대' 판결이라는 두 번의
대법원 전원합의체 판결의 소수의견이 채택한 '명백하고 현존하는 위험'
기준 등이 분석 대상이다.

Ⅱ. '적극적이고 공격적인 표현' 기준

1. '좌파' 표현물에 대한 광범한 금지

1992년 대법원은 90도2033 전원합의체 판결에서 '적극적이고 공격적
인 표현'이란 기준을 제시한다.[3] 동 판결은 <임금의 기초이론>, <미국, 누구
를 위한 미국인가?>, <새벽 6호> 등의 표현물의 이적성을 검토하였다. 다수
의견은 <임금의 기초이론>은 자유경제체제의 붕괴와 임금제도의 최종적
폐지를 주장하면서 노동자계급은 자본가계급 전체와 투쟁하여 자신들을
해방시켜야 하고, 임금인상투쟁은 자본주의체제를 붕괴시키는 데에 그 목적
을 두어야 한다고 선동하는 내용이고, <미국, 누구를 위한 미국인가?>는
대한민국을 친일매국노와 미국이 합작하여 세운 미국의 식민지 정부라는
관점에서 대한민국의 정통성을 부정하고 북한의 정통성을 시인하면서 미국
을 매도하고 제주폭동을 미제국주의에 대한 민중의 궐기라고 표현한 내용이
며, <새벽 6호>는 노동자계급이 중심이 되어 반민주자주화투쟁과 반독재민
주화투쟁 및 조국통일운동을 삼위일체적으로 수행하면서 민족·민주·통일
전선을 구축하고 민주정부수립을 위해 식민통치하의 한국사회를 변혁시켜
야 하고 반합법적이고 비합법적인 대중조직도 광범하고 다양하게 건설해
나갈 것을 주장하는 내용으로 되어 있다고 파악하면서, 이는 개정 국가보안
법 제7조 제1항, 제5항의 보호법익인 대한민국의 안전과 자유민주주의 체제
를 위협하는 '적극적이고 공격적인 표현'이므로 표현의 자유의 한계를 벗어

---

3) 대법원 1992.3.31. 선고 90도2033 전원합의체 판결.

난다고 판단하였다.[4]

'적극적이고 공격적인 표현' 기준은 그 이전 대법원이 암묵적으로 취해온 이적표현물 판단기준을 사후적으로 정식화한 것이 불과하다. 이 기준이 제시되었다고 하여 대법원의 이적표현물 판단에 의미 있는 변화가 발생한 것은 아니었다.[5]

예컨대, 대법원은 이 기준에 의거하여, 공산주의 경제이론과 혁명이론 및 전략·전술 또는 계급투쟁론적 입장에 관한 것이거나 북한의 대남혁명전략 전술에 동조하는 내용을 담은 유인물,[6] 연방제 통일, 평화협정 체결, 국가보안법 및 국가안전기획부법 폐지, 재벌해체, 주한미군 철수, 군비축소, 한미행정협정과 한미방위조약 등의 파기 등을 주장하고 있는 '민주주의민족통일전국연합'의 자료집,[7] 남한정권을 식민지권력으로 규정하고 친미군사독재정권종식, 반미투쟁과 미군철수투쟁, 연방제통일방안합의, 연공연북의식의 고양, 불평등조약협정폐기, 국가보안법철폐 등을 주장하는 내용의 '조국통일범민족청년학생연합'의 유인물,[8] '조국통일범민족연합 해외본부' 구성원이 북한방문을 전후하여 발표한 각종 기자회견이나 대담 등을 담은 글과 각종 기행문,[9] 노동자계급의 주도에 의한 민중정부를 수립하기 위하여 다른 계급과도 연합하여 통일전선을 구축하여야 하고 필요한 경우에는 반합법, 비합법적인 수단을 동원하여서라도 현 정부를 타도하여야 한다는 내용의 주장이 담긴 '반제 반파쇼 한국민중전선 건설회'의 유인물,[10] 노동자계급

---

4) 다수의견은 제7조 제5항과 관련하여 표현물의 내용이 이적성 있는 것임을 인식하고 나아가 그와 같은 이적행위가 될지도 모른다는 미필적 인식이 있으면 구성요건은 충족되며, 이적성을 담은 표현물의 제작, 반포 등의 행위로서 미필적 인식은 추정된다고 하고, 이적 목적이 없었다고 보이는 자료가 나타나지 않는 한 초과주관적 위법요소인 목적의 요건은 충족된다고 보았다.

5) 대법원이 판단한 이적표현물의 유형에 대해서는 이광범, "국가보안법 제7조 제5항, 제1항의 해석기준에 관한 대법원 판례의 동향", 『형사재판의 제문제』 제2권 (1999), 247-262면을 참조하라.

6) 대법원 1992.6.9. 선고 91도2221 판결.

7) 대법원 1996.12.23. 선고 95도1035 판결.

8) 대법원 1993.9.28. 선고 93도1730 판결.

9) 대법원 1994.5.24. 선고 94도930 판결.

10) 대법원 1992.6.9. 선고 91도2513 판결.

이 주도권을 장악하는 민중연합정부를 수립하고 독점자본 등을 국유화하고 이는 사회주의에 이르는 이행기로서 궁극적으로는 사유재산의 폐지와 프롤레타리아 독재를 내용으로 하는 사회주의체제를 이룩하여야 한다는 '반제반독점민중민주주의혁명론'을 제창하는 표현물,[11] 한국을 미국의 식민지로 파악하고 반합법적, 비합법적 영역과 방식을 다 포함하여 반미 자주화 투쟁과 자주적 통일 투쟁을 벌여야 한다는 내용의 '민족통일애국청년회'(민애청)의 자료집,[12] 한국을 미제의 신식민지 사회이자 재벌 중심의 매판독점 자본주의 사회로 규정하고 통일을 가로막는 미제를 몰아내고 매판자본을 타도하여 친미 독재정권을 민족민주정권으로 바꾸고 분단을 철폐하여 통일(연방)국가를 건설하자는 내용을 담고 있는 '진보와 통일로 가는 서울민주노동자회'의 자료집,[13] 민중민주주의 실현과 자주·민주·통일 노선을 주장하면서 한국정부를 친미예속 식민지 파쇼정권으로 규정하고 주한미군 철수·국가보안법 폐지·정권퇴진투쟁을 벌이자는 내용의 <제10기 한총련 정기대의원대회 자료집>[14] 등을 이적표현물이라고 판시했다.

또한 대법원은 90도2033 판결 이후 다른 여러 판결에서는 '적극적이고 공격적인 표현' 기준을 명시하지 않으면서도, 좌파 사상이나 투쟁전략이 담긴 표현물,[15] 북한 당국이 발간한 서적과 작가 황석영씨의 북한 방문기,[16]

---

11) 대법원 1993.2.9. 선고 92도1711 판결.
12) 대법원 2004.7.9. 선고 2000도987 판결.
13) 대법원 2004.7.22. 선고 2002도539 판결.
14) 대법원 2003.5.13. 선고 2003도604 판결; 대법원 2004.8.30. 선고 2004도3212 판결.
15) 예컨대, <한국민중사 1>, <아리랑 2>, <레닌의 유물론과 경험비판론>, <강철은 어떻게 단련되었는가>, <러시아 혁명사>, <미완의 귀향일기>, <제주민중항쟁 1, 2> 등의 책(대법원 1992.4.14. 선고 90도3001 판결), 서울사회과학연구소 소속 대학원생이 작성한 것으로 한국 사회를 신식민지 국가독점자본주의사회로 파악하고 반제반독점민중민주주의혁명을 주장하는 책(대법원 1993.2.9. 선고 92도1711 판결), '남한프롤레타리아 계급투쟁동맹 준비위원회' 조직원이 제작, 소지, 반포한 유인물(대법원 1996.5.14. 선고 96도561 판결), 한국 사회를 파쇼정권과 독점재벌이 함께 노동자계급을 탄압·착취하는 신식민지 국가독점자본주의 사회로 인식하고 노동자계급의 입장에서 파쇼정권과 독점재벌을 타도하고 노동자계급이 주인이 되는 사회를 이루어야 한다는 내용의 유인물(대법원 1997.6.27. 선고 96도1369 판결) 등이 이적표현물로 인정된다.

한국 전쟁을 '민족해방전쟁', '통일혁명전쟁', 미국의 참전을 '남의 순수내전
에 불법적으로 개입한 것으로서 침략행위'로 서술한 강정구 교수의 논문[17]
등을 이적표현물로 인정했다.[18]

2. 평가 ― '상징적 위험성'에 의한 '실제적 위험성'의 대체

'적극적이고 공격적인 표현' 기준의 뿌리는 나치즘을 선전하는 표현물
을 통제하려 한 1969년 독일 판례(BGHst 23, 64)의 "적극적으로 투쟁적이고
공격적인 경향" 기준이다.[19] 그리고 볼세비키 노선에 따른 좌파 팸플릿을
제작, 배포한 피고인을 처벌한 미국 연방대법원의 1919년 'Abrams v.
United States 판결'[20]이 사용한 '해악적 경향'(bad tendency) 기준도 궤를 같
이 한다.

그런데 이러한 기준은 열전 또는 냉전 시기의 기준으로, 각 나라에서
폐기된 지 오래이다. 예컨대, 미국 연방대법원은 1957년의 'Yates v. United
States 판결'[21]에서 정부의 폭력적 전복을 선동하고 공산당을 조직했다는

---

16) 예컨대, 북한 서적인 <민중의 바다>(=<피바다>), <꽃 파는 처녀>, <조선전사>,
<갑오농민전쟁>, <한 자위단원의 운명> 및 <창작과 비평>지에 게재된 작가 황
석영 씨의 북한 방문기(대법원 1992.4.28. 선고 91도153 판결; 대법원 1995.5.23.
선고 93도599 판결) 등이 이적표현물로 인정된다.
17) 대법원 2010.12.9. 선고 2007도10121 판결.
18) 소수이지만 이적표현물이 아니라고 판단한 것으로는, '98조선녹두대'에 속한 피
고인이 소지하고 있던 <청년이 서야 조국이 산다>(대법원 1999.10.8. 선고 99도
2437 판결), 4·3 제주사건의 발단과 역사적 배경, 그 전개과정과 피해 정도, 그
진상규명과 역사적 의미를 교수, 제주지방사 연구가 및 사건 당시의 체험자들의
견해와 증언, 신문기사 및 미군정청보고서 등 자료를 중심으로 다큐멘터리 형식
으로 제작한 비디오물 '레드 헌트'(대법원 2001.3.9. 선고 99도4777 판결), '민족
통일애국청년회' 조직원이 소지하고 있던 쿠시넨 저 <변증법적 유물론>(대법원
2004.7.9. 선고 2000도987 판결) 등이 있다.
19) 이광범(각주 5), 237-238면.
20) 250 U.S. 616(1919). 이 판결에서 법원은 다음과 같이 설시했다. "사람들은 자신
의 행위가 불러올 경향이 있는(were likely to produce) 결과에 대하여 책임을 져
야 한다."(*Ibid.* at 621).
21) 354 U.S 298(1957).

이유로 피고인에게 내려진 유죄평결을 파기한다. 동 판결은 "불법한 행동으로 직결되는 선동(advocacy directed at promoting unlawful action)"과 "추상적인 원리의 선동(advocacy of abstract doctrine)"은 구별하면서,22) 공산주의 사상에 대한 이론적 옹호와 선동은 직접적인 행동개시에 대한 선동과 다르므로 유죄가 될 수 없다고 판시한 것이다. 독일의 경우 1960년대 이후 공산당도, 네오 나치당도 합법화되었다.

요컨대, 경제협력개발기구(OECD) 국가 수준의 정치적 민주주의 체제에서 표현의 자유에 대한 제약원리는 '명백하고 현존하는 위험'(clear and present danger)23) 기준인바, '적극적이고 공격적인 표현' 기준은 이에 현격히 미치지 못한다. 이적성이 인정된 표현물의 내용의 적실성과 타당성에 문제점이 있고 표현방식이 거칠고 과격하다고 하더라도, 국가형벌권을 동원하여 그 표현물을 금압하는 것은 자유주의의 근본원리인 '사상의 자유 시장'(marketplace of ideas)24) 이론과 배치된다. 밀의 표현을 빌려 말하자면, 이러한 이적표현물은 민주공화국 대한민국의 정당성을 철저하게 점검하기 위한 "가장 노련한 악마의 변호인"25)의 주장으로 포용되어야 한다.

예컨대, '미제 축출', '자본주의 폐절', '혁명투쟁' 등의 주장이 들어있는 표현물의 경우에도 그 표현의 전투성과 과격성에 주목하여 무조건 금압할 것은 아니다. 이러한 "혁명적 구호는 사물의 맥락(context)에서 볼 때에는 최첨단의 개량주의자의 표현"26)이라고 읽힐 수도 있다. 그리고 이러한 표현물

---

22) *Ibid.* at 318.
23) 이 기준이 최초로 제시된 것은 미국 연방대법원의 Schenck v. United States, 249 U.S. 47(1919)에서였다. 이 원칙의 내용과 변천과정에 대해서는 장호순, 『미국 헌법과 인권의 역사』(개마고원, 1998), 제2장; 문재완, "명백·현존 위험의 원칙의 현대적 해석과 적용에 관한 연구", 한국헌법학회, 『헌법학연구』 제9권 제1호(2003), 381-407면을 참조하라.
24) John Milton, *Areopagitica*, Robert Maynard Hutchins (ed.), 32 *Great Books of the Western World*(1952), 409면; 존 스튜어트 밀(박홍규 옮김), 『자유론』(문예출판사, 2009), 119-120면.
25) 밀(각주 24), 93면.
26) 강경선, "자본주의와 사회주의 … 그러나 민주주의", 민주주의법학연구회, 『민주법학』 제5호(1992), 252면.

도 한국 사회에서 미국의 지위와 역할, 확대재생산되는 자본주의의 모순, 대의제 민주주의의 한계 등을 성찰하는데 기여할 수 있으므로 비판과 반 (反)비판의 마당에 풀어놓는 것이 민주주의의 원칙에 보다 부응하는 것이라고 본다.

또한 Ⅲ.에서 소개할 1992년 90도2033 판결 반대의견의 지적대로, '적극적이고 공격적인 표현' 기준은 "추상적이고 애매모호하여 도대체 적극적이고 공격적인 표현이라는 것이 어느 정도의 표현을 가리키는 것인지… 표현의 자유의 한계라는 것이 어느 정도의 한계를 뜻하며 그것이 표현의 자유의 우월적 지위를 전제로 한 것인지 전혀 분명치가 않다."[27] 사실 이 기준에 따르면 좌파적 입장에서 대한민국 체제를 강력히 비판하고 혁명적 전복을 주장하는 표현물은 별도의 검토 없이 그 자체로 이적성을 가지게 된다. 반대의견의 표현을 빌자면, 표현물이 "상징적 위험성"만 있으면 "실제적 위험성"이 있는지를 검토하지도 않고 바로 이적으로 규정된다.[28] 이후 대법원은 이적성 판단시 "표현물의 전체적인 내용뿐만 아니라 그 작성의 동기는 물론 표현행위 자체의 태양 및 외부와의 관련사항, 표현행위 당시의 정황 등 제반 사정을 종합하여 결정하여야 한다."라고 첨언하였지만,[29] 이러한 종합적 판단방법은 이적성을 부인하는 데 사용되고 있지는 않다.

한편 '남조선해방노선'을 포기하지 않고 있는 북한의 존재가 남한 사회의 표현의 자유를 억지하는 근거로 사용되는 것도 문제가 있다. 현재 압도적 다수 시민은 북한 체제의 정치적 억압성과 경제적 비효율성을 인식하고 있다. 그럼에도 주체사상이나 북한 체제의 우월성을 주장하는 표현물을 시민들의 공개적 논의와 점검의 장에 내놓길 두려워하는 것은 "반공주의 세력들의 대북 패배주의 또는 북한 공포증",[30] "북한에 대한 과대망상, 피해망상

27) 대법원 1992.3.31. 선고 90도2033 전원합의체 판결(대법관 이회창, 대법관 이재성, 대법관 배만운의 반대의견).
28) Ibid.
29) 대법원 1999.10.8. 선고 99도2437 판결; 대법원 2001.2.23. 선고 99도5117 판결; 대법원 2004.8.30. 선고 2004도3212 판결 등.
30) 홍윤기, "양심과 사상의 자유와 국가보안법", 민주주의법학연구회, 『민주법학』 제26호(2004), 64면.

증"31)의 산물이다. 그리고 "북한 정권의 대남선전 주장과 동일한 주장을 하는 경우를 모두 국가보안법상의 표현 범죄에 해당한다고 해석한다면, … 국민의 표현행위에 대한 선별적인 형벌권의 행사로 인하여 예기치 못한 처벌가능성을 낳게 될 것"32)이라는 점도 유념해야 한다.

강정구 교수의 논문 <한국전쟁과 민족통일>에 대한 평가도 마찬가지이다. 강 교수는 한국 전쟁을 '통일전쟁', '민족해방전쟁', '통일혁명전쟁'이며 '북한의 기습적인 침략전쟁으로 보기 힘들다'고 서술하며, 또한 북한은 '민족자주세력'으로 남한은 '외세의존, 반혁명, 반민중세력'으로 대비하여 서술하고, 미국의 참전은 '남의 순수내전에 불법적으로 개입한 것으로서 침략행위'이나 중국의 참전은 '우방을 돕기 위한 방어적인 성격'을 띠며 소련의 관여는 '동맹적 수준의 동의와 지원'으로 평가되어야 한다고 대비하여 서술하고 있다.33) 대법원은 이 논문이 "학문적인 연구물의 외형"을 지니고 있지만, "현재 우리 사회에서 보편적으로 받아들여지는 객관적, 역사적 진실에 반하는 극단적 경향성과 편파성"을 띠고 있기에 이적성이 인정된다고 판단하였다.

그러나 이 논문의 객관성과 진실성에 대한 평가는 법원이 아니라 학계의 몫이다. 강 교수는 형사처벌의 대상이 아니라 학문적 비판의 대상이어야한다. 한국 학자와 시민은 강 교수의 논문에 대해서도 이를 비판적으로 분석하고 합리적 핵심만 수용할 수 있는 능력을 갖추고 있다. 사건 당시 다수의 학자들이 강 교수의 논문에 동의하지 않으면서도 '강정구 교수 사법처리 저지 및 학문의 자유 쟁취 공동대책위원회'를 결성하고 그에 대한 형사처벌에 반대하였고, 유엔 자유권규약위원회(Human Rights Committee)의 크리스틴 샤네 위원장이 강 교수 기소는 국가보안법의 남용이라고 의견을 표명한

31) 한인섭, "국가보안법 폐지론", 한국헌법학회, 『헌법학연구』 제10권 제4호(2004.12), 153면.
32) 서울지방법원 형사항소 제1부(재판장 이신섭) 1995.4.6. 선고 95노8 판결. 이러한 관점에서 '민주주의민족통일전국연합' 상임의장 이창복 씨의 국가보안법 위반의 점에 대하여 무죄판결을 내린 이 하급심 판결은 대법원에 의해 파기된다.
33) 대법원 2010.12.9. 선고 2007도10121 판결.

이유를 생각해보아야 한다.34) 또한 과거 재독 송두율 교수의 '내재적 접근
법'의 편향과 문제점을 강력하게 비판한 강정인 교수가 송 교수의 국가보안
법 위반 항소심 공판에 출석하여 송 교수의 형사처벌을 강력하게 반대했다
는 점도 시사하는 바가 크다.35)

Ⅲ. '구체적이고 가능한 위험' 기준 — 변화의 단초

상술한 90도2033 전원합의체 판결에서 주목할 만한 반대의견(이회창,
이재성, 배만운 대법관)이 제출된다. 반대의견은 '구체적이고 가능한 위험' 기
준을 제시하는데, "게재물의 내용이 기존의 이념과 가치를 부정하고 공격하
는 내용이어서 당장은 당혹스럽고 불쾌한 것이라고 하더라도, 이를 과감하
게 허용하여 사상의 경쟁을 거치게 함으로써 그 상징적 위험성을 제거하는
것이 자유민주주의 체제의 정도"라고 파악하면서, 이적성이 있으려면 대한
민국의 존립, 안전과 자유민주적 기본질서를 파괴할 '구체적이고 가능한
위험'이 있어야 한다고 주장했다.36)

이 기준에 따르게 되면, 일응 이적성이 있는 표현물이라고 하더라도
"행위자와 행위상황에 의하여 이적성의 발현이 가능한 위험으로 구체화되
어 나타"37)나는 지를 검토한 후 이적성 여부를 확정해야 한다. 따라서 "표현

---

34) <연합뉴스>(2006.10.27.)(http://news.naver.com/main/read.nhn?mode=LSD&mid=sec&
sid1=104&oid=001&aid=0001450563: 2014.11.1. 최종방문).
35) 송두율 교수 사건의 제1심 법원은 강정인 교수의 송두율 교수 비판 논문을 원용
하며 송 교수를 유죄로 인정하였는데, 강 교수는 항소심 공판에 출석하여 재판
부 및 검찰의 논리를 비판하였다[<오마이뉴스>(2004.6.17.)(http://www.ohmynews.
com/nws_web/view/at_pg.aspx?CNTN_CD=A0000192211: 2014.11.1. 최종방문)].
상세한 것은 김종서, "송두율 사건을 통해 본 학문의 자유", 민주주의법학연구회,
『민주법학』제26호(2004)를 참조하라.
36) 대법원 1992.3.31. 선고 90도2033 전원합의체 판결(대법관 이회창, 대법관 이재
성, 대법관 배만운의 반대의견). 또한 반대의견은 제7조 제5항이 요구하는 '목적'
은 초과주관적 위법요소로서 이적행위를 함에 대한 '의욕 내지 인식'이 있음을
요한다고 보았다.
37) 김대휘, "국가보안법 제7조 제1항·제5항의 해석기준", 『경사 이회창 선생 화갑기념:

된 위험의 내용이 구체적이라고 하더라도 현재에 있어서의 국가안보에 대한
직접적인 위해행위"가 아니고, 그로 인하여 "대한민국의 안전과 자유민주주
의 체제의 폐지·전복을 가져올 **상당한 개연성**"이 없다면 허용되어야 한
다.38) 이 기준은 위험의 명백성이나 현존성을 요구하지는 않는다는 점에서
느슨한 것이지만, '적극적이고 공격적인 표현' 기준에 비하여 구체적이고
엄격한 것이었다. 김대휘 판사는 이 기준을 지지하면서 다음과 같이 평가하
였다.

　　"표현범죄에 있어서 위법성의 판단기준으로서 '명백하고 현존하는 위험'에
　　서의 위험의 급박성이나 중대성·개연성이라는 요건을 완화하고, '경향성론'의
　　포괄성을 제한하는·중간적 지점에서 원리를 찾는 것이 우리 헌법규범과 현실에
　　맞추는 공식이 될 것이다."39)

　　1992년 시점에서 국가보안법의 남용을 막기 위해서는 이적표현물 판단
기준이 보다 구체화되고 엄격화되어야 했던바, 적어도 반대의견의 '구체적
이고 가능한 위험' 기준 정도는 확립되었어야 표현의 자유 보장 수준이 한
단계 높아졌을 것이다.
　　단, 반대의견도 반체제 표현물에 "폭력 기타 비합법적 방법에 의하여
대한민국의 존립 안전과 헌법의 기본질서를 폐지 전복할 것을 유도 또는
선동하는 내용"이 표현되어 있으면 '구체적이고 가능한 위험'이 있다고 보
고 있다. 이 점에서 비합법적 혁명의 주장 자체만으로는 위험성을 인정하지
않는 '명백하고 현존하는 위험' 기준과 차이가 있다.

　　법과 정의』(1995), 62면.
38) *Ibid.* 64면(강조는 인용자).
39) *Ibid.* 46면.

IV. '실질적 해악을 미칠 명백한 위험성' 기준

1. '이적단체'에 대한 엄격한 판단 경향의 등장

'적극적이고 공격적인 표현' 기준 이후 대법원 판결 중 '이적단체'[40] 여부를 신중하게 판단하려는 경향이 나타난다.[41] 이 경향이 분명히 드러낸 판결은 대법원 1999.10.8. 선고 99도2437 판결인데, 이 판결에서 대법원은 남총련 산하의 전투조직인 '민족해방군'의 하부조직인 '98조선녹두대'가 남총련 주최의 행사에 동원되어 양심수 석방과 김영삼 사법처리, 한총련 이적 규정 철회 및 한총련 대의원 대회의 평화적 개최 보장, 안기부 해체, 구속학우 석방, 5·18 진상규명 및 책임자 처벌, 전·노 재구속 촉구 등을 주장하면서 불법 가두시위를 벌인 사실은 인정할 수 있으나, 이를 이적단체로 볼수 없다고 파악하고 다음과 같이 설시한다.

> "'이적단체'라 함은 반국가단체 등의 활동을 찬양·고무·선전 또는 이에 동조하거나 국가의 변란을 선전·선동할 목적으로 특정 다수인에 의하여 결성된 계속적이고 독자적인 결합체라고 할 것인데, 이러한 이적단체의 인정은 국가보안법 제1조에서 규정하고 있는 위 법의 목적 등 및 유추해석이나 확대해석을 금지하는 죄형법정주의의 기본정신에 비추어서 그 **구성요건을 엄격히 제한해석하여야 할 것이다.**"[42]

---

40) 대법원은 "정부참칭이나 국가의 변란 자체를 직접적이고도 1차적인 목적으로 삼고 있는 때"에는 국가보안법상 '반국가단체'이고, "별개의 반국가단체의 존재를 전제로 하여 그 반국가단체의 활동에 동조하는 것을 직접적, 1차적 목적으로 하는 경우"는 '이적단체'에 해당한다고 보고 있다(대법원 1995.5.12. 선고 94도1813 판결).

41) 대법원이 판단한 이적표현물의 유형에 대해서는 최은배, "15. 가. 국가보안법 제7조 제3항이 규정한 '이적단체'의 의미 및 그 판단기준, 나. 보건의료단체인 '진보와 의료를 위한 보건의료운동연합(진보의련)이 국가변란을 선전·선동하는 행위를 목적으로 하는 이적단체에 해당하지 않는다고 본 사례", 『대법원판례해설』 제70호(2007년 상), 409-418면을 참조하라.

42) 대법원 1999.10.8. 선고 99도2437 판결(강조는 인용자).

'98조선녹두대'의 경우 반정부투쟁성이 높은 집단이지만, 이 활동이
북한을 이롭게 했다고 파악하는 것은 오류라고 본 것이다. 이 판결 이전에도
98도1726 판결은 북한 찬양 노래를 불러 이적단체 구성혐의로 기소된 수원
지역 대학생연합 노래패 '천리마 노래단'에 대하여, 노래의 이적성이 인정된
다고 하더라도 조직이 내부지휘체계를 갖추지 못하고 있다는 이유로 이적단
체구성에 대해서는 무죄를 선고했다.[43]

한편, 2000년대 이후에는 "국가의 존립·안전이나 자유민주적 기본질서
에 실질적 해악을 미칠 명백한 위험성" 여부로 이적단체성을 판단하는 대법
원 판결이 등장한다. 원래 이 기준은 1990년 헌법재판소의 89헌가113 한정합
헌결정에서 처음 제시되었다.[44] 동 결정은 구 국가보안법 제7조 제1항, 제5
항을 국가의 존립, 안전을 위태롭게 하거나 자유민주적 기본질서에 '실질적
해악을 미칠 명백한 위험성'이 있는 경우로 처벌을 축소제한하면 헌법합치
적 해석이 될 수 있다고 판단한 바 있다. '실질적 해악을 미칠 위험성' 기준은
'적극적이고 공격적인 표현' 기준과 달리 해악의 실질성을 따져 이적성을
판단할 것으로 요구하므로 이적단체의 범위가 확장되는 것을 막는다.

예컨대, 2001도1099 판결은 노동해방을 궁극적인 목적으로 삼고 노동
자들을 의식화시키고 조직하여 노동자 민중의 정치세력화를 도모하기 위한
청년조직인 '부천민주노동청년회'의 강령과 규약 등에서 북한의 주의, 주장
과 다소 부합하고 자유민주적 기본질서에 위해가 될 수 있는 내용이 없지는
않다고 보면서도 국가의 존립·안전이나 자유민주적 기본질서에 실질적 해
악을 줄 명백한 위험성이 없기에 이적단체라고 할 수는 없다고 판시한다.[45]
2000도987 판결은 Ⅱ.에서 상술하였듯이 조국의 자주·민주·통일을 조직목
적으로 하는 '민애청'의 자료집을 이적표현물로 인정하면서도, '민애청'을
이적단체로 인정한 원심은 파기한다. 재판부는 이 조직이 이적단체로 규정

43) 대법원 1998.12.23. 선고 98도1726 판결.
44) 헌법재판소 1990.4.2. 89헌가113 결정. 헌법재판소 1996.10.4. 선고 95헌가2 결정
    은 국가의 존립·안전이나 자유민주적 기본질서에 '위해를 줄 명백한 위험성',
    '해악을 끼칠 명백한 위험성'이란 표현을 사용하는데, 그 취지와 내용은 유사하다.
45) 대법원 2003.12.12. 선고 2001도1099 판결.

되어 있는 '조국통일범민족연합'(이하 '범민련') 등의 활동과 연계되어 있고 '범민족대회'에 참가한 사실은 인정하면서도, 실질적 해악을 줄 명백한 위험성은 부족하다고 보았다.46)

'실질적 해악을 미칠 위험성' 기준의 실천적 의미가 선명히 드러난 것은 2003도8165 판결이다. 이 판결은 한국 사회를 신식민지 국가독점자본주의 사회로, 국가를 자본가 계급의 지배도구로 보면서 자본주의 철폐와 노동자계급의 국가권력 수립을 지향하며 활동한 '진보와 연대를 위한 보건의료운동연합(진보의련)'은 실질적 해악을 끼칠 위험성이 있다고 보기 어렵다는 이유로, 이적단체로 인정한 원심을 파기하였다.47) 판시내용을 인용하자면,

> "진보의련이 강령(목적), 노선으로 내걸거나 회원 교육 자료, 회지 등에서 주장을 하고, 강연, 토론을 벌인 내용 가운데 국가의 존립·안전이나 자유민주적 기본질서를 위협하는, 국가변란 선전·선동 목적을 가진 것이라고 볼 수 있는 것은, '프롤레타리아 독재', '계급관계의 전복', '부르조아 국가기구 파괴', '노동자의 항쟁, 폭동' 정도이고, 나머지는 모두 '노동자계급의 국가권력 수립', '신식민지 국가독점자본주의', '자본가의 노동자 착취', '노동자계급의 계급적 이해에 기반한 투쟁', '노동자계급 정당', '자본의 폐해 지적과 자본의 폐지', '자본주의 철폐', '자본주의의 고유한 모순 폭발과 자본주의의 위기 폭로', '노동자계급이 주도하는 보건의료운동과 그 운동의 변혁운동성 확보', '보건의료자본의 철폐', '보건의료의 사회화', '사회주의 추구', '사회주의 정당' 등을 언급한 수준의 것으로서, 이는 대한민국의 정통성을 부정하거나, 무장 봉기, 민중민주주의혁명론을 직접 언급하거나, 의회제도, 선거 제도, 시장경제 질서를 부정하고 계획경제를 주장하는 등 국가의 존립·안전과 자유민주적 기본질서를 직접 부정하는 것이라고 보이지 않는다. 그리고 국가의 존립·안전이나 자유민주적 기본질서를 위협하는 내용이라고 볼 수 있는 "프롤레타리아 독재, 계급관계의 전복, 자본주의 국가기구 파괴, 노동자의 항쟁, 폭동"은 … 위 단체가 주장하고 강연, 토론한 내용 중 위 이론이 차지하는 비중은 극히 미미하였고, … 위와 같은 내용들이 진보의련의 노선, 강령, 활동의 한 내용이 되었다거나, 그 노선, 강령, 활동

---

46) 대법원 2004.7.9. 선고 2000도987 판결.
47) 대법원 2007.3.30. 선고 2003도8165 판결.

등에 직접적이고 구체적인 영향을 미쳤다고 보기는 어렵다."[48]

'진보의련' 판결에서 확인되는 이적단체 판단방법은 다음과 같이 재정리될 수 있다. 즉, ① 대한민국의 정통성 부정, 무장봉기나 민중민주주의혁명 주장, 의회제도, 선거제도, 시장경제질서 부정 등은 일단 국가의 존립·안전과 자유민주적 기본질서에 실질적 해악을 미칠 명백한 위험성이 있다, ② 이러한 주장 이외의 좌파적 주장은 그것이 급진적이고 공격적이라도 허용되어야 한다, ③ 문제 단체가 만든 표현물에 국가의 존립·안전이나 자유민주적 기본질서를 위협하는 내용이 있다고 하더라도 그것이 그 단체의 노선, 강령, 활동의 내용이 되었거나, 그 노선, 강령, 활동 등에 직접적이고 구체적인 영향을 미치지 않았다면 그 단체는 이적단체가 아니다. 이 판결은 '명백하고 현존하는 위험'의 기준을 사용하고 있지 않지만, "직접적이고 구체적인 영향"을 요구함으로써 사실상 이 기준을 사용하였다고 보인다. 이 판결의 논리 구조를 간략히 도해화하면 다음과 같다.

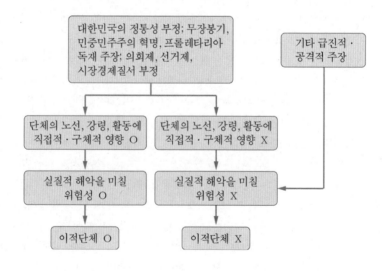

---

48) 대법원 2007.3.30. 선고 2003도8165 판결(강조는 인용자).

이상과 같은 법원의 판결 경향은 헌법재판소의 89헌가113 한정합헌결정의 '실질적 해악을 미칠 위험성' 기준을 적극적으로 수용하려는 노력의 산물이다. 김대중, 노무현 두 정부 기간 동안 조성된 표현의 자유를 중시하는 사회적 환경도 이러한 판례를 만드는 데 일조한 것으로 판단한다.

2. 지속되는 불관용 경향

그렇지만 이상의 소수 사건 외에는 해악의 실질성에 대한 엄격한 심사가 이루어지지 않는다. 대법원은 '실질적 해악을 미칠 명백한 위험성'을 이적 판단의 기준으로 삼으면서도, '적극적이고 공격적인 표현물'을 만들어 배포하며 활동을 하는 조직의 다수를 이적단체로 규정하고 있다.[49]

특히 북한 정치노선에 일정하게 동조하는 조직은 거의 자동적으로 이적단체로 규정한다. 예컨대, 연방제 통일, 조국통일 3대 헌장 지지, 미국반대, 한미군사동맹 분쇄 등을 강령을 삼고서 10차례에 걸쳐 범민족대회를 개최하면서 정부와 물리적 충돌을 일으킨 '범민련 남측본부'는 여러 번에 걸쳐 이적단체로 규정된다.[50] 대표적으로 2003도758 전원합의체 판결의 판시를 보자.

> "어느 단체가 표면적으로는 강령·규약 등에 반국가단체 등의 활동을 찬양·고무·선전·동조하는 등의 활동을 목적으로 내걸지 않았더라도 그 단체가 주장하는 내용, 활동 내용, 반국가단체 등과 의사 연락을 통한 연계성 여부 등을 종합해 볼 때, 그 단체가 실질적으로 위와 같은 활동을 그 단체의 목적으로 삼았고 그 단체의 실제 활동에서 그 단체가 국가의 존립·안전이나 자유민주적 기본질서에 실질적 해악을 끼칠 위험성을 가지고 있다고 인정된다면 그 단체를 이적단체로 보아야 한다. … 비록 범민련 남측본부가 **표면적으로 이적성 탈피**

---

49) 그리고 헌법재판소는 개정된 신국가보안법 제7조 제1항, 제3항 및 제5항은 전면 합헌이라는 결정을 내린다(헌법재판소 1996.10.4. 선고 95헌가2 결정).

50) 대법원 1996.12.23. 선고 96도2673 판결; 대법원 1997.5.16. 선고 96도2696 판결; 대법원 2008.4.17. 선고 2003도758 전원합의체 판결; 대법원 2009.1.30. 선고 2008도9163 판결; 대법원 2009.5.14. 선고 2009도329 판결 등.

와 대중성 강화를 위해 강령·규약을 개정하는 움직임을 보였다 하더라도,
범민련 남측본부는 피고인이 가입할 당시에는 적어도 반국가단체인 북한이나
그 구성원 또는 그 지령을 받은 자의 활동을 찬양·고무·선전 또는 이에 동조하
는 행위를 자신의 목적으로 삼았고, 실제 활동 또한 국가의 존립·안전과 자유
민주적 기본질서에 실질적 해악을 끼칠 위험성을 가지고 있는 이른바 이적단체
에 해당한다고 보기에 충분하다. …"51)

그리고 '제10기 한총련' 사건의 경우 대법원이 '실질적 해악을 끼칠
위험성' 기준을 사용하지는 않았지만, 제10기 한총련이 그 강령 및 규약을
일부 변경했음에도 불구하고 종전의 한총련과 마찬가지로 "북한의 대남적
화통일노선에 부합하는 폭력혁명노선을 채택함으로써 그 활동을 찬양·고
무·선전하며 이에 동조하는 행위를 목적으로 하는 단체"인 점에는 근본적
변화가 없다는 이유로 이 조직이 이적단체라고 판단한다.52)

통상 이적단체성을 판단하는 중요한 지표는 그 단체의 강령과 규약인
데, '범민련 남측본부'나 '제10기 한총련'의 강령과 규약에서는 이적성을
발견하기가 어려웠다. 그렇지만 대법원은 이 조직의 활동 내용에서 '실질적
해악을 끼칠 위험성'을 발견하였다. 대법원이 동시에 사용하고 있는 '적극적
이고 공격적인 표현' 기준과 '실질적 해악을 줄 명백한 위험성' 기준 사이에
는 개념적 긴장이 존재하는바, 후자의 원래 취지는 전자를 제약하는 데 있
다. 그런데 '범민련 남측본부' 판결과 '제10기 한총련' 판결에서 대법원은
'실질적 해악을 끼칠 위험성' 기준을 ―상술한 2007년 진보의련 판결의 경
우와 달리― 이적성을 확장하는 데 사용되었음을 확인할 수 있다.

그리고 대법원은 북한 정치노선에 동조하는 표현에 대해서는 '실질적
해악을 끼칠 위험성'을 쉽게 인정하고 있다. 예컨대, 2013년 2010도12836
판결에서 피고인인 '범민련 남측본부' 회원이 중학생 대상 인터넷 카페를

---

51) 대법원 2008.4.17. 선고 2003도758 전원합의체 판결(강조는 인용자).
52) 대법원 2003.5.13. 선고 2003도604 판결; 대법원 2004.8.30. 선고 2004도3212 판결.
    그리하여 제5기 이후 모든 한총련은 이적단체로 규정되었다(대법원 1998.5.15. 선고
    98도495 판결; 대법원 1999.12.28. 선고 99도4027 판결 등).

개설하고, 여기에 대한민국은 미국의 식민지로서 그 정통성이 없고, 미국은 분단의 주범이자 한반도 전쟁위기를 조성하고 핵전쟁에 의하여 한반도 평화를 위협하는 세력이며, 북한의 핵무기 보유는 이러한 미국의 핵전쟁 위협을 억지하고 사회주의 및 민족의 자주권을 지키기 위한 정당한 조치라는 취지의 답글을 올렸다. 원심판결은 이 정도의 답글은 국가의 존립·안전이나 자유민주적 기본질서에 '실질적 해악을 끼칠 명백한 위험성'이 인정되지 아니한다고 판단하였지만,53) 대법원은 이러한 위험성이 있다고 인정하며 원심을 파기한다.54)

한편, 북한 노선에 비판적이라고 하더라도 '혁명적 사회주의' 노선을 추구하는 조직의 활동은 처벌대상이 된다. 2008년 11월 검찰은 '사회주의 노동자연합'(이하 '사노련')의 운영위원장 오세철 연세대 명예교수와 동 단체 운영위원 5명 등이 혁명적 사회주의 노동자당 건설 등을 강령으로 하면서 국가체제를 부정하는 문건 등을 제작, 배포했다며 국가보안법 위반혐의로 구속영장을 2회 청구했다. 사노련은 '선거에 의한 집권', '의회를 통한 평화적 방법'에 의하여서는 사노련이 목적으로 하는 노동자정부를 수립하는 것은 불가능하므로, 노동자 민병대 등 무장단체를 결성한 후 그 무장단체의 힘을 통하여 자본가계급 내지 자본가정부를 타도해야 한다고 주장하였고, 노동자계급이 지배하는 사회주의 사회 건설을 목표로 선진노동자들로 구성된 혁명적 사회주의 정당을 건설하여 대중투쟁으로 자본주의와 부르주아 권력기구를 폐지하고 소비에트(노동자평의회) 형태의 노동자정부를 세워 생산수단을 국유화하고 사회주의 계획경제를 실현해야 한다고 주장하였다.

이러한 내용은 상술한 진보의련의 강령과 대동소이한 것이었다. 영장 전담판사들은 '실질적 해악을 미칠 위험성'이 없음을 지적하며 모두 영장을 기각했다.55) 그러나 이후 재판에서 법원은 이상의 주장을 국가의 존립·안

---

53) 전주지법 2010.9.3. 선고 2010노224 판결.
54) 대법원 2013.3.28. 선고 2010도12836 판결.
55) <프레시안>(2008.11.17.)(http://www.pressian.com/news/article.html?no=91916: 2014. 11.1. 최종방문).

전과 자유민주적 기본질서에 '실질적 해악을 끼칠 위험성'이 인정된다고
보고, 사노련을 이적단체로 처벌했다.56)

개괄적으로 보면, 대법원은 북한 노선에 동조하는 조직이나 표현의 경
우는 사회주의 이념을 내세우지 않았더라도 '실질적 해악을 끼칠 명백한
위험성'을 쉽게 인정하는 경향이 있고, 북한 노선에 동조하지 않는다면 '혁
명적 사회주의' 이념을 분명히 하는 운동 조직이나 표현의 경우는 사안별로
'실질적 해악을 끼칠 명백한 위험성' 평가를 달리하고 있다.

V. '명백하고 현존하는 위험' 기준의 등장

1. 금기 없는 표현의 자유 보장을 위한 전환의 시작

그런데 상술한 2008년 '범민련 남측본부' 판결에서 박시환, 김지형,
전수안 세 명의 대법관은 별개의견을 통하여 "실질적 해악을 끼칠 위험성이
있는 경우라 함은 국가의 존립·안전과 자유민주적 기본질서에 명백하고도
현존하는 구체적인 위험을 발생시키는 경우에 한정한다"고 해석하고, 이
기준의 의미를 다음과 같이 상술한다.

"먼저 어떤 사람의 주장 내용이나 그 사람의 행동에서 드러난 의견이나 사상
이 국가의 존립·안전이나 자유민주적 기본질서에 반하지 않는다면(예를 들어
미군 철수, 국가보안법 폐지, 연방제 통일 방안, 평화협정 체결 등), 단지 그 주장
이나 의견이 북한 등 반국가단체가 주장하는 것과 같은 내용이라 하여 실질적
해악성을 인정하여서는 아니 된다. 다음으로 여기에서 더 나아가, 그 사람의
의견·사상이 설사 자유민주적 기본질서와 양립할 수 없는 내용의 것(예를 들어
파시즘, 군주제 국가, 프롤레타리아 독재, 공산주의 등)이라 하더라도 이를 실현
하는 방편으로 대한민국의 독립을 위험·침해하고 영토를 침략하여 헌법과 법

---

56) 서울중앙지방법원 2011.2.24. 선고 2009고합929, 2010고합89; 서울고등법원 2011.
12.16. 선고 2011노846 판결; 대법원 2014.8.20. 선고 2012도214 판결.

률의 기능 및 헌법기관을 파괴·마비시키거나, 무장 봉기, 폭력적·비합법적 수단을 통한 정부 전복을 꾀하거나, 법치주의에 기반한 기본적 인권의 존중, 의회제도, 선거제도, 복수정당제도, 권력분립, 사유재산과 시장경제를 골간으로 하는 경제질서와 사법권 독립 등 자유민주적 기본질서의 근간 … 을 **구체적이고 현실적으로 위협하는 방법을 동원하려 한 것이 아니었고, 다른 사람들을 상대로 그러한 방법을 동원할 것을 선전·선동하는 수준에 이르지 않는 표현행위 또한, 이에 대해 실질적 해악성을 인정하여서는 아니 된다.** 만일 이를 처벌할 경우 사상에 대한 처벌이 되어 심각한 인권 침해를 불러올 소지가 너무 크기 때문이다."⁵⁷⁾

이러한 기준에 따라 세 명의 대법관은 '범민련 남측본부'의 이적성을 부정한다. 즉, ① 범민련 남측본부는 공산혁명 등과 같이 국가의 존립·안전이나 자유민주적 기본질서를 직접 위협하는 주장을 펴거나 이를 위한 활동을 벌인 것이 없다; ② 범민련 남측본부의 목적, 목표, 활동은 주한미군 철수·국가보안법 철폐·연방제 통일·미국으로 대표되는 외세의 전쟁책동 반대·한미군사동맹 폐기·남북 상호군축 실현 등의 주장과 그 실현을 위한 활동을 벌인 것이 주된 부분을 차지하는데, 이는 시민 사회 일각에서 다양한 의사 표현 방법으로 제기되는 것으로서 국가의 존립·안전이나 자유민주적 기본질서를 공격하는 내용이라 볼 수 없다; ③ 설사 '범민련 남측본부'가 반국가단체인 북한의 구성원과 의사연락을 하고 그들과 연계성을 가지는 등의 사정이 있어, 그 단체의 주장에 자유민주질서를 부정하고 국가의 존립·안전이나 자유민주적 기본질서에 해악을 끼칠 위험성 있는 내용이 있다고 보더라도, 그 주장 실현을 위해 위 단체가 활동을 벌인 것은 성명발표, 범민족대회 등 집회개최, 기자회견, 공개서한 발송 등을 사용한 것에 불과하다. 이를 간략히 도해화하면 다음과 같다.

57) 대법원 2008.4.17. 선고 2003도758 전원합의체 판결(대법관 박시환, 대법관 김지형, 대법관 전수안의 별개의견; 강조는 인용자).

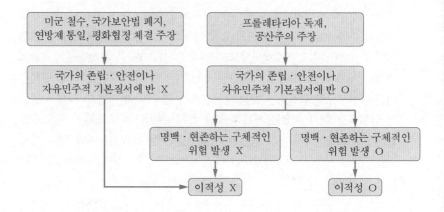

여기서 '실질적 해악을 미칠 명백한 위험성' 기준을 사용한 2007년 '진보의련' 판결의 논지가 '명백하고 현존하는 위험'의 기준의 채택으로 진화한 것임을 확인할 수 있다. 세 대법관은 '실질적 해악을 미칠 명백한 위험성' 기준이 이적성의 확대를 억지하는 기준으로 충분한 역할을 하지 못하고 있다고 판단하면서, 보다 엄격한 '명백하고 현존하는 위험'의 기준을 전면적으로 내세우자는 판단을 한 것이다.

'명백하고 현존하는 위험'의 기준은 2010년 '남북공동선언실천연대' (이하 '실천연대') 판결의 반대의견에서 재현된다. 실천연대는 자신의 강령, 규약, 출범식 보도문 등에서 반미자주화, 미국의 한반도 지배양식 제거 등을 주장하고 있으며, 북한의 주체사상, 선군정치, 강성대국론, 핵실험 등에 대해서도 긍정적인 입장을 표시해왔다. 다수의견은 '실질적 해악을 끼칠 위험성' 기준을 적용하여 동 단체를 이적단체로 인정하였다.[58]

그러나 박시환, 김지형, 이홍훈, 전수안 네 명의 대법관은 반대의견을 제출한다. 이 네 명의 대법관은 반미자주, 미군철수, 연합·연방제 통일 등의 주장은 사상의 자유와 참정권이 보장된 대한민국 내에서 자유로운 토론의 대상이 될 수 있고 그 중에 국가의 존립·안전이나 자유민주적 기본질서에 직접 위해가 된다고 볼 만한 것은 없으며, 북한자료를 인용한 강의교재에

---

58) 대법원 2010.7.23. 선고 2010도1189 전원합의체 판결.

북한의 주체사상과 선군정치 등을 긍정적으로 평가하는 부분도 있으나 이는
통일운동과 북한을 이해하기 위한 수단으로 북한자료를 사용하여 북한의
사상과 체제 운용방식을 소개하는 정도이고, 물리력 행사와 민중 폭력의
당위성을 언급한 부분도 그 빈도수와 전체 문맥에서 차지하는 의미·비중
등을 종합해 보면 이론적 타당성을 원론 수준에서 언급한 정도에 불과하며,
실천연대는 통일부에 비영리민간단체로 공식등록을 하여 약 10년간 적법
영역내의 단체로 활동해왔다는 점 등의 이유에서 실천연대를 대한민국의
존립·안전이나 자유민주적 기본질서에 해악을 끼칠 명백하고 현존하는 위
험을 가진 이적단체라고는 볼 수 없다고 보았다.[59]

　　그리고 이 네 명의 대법관은 이적표현물이 되기 위해서는 '적극적이고
공격적인 표현'이라는 요건 외에 '명백하고 현존하는 위험'의 요건이 충족
되어야 한다고 보고, 실천연대가 제작한 <2008년 정기 대의원대회 자료집>
과 <우리민족끼리> 등의 각종 표현물의 이적성을 부정하였다. 이 표현물에
는 6.15공동선언 실천, 이를 위한 구체적인 목표로 미군 철수와 자주민주정
부 수립, 평화협정 체결, 국가보안법 폐지, (주)민주노동당 등 진보진영과의
연대 등의 주장을 수록되어 있었고, 북한은 주체사상에 철학적 기초를 둔
바람직한 사회주의 국가로서 선군정치를 앞세워 미국에 대응하는 투쟁을
효과적으로 진행하고 있으며, 통일강성대국 건설사업의 추진과 선군정치를
앞세운 북한의 노력이 6.15공동선언에서 지향점으로 삼은 낮은 단계의 통일
로 다가가는 데에 도움이 된다는 내용이 들어 있었다. 반대의견은 이러한
내용의 표현물을 다음과 같이 평가하였다.

　　"위 각 표현물의 핵심내용은 남북정상들이 통일을 촉진하기 위하여 채택한
　　6.15공동선언과 10.4공동선언의 내용을 제대로 실천하자는 것으로서 그 자체는

59) 대법원 2010.7.23. 선고 2010도1189 전원합의체 판결(대법관 박시환, 대법관 김지형,
　　대법관 이홍훈, 대법관 전수안의 반대의견). 그리고 반대의견은 "다수의견과 같
　　이 실질적 해악을 끼칠 (명백한) 위험의 기준에 따른다고 하더라도, 그 위험은
　　위험의 단순한 경향성 또는 개연성이나 추상적 해악의 통상적 가능성만으로는
　　부족하고, 구체적 해악의 현실적 가능성이 있는 경우에만 인정되어야 한다."는
　　점을 지적한다.

완전히 적법한 내용이라고 볼 수밖에 없다. 또 그 구체적인 실천방안으로 제시하는 일부 내용 중에는 미군철수, 국가보안법 폐지, 평화협정 체결, 연방제 통일 등 북한이 주장해 온 것과 같은 주장을 전개하고 있는 측면이 있기는 하나, 그 대부분은 대한민국의 존립·안전과는 무관한 내용이거나 자유민주적 기본질서와 상충된다고는 보기 힘든 내용이고 대한민국 내에서도 평화롭게 주장하는 것이 허용되어야 할 내용들이다. 따라서 그로부터 대한민국의 존립·안전이나 자유민주적 기본질서에 대한 해악 발생의 위험이 명백하거나 급박하게 현존한다고 볼 수는 도저히 없는 것이며, 그 내용 중에 주체사상, 선군정치 등 북한사회와 정책을 긍정적으로 평가하고 동조하는 내용이 있다고 하여, 이를 말로써 주장하는 사정만으로는 그러한 해악 발생의 위험이 명백하다거나 현존한다고 할 수는 없다."[60]

이상의 두 개의 대법원 판결에서 '명백하고 현존하는 위험'의 법리는 소수의견의 형태로나마 한국 대법원의 판결문에 등장하였다. 이는 1990년 헌법재판소의 한정합헌결정에서 표명된 변정수 재판관의 문제의식을 계승한 것이기도 하다.[61] '친북'(親北) 성향의 조직에 대해서도 '명백하고 현존하

---

60) 대법원 2010.7.23. 선고 2010도1189 전원합의체 판결(대법관 박시환, 대법관 김지형, 대법관 이홍훈, 대법관 전수안의 반대의견; 강조는 인용자). 그리고 반대의견은 "다수의견과 같이 실질적 해악을 끼칠 (명백한) 위험의 기준에 따른다고 하더라도, 이 사건 표현물의 내용이 대부분 대한민국의 존립·안전과 무관하거나 자유민주적 기본질서에 상충된다고 볼 수 없는 것들이므로 그로부터 국가나 자유민주적 기본질서에 대한 해악이 발생할 실질적 위험이 있다고 보기는 어려우며, 북한의 주장과 일치되거나 이를 찬성하는 내용 또는 북한사회와 정책을 긍정적으로 평가하는 내용들 역시 말로써 주장함에 그치는 것으로서 구체적이고 현실적인 위험을 발생시킬 고도의 개연성이 있다고 보기는 어렵다."는 점을 지적한다.

61) "의사표현행위를 처벌하기 위해서는 그것이 장래에 있어 국가나 사회에 단지 해로운 결과를 가져올 수 있는 성향을 띠었다는 것만으로는 부족하고, 법률에 의하여 금지된 해악을 초래할 명백하고도 현실적인 위험성이 입증된 경우에 한정되어야 하는 것이다(명백하고도 현존하는 위험의 원칙). 그런데 국가보안법 제7조 제1항의 "찬양, 고무, 동조" 등은 … 반국가단체에 이로울 수 있는 의사표현은 그것이 대한민국에 현실적으로 해악을 끼칠 위험성이 명백한 경우이건 아니건 간에 무조건 규제대상으로 삼는 것이어서 정부에 대한 비판이나 북한 등 공산계열에 관한 진실한 보도나 정당한 평가 또는 합리적인 언급조차도 권력의 선택에 따라 처벌할 수 있게 되어 있어 위 법률조항은 북한 등 공산계열이나 통일 분야에 관한

는 위험'의 법리를 적용하여 이적성 여부를 판단해야 한다는 반대의견은 향후 한국 사회에서 사상의 자유, 표현의 자유가 금기 없이 인정되도록 만드는 발판이 될 것으로 평가한다.

2. 난감한 사안 ─ 주체사상과 북한 지도자를 노골적으로 찬양하는 표현행위

'명백하고 현존하는 위험'의 기준이 나온 사건에서 문제가 된 두 단체의 경우 강령, 규약, 활동 등에서 북한의 정치노선에 일정하게 동조하기는 하였으나, 주체사상이나 북한의 정치지도자를 직접적·노골적으로 찬양하지는 않았다.

그런데 한국 전쟁 시기 빨치산으로 활동하며 조선노동당에 입당하였고 이후 비전향장기수로 20년간의 징역과 그에 이은 약 13년간의 보안감호처분을 받은 70대의 노인 김영승 씨는 자신의 인터넷 블로그에 북한의 지도자와 정치노선을 찬양하는 내용의 글을 올린 후 유죄판결을 받는다. 김 씨는 이 글에서 한국전쟁을 '조국해방전쟁'으로 규정하고 당시 빨치산들을 '영웅', '열사'로, 당시의 군경을 '적'으로, 유엔군을 '16개 침략군'으로 호칭하는 한편, 김일성을 '수령님'으로, 김정일을 '장군님'으로 불렀다. 또한 그는 2005년도 북한의 신년공동사설, 북한의 대남선전기관인 '반제민족민주전선'의 '3대 애국운동'(민족자주, 반전평화, 민족대단합) 노선에 충실하면서, '반미결사항전'의 결의를 다져 미국을 몰아내고 '반동냉전수구'세력을 분쇄하자는 주장, 조선민주주의 인민공화국의 인권은 문제없고 미제는 인권을 논할 자격이 없다 등의 주장 등을 펼쳤다.[62) 여기서 김씨가 한국 역사와 사회를 철두철미 북한 정권의 입장에서 분석·평가하고 있음은 쉽게 확인된다.

국민의 알권리를 철저히 봉쇄하여 민주주의의 기초인 건전한 여론형성을 저해하는 기능으로 작용하고 있는 것이 분명하다"[헌법재판소 1990.4.2. 89헌가113 결정(재판관 변정수의 반대의견)].
62) 대법원 2010.10.28. 선고 2008도6062 판결; 인천지방법원 제1형사부 2008.6.26. 선고 2007노2452 판결; 인천지방법원 2007.10.10. 선고 2006고단4705 판결.

한편 '사이버민족방위사령부'라는 인터넷 카페를 운영하면 북한 체제를 찬양하여 국가보안법 위반으로 기소된 황길경 씨는 법정에서 "위대한 김정일 장군 만세"를 외쳐 추가 입건되었다.[63] 이 카페에는 김정일, 김정은 및 북한 체제를 찬양하는 글과 두 부자에게 바치는 충성맹세문 등이 다수 게재되어 있었다.[64]

그리고 재독 망명인 조영삼 씨는 자신이 후원하던 북송된 비전향장기수 이인모 씨가 자신을 만나고 싶어한다는 소식을 듣고 독일에 있는 북한 공작원의 도움을 받아 밀입북했다. 조씨는 북한 체류중 민족통일대축전, 제6차 범민족대회 등을 을 전후하여 피고인이 결의대회에 참석하여 김일성 동상에 헌화하고 다른 참석자들과 함께 결의문을 채택하였으며, 평양시 군중대회, 민족통일대축전 개막식, 8·15 범민족대회 및 대민족회의에 참석하여 연설 및 결의문 채택 등에 대하여 박수를 치는 등으로 호응하였으며, 금수산기념궁전을 방문하여 참배하고 방명록에 "민족의 태양이신 김일성 주석의 유지를 받들어 90년대 통일 위업을 위해 모든 것을 다할 것이다."라고 기재하였다.[65]

한국 전쟁의 상흔이 남아 있고 북한 체제의 호전성과 억압성이 잘 알려져 있는 상황에서, 이상과 같은 명백한 '종북'(從北)적 언동은 대다수의 시민에게 불쾌감이나 당혹감을 줄 것이다. 그렇지만 한국 민주주의의 수준, 시민의 정치의식, 피고인의 나이와 정치·사회적 영향력 등을 종합적으로 고려할 때, 이러한 표현행위만으로 국가의 존립·안전과 자유민주적 기본질서에 명백하고도 현존하는 구체적인 위험이 발생한다고 판단하는 것은 과도하다.

---

63) <한겨레>(2011.8.4.)(http://www.hani.co.kr/arti/society/society_general/490508.html: 2014.11.1. 최종방문).

64) <조선일보>(2011.5.30.)(http://news.chosun.com/site/data/html_dir/2011/05/30/20110530 00335.html: 2014.11.1. 최종방문).

65) 대법원 2014.1.29. 선고 2013도12276 판결. 단, 피고인은 "북한 당국이 짜놓은 일정에 따라 여러 장소를 방문하고 각종 행사에 참석했으나 북한 체제나 김일성 주체사상 등을 절대 인정하지 않는 입장이었다"고 주장하며 무죄를 다퉜다(http://www.lawtimes.co.kr/LawNews/News/NewsContents.aspx?serial=78734: 2014.11.1. 최종방문).

예컨대 '3대 애국운동' 주장의 경우 북한의 대남선전기관에서 주창하고 있
는 것이기는 하나, 그 내용은 민족자주, 반전평화, 민족대단합 등으로 그
자체로 체제위협적 성질을 가지고 있지 않다. 북한 정권은 이러한 세 가지
운동을 북한 체제를 지키고자 하는 관점에서 전개해나가고 있지만, 이 세
가지 운동의 취지는 남한 사회의 발전을 위해서도 활용될 수 있다. '반미결
사항전', '반동냉전수구' 세력 타도 등의 주장도 그 표현의 공격성이나 생경
함에도 불구하고, 그 자체만으로 체제를 위태롭게 한다고는 볼 수 없다.
북한에는 인권 문제가 없다는 주장의 타당성은 공론의 장에 올리기만 하면
쉽게 밝혀질 수 있다.

　요컨대, 이상과 같은 노골적인 종북적 표현행위에 대해서조차도 국가보
안법을 적용하여 처벌하는 것이 한국 민주주의를 지키는 것이 아니라, 그 행위
를 정치적 표현의 자유행사의 일환을 보장한 후, 토론과 비판을 통하여 그
내용의 올바름 여부를 드러내는 것이 한국 민주주의의 수준을 높이는 길이
다.[66] '국민정서법'보다 '헌법'이 우위에 서야 한다. 종북적 표현행위를 하는
사람들을 처벌하면 오히려 "이들은 자신에 대한 공안당국의 공격을 사상탄압
으로 몰아붙여 시민적 자유를 옹호하는 세력의 지지를 유도할 수 있다."[67]

　일찍이 미국의 홈즈 대법관은 "우리가 혐오하며 또한 죽음을 내포하고
있다고 믿는 의견의 표현을 억제(check)하려는 시도에 대하여 영원히 경계해
야만 한다",[68] "우리와 의견을 같이하는 사람들을 위한 사상의 자유가 아니
라, 우리가 증오하는 사상을 위한 자유를 뜻한다."[69]라고 갈파하였던바, 이

---

66) 1992년 현대그룹 회장이자 (구)국민당 대통령 후보로 출마한 정주영 씨는 <시사
　　저널> 토론회(1992.6.18.)에서 "공산주의자라고 하더라도 행동으로 해치지 않는
　　사람은 처벌할 필요가 없다"고 말하며, 공산당도 합법화할 수 있다고 발언했다.
　　다른 사람도 아닌 재벌 회장의 공산당 합법화 발언은 한국 자본주의 또는 자본
　　가의 자신감을 보여준 사건이었다. 정씨는 '명백하고 현존하는 위험'의 법리를
　　정치권 내에서 선도적으로 제기한 셈이었지만, 당시 민주자유당과 민주당 모두
　　는 정씨를 맹공했다. 여기서 거대 양당 모두가 냉전과 반공 이데올로기에서 자
　　유롭지 못했음은 물론, 이에 의존하고 있었음을 알 수 있다.
67) 한인섭(각주 31), 150면.
68) Abrams v. United States, 250 U.S. 616, 630(1919)(dissenting opinion).
69) United States. v. Schwimmer, 279 U.S. 644, 654-655(1929)(dissenting opinion)(강조

함의는 시간과 공간을 넘어 울림이 있다. 그리고 김수영 시인은 최근에야 공개된 1960년 작 시 <김일성 만세>에서 다음과 같이 일갈했던바, 그의 두려움 없는 자유정신은 50여 년이 흐른 지금에도 청청하다.

'김일성 만세'
한국의 언론자유의 출발은 이것을
인정하는 데 있는데

이것만 인정하면 되는데

이것을 인정하지 않는 것이 한국
언론의 자유라고 조지훈이란
시인이 우겨대니

나는 잠이 올 수밖에

'김일성 만세'
한국의 언론자유의 출발은 이것을
인정하는 데 있는데

이것만 인정하면 되는데

이것을 인정하지 않는 것이 한국
정치의 자유라고 장면이란
관리가 우겨대니

나는 잠이 깰 수밖에."[70]

는 인용자).

70) 김수영, "김일성 만세"(1960.10.6.), 강신주, 『김수영을 위하여』(천년의 상상, 2012), 259-260면.

Ⅵ. 맺음말

이상에서 살펴본, 구체적 체제전복시도가 수반되지 않은 각종 표현행위의 이적성 또는 그러한 행위를 추구하는 단체의 이적성에 대한 대법원의 판단 기준을 거칠게 도해화하면 다음과 같다.

판단기준 ＼ 표현물 또는 단체의 활동 내용	주한미군 철수, 한미군사 동맹 분쇄, 연방제 통일, 프롤레타리아 독재 수립 등 주장	주체사상, 선군정치에 대한 긍정적 평가	북한 지도자 찬양
적극적이고 공격적 표현	이적성 유	이적성 유	이적성 유
실질적 해악을 끼칠 위험	이적성 유/무	이적성 유	이적성 유
명백하고 현존하는 위험	이적성 무	이적성 무	미확인

(구)민주노동당, (구)진보신당, 정의당, 통합진보당 등 원내 진보정당 또는 사회당, 노동당 등 원외 진보정당의 강령을 보면 반(反)자본주의 지향을 확인할 수 있다. (구)민주노동당과 통합진보당의 경우 북한 체제에 대한 비판을 자제하고 연대를 강조하는 경향도 드러낸다. 권위주의 시대였다면 이러한 정당들은 즉각 이적단체로 처벌되고 구성원은 중형에 처해졌을 가능성이 매우 높다. 그런데 민주화 이후 한국 사회의 포용력이 커지고 정치적 민주주의의 수준이 높아짐과 동시에 자본주의의 모순이 심화·격화되면서 소수이긴 하나 상당수 시민들은 이 진보정당들을 맹렬히 지지하며, 다수 시민들은 이 정당들을 용인한다. 정당 구조 바깥에도 이상의 진보정당보다 급진적인 강령과 행동양식을 가진 사회단체도 존재한다. 극소수이기는 하지만 북한 당국의 주장을 그대로 반복하거나 북한 체제와 북한 지도자를 추수·찬양하는 활동을 벌이는 개인 또는 단체도 있다. 이러한 개인 또는 단체가 대한민국 체제에 대하여 '적극적이고 공격적인 표현' 행위를 전개하고 있음은 충분

히 예상된다. 그러나 이 정도 수준의 표현행위를 범죄화해야 하는지는 의문이다.

'미제 축출', '자본주의 폐절', '혁명투쟁' 등을 주장하는 이에게도 '사상의 자유 시장'에서 자신의 사상을 선전하고 판매할 수 있는 기회를 주어야 한다. 사상의 '구매자'인 시민은 이 '상품'의 내용을 점검하면서 합리적 핵심은 수용하고 문제점을 버릴 수 있는 능력을 가지고 있다. 이러한 사상의 주장자도 사상의 자유 시장에서 자신의 사상이 검증될 때만 자신의 사상의 문제점을 확인하고 교정할 수 있다. 그러한 기회 제공 없이 형사처벌로만 일관한다면 그는 자신의 사상이 탄압받는 것은 자신의 사상이 올바르기 때문이라고 확신하면서, 그 사상을 지키는 데 급급할 것이다.

현재 대법원은 '적극적이고 공격적인 표현' 기준과 병행하여 헌법재판소가 제시한 '실질적 해악을 끼칠 위험성' 기준을 사용하고 있으나, 후자에 의한 전자의 통제는 활발하지 못하다. 특히 북한의 정치노선에 일정하게 동조하거나 북한과의 연계활동을 벌이는 개인이나 단체에 대해서는 형식적으로 '실질적 해악을 끼칠 위험성' 기준을 사용하면서도 가벌성을 확장하고 있다. 단기간 내에 대법원 다수의견이 '명백하고 현존하는 위험' 기준을 채택할 것으로 예상되지는 않지만, 적어도 '실질적 해악을 미칠 위험성' 기준의 실천적 의미를 분명히 한 2003도8165 판결('진보의련' 판결)의 취지는 복구되어야 한다. 표현의 자유는 정치적 기본권의 핵심으로 이를 범죄화하는 것은 신중에 신중을 기해야 하며, 과잉범죄화의 결과는 대한민국 체제의 모순과 문제점을 근본적으로 성찰하는 기회의 망실(亡失)이기 때문이다.

제 **4** 부

성표현과 성매매

제14장

성 표현물의 음란성 판정 기준 비판

"물론 제 표현에 대해 동의하지 않고 불쾌함만을 느끼실 분도
많다고 본다. 그렇지만 저는 예술이 유쾌하면 존재해도 되고
불쾌하면 존재할 수 없다는 것이 아니라고 본다."

(김인규)

I. 들어가는 말 — 도덕적 보수주의에 기초한 음란성 판단의 문제점

현행 법체제는 '음란물' 처벌을 위한 여러 법률을 구비하고 있는데,[1] 대법원은 도덕적 보수주의 입장에 선 음란성 판단기준을 사용하고 있는 결과 폭력을 수반하는 성표현물이나 아동 포르노그래피 같은 '하드 코어(hard-core) 포르노그래피'는 물론이고, 그 수준에 이르지 않는 성애물인 '소프트 코어(soft-core) 포르노그래피' 역시 처벌되고 있다. 1998년 헌법재판소는 문학적, 예술적, 과학적 또는 정치적 가치를 중시하는 엄격한 음란성 판단기준을 제시하였고[2] 이 기준은 2008년 대법원에 의해 수용되었으나,[3] 실제 사건에서 음란성 판단은 여전히 도덕주의를 탈피하지 못하고 있다. 그리하여 여러 문학, 예술 작품들이 '음란물'로 분류되고 작가는 '음란물 제조자'로 낙인찍히고 처벌되는 일이 발생하고 있다.

본격적 논의에 앞서 큰 사회적 논란이 된 사건을 소개한다. 1997년

---

1) 예컨대, 현행 형법은 "음란한 문서, 도화, 필름 기타 물건을 반포, 판매 또는 임대하거나 공연히 전시 또는 상영한 자"(제243조)와 "제243조의 행위에 공할 목적으로 음란한 물건을 제조, 소지, 수입 또는 수출한 자"(제243조)를 각각 1년 이하의 징역 또는 500만 원 이하의 벌금에 처하고 있다. 그리고 성폭력범죄의처벌및피해자보호등에관한법률 제14조는 통신매체를 통하여 "성적 수치심이나 혐오감"을 일으키는 말, 음향, 글, 도화, 영상 또는 물건을 상대방에게 도달하게 하는 자는 1년 이하의 징역 또는 300만 원 이하의 벌금에 처하고 있고, 전기통신사업법은 "음란한 부호·문언·음향·화상 또는 영상을 배포·판매·임대하거나 공연히 전시하는 내용의 전기통신"(제53조 제1항 제1호)을 금지하고 있다. 또한 청소년보호법은 음란물 등을 "청소년유해매체물"로 규정하고(제10조), 이를 판매·대여·반포하거나 시청·관람·이용에 제공하는 행위를 3년 이하의 징역 또는 2천만 원 이하의 벌금에 처하고 있다(제17조, 제50조 제1호).
2) 헌법재판소 1998.4.30. 선고 95헌가16 결정.
3) 대법원 2008.3.13. 선고 2006도3558 판결.

한국의 대표적 만화가 이현세 씨가 만화집『천국의 신화 소년용』제1-5권을 출간하자 종교계와 보수언론은 이 작품을 선정성을 비판하고 나섰다. 이 만화집이 선정적이고 자극적인 여성의 얼굴표정, 집단성교, 구렁이와 여인 간의 성교 등을 묘사하고 있어 음란물이라는 주장이었다. 검찰은 수사에 착수했고, 제1심 법원은 유죄를 선고했다.4) 이는 우리 민족의 상고사를 신화적 상상력으로 그리려 한 작가의 의도를 제대로 읽지 못한 것으로, 제2심 법원은 무죄판결을 내렸고 이는 대법원에서 확정되었다.5) 그러나 이씨는 무죄판결이 확정되기 전까지 6년 동안 각종 비난과 고통에 시달리며 "전쟁 같은 시간"을 경험해야 했고, "신명이 없어져" 100권 분량으로 기획했던 이 작품을 중도에 포기하고 만다.6)

제14장은 이와 같은 몰상식한 형벌권의 남용은 왜 일어났으며, 또한 유사한 사태가 왜 계속 재발하고 있는지를 형법적 관점에서 밝히고자 한다. 이를 위하여 음란성에 대하여 대법원과 헌법재판소가 각각 어떠한 판단기준을 설정해왔는지를 비판적으로 분석하고, 표현의 자유와 관련하여 각 기준의 실천적 의미와 문제점이 무엇인지를 드러낼 것이다.

Ⅱ. 현대 민주주의 국가의 음란성 판단기준

우리 판례의 음란성 판단기준을 분석하기 이전에 현대 민주주의 주요 국가 형법의 '음란성' 판단기준을 간략하게 보기로 하자.

먼저 1959년 영국의 '음란출판물법'(The Obscene Publications Act 1959)은 '음란성'(obscenity) 판단기준으로는 도덕주의적 경향이 강한 이른바 "퇴폐와 타락"(deprave and corrupt) 기준을 채택하면서도(제1조 제1항),7) 당해 출판물이

---

4) 서울지법 2000.7.18. 선고 98고단5625 판결.
5) 서울지법 2001.6.14. 선고 2000노7104 판결; 대법원 2003.1.24. 선고 2001도3630 판결.
6) <리뷰스타>(2013.2.28.)(http://reviewstar.wowtv.co.kr/Article/ArticleView.php?WEB_GSNO=10094185: 2014.11.1. 최종방문); <오마이뉴스>(2005.2.22.)(http://www.ohmynews.com/nws_web/view/at_pg.aspx?CNTN_CD=A0000238775: 2014.11.1. 최종방문)
7) 이 기준은 1868년 'Regina v. Hicklin 판결'[(1868) Q.B. 360]에 의해 애초 확립되었다.

"과학, 문학, 예술 또는 학문의 이익이나 또는 일반적 관심사항의 대상이 되는 것을 근거로 하여 공공의 이익을 위한 것"이면 처벌되지 않는다고 규정하고 있다(제4조 제1항).

미국의 지도적 판결은 유명한 1973년 'Miller v. California 판결'8)이다. 이 판결은 (i) 호색적 흥미(prurient interest)와 노골성에 대한 판단은 현시대의 지역 공동체(contemporary community)의 기준에 따라 이루어지며, 또한 (ii) 음란성이 인정되려면 성적 행위의 묘사가 "명백히 노골적인 방식"(in a patently offensive way)으로 이루어져, 그 속에 "하드 코어"적인 요소가 있어야 함을 밝힌다.9) 동 법원은 구체적 예를 열거하는데, 즉 (a) "정상이건 변태이건, 그리고 실제이건 가상된(simulated) 것이건 간에 궁극적인 성행위를 명백하게 불쾌한 방식으로 표현하거나 묘사하는 것, (b) 자위행위, 배설기능, 생식기의 추잡한(lewd) 노출 등을 명백하게 불쾌한 방식으로 표현하거나 묘사하는 것" 등이 그 예이다.10) 그리고 (iii) 동 판결은 당해 표현물이 "전체적으로 보아 진지한(serious) 문학성, 예술성, 정치적 또는 학문적 가치를 결여"하고 있어야 한다는 점도 '음란성' 판단기준임을 분명히 한다.11) 일본 최고 재판소도 이와 같은 'Miller 판결'의 세 가지 판단 기준을 수용하고 있다고

---

8) 413 U.S. 15(1973). 이 판결 이전의 중요한 판결로는 먼저 1957년 'Roth v. Unites States 판결'[354 U.S. 476(1957)]과 1966년의 'Memoirs v. Massachusetts 판결'[383 U.S. 413(1966)]이 있다. 'Roth 판결'은 현시대 해당 공동체(contemporary community)의 기준을 작용하여 표현물을 전체적으로 판단할 때 그 지배적 주제가 평균 시민에게 호색적 흥미(prurient interest)를 불러일으킬 때 음란성이 인정된다고 정의하였다[354 U.S. 476, 489(1957)]. 'Memoirs 판결'은 음란성 판단 기준으로 호색적 흥미에 호소하는가, 해당 공동체의 기준에 반하는 명백히 노골적(patently offensive)인 것인가 외에, 'Roth 판결'에서 전제되어 있었던 그 표현물이 "사회적 가치를 전혀 벌충할 수 없는 것"(utterly without redeeming social importance)이어야 한다는 기준을 부각시켰다[383 U.S. 413, 418(1966)(Roth, 354 U.S. at 484 참조)]. 미국 판례법상 음란성 판단기준에 대한 개관으로는 임지봉, "출판물과 연극·영화·비디오물의 음란성 판단기준에 관한 연구—미국 판례법상 음란성 판단기준—", 법조협회, 『법조』 제525호(2000/6); 이건호, 『성표현물의 음란성 판단기준에 관한 연구(II)—영미의 논의를 중심으로』(형사정책연구원, 2001)를 참조하라.
9) Ibid. at 24.
10) Ibid. at 25.
11) Ibid.

보인다.12)

독일의 경우는 1969년 연방헌법재판소의 '패니 힐(Fanny Hill) 판결'로 '음란물'은 사회질서를 침해하거나 현저하게 위태롭게 만드는 경우에 한하여 형법의 처벌대상이 된다고 밝힌 이후,13) 1973년에는 형법 개정으로 '음란성'(Unzüchtigkeit)이라는 구성요건을 '포르노그래피'(pornographischer Schriften)로 대체하고 처벌대상을 '하드 코어 포르노그래피'에 한정하여 규정한 바 있다. 현행 독일 형법 제184조는 18세 미만의 청소년에 대한 포르노그래피의 유통, 폭력적 포르노그래피, 아동 포르노그래피나 동물과 인간의 성적 행위를 대상으로 하는 포르노그래피 등으로 처벌대상을 한정하고 있다.14)

Ⅲ. 대법원과 헌법재판소의 음란성 판단기준

1. '정상적 성적 수치심'과 '선량한 성적 도의관념'에 기초한 판단 기준과 그 문제점

대법원의 판결 중에는 과거 독일제국재판소의 이른바 '상대적 음란성'(relative Unzüchtlichkeit)15) 개념을 원용하여, 명화집에 실린 고야의 그림이더라도 이것이 성냥갑에 붙여 판매되면 '음란물'이 되고,16) 공연윤리위원회 심의를 마친 영화작품이라 하더라도 그 장면의 일부가 포스터로 제작된 경우 '음란물'이 될 수 있다는 입장을 발견할 수 있다.17) 이러한 판단기준은 무엇을 기준으로 '음란성' 판단을 할 것인가에 대한 지침을 주지 못하고,

---

12) 最判昭和44·10·15刑集23卷10号1239頁; 最判昭和55·11·28刑集34卷6号433頁; 最判昭和58·3·8刑集37卷2号15頁.

13) BGHSt, NJW 1970, S. 72 ff.

14) '음란물'에 대한 독일 판례의 입장에 대해서는 박미숙, 『성표현물의 음란성 판단 기준에 관한 연구(I)』(형사정책연구원, 2001)를 참조하라.

15) RGSt 27, 114; RGSt 37, 315.

16) 대법원 1970.10.30. 선고 70도1879 판결.

17) 대법원 1990.10.16. 선고 90도1486 판결.

그 결과 자의적 법집행의 위험을 내포하고 있다.[18]

그렇지만 대법원의 판결의 전체기조는 '상대적 음란성' 기준을 따르지는 않고, '음란성'을 주로 보통 성인의 성적 수치감과 도덕감 보호라는 측면에서 개념규정하면서, '음란성' 판단은 성에 대한 묘사·서술의 정도·수법, 사회일반인의 관념, 예술성·사상성의 수준 정도 등을 종합적으로 고려하여 이루어져야 한다는 입장을 견지하고 있다. 즉,

"형법 제243조의 음화등의반포등죄 및 같은 법 제244조의 음화등의제조등죄에 규정한 음란한 문서라 함은 일반 보통인의 성욕을 자극하여 성적 흥분을 유발하고 **정상적인 성적 수치심을 해하여 성적 도의관념에 반하는 것**을 가리킨다고 할 것이고, 문서의 음란성의 판단에 있어서는 당해 문서의 성에 관한 노골적이고 상세한 묘사·서술의 정도와 그 수법, 묘사·서술이 문서전체에서 차지하는 비중, 문서에 표현된 사상 등과 묘사·서술과의 관련성, 문서의 구성이나 전개 또는 예술성·사상성 등에 의한 성적 자극의 완화의 정도, 이들의 관점으로부터 당해 문서를 전체로서 보았을 때 주로 독자의 호색적 흥미를 돋구는 것으로 인정되느냐의 여부 등의 여러 점을 검토하는 것이 필요하고, 이들의 사정을 종합하여 그 시대의 **건전한 사회통념**에 비추어 그것이 공연히 성욕을 흥분 또는 자극시키고 또한 보통인의 정상적인 성적 수치심을 해하고, 선량한 성적 도의관념에 반하는 것이라고 할 수 있는가의 여부에 따라 결정되어야 할 것이다."[19]

특히 대법원은 장정일의 소설 『내게 거짓말을 해봐』(1996)을 음란물로 판단했던 2000년 판결에서 다음과 같이 설시(說示)했다.

"형법 제243조 및 제244조에서 말하는 '음란'이라 함은 정상적인 성적 수치

---

18) 김영환·이경재, 『음란물의 법적 규제 및 대책에 관한 연구 ─'포르노그래피'에 대한 형사정책적 대책─』(형사정책연구원, 1992).
19) 대법원 1970.10.3. 선고 70도1879 판결; 대법원 1975.12.9. 선고 74도976 판결; 대법원 1995.2.10. 선고 94도2266 판결; 대법원 1995.6.16. 선고 94도1758 판결; 대법원 1995.6.16. 선고 94도2413 판결; 대법원 1997.8.22. 선고 97도937 판결 등 참조(강조는 인용자).

심과 선량한 성적 도의관념을 현저히 침해하기에 적합한 것을 가리킨다 할
것이고, 이를 판단함에 있어서는 그 시대의 건전한 사회통념에 따라 객관적으
로 판단하되 그 사회의 평균인의 입장에서 문서 전체를 대상으로 하여 규범적
으로 평가하여야 할 것이며, 문학성 내지 예술성과 음란성은 차원을 달리하는
관념이므로 어느 문학작품이나 예술작품에 **문학성 내지 예술성이 있다고 하
여 그 작품의 음란성이 당연히 부정되는 것은 아니라 할 것이고**, 다만 그
작품의 문학적·예술적 가치, 주제와 성적 표현의 관련성 정도 등에 따라서는
그 음란성이 **완화되어 결국은 형법이 처벌대상으로 삼을 수 없게 되는 경우가
있을 수 있을 뿐이다.**"[20]

먼저 대법원으로 대표되는 국가가 형벌을 동원하여 보호하려는 성도덕
이 형법을 통하여 보호해야 대상인가의 문제가 있다. 근대 형법의 중요한
성과 중의 하나는 '실질적 범죄 개념'의 확립이다. 구성요건에 해당하는
위법하고 유책한 행위가 범죄라는 '형식적 범죄 개념'만으로는 어떠한 행위
가 마땅히 구성요건에 해당하고 실질적으로 위법한지에 대해서는 답할 수
없다. '실질적 범죄 개념'은 실정형법의 정당성을 문제로 삼고 합리적 형사
정책을 지향하며 문제 행위가 '사회유해성'이 있는지까지 비판적으로 검토
할 것으로 요구한다.[21] 그리고 이 '사회유해성' 개념은 법이 도덕을 강제하
는 수단이 되어서는 안 된다는 요청을 내포하고 있다.[22] 따라서 임웅 교수의
지적처럼, "'공공의 성적 수치심·도의심' 또는 '건전한 성풍속'이라고 하는
것은 내용 없는 공공식(空公式)에 불과하며, 그 자체로는 형법적 보호의 대상
이 될 수 없다."[23] 게다가 '정상적인 성적 수치심', '선량한 성적 도의 관념'
등은 그 내용이 정확히 무엇인지 확인하기 어렵고 문언상 그 포섭범위가

---

20) 대법원 2000.10.27. 선고 98도679 판결(강조는 인용자). 이 판결 이전 대법원은
   마광수 교수의 소설 『즐거운 사라』(1992)를 음란물로 판정하면서, 예술성·사상
   성에 의해 성적 자극이 '완화'될 수 있지만 종합판단을 통하여 음란성은 판단되
   어야 한다고 밝힌 바 있다(대법원 1995.6.16. 선고 94도2413 판결).
21) 김창균, "비범죄화의 실현방안", 한국형사정책학회, 『형사정책』 제8호(1996), 14-18면.
22) 김두식, "무엇이 범죄인가 ―범죄 개념에 대한 비판적 검토―", 법조협회, 『법조』 제
   618호(2008.3), 160면.
23) 임웅, 『비범죄화의 이론』(1999), 91-92면.

매우 넓기에 법익침해의 확정이 어렵고 음란성의 판단대상이 자의적으로 확장될 수 있으므로 문제는 더 심각하다.24)

둘째, 대법원의 판단기준에 따르면, 해당 문서나 작품의 표현이 헌법의 보호영역 안에 있는가 여부를 판단할 때 그 문서·작품의 예술성·사상성은 단지 하나의 고려요소로만 취급된다. 문학성·예술성이 있더라도 음란성은 '부정'되지 않고 '완화'될 뿐이라는 입장은 법률적 판단을 문학적·예술적 판단 위에 위치시키면서 전자에 따라 후자를 통제·억지하겠다는 것에 다름 아니다. 그리하여 문서·작품에서의 성에 관한 묘사·서술이 노골적이고 상세한 경우는 아무리 문학·예술성이 인정되더라도 '음란물'로 처벌될 위험성이 상존하게 된다.

예컨대, 상술한 소설『내게 거짓말을 해봐』에는 구강성교, 항문성교, 가학 및 피학적인 성행위, 1남 2녀 간의 성교 등 기존의 문학·예술작품에서는 보기 힘든 매우 노골적인 성행위 묘사와 서술이 포함되어 있다. 이러한 묘사와 서술이 법원이 상정하는 "보통인의 정상적인 성적 수치심", "선량한 성적 도의관념"과 충돌한다고 판단할 수 있겠으나, 이러한 성행위에 대한 표현도 소설 전체의 맥락에서 보면 "자기모멸"25)을 위한 표현방식 또는 "아버지 강박으로부터 벗어나고자 하는 가장 원초적 욕망의 표현"26)으로 읽힐 수도 있다.

요컨대 '보통인의 정상적인 성적 수치심'과 '선량한 성적 도의 관념'에 기대는 대법원의 음란성 판단기준은 필연적으로 문학과 예술 분야에서 표현의 자유를 억압할 수밖에 없다. 오정진 교수의 지적처럼, "노골성과 비전형성, 기존질서를 흐릴 것으로 우려되는 성 표현에 대한 엄격한 통제는 정상과 비정상의 이분법에 입각한 우리 사회의 성 표현물 관련 규제의 보수주의적 성격을 단면적으로 드러낸다"고 할 것이다.27)

---

24) 이용식, "성적 표현의 형법적 통제에 대한 비판적 고찰", 한국형사정책학회, 『형사정책』 제18권 제1호(2006.6), 363면.
25) 장정일, 『장정일의 독서일기 3』(하늘연못, 1997), 187-193면.
26) 구모룡, "오만한 사제의 위장된 백일몽: 장정일론", 『작가세계』 봄호(1997), 50면.
27) 오정진, "포르노그라피에 관한 규범적 담론 연구"(서울대학교 법학박사학위논문,

2. 음란성의 판단주체

대법원은 음란은 "법관이 일정한 가치판단에 의하여 내릴 수 있는 규범적인 개념"이며, "그 최종적인 판단의 주체는 어디까지나 당해 사건을 담당하는 법관"임을 분명히 한다.[28]

> "위 "음란"이라는 개념 자체가 사회와 시대적 변화에 따라 변동하는 상대적이고도 유동적인 것이고, 그 시대에 있어서 사회의 풍속. 윤리. 종교 등과도 밀접한 관계를 가지는 추상적인 것이므로 결국 구체적인 판단에 있어서는 사회통념상 일반 보통인의 정서를 그 판단의 규준으로 삼을 수밖에 없다고 할지라도, 이는 법관이 일정한 가치판단에 의하여 내릴 수 있는 규범적인 개념이라 할 것이어서 그 최종적인 판단의 주체는 어디까지나 당해 사건을 담당하는 법관이라 할 것이니, 음란성을 판단함에 있어 법관이 자신의 정서가 아닌 일반 보통인의 정서를 규준으로 하여 이를 판단하면 족한 것이지 법관이 일일이 일반 보통인을 상대로 과연 당해 문서나 도화 등이 그들의 성욕을 자극하여 성적흥분을 유발하거나 정상적인 성적 수치심을 해하여 성적 도의관념에 반하는 것인지의 여부를 묻는 절차를 거쳐야만 되는 것은 아니라고 할 것이다."[29]

먼저 음란성 판단의 최종주체가 법관이라고 하지만, 법관 사이에서도 판단이 달라진다. 예컨대, 중남미 에로티시즘 문학의 대표작중의 하나로 손꼽히는 알리시아 스테임베르그(Alicia Steimberg)의 소설 『아마티스타』(Amatista) 사건을 보자. 이 작품에는 자위행위, 혼음, 구강성교, 항문성교 등이 적나라하게 묘사되어 있다. 이 소설을 번역·출간한 출판사에 대한 행정당국의 출판사등록취소 사건을 검토하면서 부산고등법원은, 이 소설의 "우아하고 독창적인 예술성으로 인하여 포르노그래피와 에로티시즘의 차이를 극명하게 드러내고 있고", 따라서 "이 사건 소설은 성에 관하여 노골적으로 묘사하고 있기는 하지만 그 예술성으로 인하여 성적 자극이 어느 정도

2000), 40면.
28) 대법원 1995.2.10. 선고 94도2266 판결.
29) *Ibid.*

완화되고 있어, 곧바로 공중도덕이나 사회윤리를 침해하는 것이라고 단정하기도 어렵다."라고 판시하였다.30) 그러나 대법원은 행정당국의 상고를 받아들여 『아마티스타』를 '음란물'로 판정했다.31) 머리말에서 소개한 이현세 씨의 만화집 『천국의 신화 소년용』에 대해서도 제1심 판결과 이후 제2심 및 대법원 판결의 판단이 달랐다.

성에 대한 관념은 시대별로 개인별로 다양하며, 극단적인 성 혐오증으로부터 쾌락주의에 이르기까지 그 편차가 매우 크다.32) 대법원은 법관이 '사회의 평균인' 입장에서 음란성을 판단한다고 하지만, 음란물 범죄에서 배심재판이 이루어지지 않는 상황에서 실제는 도덕적 보수주의로 무장한 엘리트일 가능성이 높은 대법관이나 판사의 관념과 문화에 따라 판단이 이루어진다.33) 그리하여 임지봉 교수는 다음과 같이 비판한다.

> "대법관들은 자신들이 "일반 보통인"이라 믿고 이러한 판단을 하거나, 아니면 적어도 "일반 보통인"이라면 어떤 느낌이 들었을까를 상상하면서 판단을 하겠지만, 대법관의 정서는 애초에 "일반 보통인"의 그것과는 거리가 멀 수밖에 없고 대법관의 "일반 보통인" 입장에 선 상상도 사실은 "일반 보통인"의 그것과 동떨어진 것이 될 수밖에 없다."34)

---

30) 부산고등법원 1997.6.19. 선고 96구11815 판결.
31) 대법원 1997.12.26. 선고 97누111287 판결. 게다가 『아마티스타』를 발간한 대표적인 문학전문출판사인 '열음사'는 음란성 시비가 일자 형사처벌을 피하기 위하여 책을 전량 수거하여 소각해야 했고, 그럼에도 출판사등록이 취소되기까지 하였다. 단, 출판사등록취소처분은 대법원에 의하여 재량권 남용이라는 판단이 내려진다.
32) 최상천, "『즐거운 사라』가 증언하는 누더기 '자유민주주의'", 『월간 사회평론·길』 (1995.8), 173면.
33) Ⅱ.에서 소개한 미국 연방대법원의 1973년 'Miller 판결'이 호색적 흥미와 노골성에 대한 판단은 지역 공동체의 기준에 따라 이루어져야 한다고 했을 때, 이 지역공동체 기준의 의미는 다름 아니라 음란성 판단을 '사회의 평균인'인 배심원의 판단에 맡긴다는 의미이다[임지봉(각주 8), 125-126면].
34) 임지봉, "대법원의 음란성 판단기준에 대한 비판적 검토 —김인규 교사사건 판결에 대한 분석을 중심으로—", 민주주의법학연구회, 『민주법학』 통권 제29호(2005. 12), 478면.

보다 근본적으로는 문학과 예술은 그 본성상 그 사회 평균인 —또는 엘리트이자 법률전문가인 법관— 의 관념, 문화, 도덕, 윤리, 제도를 조롱하고 그에 도전하는 역할을 하기 마련인바, 규범적 판단의 독주(獨走)는 반(反)문화·예술적 또는 몰(沒)문화·예술적 결과를 낳기 쉽다. 임웅 교수의 지적처럼, "예술과 학문은 그 본질상 기성관념을 깨뜨리면서 발전해나가는 것이기 때문에, 법관이 성도덕·성풍속이라고 하는 기존 척도로서 예술과 학문을 단죄해서는 안될 영역에 속한다"[35] 할 것이다.

3. 헌법재판소의 엄격한 음란물 판단기준

(1) 헌법재판소 1998.4.30. 선고 95헌가16 결정 — 문학적, 예술적, 과학적 또는 정치적 가치의 우선성

1998년 헌법재판소는 『세미-걸』이라는 제목의 화보집을 발행하여 출판사 등록이 취소되자 출판사 및 인쇄소의 등록에 관한 법률 제5조의2 제5호의 위헌성이 다투어진 사건을 검토하면서, 대법원보다 엄격한 음란물 판단기준을 제시했다.

헌법재판소는 '음란성' 판단에 대한 기존의 대법원의 입장을 존중하면서도,[36] 대법원과는 분명한 차이가 나는 음란성 판단기준을 제시하였다. 즉, 헌법재판소는 '음란'이란 "인간존엄 내지 인간성을 왜곡하는 노골적이고 적나라한 성표현으로서 오로지 성적 흥미에만 호소할 뿐 전체적으로 보아

---

35) 임웅(각주 23), 98면.
36) 이 사건에서 헌법재판소는 출판및인쇄소의등록에관한법률 제5조의2의 '저속'(低俗)의 개념은 그 적용범위가 매우 광범위하고, 보충적인 해석에 의한다 하더라도 그 의미내용을 확정하기 어려울 정도로 매우 추상적이므로 위헌이지만, '음란' 표현은 지금까지 대법원의 판례에 따라 구체적 기준이 일관되어 유지되어 왔으므로, 수범자와 법집행자에게 적정한 지침을 제시하고 있고 법적용자의 개인적 취향에 따라 그 의미가 달라질 수 있는 가능성도 희박하므로 '음란' 개념은 명확성의 원칙에 반한다고 할 수 없다고 결정하였던바, 이는 '저속' 표현은 헌법 제21조의 언론자유조항의 보호영역에 속하지만, '음란' 표현은 헌법의 보호를 받지 못한다는 것이다(헌법재판소 1998.4.30. 95헌가16 결정).

하등의 문학적, 예술적, 과학적 또는 정치적 가치를 지니지 않은 것"이며, "사회의 건전한 성도덕을 크게 해칠 뿐만 아니라 사상의 경쟁메커니즘에 의해서도 그 해악이 해소되기 어려워 언론·출판의 자유에 의한 보장을 받지 않는" 것을 말한다고 설시하였다.37)

먼저 헌법재판소의 이 기준에 따르면 '음란물'이 되려면 단지 성적 표현이 노골적이고 적나라한 것만으로는 부족하고 "인간존엄 내지 인간성을 왜곡하는" 내용이 들어 있어야 한다. 헌법재판소는 "인간존엄 내지 인간성을 왜곡하는" 내용의 성적 표현물의 예를 직접 들고 있지 않지만, 포르노그래피에 대한 기존의 연구작업의 분류에 따르자면 (ⅰ) 강간, 고문, 폭행, 상해 등을 포함하는 "폭력적 성표현물", (ⅱ) 폭력은 행사되지 않지만 인간의 지위와 품위를 저하·손상시키는 성표현물, 또는 일방의 성을 다른 성의 종속적 대상으로만 묘사하는 성표현물, (ⅲ) 아동 포르노그래피 등 이른바 "하드코어 포르노그래피"를 뜻하는 것으로 이해할 수 있을 것이다.38)

둘째, 헌법재판소의 기준은 문서·작품의 예술성·사상성 등을 '음란성' 판단에 있어 선결적·결정적 요소로 위치지우고 있다. 즉, 성적 표현물이 노골적이고 적나라하며 또한 보통인의 성도덕을 크게 해친다 하더라도, 일정한 문학적, 예술적, 과학적 또는 정치적 가치를 지니고 있고, 사상의 경쟁메커니즘에 의해서 그 해악이 해소될 수 있다면 '음란물' 규정을 피할 수 있는 것이다.

상술한 『내게 거짓말을 해봐』에 대한 2000년 대법원 판결의 문언을 빌어 말하자면, 헌법재판소는 문학성이나 예술성이 있으면 음란성은 단지 '완화'되는 것이 아니라 '부정'되어야 한다고 본 것이다. 단, 이 판결에서 헌법재판소는 이렇게 "엄격한 의미의 음란표현은 언론·출판의 자유에 의해서 보호되지 않는다."라고 보았다.39)

---

37) *Ibid.*(강조는 인용자).
38) U.S. Department of Justice, *Attorney General's Commission on Pornography* 321 (1986).
39) 헌법재판소 1998.4.30. 95헌가16 결정(강조는 인용자). 이 점에서 동 결정은 미국 연방대법원의 1973년 Miller v. California 판결[413 U.S. 15(1973)]과 같은 입장이다.

(2) 헌법재판소 2009.5.28. 선고 2006헌바109, 2007헌바 49,57,83,129(병합) 전원재판부결정 — 언론·출판의 자유의 보호영역 안에 있는 음란표현

그런데 2009년 헌법재판소는 인터넷 포털 사이트에 음란 화상 또는 영상을 올려 (구)정보통신망 이용촉진 및 정보보호 등에 관한 법률 위반으로 기소된 피고인이 위헌법률심판제청을 한 사건에서, 95헌가16 결정이 제시한 음란성 판단기준을 확인하면서도 음란표현은 헌법 제21조가 규정하는 언론·출판의 자유의 보호영역에 해당하지 아니한다는 95헌가16 결정 내용은 변경한다. 즉,

"음란표현이 언론·출판의 자유의 보호영역에 해당하지 아니한다고 해석할 경우 음란표현에 대하여는 언론·출판의 자유의 제한에 대한 헌법상의 기본원칙, 예컨대 명확성의 원칙, 검열 금지의 원칙 등에 입각한 합헌성 심사를 하지 못하게 될 뿐만 아니라, 기본권 제한에 대한 헌법상의 기본원칙, 예컨대 법률에 의한 제한, 본질적 내용의 침해금지 원칙 등도 적용하기 어렵게 되는 결과, 모든 음란표현에 대하여 사전 검열을 받도록 하고 이를 받지 않은 경우 형사처벌을 하거나, 유통목적이 없는 음란물의 단순소지를 금지하거나, 법률에 의하지 아니하고 음란물출판에 대한 불이익을 부과하는 행위 등에 대한 합헌성 심사도 하지 못하게 됨으로써, 결국 음란표현에 대한 최소한의 헌법상 보호마저도 부인하게 될 위험성이 농후하게 된다는 점을 간과할 수 없다."[40]

동 결정의 실천적 의미는 (ⅰ) 음란표현에 대한 사전 검열, (ⅱ) 유통목적이 없는 음란물의 단순소지의 금지, (ⅲ) 법률에 의하지 않은 음란물 출판에 대한 불이익 부과 등의 경우는 합헌성 심사를 받을 기회가 주어져야 한다는 것이다. 음란표현도 표현의 자유 범위 안에 있다고 말하는 것은 "그 규제에는 구체적인 이익에 대한 침해가 있을 것을 요구"한다는 의미이다.[41] 이러

---

40) 헌법재판소 2009.5.28. 선고 2006헌바109, 2007헌바49,57,83,129(병합) 결정.
41) 박상진, "음란물죄의 비판적 고찰", 한국비교형사법학회, 『비교형사법연구』 제7권 제1호(2005), 173면.

한 입장은 청소년의 성보호에 관한 법률 제2조 제3호 등 위헌제청 사건에 대한 2002년 결정에서 예고되어 있던 것이었다. 당시 헌법재판소는 "'청소년이용음란물' 역시 의사형성적 작용을 하는 의사의 표현·전파의 형식 중 하나임이 분명하므로 언론·출판의 자유에 의하여 보호되는 의사표현의 매개체라는 점에는 의문의 여지가 없"[42]다고 파악한 바 있다.

2009년 결정은 1998년 결정의 엄격한 의미의 음란성 판단기준을 유지하면서도, 음란표현을 애초부터 헌법적 보호대상에서 제외하는 것은 위험하다고 보았다. 이 점에서 동 결정은 음란물도 주(州)헌법의 보호대상이라는 미국 오레곤주 대법원의 1987년 'Oregon v. Henry 판결'[43]과 입장이 동일하다.

1998년 결정이 '하드 코어 포르노그래피'에 해당하는 표현물만 금지해야 한다는 엄격한 의미의 음란성 판단기준을 제시했지만, 수사기관과 사법부는 이 기준에 따라 실무를 운영하지 않았다. Ⅳ. 대법원 판례 비판에서 상술하겠지만, 2008년 대법원이 헌법재판소의 엄격한 음란성 기준을 공식적으로 채택하였지만, '하드 코어 포르노그래피'에 미치지 못하는 표현에 대해서도 형사처벌이 이루어지고 있다. 2009년 헌법재판소 결정은 이 점을 직시하면서 음란물이라는 이유로 합헌성 심사가 쉽게 회피되는 상황을 막으려 하였다고 보인다.

4. 대법원 2008.3.13. 선고 2006도3558 판결 ― 변화의 시작?

(1) 헌법재판소 1998.4.30. 선고 95헌가16 결정 기준의 수용

2008년 대법원은 1998년 헌법재판소 결정을 수용하여 음란성 판단기준을 대폭 수정하고 음란 개념의 범위를 축소·제한하는 판결을 내린다.[44]

---

42) 헌법재판소 2002.4.25. 선고 2001헌가27 결정(강조는 인용자). 물론 동 결정은 청소년음란물 제작·수입·수출 등을 형사처벌로 금지하는 것은 합헌이라고 보았다.

43) 302 Ore. 510; 732 P.2d 9(Ore. 1987).

44) 박길성, "「정보통신망 이용촉진 및 정보보호 등에 관한 법률」 소정의 '음란'의 개념 등(대법원 2008.3.13. 선고 2006도3558 판결)", 사법연구지원재단, 『사법』 제 5호(2008.9), 190-191면.

이 판결에서 일본 성인영화의 판권을 소유하는 회사의 대표인 피고인은 영상물등급위원회(이하 '영등위'로 약칭)로부터 18세 관람가 DVD 또는 VHS로 등급 분류를 받은 동영상을 편집·변경함이 없이 그대로 인터넷 포털 사이트의 VOD관에 제공하였다. 이 동영상들은 남녀 간의 성교나 여성의 자위 장면 또는 여성에 대한 애무 장면 등을 묘사한 것으로, 남녀 성기나 음모의 직접적인 노출은 없고 여성의 가슴을 애무하거나 팬티 안이나 팬티 위로 성기를 자극하는 장면을 가까이에서 촬영한 것을 보여주는 것이 대부분이었다. 대법원은 다음과 같이 판시하였다.

> "형사법이 도덕이나 윤리 문제에 함부로 관여하는 것은 바람직하지 않고 특히 개인의 사생활 영역에 속하는 내밀한 성적 문제에 개입하는 것은 필요 최소한의 범위 내로 제한함으로써 개인의 성적 자기결정권 또는 행복추구권이 부당하게 제한되지 않도록 해야 한다는 점, … '음란'이라 함은 사회통념상 일반 보통인의 성욕을 자극하여 성적 흥분을 유발하고 정상적인 성적 수치심을 해하여 성적 도의관념에 반하는 것으로서 … 표현물을 전체적으로 관찰·평가해 볼 때 단순히 저속하다거나 문란한 느낌을 준다는 정도를 넘어서서 존중·보호되어야 할 인격을 갖춘 존재인 **사람의 존엄성과 가치를 심각하게 훼손**·왜곡하였다고 평가할 수 있을 정도로, 노골적인 방법에 의하여 성적 부위나 행위를 적나라하게 표현 또는 묘사한 것으로서, 사회통념에 비추어 전적으로 또는 지배적으로 성적 흥미에만 호소하고 하등의 문학적·예술적·사상적·과학적·의학적·교육적 가치를 지니지 아니하는 것을 뜻한다고 볼 것이고, 표현물의 음란 여부를 판단함에 있어서는 표현물 제작자의 주관적 의도가 아니라 그 사회의 **평균인의 입장**에서 그 시대의 건전한 사회통념에 따라 객관적이고 규범적으로 평가하여야 한다. … 앞서 본 법리에 비추어 이러한 동영상들은 전체적으로 관찰·평가해 볼 때 그 내용이 상당히 저속하고 문란한 느낌을 주는 것은 사실이라고 할지라도, 이를 넘어서서 형사법상 규제의 대상으로 삼을 만큼 사람의 존엄성과 가치를 심각하게 훼손·왜곡하였다고 평가할 수 있을 정도로 노골적인 방법에 의하여 성적 부위나 행위를 적나라하게 표현 또는 묘사한 것이라고 단정할 수는 없다."[45)]

---

45) 대법원 2008.3.13. 선고 2006도3558 판결.

대법원은 "사람의 존엄성과 가치를 심각하게 훼손·왜곡"하였는지 여부를 음란성 판단의 중요한 기준으로 채택하였는바, 1998년 헌법재판소 결정이 채택되었음을 분명히 드러난다.

대법원의 입장 전환의 의미는 2006도3558 판결을 Ⅳ.에서 소개할 대법원 판결과 비교해보면 선명히 드러난다. Ⅳ.에서 소개하는 포스터, 사진첩과 2006도3558 판결의 비디오물은 모두 '소프트 코어 포르노그래피' 정도의 표현물이다. 그런데 성표현물의 노골성이나 적나라함을 기준으로 보자면, 후자가 전자보다 더 심하며 적어도 비슷한 수준이다. 그럼에도 불구하고 결론이 달라진 것은 성 표현물에 대한 사회적 분위기의 변화 속에서 대법원이 1998년 헌법재판소의 기준을 채택했기 때문이다. 그 결과는 성기를 노출하지 않는 시각적 성표현물에 대한 관용이었다.

(2) 한   계

먼저 2006도3558 판결은 1998년 헌법재판소 결정의 기준을 수용하면서도, 상술한 98도679 판결(『내게 거짓말을 해봐』 판결) 등 대법원 판례가 사용해온 판단기준, 즉 '사회의 평균인', '시대의 건전한 사회통념' 등을 병렬적으로 나열하고 있다. 그리고 2006도3558 판결은 문학성 내지 예술성이 있다고 하여 음란성이 당연히 부정되는 것은 아니고 완화될 뿐이라는 98도679 판결의 논지에 대해서 어떠한 입장을 가지고 있는지 밝히지 않았다.[46)]

'하드 코어 포르노그래피' 이외에는 비범죄화하라는 1998년 헌법재판소 결정의 요청과 대법원의 '사회의 평균인', '시대의 건전한 사회통념' 기준 사이에는 긴장이 존재한다. 상대적으로 표현의 자유를 강조하는 2006도3558 판결 이후에도 표현의 자유에 대한 제약을 더 많이 허용하는 98도679 판결 등의 기준은 살아 있다. 그리하여 2006도3558 판결에도 불구하고, 문학성이나 예술성이 있다면 음란성은 부정되어야 하며 음란표현도 헌법적

---

46) 이 점에서 박길성 부장판사는 "대법원이 전원합의체판결을 통하여 음란 개념에 관한 종전 대법원판례를 폐기하고 종전과는 전혀 다른 새로운 개념을 적극적으로 정의하는 방식을 취하지 않았다는 점에서 다소 아쉬움이 없지는 아니하다." 라고 지적하고 있다[박길성(각주 44), 191면].

보호영역에 있다는 헌법재판소의 요청은 형사사법 현실에서 온전히 수용되지 못하고 있다. 또한 '하드 코어 포르노그래피'에 미치지 못하는 성표현이 범죄화되는 일은 계속되고 있다. 특히 이러한 과잉범죄화는 성기가 노출되는 그림, 사진, 영상 및 연극 등 시각적 표현물·행위에 대하여 집중적으로 이루어진다.

다음으로 2006도3558 판결은 상술한 94도2266 판결의 결론, 즉 음란성 판단의 주체는 법관이라는 점을 재확인하였다. 즉, "법원이 영화나 비디오물 등의 음란성 여부를 판단하는 과정에서 영상물등급위원회의 등급분류를 참작사유로 삼을 수는 있겠지만, 영상물등급위원회에서 18세 관람가로 등급분류하였다는 사정만으로 그 영화나 비디오물 등의 음란성이 당연히 부정된다거나 영상물등급위원회의 판단에 법원이 기속된다고 볼 수는 없다." 영등위 위원은 "문화예술·영상물등·청소년·법률·교육·언론 분야 또는 비영리민간단체 등에서 종사하고 전문성과 경험이 있는 자 중에서 대한민국 예술원법에 의한 대한민국예술원회장의 추천에 의하여 문화체육관광부장관이 위촉"(영화 및 비디오물의 진흥에 관한 법률 제73조 제2항)하며, 현재 위원들은 ① 청소년보호법에 의한 청소년보호위원회, ② 영화진흥법에 의한 영화진흥위원회, ③ 변호사법에 의한 대한변호사협회, ④ 방송법에 의한 방송위원회, ⑤ 기타 공연·음반·비디오·게임 및 교육관련 법인·비영리민간법인으로 대한민국예술원회장이 정하는 단체에서 대한민국예술원회장에게 추천하도록 되어 있다(영등위규정 제3조).

영등위는 사법기관이 아니라 행정기관이다. 그러나 이 위원들이 법관이 아니라고 하더라도 '시대의 건전한 사회통념'과 영상물의 성격을 충분히 이해하고 판단할 수 있는 능력을 가진 각 분야의 전문가들이다. 배심제나 참심제 재판을 상정하자면 배심원이나 참심원에 해당하는 사람들이다. 2006도3558 판결이 수용한 95헌가16 결정의 핵심취지는 '하드 코어 포르노 그래피'가 아닌 성표현물은 사법적 개입을 최대한 억제하라는 것이다. 이에 대하여 음란과 같은 규범적 구성요건요소에 대한 최종판단은 법관이 해야 한다는 원론으로 답하는 대법원의 태도는 안이하다. 문화예술평론가 개인의 의견이 아니라 영등위라는 국가기관이 18세 관람가라고 결정한 성 표현물의 경우 법관은 그 의견을 최대 존중해야 한다.[47]

Ⅳ. 1990년대 이후 시각적 성표현물에 대한 대법원 주요 판례

엄격한 음란성 판단기준을 제시한 1998년 헌법재판소 95헌가16 결정과 동 기준을 수용한 2008년 대법원 2006도3558 판결이 있었지만, 전체적으로 볼 때 대법원은 도덕적 보수주의에 기초한 음란물 판정을 계속한다. 이하에서는 1990년대 이후 대법원이 음란성을 인정한 주요한 시각적 성표현물 판례를 비판적으로 분석하기로 한다.

1. 전라·반라 사진 또는 성교 사진을 포함한 영화 포스터와 사진첩

1990년 영화 <사방지> 사건[48]에서 대법원이 음화라고 규정한 포스터는 상반신을 드러낸 여자들이 서로 껴안은 채 한 여자가 다른 여자의 뺨이나 가슴부분을 입술로 애무하는 장면이 들어가 있고, 스틸 사진은 여자 2명이 상반신을 드러내 놓은 채 서로 부둥켜안고 누워 있는 장면, 나신으로 유두를 노출시킨 채 물속에 비스듬히 앉아 있는 여자의 목에 다른 여자가 손을 대고 애무하고 있는 장면, 한 여자가 다리를 벌리고 서 있고 상반신을 드러낸 다른 여자는 그 앞에 앉아서 서 있는 여자의 다리 사이를 쳐다보고 있는 장면 등이 들어가 있었다. 이 영화는 공연윤리위원회의 심의를 거쳐 국내 여러 극장에서 상영된 것이었음에도 불구하고, 대법원은 포스터와 스틸 사진만큼은 "일반인의 정상적인 성적 정서를 해치고 건전한 성풍속이나 성도

---

47) 이와 별도로 영상물등급위원회가 분류한 등급을 신뢰하고 영상물을 사용한 피고인에게는 형법 제16조가 적용되어 책임이 조각되어야 한다[천진호, "디지털 콘텐츠 음란물에 대한 음란성 판단의 주체와 법률의 착오", 한국형사법학회, 『형사법연구』 제19권 제3호(2007), 519-522면].
48) 대법원 1990.10.16. 선고 90도1485 판결.

덕관념에 반하는 것으로서 음화에 해당한다"[49]라고 판단했다.

1991년『월간 부부라이프』사건[50]에서 대법원은 "성교체위 10선"이란 글과 함께 전라 또는 반라의 여자가 성교장면을 연상케 하는 여러 가지 자세를 취하고 있는 사진, "부부여 충만한 섹스 데이트를"이란 글과 함께 남자가 여자의 유두를 빨고 있는 장면과 남녀의 성행위 장면의 사진 등을 게재한 잡지를 음란물로 판결했다. 대법원은 다음과 같이 설시했다.

"오늘날 잡지를 비롯한 대중매체가 민주화와 개방의 바람을 타고 자극적이고 선정적인 방향으로 흐르고 있는 것이 일반적인 추세라고 하여도 정상적인 성적 정서와 선량한 사회풍속을 침해하고 타락시키는 정도의 음란물까지 허용될 수 없는 것이어서 그 한계는 분명하게 그어져야 하고 오늘날의 개방된 추세에 비추어 보아도 위 판시 각 간행물은 위 한계를 벗어나는 것이다."[51]

1995년『에이스』사진첩 사건[52]에서 대법원은 소피 마르소, 브룩 쉴즈, 마돈나, 샤론 스톤, 마릴린 몬로 등 외국의 유명 여배우 또는 여자 누드모델들이 전라로 말 등(馬上)에 눈을 감고 누워 성적 감정에 도취한 듯한 표정을 짓고 있는 사진, 전라로 양다리를 벌리고 누워 성적 감정에 도취되어 있는 듯한 모습을 머리 부분에서부터 찍은 사진, 전라로 다리를 벌리고 양손을 국부에 대고 머리를 뒤로 젖히고 성적 감정에 도취한 듯이 눈을 감고 있는 사진, 전라의 모습으로 엉덩이를 높이 들고 머리를 바닥에 대고 엎드려서 유혹하는 눈빛으로 앞을 바라보고 있는 사진, 전라로 바닥에 누워 자위를 하며 성적 만족감을 느껴 눈을 지그시 감고 있는 사진들을 모아 편집한

---

49) *Ibid.*
50) 대법원 1991.9.10. 선고 91도1550 판결.
51) *Ibid.*
52) 대법원 1995.6.16. 선고 94도1758 판결. 같은 판결에서 대법원은 일본 여배우 미야자와 리에의 누드 사진첩인『산타페』는 예술성이 강하다는 이유로 음란성을 부정하였고, 미야자와 리에의 사진을 모아 수록한『엘르』도 음란성을 부정하였다. 그리고 여배우 유연실 씨의 음부가 보이지 않는 전라 또는 반라 사진을 수록한『이브의 초상』도 음란성을 부정하였다.

사진첩을 음화라고 판단했다.

1997년『오렌지 걸』사진첩 사건53)에서 대법원이 음화라고 판단한 사진첩에는 여성 모델이 비키니 수영복 차림으로 서서 한쪽 손을 팬티 속에 넣어 국부를 만지는 모습의 사진, 음모의 일부가 보이는 전라의 상태로 침대 위에 눈을 감고 누워있는 모습의 사진, 수영복 차림 또는 속이 비치는 잠옷과 끈 형태의 팬티 차림으로 침대 또는 방바닥에서 무릎을 꿇고 엎드려 있는 모습을 뒤쪽에서 촬영하여 엉덩이와 국부 부위를 유난히 강조한 사진, 전라로 엎드린 자세에서 다리를 벌리고 엉덩이를 치켜세워 얇은 천으로 국부 주변을 가리고 있는 모습을 뒤쪽에서 촬영하여 역시 천으로 가려져 있는 국부 부위를 강조한 사진, 여자가 사무실에서 성적 감정에 도취된 표정으로 자신의 유방이나 국부를 만지면서 옷을 하나씩 벗어 나가다가 전라로 되어 책상 위에 누워 국부 위에 종이를 대고 눈을 감고서 손으로 국부를 만지는 모습의 일련의 사진들이 수록되어 있었다. 대법원은 "사진첩에 남자 모델이 전혀 등장하지 아니하고 남녀 간의 정교 장면에 관한 사진이나 여자의 국부가 완전히 노출된 사진이 수록되어 있지 않다 하더라도"54) 음란성이 인정된다고 보았다.

이상의 표현물이 '하드 코어 포르노그래피'에 해당하지 않음은 분명하며, 성기노출도 없기에 '소프트 코어 포르노그래피' 중에서도 노골성이나 적나라함이 낮은 수준에 속한다. 그리고 현재 성인 시민은 이 정도의 성표현물은 온라인, 오프라인에서 사진, 영화, 동영상 등을 통하여 쉽게 접할 수 있다. 이상의 표현물은 예술성은 약하고 상업성은 강한 B급 이하의 성표현물이지만, 이를 통하여 성욕의 자극을 바라는 사람에게는 "충분히 의미 있는 존재"55)이다. 요컨대, 성 표현물 중 B급은 B급대로, C급은 C급대로 사회적 기능이 있다.56) 그리고 이 정도의 표현물은 온라인상으로는 물론이고 오프라인에

---

53) 대법원 1997.8.22. 선고 97도937 판결.
54) Ibid.
55) 박상진(각주 41), 170면.
56) 안경환 교수는 마광수 교수의 『즐거운 사라』가 문학성이 없는 음란물이라고 규정하면서도, "성적 묘사에 관한 공식적인 하수도"의 필요성은 인정한다[안경환,

서도 얼마든지 입수할 수 있는바, 이를 음란물로 규정하는 것은 법률의 규범
력과 실효성의 추락을 자초하는 것이다.

물론 이러한 표현물을 혐오하거나 반대하는 사람들도 있겠지만, 다수
시민은 일상의 부분으로 수용하고 있다. 그럼에도 대법원이 이 정도의 표현
물을 "정상적인 성적 정서와 선량한 사회풍속을 침해하고 타락시키는 정도
의 음란물"이며, "일반인의 정상적인 성적 정서를 해치고 건전한 성풍속이
나 성도덕관념에 반하는 것"으로 규정하고 형사처벌의 대상을 보는 것은
금욕주의적 성 관념을 대중에게 강제하는 것에 다름 아니다. 이러한 성 표현
물은 XX세 미만을 대상으로는 판매할 수 없도록 하고 비닐로 포장하여
내용을 볼 수 없게 하는 행정적 규제가 내려지면 족하다.

2. 화가 최경태 씨의 '여고생 – 포르노그라피 2'전 — 대법원 2002.8.23. 선고 2002도2889 판결

2001년 5월 화가 최경태 씨는 '여고생 – 포르노그래피 2'라는 작품 전시
회를 개최하였다가 간행물윤리위원회로부터 고발되었다. 최 씨에게는 음란
물 전시·판매 및 음란문서 제조·교사·판매·배포죄로 유죄판결이 내려지
고 200만 원의 벌금형이 선고되었으며, 그의 작품 31점은 압류된 후 불태워
졌다. 유죄판결을 확정한 대법원의 판단은 다음과 같다.

> "피고인이 제작한 이 사건 도화는 교복을 입은 여고생이 성인 남자의 성기를
> 빨고 있는 모습, 교복을 입은 여고생이 팬티를 벗어 음부와 음모를 노출시킨
> 모습 등을 극히 사실적으로 묘사하고 있는 것들이고, 이 사건 문서 역시 그
> 표지 안쪽에 청소년 성매매를 옹호하는 듯한 문구를 기재하고 위 그림들을
> 그대로 수록한 것으로서, 피고인이 주장하는 바와 같은 사정을 감안하더라도
> 이는 모두 보통 사람들의 성적 수치심과 선량한 성적 도의관념을 침해하는
> 음란한 도화 및 문서에 해당한다…"

"문학작품과 음란물의 한계", 법과 사회 이론연구회, 『법과 사회』 제9호(1994), 249-
250면].

'여고생-포르노그래피 2'라는 전시회 제목과 대법원 판결의 문언에서 짐작할 수 있듯이, 문제가 된 그림들의 적나라함과 노골성은 상술한 포스터와 사진첩보다 훨씬 강하다. 실제 이 작품들을 보는 사람들은 거북하고 불편함을 느낄 것이다. 이런 점만을 보자면, 최경태 씨는 여고생의 성기에 변태적 흥미를 느끼는 여고생의 성매매를 조장하는 음란물을 그리는 저급 화가로 인식되기 쉽다. 그런데 최씨는 1980년대 이후 소외받은 민중의 모습을 형상화한 그림을 그린 '민중미술' 계열의 주요 작가였다. 그랬던 그가 2000년대 들어서면서 '포르노그래피 중독자'라고 자처하면서 '포르노그래피'를 그리기 시작했다. 그가 '여고생-포르노그래피 2'로 형사처벌을 받을 때 진보적 정치세력이나 시민사회단체의 옹호나 지원도 없었다. 그렇다면 그는 왜 이런 고립무원, 비난, 낙인을 자초하는 그림을 그렸을까?

"작은 시골마을에서도 교복차림으로 담배를 피우는 여학생, 비 오는 날 우산도 안 쓰고 비에 젖은 모습으로 야타족을 기다리는 여학생을 어렵지 않게 만날 수 있다. … 휴대전화 비용이나 옷값을 위한 여학생 매춘을 인정한다는 게 아니라 그림을 통해 원조교제를 비롯한 우리의 성 풍속과 자본주의 소비문화를 드러내놓고 이야기하고 싶다."57)

최씨는 성을 사고파는 자본주의 사회의 병폐를 가장 적나라하게 비판할 수 있는 소재로 성을 파는 여고생을 택했다. 겉으로는 도덕과 윤리를 내세우지만 그 뒤로는 '원조교제'란 이름의 미성년자 성매매가 만연한 사회현실, 성인 여성의 몸을 넘어 여고생의 몸을 탐하는 남성의 육욕을 통렬하게 비판하고자 한 것이다.58)

57) <문화일보>(2002.2.3.)(http://news.naver.com/main/read.nhn?mode=LSD&mid=sec& sid1=103&oid=021&aid=0000018187: 2014.11.1. 최종방문).
58) 최 씨는 대법원의 유죄판결 이후에도 여러 번의 전시회에서 여고생의 몸—성기를 드러내지 않은—을 그린 그림을 발표했으며, 경기도 미술관은 최 씨의 작품 중 교복을 입은 채 담배를 손에 들고 풍선껌을 씹고 있는 여고생을 그린 <버블 프린세스>를 구입했던바, 그의 문제의식은 미술계에서 공식 인정되고 있다[<오마이뉴스>(2008.12.13.)(http://www.ohmynews.com/nws_web/view/at_pg.aspx?CNTN_CD=

물론 제작의도와 무관하게 그의 작품이 성 상품화와 청소년 성매매를 묵인하고 있지는 않은가, 작품의 표현방식이 제도의도를 실현하기 위해 필요하고 필수적이었는가 등의 문제제기는 필요하다. 그렇지만 이러한 비판과 논쟁 대신 형벌을 동원하는 것이 적절한 대응이라고는 생각하지 않는다. 이러한 작품에 대한 국가의 올바른 대응은 전시회 출입, 도화집의 배포와 판매 등을 성인에 한정하는 행정지도 및 규제이다.

3. 미술교사 김인규 씨 사건 — 대법원 2005.7.22. 선고 2003도2911 판결

이상의 B급 사진첩이나 최경태 씨의 작품에 대한 처벌은 사회적 주목을 많이 받지 못했다. 반면 2000년 발생한 충남 태안 안면중학교 미술교사 김인규 씨 사건은 사회적 논쟁은 물론 법적 논쟁을 야기한다. 김인규 씨는 교사 생활 도중 자신이 제작한 그림, 사진, 동영상 등을 2001년 1월 경 자신의 홈페이지에 게시하였는데, 그 중 남성과 여성의 성기를 묘사한 그림과 김씨 부부의 나체 사진이 음란물이라고 학부모들이 항의를 하였고, 이어 김씨는 긴급체포되어 구속수사를 받고 기소된다. 또한 학교에서는 직위해제 및 정직 3개월 징계를 받는다. 당시 김씨는 2회 개인전, 다수의 기획전에 참여하고, 중앙미술대전 입상과 제 4회 신세계미술상 수상 경력이 있던 경력 작가였다. 김씨는 1심과 2심에서는 무죄판결을 받았으나,[59] 대법원은 이를 파기하고 피고인의 작품을 구분하여 음란성 여부에 대한 결론을 내린다.[60]

01030020: 2014.11.1. 최종방문)].

59) 대전지방법원 홍성지원 2002.12.27. 선고 2001고합54 판결; 대전고법 2003.5.2. 선고 2003노31 판결.

60) 대법원 2005.7.22. 선고 2003도2911 판결.

(1) 비중을 작게 하여 그린 성기 그림 또는 과장되게 묘사하여 현실감이 떨어지는 성기 그림

대법원은 피고인의 표현물 중 이하의 세 가지는 음란물이 아니라고 판단한다. 첫째는 진한 남색의 플라스틱제 환자용 변기 바닥의 한 가운데에 남자의 성기가 자리 잡은 모습(발기되지 않은 모습)을 그린 것으로, 대법원은 그림 전체에서 성기가 차지하는 비중이 매우 작고 성기가 두드러져 보이지도 아니하므로 보통 사람에게 성적 흥분이나 수치심을 불러일으킨다고 보기는 어렵다고 판단했다. 둘째는 '남자라면'이라는 작품으로, 소년 얼굴의 근육질 주인공이 자신의 발기된 성기를 노출하고 힘을 자랑하는 모습의 만화이다. 대법원은 주인공의 근육질과 성기가 매우 과장되게 묘사되어 있어 현실감이 떨어지고 공상적이라는 느낌을 쉽게 주므로 음란물이 아니라고 보았다. 세 번째 '포르노나 볼까'라는 동영상은 여자의 음부 주변의 일부분, 둔부, 성적 감정에 도취된 듯한 얼굴 일부, 신체의 일부분 등을 찍은 사진 일곱 장과 하얀 여백을 매우 빨리 움직이게 한 것이다. 대법원은 제목과 달리 이 동영상을 보면 포르노를 보려는 사람이 통상 기대하는 장면은 전혀 등장하지 않으므로 음란물이 아니라고 판단했다.

이상의 세 작품은 '하드 코어 포르노그래피'는 물론 '소프트 코어 포르노그래피'에도 미치지 못하는 성표현물이다. 이러한 표현물이 '보통인의 정상적인 성적 수치심'이나 '선량한 성적 도의 관념'을 해친다고 본다고 판단하는 것 자체가 비정상적이며, 이 정도의 표현물이 형사처벌의 대상으로 규정되어 기소되었다는 것 자체로 형벌권의 남용이다.

(2) 사실적이고 정밀한 성기 그림 및 작가 부부의 나체 사진

반면, 대법원은 문학성·예술성이 있더라도 음란성은 '부정'되지 않고 '완화'될 뿐이라는 2000년 『내게 거짓말을 해봐』 판결의 입장을 재확인하면서, 피고인의 표현물 중 이하의 세 가지는 음란물이라고 판단하고 원심을 파기한다. 이하에서 세 표현물에 대한 유죄판결을 비판적으로 검토한다.

첫째, '그대 행복한가'라는 작품은 여자가 양 다리를 크게 벌리고 누워서 그 성기를 노골적으로 드러낸 모습을 그 성기의 정면에 바짝 근접하여 묘사한 그림이다. 대법원은 성기 묘사가 "매우 정밀하고 색채도 사실적"이며, "여자의 성기만 전체 화면에 크게 그려져 있어 여성의 성기로부터 받는 이미지가 그림 전체를 압도·지배"하고 있기에 보통 사람이 이 그림을 보았을 때 피고인이 내세운 작가적 의도보다는 성적 수치심을 느끼거나 호색적 흥미를 갖게 되기가 쉽다고 판단한다. 그리고 이 그림은 '그러나 그것(앞의 글에 의하면 붓을 든 것, 즉 그림 그리기 내지는 예술적 작업을 가리키는 것으로 보임)도 안식처가 되지 못했다. 나의 작업은 다시 육신에서 출발되었다. 충동된 욕망을 어찌하지 못하는 …'이라는 설명이 붙은 '육신1-1996'이라는 카테고리의 일부로서 게시되어 있고, 이 그림이 게시된 화면에는 '견디기 어려운 나의 육신의 덩어리 일부가 나의 그림이다'라는 설명이 나와 있지만 이 정도로는 보통 사람이 작품의 예술성이나 작가인 피고인의 예술적 의도를 간파하기 어렵기에 예술성에 의하여 음란성이 완화된다고 보기도 어렵다고 판단한다.

둘째, '남근주의'라는 작품은 남성의 발기된 성기 및 분출되는 정액을 마치 사진을 보는 듯 매우 세밀하게 묘사하고 있는 그림으로, '거기에서 힘에의 의지를 느꼈지만'이라는 설명이 부가된 '육신2-1997'이라는 카테고리 아래에 게시되어 있었다. 대법원은 이 작품에 대하여 '그대 행복한가'와 동일한 평가를 한다. 즉, 성적인 이미지가 그림 전체를 지배하고 있고 성기 묘사가 고도로 정밀하고 색채도 사실적이라는 점을 지적하면서, 이 그림을 보는 보통 사람은 성적 상상을 하거나 수치심을 느끼는 외에 다른 사고를 할 여백이 크지 않고, 이 그림이 게시된 화면에는 그 그림으로 표현하고자 하는 바에 관하여 별다른 설명이 없어 보통 사람으로서는 작품의 예술성이나 작가인 피고인의 예술적 의도를 간파하기도 쉽지 않다는 것이다.

대법관들이 성기를 상세히 묘사한 그림의 음란성을 검토한 것은 처음이었을 것인데, 이 그림이 불편하고 거북스러웠을 것이다. 대법관들은 교사인 피고인이 왜 이런 그림을 그렸는지 자체를 이해하기가 힘들었을 것으로 추정한다. '그대 행복한가'와 '남근주의'는 사람들이 드러내기를 꺼려하는 성기를 적나라하게 드러냈다는 점에서 도덕적 보수주의자에게는 물론 보통 사람들에게도 충격이나 당혹감을 줄 수 있을 것이다. 그러나 저자는 이 두 작품의 의도는 점잖음의 이면에 숨겨져 있는 또는 억눌려 있는 사람들의 근원적 욕망을 정면으로 드러내고, 그 점잖음을 야유하려는 데 있다고 본다. 성기 표현물에 대한 평가는 성기 그 자체가 아니라 성기 표현의 맥락에 맞추어져야 한다.

프랑스 오르제 미술관에 전시되어 있는 사실주의 화가 귀스타브 꾸르베(Gustave Courbet)의 <세상의 기원>(L'Origine du Monde)은 '그대 행복한가'와 마찬가지로 여성의 양 다리 사이의 성기 묘사로 화면을 채운 작품이다. 매우 정밀하고 사실적임은 물론이다. 구스타프 크림트(Gustav Klimt)의 제자이자 오스트리아 대표 화가인 에곤 쉴레(Egon Schiele)의 <검은 머리 소녀>도 여성 성기를 적나라하게 그리고 있다. 이러한 외국의 작품은 예술로 평가되고 도화집에 수록되는데, 국내 화가의 유사 작품은 음란물이 되어 폐기되어야 한다는 것은 예술적 사대주의이다. 그리고 '남근주의'의 남성 성기 묘사가 처벌대상이라면, 제주도 성(性)조각공원과 강원도 삼척시의 남근조각공원에 전시되어 있는 거대하고 사실적인 남근 조각도 처벌대상이어야 할 것이다.

대법원은 '그대 행복한가'와 '남근주의'에 대한 작가의 예술적 의도가 충분히 표현되지 않다고 지적한다. 대법원의 논리에 따르게 되면, 화가는 적나라한 성 표현물을 전시할 때는 장문의 글로 매우 상세하게 자신의 의도를 서술해놓아야 형사처벌을 모면할 수 있다.[61] 그러나 화가가 자신의 작품

---

61) 고려대학교 법학전문대학원 박경신 교수는 방송통신심의위원회 심의위원으로 활동하고 있었는데, 2011.7.12. 제18차 방송통신 심의위원회에서 발기된 남성 성기 사진 7장과 벌거벗은 남성의 뒷모습 사진 1장이 음란정보라고 6 대 3으로 의결되자 이에 항의하기 위하여 자신의 인터넷 블로그인 '박경신 자료실(http://blog. naver.com/kyungsinpark)'에 '검열자 일기 #4 이 사진을 보면 성적으로 자극받거나 성적으로 흥분되나요?'라는 제목으로 동 사진과 함께 성행위에 관한 서사가 포함되지 않은 성기 이미지 자체를 음란물이라고 보는 것은 표현의 자유를 침해하는 것으로서 부당하다는 취지의 글을 게시했다. 제1심 법원(서울서부지방법원 2012.7.13. 선고 2012고합151 판결)은 유죄판결을 내리면서, 그 이유로 "피고인이 이 사건 게시물 말미에 관련 정보통신 심의규정과 함께 위 사진들을 음란물로 보는 것에 반대한다는 피고인의 의견을 기재하고 있기는 하나, 그 주된 취지는

을 전시할 때 작품 설명을 김인규 씨 정도로 짧게 하는 것이 통례인바, 대법원의 요청은 화가들에게 성표현물을 그리는 것을 조심하고 억제하라는 메시지를 던지는 것에 다름 아니다.

셋째, '우리 부부'라는 제목의 사진은 김인규 씨와 만삭인 피고인의 처가 벌거벗은 몸으로 나란히 서있는 모습을 정면 가까이에서 촬영한 것인데, 두 사람의 음부와 음모가 드러나 있다. 이 사진은 '나체1'부터 '나체7'까지 전개되는 형식으로 표현된 '나체미학'이라는 카테고리의 마지막 것으로, 김 교사는 자신의 의도를 "그동안 예술이나 사진이 인간의 신체적 아름다움을 특정한 시각적인 규격으로 고정시켰으며 그로 인해 그에 이르지 못한 보통사람들은 자신의 신체를 추한 것으로 여겨 자신의 몸에 대해 억압적인 태도를 갖게 되었다", "신체의 아름다움은 단지 외형이 아니라 그에 얽힌 역사, 경험, 삶의 흔적이며 그것들을 바라보는 순간 아름다움을 체험할 수 있으므로 있는 그대로의 신체의 아름다움을 느끼자."라고 밝혀놓았다.

사진 속 부부의 몸은 포르노그래피, 영화, TV 드라마, 상업광고 등에 나오는 사람들의 몸이 아니다. 우리 사회의 중년 부부의 평범한 몸—연예인이나 모델 기준으로는 '초라한' 몸—을 가감 없이 보여준다. 이 사진에서 섹시함이나 음탕함을 느끼기란 정말 힘들다. 오히려 작가의 의도처럼, 이 사진은 상품화된 신체미의 기준을 비판하고, '몸짱', '식스팩', 'S라인', 'V라인 얼굴' 만들기 열풍에 빠져 있는 우리 사회를 향하여 무엇이 진짜 아름다운 몸인가를 알려주고자 한 것이다.

그런데 대법원은 그런 제작의도를 인정한다고 하더라도 "꼭 홈페이지 개설자 본인 부부의 나신을 그렇게 적나라하게(얼굴이나 성기 부분 등을 적당히 가리지도 않은 채) 드러내 보여야 할 논리적 필요나 제작기법상의 필연성이 있다고 보기 어렵"다라고 판단하면서, 음란성을 인정하였다. 아무리 최고법원의 최고위 법률가라고 하더라도, 경력 화가가 선택한 기법이 부적절하

성행위에 관한 서사가 없는 성기 사진 자체를 음란물로 보는 것은 부당하다는 결론적인 의견만을 간단하게 제시하고 있을 뿐"(강조는 인용자)이라는 점을 지적하고 있다. 이 판결은 제2심(서울고등법원 제5형사부 2012.10.18. 선고 2012노2340 판결)에서 파기되었지만, 김인규 교사 대법원 판결의 영향이 드러난다.

다고 이렇게 간단히 평가할 수는 없다. 게다가 '나체미학'이라는 주제 하에서 만들어진 사진에 대하여 왜 얼굴이나 성기를 적당히 가리지 않았냐는 비판은 이해하기 어렵다.

그리고 이 사진은 파기된 원심판결도 지적한 것처럼 제4회 광주비엔날레에 전시되고 5·18 자유공원 내에 상설적으로 전시될 만큼 예술성이 인정된 것이었다.[62] 임지봉 교수는 비판한다. "광주비엔날레 작품 심사위원들과 5·18 자유공원 전시품 심사위원들, 그리고 광주비엔날레와 5·18 자유공원 내의 미술작품들을 돌아보며 김인규 교사의 '우리 부부 사진'에서 별 성적 흥분이나 수치심을 느끼지 않고 오히려 예술가적 혼이나 실험정신을 감지했던 우리 사회의 "일반 보통인"은 그러면 다 음란한 마음을 품은 음란의 동조자들이란 말인가."[63]

'그대 행복한가', '남근주의', '우리 부부', 세 작품에 대하여, 1심 판결을 내린 대전지방법원 홍성지원의 세 명의 법관 및 2심 판결을 내린 대전고등법원 제1형사부의 세 명의 법관은 모두 음란성을 인정하지 않았다. 대법원이 최종 해석권한을 갖는다는 원론은 차치(且置)해두고 말하자면, 여섯 명의 법관이 공히 음란성이 없다고 판단할 정도의 표현물을 형사처벌의 대상으로 규정하는 것이 온당한 것인지 의문이다. 저자는 다음과 같은 김인규 교사의 항변에 공감한다.

"물론 제 표현에 대해 동의하지 않고 불쾌함만을 느끼실 분도 많다고 본다. 그렇지만 저는 예술이 유쾌하면 존재해도 되고 불쾌하면 존재할 수 없는 것이 아니라고 본다. 왜냐하면 예술은 문화에 새로운 생명을 불어넣는 일종의 문화 실험소이기 때문이다. 관습은 계속 변하는 것이고 문화는 고정불변한 규범이 아닌 살아 있는 생명이다. 기존의 가치 관념에 도전 없는 문화는 죽은 것이다.'[64]

---

62) 대전고법 2003.5.2. 선고 2003노31 판결.
63) 임지봉(각주 34), 478-479면.
64) <프레시안>(2005.9.20.)(http://www.pressian.com/article/article.asp?article_num=40050
    920105833: 2014.11.1. 최종방문).

V. 맺 음 말

도덕적 보수주의와 도덕적 후견주의에 따라 금욕주의적 성 관념을 형벌을 통하여 강요하려던 판례 경향은 헌법재판소 1998.4.30. 선고 95헌가16 결정과 이를 수용한 대법원 2008.3.13. 선고 2006도3558 판결 이후 점차 변화하고 있다. 그렇지만 여전히 '하드 코어 포르노그래피'에 미치지 못한 성 표현에 대한 처벌은 계속되고 있다. 2012년 9월 간행물윤리위원회는 세계문학사에서 고전으로 공인된 마르키 드 사드(Marquis de Sade)의 소설 『소돔의 120일』을 음란성이 강한 '유해간행물'로 판정하였고, 이에 따라 문화체육관광부가 배포중지와 즉시 수거·폐기 조치를 내리는 시대착오적 사태는 언제든지 재발할 것이다.[65]

성 표현에 대한 형사처벌은 성이라는 인간의 근원적 욕망을 규제하려는 것이며, 그 규제는 문학과 예술 등 표현의 자유에 대한 제약을 초래할 수밖에 없다는 점 등에서 매우 신중해야 한다. "윤리적 표상이 다원화된 사회에서는 (형)법이라는 강제수단을 동원하여 형이상학적·전통윤리적 성도덕을 지키고자 하는 국가권력"[66]은 경계대상이다. 노골적이고 적나라한 성 표현이라고 하더라도, 문학성이나 예술성이 떨어지는 성 표현이라고 하더라도 '하드 코어 포르노그래피'가 아니라면 그 평가와 수용을 성인 시민의 판단에 맡기는 것이 타당하다. 21세기 한국 사회에서 살고 있는 성인 시민은 이 정도의 표현물을 충분히 소화하면서 살 수 있는 의식과 능력이 있다. 이인호 교수의 비판처럼, 이 개념이 상정하는 성적 표현의 해악이 있다 하더라도 그것은 성인의 시민이 형성하는 사상의 자유 시장에서 해소될 수 있다.

---

65) <한겨레>(2012.9.18.)(http://www.hani.co.kr/arti/culture/book/552321.html: 2014.11.1. 최종방문). 이후 많은 비판이 제기되자, 간행물윤리위원회 10월 재심의를 통해 '유해간행물'에서 '청소년 유해간행물'로 변경되어 '19세 미만 구독불가' 표시를 하고 비닐로 포장해 판매할 수 있게 하였다.
66) 주승희, "음란물에 대한 형사규제의 정당성 및 합리성 검토", 한국형사판례연구회, 『형사판례연구』 제15호(2007), 134면.

"만약 우리 시민사회의 보통의 성인 시민이 "성적 흥분을 유발하고 성적 수치심"을 초래하는 표현에 접하여 이를 자체적으로 해소할 수 없다고 판단하는 것이라면, 이는 국가가 우리 시민사회의 자율성을 모독하는 것이며 '시민'이 아닌 '신민' 내지는 '백성'으로 취급하는 것에 다름 아니다."67) 국가의 개입이 필요한 경우에는 형법이 아니라 행정법적 수단을 사용하는 것으로 족하다.

마지막으로『천국의 신화』로 곤욕을 치르고 창작을 중단했던 이현세 씨의 말을 소개한다.

"표현의 자유는 헌법을 떠나 '가치'와 '창작정신'을 존중하는 관점에서 인간 발전에 필요하다고 판단되는 경우 100% 보장해야 합니다. 표현의 자유가 정 문제된다면 사회의 다양한 의견과 여론을 수렴하며 공청회 등을 통해 논의를 해야 합니다. <천국의 신화>에서 보여줬듯 판검사 몇몇의 판단이 전부가 아닙 니다. 사법부는 표현의 자유를 물리적으로 재단해서는 안 되며 겸손할 필요가 있습니다. 그리고 국가는 필요할 때마다 정치적으로 이용해서도 안 되죠."68)

---

67) 이인호, "음란물 출판사 등록 취소 사건", 헌법실무연구회, 『헌법실무연구』 제1권 (1998.4), 48면.
68) <오마이뉴스>(2005.2.22.)(http://www.ohmynews.com/nws_web/view/at_pg.aspx? CNTN_CD=A0000238775: 2014.11.1. 최종방문)

[보 론]

'급진적 여성주의'의 반(反)포르노그래피론(論)의 의의와 문제점

"자유와 평등을 사랑하는 여성에게, 빅 시스터는 빅 브라더만큼 환영받지 못한다."
(네이딘 스트로센)

I. 들어가는 말

이상에서 도덕적 엄숙주의에 의거한 음란물 판단과 처벌은 필연적으로 문학·예술의 자유의 위축을 초래할 수밖에 없음을 보았다. 그런데 1980년대 초 미국에서 등장한 '급진적 여성주의'(radical feminism)는 전혀 다른 관점에 서서 음란물 또는 포르노그래피와의 투쟁을 전개해오고 있다. 급진적 여성주의는 강간, 성매매와 함께 포르노그래피를 여성에 대한 폭력으로 규정하고 강력한 반대운동을 전개하기 시작하였다. 미국 연방대법원은 '음란물'의 규제와 처벌문제를 헌법 수정 제1조가 보장하는 '표현의 자유'(freedom of expression)와의 길항관계를 고려하며 판단해왔고, 미국 사회의 도덕적 우파, 보수주의자들은 이러한 연방대법원의 진보적 기준에 대해 불만을 갖고 '음란물'에 대한 강력한 처벌을 옹호하고 있었는데, 이들은 전혀 뜻밖의 원군을 얻게 된 것이다. 보수주의와는 거의 모든 면에서 대척적(對蹠的) 위치에 서 있는 급진적 여성주의자들이 포르노그래피 반대운동을 전개하였기 때문이다.

포르노그래피를 여성에 대한 억압과 성차별의 일환으로 보는 이러한 입장의 의의는 무엇이고, 또 그 문제점은 무엇인가?

II. "남성지배의 성애화(性愛化)"인 포르노그래피에 대한 비판

1. 안드레 드워킨과 캐써린 맥키넌의 이론과 실천

급진적 여성주의의 입장에서 포르노그래피를 비판하는 대표적인 논자는 안드레아 드워킨과 캐써린 맥키넌이다. 이들은 포르노그래피를 선과 악을 논하는 '도덕'이 아니라 권력과 종속을 논하는 '정치'의 관점에서 분석·비판한다. 즉, 기존의 음란성 판단은 여성의 종속과 비하의 문제는 고려하지 않고 남성의 성욕을 중심으로 이루어지는 것이므로 폐기되어야 하며, 포르노그래피는 그에 따라 침해받고 종속되는 여성의 입장에서 파악되어야 한다고 주장한다.[1]

그리하여 급진적 여성주의는 포르노그래피를 여성을 비하·성적 대상화하고 여성의 비인간화·종속을 성애화하여 여성의 사회적 불평등을 고착시키는 남성권력의 실천으로 파악한다. 작가인 드워킨의 정의를 빌자면, 포르노그래피는 "성적 파시즘과 성적 테러리즘의 선전",[2] "여성에게 선포하는 전쟁이며, 인간의 존엄이나 자아 그리고 인간적 가치에 대한 끝없는 공격",[3] "남성의 권력과 증오·소유권·계급제도·새디즘·우월성이 성욕으로 표현된 것"[4]인 것이다. 그녀의 굳건한 동지이자 법학교수인 맥키넌 역시 포르노그래피를 "강요된 성교의 한 형태"이며 "성적 불평등의 제도"라고 파악하며, "성매매와 함께 남성지배(male supremacy)를 제도화"하는 것으로 이해한다.[5] 맥키넌은 말한다.

---

1) Catharine A. MacKinnon, "Pornography, Civil Rights and Speech", 20 *Harvard C.R.-C.L.L. Rev.* 1, 21(1985).
2) Andrea Dworkin, "Pornography: The New Terrorism", 8 *N.Y.U. Rev. L. & Soc. Change* 215, 217(1978-1979).
3) 안드레아 드워킨, 『포르노그래피: 여자를 소유하는 남자들』(동문선, 1996), 27면.
4) *Ibid.* 43면.
5) Catharine A. MacKinnon, "Not a Moral Issue", 2 *Yale L. & Policy Rev.* 321, 325 (1984).

"포르노그래피는 강간, 폭행, 성희롱, 성매매 그리고 아동학대를 성애화 (sexualize)하고, 그럼으로써 이러한 행위들을 축하, 조장, 승인, 정당화한다. 보다 일반적으로 말하자면 포르노그래피는 이러한 행위 모두의 동적인 공통점 (dynamic common)인 지배와 복종을 에로틱하게 만든다."[6]

이러한 관점에 기초하여 급진적 여성주의는 포르노그래피에 대한 강력한 제재를 정당화하는 논리를 제시한다. 이는 특히 맥키넌에 의해 이론화되는데, 그녀는 먼저 포르노그래피를 특정 사상이나 견해를 표현하기 위한 수단으로 보는 기존의 법적 해석을 거부한다. 그녀는 포르노그래피는 그 자체가 성적 학대이므로 그 본성은 '표현'이 아니라 '행위'이고 따라서 헌법적 보호의 대상이 아니며, 포르노그래피는 성폭력을 조장·야기하는 해악을 갖고 있다고 주장한다.

"포르노그래피에서 여성들은 윤간 장면을 찍기 위해 윤간 당한다. 여성들은 윤간이라는 생각에 의해서 윤간당하는 것이 아니다. 섹스영화를 만들려고 여성을 폭행하고, 성기를 삽입하고, 사지를 묶어 재갈을 물리고, 옷을 벗기고, 음부를 벌려 래커와 물을 뿌리는 것은 포르노그래피 때문이지 거기에 담긴 사상 때문이 아니다. … 포르노그래피를 보고 만들어진 남성, 포르노그래피를 보고 바뀐 남성, 포르노그래피를 보고 충동을 느낀 남성들이 여성을 공격한다."[7]

그리고 맥키넌은 표현의 자유에 기초하여 포르노그래피의 제작, 판매, 시청을 허용하는 주장에 대해서는, 남성의 자유와 권리를 위해 여성에 대한 차별과 복속이 용인될 수는 없다고 비판한다. 맥키넌은 반문한다: "수정헌법 제1조의 이름으로 보장되는 남성의 이익과 쾌락에 반대하기 위하여 도대체 얼마나 많은 여성들의 몸뚱아리가 더 쌓여야 된단 말인가?"[8]

이상과 같은 급진적 여성주의의 포르노그래피에 대한 비판은 반(反)포르노그래피 입법운동으로 전개된다. 맥키넌과 드워킨은 제12장에서 상술한

---

6) MacKinnon(각주 1), at 17.

7) 캐서린 A. 맥키넌(신은철 옮김), 『포르노에 도전한다』(개마고원, 1997), 38-39면.

8) *Ibid.* 47면.

1973년 'Miller 판결'9)의 '지역공동체' 기준을 활용하여 포르노그래피를 금지하기 위하여, 전국적 차원의 법률이 아니라 특정 지역을 규율하는 시조례(Ordinance) 제정운동의 전략을 택하였다. 이들의 입장이 반영된 '반포르노그래피 시조례'는 1983년 미네아폴리스에서 최초로 만들어졌으나, 이 조례는 시장이 거부권을 행사하여 입법화되지 못하였다.10) 그러나 1984년 인디애나폴리스에서는 조례 제정이 성공한다. 두 시의 조례는 대동소이하므로, 입법화되고 이후 법원에서 위헌 여부가 다투어진 인디애나폴리스 시조례의 내용을 보기로 하자.

먼저 인디애나폴리스 '반포르노그래피 시조례'는 포르노그래피를 "이하의 요소 중 하나 이상을 포함하고, 그림 또는 문자로 표현된 것으로 그래픽 방식으로 그리고 성적으로 명백한 방식으로 여성을 종속시키는 것"11)이라고 정의한다. 즉,

- (i) 여성이 고통이나 수치(humiliation)를 즐기는 성적 대상(sexual objects)으로 묘사된 경우,
- (ii) 여성이 강간당하면서 성적 쾌락을 느끼는 성적 대상으로 묘사된 경우,
- (iii) 여성이 묶여있거나 옷이 찢기거나 절단되거나 신체에 상해를 입은 상태에서 성적 대상으로 묘사된 경우,
- (iv) 여성이 물건이나 동물에 의해 삽입되는 것을 묘사한 경우,
- (v) 여성이 모욕, 상해, 고문의 시나리오 속에서 저질·저급(filthy or inferior)하거나, 피 흘리거나, 타박상을 입거나, 또는 상처를 받도록 묘사되며, 이러한 상황이 성적인 것으로 설정되어 있는 경우,
- (vi) 여성이 지배, 정복, 폭행, 착취, 소유, 또는 사용을 위한 성적 대상으

---

9) 이 책 396-397면.

10) 이에 대한 상세한 배경설명은 Paul Brest & Ann Vandenberg, "Politics, Feminism, and the Constitution: The Anti-Pornography Movement in Minneapolis", 39 *Stan. L. Rev.* 607(1987)을 참조하라.

11) The Indianapolis-Marion County City-County Council General Ordinances No. 24, & 35, 1984, §6 (a), (c).

로 묘사되거나, 노예, 성적 복종 또는 전시의 모습으로 묘사되는
경우 등.12)

이상의 여섯 가지 요소에서 여성 대신 남성, 아동, 성전환자이 사용되는
경우도 동일하게 포르노그래피로 정의된다.13) 맥키넌은 이상의 요소가 없
는 성적 표현물은 "에로티카"(erotica)로 인정될 수 있다고 보지만,14) 드워킨
은 "에로티카"도 "포르노그래피의 하위범주"라고 보고 있다.15)

동 조례는 이상과 같이 정의된 포르노그래피를 제작, 판매, 전시, 반포
하는 행위, 포르노그래피적 연기, 포르노그래피의 강요, 포르노그래피를 원
인으로 한 폭행 등을 불법으로 규정한다.16) 그리고 "여성의 복종에 반대하
는 여성으로 행동하는" 여성과 포르노그래피로 여성이 입힌 만큼 피해를
입었음을 입증한 남성에게 포르노그래피의 금지를 신청할 권한이 있으
며,17) 이러한 신청에 대하여 법원은 행정당국으로 하여금 금전적 배상 또는
포르노그래피의 배포를 금지하는 가처분이나 명령을 내릴 수 있다.18) 이
조례 자체에는 형사법규는 아니지만 "포르노그래피로 상처받은 사람들이
성차별에서 구제되길 바라며 고소할 수 있는 길"을 마련해놓은 것이다.19)

한편, 이러한 "여성파괴적 포르노그래피"는 물론이고, 이 보다 정도가
약하다 할지라도 여성을 조금이라도 비하, 대상화, 왜소화하는 것은 모두
금지시켜야 한다는 입장도 존재한다. 이들은 센티멘탈한 연속극, 로맨스
소설, '마초'적 스파이 영화 등도 여성의 종속과 남성의 지배를 전파하는
것이므로 금지되어야 한다고 주장하고 있다.20)

12) *Ibid.* § 2 (q) (1)-(6).
13) *Ibid.*
14) Catharine A. MacKinnon, Feminism Unmodified: Discourses on the Life and Law 176(1987).
15) 드워킨(각주 3), 48면.
16) The Indianapolis-Marion County City-County Council General Ordinances No. 24, & 35, 1984, § 2 (g) (4)-(7).
17) *Ibid.* § 4 (b).
18) *Ibid.* § 6 (a), (c).
19) 드워킨(각주 3), 33면.
20) 이 입장에 대해서는 심영희, "포르노의 법적 규제와 페미니즘", 한국여성학회,

2. 의의와 문제점

이상과 같은 급진적 여성주의의 포르노그래피 비판은 그 이전의 음란물 판단에서 누락되어 있었던 여성의 종속의 문제를 전면화하였다는데 중대한 의의를 갖는다. 자유주의자는 포르노그래피를 관능을 금지에서부터 해방시키는 자유의 문제라고 정당화하지만, 급진적 여성주의는 다수 포르노그래피는 남성의 성욕을 충족시키기 위해 만들어지고, 그 속에 여성은 철저하게 종속적인 존재, 학대와 굴욕을 즐거워하는 존재로 설정되며, 제작과정과 소비과정에서 여성은 고통과 모욕을 받을 수밖에 없다는 점에 대하여 처절한 고발을 행한 것이다. 사실 다수 포르노그래피가 이른바 "강간신화"(rape myth)[21])에 기초하여 만들어지고, 또한 이를 조장하고 있음은 쉽게 확인될 수 있다. 요컨대, 급진적 여성주의가 기존의 음란물 판단기준에는 남성중심

『한국여성학』 제10권(1994), 135-136면을 참조하라.

21) '강간신화'의 내용은 (1) 여성은 강간당하고 싶은 환상을 갖고 있다, (2) 여성이 성교에 대하여 "안돼."라고 말할 때, 그녀의 진정으로 뜻하는 것은 "돼"이다, (3) 여성이 강간을 당할 것이라면, 그녀는 그것을 즐기는 편이 낫다, (4) 여성은 종종 성폭행과 강간을 도발·유혹한다, (5) 고상한 여성은 강간당하지 않는다, (6) 혼외 성교에 동의한 적이 있는 여성은 난잡한 사람이며, 성교를 요구하는 어떤 남성에 대해서도 동의를 할 개연성이 있다, (7) 흑인 여성은 난잡하다, (8) 여성이 진정 강간당하지 않으려고 한다면 강간을 막을 수 있다, (9) 강간당한 여성은 자연스러운 반응은 즉각 경찰에서 신고하는 것이다, (10) 강간하는 남성은 정신병이 있거나 정서적으로 질병이 있는 사람이며, 보통 남성은 강간을 하지 않는다, (11) 여성은 자신이 알지 못하는 사람에 의해서만 강간당한다, (12) 혼외 성교에 동의한 적이 있는 여성은 진실을 말할 것이라고 믿을 수 없다, (13) '악성격'(bad character)을 가진 여성은 기꺼이 무차별적 혼외 성교를 맺을 개연성이 있고, 따라서 진실을 말할 것이라고 믿을 수 없다, (14) 여성, 적어도 일정 부류의 여성은 강간당해 마땅하다, (15) 강간을 신고하는 여성은 피고인, 남성 일반, 남편 또는 과거의 연인에 대한 악의로 가득 차 있거나, 또는 자신이 성교에 동의하였기에 부모, 남편, 연인으로부터 징벌을 받는 것을 두려워하기에 종종 허위고소를 한다, (16) 여성이 강간당하였다고 의식적으로 거짓말을 하지 않는 경우에도 강간은 그녀의 환상 속에서만 존재할 수 있다, (17) 극단의 강제력이 사용되지 않는 한 동의 없는 성교는 단지 성교행위일 뿐이다 등으로 요약될 수 있다 [Beverly J. Ross, "Does Diversity In Legal Scholarship Make a Difference?: A Look At the Law of Rape", 100 *Dick. L. Rev.* 795, 808-810(1996)].

의 호색적 흥미가 중심이 되어 있고 여성에 대한 착취와 모멸의 문제는
탈락되어 있음을 지적하고, 여성의 기본권 침해라는 구체적인 금지기준을
제시하고 있는 점은 주목할 충분한 가치가 있다.

그렇지만 이러한 급진적 여성주의의 입장에는 몇 가지 문제가 있다.
먼저 포르노그래피 일반이 성폭력을 조장한다는 주장에 대해서는 많은 비판
이 제기되고 있다. 로빈 모간은 "포르노그래피는 이론이고, 강간은 실천이
다"[22]이라고 단언하고 있지만, 많은 학자들의 실증연구와 국가 차원의 포르
노그래피에 대한 해악성(害惡性)에 대한 연구는 폭력적 '하드 코어 포르노그
래피'나 아동포르노그래피의 경우는 성폭력과의 인과관계가 인정되지만,
그 외의 포르노그래피와 성폭력을 인과적으로 연결시킬 수 없다는 결론을
내리고 있다.[23] 그리고 포르노그래피를 합법화한 덴마크, 스칸디나비아 국
가, 독일의 경우 합법화 이후 강간발생률이 오히려 떨어졌음이 확인되고
있기도 하다.[24]

요컨대, 포르노그래피와 성폭력간의 인과관계가 있다는 주장은 "메타
포" 수준의 "통속적 인과관계"(folk causation)를 말하는 것뿐으로 보인다.[25]
그러나 오정진의 지적처럼, 포르노그래피를 보면 성적 흥분이 되지만, 그렇
다고 하여 이러한 흥분이 바로 성폭력으로 직결된다는 볼 수 없으며, 성폭력
근절은 포르노그래피와 성폭력을 연계시키는 사회적 조건 —예컨대 타인의
성적 자기결정권에 대한 존중의 결여 등— 을 종식키는 것이 진정한 해결이

---

22) Robin Morgan, "Theory and Practice: Pornography and Rape", in *Take Back the Night* 134, 139(Laura Lederer ed., 1980).
23) 이에 대해서는 오정진, "포르노그라피에 관한 규범적 담론 연구"(서울대학교 법
   학박사학위논문, 2000), 109-118면을 참조하라. 포르노그래피에 대한 영미의 국가
   차원에서 조직된 3대 위원회, 미국의 '존슨 위원회', '미즈 위원회' 및 영국의
   '윌리엄즈 위원회'의 활동과 연구결과에 대해서는 김영환·이경재, 『음란물의 법
   적 규제 및 대책에 관한 연구 —'포르노그래피'에 대한 형사정책적 대책—』(형사
   정책연구원, 1992), 169면 이하에 수록된 부록을 참조하라.
24) 이은영, "포르노, 문학작품, 그리고 법", 오생근·윤혜준 공편, 『성과 사회: 담론
   과 문화』(나남출판, 1998), 156면; 오정진(각주 23), 112면.
25) Dan Greenberg & Thomas H. Tobison, "The New Legal Puritanism of Catharine
   MacKinnon", 54 *Ohio St. L.J.* 1375, 1395(1993).

라 할 것이다.26)

둘째로, 급진적 여성주의가 도덕적 보수주의자와 동맹을 맺고 있다는 비판이다.27) 급진적 여성주의의 포르노그래피 금지요청은 "여성을 희생자인 동시에 성욕이 없는 존재로 묘사하고, 궁극적으로 성전반의 억압을 유도"28)하는 것이며, 여성을 피해자의 지위로 고착시키고 성문제에 있어서 여성의 수동성을 강화한다는 것이다.29) 실제 급진적 여성주의는 이성간의 성교 자체를 반대하는 입장을 취하고 있다. 드워킨은 자신의 소설『성교』(Intercourse)에서 이성간의 성교는 "여성을 심리적으로 열등하게 만드는 수단"이며, 열등함 속에서 성교의 쾌락을 즐기는 여성은 "협조자"(collaborator)라고 낙인찍고 있으며,30) 맥키넌도 "성교의 쾌감은 자신의 복종을 즐기는 것"이라고 규정한 바 있다.31)

포르노그래피에는 분명 남성지배를 성애화하는 측면이 강하게 존재하지만, 또한 "전통적 성적 습속을 경멸하고 성적 위선을 조롱하며 성적 욕구의 중요성을 강조"32)하는 측면도 있는데, 이 속에 여성종속의 요소가 있다고 하여 무차별적으로 전면 금지하는 것은 "여성은 단지 희생자가 아니라 스스로 결정하고 행동하고, 성을 욕망하고, 추구하고, 즐기는 행위자"33)임을 무시하고 있다. 요컨대, 급진적 여성주의는 "모든 여성이 포르노그래피에 대해 동일하게 비판적인 입장을 가지고 있다고 전제하고 … 포르노그래피를 여성억압의 중심에 둠으로써 다른 페미니스트 의제를 쓸어버리고 새로운

---

26) 오정진(각주 23), 112, 179면.
27) 포르노그래피를 둘러싼 여성주의 내부의 격렬한 대립에 대해서는 아트 레빈·캐슬린 커리, "포르노그라피 논쟁과 여성운동", 원용진 외,『대중매체와 페미니즘』(한나래, 1993)을 참조하라.
28) 이은영(각주 24), 157면.
29) 오정진(각주 23), 177면.
30) Andrea Dworkin, *Intercourse* 137, 143(1987).
31) Catharine A. MacKinnon, *Feminism Unmodified: Discourses on the Life and Law* 218(1987).
32) Lisa Duggan, Nan D. Hunter, Carole S. Vance, "False Promises: Feminist Anti-Pornography Legislation", 38 *N.Y.L.S. L. Rev.* 133, 156(1993).
33) *Ibid.* at 163.

도덕적 순결운동을 창출했다"는 비판은 수긍이 간다.34)

　　이상의 두 가지 비판점은 사회학, 범죄학이나 여성학의 영역이므로 보다 상세한 논의는 저자의 능력 밖이지만, (형)법학의 관점에서 저자가 특별히 주목하고자 하는 것은 급진적 여성주의의 포르노그래피 비판을 수용할 경우 필연적으로 문학·예술의 자유의 침해가 예상된다는 점이다. 물론 맥키넌은 "여성이 종속되어 있다면 그 작품이 다른 가치를 갖고 있다는 것이 왜 중요하게 취급되어야 하는가?"35)라고 강하게 반발할 것이다.

　　그렇지만 "맥키넌 식의 검열체제(censorship regime)에 내재해 있는 해석문제"36)는 짚고 넘어가지 않을 수 없다. 상술한 인디애나폴리스 시조례식의 포르노그래피에 대한 규제·처벌의 기준에 따르면, ―남녀간의 "평등한" 성행위를 묘사하는 "에로티카" 이외에는― '하드 코어 포르노그래피', '소프트 코어 포르노그래피'는 물론, 여성비하·차별적 성적 표현이 들어 있는 상당수의 문학·예술작품이 포르노그래피로 낙인찍힐 우려가 있다. 맥키넌이 용인하는 "에로티카"의 모습이 불분명하고, 반포르노그래피 조례가 사용하는 "성적 대상", "성적 복종", "수치", "저질·저급", "지배", "정복" 등의 용어 자체가 추상적이므로 국가권력의 남용이 예상되는 것이다. 인디애나폴리스 시조례 자체는 포르노그래피에 대한 형사처벌을 규정하고 있지는 않지만, 급진적 여성주의의 시각을 한국 현실에 적용하게 되면 바로 '음란물' 처벌을 규정한 형법의 동원을 초래하는 것이기에 각별한 주의가 필요한 것이다.

　　2002년 개봉되어 찬사와 비난을 동시에 받은 김기덕의 영화 <나쁜 남자>를 예로 들어보자. 이 영화에서 깡패가 평범한 여대생을 창녀로 만드는데, 이 여성은 남성이 부여한 자기정체성을 수긍하고 자신을 비참하게 만든 남성을 도리어 측은하게 여기는 모습이 묘사되었던바, 국내 여성주의 진영에서는 이 영화가 "모든 여성에게 가해지는 '공적 테러'"37)이라고 강력한

---

34) 오정진(각주 23), 185면.
35) MacKinnon(각주 1), at 21.
36) Amy Adler, "What's Left?: Hate Speech, Pornography, and the Problem for Artistic Expression", 84 *Calif. L. Rev.* 1499, 1531(1996).
37) '나쁜남자' 특별좌담, <여성신문> 660호(2002.12.15.).

비판을 가하였다. 대표적으로 주유신은, 김기덕의 영화는 "여남(女男)간의 불평등과 적대성, 여성의 성과 신체에 대한 극단적인 공격과 침해를 끈질기게 정당화하는 것일 뿐만 아니라, 타자들에 대한 어떤 성찰도 갖고 있지 않은 무책임한 사회적 배설 행위"이며 "페니스 파시즘"의 소산이라고 맹공을 가한 바 있다.[38] 생각건대, 상술한 인디애나폴리스 시조례에 따르자면 이 영화는 적어도 상술한 (ⅰ), (ⅴ), (ⅵ)의 요소에 해당되어 반여성 포르노그래피로 규정되고 영화제작자, 감독, 상영관 업주 등은 각종의 제재를 받게 될 것이다.

그리고 장정일의 『내게 거짓말을 해봐』(1996)와 이현세의 『천국의 신화』(1997)도 포르노그래피로 규정될 가능성이 있다. 또한 심청이 겪은 '매춘의 오디세이'를 통해 남성의 세계를 적극적으로 헤쳐 나가는 그녀의 삶을 생생하게 묘사한 황석영의 『심청』(2003)도, 망가져가는 남창(男娼)의 삶에 대한 적나라한 묘사를 통하여 우회적으로 남성지배 사회에 대한 비판을 시도한 신이현의 『잠자는 숲 속의 남자』(2003)도 포르노그래피의 낙인을 면하지 못할 것이다.

외국의 예를 들자면, 여성에 대한 강간과 성폭행의 세계를 상세히 묘사하여 독자로 하여금 폭력적 이미지가 바로 여성에게는 성적 현실이 되는 세상에 대하여 의문을 제기하도록 하였다는 평가를 받는 카렌 핀리(Karen Finley)의 작품, 실제 발생한 합동강간(gang rape)을 기초하여 만들어진 여성주의 정치활동가 수 코(Sue Coe)의 작품 등도 반여성적 포르노그래피의 혐의를 받을 가능성이 높다.[39] 그리고 여성의 외음부를 꽃처럼 묘사한 죠지아 오키프(Georgia O'Keeffe)의 작품, 여성의 성기를 은유적으로 묘사한 접시를 전시한 쥬디 시카고(Juddy Chicago)의 작품 <디너 파티>(Dinner Party) 등도 여성을 성적 대상으로 전락시킨 반여성적 포르노그래피의 낙인을 받을 위험성이 있을 것이다.[40]

---

38) 주유신, "내가 김기덕을 비판하는 이유: 그의 영화는 여성에 대한 성적 테러다", 『시네 21』(2002.1.18.).

39) Amy Adler, "What's Left?: Hate Speech, Pornography, and the Problem for Artistic Expression", 84 *Calif. L. Rev.* 1499, 1526-1527(1996).

40) 이 두 작품의 예술적 의미에 대해서는 *The Expanding Discourse: Feminism and*

또한 역설적이지만 이 기준에 따르면 급진적 여성주의의 여걸인 드워킨의 소설도 포르노그래피로 판정될 수도 있다는 실험결과가 나온 바 있다.[41] 그녀의 소설 『얼음과 불』(Ice and Fire, 1986)에는 여성이 자신의 남편에게 자신을 고문하도록 가르치는 장면이 나오고, 『자비』(Mercy, 1991)에는 여성이 강간당하는 장면이 나오기 때문이다. 실제 캐나다 연방대법원은 1992년 'Regina v. Butler 판결'[42]에서 캐나다 형법상의 음란물처벌조항[43]의 합헌성을 인정하면서 포르노그래피가 여성에 해악을 끼친다는 점을 명시적으로 인정하여[44] 급진적 여성주의로부터 찬사를 받았으나,[45] 이 판결에 따른 법집행은 전혀 다른 결과를 가져왔다. 이 판결에 의거하여 수사기관이 압수한 표현물에는 여러 여성주의적 표현물 ―레즈비안 잡지와 드워킨의 저작을 포함한― 이 포함되어 있었던 것이다.[46]

바로 이러한 점 때문에 인디애나폴리스 시조례의 위헌성을 검토하였던 미국 연방항소법원은 여성종속의 묘사가 그 종속을 영구화하게 된다는 이 조례의 문제의식에는 일정하게 동의하였지만,[47] 이 조례에서 정의된 포르노그래피의 정의가 명확하지 않고, 포르노그래피에 대한 반대하는 것이 표현의 자유를 억제하는 방식으로 이루어져서는 안 된다는 입장을 서서 동 조례의 위헌을 결정한 것이다.

그리고 상술한 1992년 'Butler 판결'이 (ⅰ) 문학적·예술적 또는 그와 유사한 목적의 성표현물은 음란물의 범주에서 제외되어야 하고, (ⅱ) 포르노

Art History 436-449, 451(Norma Broude & Mary D. Garrard eds., 1992)을 참조하라.

41) James Lindgren, "Defining Pornography", 141 *U. Pa. L. Rev.* 1153, 1219-1220 (1993).

42) [1992] 1 SCR 452.

43) Criminal Code, R.S.C. ch. C-46 163(8) (1985) (Can.).

44) *Ibid.* at 507-508.

45) 맥키넌(각주 7), 141-151면; Morrison Torrey, "The Resurrection of the Anti-pornography Ordinance", 2 *Tex. J. Women & Law* 113, 123(1993).

46) Nadine Strossen, *Defending Pornography* 232-237(1995).

47) American Booksellers Association v. Hudnut, 771 F.2d 323, 329(7th Cir. 1985), aff'd mem., 475 U.S. 1001(1986).

그래피의 사적인 소유는 허용되어야 한다는 입장을 취하였던바, 이 점을 유념할 필요가 있다.48)

Ⅲ. 맺음말

음란물 또는 포르노그래피의 핵심은 여성이 억압, 대상화, 비인간화되는 속에서 남성지배가 성애화되는 것이라는 급진적 여성주의의 통찰은 탁월하며, 기존의 성도덕 중심의 '음란성' 판단의 남성중심성과 추상성의 문제점을 여지없이 드러내었다. 그렇지만 이러한 급진적 여성주의의 시각이 일체의 포르노그래피에 대한 규제와 검열, 나아가 형사처벌을 요구하는 쪽으로 전개된다면 필연적으로 문학·예술의 자유는 위축될 수밖에 없다.

제14장에서 상술했듯이 저자는 음란물 또는 포르노그래피의 문제를 성도덕 수호의 문제로 보는 도덕주의적 입장에 반대하지만, 또한 남성지배와 여성종속의 표현 여부를 기준으로 포르노그래피에 대한 규제·처벌을 추구하는 급진적 여성주의의 입장에도 반대한다. 각 입장은 서로 간에는 판이한 잣대로 대상물에 대한 규제·처벌 여부를 결정하지만, 서로 공통된 점은 각각의 잣대에서 어긋나기만 하면 '하드 코어 포르노그래피', '소프트 코어 포르노그래피', 문학성·예술성 등을 세밀히 따지지 않고 일률적으로 음란물 또는 포르노그래피라고 규정한다는 점에서는 동일하다. 이때 형벌권을 휘두르는 국가로서는 각 입장의 차이는 중요하지 않으며, 어느 입장을 원용하건 간에 처벌의 폭을 넓힐 수만 있다면 만족할 것이다.

저자는 (ⅰ) 강간, 고문, 폭행, 상해 등을 포함하는 폭력적 성표현물, (ⅱ) 시체와의 성교, 동물과의 성교 등 폭력은 행사되지 않지만 인간의 지위와 품위를 저하·손상시키는 성표현물, 또는 일방의 성을 다른 성의 종속적 대상으로만 묘사하는 성표현물, (ⅲ) 아동 포르노그래피 등 인간존엄 내지 인간성을 왜곡하는 '하드 코어 포르노그래피'에 대한 형사처벌이 필요하다

---

48) [1992] 1 SCR 452, 486, 501, 505.

고 생각한다.49) '하드 코어 포르노그래피'도 표현의 자유의 일환일 수 있겠으나, 그 자유가 헌법상 최고의 기본권인 "인간의 존엄과 가치"(제10조)를 침해하면서까지 보장될 수는 없는 법이다. 사실 급진적 여성주의의 요청은 이상의 부류의 성표현물을 처벌해야 한다는 주장으로 흡수될 수 있다.

그러나 급진적 여성주의와 저자의 차이는, 저자는 포르노그래피 여부를 판단하는데 있어 당해 성표현물의 예술성·사상성에 대한 판단이 선결되어야 하며, 그 판단은 급진적 여성주의가 독점할 수는 없고, 그 성표현물의 예술성·사상성이 인정되면 설사 그 성표현물 속에 포르노그래피적인 요소가 들어 있더라도 (형)법적 개입을 자제해야 한다고 주장한다는 점이다. 급진적 여성주의의 관점에서 볼 때 반여성적 요소가 있는 문학·예술도 분명 문학·예술이며, 그 반여성적 성격에 분노하여 문학·예술 자체에 대한 금압을 시도해서는 안된다. 문학·예술에 대하여 ―영어식 표현을 사용하자면― "정치적으로 올바른"(politically correct) 작품만을 만들라고 강제할 수는 없는 법이며, 해당 작품의 반여성성에 대한 해결은 (형)법 동원이 아니라 논쟁을 통해서 이루어져야 한다.50)

이러한 맥락에서 저자는 다음과 같은 '미국시민자유연맹'(American Civil Liberties Union) 회장인 네이딘 스트로센의 말에 동의하고 있다.

---

49) 아동 포르노그래피에 대한 제재의 정당성에 대해서는 New York v. Ferber, 458 U.S. 747(1982)을 참조하라. 김영환과 이경재는 동성애는 전통적 성풍속에 반하며 AIDS의 원인이 되는 등 "사실적인 해악성"이 있으므로, 비폭력적 동성애 성표현물을 "하드 코어 포르노그래피"에 포함시켜 금지·처벌해야 한다고 주장하고 있다[김영환·이경재(각주 23), 140-141면]. 그러나 합의에 기초한 성인간의 동성애 자체는 범죄가 아님은 물론이고, 동성애가 현대 사회에 실재하는 애정생활의 한 형태이며, 또한 동성애자가 AIDS 감염 확률이 높다는 점은 사실이나 동성애가 AIDS의 근원이라고는 확언할 수는 없다는 것이 현재 학계의 정설이라고 할 때, 동성애를 표현한 성표현물이라고 하여 바로 "하드 코어 포르노그래피"라 분류되어 금지의 대상이 분류하는 것은 과도하다고 본다.
50) 예컨대, 여성계간지 <이프>와 한국여성의전화연합이 무대에 올린 '2002 이영란 모노드라마 ― 자기만의 방'은 영화감독 장선우·김기덕·이창동 씨의 남성우월적 시각에 대하여 비판을 가한 바 있다.

"여성은 자유와 안전, 언론과 평등, 존엄과 섹슈앨리티 각 사이에서 하나를 선택해서는 안된다. 여성은 우리의 정체성을 버리지 않으면서 성적 존재일 수 있다. 우리는 우리의 개인적 안전을 포기하지 않으면서 성교의 흥분과 성적 표현을 즐길 자격이 있다. … 자유와 평등을 사랑하는 여성에게, 빅 시스터는 빅 브라더 만큼 환영받지 못한다."[51]

---

51) Strossen(각주 46), at 14-15.

제15장

'공연음란죄'의 내포와 외연
–경범죄처벌법상 '과다노출죄'와의 구별–

"음란물처벌규정은 성적 영역에 있어서 성인의 일정한 도덕적
수준을 보호하고자 하는 척도에서 해석될 것이 아니라
사회질서의 교란이라든가 공중에게 심한 불쾌감을
주는 것을 제재해야 한다는 소위 사회유해성의
관점에서 해석되는 것이 타당하다."

(임 웅)

I. 들어가는 말

현대 사회에서 상당수의 사람들은 여러 가지 이유로 알몸을 노출한다. 발가벗고 대중 앞에서 달리는 '스트리킹'(streaking)을 벌이는 사람, 타인에게 자신의 성기를 의도적으로 노출하는 '바바리맨', 공중장소에서 성행위를 하는 사람 등이 존재한다. 최근 공공장소에서 성기를 노출시킨 제주지검장, 공원에서 하의를 벗고 성행위를 벌인 남녀 경찰 등의 사건은 대중에게 충격을 주었다. 이러한 행위는 어떻게 규율되어야 하는가?

형법상 '공연음란죄'는 "공연히 음란한 행위"를 함으로써 성립하는 범죄이며, 1년 이하의 징역 또는 5백만 원 이하의 벌금, 구류 또는 과료에 처한다(제245조). 이 범죄는 음란한 행위 그 자체를 처벌하는 것이기에 '거동범'이며, 보호정도에서는 선량한 성풍속 내지 성도덕을 보호하는 '추상적 위험범'으로 파악하는 것이 통설이다.[1] 한편 경범죄처벌법은 "여러 사람의 눈에 뜨이는 곳에서 공공연하게 알몸을 지나치게 내놓거나 가려야 할 곳을 내놓아 다른 사람에게 부끄러운 느낌이나 불쾌감을 준 사람"을 처벌하는 '과다노출죄'를 별도로 규정하고 있다(제1조 33호). 양 죄는 동일하게 '공연성'을 구성요건으로 하고 있지만, '과다노출죄' 구성요건에는 '음란성'이 없으므로 양죄의 규율대상의 차이가 무엇인지를 분명히 할 필요가 있다. 그리고 양 죄의 해석과 적용에 있어서 알몸노출이 수반되는 예술적 표현행위가 위축되지 않도록 유의해야 한다.

제15장은 제14장의 연장선에서 공연음란죄의 구성요건이 갖는 문제점

---

1) 김일수·서보학, 『새로 쓴 형법각론』(제6판: 박영사, 2004), 640면; 박상기, 『형법각론』(제7판: 박영사, 2008), 588면; 배종대, 『형법각론』(제7전정판: 홍문사, 2010), 760면; 임웅, 『형법각론』(개정판: 법문사, 2003), 731면.

은 무엇인지를 '명확성의 원칙'의 관점에서 비판적으로 분석하고, 외국의 입법형식과의 비교를 시도한다. 그리고 공연음란죄의 적용여부를 놓고 이견이 발생하는 몇 가지 행위에 대한 입장을 제시하고, 관련된 주요 판례를 비판적으로 분석한다.

Ⅱ. 공연음란죄의 구성요건

1. 해석의 관점 — '사회유해성'

먼저 근대 형법의 중요한 성과 중의 하나는 '실질적 범죄 개념'이다. 이는 구성요건에 해당하는 위법하고 유책한 행위가 범죄라는 '형식적 범죄 개념'만으로는 어떠한 행위가 마땅히 구성요건에 해당하고 실질적으로 위법한지를 답할 수 없기에, 중대한 사회유해적 법익침해행위라는 실질을 탐구해야 한다는 점을 밝혔다. '사회유해성' 개념은 "평화로운 공동생활의 불가결한 조건들을 참해하는 사회유해적 행위양태만을 범죄로 지목하여 금지하고 처벌할 수 있다"[2]는 실천적 함의를 갖는 개념으로, 형법과 도덕의 분리를 요청하는 철학적 기초이다.[3] 음란성에 대한 정의 역시 이러한 관점에서 재규정될 필요가 있는바, 저자는 임웅 교수의 다음 견해에 동의한다.

> "음란물처벌규정은 성적 영역에 있어서 성인의 일정한 도덕적 수준을 보호하고자 하는 척도에서 해석될 것이 아니라 사회질서의 교란이라든가 공중에게 심한 불쾌감을 주는 것을 제재해야 한다는 소위 사회유해성의 관점에서 해석되는 것이 타당하다고 본다."[4]

---

2) 김창균, "비범죄화의 실현방안", 한국형사정책학회, 『형사정책』 제8호(1996), 14면.
3) 김두식, "무엇이 범죄인가 —범죄 개념에 대한 비판적 검토—", 법조협회, 『법조』 제618호(2008.3), 160면.
4) 임웅, 『비범죄화의 이론』(법문사, 1999), 96면.

이러한 관점에서 볼 때 유흥주점 여종업원들이 웃옷을 벗고 브래지어
만 착용하고 남자 손님으로 하여금 가슴을 만지게 하거나 치마를 허벅지가
다 드러나도록 걷어 올리고 가슴이 보일 정도로 어깨끈을 밑으로 내린 채
손님을 접대한 사안에서, 대법원이 위 종업원들의 행위와 노출 정도가 "형사
법상 규제의 대상으로 삼을 만큼 사회적으로 유해한 영향을 끼칠 위험성"이
있다고 평가할 수 있을 정도로 노골적인 방법에 의하여 성적 부위를 노출하
거나 성적 행위를 표현한 것이라고 단정하기에 부족하다는 이유로 구 풍속
영업의 규제에 관한 법률 제3조 제1호에 정한 '음란행위'에 해당한다고 판단
한 원심판결을 파기한 것은 전적으로 타당하다.5) 동 판결에서 "행위와 노출
정도가 다른 일반인에게 부끄러운 느낌이나 불쾌감을 주는 것은 사실이라
할지라도" 이를 넘어서는 사회유해성이 있어야 형사처벌의 대상이 된다고
밝힌 것은 성 또는 풍속 관련 범죄에서 과잉범죄화 경향을 방지하는 지침이
될 것이다.

2. '명확성의 원칙'에 반하는 입법형식

공연음란죄의 구성요건은 "공연히 음란한 행위를 한 자"인데, 일본 형
법 제174조의 영향을 확인할 수 있다. 여기서 '음란'이라는 구성요건표지의
내포와 외연이 어디까지인지 법문 그 자체로는 파악할 수 없고 해석적용자
의 판단에 맡겨져 있다. 제14장에서 상술하였듯이,6) 판례는 '음란성'을 일반
보통인의 성욕을 자극 또는 흥분케 하여 정상적인 성적 수치심을 해하고
선량한 성적 도의 관념을 침해하는 것으로 파악해왔다. 이러한 정의는 공연
음란죄에서도 관철된다. 그러나 제14장에서 보았듯이,7) 성표현물에 대한
음란성 판단은 심급이 다른 법원 사이에서도 차이가 발생한다.

반면 경범죄처벌법상 과다노출죄의 구성요건은 "여러 사람의 눈에 뜨

---

5) 대법원 2009.2.26. 선고 2006도3119 판결.
6) 이 책 397-399면 참조.
7) 이 책 401, 415면 참조.

이는 곳에서 공공연하게 알몸을 지나치게 내놓거나 가려야 할 곳을 내놓아 다른 사람에게 부끄러운 느낌이나 불쾌감을 준 사람"인바, 음란성은 구성요 건이 아니다. "지나치게 내놓는다", "가려야 할 곳을 내놓는다" 등 과다노출 죄의 구성요건도 포괄적이고 추상적이다. 이 구성요건을 보수적 도덕주의에 따라 해석하면, 핫팬츠, 미니스커트 등이 처벌대상으로 포섭되는 시대착오 적 일이 벌어질 수도 있다.

이상의 구성요건을 다른 나라의 유사 범죄와 비교해보도록 하자. 먼저 독일 형법은 "타인에게 혐오감을 주는 음부노출행위"를 처벌함(제183조)과 동시에, "공연히 성적 행위를 하여 고의로 또는 그 정을 알면서 공분을 야기 한 행위"를 처벌하는 제183a조를 두고 있다.8) 제183조는 우리나라 경범죄 처벌법상의 '과다노출죄'에 해당할 것이고 제183a조는 '공연음란죄'에 해당 할 것인데, 제183a조는 "공연한 성적 행위", "공분 야기" 등의 요건으로 적용범위를 제한하고 있다. 스위스 형법은 제194조에서 "음부노출행위"를 규정함과 동시에, 제198조에서 "기대하지도 않은 타인 앞에서 성적 행위를 함으로써 공분을 하는 행위"를 처벌한다. 제198조는 독일 형법의 요건에 "기대하지도 않은 타인"이라는 요건을 추가하고 있다.

다음으로 미국의 경우를 본다.9) 뉴욕 형법의 경우는 치부를 음란한 방식으로(in a lewd manner) 드러내거나 그 외의 음란행위를 범한 자는 '경 범'(misdemeanor)인 '공연음란죄'(public lewdness: 제245조)로, 그리고 음란한 방 식으로 이루어지지 않은 공공장소에서의 신체노출은 '질서위반범'(violation)

---

8) 오스트리아 형법상 공연음란죄도 독일 형법상 공연음란죄와 유사하다. 오스트리 아 형법 제218조는 공연음란죄를 "타인에 대한 성행위 또는 정당한 분노를 일으 키기에 적합한 상황에서의 타인 앞에서의 성행위를 통해 타인에게 혐오감을 주 는 행위"로 규정한다.
9) 우리나라의 경우 공연음란죄와 음란물제조죄 공히 '음란'이란 개념을 사용하지 만, 미국의 경우 전자는 'lewdness', 후자는 'obscenity'의 개념을 사용한다. 미국 법상 'lewd' 또는 'lascivious'는 행위에 초점을 맞춘다면, 'obscene'은 표현물에 초 점을 맞추고 있다. 미국 판례법상 음란성 판단기준에 대한 개관으로는 임지봉, "출판물과 연극·영화·비디오물의 음란성 판단기준에 관한 연구—미국 판례법 상 음란성 판단기준—", 법조협회, 『법조』 제525호(2000/6)을 참조하라.

인 '신체노출죄'(exposure of a person: 제245.01조)로 처벌하는데, 전자의 경우 치부의 공연한 노출이 "타인에 의해 목도되게 하려는 고의"를 요건으로 하고 있다.[10] 그리고 '모범형법전'(Model Penal Code)은 행위자의 '목적'을 중심으로 범죄유형을 구별하여 뉴욕 주 입법과는 차이를 보여주지만,[11] 구성요건에 행위자가 자신의 행위가 타인에게 목도되어 그에게 모욕감을 주거나 또는 그를 경악시킬 수 있음을 알면서 행해질 것을 요구하고 있다. 한편 영국의 경우는 여성에 대한 남성의 공연한 성기노출만 '음란노출죄'(indecent exposure)로 처벌된다.[12]

간략한 비교도표를 만들자면 다음과 같다.

한국	독일 형법	스위스 형법	미국 뉴욕 형법
공연음란 (형법 제245조)	공연한 성적 행위를 통한 공분 야기 (제183a조)	기대하지도 않은 타인 앞에서 성적 행위를 함으로써 공분 야기 (제198조)	음란한 방식의 치부노출 (제245조)
과다노출 (경범죄처벌법 제1조 33호)	타인에게 혐오감을 느끼게 하는 음부노출(제183조)	음부노출 (제194조)	음란하지 않는 신체노출 (제245.01조)

이상의 점을 고려할 때 현행 공연음란죄의 문언은 포괄적이고 불명확하여 죄형법정주의의 하위원칙인 '명확성의 원칙'에 반한다는 주장은 설득력이 있다.[13] 이러한 맥락에서 저자는 공연음란죄의 구성요건에서 공연음란행위가 영리의 목적으로 행해지거나 공공의 또는 타인의 혐오감을 현저히 일으킬 것이라는 구성요건요소가 부가되어야 한다는 주장에 동의한다.[14]

10) N.Y. State Consolidated Laws, Section. 245.00-245.01.
11) 성적 욕망의 유발 또는 충족을 목적으로 하는 '성기노출'(indecent exposure: 제 213.5조)과 성적 욕망의 유발 또는 충족의 목적이 행위자에게 결여되어 있더라도 객관적으로 보아 음란한 행위를 하는 것을 '공연음란행위'(open lewdness: 제 251.1조)를 경범으로 규정하고 있다.
12) J. C. Smith, *Smith & Hogan Criminal Law* 491(10th ed. 2002).
13) 김일수·서보학(각주 1), 640면.
14) 형사법개정특별심의위원회, 『형사법개정자료(VI), 형법개정의 기본방향과 문제점』(1985.12.30.), 62-63면. 임웅(각주 4), 93면도 같은 취지이다.

예컨대 "성적 내용이 왜곡되거나 호객 위주이거나 매우 난잡하게 묘사되어
사회질서를 교란하거나 공중에게 심한 불쾌감을 주는 경우"라는 새로운
정의를 내리려는 시도가 돋보인다.[15]

3. 쟁점사안 검토

(1) 성기·알몸노출행위

경범죄처벌법상 과다노출죄와의 구별 및 외국 입법례를 고려하면서
형법상 공연음란죄의 적용대상을 생각하면, 음란성이 없는 단순한 성기·
알몸노출이나 알몸질주만으로는 공연음란죄의 대상이 아니다. 공연한 성기
노출의 경우는 노출 부위의 예민한 성격으로 인하여 엄밀한 판단에 혼돈을
일으킬 수 있다. 그러나 단순한 성기노출은 경범죄처벌법의 대상이고, 성교,
성기애무, 자위 등의 일환으로 이루어진 성기노출은 형법의 대상이라고 해
석하는 것이 입법의 취지에 부합한다.

우리 판례상 확인되는 소수의 성기노출 사례는 Ⅲ.에서 본격적으로
검토하기로 하고, 여기서는 미국의 판례를 검토해보기로 하자. 먼저 공연음
란죄의 성립을 인정되지 않은 사례를 보면, 뉴욕 주 법원은 한 여성이 해수
욕장에서 완전 나체로 일광욕과 수영을 한 행위나,[16] 남녀가 나체로 공놀이
와 수영 등을 하는 행위[17] 등은 —상술한 '신체노출죄' 위반은 별론으로
하더라도— "음란한 방식"의 신체노출이 아니므로 공연음란죄는 구성하지
않는다고 판시하였다.[18] 캘리포니아 주법원도 해변의 외딴 곳에서 나체로
일광욕을 한 행위,[19] 버려진 휴게시설의 벽에 소변을 보는 행위[20] 등은

---

15) *Ibid.* 96면. 그리고 Hanack, Juristenzeitung, 1970, S. 47; Creifelds, Rechtswoerterbuch,
   8. Aufl., 1986, S. 863을 참조하라.
16) People v. Gilbert, 338 N.Y.S.2d 457(1972); People v. Hardy, 357 N.Y.S.2d 970(1974).
17) People v. Burke, 243 App. Div. 83, affd. 267 N.Y. 571(1934).
18) 늦은 밤 차량은 드물고 행인은 없는 주거지역 도로의 차안에서 여성 피고인
   이 남성의 성기를 애무한 행위에 대해서는 공연성 결여로 무죄를 선고하였다
   [People v. Anonymous Female, 539 N.Y.S.2d 868(1989)].
19) In re Smith, 497 P.2d 807(1972).

공연음란죄를 구성하지 않는다고 판시한 바 있다.

공연음란죄가 인정된 사례를 보면, 자신의 집밖에 나체로 서서 여성과 아동이 있는 앞에서 자신의 손을 성기 쪽으로 움직이는 행위,[21] 여성 임차인의 앞에서 자위행위를 하는 행위,[22] 자신의 차안에서 나체로 앉아 있으면서 자신이 쫓아다니는 여성을 초대한 행위,[23] 편의점 주차장에서 주차되어 있는 자신의 트럭 안에서의 자위행위,[24] 성기노출이 집안에서 이루어졌더라도 바깥에서 볼 수 있도록 한 경우[25] 등이 있다.

(2) 나체 쇼

한편 일부 유흥업소에서 이루어지고 있는 '나체 쇼'(strip show 또는 nude dancing)가 공연되고 있다. 나체 쇼는 상술한 성기·알몸 노출행위의 상업적 표현이므로, 그 음란성 판단도 같은 기준에 따라 이루어져야 한다.

학계에는 "밝은 무대에서 아무 것도 몸에 걸치지 않은 부녀의 자세를 보여주는 것" 만으로 음란행위라는 견해,[26] 반대로 나체 쇼가 "이미 형법상 음란 개념에서 제외되었다."라고 보는 견해 등이 있다.[27] 나체 쇼가 성교, 성기애무, 자위 등 성적 행위를 실제 수반한다면 공연음란죄의 규율대상이 될 것이다[이와 별도로 풍속영업의 규제에 관한 법률 위반에 대한 처벌도 가능하다(제3조 제2호, 제10조)].[28] 그러나 그 정도 수준에 미치지 않는 나체 쇼는 사회유해성이 없기에 경범죄처벌법 규율대상은 될지언정 형법의 규율 대상은 아니다.

아직 나체 쇼와 관련한 우리 판례가 없으므로, 미국 판례를 검토해보

20) Wainwright v. Procunier (9th Cir. 1971) 446 F.2d 757.
21) People v. Succop, 67 Cal.2d 785, 787(1967).
22) People v. Merriam, 66 Cal.2d 390, 392-393(1967).
23) People v. Evans, 138 Cal.App.2d 849, 850-851(1956).
24) State v. Devaney, 657 A.2d 832(N.H. 1995).
25) Martin v. State, 674 P.2d 37(Okla. Crim. App. 1983).
26) 정성근·박광민(각주 16), 684면.
27) 배종대(각주 1), 761면.
28) 김일수·서보학(각주 1), 641면; 임웅(각주 1), 732면.

도록 하자. 최초로 나체 춤 문제를 다루었던 미국 연방대법원 판결은 1972
년의 'California v. LaRue 판결'이다.[29] 이 판결에서 법원은 나체 쇼가
헌법적 보호를 받는 '표현의 자유'에 해당된다는 점을 일정하게 인정하면
서도, 수정 헌법 제21조에 의거하여 각 주는 명백하게 성적으로 노골적인
나체 쇼를 금지할 수 있다고 판시하였다.[30] 그런데 이후 1975년의 'Doran
v. Salem Inn, Inc. 판결'[31]은 모든 장소에서의 나체 쇼를 금지하는 법규는
너무 광범하여(overbroad) 위헌이라고 판시하였으며,[32] 1981년의 'Schad v.
Borough of Mount Ephraim 판결'[33]은 동전을 넣으면 유리 건너편에서
나체 쇼를 볼 수 있는 시설을 운영한 피고인의 행위를 심사하면서 나체로
행해지는 모든 유흥행위를 금지한 법규는 너무 광범하여 위헌이라고 판시
하였다.

　　이후 지도적 판결로는 1991년 'Barnes v. Glen Theatre, Inc. 판결'[34]이
있는데, 여기서의 쟁점은 나체 쇼 무희는 반드시 유두가리개(pasties)와 음부
가리개(G-string)를 착용하여야 하고 이를 위반하면 경범으로 처벌하는 인디
애나 주법(Public Indecency Statute)이 수정 헌법 제1조의 표현의 자유를 침해
하는가 였다.[35] 법원은 나체 쇼가 주변적(marginal)이기는 하지만 수정 헌법

---

29) 409 U.S. 109(1972).
30) *Ibid.* at 118-19.
31) 422 U.S. 922(1975).
32) *Ibid.* at 933-934.
33) 452 U.S. 61(1981).
34) 501 U.S. 560(1991).
35) 이 판결에서 렌퀴스트 대법원장에 의해 집필된 다수의견은 1968년의 'United
　　States v. O'Brien 판결'[391 U.S. 367(1968)]이 확립한 네 가지 기준에 의존한다.
　　즉 (1) 해당 법률이 주정부의 헌법적 권한 내에 있는가, (2) 해당 법률이 주정부
　　의 중요하거나 실질적인 이해(interest)를 심화시키는가, (3) 주정부의 이해는 표현
　　의 자유의 억압과 무관하였는가, (4) 수정 헌법 제1조의 표현의 자유에 대한 부
　　수적 제한이 주정부의 이해를 심화시키는데 필요한 만큼 보다 크지는 않은가 등
　　이다(*Ibid.* at 376-377). 'Barnes 판결'의 다수의견은 인디애나주가 문제의 입법을
　　제정할 권한이 있음은 분명하고, 인디애나주는 공공질서와 도덕을 보호한다는
　　실질적 이해를 갖고 있으며, 이 이익은 표현의 자유의 억압과는 무관하다고 보
　　았다. 다수의견은 나체 춤을 규제하는 인디애나 법률이 댄서에 의해 전달되는
　　에로틱한 메시지(erotic message) 때문이라는 주장을 거부한 것이다.

제1조의 포괄범위 내에 들어가는 "표현적 행동"(expressive conduct)이라고 보면서도,36) 이를 금지하는 주법은 합헌이라고 판시한다.

요컨대, 1974년 전까지 미국 연방대법원의 판례의 경향은 나체 춤을 금지하는 것은 합헌이라는 입장을 취해왔으나, 이후에는 나체 쇼 금지가 알코올 판매업소에 제한되지 않고 그 범위를 넘어 실행된다면 수정 헌법 제1조를 침해하는 위헌이라는 쪽으로 변경된다.37) 현재 동 법원은 알코올 판매업소 내에서 행해지는 나체 쇼에 대한 규제의 경우는 주의 입법재량을 인정하고 있다.

Ⅲ. 판례 비판

1. 여성 배우의 나체를 노출한 연극 〈미란다〉 — 대법원 1996.6.11. 선고 96도980 판결38)

연극 <미란다>는 존 파울즈(John Fowles)의 소설 『콜렉터』(The Collector)를 연극으로 각색한 작품으로, 여배우의 알몸 노출 연기로 화제를 일으켰는데 연출자는 공연음란죄 위반으로 처벌받았다. 이 연극에서 완전나체의 여주인공과 팬티만 입은 남자주인공은 관람석으로부터 4-5m 거리 내에 설치되어 있는 무대 위 침대에서 격렬하게 뒹구는 장면을 연기하였고, 이어 남자주인공이 여자 주인공을 폭행하여 실신시킨 다음 침대 위에 쓰러져 있는

---

36) *Ibid.* at 566.
37) Common Wealth v. E. Gregory Sees(1978) 374 Mass. 532, 535-536[373 N.E.2d 1151, 1154-1155].
38) 2002년 저자는 단순한 성기노출은 경범죄처벌법의 대상이고, 성행위 또는 자위행위의 일환으로 이루어진 성기노출이라면 형법의 대상으로 구분해야 한다는 주장을 하면서, 연극 <미란다>는 후자에 해당한다는 견해를 밝힌 바 있다[조국, "공연음란죄의 내포와 외연", 한국형사판례연구회, 『형사판례연구』제10호(박영사, 2002), 281면]. 그러나 이 책에서 <미란다>가 공연음란죄에 해당한다는 기존 견해를 변경한다.

그녀에게 다가가서 입고 있던 옷을 모두 벗긴 다음 그녀의 양손을 끈으로 묶어 창틀에 매달아 놓고 자신은 그 나신을 유심히 내려다보면서 자위행위를 하는 장면을 7 내지 8분 동안 연기하였다. 이러한 나체상태의 연기 때에는 무대조명이 어둡게 조절되었다.

대법원은 이 연극의 "성에 관한 묘사, 연출의 정도가 지나치게 상세하고 노골적"이며 "정상인의 성욕을 자극하여 성적 흥분을 유발하거나 그 호색적 흥미를 돋구기에 충분한 것"으로 평가하고, 문제 장면은 원작에도 없는 내용을 연출가인 피고인이 각색하여 상세히 묘사한 것이거나 극단적으로 과장한 것으로 "무대 위의 조명 정도 또는 작품의 사상성, 예술성에 의한 성적 자극의 완화 정도가 그로 인하여 관객들의 성에 관한 건전한 관념을 해하지 않게 할 정도라고는 볼 수 없"으므로 음란성이 인정된다고 판단했다.39)

대법원도 문제 장면을 통하여 "연극의 사상성과 예술성이 다소간 표현"되었음은 인정한다. 제14장에서 보았던 1998년 헌법재판소 95헌가16 결정에 취지에 충실하자면 이 경우 음란성이 부정되어야 한다.40) 이 작품이 "하등의 예술적 가치"가 없다고 말하기 어려우며, 또한 이 작품의 '해악'이 있다고 하더라도 그 '해악'이 "사상의 경쟁메커니즘에 의해서 해소되기 어려"울 정도라고 단언할 수 없기 때문이다.41) 그러나 대법원은 사상성이나 예술성이 있다고 음란성이 부정되는 것은 아니고 '완화'될 뿐이라는 입장을 취하고 있기에,42) <미란다>의 음란성을 인정하는 결론으로 나아갔다.

대법원은 문제 장면들은 원작에도 없는 것인데 연출가인 피고인이 각색하여 상세히 묘사하거나 극단적으로 과장한 것이며, 이러한 장면들이 주제를 표현하기 위하여 필요불가결하였다고 보기 어렵다고 지적한다. 저자도 이러한 지적에는 공감하며, 이 연극의 예술적 수준과 완성도 등에 대한 비판과 검토는 필요하다고 생각한다. 사실 연출가가 문제 장면을 연출한 의도 중의 하나는 상업적 흥행일 것이다. 그렇다고 해서 이 정도의 연극을 음란물

39) 대법원 1996.6.11. 선고 96도980 판결.
40) 헌법재판소 1998.4.30. 선고 95헌가16 결정. 이 책 406-408면 참조.
41) Ibid.
42) 대법원 1995.6.16. 선고 94도2413 판결; 대법원 2000.10.27. 선고 98도679 판결.

로 규정하고 연출자를 형사처벌하는 것은 동의할 수 없다. 이 연극에서 문제 장면은 일부에 불과하다. 나체 성교와 자위가 등장하는 장면도 연극 전체의 맥락에서 수용·해석되어야 한다.

남녀 간의 성교나 여성의 자위 장면 또는 여성에 대한 애무 장면을 묘사하고 <미란다>에 비하여 예술성이 현격히 떨어진 동영상의 음란성을 부정한 2008년 대법원 2006도3558 판결의 관점에서 <미란다> 판결을 돌아보자면,43) 연극 <미란다>를 음란물이라고 규정하는 것은 과도하다. 물론 2006도3558 판결의 대상인 동영상에서는 성기나 음모의 노출이 없었다는 점을 들어 판결을 옹호할 수도 있을 것이다. 그러나 성기나 음모의 노출이 있지만 예술성이 상대적으로 높은 연극과 성기나 음모의 노출이 없지만 예술성은 상대적으로 낮은 동영상 중 전자는 유죄, 후자는 무죄라고 결론짓는 것에는 동의할 수 없다.

대법원의 다른 지적처럼, 연극에서의 성적 표현은 방송이나 영화에서의 성적 표현 보다 "성적 자극의 전달이 즉감적, 직접적"인 것은 사실이다. 그림, 사진, 영상으로 표현되는 알몸 노출이나 성적 행위에 비하여 실제 사람이 나와 알몸이나 성적 행위를 보여주는 것은 성적 자극과 흥분을 더 일으킬 수 있다. 그러나 이런 연극에 공연음란죄를 적용하는 것은 표현의 자유 보장 차원에서 신중해야 한다.

먼저 이러한 성적 자극에 동의하는 성인만이 출입하는 공연장에서 이루어지는 연극 공연은 "원치 않는 성인의 선택가능성을 어렵게 하거나 수용을 강요하는 상황"44)이 존재하지 않는다. 상술한 미국 1987년 'Oregon v. Henry 판결'의 문언을 인용하자면, 이러한 공연에는 "원하지 않는 관람자, 피할 수 없는 관중(captive audience), 미성년자, 공연에 포위된 이웃"45)들이 존재하지 않는다. 같은 맥락에서 만약 우리 형법 공연음란죄가 스위스 형법 제198조처럼 "기대하지도 않은 타인 앞에서 성적 행위를 함으로써 공분을

43) 대법원 2008.3.13. 선고 2006도3558 판결.
44) 김병수, "영화·영상물의 음란성 판단기준", 부산대학교 법학연구소, 『법학연구』 제46권 제1호(2005.12), 19면.
45) State v. Henry, 302 Or. 510, 525(1987).

야기시키는 행위"를 처벌하는 것으로 규정되어 있다면, 구성요건해당성이 결여되었을 것이다. 해석론으로는 "기대하지도 않은 타인 앞에서"라는 요건을 '기술되지 않은 구성요건'으로 파악하여 동죄가 남용되는 것을 억제할 필요가 있다.

물론 추상적인 성적인 도의관념이나 공연장에 입장하지 않는 시민의 성적 수치심도 형벌권을 사용하여 보호해야 한다는 것이 대법원의 입장일 것이다. 그러나 이는 시민의 자율적 판단능력을 무시하는 국가의 도덕적 후견주의(moral paternalism)이다. <미란다> 이후 공연된 여러 편의 노출 연극 중 대표적인 것으로 <교수와 여제자> 씨리즈가 있는데, 이 작품은 '29세 미만 관람금지'를 내건 여배우의 적나라한 노출, 성교 및 자위 연기로 화제와 인기를 끌었지만 처벌대상이 되지 않았다. 국가가 <미란다>의 성 표현이 우려된다면 이 연극을 음란물로 규정하고 연출자를 처벌하는 것이 아니라, <교수와 여제자>의 경우처럼 'XX세 미만 관람금지'가 이루어질 수 있도록 행정지도하는 것이었다.

2. 알몸노출 행패— 대법원 2000.12.22. 선고 2000도4372 판결과 대법원 2004.3.12. 선고 2003도6514 판결

성기나 엉덩이 등을 노출하며 행패를 부리는 사람을 공연음란죄로 처벌할 수 있는가에 대하여 두 가지 대법원 판결이 존재한다. 먼저 대법원 2000.12.22. 선고 2000도4372 판결에서 남성 피고인은 고속도로에서 승용차를 운전하던 도중 앞에 운전하던 여성 운전자가 진로를 비켜주지 않자 그 차를 추월하여 정지시킨 후 그 차의 여성 운전자를 때려 상해를 가하였는데, 신고를 받은 경찰이 출동하자 피고인은 시위조로 사람이 많이 있는 가운데 완전 알몸상태로 바닥에 드러눕거나 돌아다녔다.

원심은 공중 앞의 알몸노출은 음란한 행위에 해당한다고 보기 어렵다고 판단하고 공연음란의 공소사실에 대해서는 무죄를 선고하였으나,[46] 대

---

46) 수원지법 2000.9.6. 선고 2000노2245 판결.

법원은 이 부분을 파기·환송하였다. 대법원의 논지는 다음과 같다.

> "형법 제245조 소정의 음란한 행위라 함은 일반 보통인의 성욕을 자극하여 성적 흥분을 유발하고 정상적인 성적 수치심을 해하여 성적 도의관념에 반하는 것을 가리킨다고 할 것이고, 위 죄는 주관적으로 성욕의 흥분 또는 만족 등의 성적인 목적이 있어야 성립하는 것은 아니지만 그 행위의 음란성에 대한 의미의 인식이 있으면 족하다고 할 것인바, 원심이 인정한 바와 같이 피고인이 불특정 또는 다수인이 알 수 있는 상태에서 옷을 모두 벗고 알몸이 되어 성기를 노출하였다면, 그 행위는 일반적으로 보통인의 정상적인 성적 수치심을 해하여 성적 도의관념에 반하는 음란한 행위라고 할 것이고, 또 … 피고인이 알몸이 되어 성기를 드러내어 보이는 것이 타인의 정상적인 성적 수치심을 해하는 음란한 행위라는 인식도 있었다고 보아야 할 것이다."47)

먼저 동 판결은 공연음란죄가 '목적범'이나 '경향범'이 아님을 확인하였다. 제245조의 구성요건이 '목적'이나 '경향'을 규정하고 있지 않으므로 이러한 판례의 해석은 자연스럽다. 단, 제245조의 남용을 막기 위해서 '목적'이나 '경향'을 기술되지 않은 구성요건으로 파악하는 것은 유의미한 시도라고 본다.48) 그런데 동 판결에 따르면 형법상의 공연음란죄와 경범죄처벌법상의 과다노출죄의 구별이 모호해진다.49) 피고인의 알몸행패가 보통 성인의 성적 수치감을 해쳤을지는 모르나, 사회유해성이 심각한 성적 욕망의 유발 또는 자극행위, 즉 '음란행위'라고 규정할 수는 없다. 피고인의 알몸행패는 공연음란죄의 행위태양에 포괄될 수 없으며, 단지 경범죄처벌법의

---

47) 대법원 2000.12.22. 선고 2000도4372 판결.
48) 공연음란죄가 '경향범'이라는 학설로는 김일수·서보학(각주 1), 641-642면; 김성돈, 『형법각론』(제2판: SKKUP, 2009), 646면; 오영근, 『형법각론』(제2판: 박영사, 2009), 812면 등이 있다.
49) 2014년 수원지법 형사9단독 지귀연 판사는 수원시 소재 생고기집 야외 식탁에서 여종업원과 뒤 식탁에 손님들이 있는 상태에서 옷을 모두 벗고 나체 상태에서 약 40분 간 고기를 구워 먹은 피고인에게 공연음란죄 유죄를 인정하고 실형을 선고했던바, 이는 동 대법원 판결의 영향 때문이라고 판단한다(수원지방법원 2014. 8.14. 선고 2014고단3032 판결).

대상일 뿐이다.

그런데 크게 보아 유사한 사건을 두고 대법원 2004.3.12. 선고 2003도
6514 판결은 다른 결론을 내린다. 이 사건에서 피고인은 자신의 동서가
주차 문제로 상점 주인과 말다툼을 하는 도중 상점 주인이 피고인에게 "술을
먹었으면 입으로 먹었지 똥구멍으로 먹었냐"라고 말한 것에 화가 나 이를
항의하기 위하여 다시 상점으로 찾아가서, 상점 카운터를 지키고 있던 딸(여,
23세)을 보고 "주인 어디 갔느냐"고 소리를 지르다가 등을 돌려 엉덩이가
드러날 만큼 바지와 팬티를 내린 다음 엉덩이를 들이밀며 "똥구멍으로 어떻
게 술을 먹느냐, 똥구멍에 술을 부어 보아라."라고 말하였고 상점주인의
딸은 울음을 터뜨렸다. 원심은 엉덩이를 노출시킨 피고인의 행위가 공연음
란죄에 해당하다고 판결하였으나,[50] 대법원은 이를 파기하였다.

> "경범죄처벌법 제1조 제41호가 '여러 사람의 눈에 뜨이는 곳에서 함부로
> 알몸을 지나치게 내놓거나 속까지 들여다 보이는 옷을 입거나 또는 가려야
> 할 곳을 내어 놓아 다른 사람에게 부끄러운 느낌이나 불쾌감을 준 사람'을
> 처벌하도록 규정하고 있는 점 등에 비추어 볼 때, 신체의 노출행위가 있었다고
> 하더라도 그 일시와 장소, 노출 부위, 노출 방법·정도, 노출 동기·경위 등
> 구체적 사정에 비추어, 그것이 일반 보통인의 성욕을 자극하여 성적 흥분을
> 유발하고 정상적인 성적 수치심을 해하는 것이 아니라 단순히 다른 사람에게
> 부끄러운 느낌이나 불쾌감을 주는 정도에 불과하다고 인정되는 경우 그와 같은
> 행위는 경범죄처벌법 제1조 제41호에 해당할지언정, 형법 제245조의 음란행위
> 에 해당한다고 할 수 없을 것이다."[51]

저자는 2004년 판결의 논리와 결론에 동의한다. 물론 이 사건에서 피고
인은 뒤로 돌아서서 바지와 팬티를 내렸고 상점 주인의 딸이 피고인의 성기
를 보기 어려웠던 점이 인정되기에 사실관계는 2000년 판결과 차이가 있다.
그러나 고속도로상에서 완전 알몸상태로 바닥에 드러눕거나 돌아다니는

---

50) 대전지법 2003.10.9. 선고 2003노1524 판결.
51) 대법원 2004.3.12. 선고 2003도6514 판결.

행위와 피해자 여성 앞에 엉덩이를 들이미는 행위의 사회유해성은 큰 차이
가 없다. 그럼에도 전자가 성기가 노출되었다는 이유만으로 공연음란죄가
되고 후자는 성기노출이 없다는 이유만으로 과다노출죄가 된다고 보는 것은
불합리하다. 양 행위 모두 과다노출죄의 규율대상으로 보는 것이 양 행위의
사회유해성 정도에 부합한다.

3. 전라 여성모델의 요구르트 홍보 ─ 대법원 2006.1.13. 선고
   2005도1264 판결

2003년 피고인들은 새로 개발한 요구르트를 홍보하기 위하여 화랑에
일반 관람객 70여 명 및 기자 10여 명 등을 입장시킨 상태에서 전라의 여성
모델들이 알몸에 밀가루를 바르고 무대에 나와 분무기로 요구르트를 몸에
뿌려 밀가루를 벗겨내는 행위를 하게 하였기에 공연음란죄로 기소되어 유죄
판결을 받았다.

대법원은 이러한 행위가 "비록 성행위를 묘사하거나 성적인 의도를
표출하는 행위는 아니라고 하더라도 일반 보통인의 성욕을 자극하여 성적
흥분을 유발하고 정상적인 성적 수치심을 해하여 성적 도의관념에 반하는
음란한 행위에 해당하는 것으로 봄이 상당"하다고 판단하였고, 이러한 행위
가 "요구르트로 노폐물을 상징하는 밀가루를 씻어내어 깨끗한 피부를 탄생
시킨다는 취지의 메시지를 전달하는 행위예술로서의 성격을 전혀 가지고
있지 않다고 단정할 수는 없으나, 위 행위의 주된 목적은 요구르트 제품을
홍보하려는 상업적인 데에 있었고, 이 사건에서 이루어진 신체노출의 방법
및 정도가 위와 같은 제품홍보를 위한 행위에 있어 필요한 정도를 넘어섰으
므로, 그 음란성을 부정할 수는 없다"고 판단했다.[52]

저자는 이러한 전라 모델의 행위는 예술로서의 성격은 약한 상업용
홍보로서의 성격을 가진다는 대법원의 판단에 동의한다. 상업광고도 표현의
자유의 보호를 받아야 하지만, 그 보호의 정도는 문학이나 예술 표현에 비하

---

52) 대법원 2006.1.13. 선고 2005도1264 판결.

여 약할 수밖에 없다.[53] 따라서 이러한 행위에 대해서는 형사법적 규제가 필요하다고 본다.

그런데 문제행위가 '보통인의 정상적인 성적 수치심'과 '선량한 성적 도의 관념'에 반하다고 할 수 있을지 모르나, 성교나 자위행위 등 성적 표현이 이루어지지 않았고 "인간존엄 내지 인간성을 왜곡하는"[54] 내용이 들어 있지도 않기에 음란성을 인정하기 어렵다. 따라서 문제행위는 공연음란죄의 적용대상이 아니라 과다노출죄의 적용대상이다.

IV. 맺 음 말

현대 한국 사회의 기층에서는 성개방이 만연하고 있지만 표면적으로 보수적 성관념을 강조하고 있는 이중적 성문화 속에서 '성풍속에 관한 죄'를 어떻게 해석·적용할 것인가는 미묘한 문제이다. 형법의 도덕형성적 역할을 부인할 수 없지만, 그 역할은 특정 행위의 사회유해성과 실정법체계상의 구성요건을 전제로 이루어져야 한다. 형법상 공연음란죄와 경범죄처벌법상 과다노출죄가 법체계에서 병립하고 있다는 점을 고려할 때 양자는 분명히 사회유해성의 양과 질에서 상이한 행위를 대상으로 하고 있다고 해석해야 한다.

이렇게 볼 때 단순한 성기·알몸노출은 경범죄처벌법의 대상이며, 공연 음란죄의 규율대상은 일반 보통인의 성욕을 명백히 자극·흥분시키는 것으로 보통인의 성적 수치심을 심각하게 침해하는 행위, 예컨대 성교, 성기애

---

53) 헌법재판소는 다음과 같이 판시한 바 있다. "상업광고에 대한 규제에 의한 표현의 자유 내지 직업수행의 자유의 제한은 헌법 제37조 제2항에서 도출되는 비례의 원칙(과잉금지원칙)을 준수하여야 하지만, 상업광고는 사상이나 지식에 관한 정치적, 시민적 표현행위와는 차이가 있고, 인격발현과 개성신장에 미치는 효과가 중대한 것은 아니므로, 비례의 원칙 심사에 있어서 '피해의 최소성' 원칙은 '입법목적을 달성하기 위하여 필요한 범위 내의 것인지'를 심사하는 정도로 완화되는 것이 상당하다"[헌법재판소 2005.10.27. 선고 2003헌가3 결정(강조는 인용자)].
54) 헌법재판소 1998.4.30. 95헌가16 결정.

무, 자위 등 성적 행위를 공연히 타인 앞에서 행하는 것으로 제한된다고 보아야 할 것이다. 그리고 공연히 이루어지는 성기·알몸노출이나 성적 행위가 연극 등 예술행위의 일환으로 이루어진 경우에는 1998년 헌법재판소 95헌가16 결정의 취지를 존중하여 형벌권의 발동이 자제되어야 한다.55)

---

55) 프랑스 오르제 미술관에는 귀스타브 꾸르베의 작품 '세상의 기원'이 전시되어 있다. 이 작품은 여성의 성기에 대한 상세한 묘사로 유명하다. 그런데 2014년 벨기에 출신 행위예술가 드보라 드 로베르티스는 금빛 원피스를 입고 이 작품 바로 아래 앉아서 치마를 걷어 올리고 자신의 성기를 관람객에게 보여주는 퍼포먼스를 벌였다. 미술관 직원은 만류를 했으나, 그는 이 공연을 계속했고, 관람객들은 박수를 쳤다. 그는 '기원의 거울'이라고 명명한 이 공연을 벌인 이유를 "여성의 성기를 그리는 것은 예술이고 보여주는 것은 왜 외설이냐."라는 질문을 던지기 위해서라고 했다[<시사인> 제353호(2014.6.19.) http://www.sisainlive.com/news/articleView.html?idxno=20593: 2014.11.1. 최종방문]. 이러한 일이 한국에서 벌어졌다면 어떻게 되었을지 생각해볼 필요가 있다.

제16장

성매매에 대한 시각과 법적 대책
-금지주의와 형사처벌을 넘어서-

"성매매에 대한 정책방향은 무엇보다도 성매매와 뒤엉켜져
다소 모호해진 "성착취"개념을 주축으로 통제전략을
개발하는 "관점의 전환"이 요구된다."

(김은경 외)

I. 들어가는 말

2004년 제정된 성매매알선등 행위의 처벌에 관한 법률(이하 '성매매처벌법'으로 약칭)은 '성매매'를 "불특정인을 상대로 금품이나 그 밖의 재산상의 이익을 수수(收受)하거나 수수하기로 약속하고 성교행위 또는 구강, 항문 등 신체의 일부 또는 도구를 이용한 유사 성교행위를 하거나 그 상대방이 되는 것"으로 정의하고 있다(제2조 제1항). 우리 사회에서 성매매는 단지 집창촌(集娼村)이나 기지촌에서만 행해지는 것은 아니며, 룸 살롱, 증기탕, 안마시술소, 여관, 이발소, 티켓 다방, 보도방, 전화방, 키스방, 인터넷방, 노래방, 등산로, 고속도로 등에서도 광범하게 성매매가 이루어지고 있다.[1] 1962년 제정된 윤락행위등방지법, 동법을 대체한 성매매처벌법 모두 성매매에 대한 엄격한 '금지주의'와 형사처벌을 표방하고 있으나, 이는 명목적인 선언에 불과하다. 성매매 목적 인신매매나 미성년자와의 성매매의 경우는 강하고 분명한 법적 처벌이 수반되고 있으나, 그 외 형태의 성매매에 대한 단속과 처벌은 전시용으로 이루어지는 경우를 제외하고는 사실상 포기상태에 있다고 보인다.

현재 우리 사회에는 집창촌·기지촌에서 행해지는 '전통형 성매매,' 향락업소 등에서 겸업적으로 이루어지는 '산업형 성매매,' 그리고 특정 업체에 고용되지도 않고 중간소개자도 없이 행해지는 '비고용형 성매매' 등 여러

---

1) 형사정책연구원이 2002년 8~11월 서울과 전국 6개 도시 등에 있는 주점과 이발소, 마사지업소 등 5천 403개 유흥업소를 상대로 조사를 실시, 5일 내놓은 조사 결과에 따르면 최소 여성 33만 명이 전문적으로 성매매에 종사하고 있으며 성매매 거래규모는 2002년 기준으로 24조 원가량으로 추산됐다. 성매매 거래규모 24조 원은 지난해 기준 국내총생산 대비 4.1% 수준으로, 이는 전기·가스·수도 사업이 GDP에서 차지하는 비중인 2.9%를 능가하며, 농림어업이 GDP에서 차지하는 비중인 4.4%에 육박하는 것이다[김은경 외, 『성매매 실태 및 경제규모에 관한 전국조사』(여성부, 2002), 283면(이하 '김은경 외'로 약칭)].

유형의 성매매 형태가 존재한다.[2] 그런데 현존하는 성매매 형태의 상당수는 1993년 유엔 총회에서 결의된 '여성에 대한 폭력의 근절을 위한 선언'(Declaration on the Elimination of Violence against Women)[3]에서 "여성에 대한 폭력"의 예로 명시한 '강요된 성매매'(forced prostitution)의 모습을 띠고 있다. 급진적 여성주의자 캐써린 맥키넌의 말을 빌자면, 현재 우리 사회에서 "성매매여성이 된다는 것은 법적으로 인간이 아니다"[4]라고 할 만 하다. 성매매 여성에 대한 업주 또는 범죄조직의 통제, 업주 또는 범죄조직과 유관 공무원의 유착, 직업소개소를 통한 인신매매, 업주·폭력배·남성고객 등에 의한 성매매 여성의 인권유린 등은 반복재생산되고 있다. 대구 지역 성매매 여성은 이렇게 절규한다.

> "성매매는 성 구매자로부터 선택 당해야 하고, 돈이라는 권력 앞에서 저항할 수도 없어요. 그래서 성매매는 합의를 가장한 성폭력이라고 생각해요. 그곳에서 여성은 정말 '사람이 아니무니다'죠."[5]

그런데 다른 한편에서는 자신은 성매매를 선택했다고 밝히며 "'창녀'라는 낙인에서 구해준 것은 탈성매매가 아니라 노동자라는 자각이었다", "내게 재봉틀에 대해 말하지 말라, 내게 노동자의 권리에 대해 말하라."라고 주장하는 일군의 성매매여성이 등장했다.[6] '성노동자'들의 연대조직도 만들어졌고,[7] '성노동자'들을 후원하는 '성노동자 권리모임 지지(持志, GG)'도

---

2) 성매매의 유형에 대해서는 김은경, 『성착취 목적의 인신매매 현황과 법적 대응방안』(한국형사정책연구원, 2002), 60-63면; 김은경 외(각주 1), 21-29면을 참조하라.
3) G.A. res. 48/104, 48 U.N. GAOR Supp. (No. 49) at 217, U.N. Doc. A/48/49(1993).
4) Catharine A. MacKinnon, "Prostitution and Civil Rights", 1 Mich. J. Gender & L. 13, 15(1993).
5) <여성신문> (2013.1.25.)(http://www.womennews.co.kr/news/55933#.VFbyP00cSUk: 2014.11.1. 최종방문).
6) 예컨대 <한겨레21> 제917호(2012.7.2.) 인터뷰 (http://h21.hani.co.kr/arti/cover/cover_general/32351.html: 2014.11.1. 최종방문), <참세상> (2014.11.1.) 인터뷰 (http://www.newscham.net/news/view.php?board=news&nid=67444: 2014.11.1. 최종방문) 등을 참조하라.
7) <프로메테우스> (2005.6.29.)(http://www.prometheus.co.kr/articles/102/20050629/20050629093500.html: 2014.11.1. 최종방문).

만들어졌다.[8] 한편 2013년 서울북부지법 오원찬 판사는 성매매행위를 처벌하는 성매매처벌법 제21조 제1항에 대한 위헌제청을 하였고,[9] 헌법재판소는 검토를 시작했다.

이러한 상황에서 성매매정책을 이제 '금지주의'에서 '제한적 허용주의' 또는 '합법적 규제주의'로 전환해야 한다는 입장과, 여성에 대한 억압인 성매매에 대하여 보다 철저한 '금지주의'를 관철해야 한다는 주장하는 입장이 평행선을 달리고 있다. 사실 성매매에 대하여 국가가 어떠한 태도를 취해야 하는가는 일도양단식으로 쉽게 내릴 수가 없는 어려운 문제이다.

제16장은 성매매의 본질과 대책에 대한 여러 입장을 비교분석한 후 형법은 성매매에 대하여 어떠한 태도를 취해야 하는가를 모색하고자 한다. 이하에서는 먼저 성매매의 본질과 대책에 대한 여성주의(feminism) 내부의 논쟁을 분석하고, 이어 성매매에 대한 현행 법률을 비판적으로 분석한 후 저자의 입장을 제출하기로 한다.

Ⅱ. 성매매의 본질과 대책에 대한 시각 차이

성매매 목적의 인신매매이나 신체적 자유가 박탈된 채 감금되어 성매매에 종사하는 '노예제적 성매매'가 여전히 존재하는 우리 사회 성매매의 현실을 고려하면, 여성단체에서 일체의 성매매에 대하여 강력한 형사처벌을 요구하고 있는 것은 자연스러운 일이다. 그러나 현재의 지배적 담론인 보수적·도덕주의적 입장과 여성주의 이론 사이에, 그리고 여성주의 이론 내에서도 성매매의 본질과 대책에 대한 선명한 시각차이가 존재한다. 어느 입장이건 '강요된 성매매'에 대한 처벌필요성에 대해서는 이견이 없으나, '비고용형 성매매'와 같은 '자발적' —후술할 급진적 여성주의는 성매매에서의 '자

의'를 인정하지 않지만— 인 성매매행위를 바라보는 기본관점과 성매매에
대한 대책에 대해서는 의견이 첨예하게 대립한다.

1. 성매매의 본질

(1) 보수적 도덕주의 및 도덕적 여성주의— 도덕적 타락으로서
의 성매매

먼저 성매매에 대한 전통적·지배적 이해방식인 "보수적 도덕주의적
접근"(conservative moral approach)10)을 살펴보자. 이 입장은 도덕, 가족, 사회
안전 등에 대한 전통적·보수적 관념에 기초하고 있는데, 성매매는 비도덕적
인 행위이므로 법은 이를 명시적으로건 묵시적으로건 용인해서는 안 된다고
주장한다. 성매매는 성을 상품화하여 인격과 도덕을 해치는 사회악이며,
이를 기초로 성병 파급이나 각종의 다른 범죄가 확산되므로 반드시 근절되
어야 할 대상으로 파악된다. 그리고 성매매여성은 도덕의 타락을 일으키고
가정과 사회에 위험을 야기하는 타락한 인간으로 간주된다.11) 성매매 추방
을 위해 투쟁을 최초로 전개한 조세핀 버틀러 등 19세기 여성주의자들도
이러한 관념을 공유하고 있었다("도덕적 여성주의").12)

현재 우리 사회에 이러한 도덕주의적 접근을 공식적으로 표방하고 있
는 여성주의 단체는 없지만, 과거 70~80년대 우리 사회의 성매매 반대운동
에는 이 입장이 강력하게 깔려 있었고,13) 현재의 성매매 반대 여성운동가
—특히 기독교적 교리에 입각한 경우14)— 의 관념이나 성매매에 대한 대중

10) Belinda Cooper, "Prostitution: A Feminist Analysis", 11 *Women's Rts. L. Rep.* 99,
101(1989).
11) Cooper(각주 10), pp. 101-105; Alexandra Bongard Stremler, "Sex for Money and
the Morning After: Listening to Women and the Feminist Voice in Prostitution
Discourse", 7 *J. Law. & Pub. Pol'y* 189, 192(1995); Susan E. Thompson,
"Prostitution—A Choice Ignored", 21 *Women's Rts. L. Rep.* 217, 229-232(2000).
12) 이성숙, 『매매춘과 페미니즘, 새로운 담론을 위하여』(책세상, 2002), 27-31면.
13) 이호중, "성매매방지법안에 대한 비판적 고찰", 한국형사정책학회, 『형사정책』
제14권 제2호(2002), 16면.
14) 예컨대, 이문숙 목사는 성매매는 "극심한 영적 기근의 증거"로 파악한다[<디지털

적 관념 속에는 이러한 도덕주의가 여전히 존재하고 있다고 보인다.

이러한 입장에 따를 경우 성매매는 강요된 것이건 자발적인 것이건 간에 비도덕적인 것이므로 법적으로도 금지되어야 한다.[15) '윤락'(淪落)이라는 개념을 사용했던 (구)윤락행위등방지법은 도덕주의적 관념을 잘 보여주었던바, 동법 제1조는 동법이 "선량한 풍속을 해치는 윤락행위를 방지하고 윤락행위를 하거나 할 우려가 있는 자를 선도함을 목적으로 한다"고 규정하고 있으며, 성매매 쌍방을 모두 처벌하였다(제26조 제3항).[16)

(2) 자유주의적 여성주의 — 선택한 노동으로서의 성매매

자유주의적 여성주의는 모든 인간은 자율적이며 개별적인 존재이며, 사적 영역에 대한 국가개입은 최소한에 머물러야 한다는 전통적 자유주의 이데올로기에 기초하여 성매매를 파악한다. 자유주의 법철학자 리차즈는 돈을 위한 성매매가 반사회적이라고 할 수 없으며, 성매매는 몸을 파는 것이 아니라 개인적 서비스를 제공하는 것이라고 파악한다.[17) 이 입장을 취하는 논자들이 강요된 성매매를 반대함은 물론이지만, 이들은 한 개인이 돈과

성결> 제332호(2001.7.21.)]. 기독교 교리 내에서도 성매매에 대한 이견차이는 있다고 보이는데, 대표적으로 성 오그스틴의 경우는 성매매를 "질서 있는 공동체를 위한 필요악"이라고 보았다[John F. Decker, *Prostitution: Regulation and Control* 40(1979)].

15) 이 입장은 법철학적으로는 (형)법의 도덕형성력을 강조하는 '법 도덕주의'(legal moralism)와 연결되어 있다. '법 도덕주의'의 기본사고에 대해서는 Patrick Devlin, *The Enforcement of Morals* 4-17(1965)을 참조하라.

16) 동법은 '윤락행위'를 "불특정다수인을 상대로 하여 금품 기타 재산상의 이익을 받거나 받을 것을 약속하고 성행위를 하는 행위"(제2조 제1호)로 정의하였던 바, 이는 윤락행위를 한 자에게만 초점을 맞추면서 성매매 문제를 성판매자의 도덕적 타락의 문제로 환원시키는 문제가 있다[김은실, 「여성의 몸, 몸의 문화정치학」(또 하나의 문화, 2001), 162면; 이영란, "성매매(윤락행위) 최소화를 위한 입법정책", 한국법학원, 『저스티스』 제65호(2002.2), 187-188면; 조형·장필화, "국회 속기록에 나타난 여성정책 시각: 매매춘에 대하여", 이화여자대학교 한국여성연구소, 『여성학논집』 제7집(1990), 97면].

17) David A. J. Richards, "Commercial Sex and the Rights of the Person: A Moral Argument for the Decriminalization of Prostitution", 127 *U. Pa. L. Rev.* 1195, 1257-1258(1979).

성적 만족을 위한 수단으로서 그들의 몸을 이용할지 여부를 선택할 자유가 있으며, 그 선택을 도덕적 다수자의 기준으로 평가하고 경멸하거나 형사제재를 가해서는 안 되며 그 선택을 존중해야 한다고 주장한다.[18]

게다가 이 입장은 성매매는 여성비하나 남성의 여성지배의 상징이 아니라, 오히려 여성에서 힘을 부여하고 경제적 독립의 길을 열어주는 여성해방적 시도라고 이해한다. 여성의 성과 몸을 억압하는 사회에서 여성은 성매매를 통하여 여성의 성과 몸에 대한 처분의 자유를 행사하는 것이며, 이로서 여성은 자신의 성의 표현을 제약하는 사회적 장벽을 깨뜨리고 자신의 실체를 반영하는 자아개념을 재구성할 수 있다는 것이다.[19]

이러한 입장은 성매매에 대한 보수적·도덕주의적 시각을 정면으로 부정하면서 성매매에 대한 도덕적 낙인을 제거하고 성매매여성의 선택을 존중하려는 시도이다. 이러한 입장에서 활동하는 국제적 단체로는 '홍실'(The Red Thread, De Rode Draad)이 대표적이다. 이는 1985년 네덜란드에서 조직된 전·현직 성매매여성들의 조직으로 '국제성매매자권리위원회'(International Committee for Prostitutes' Rights)의 가입단체이다. 이들의 주장은 (i) 성매매는 노동이다, (ii) 성매매 여성들의 노동 조건을 개선시켜야 한다, (iii) 여성의 선택을 최대화하고 법적으로 확인하여야 한다, (iv) 성매매에 대한 사회적 낙인을 제거하고 성매매를 비범죄화하여야 한다 등으로 요약된다. 이들은 성매매는 불법이어야 한다는 주장은 낡은 도덕관념에 기초한 것이라고 비판하며, 여성이 남성과 동등한 사회·정치적 지위를 차지할 경우라도 성매매는 사라지지 않을 것이라고 주장한다. 이들은 성매매 여성이 갖는 문제는 성매매의 존재 때문이 아니라 극에 대한 낙인과 불법화 때문이라고 주장한다.

---

18) Cooper(각주 10), at 109; Jody Freeman, "The Feminist Debate Over Prostitution Reform: Prostitutes' Rights Groups, Radical Feminists, and the (Im)possibility of Consent", 5 *Berkeley Women's L. J.* 75, 86-88(1989-90).

19) Tracy M. Clements, "Prostitution and the American Health Care System: Denying Access to a Group of Women in Need", 11 *Berkeley Women's L. J.* 49, 57(1996); Holly B. Fechner, "Three Stories of Prostitution in the West: Prostitutes' Groups, Law and Feminist 'Truth,'" 4 *Colum. J. Gender & L.* 26, 40(1994); Anne McClintock, "Sex Workers and Sex Work: Introduction", 37 Soc. Text 1 (Winter 1993).

그리하여 이들은 단순 성매매행위의 합법화는 물론, 성매매 조장·알선, 포주영업 등의 합법화도 주장한다(물론 이들도 인신매매나 강요된 성매매에 대한 처벌은 동의한다).20)

'홍실' 외에 1973년 미국 샌프란시스코에서 마고 제임스에 의해 조직된, 백인 중산층 출신의 성매매여성의 조직인 '코요테'(COYOTE : Call Off Your Old Tired Ethics)도 이러한 주장을 펴는 대표적 조직이다.21) 이외에도 미국의 대표적인 인권단체인 '미국시민자유연맹'(American Civil Liberties Union)의 경우도 자유주의적 관점에서 입각하여 성매매를 '피해자 없는 범죄'(victimless crime)로 보고 비범죄화를 강력히 주장하고 있다.22)

(3) 사회주의적 여성주의 – 자본주의와 가부장제의 모순의 산물로서의 성매매

사회주의적 여성주의는 역사적 유물론에 기초하여 성매매를 파악한다. 이들은 자본주의의 구조 그 자체가 여성을 남성보다 불리한 경제적 지위에 위치시키며, 가부장제는 여성의 노동으로 설정되어 있는 노동을 노동으로 인지하지 않거나 제대로 임금을 지불하지 않도록 보장해준다고 주장한다.

---

20) Fechner(각주 19), at 38-42. '국제성매매자권리위원회'의 후원으로 개최된 1986년 제2차 '세계창녀대회'(the Second World Whores' Congress)의 선언문은 이상의 입장을 간명하게 요약하고 있다. "여성운동은 성매매여성을 후원한다고 주장하면서 성매매라는 제도는 반대해왔다. 그렇지만 성매매여성은 자신들에게 성매매를 그만 두라고 요청하는 후원을 거부한다. 성매매여성은 억압의 상징으로 취급되는 것에 반대하며, 노동자로서 인식될 것을 요구한다"["International Committee for Prostitutes' Rights, International Committee for Prostitutes' Rights World Charter and World Whores' Congress Statements", *Sex Work: Writings by Women in the Sex Industry* 305, 307 (Frederique Delacoste & Priscilla Alexander eds., 1987)].

21) 이들은 수치, 무가치 또는 비행 등의 함의를 갖는 '성매매' 대신에 '성노동'(sex-work)라는 개념을 사용하며, 자신을 "서비스업 종사 노동자"(service worker)로 규정하고, '모범 소녀/불량 소녀'(good girl/bad girl)의 양분법, '성녀/창녀'(madonna/whore)의 양분법을 거부하고 있다[Elizabeth Bernstein, "What's Wrong with Prostitution? What's Right with Sex Work? Comparing Market in Female Sexual Labor", 10 *Hastings Women's L. J.* 91, 111(1999)].

22) Julie Pearl, "The Highest Paying Customers: America's Cities and the Costs of Prostitution Control", 38 *Hastings L. J.* 769, 790, n. 104(1987).

이러한 자본주의와 가부장제의 결합의 결과 성매매라는 제도가 만들어지고, 빈곤한 여성으로 하여금 성매매하도록 만들며, 이론적으로 볼 때 성매매는 다른 형태의 노동과 차이가 없다고 주장한다.[23] 이들은 가난한 여성이 없다면 성매매 여성도 없을 것이라고 보며, 바로 돈 때문에 빈곤한 여성은 성매매를 선택할 수밖에 없다고 강조한다.[24]

이 입장에 서있는 대표적인 단체는 1975년 전·현직 성매매여성에 의해 조직된 대표적인 사회주의적 여성주의 단체인 '영국 성매매자 단체'(English Collective of Prostitutes: ECP)이다. 이들은 성매매를 '선택'으로 보는 자유주의적 여성주의의 입장을 비판한다. 실업, 차별, 저임금 등이 여성으로 하여금 가난에 대한 해결책으로서 성매매로 내몰고 있는바, 자본주의 체제 아래에서 성은 모든 여성이 팔아야 하는 상품이고, 성매매는 결코 여성의 자유로운 선택일 수 없다는 것이다. 이들은 비난받아야 할 것은 성매매가 아니라 여성을 성매매로 몰아가는 자본주의와 가부장제라고 주장한다. 그리고 이들은 여성에게 적정한 사회복지를 제공하지 않고 여성의 사회기여도를 낮게 평가하면서 여성의 노동을 이용하는 정부는 최대의 포주이며 성매매에 대한 책임을 면하지 못한다고 비판하며, 성매매를 연구하는 학자, 법률가, 경찰, 개혁운동가 역시 성매매여성을 이용하여 벌어먹고 사는 포주라고 비판한다.[25]

이러한 시각에 입각하여 ECP는 성매매를 없애기 위해서는 여성을 위한 노동기회와 사회복지의 증대, 여성 임금의 증가, 가사노동에 대한 평가 제고 등이 필요하다고 주장한다. 그리고 ECP는 단순 성매매를 처벌하는 모든 법률을 완전히 폐지할 것을 주장하며, 성매매에 대한 국가의 통제와 규제에 대해서도 이러한 해결책이 성매매 여성들을 제도화하고 고립시킨다는 이유로 반대한다. 또한 이들은 성구매 남성(john 또는 trick)에 대한 법적 처벌도 국가를 이를 흑인, 이민자, 다른 피억압자에 대하여 오용할 수 있다

---

23) Thompson(각주 11), at 234.
24) Nina Lopez-Jones, "Workers: Introducing the English Collective of Prostitute", *Sex Work*(각주 20), at 271-273.
25) Fechner(각주 19), p. 43, 45-46.

는 이유로 반대한다.26)

(4) 급진적 여성주의 — 여성에 대한 성적 폭력으로서의 성매매

급진적 여성주의는 성매매를 강간, 가정폭력, 포르노그래피 등과 같이 여성의 종속을 정당화하는 수단이자 여성에 대한 폭력으로 파악한다. 이들은 남녀사이의 성적 불평등에 따라 남성의 성적지배와 여성의 성적 복종이 제도화되는데, 성매매는 강간과 마찬가지로 남성지배와 여성의 대상화(objectification)를 전제로 하고 있다는 것이다.27) 캐롤 페이트먼의 말을 빌자면, "남성이 성매매 계약을 체결할 때 그는 ⋯ 주어진 기간 동안 한 여성에 대한 성적 사용을 구매하는 것이다."28) 성구매 남성이 사는 것은 단지 고립된 상품이나 서비스가 아니라 여성 그 자체, 여성의 (성적) 자아이기에, 성매매는 "성노예제"29)이며, "성교를 통하여 자아를 파괴하고 여성을 비인간화시키는 성적 착취"인 것이다.30)

그리고 급진적 여성주의는 성매매를 남성지배가 관철되는 "본질적으로 비대칭적"31)인 제도로 파악하기에, 성매매에서의 '선택'이나 '동의'는 불가능하다고 주장한다. 이 입장은 성매매에 대한 자유주의적 견해는 성의 상품화를 정상적인 것으로 보고, 남성이 여성의 성을 자신에게 속한 것으로 보고 돈으로 구매할 수 있다고 보는 관념을 전제로 하는 것이라고 비판한다.32) 캐써린 맥키넌은 여성의 성이 남성의 시각에서 정의된다면 여성의 경우 자신의 성과 자아를 보지(保持)할 수 없으며, 따라서 모든 형태의 성매매는 강요된 것이며 그 자체로 정당하지 못한 것이라고 주장한다.33) 캐슬린

---

26) *Ibid.* at 45, 47.
27) Freeman(각주 18), at 94-96; Thompson(각주 12), at 232-233.
28) Carole Patemen, *The Sexual Contract* 207(1988).
29) Kathleen Barry, *Female Sexual Slavery*(1985).
30) Kathleen Barry, *The Prostitution of Sexuality* 71(1995).
31) Christine Overall, "What's Wrong with Prostitution? Evaluating Sex Work", 17 *Signs* 705, 717(1992).
32) Cooper(각주 10), at 114.
33) MacKinnon(각주 4), at 25-27.

배리의 말을 빌자면, "인간이 육체로 환원되고, 동의가 있건 없건 타인에 대한 성적 서비스로 대상화될 때, 인간에 대한 침해는 이미 발생한 것이다."[34] 그리고 급진적 여성주의는 성매매를 '노동'으로 보는 이론은 성매매는 불가피하므로 이를 "정상화"(normalize)해야 한다는 사고를 보유하고 있다고 비판한다.[35]

이 입장을 취하는 단체로는 1985년 조직된 WHISPER(Women Hurt in the Systems of Prostitution Engaged in Revolt)가 있다. WHISPER는 성매매는 강제 ―공포, 폭력, 인종주의, 빈곤― 의 연속체 위에 구축된 남성 지배 체제하에서 강요되는 성적 학대에 기초하고 있으며, 성매매는 여성에게만 차별적으로 해악을 끼치는 착취와 폭력의 체계라고 주장한다. 따라서 남성이 돈을 지불하였다는 점은 성매매의 본질을 변화시키지 않는다. 이들은 성매매의 진정한 해악은 남성이 돈을 지불하기만 하면 무조건적으로 여성을 성적 대상으로 이용하도록 허용하는 데 있다고 본다. 성매매는 혼인과 마찬가지로, 여성의 신체에 대한 소유와 무제한적 성적 접근 위에 입각해 있다는 점을 비판한다. 그리고 이들은 성을 상품화하고 여성에 대한 강제와 억압을 용인하는 사회 속에서 성매매의 '선택'은 사실상 무의미하다고 주장한다. 이러한 관점에 서서 이들은 성매매에 종사하는 여성을 처벌하는 모든 법률을 철폐하고, 포주와 성구매 남성에 대한 처벌을 강화할 것을 요구한다.[36]

(5) 소결 ― 부분적이고 맥락적인 '진실'

이상의 여러 입장들은 현실에 존재하는 성매매의 여러 단면을 각각의 시각으로 포착하고 있다. 성매매를 둘러 싼 사회·경제·문화적 구조를 무시하고 성매매의 문제를 단지 성판매자의 도덕적 타락의 문제로만 보는 입장에 대해서는 반대하지만, 저자는 그 외 여성주의 입장 중 어떠한 한 입장만이 선험적·절대적 정당성을 갖고 있다고는 보지 않는다.

---

34) Barry(각주 30), at 23(강조는 인용자).
35) *Ibid.* at 296.
36) Fechner(각주 19), at 48-51.

자유주의적 여성주의의 성매매의 '선택'론은 그 '선택'을 둘러싼 사
회·경제·문화적 구조를 도외시하고 성매매를 불가피한 '제도'로서 수용하
는데서 근본적인 문제를 갖지만, 성매매에 대한 부정적 오명을 거부하고
성매매의 현장에서 여성이 누려야 할 건강, 보수, 노동환경의 문제를 해결하
려는 노력은 긍정적으로 평가해야 한다. 사회주의적 여성주의의의 주장은
자본주의나 가부장제가 아닌 사회 —사회주의 사회를 포함하여— 에서도 성
매매가 존재하였고,37) 빈곤하지 않은 여성도 성매매의 구조 속으로 들어가
게 된다는 점 등을 간과하고 있지만, 성매매 근절을 위해서는 사회·경제적
구조개선이 필요하다는 문제제기는 여전히 정당하다. 급진적 여성주의가
보여주는 일체의 성매매에 대한 동일한 평가, 성매매여성의 권리론에 대한
냉소적 태도 등은 동의할 수 없지만, 성매매 속에서 여성은 남성의 성적
대상이며, 성매매는 여성에 대한 남성의 폭력과 억압이 관철되는 장이라는
급진적 여성주의의 입장은 우리 사회에 만연한 성매매의 본질에 대한 정확
한 묘사이기도 하다.

　　이러한 평가에 기초하여 필자는, "성매매 공간에서조차 여성의 경험은
동일하지 않을 뿐더러 정체성이 고정되어 있지도 않"으며,38) 성매매에 대한
"모든 '진실'은 부분적이고 맥락적이며 상황적"39)이라는 원미혜의 분석에
동의한다. 성매매는 균질의 단일현상이 아니고, 성매매 여성이 동일한 상황
에 처해 있는 것은 아니라 다양한 형태의 구조적 제약 속에 종속되어 있다고
할 때 우리는 각 형태의 성매매 마다 어떠한 설명과 대책이 적합한지를
검토해야 할 것이다.40) 예컨대, 이호중 교수는 포주에 얽매인 성매매와 프리
랜서 성매매라는 차이를 보이는 두 가지 성매매의 형태에 대하여 양자의
차이는 "정도의 차이에 불과"하고, 성매매여성에 대한 인격적 자율성의 침
해라는 점에는 동일하다고 강조한다.41) 양자는 그 본질에 있어서 동일할

---

37) 이 점에 대해서는 이성숙(각주 12), 53-80면을 참조하라.
38) 원미혜, "늑대를 타고 달리는 여자들과 함께", 막달레나의 집 엮음, 『용감한 여
　　성들, 늑대를 타고 달리는』(삼인, 2002), 48면(이하 '원미혜 I'로 약칭).
39) 원미혜 I(각주 38), 62면.
40) Bernstein(각주 21), at 117.
41) 이호중(각주 13), 28-29면.

수 있다. 그러나 이러한 본질환원론으로는 진실에 가까이 갈 수 없으며, 또한 각각에 부합하는 대책을 만들기 어려울 것이다.

참조로 상술한 1993년 유엔 총회의 '여성에 대한 폭력의 근절을 위한 선언'도 성매매 중 "강요된 성매매"만을 "여성에 대한 폭력"으로 명시하고 있음도 기억할 필요가 있다[제2조 (b)].

2. 성매매에 대한 대책

(1) 성판매자의 법적 지위 — '범죄인', '노동자' 또는 '피해자'?

성매매의 본질을 파악하는 의견 차이가 성매매에 대한 대책 차이로 이어지는 것은 당연하다. 어느 입장이건 인신매매나 '강요된 성매매'에 대한 형사처벌이 필요하다는 점에는 의견을 같이 하고 있지만, 단순 성매매에 대한 태도는 차이가 난다.

먼저 도덕주의적 접근의 성매매에 대한 대책은 '금지주의'(prohibitionism) 이다. 즉, 단순 성매매 행위를 포함하여 성매매 조장·알선행위 등 일체의 성매매 관련행위를 처벌하는 입법주의이다. 단순 성매매의 경우 판매자와 구매자 모두 처벌대상이 되는 '범죄인'으로 파악된다. '금지주의'를 채택하고 있는 나라는 우리나라를 비롯하여 중국, 베트남, 태국, 알바니아 등이 있으며, 미국의 뉴욕주 등 다수 주와 '모범형법전'(Model Penal Code § 251.2) 등도 같은 태도의 입법을 취하고 있다.[42]

여성주의의 경우 성매매여성에 대한 형사처벌에 반대한다는 점에서는 동일하지만, 그 외의 점에 대해서는 견해차이가 있다. 자유주의적 여성주의와 사회주의적 여성주의는 '비범죄화주의'나 '합법적 규제주의'라는 정책으로 나타난다.[43]

---

[42] 성매매 쌍방 중 구매자만 처벌하는 스웨덴의 입법을 '금지주의'에 포괄하여 설명하는 논자도 있으나[예컨대, 원미혜, "성매매를 방지하기 위한 전략들", 이화여자대학교 한국여성연구원, 『여성학논집』 제18호(2001), 233면(이하 '원미혜 II'로 약칭)], 이 입법의 사상적 배경은 후술한 '급진적 여성주의'에 입각하고 있으므로 별도로 분류하여 서술한다.

[43] 상술하였듯이 '홍실'은 성매매 조장·알선, 포주영업 등의 합법화도 주장하지만,

'비범죄화주의'(de-criminalization)[44]는 특정 지역과 시간에서 이루어지는 경우를 제외하고는 단순 성매매행위 쌍방을 처벌하지도 않고 합법적 직업으로 인정하여 관리·통제하지도 않는 정책이다. 잉글랜드, 프랑스, 이탈리아, 스페인, 덴마크 등이 이러한 태도를 취하고 있다. 그리고 '합법적 규제주의'(regulamentarism)는 단순 성매매를 합법으로 인정하고, 이에 대한 세금을 징수하고 등록증과 의료감시체계를 의무화하여 성매매를 규제하는 정책이다. 네덜란드, 독일, 스위스, 캐나다, 뉴질랜드 등이 대표적인 국가이며, 미국의 네바다주가 같은 입장을 취하고 있다. 이에 따르면 성매매는 일종의 '직업'으로, 성 매매 여성은 '노동자'로 관념되고 이들에 대한 노동법적·사회보장법적 지원을 수립하는 것이 중시된다.

마지막으로 급진적 여성주의는 '선택적 비범죄화'(selective de-criminalization) 입법으로 나타나고 있는데, 이는 성매매 조장·알선행위를 처벌하며, 성매매 쌍방 중 성구매자만을 처벌한다. 이 입장은 성매매를 성판매여성의 인격과 존엄에 대한 침해로 파악하므로, '자발성'의 외양을 띤 성매매라 할지라도 성판매여성은 '피해자'로 규정된다. 1998년 제정된 스웨덴의 '성적 서비스 구매금지법'에서 시작한 '노르딕 모델'(Nordic Model)이 대표적 입법례인데, 여기서는 경우 성판매 여성은 범죄 '피해자'로 규정되기에 처벌되지 않고, 성구매 남성만 처벌된다.[45]

이상의 시각 차이를 도해화하면 다음과 같다.

이를 채택하는 나라는 없다.

44) 이러한 입장을 '규제폐지주의'(abolitionism)라고 부르는데, 그것은 유럽국가에서 성매매를 합법화하고 이에 대한 규제를 폐지하는 운동에서 나온 개념이다. 그러나 우리 사회에서 '폐지주의'라는 개념은 '금지주의'와 같은 것으로 혼동되기 쉽기에 '비범죄화주의'라는 개념이 타당하다고 본다[원미혜 II(각주 42), 233면].

45) <중앙일보>(2013.12.18.)(http://article.joins.com/news/article/article.asp?total_id=13422483&cloc=olink|article|defaul: 2014.11.1. 최종방문); <오마이뉴스>(2014.9.24.)(http://www.ohmynews.com/NWS_Web/View/at_pg.aspx?CNTN_CD=A0002036019: 2014.11.1. 최종방문).

	보수적 도덕주의/ 도덕적 여성주의	자유주의적 여성주의	사회주의적 여성주의	급진적 여성주의
인신매매/ 강요된 성매매	형 사 처 벌	형 사 처 벌	형 사 처 벌	형 사 처 벌
단순 성매매의 본 질	도덕적 타락	선택으로서 의 노동	자본제적 모순으로서의 노동	여성에 대한 폭력
단순 성매매의 조장·알선	형 사 처 벌	불처벌/형사처벌	형 사 처 벌	형 사 처 벌
단순 성판매 여 성	형 사 처 벌	불 처 벌	불 처 벌	불 처 벌
단순 성구매 남 성	형 사 처 벌	불 처 벌	불 처 벌	형 사 처 벌

(2) 특정 '여성주의'의 틀을 벗어난 '상황적 전략'의 필요성

성매매를 역사와 함께 시작된, 그리고 앞으로도 없어지지 않을 범죄라고 파악하고 성매매의 근절이 사실상 불가능하다면 감소시키거나 부작용만이라도 줄일 수 있는 방법을 모색하는 입장 ―'비범죄화주의' 및 '합법적 규제주의'― 과, 성은 결코 상품관계의 교환대상이 될 수 없으며 성매매는 여성에 대한 인권유린을 보장하는 폭력이므로 어떠한 합법성 부여도 허용할 수 없으며, '비범죄화주의'나 '규제주의'는 성매매를 제도화·영속화(永續化)시킬 뿐이라고 보는 입장 사이에는 너무나 큰 간극이 존재한다.

그런데 현재 한국 사회에는 성매매에 대한 법적 대책은 '금지주의' 수준을 벗어나지 못하고 있다. 그 결과 그 입장에서 일탈하는 대책을 제출하는 것은 비난의 대상이 되기 십상이다. 예컨대, 미성년자 성매매와 포주의 횡포를 근절하는데 앞장서 온 김강자 전(前) 종암경찰서장은 2000년 한국여성단체협의회로부터 제16회 '올해의 여성상' 수상자로 선정되었으나, 2001년 '제한적 합법화'를 제안하였다가 여성단체로부터 맹렬한 비판을 받은 바 있다.46)

---

46) 김강자 씨의 입장에 대해서는 이하 인터뷰를 참조하라. <뉴스메이커> 제595호 (2004.10.21.)(http://weekly.khan.co.kr/khnm.html?mode=view&code=115&art_id=8305: 2014.11.1. 최종방문), <경향신문>(2013.1.13.)(http://news.khan.co.kr/kh_news/khan_

'비범죄화주의' 또는 '합법적 규제주의'의 정당성과 실효성을 주장하는 경우에도, 우리 사회의 성매매 현실을 고려하자면 성매매 목적의 인신매매, 성매매의 강요·알선·조장행위에 대한 단호하고 지속적 형사처벌을 요구하는 것은 여전히 필요하다. '비범죄화주의' 또는 '합법적 규제주의'가 실현되고 있는 나라의 성매매 실태는 '비고용형 성매매'가 주종을 이루고 있지만, 우리나라의 경우는 그렇지 않다. 다수 성판매여성은 포주 등 중간매개자에 종속되어 있기에, '비범죄화주의' 또는 '합법적 규제주의'가 전제하는 성매매여성과 성구매남성 간의 자율적 '계약'의 토대가 형성되어 있지 않은 것이다.

한편 성은 인간의 인격과 너무도 밀접하게 연결되어 결코 매매되어서는 안 되는 "시장 양도불가능성"(market inalienability)[47]을 가지는 바 "성노동은 없다."라고 주장하는 입장에 선다고 하여, 바로 이 순간 "성을 파는 사람들이 놓인 열악한 현실에서 자신을 지킬 수 있는 방법을 찾아주는 것도 또한 중요한 과제"[48]임을 간과해서는 안 된다. 이나영 씨의 지적처럼, "탈성매매여성의 자활대책뿐만 아니라 현재 현장 속에 있는 사람들이 실제 성적 교환의 관계에서 얼마나/어떻게 "통제권을 지닐 수 있는가"하는 문제에 대해서도 지속적으로 고민해야" 한다.[49]

예컨대, 성매매시 콘돔을 사용하자는 '홍실'과 COYOTE의 "안전한 성교 캠페인"(Safe Sex Campaign), 성매매에 기초한 법적 청구권을 인정한 독일 '성매매법'(Prostitutionsgesetzs) 제1조, 성매매행위시 콘돔 사용을 의무화하고 있는 네덜란드[50]와 미국 네바다주 입법,[51] 그리고 독일 '연방전염병법'[52]

---

art_view.html?code=940202&artid=201301132229445: 2014.11.1. 최종방문), <한국경제> (2013.1.27.)(http://www.hankyung.com/news/app/newsview.php?aid=2013012760911: 2014.11.1. 최종방문) 등.

47) Peggy Radin, "Market Inalienability", 100 *Harv. L. Rev.* 1928(1985).

48) 원미혜 I(각주 38), 59면. 그녀가 드는 예로는 손님과 업주와 협상하는 법, 보다 안전한 성거래 방법, 자신을 보호할 수 있는 다양한 방법, 돈 모으는 법, 마약과 약물, 건강, 법적 문제, 자녀 양육 문제 등이 있다(*Ibid.*).

49) 이나영, "성매매: 여성주의 성정치학을 위한 시론", 한국여성학회, 『한국여성학』 제21권 제1호(2005), 73면.

50) Jessica N. Drexler, "Governments' Role in Turning Tricks: The World's Oldest Profession in the Netherlands and the United States", 15 *Dick. J. Int'l L.* 201, 221,

등에 대하여 단지 성매매를 "정상화"시키는 것에 불과하다고 비난할 수는 없을 것이다.[53] 2001년 한국 대법원은 성매매여성이 상대방으로부터 금품을 받기로 하고 성행위를 하였으나 대가를 받지 못한 사건에서 성적 서비스를 사기죄의 객체로 보고 사기죄를 인정하였는데,[54] 이를 '성의 상품화'를 인정한 판결이라고 비난해야 할 것인가?

요컨대, 지금까지 제출되고 실험된 성매매에 대한 여러 대책에 대한 평가와 수용은 특정 여성주의에 얽매여 이루어져서는 안 된다. 이러한 관점에서 나는 '성매매 근절'을 위한 "일관적이고 단선적인 전략이 존재할 수 없으며 다양한 '상황적 전략들'만이 있을 뿐"[55]이라는 원미혜 씨의 견해에 동의한다. 그녀는 다음과 같이 묻는다. "어떤 금지법과 정책이 성매매를 근절할 수 있겠는가? 또 어떤 합법화라고 해서 성을 파는 여성의 지위를 완전히 향상시킬 수 있겠는가?"[56] 우리 사회의 성매매 문제해결은 특정 여성주의의 교설(敎說)의 설파에서가 아니라, 성매매에 대한 각 여성주의의 문제의식을 모두 온전히 평가하고 그 합리적 핵심을 수용하여 한국 사회의 성매매에 대한 구체적 분석과 그에 기초한 구체적 대책을 만드는 것에서 시작해야 한다.

그리고 우리 사회에서 일어나고 있는 성매매의 본질과 대책에 대한 논의에서는 성매매 여성 자신의 목소리는 드러나지 못하고 있는바, Red Thread, COYOTE, ECP, WHISPER 등의 예를 따라 ―그 노선이 무엇이든 간에― 성매매여성들의 직접적 목소리가 더 크게 울려나오기를 희망한다.[57] 성매매의 해결은 다른 누구도 아닌 바로 그 모순의 담지자인 성매매

227(1996) 참조.
51) Nev. Admin. Code ch. 441A, 805(1998).
52) Bundesseuchengesetz, § 34.
53) 예컨대 급진적 여성주의자인 배리는 이러한 맥락에서 서구 국가가 제3세계 성매매 여성에게 콘돔을 제공하는 것을 비판하고 있다[Barry(각주 30), 297면].
54) 대법원 2001.10.23. 선고 2001도2991 판결.
55) 원미혜 I(각주 38), 62-63면.
56) Ibid. 62-63면.
57) 묻혀 있던 성매매 여성의 자치조직활동의 역사에 대한 생생한 보고로는 엄상미, "어떤 역사", 막달레나의 집 엮음, 『용감한 여성들, 늑대를 타고 달리는』(삼인,

여성 자신의 자각과 실천으로 통해서 시작하는 것이므로.

Ⅲ. 성매매 관련 개별행위에 대한 평가와 대책

이 장에서는 현재 우리나라의 현행 법률과 판례 및 국내법적 효력을 갖는 국제협약이 성매매에 대하여 어떠한 태도를 취하고 있는가를 개괄함과 동시에, 이상에서 제시한 저자의 관점에 기초하여 현행 법률과 판례의 문제점을 검토하기로 한다.

1. 성매매 목적의 인신매매[58]

먼저 가장 불법성이 높다고 할 수 있는 성매매 목적의 인신매매에 대해서는 형법상 영리목적약취·유인죄(형법 제288조 제1항), 추업(醜業)사용목적 부녀매매죄(형법 제288조 제2항), 약취·유인·매매된 자의 수수·은닉죄(형법 제292조) 등이 규정되어 있고, 특정범죄가중처벌등에관한법률은 이상의 죄를 가중처벌하고 있다(동법 제5조의2 제4, 6, 8항). 성매매처벌법 역시 이를 금지하고 있다(동법 제2조 제1항 제3호). 여기서 '약취'는 폭행, 협박을, '유인'은 기망, 유혹을 수단으로 사용한다는 점에서 구별되며, '매매'는 부녀의 신체를 유상으로 물건과 같이 상대방에게 교부하고 상대방은 이에 대하여 사실상의 지배를 취득하는 것을 말한다.

한편 우리 정부가 가입하여 국내법적 효력을 갖는 성매매 관련 대표적인 국제협약을 보자. 1949년에 제정되어 한국 정부가 1962년 가입한 '인신매매 금지 및 타인의 성매매의 착취 금지에 관한 협약'(Convention for the Suppression of the Traffic in Persons and of the Exploitation of the Prostitution of

---

2002)을 참조하라.

58) 2014년 미국 국무부의 '인신매매보고서'(Trafficking in Persons Report)는 한국을 인신매매의 송출지, 경유지 및 목적지로 지적하고 있다(http://www.state.gov/documents/organization/226847.pdf: 2014.11.1. 최종방문).

Others; 이하 '1949년 협약')[59] 제1조는 "성매매를 목적으로 타인을 ―동의가 있다 할지라도― 소개, 유혹 또는 유괴(procures, entices or leads away)하는 자, 합의 여부에 불구하고 타인의 성매매를 착취(exploits)하는 자"(강조는 인용자)에 대한 처벌(제1조)을 선언하고 있다. 1979년 제정되었고 한국 정부가 1984년 가입한 '여성차별철폐협약'(Convention on the Elimination of All Form of Discrimination Against Women: CEDAW)[60] 제6조에 "당사국은 여성에 대한 모든 형태의 인신매매 및 성매매의 착취를 금지하기 위하여 입법을 포함한 모든 적절한 조치를 취하여야 한다"라고 규정하고 있다.

여기서 성매매 목적의 인신매매에 대한 국내법과 국제법의 태도에 일정한 차이가 있음을 확인할 수 있다.[61] '1949년 협약'에 따르면 여성의 동의가 있었다 하더라도 그 여성을 성매매 목적으로 매매하는 것은 처벌되어야 하는데, 우리 형법 제288조 추업사용목적 부녀매매죄의 경우는 그 부녀의 동의가 있다면 범죄가 성립하지 않을 수 있다.

대법원은 봉제공장의 공원으로 일하던 18세가량의 소녀를 팔아넘긴 피고인의 행위가 동죄에 해당하는가를 검토하면서, "매도인이 매매당시 부녀자를 실력으로 지배하고 있었는가 여부 즉 계속된 협박이나 명시적 혹은 묵시적인 폭행의 위협 등의 험악한 분위기로 인하여 보통의 부녀자라면 법질서에 보호를 호소하기를 단념할 정도의 상태에서 그 신체에 대한 인계인수가 이루어졌는가의 여부"에 따라 판단하고 있는 바,[62] 여성에 대한 "실력적 지배"가 없고 당해 여성의 동의가 존재한다면 동죄의 성립을 부정할

---

59) 96 U.N.T.S. 271, approved by General Assembly resolution 317(IV) of 2 December 1949, entry into force 25 July 1951, in accordance with article 24.
60) G.A. Res. 34/180, U.N. GAOR, 34th Sess., Supp. No. 46, at 193, U.N. Doc. A/RES/34/180(1980).
61) 단, '1949년 협약' 제12조는 이 협약상의 범죄는 가입국의 국내법에도 부합해야 한다는 원칙을 존중한다고 밝히고 있다.
62) 대법원 1992.1.21. 선고 91도1402 판결. 파기된 원심판결은 18세가량의 소녀로서 특별한 사정이 없는 한 그 정도의 연령이면 인격의 자각이 있고 법질서에 보호를 호소할 수 있는 판단능력을 가지고 있다고 보아야 할 것이라고 인정하여 부녀매매의 객체가 될 수 없다는 취지로 판시하였다(서울고등법원 1991.4.12. 선고 91노461 판결).

가능성이 엿보인다. 그러나 이 죄에서 '매매'는 부녀의 의사에 반하는 강제적인 매매를 의미하는 것이 아니기에, 매매의 객체인 부녀가 동의한 경우라고 하더라도 죄가 성립한다고 보아야 한다.[63] 인신매매에 대한 여성의 진정한 '동의'가 가능한가에 대한 의문이 있고, '동의'에 의한 부녀매매를 인정한다는 것은 헌법에 위반되는 사고일 것이다. 이는 형법 제303조 제2항의 피구금부녀간음죄의 성립이 당사자의 동의 여부와 무관한 것과 같은 취지이다.

2. 성매매 알선 등의 행위

성매매처벌법은 성매매를 "알선·권유·유인·강요"하는 행위를 처벌한다(제2조 제1항 제2호, 제19조 제1항 제1호). 풍속영업의 규제에 관한법률은 식품접객업, 숙박업, 이용업, 목욕장업, 비디오물감상실업, 노래연습장업 및 일반게임장업 등 '풍속영업소'에서 성매매알선행위를 하는 것을 처벌한다(동법 제3조 제1호, 제10조). 직업안정법은 성매매행위에 취업하게 할 목적으로 직업소개·근로자 모집 또는 근로자공급을 한 자를 처벌한다(제46조 제1항 제2호).

단순 성매매행위자와 달리, 직업적으로 성매매행위자를 공급하고 성매매행위를 매개하는 중간매개자에 대한 형법적 개입이 필요하다는 점에는 형법학계에서 이견이 없다고 보인다. 우리 사회 성매매의 상당수는 포주 등 중간매개자에 의해 매개되고 성판매자는 중간매개자에게 종속되어 있는 경우가 다수이므로, 이 때 "여성의 성을 파는 자는 여성 자신이 아니라 성매매 알선업자"[64]이라고 할 수 있다. 따라서 이 경우 성판매여성의 ―자유주의적 여성주의식의 시각을 채용하더라도― 자율적 '선택'의 폭은 극도도 좁아진다. 그리고 급진적 여성주의에 동조하는 이호중 교수의 경우는, 중간

---

63) 임웅, 『형법각론』(개정판, 2003), 156면.
64) 조영희, "상품에 불과한 성매매 여성에 웬 자발성", 『월간 말』 2002년 7월호, 104면.

매개자는 "폭력적 남성지배의 권력을 유지하는데 기여하고 그럼으로써 남성에 대비되는 여성의 사회적 지위와 "여성성"을 지배종속적인 상태에 묶어두는 역할을 하기 때문"이라고 논거에서 중간매개자에 대한 처벌의 근거를 제시하고 있다.65)

그런데 성매매처벌법은 민주주의 형법의 원칙의 관점에서 볼 때 몇 가지 문제점을 갖고 있다. 폭행·협박·기망·유혹 등이 사용하는 성매매의 강요·유인·알선 행위는 타인의 의사결정을 침해하여 성매매를 하게 만드는 것이므로 형사처벌의 필요성이 인정된다. 그러나 이에 비하여 타인의 의사결정에 대한 침해가 없거나 경미한 성매매의 '권유'가 형사처벌의 대상이어야 하는가에 대해서는 의문이 있다. 형사처벌의 대상이 되는 '권유'의 정도가 어느 정도인지 불명확하고, 성매매의 '권유'만으로 형법이 바로 개입해야 한다는 것은 국가형벌권의 과잉을 필연적으로 초래할 수밖에 없다.

둘째, 성매매처벌법은 "성매매의 장소를 제공하는 행위"를 금지한다(제2조 제1항 제2호 나목). 여기서 영업목적이나 또는 그 장소가 성매매행위에 사용된다는 것을 아는 '지정(知情)고의'는 필요 없다. 이 규정에 따르면 여관 등 숙박업소에서 성매매가 이루어진 것이 사후에 밝혀진 경우에도 주인은 처벌대상이 되며, 자신의 친구가 성을 구매할 수 있도록 자신의 거처를 빌려준 사람도 처벌 대상이 될 수 있는바 이는 과도한 형벌권 행사가 아닐 수 없다. 동죄를 목적범으로 변경하거나 '지정고의'를 추가할 필요가 있다.

상술한 '1949년 협약' 제1조는 합의 여부와 관계없이 성매매의 강요·조장행위의 처벌을 명시하면서, 제2조는 성매매업소(brothel)를 소유하거나 경영하고 또는 그에 필요한 재정을 "그 뜻을 알면서"(knowingly) 제공하거나 또는 제공하는데 관여한 자, 타인의 성매매를 목적으로 가옥이나 장소 또는 그 일부를 "그 뜻을 알면서" 대차 또는 제공한 자에 대한 처벌을 규정하고 있음을 참조로 해야 할 것이다.

---

65) 이호중(각주 13), 30면.

3. 단순 성매매

성매매처벌법은 성매매 자체를 범죄로 규정하고 형벌을 부과한다(제4
조 제1호, 제21조). 즉, "성매매를 한 사람은 1년 이하의 징역이나 300만원
이하의 벌금·구류 또는 과료(科料)에 처한다." 동시에 동법은 "검사는 성매
매를 한 사람에 대하여 사건의 성격·동기, 행위자의 성행(性行) 등을 고려하
여 이 법에 따른 보호처분을 하는 것이 적절하다고 인정할 때에는 특별한
사정이 없으면 보호사건으로 관할법원에 송치하여야 한다"(제12조 제1항),
"법원은 성매매 사건의 심리 결과 이 법에 따른 보호처분을 하는 것이 적절
하다고 인정할 때에는 결정으로 사건을 보호사건의 관할법원에 송치할 수
있다"(제12조 제2항)라고 규정하여 성매매 사건이 '보호사건'으로 처리되는
길을 열어놓고 있다.66)

앞에서 성매매 목적의 인신매매나 성매매의 알선 등의 행위에 대한
형사제재에 대해서 동의가 형성되어 있다. 그러나 단순 성매매행위 자체에
대하여 형사제재를 가할 것인가는 중대한 견해 차이가 존재한다.

성매매처벌법은 (구)윤락행위방지법과 마찬가지로 성매매행위를 범죄
화하고 있기에 성판매여성도 범죄화되었던바, 많은 비판이 제기되고 있다.
성판매자는 사회적 약자로 보호·선도의 대상이지 형벌의 대상은 아니다,
범죄화는 성판매자의 갱생의욕을 방해한다, 각국의 입법례나 국제협약을
보더라도 성판매자를 처벌하는 예는 거의 없다, 단순 성매매행위에 대한
처벌은 성매매조장행위에 대한 수사에 대한 협력을 기대할 수 없게 만든다
등이 그 비판의 요지이다.67) 칼린 메이어의 말을 빌자면,

---

66) 가능한 '보호처분'의 내용으로는 (i) 성매매가 이루어질 우려가 있다고 인정되는
   장소나 지역에의 출입금지, (ii) 「보호관찰 등에 관한 법률」에 따른 보호관찰,
   (iii) 「보호관찰 등에 관한 법률」에 따른 사회봉사·수강명령, (iv) 「성매매방지 및
   피해자보호 등에 관한 법률」 제10조에 따른 성매매피해상담소에의 상담위탁, (v)
   「성폭력방지 및 피해자보호 등에 관한 법률」 제27조 제1항에 따른 전담의료기관
   에의 치료위탁 등이 있다(제14조 제1항).
67) 오영근·박미숙, 『윤락행위등방지법에 관한 연구』(형사정책연구원, 1996), 62면.

"불행히도 범죄화는 성판매자를 위해, 그리고 우리의 성생활을 성판매여성의 성생활과 대비하여 사고하며 착각하는 우리를 위해 사태를 악화시킬 뿐이다. 범죄화는 성판매자를 일탈자, 범죄인으로 정의함으로써 우리가 모든 여성과 남성을 가부장적 성의 "정상적"인 제도 · 이데올로기의 남용 속에 가두도록 돕는 것이다."68)

이러한 비판을 의식하여 성매매처벌법은 "성매매피해자의 성매매는 처벌하지 아니 한다"(제6조 제1항)라고 규정하고 있다. 이는 "피해자의 인권 보장 관점에서 분명히 진일보한 입법자의 선택"이었다.69) 그러나 법상 '성매매피해자'는 '강요된 성매매'의 피해자를 의미한다.70) 따라서 단순 성매매행위자는 포함되지 않는다.

사실 자유주의, 사회주의, 급진주의 등 어느 여성주의도 성매매여성에 대한 형사처벌에 동의하지 않는다. 그러나 성매매처벌법 제정 당시 다수의 여성운동단체는 성판매여성의 범죄화에 동의하였던바, 이는 도덕적 여성주의와 급진적 여성주의가 암묵적으로 타협한 결과로 보인다. 전자는 성매매행위자 쌍방 처벌을 원하고 있었고, 후자는 성구매자만의 처벌을 원하고 있었으나 '성매매피해자' 개념의 도입을 매개로 하여 성매매 쌍방에 대한 원칙적 범죄화에 합의한 것이다. 이 점을 포착하며 김은경은 성매매처벌을 둘러 싼 한국 여성주의 운동의 담론이 "구체적인 정책방향과 실천론에 있어선 오히려 도덕주의 및 온정주의와 일정하게 결합된 부르조아 페미니즘과

68) Carlin Meyer, "Decriminalizing Prostitution: Liberation or Dehumanization?", 1 *Cardozo Women's L. J.* 105, 120(1993).
69) 박찬걸, "성매매처벌법상 성매매피해자 규정에 대한 검토", 한국피해자학회, 『피해자학연구』 제20권 제1호(2012), 351면.
70) 동법이 정하는 '성매매피해자'는 다음과 같다(제3조 제1항 제4호). (i) 위계, 위력, 그 밖에 이에 준하는 방법으로 성매매를 강요당한 사람, (ii) 업무관계, 고용관계, 그 밖의 관계로 인하여 보호 또는 감독하는 사람에 의하여 「마약류관리에 관한 법률」 제2조에 따른 마약 · 향정신성의약품 또는 대마에 중독되어 성매매를 한 사람, (iii) 청소년, 사물을 변별하거나 의사를 결정할 능력이 없거나 미약한 사람 또는 대통령령으로 정하는 중대한 장애가 있는 사람으로서 성매매를 하도록 알선 · 유인된 사람, (iv) 성매매 목적의 인신매매를 당한 사람.

더 친화력을 보인다"[71]라고 날카롭게 지적한 바 있다.

성매매관련 국제협약은 국제법은 성매매 여성에 대한 형사처벌과 행정적 규제에 대하여 명시적으로 반대하고 있다. 대표적으로 '1949년 협약' 제6조는 협약 가입국은 "성매매 종사자 또는 종사용의자가 특별등록, 특별문서의 소유 또는 감독과 통고에 관한 특별한 요건에 따르도록 하는 모든 현존 법률, 규칙 또는 행정규정을 폐지하는 조치"를 취해야 한다고 규정하고 있으며, 1979년 '여성차별철폐협약' 제2조 (g)는 여성에 대해 차별적인 모든 국내법상 형사처벌규정을 삭제할 것을 요구하고 있다.

한편, 보다 어려운 문제는 성구매자의 범죄화 여부이다. 급진적 여성주의는 성구매자, 특히 성구매 남성은 남성 지배권력의 대리인이므로 성판매자는 피해자, 성구매자는 범죄인이라고 파악하며 —청소년의 성을 구매하는 경우와 같이— 성인간의 성매매의 경우도 구매자만을 처벌하는 '차별적 범죄화'를 선호한다.[72] 2013년 김상희 의원이 대표발의한 '성매매알선 등 행위의 처벌에 관한 법률 일부개정법률안'[73]은 '성매매피해자'의 정의를 "성을 파는 행위를 하는 사람"으로 변경하여 성판매자를 처벌대상에서 제외시켰고, 같은 해 남인순 의원이 대표발의한 '성매매방지 및 피해자보호 등에 관한 법률 전부개정법률안'[74]은 '성매수자'만 처벌하고 '성매수 대상자'는

---

71) 김은경, "성매매에 대한 페미니즘 담론과 형사정책 딜레마", 한국형사정책학회, 『형사정책』 제14권 제2호(2002), 66면. 단, (구)민주노동당 여성위원회의 경우는 급진적 여성주의의 입장에 충실하게 성매매여성의 비범죄화를 주장하고 있다(최현숙, "성매매 여성에게 죄를 물어서는 안 된다", 『월간 말』 2002년 9월호, 176-177면).

72) Julie Lefler, "Shining the Spotlight on Johns: Moving Toward Equal Treatment of Male Customers and Female Prostitutes", 10 Hastings *Women's L. J.* 11(1999); Minouche Kandel, "Whores in Court: Judicial Processing of Prostitutes in the Boston Municipal Court in 1990", 4 *Yale J. L. & Feminism* 329(1992); Margaret A. Baldwin, "Strategies of Connection: Prostitution and Feminist Politics", 1 *Mich J. Gender & L.* 65, 68(1993). 배리의 경우는 초기에는 성판매여성의 범죄화를 옹호하였으나, 이후 이 입장을 포기하고 성구매자의 처벌을 주장하는 쪽으로 전환한다[Barry(각주 30), at. 298].

73) 의안번호 5246(2013.5.31.).

74) 의안번호 6804(2013.9.12.).

피해자로 규정하고 있는바, 이 두 법안은 바로 이러한 정책을 입법화하려는 시도이다.

그러나 저자는 '차별적 범죄화' 정책에 동의할 수 없다. 먼저 성인간 성매매이건 성인과 미성년간간의 성매매이건 그 '본질'에서는 동일하다고 말할 수는 있겠으나, 두 유형의 성매매의 불법성 사이에는 분명한 차이가 있다. 성매매여성의 단순 성판매행위의 본질을 "구조적으로 제약된 자발성"[75]으로 파악하더라도, 여성이 적극적으로 남성고객을 물색하고 성매매를 권유하면서 성매매가 이루어진 경우에도 성매매본질론에 따라 여성은 '피해자,' 남성은 '범죄인'이라고 단정하는 것은 과도한 단순논리이다.[76] 성매매 과정에서 성구매자가 폭행과 협박 등을 사용했다면 당연히 별도 범죄로 처벌되어야 한다. 그러나 쌍방 합의하에 이루어진 성매매 —판매자에게 불리한 사회구조 속에서 이루어졌다고 하더라도— 에서 성구매자만 처벌한다는 정책은 전문가는 물론 대중의 지지도 얻기 힘들 것이다. 또한 성년간 성매매에 대한 '차별적 범죄화' 정책은 당장 위헌논란을 불러일으킬 것이다.

이러한 맥락에서 저자는 원칙적으로 단순 성매매 행위자 쌍방에 대한 비범죄화를 주장한다('비범죄화주의'). 형사정책적 관점에서 현재 수사기관의 인력과 업무량, 성매매 관련자의 수 등을 고려할 때 현재와 같은 단순 성매매행위자 쌍방의 범죄화는 선택적 법집행 및 그에 수반하는 단속자와 피단속자 간의 유착과 비리 등의 문제점을 재생산할 것이 분명하다. 만약 단순성매매 행위자 모두를 지속적으로 철저히 처벌하겠다면 경찰력의 대대적 증강이 필수적으로 요구되는바, 이는 바로 성매매행위자를 포함한 시민 전체의 자유를 위협하는 '경찰국가'의 길을 여는 것임을 유념해야 할 것이다.

만약 현시기 성매매의 전면적 비범죄화에 대한 부담이 있다면, '성매매

---

75) 이호중(각주 13), 25면.
76) 성판매여성의 비범죄화와 성구매남성의 범죄화를 지지하는 이호중 교수도, 성매매의 근절이 성적 착취를 구조화하는 질서의 개혁이 아니라 특정 맥락에서 성을 사는 남성들에 대한 형사처벌로만 초점이 맞추어지는 것에 대해서는 경계를 보이고 있다[이호중(각주 13), 31면].

피해자' 개념을 확대하는 방안도 우회로가 될 것이다.[77] 그리고 단순 성매매 쌍방을 원칙적으로 '보호사건'으로 처리하여 먼저 '보호처분'을 부과하고 그 경과를 보면서 형사사건화하는 '보호사건 전치(前置)주의'를 채택하는 것도 대안이 될 수 있을 것이다.

　　사실 단순 성매매의 경우는 이를 범죄화할 것인가 여부에 대한 이론적 논쟁보다 더욱 중요한 것은 성매매 근절을 위한 다양한 비(非)형사적 사회·문화적 조치의 개발과 운영이다. '금지주의'를 취하는 나라의 경우 성판매자의 탈성매매를 위한 복지서비스를, '비범죄주의'나 '합법적 규제주의'를 취하는 나라는 현직 성판매자가 당면하고 있는 위험요소를 줄이기 위한 복지서비스를 활발히 시행하고 있다. 각종 수강프로그램, 직업전환 프로그램, 주거시설 제공 등이 전자의 예이고, 위기전화, 현장접근 서비스, 일시 쉼터·숙소 제공, 상담실 운영, 건강 및 보건 서비스, 법률상담 등이 후자의 예이다. 그리고 이러한 프로그램 운영에 있어서 민간단체가 주도하고 국가는 후원하는 시스템, 그리고 전·현직 성산업 종사자들 자신에 의한 프로그램 운영 등이 중요하다고 생각한다.[78] 그리고 성구매자에 대해서는 성구매자 교육프로그램(John School), 성구매자 상담서비스 등의 프로그램 역시 도입이 검토되어야 할 것이다.[79]

IV. 맺음말

　　감금시설에서 빠져 나올 수 없어서 5명의 성매매 여성이 사망하였던 2000년 군산화재참사는 우리 사회에 죽음으로써만 벗어날 수 있는 현대판

---

77) 박찬걸(각주 69), 351-352면; 정현미, "성매매방지정책의 검토와 성매매처벌법의 개정방향", 이화여자대학교 법학연구소, 『법학논집』 제18권 제2호(2014), 224-225면.
78) 상세한 것은 원미혜 II(각주 42), 241-250면을 참조하라. '존 스쿨'에 대한 연구로는 박혜진, "성매매재범방지정책으로서 "존 스쿨(John School)"에 대한 평가와 제언", 한국비교형사법학회, 『비교형사법연구』 제15권 제2호(2013)을 참조하라.
79) *Ibid.* 238-241면.

노예제가 존재함을 보여주었다. 이러한 일이 있을 때마다 '성매매 근절,' '단속강화'의 구호가 외쳐지지만 그것은 그리 오래가지 못하였다. 현 시기 이러한 상황을 타개하기 위해 국가·사회적 차원의 계획과 노력이 필요함은 두말할 나위가 없다. 일체의 '강요된 성매매'의 발본색원을 위한 집중적 노력, 성매매 알선 등 중간매개자에 대한 철저한 단속과 처벌은 지속적으로 이루어져야 한다.

그렇지만 이러한 처벌전략이 단순 성매매행위자 쌍방을 처벌하는 쪽으로 매몰된다면, 이는 여성주의와 민주주의 형사법의 원칙에 반하며 그 효과 역시 의심스럽다. 이러한 맥락에서 저자는 성매매에 대한 형사정책은 "성매매로부터 성착취로" 초점을 옮겨져야 한다는 김은경 박사 등의 제언에 동의한다.

"성매매 일반을 포괄적으로 통제하려는 현행 정책은 여성과 업주, 고객을 일종의 공범관계로 다루려는 관점을 포기하지 않기 때문에, 형사법적 실무과정에서 성매매 시장에 상존하고 있는 '실력적 지배' 및 '성착취'의 심각성을 희석시킴으로써 오히려 성매매와 연관된 범죄문제를 보다 음성적으로 심화시키는 경향이 있다. 성매매에 대한 정책방향은 무엇보다도 성매매와 뒤엉켜져 다소 모호해진 "성착취"개념을 주축으로 통제전략을 개발하는 "관점의 전환"이 요구된다."[80]

이와 동시에 지금까지 성매매에 대한 형벌중심적 대책에서 벗어나 비(非)형사적 정책을 수립할 것이 긴요하다고 본다. 성매매여성이 성매매산업을 벗어나기 위해서는 이들을 위한 일자리와 복지가 필요하다.[81] 이를 위한 꾸준한 예산책정과 정책집행 없이 성매매여성에 대한 비난과 처벌을 반복하는 것은 안이하면서도 잔인한 처사이다. 김강자 전 총경은 말한다.

---

80) 김은경 외(각주 1), 400면.
81) 이에 대해서는 김용화, "성매매여성의 탈성매매 지원방안에 관한 연구: 성매매 방지 기금/예산 조성을 중심으로", 성균관대학교 법학연구소, 『성균관법학』 제22권 제3호(2010)을 참조하라.

"내가 생계비나 일자리를 줄 수도 없고, 국가가 도와줄 수도 없는 상황에서 무조건 단속만 하는 것이 능사가 아니다."[82]

그리고 성매매 근절의 '당위'를 강조하는 것만큼, 성매매 여성이 보유해야 할 구체적 권리를 확정하고 법제화하는 작업이 시급하다. 성매매와의 투쟁을 고창(高唱)하면서도, 실제 성매매 여성을 처벌하는 것에 급급하거나 그들의 현실적 고통과 불이익을 덜어내는 작업에 소홀히 한다면 그것은 새로운 '억압'이 될 것이다.[83] 이론이 또 하나의 '억압'이 되지 않으려면 특정 '여성주의'의 틀에 얽매이지 않고 유연한 '상황적 전략'을 수립하는데 고민을 집중하고, '갈보'로 낙인찍힌 채 '비인간'으로 살아가야 하는 성매매 여성의 자주적 조직화와 공개적 발언을 고무·원조하고 성매매 현장에서의 구체적 권익을 보호하는 일이 필요하다.

---

82) <경향신문>(2013.1.13.)(http://news.khan.co.kr/kh_news/khan_art_view.html?code=940202 &artid=201301132229445: 2014.11.1. 최종방문).
83) 이러한 점에서 독일 녹색당이 애초의 급진적 여성주의 시각에서 벗어나 '선택'을 중시하는 성매매여성의 운동에 귀를 기울이게 된 것은 시사하는 바가 크다. 이에 대해서는 Margarete von Gale, "Prostitution and the Law in Germany", 3 *Cardozo Women's L. J.* 349(1996)을 참조하라.

제 **5** 부

집단적 표현

제17장

초·중·고등학교 교원 정치활동의 범죄화 비판

"근무 중인 때와 그렇지 않은 때, 근무지와 근무지 바깥, 법률에 정해진 방법과 그렇지 않은 방법을 구분하지 않고, … 1년 365일(휴일 또는 휴강 중에도 불구하고), 하루 24시간(퇴근 후 일상생활 속에서도) 정치적 자유를 박탈하는 것은 한국판 카스트제도로 인식될 수 있다."

(정영태)

I. 들어가는 말 — 교원 및 교원단체의 정치활동을 엄격히 금지하는 법현실과 변화의 단초

현행법은 초·중·고등학교 교원 개인의 정치활동은 물론 교원단체의 정치활동을 엄격히 금지하고 있다. 먼저 교육기본법 제6조 제1항은 "교육은 교육 본래의 목적에 따라 그 기능을 다하도록 운영되어야 하며, 정치적·파당적 또는 개인적 편견을 전파하기 위한 방편으로 이용되어서는 아니 된다."라고 규정하면서 '교육의 정치적 중립성'을 선언하고 있으며, 동법 제14조 제4항은 "교원은 특정한 정당이나 정파를 지지하거나 반대하기 위하여 학생을 지도하거나 선동하여서는 아니 된다."라고 규정하고 있다.

정당법에 따라 대학의 총장, 학장, 교수, 부교수, 조교수, 전임강사는 정당가입과 정치활동이 허용되지만(동법 제22조 제1항 제1, 2호), 초·중·고등학교 교원의 경우는 전면적으로 금지된다. 국가공무원법 제65조는 공무원이 정당 또는 기타 정치단체의 결성에 관여하거나 가입하는 것을 금지(제1항)함은 물론, "선거에서 특정 정당 또는 특정인을 지지 또는 반대하기 위한 정치 운동의 금지"(제2항)를 규정하고 있고, 동법 제66조 제1항은 '사실상 노무에 종사하는 공무원'을 제외하고는 공무원이 "노동운동이나 그 밖에 공무 외의 일을 위한 집단 행위"를 하는 것을 금지하고 있다. 또한 정당법 제22조는 공무원이 정당의 발기인이나 당원이 되는 것을 금지하고 있다. 따라서 공무원 신분을 갖는 국공립학교 교원의 정치활동은 금지된다. 또한 사립학교법 제55조에 따라 사립학교 교원의 복무에 관하여는 국공립학교 교원에 관한 규정이 준용되고, 동법 제58조 제1항 제4호는 사립학교의 교원이 "정치운동을 하거나 집단적으로 수업을 거부하거나 또는 어느 정당을 지지 또는 반대하기 위하여 학생을 지도, 선동한 때" 교원을 면직시킬 수 있도록 규정하고 있다. 그리고 교원의 노동조합 역시 '교원의 노동조합 설립 및 운영 등에 관한 법률'(이하 '교원노조법'으로 약칭) 제3조에 따라 "일체의 정치 활동"이 금지된다.

이런 법현실에 대하여 진보성향의 '전국교직원노동조합'(이하 '전교조'로 약칭)은 물론, 보수성향의 '한국교원단체총연합'(이하 '한국교총'으로 약칭)도 강력 비판하면서 초·중·고등학교 교원과 교원단체의 정치활동 보장을 계속 요구하고 있다. 이에 국가인권위원회는 2006년 1월 발표한 '인권정책 기본계획 권고안'(NAP: National Action Plans for the Promotion and Protection of Human Rights)'에서 2007년부터 2011년 사이에 정부가 이루어야 할 과제 중의 하나로 교원과 공무원의 정치적 자유 보장을 명시하면서, "공무원의 정치활동을 과도하게 금지하는 법을 정비하여 공무원과 교사의 정치활동 일정 범위 확대"할 것을 권고한 바 있다.[1]

그런데 2004년 노무현 대통령이 탄핵이 되자 전교조 소속 초·중·고등학교 교원들은 이를 비판하고 민주노동당을 간접적으로 지지하는 시국선언문을 발표한다. 두 개의 항소심 판결은 이 행위를 무죄로 판단했지만,[2] 대법원은 이를 파기환송한다.[3] 2009년 노무현 대통령 별세 이후에는 전교조 소속 교원들이 일제고사 등 교육정책 비판과 표현의 자유 후퇴 등 국정 상황을 비판하는 시국선언문을 발표한다. 2010년 전주지방법원과 대전지방법원의 1심은 무죄판결을 내렸지만,[4] 다른 다수의 지방법원은 유죄판결을 내렸다.[5] 무죄판결을 내린 대전지방법원의 판결은 동 법원의 형사항소1부

---

1) 국가인권위원회, <2007-2011 국가인권정책기본계획 권고안>(2006.1), 78면. 동 자료는 http://www.humanrights.go.kr/03_sub/body02_3.jsp(2014.11.1. 최종방문)에서 입수할 수 있다.
2) 광주고법 2005.3.24. 선고 2005노54 판결; 서울고법 2005.6.14. 선고 2004노3101, 2005노387(병합) 판결.
3) 대법원 2006.3.24. 선고 2005도2209 판결; 대법원 2006.5.12. 선고 2005도4513 판결 등.
4) 전주지방법원 2010.1.19. 선고 2009고단1119, 2009고정1105(병합) 판결; 대전지방법원 2010.2.25. 선고 2009고단2786, 2009고정2259, 2009고단4126(병합) 판결.
5) 이 판결들의 판례번호에 대해서는 정영화, "헌법상 공무원의 정치적 자유의 제한과 그 한계", 한국헌법학회, 『헌법학연구』 제18권 제1호(2012.3), 395면을 참조하라.

에 의해 파기되었고,6) 2012년 대법원은 항소심판결을 확정한다.7) 그런데
이 대법원 판결에서 1, 2차 시국선언과 관련된 국가공무원법 위반 부분에
대해서 박일환, 전수안, 이인복, 이상훈, 박보영 등 다섯 명의 대법관의 반대
의견이, 2차 시국선언과 관련된 국가공무원법 위반 부분에 대해서는 신영철
대법관의 반대의견이 제출되었다. 한편 2011년 2월 25일 서울행정법원 행정
4부(재판장 이인형)는 교원노조법 제3조에 대하여 위헌법률심판을 제청했
다.8) 법원이 이 조항에 대하여 위헌 의견을 밝힌 것은 처음 있는 일이었는데,
이 사건에 대하여 헌법재판소는 합헌결정을 내렸지만 이정미, 김이수 두
재판관의 반대의견이 제출되었다.9) 요컨대 시국선언에 대하여 무죄를 선고
한 일련의 하급심 판결과 이를 지지한 대법원 반대의견, 그리고 교원노조법
제3조에 대한 법원의 위헌심판제청 결정 등은 변화를 예고한다.

　　제17장은 초·중·고등학교 교원의 정치활동을 포괄적으로 금지하는
법이 변화해야 한다는 시각 아래, 다른 경제협력개발기구 나라의 상황을
검토하고 교원의 정치활동을 금지하는 것이 합헌이라는 헌법재판소의 합헌
결정을 비판한 후, 2004년과 2009년에 걸쳐 발생한 교원의 시국선언 발표에
대한 유죄판결의 법리를 비판하고자 한다.

Ⅱ. 경제협력개발기구(OECD) 소속 주요국가의 입법례 및 국제기구의 권고

1. OECD 주요국가 현황

　　OECD 국가 대부분에서 초·중·고등학교 교원 및 교원단체의 정치활
동이 허용된다. 먼저 미국은 교원 개인과 교원단체의 정치활동 모두 허용된

---

6) 대전지방법원 2010.5.14. 선고 2010노618 판결.
7) 대법원 2012.4.19. 선고 2010도6388 판결.
8) 서울행정법원 제4부 2011.2.25. 2010아3924 위헌법률심판제청 결정.
9) 헌법재판소 2014.8.28. 선고 2011헌바32, 2011헌가18, 2012헌바185(병합) 결정.

다. 교원들은 양대 교원단체인 '전국교육협회'(NEA: National Education Association) 와 '미국교원연합'(AFT: American Federation of Teachers)에 소속되어 있으며, 양 단체는 산하에 정치활동위원회를 두고 의회선거에서 특정 후보를 지지하 는 캠페인을 포함한 각종 정치활동을 전개하고 있다.10) 교원 —공무원이건 아니건— 의 정치활동은 자유로우며, 교직의 특수성을 고려하여 일정한 제 한이 부과되어 있을 뿐이다. 예컨대, "교직 업무를 수행해야 하는 기간에 있어서 정치활동의 금지, 교사라는 지위를 정치 목적에 이용하는 행위의 금지, 정치활동을 위한 모금에서 강요의 금지, 교원단체의 가입여부와 가입 단체의 선택 등에 있어서 강요의 금지"11) 등이 있다. 공무원인 교원의 경우 는 Hatch Act에 따라 정치헌금을 권유하거나 수령하는 것은 금지되며 공직 후보에 입후보할 수 없다.12)

유럽 국가의 경우도 교원 및 교원단체의 정치활동은 자유롭다. 영국의 경우 '전국교원노조'(NUT: National Union of Teachers), '전국교원협회 및 여성 교원노조'(NASUWT: National Association of Schoolmasters and Union of Women Teachers) 등 다양한 교원단체가 존재하는데, 특정 정당을 지지하거나 제휴하 지는 않지만 교원의 의회 진출을 지원하고 있다. 교원단체 소속 교원들은 서로 다른 정당에 자유롭게 가입하여 활동한다. 교원단체는 공개적으로 정 치자금을 조성할 수 있으며, 당원인 교원은 학교 근무시간 외에는 각종 정치 활동을 할 수 있다.13) 공무원인 교원의 경우는 직위에 따라 세 범주로 분류 되어 정치활동의 허용범위가 정해져 있다.14)

---

10) 노기호, "교육의 정치적 중립성과 교원의 정치적 권리의 제한", 한국공법학회, 『공법연구』 제28집 제3호(2000), 187-190면; 박재윤, "미국의 사례: 조건부 정치 참여 … 교원단체, 특정 후보지지", 『새교육』 2001년 7월호, 48-52면; 허종렬, "헌 법상 교원 및 교원단체의 정치적 기본권 보장", 대한교육법학회, 『교육법학연구』 제10호(1998), 134, 146, 149면.

11) 박재윤(각주 10), 51면.

12) 정영화(각주 5), 410면.

13) 김현준, "교원들 정당활동 활발 … 교원단체들 정치기금 조성 —영국 교원과 교원 단체의 정치 참여—", 『새교육』 2001년 8월호, 84-87면; 안미숙, "영국 교원의 위 상과 권한", 『새교육』 2001년 7월호, 68면.

14) 정영화(각주 5), 410면.

프랑스의 초·중·고등교육은 공교육 중심으로 운영되므로 교원 대부분
은 공무원이며, 교원은 다른 공무원과 마찬가지로 정치활동이 보장된다.
'전국교육연합'(FEN: Federation de l'Education Nationale), '통합노조연합'(FSU:
Federation Syndicale Unitaire) 등의 교원노조가 강력한 힘을 가지고 있으며,
이 조직의 지도부는 정당과 긴밀한 연대를 맺고 활동한다. 교원은 한국의
교수처럼 공직선거 출마시 휴직·복직이 허용된다.15) 교원이 자유롭게 정
당에 가입하여 활동하는 것은 기본이며, 나아가 국회의원 중 교원출신은
단일직종에서 가장 높은 비중을 차지하고 있는바, "프랑스의 교원들은 정치
권의 인재를 산출해내는 보고(寶庫)의 역할을 담당하고 있다."는 평가를 받
고 있다.16)

　　독일에서도 교원의 정치참여는 적극적으로 보장된다. 교원은 전통적인
'교원의 공무원법상의 특수지위 이론'에 따라 기본권 보장에 있어서 더 많은
자유를 보장받고 있다.17) 교원은 자유롭게 정당 가입과 지지를 할 수 있고,
휴직 후 공직선거에 출마할 수 있으며 낙선 후 원래의 직책으로 복귀할
수 있다.18) 그리고 '교양 및 교육 동맹'(VBE: Verband Bildung und Erziehung),
'교육 및 학술 노동조합'(GEW: Die Gewerkschaft Erziehung und Wissenschaft),
'직업학교교원 연방동맹'(BLBS: Bundesverband der Lehrerinnen under Lehrer and
beruflichen Schulen) 등 다양한 교원단체가 정치활동을 전개하고 있다. 각 단체
는 정부, 정당, 의회와 치밀하고 체계적인 교섭과 의견개진을 하고 있다.
이러한 단체와 별도로 각 정당은 하부조직으로 교원조직을 운영하고 있
다.19) 단, 교원의 정치적 자유는 수업과 관련하여 제약을 받는다. 교원은
수업 중 자신의 정치적 신념을 표현할 수 있지만, 자신의 신념이 특정한
정치적 입장에 기초하고 있음을 밝혀야 하며 자신의 신념을 학생에게 강요

---

15) 정영화(각주 5), 412면; 조홍식, "프랑스의 사례: 정당활동 활발 ⋯ 정계 진출하
　　면 휴직·복직 보장", 『새교육』 2001년 7월호, 60-63면.
16) 조홍식(각주 15), 61면.
17) 허종렬(각주 10), 134면.
18) 정영화(각주 5), 411면.
19) 노기호(각주 10), 185-187면; 박광기, "독일의 사례: 선거운동 참여 ⋯ 교원단체,
　　특정정당지지", 『새교육』 2001년 7월호, 56-59면; 허종렬(각주 10), 134, 148면.

해서는 안 된다. 집회·시위에 참석하기 위하여 수업에 빠지는 것은 허용되지 않는다. 그리고 정치적 논란이 있는 내용을 담은 휘장, 기장, 리본 등을 학교 내에서 착용하는 것은 허용되지 않는다.20)

초·중·고등학교 교원과 교원단체의 정치활동을 원칙적으로 허용한다는 점은 다른 유럽국가에서도 마찬가지이다. 교원과 교원단체의 정치참여를 허용하는 것이 OECD 국가에서 확립된 '글로벌 스탠다드'이다. 예외가 한국의 법 모델이 된 일본인데, 일본은 공무원과 교원의 정치활동을 금지한다. '일본교직원조합'과 '전일본교직원조합' 등 교원단체가 존재하지만, 이러한 교원단체의 정치활동은 금지된다. 다만, 기미가요와 일장기를 국가와 국기로 법제화하는 것에 반대운동, 교과서를 통한 역사왜곡에 대한 정부 비판 등 '간접적 정치활동'만 허용된다.21)

2. 국제기구의 권고

일찍이 1966년 10월 5일 '국제연합교육과학문화기구'(UNESCO)와 '국제노동기구'(ILO)는 '교원의 지위에 관한 권고'를 통하여 "교원은 시민이 일반적으로 향유하는 모든 시민적 권리를 자유롭게 행사할 수 있어야 하고 공직 취임이 가능해야 한다."라고 권고한 바 있다.22)

---

20) 이계수, "공무원의 정치운동금지의무에 대한 비판적 고찰", 민주주의법학연구회, 『민주법학』 제29호(2005), 328-329면.
21) 박선영, "일본의 사례: 법으로 금지 … 간접 정치활동에 그쳐", 『새교육』 2001년 7월호, 53-55면.
22) Recommendation concerning the Status of Teachers, adopted by the Special Intergovernmental Conference on the Status of Teachers, convened by UNESCO, Paris, in cooperation with the ILO, 5 October 1966, para. 80. 1997년 11월 11일 UNESCO는 '고등교육 종사자의 지위에 관한 권고'를 채택하면서, "고등교육 종사자는 다른 모든 집단과 개인과 마찬가지로, 모든 시민에게 적용된다고 국제적으로 인정된 시민적, 정치적, 사회·문화적 권리를 향유해야 한다."라고 권고하였다(Recommendation concerning the Status of Higher-Education Teaching Personnel, adopted on the report of Commission II at the 26th plenary meeting, on 11 November 1997, para. 26). 여기서 '고등교육'이란 대학교가 제공하는 교육을 뜻한다.

상술하였듯이 대부분 OECD 국가는 이 권고를 수용하였지만, 한국 정부는 이를 수용하지 않았다. 전교조의 경우 1989년 5월 28일 창립 이후 10년 이상 불법화되었다가 1999년 7월 1일 합법화되었지만, 교원 및 교원단체의 정치활동은 불법화되어 있다. 1989-1991년 동안 교원지위 관련 법률제정 과정에서 한국교총의 전신인 대한교육연합회와 전교조가 초·중·고등학교 교원의 정치적 기본권 보장을 법제화하려고 시도하고, 당시 민주정의당, 평화민주당, 신민주공화당 등 여야 정당이 동의하였으나 실현되지는 못하였다. 1998년 공동여당이었던 (구)새천년민주당과 (구)자유민주연합이 정치기구개혁위원회 정당소위원회를 통하여 교원의 정당가입을 허용하는 방안을 추진하였으나, 역시 실현되지 못하였다.23)

근래 시국선언에 참여한 교원이 징계 및 형사처벌되는 상황이 벌어지자, 국제기구에서는 강한 우려를 표명하고 있다. 예컨대, 2010년 5월 우리나라를 직접 방문하여 한국의 정치적 표현의 자유의 위축 상황을 직접 조사한 프랑크 라 뤼(Frank La Rue) 유엔 '표현의 자유 특별보고관'은 2011년 6월 스위스 제네바에서 열린 UN인권이사회 총회에서 한국의 촛불시위 이후 벌어지고 있는 표현의 자유 위축에 대한 우려를 담은 보고서를 발표하면서, 한국 정부를 향하여 교원과 공무원의 정치적 의사표현의 자유를 보장하라는 권고를 담은 보고서를 제출하였다. 그 내용은 다음과 같다.

> "특별보고관은 공립학교 교사들이 학생의 견해와 의견 형성에 중요한 역할을 하고 있음을 인정하는 한편, 대한민국 정부가 교사들이 개인으로서 가지고 있는 표현의 자유에 관한 권리를 보장할 것을, 특히 그 권리가 교사들의 공식적 의무 밖에서 그리고 교육정책과 같은 공익관련 사안에 대하여 행사되는 경우 보장할 것을 권고한다."24)

---

23) 허종렬(각주 10), 127-128면.
24) Report of the Special Rapporteur on the Promotion and Protection of the Right to Freedom of Opinion and Expression, Frank La Rue, Mission to the Republic of Korea (A/HRC/17/27/Add.2), 21 March 2011, at 21(강조는 인용자).

2011년 7월, 전 세계 3천만 이상 교육자를 대표하는 '국제교원단체총연맹'(EI: Education International) 총회는 한국 정부를 향한 긴급 결의안을 채택했다. 이 국제단체에는 전교조와 한국교총이 모두 가입해 있는데, 결의안의 요체는 "(ⅰ) 전교조 지도자와 교원에게 내려진 모든 징계 조치를 중단하고, (ⅱ) 정치적 기부를 했다는 이유로 기소되어 해임되거나 정직된 교원을 복직시키고, (ⅲ) 교원 1,400여 명의 기소를 중지하고, (ⅳ) 교원을 포함한 공무원의 시민적·정치적 권리를 보장하기 위하여 국내 법규를 국제적 법규에 부합하도록 개정하고, (ⅴ) 모든 한국의 교원노조 활동가가 시민으로서 기본적인 시민적·정치적 권리뿐만 아니라 노동자로서의 권리와 조합의 권리를 행사할 수 있도록 보장하기 위하여 필요한 조치를 지체 없이 취할 것"이다.[25]

Ⅲ. 초·중·고등학교 교원의 정치활동금지의 위헌성

1. 헌법재판소의 합헌결정

이러한 국제적 흐름과 달리 한국에서는 초·중·고등학교 교원 개인의 정치활동은 물론 교원단체의 정치활동은 엄격히 금지되고 있는데, 헌법재판소는 이러한 법적 현실을 지지하고 있다. 헌법재판소는 교육의 중립성이 필요하다는 지당한 논지에서 출발한다. 즉,

"교육의 자주성·전문성·정치적 중립성을 헌법이 보장하고 있는 이유는 교육이 국가의 백년대계의 기초인 만큼 국가의 안정적인 성장 발전을 도모하기 위해서는 교육이 외부세력의 부당한 간섭에 영향받지 않도록 교육자 내지 교육전문가에 의하여 주도되고 관할되어야 할 필요가 있다는 데서 비롯된 것이라고

25) Resolution on the Restrictions of the Civil Rights of Teachers in South Korea, the 6th EI World Congress meeting in Cape Town, South Africa, from 22nd to 26th July 2011. 결의문은 이하의 사이트에서 입수가능하다(http://www.ei-ie.org/en/web sections/content_detail/5741: 2014.11.1. 최종방문).

할 것이다. 그러기 위해서는 교육에 관한 제반정책의 수립 및 시행이 교육자에 의하여 전담되거나 적어도 그의 적극적인 참여하에 이루어져야 함은 물론 교육 방법이나 교육내용이 종교적 종파성과 당파적 편향성에 의하여 부당하게 침해 또는 간섭당하지 않고 가치중립적인 진리교육이 보장되어야 할 것이다."26)

이어 헌법재판소는 교육은 정치영역에 개입하지 말아야 한다고 단언한다.

"교육의 정치적 중립성은 교육이 국가권력이나 정치적 세력으로부터 부당한 간섭을 받지 아니할 뿐만 아니라 그 본연의 기능을 벗어나 정치영역에 개입하 지 않아야 한다는 것을 말한다. **교육은 그 본질상 이상적이고 비권력적인 것임에 반하여 정치는 현실적이고 권력적인 것이기 때문에 교육과 정치는 일정한 거리를 유지하는 것이 바람직하기 때문이다.**"27)

한편 헌법재판소는 교원은 "그 소속을 묻지 아니하고 일반국민에 대한 봉사자"라고 파악한 후,28) 교원의 중립성을 강조한다.

"교원, 특히 보통교육과정에 종사하는 교원은 앞서 교원의 의의에서 본 바와 같이 그 직책상 불편부당한 중립적 가치를 제시하여 다양한 가치 및 세계관 가운데 배우는 학생들이 스스로 정당한 가치관과 세계관을 세워나가도록 도와 주어야 하는 책무를 부담하고 있다. 따라서 교원은 교육의 본질에 위배되는 정치적·사회적·종교적 세력 등에 의한 부당한 영향을 받지 않도록 신분이 보장되어야 하는 한편 이러한 영향을 거부하고 중립성을 지켜야 할 의무도 함께 지고 있는 것이다."29)

특히 헌법재판소는 2001헌마710 결정에서 교원 및 교원단체의 정치활 동을 금지하는 법률은 합헌이라는 입장을 분명히 밝힌다. 이 사건의 청구인 들은 중학교 교사로 한 명은 (구)민주노동당, 다른 한 명은 (구)민주당의 당원

---

26) 헌법재판소 1992.11.12. 선고 89헌마88 전원재판부.
27) 헌법재판소 2004.3.25. 선고 2001헌마710 전원재판부(강조는 인용자).
28) 헌법재판소 1991.7.22. 선고 89헌가106 전원재판부(강조는 인용자).
29) *Ibid.*

이 되어 선거운동을 하고자 하였으나 (구)정당법 제6조 단서 제1호 및 공직
선거 및 선거부정방지법 제60조 제1항 제4호에 의해 금지되자, 단지 교육공
무원이라는 이유만으로 시민으로서 가지는 정당가입 및 활동의 권리를 전혀
허용하지 않는 것은 과도한 제한으로서 헌법 제8조 및 제37조 제2항에 어긋
나며, 정당가입 및 활동이 허용되는 대학교수와 비교해볼 때 헌법 제11조의
평등권도 침해하고 있다고 주장하며 헌법소원심판을 청구하였다. 헌법재판
소는 동 조항이 합헌이라는 결정을 내리면서, 다음과 같이 설시한다.

　"초·중등학교에 근무하는 교원이 정당의 발기인 또는 당원이 되는 것을
금지하고 있는 것은, … 헌법 제37조 제2항에 따른 최소한의 제한 … 이는
우리나라의 정치적 현실과 역사적 경험에 비추어 행정의 중립성·효율성의 확
보뿐만 아니라 특히 교원의 활동이 **미성숙한 학생들의 가치판단에 중대한
영향**을 주고 있으므로 교육자로서의 특별한 처신이 요구되고, 피교육자인 학생
들의 기본권 또는 학부모들의 자녀에 대한 교육권과의 갈등을 예방하기 위해
부득이하고 필요한 조치이기도 하다.

　　　　　· · ·

　이 사건 법률조항이 청구인들과 같은 초·중등학교 교원의 정당가입 및 선거
운동의 자유를 금지함으로써 정치적 기본권을 제한하는 측면이 있는 것은 사실
이나, 감수성과 모방성 그리고 수용성이 왕성한 초·중등학교 학생들에게 교원
이 미치는 영향은 매우 크고, 교원의 활동은 **근무시간 내외를 불문하고** 학생들
의 인격 및 기본생활습관 형성 등에 중요한 영향을 끼치는 잠재적 교육과정의
일부분인 점을 고려하고, 교원의 정치활동은 교육수혜자인 학생의 입장에서는
수업권의 침해로 받아들여질 수 있다는 점에서 현 시점에서는 국민의 교육기
본권을 더욱 보장함으로써 얻을 수 있는 공익을 우선시해야 할 것이라는 점
등을 종합적으로 감안할 때, 초·중등학교 교육공무원의 정당가입 및 선거운동
의 자유를 제한하는 것은 헌법적으로 정당화될 수 있다고 할 것이다."[30]

---

30) 헌법재판소 2004.3.25. 선고 2001헌마710 결정(강조는 인용자). 헌법재판소는 초·
　　중·고등학교 교과용 도서의 저작을 교과부로 한정하고 있는 교육법 제157조의
　　위헌성 여부에 대한 헌법소원심판에서도, "초·중·고교의 학생은 대학생이나 사
　　회의 일반성인과는 달리 **다양한 가치와 지식에 대하여 비판적으로 취사선택**할 수
　　있는 독자적 능력이 부족하므로 지식과 사상·가치의 자유시장에서 주체적인 판

이러한 입장은 Ⅳ.에서 후술할 2009년 6월 18일 제1차 시국선언에 참여하여 징계를 받은 전교조 교사가 국가공무원법 제66조 제1항 중 '집단 행위' 부분과 교원노조법 제3조 중 '일체의 정치활동'에 대하여 헌법소원심판을 청구한 사건에서도 반복된다.[31]

또한 헌법재판소는 2001헌마710 결정에서 교원 및 교원단체의 정치활동 금지는 평등권 위반도 아니라고 결정하면서 그 근거를 다음과 같이 밝힌다.

> "초·중등학교의 교원 즉 교사는 법령이 정하는 바에 따라 학생을 교육하는 자이고, 반면에 대학의 교원 즉 교수·부교수·조교수와 전임강사는 학생을 교육·지도하고 학문을 연구하되, 학문연구만을 전담할 수 있다. 이와 같이 현행 교육법령은 양자의 직무를 달리 규정하고 있다. 물론 대학교수도 학생을 교육하기는 하나 그 주된 직무는 연구기능이므로, 이 점에서 매일 매일을 학생과 함께 호흡하며 수업을 하고 학생을 지도해야 하는 초·중등학교 교원에 비하여 상대적으로 많은 학문연구와 사회활동의 자유가 인정된다. … 그렇다면 초·중등학교 교원에 대해서는 정당가입과 선거운동의 자유를 금지하면서 대학교원에게는 이를 허용한다 하더라도, 이는 양자간 직무의 본질이나 내용 그리고 근무태양이 다른 점을 고려할 때 합리적인 차별이라고 할 것이므로 청구인이 주장하듯 헌법상의 평등권을 침해한 것이라고 할 수 없다."[32]

2. 비판 — 전면적·포괄적 정치활동금지의 위헌성

(1) 교육과 정치의 분리

교육이 종교나 정치에 의하여 부당하게 침해되거나 간섭받아서는 안 된다는 점은 역사가 가르치는 교훈이다. 학교가 교원 개인의 정치관을 일방적으로 선전하고 그것을 학생에게 주입하는 공간이 되어서는 안 된다. 교육과 정치의 역할과 영역은 서로 다르며 또한 달라야 한다는 점도 분명하다.

단에 따라 스스로 책임지고 이를 선택하도록 만연히 방치해 둘 수가 없[헌법재판소 1992.11.12. 선고 89헌마88 결정(강조는 인용자)]다."라고 설시한 바 있다.

31) 헌법재판소 2014.8.28. 선고 2011헌바32, 2011헌가18, 2012헌바185(병합) 결정.

32) 헌법재판소 2004.3.25. 선고 2001헌마710 결정; 헌법재판소 2014.8.28. 선고 2011헌바32, 2011헌가18, 2012헌바185(병합) 결정도 동지.

그러나 헌법 제31조 제4항이 규정한 교육의 정치적 중립성의 의미가 교육 내용에서 정치적 요소를 배제하는 것으로 이해되는 것은 잘못이다. 2014년 헌법재판소 결정에서 이정미·김이수 두 재판관은 다음과 같이 말한다.

"교육의 정치적 중립성은 교육이 국가권력 내지 정치권력의 지배를 받아서는 안 된다는 것을 의미하지, 교육주체가 공동체의 의사결정에 영향을 미치는 것을 금지하지 않는다. 교원의 종교의 자유를 제한하거나 종교단체 가입을 금지할 수 없는 것과 마찬가지로, 교원인 공무원의 정치활동을 전면적으로 금지하는 등 사적 생활에서의 정치적 자유를 지나치게 제한하는 것은 교원의 정치적 표현의 자유의 본질을 침해하는 것이다."33)

교육은 정치공동체 운영의 바람직한 방향에 관심을 가질 수밖에 없으며, "현실적이고 권력적인" 것에 대한 교육의 개입은 불가피하다.34) 특히 초·중·고등학교 교과목 중 사회, 역사, 윤리 등의 과목은 정치와 관련이 없을 수 없다. 일반 원리를 떠나 구체적 쟁점으로 들어가게 되면 가치중립은 더 어려워진다. 예컨대, 양심적 병역거부나 동성애자의 결혼 인정 여부 등 정치적·종교적 견해가 확연히 대립하고 가치판단이 요구되는 사안에서 "불편부당한 중립적 가치"를 제시한다는 것은 어려운 일이다. 자연과학이나 예체능과목의 경우는 인문·사회과학에 비하여 정치성이 약하지만, 자연과학 정책이나 예체능 정책을 다루게 되는 경우 그 교육은 정치적 성격을 띨 수밖에 없다.

가치판단과 가치지향적 토론이 필요한 사안을 외면·무관심하거나 기계적 중립을 택하는 교육이 제대로 된 교육이라고 할 수 없다. 이러한 사안

---

33) 헌법재판소 2014.8.28. 선고 2011헌바32, 2011헌가18, 2012헌바185(병합) 결정(재판관 이정미, 재판관 김이수 반대의견).

34) 손희권 교수는 헌법재판소의 합헌결정에 동의하면서도, 교육의 정치적 중립성을 교육과 정치의 분리설에 입각하여 설명하고 교육의 비권력적 속성과 정치의 권력적 속성을 대비시키는 것은 잘못이라고 평가한다[손희권, "국·공립학교 초·중등교원들의 정치활동을 제한하는 것은 헌법에 위반되는가?", 한국교육행정학회, 『교육행정연구』 제22권 제2호(2004), 411-412면].

에 대하여 가치중립적인 태도를 취한다는 것은 기존 체제의 입장을 묵인하는 것으로 이어지기 십상인바, 이 역시 정치적인 행위이다. 교원의 정치활동을 허용하면 학교가 '정치판'이 될지 모른다는 우려도 있을 것이다. 이는 정치를 더럽고 피해야 하는 것으로 보는 관념의 산물이다. 그러나 민주주의 체제 하에서 정치는 멀리 해야 할 대상이 아니라 가까이 해야 할 대상이다. 이 점에서 저자는 다음과 같은 오동석 교수의 견해에 동의한다.

> "학교정치의 민주주의가 튼튼해야 교육이 정치적 이해관계에 휘둘리지 않을 수 있다. 학생 및 교사의 정치적 활동을 제거함으로써 정치적 무관심을 강요하는 것이 아니라 정치적인 것의 공유를 통하여 정치세력으로부터 중립의 길을 찾아갈 수 있다."[35]

(2) 일반국민에 대한 봉사자론

교원의 정치활동을 금지하는 논거로 거론되는 '일반국민에 대한 봉사자론'은 문제가 있다. 이 법리는 교원의 공적 직무인 교육이 이루어지는 활동영역에서만 통하는 것으로, 이 영역 밖에서의 교원 개인의 정치적 권리나 자유를 포괄적으로 제한하는데 사용되어선 안 된다. 이 논거를 기초로 하여 교원이 학교 밖에서 일반 시민으로 정치적 기본권을 행사하는 차원에서 정치활동을 하는 것을 무조건 금지하는 것은 과잉금지의 원칙에 반한다.[36] 교원은 교원 이전에 시민인데, 교원의 정치활동을 전면적·포괄적으로 금지하는 것은 교원을 정치적 무능력자로 만드는 것에 다름 아니다. 이 점에 대한 정영태 교수의 지적은 통렬하다.

> "근무 중인 때와 그렇지 않은 때, 근무지와 근무지 바깥, 법률에 정해진 방법과 그렇지 않은 방법을 구분하지 않고, … 1년 365일(휴일 또는 휴강 중에도 불구하고), 하루 24시간(퇴근 후 일상생활 속에서도) 정치적 자유를 박탈하는

---

35) 오동석, "교사의 정치적 기본권", 민주주의법학연구회, 『민주법학』 제44호(2010), 220면.
36) 노기호(각주 10), 193면; 손희권(각주 34), 414면; 허종렬(각주 10), 137-138면.

것은 한국판 카스트제도로 인식될 수 있다."[37]

과거 강원교사협의회의 활동이 국가공무원법 제66조의 '공무 이외의 일을 위한 집단적 행위'에 해당하는가를 검토하면서, 대법원은 다음과 같이 판시한 바 있다. 즉, "피고인의 각 행위 즉, 강원교사협의회 대의원대회 및 상임위원회개최, 강연회에서의 연설, 동해교사협의회 소식지의 작성, 배포는 모두 휴일이나 근무시간 이외에 이루어졌고 달리 피고인이 공익에 반하는 목적을 위하여 한 것이고 그 집단적 행위로 인하여 직무전념의무를 태만히 하였다고 볼 자료를 찾아볼 수 없으므로 결국 피고인이 '공무이외의 일을 위한 집단적 행위'를 하였다고도 해석하기 어렵다."[38] 이 판결의 취지에 충실하자면 휴일이나 근무시간 이외에의 정치활동이 직무전념의무를 해친다고도 보기 어렵다.

(3) 미성숙한 청소년

청소년의 미성숙 주장도 교원의 정치활동을 전면 금지하는 논거로는 설득력이 없다. 발달심리학 연구에 따르면 초·중·고등학생과 대학생의 구분 보다는 초등학생과 중·고·대학생의 구분이 현실에 부합하며, 중·고등학생과 대학생의 비판적 사고력의 차이는 정도의 차이이다.[39] 또한 초·중·고등학생의 비판적 사고력이 대학생에 비하여 부족하다고 하더라도 이를 이유로 교원의 정치활동의 자유를 전면 금지할 것이 아니라, 오히려 초·중·고등학생에게도 비판적 사고력을 키울 수 있는 교과과정과 기회를 제공하는 것이 민주주의 원칙에 부합한다. 또한 초·중·고등학생이 교원이 가르

---

37) 정영태, "초·중등학교 교원의 정치적 자유권 제한에 대한 헌법재판소의 논거와 문제점", 인하대학교 교육연구소, 『교육문화연구』 제16권 제2호(2010), 18면.
38) 대법원 1992.2.14. 선고 90도2310 판결(강조는 인용자).
39) 정영태(각주 37), 20-21면. 1929년 광주학생항일운동, 1960년 4월 혁명, 2008년 촛불시위 등에서 청소년이 대거 참여하였다는 점을 생각해보라. 외국 사례이지만, 2014년 홍콩 시위 주도자 죠슈아 웡은 17세이며, 그는 2012년 15세 나이로 중고생 조직 '학민사조'(學民思潮)를 만들어 중국식 국민교육과목 도입을 실력으로 저지했다는 점도 기억할 필요가 있다.

치는 지식과 세계관을 무비판적으로 수용할 것이라는 가정도 실증적 근거가 취약하다.[40] 사실 지금도 각 교원은 수업시간 안팎에서 자신의 정치적 입장이 일정하게 드러낸다. 그러나 학생들은 언론과 인터넷을 통하여 그리고 가족과 친구와의 대화를 통하여 그 교원의 주장을 평가하면서 수용 여부와 정도를 판단하고 있다. 게다가 "근무시간 내외를 불문하고" 교원의 정치활동이 학생들의 인격 및 기본생활습관에게 일방적 영향을 줄 것이라는 헌법재판소의 우려는 더욱 현실성이 없다.

요컨대, 정치활동을 하는 교원에 의한 학생의 '세뇌'와 '조종'에 대한 우려는 학생들의 지적 능력에 대한 과소평가의 결과이다. 이상의 점에서 저자는 2009년 교사시국선언에 대하여 무죄판결을 내린 김동현 판사의 다음과 같은 판시에 동의한다. "학생들을 판단력이 미숙한 존재로만 보는 주장은 경직되고 획일화된 교육을 받고 정보 부재의 환경에서 성장한 자신들의 과거 경험만을 기억하는 기성세대의 낡은 시각에서 오는 편견에 불과하 다."[41]

(4) 학생의 수업권 또는 학부모의 자녀 교육권과의 갈등

학생의 수업권 또는 학부모의 자녀 교육권과의 갈등을 예방하기 교원의 정치활동을 금지해야 한다는 논리도 문제가 있다. 교원이 수업 시간에 수업 내용과 무관하게 특정 정당의 홍보 또는 출마 후보에 대한 지지 활동을 벌이거나, 교내외에서 학생들에게 자신의 정치적 입장을 강요하거나 주입시키거나, 자신의 정치활동을 위하여 학생을 동원하거나, 근무시간 동안 소속 정당의 업무를 보는 것 등은 교육의 본연을 훼손하는 것이기에 금지되어야 한다(이러한 행위에 대한 제재는 형사제재 보다는 행정제재일 것이다). 그러나 이러한 행위 외에 교원이 수업 중 수업내용과 관련한 정치토론을 하거나,[42] 근무

---

40) *Ibid.* 22-28면.
41) 대전지방법원 2010.2.25. 선고 2009고단2786, 2009고정2259, 2009고단4126(병합) 판결.
42) 물론 이러한 정치토론이 교원이 자신의 정견을 강요·주입하는 방식으로 이루어져서는 안 되며, 각 입장에 대한 검토를 기초로 학생이 스스로 자신의 견해를 택할 수 있는 방식으로 이루어져야 한다.

가 종료한 후 정치활동을 하는 것이 학생의 수업권이나 학부모의 자녀 교육권을 제약하거나 침해한다고 보기는 어렵다.

이는 교원의 정치활동을 교원의 종교의 자유와 비교해보면 분명하다. 특정 종교를 신봉하는 교원이 교내외에서 학생대상으로 선교활동을 벌일 수 있다는 이유로 교원의 종교의 자유를 일체 금지해서는 안 되는 것처럼, 특정 정당에 가입하는 교원의 과도한 정치활동이 우려된다는 이유로 교원의 정치활동을 전면 금지해서는 안 된다. 원칙적으로 교원의 정치적 기본권을 인정하면서 예상되는 부작용을 금지하는 것이 민주주의의 요청에 부합한다.

(5) 대학교수와의 직무상 차이

초·중·고교 교원과 대학 교수는 그 직무의 본질, 내용, 근무태양이 서로 다르므로 전자의 정치활동을 금지하는 것이 합리적 차별이라는 판단도 재검토가 필요하다. 헌법재판소의 지적처럼 교수의 직무 중 연구는 핵심사항이다. 그리고 연구업적에 대한 평가는 승진이나 정년보장 심사에서도 관건적 역할을 한다. 초·중·고교 교원도 연구를 수행하고 학회 활동도 하지만, 교수에 비하여 그 비중은 낮다. 반면 학생과의 접촉은 초·중·고교 교원의 경우가 교수의 경우 보다 더 자주 더 깊이 이루어진다.

그런데 이러한 직무의 차이가 교수의 정치활동은 전면적으로 허용하고, 교사의 정치활동은 전면적으로 금지해야 한다는 결론으로 귀결되어야 하는지에 대한 설명은 없다. 사회적 기능으로 보면 교수와 교사는 차이점보다는 지식인이자 교육자라는 공통점이 훨씬 많은 직종이다. 2014년 헌법재판소 결정에서 이정미·김이수 두 재판관이 반대의견에서 지적했던 것처럼, "대학교원에게는 정치활동을 일반적으로 허용하면서 초·중등학교 교원에게는 전면적으로 금지하는 것은, 오히려 교육내용에 재량이 많은 대학교육의 특성, 초·중등학교 교원이 정치활동을 하면 편향된 교육을 할 것이라는 추측은 논리적 비약"이다.[43]

---

43) 헌법재판소 2014.8.28. 선고 2011헌바32, 2011헌가18, 2012헌바185(병합) 결정(재판관 이정미, 재판관 김이수 반대의견).

그런데 손희권 교수는 교원의 평가권에 대한 학생의 대응수단의 차이를 이유로 교수와 교사 두 집단 사이의 차별은 정당화된다고 주장한다.[44] 초·중·고등학생의 경우 교과와 교원에 대한 선택권이 없으므로 정치활동을 하는 교원에 대하여 대응할 수 없지만, 대학생의 경우 수강철회, 중도포기 등을 통하여 대응할 수 있다는 차이를 강조하는 것이다. 그러나 이 주장은 초·중·고교 교원의 정치활동을 허용한다는 의미를 교원이 수업에서 자신이 속한 정당과 지지하는 정치인을 일방적으로 선전·홍보하는 행위를 허용한다는 것으로 이해하고 있다. 이러한 편향적 정치활동을 금지시키면서 교원의 정치활동을 허용한다면, 초·중·고교생의 경우 대학생 보다 대응수단이 취약하다고 하더라도 심각한 문제가 발생하지 않을 것이다(사실 전면적 정치활동이 허용되는 교수 집단에서 수업 중 편향적 정치활동을 전개하는 사람은 극히 소수에 불과할 것이다). 그리고 이 주장은 왜 초·중·고교 교원의 근무종료 후 정치활동도 금지되어야 하는지는 여전히 답하지 못한다.

(6) 소　결

이상에서 초·중·고교 교원의 정치활동 일체를 금지하는 법률이 합헌이라는 헌법재판소의 결정을 비판하였다. 오래전부터 초·중·고교 교원의 정치활동을 인정하는 OECD 나라의 학교상황을 보더라도 헌법재판소의 우려는 기우이다. 그리고 합헌결정의 논거의 바탕에는 정치는 위험하고 더럽고 피해야 할 것이라는 관념이 깔려있다. 이러한 관념은 정치를 주권자와 분리시켜 특정 계급과 집단의 전유물로 만들 것인바, 민주국가에서는 용납되어선 안 된다. 교원의 정치활동을 어떠한 범위와 정도로 허용할 것인지, 편향적 정치활동에 대해서는 어떠한 제재가 필요한지는 논의해야 하겠지만, 현행법처럼 전면적·포괄적으로 정치활동을 금지하고 그 위반에 대하여 형벌을 부과하는 것은 위헌적 과잉범죄화이다. 이상의 점에서 저자는 이하

---

44) 손희권(각주 34), 414면. 한편, 초·중·등 교육행정의 최고책임을 맡고 있는 교육감의 경우 교원은 현직을 유지한 상태에서 출마하지 못하고 대학교수는 현직을 유지하면 출마할 수 있는바, 그 결과 상당수의 교육감은 전직 교수이다.

견해에 동의한다.

　"우리의 경우도 교원의 정치적 기본권을 전면적으로 광범위하게 제한하고
있는 현행법규들을 재검토하여, 학교수업이나 학교운영에 중대한 영향을 주지
않는 한, 그리고 학생들을 정치적으로 선동하거나 편향된 정치교육을 주입시키
지 않는 한도 내에서는 교원의 정치적 기본권을 보장하여야 할 것이다. 또한
수업에 중대한 침해를 초래하지 않는 한 지방의회나 교육위원직에 출마할 수
있도록 하여야 할 것이다."45)

　"교육의 정치적 중립성으로 인하여 교원의 정치활동이 일부 제한될 수는
있지만, 정치활동이 제한되는 장소·대상·내용은 학교 내에서의 학생에 대한 당
파적 선전교육과 정치선전, 선거운동에 국한하여야 하고, 그 밖의 정치활동은
정치적 기본권으로서 교원에게도 보장되어야 한다. 앞서 공무원에게 제한되는
정치적 활동의 범위도 활동의 성격, 공무원의 직무, 근무시간 내외, 공무원의
지위 이용 여부, 공공시설 이용 여부 등을 고려하여 세밀하게 구분해야 하는
것과 마찬가지로, 교원의 정치적 활동 역시 각각의 기준에 따라 교육의 정치적
중립성을 해할 우려가 있는지 여부를 따져서 규율하여야 한다. 교원에게 교육
의 정치적 중립성을 해할 우려가 없는 표현을 허용할 필요가 있음에도 불구하
고, 이 사건 교원노조법 규정은 일률적·전면적으로 정치활동을 금지하고 있으
므로, 과잉금지원칙에 위배된다."46)

---

45) 노기호(각주 10), 198면. 또한 저자는 교원노조법 제3조에 대하여 위헌법률심판
　을 제청한 서울행정법원 행정4부(재판장 이인형)의 다음과 같은 평가에 동의한
　다. "이 사건 교원노조법 법률조항은 교원노조의 '일체의' 정치활동을 금지함으
　로써 학교 내에서의 학생에 대한 당파적 선전교육, 정치선전, 선거운동을 금지하
　는 것에 그치는 것이 아니라 교원노조의 설립 목적인 근무조건 등 교원의 경제
　적·사회적 지위 향상을 위한 정치적 의사표현의 자유까지 제한하고 있다. 또한,
　교육에 영향을 미치지 않는 범위 내에서 정치활동도 불가능하지 않다고 할 것임
　에도, 아무런 제한 없이 교원노조의 정치활동까지 금지하고 있다. 나아가 교원단
　체는 교육의 전문가로 구성된 단체이므로, 정치적 의사 결정 과정에서 '교육과정
　과 교육기관의 관리·운영 등'에 관한 의견을 적극적으로 개진할 수 있도록 함으
　로써 올바른 국가교육정책이 수립되고 집행될 수 있도록 하여야 함에도 위 법률
　조항은 교원노조의 정치적 활동을 통한 의견 개진을 전면적으로 금지하고 있
　다"(서울행정법원 제4부 2011.2.25. 2010아3924 위헌법률심판제청 결정).
46) 헌법재판소 2014.8.28. 선고 2011헌바32, 2011헌가18, 2012헌바185(병합) 전원재판

Ⅳ. 초·중·고등학교 교원의 '시국선언' 유죄판결 비판

현행법이 초·중·고등학교 교원의 정치활동을 금지하고 있으므로 정당에 가입하고 후원금을 내는 것은 형사처벌되며, 파면·해임 등 중징계가 내려진다. 그런데 이외에도 교원의 집단적 시국선언 발표도 처벌되고 있다.

1. 2004년 노무현 대통령 탄핵반대 시국선언

(1) 대법원 2006.3.24. 선고 2005도2209 판결 및 대법원 2006.5.12. 선고 2005도4513 판결

이 사건은 2004년 초·중·고등학교 교원들이 노무현 대통령 탄핵을 비판하는 시국선언을 하였는데, 그 속에 우회적으로 (구)민주노동당을 지지하는 내용이 들어갔다는 이유로 유죄판결이 받은 사건이다.[47] 두 대법원 판결의 사실관계는 대동소이한데, 사건의 경과를 요약하자면 다음과 같다. 2004년 3월 12일 국회에서 탄핵소추안이 의결된 이후인 3월 16일 긴급소집된 전교조 비상중앙집행위원회는 '탄핵을 주도한 야당은 물론 또 다른 보수 정치집단인 여당 및 정부 등 기존 정치세력을 반대하고, 진보적 개혁정치세력을 지지한다'는 요지의 시국선언문을 작성하여 전국 16개의 지부에 송부한다. 이에 피고인들은 다른 교원들의 서명을 받아 본부로 송부하였고, 전교조 본부와 각 지부는 기자회견을 열어 시국선언문을 낭독하고 보도자료로 배부하였으며, 인터넷 홈페이지에도 게시하였다.

광주고등법원과 서울고등법원은 피고인들은 공무원이 "노동운동 기타 공무 이외의 일을 위한 집단적 행위"를 하는 것을 금지하는 국가공무원법 제66조 제1항을 위반했다는 점은 인정하면서도, (구)공직선거및선거부정방

부 결정(재판관 이정미, 재판관 김이수 반대의견).

47) 대법원 2006.3.24. 선고 2005도2209 판결; 대법원 2006.5.12. 선고 2005도4513 판결 등.

지법 제60조 제1항, 제93조 제1항 및 국가공무원법 제65조 제2항 위반의 점에 대해서는 무죄판결을 내린다. 그 핵심논거는 다음과 같다.[48] ① 2004. 3.10. 개최된 전교조 중앙집행위원회는 '민주노동당 지지 선언'은 공직선거법 위반 소지가 있어 실천할 수 없다고 결론을 내린 후 일반적인 수준에서 진보정치의 실현을 강조하는 방향으로 의견이 정리되어 시국선언문을 만들었다. ② 발표된 시국선언문은 '민주노동당'이란 용어를 전혀 사용하고 있지 않고 있으며, 시국선언 당시 진보를 표방하는 여러 정당이 있었던바 '진보적인 세력'을 민주노동당으로 한정하기 어렵다. ③ 시국선언문의 주된 내용도 국회의 대통령 탄핵소추결의안 의결을 비판하는 내용으로, 그 주도세력을 선거를 통해 심판해야 한다는 내용은 부수적인 사항이다.

대법원은 이러한 두 개의 항소심 판결을 파기하는데, 그 논거는 다음과 같다.[49] ① 전교조는 민주노총의 산하단체로 여러 정치·경제·사회적 현안에 관하여 상급단체인 민주노총과 같은 입장을 취하여 공동 대응해 왔고, 민주노총은 4.15 총선에서 민주노동당 지지를 분명히 밝히는 '총선방침'을 결정하여 전교조를 비롯한 산하단체에 전달·시행토록 하였다. 전교조 중앙집행위원회에서 민주노동당 지지선언안이 채택되지 못하였지만 이는 선거법 위반을 피하기 위한 선택이었을 뿐, 중앙집행위원들의 민주노동당 지지 의사 자체는 확고한 것이었다. ② 시국선언문이 '민주노동당'을 직접 지칭하지 않았다고 하더라도 시국선언문이 지칭한 '진보적인 세력'은 '민주노동당'을 지지하는 것임이 명백하다. ③ 시국선언문은 한나라당, 민주당, 자민련을 부패수구집단으로 규정하고 총선을 통한 역사적 퇴출을 주장함과 동시에 탄핵소추안 의결을 반대한 열린우리당이나 정부의 실정 및 책임을 거론하면서 이들도 퇴출 대상이라고 주장하고 있는바, 시국선언문에서 4.15 총선에 관한 부분은 부수적인 표현에 불과하다고 보기 어렵다.

---

48) 광주고법 2005.3.24. 선고 2005노54 판결; 서울고법 2005.6.14. 선고 2004노3101, 2005노387(병합) 판결.
49) 대법원 2006.3.24. 선고 2005도2209 판결; 대법원 2006.5.12. 선고 2005도4513 판결 등.

(2) 금지되는 '정당·후보자에 대한지지·반대 운동'에 대한 해석

2004년 시국선언 사건에서 항소심과 대법원은 피고인들이 공무원이 "노동운동 기타 공무 이외의 일을 위한 집단적 행위"를 하는 것을 금지하는 국가공무원법을 위반했다는 점에서는 이견이 없었지만, 국가공무원법 제65조 제2항과 (구)공직선거및선거부정방지법 제93조 제1항 위반 여부에 대하여 견해 차이를 드러냈다. 국가공무원법 제65조 제2항은 "선거에서 특정 정당 또는 특정인을 지지 또는 반대하기 위한 정치 운동"을 금지하며, (구)공직선거및선거부정방지법 제93조 제1항은 "정당 또는 후보자를 지지·추천하거나 반대하는 내용이 포함된 문서"의 배부·살포·게시 등을 금지한다. 이렇듯 당해 조항은 포괄적·추상적으로 특정 정당 또는 후보자에 대한 지지 또는 반대를 금지하고 있다. 교원의 정치활동을 금지하는 현행법의 정당성을 인정한다고 하더라도, 해석에서 제한을 가하지 않으면 시민의 정치적 표현의 자유 행사는 언제나 형사처벌의 대상이 될 수 있음을 주의해야 한다.

2004년 시국선언을 두고 두 개의 항소법원은 시국선언문의 문언에 충실한 해석을 하여 특정 정당을 명시적으로 지지하지 않고 있다고 파악하여 무죄판결을 내렸다면, 대법원은 맥락을 중시하는 해석을 하여 시국선언문 작성자의 의도는 (구)민주노동당 지지라고 파악하여 유죄판결을 내렸다. 그리고 항소법원은 시국선언문의 중심이 탄핵소추안 의결에 대한 비판에 있고 특정 정당에 대한 반대는 부수적이라고 보았다면, 대법원은 (구)민주노동당 이외의 정당에 대한 반대도 중심내용이라고 보았다.

2004년 시국선언의 핵심은 노무현 대통령 탄핵소추를 의결한 정치세력에 대한 비판이다. 시국선언문은 '국회를 장악한 부패수구집단 거대야당'을 비판하고 있는바, 이는 (구)한나라당과 (구)자민련을 반대하기 위한 것임이 분명하다. 문제는 이 시국선언문이 (구)민주노동당을 지지하기 위한 것인가이다. 전교조가 민주노총에 가입해있고 민주노총은 (구)민주노동당을 지지하는 방침을 가지고 있었으며, 전교조 간부들도 (구)민주노동당과 정치적 근친성(近親性)을 갖고 있다는 점은 확인된다. 그러나 이것만으로 2004년 전교조의 시국선언문이 (구)민주노동당과 소속 후보를 지지하기 위한 것이라고 단정하는 것은 성급하다.

시국선언문의 '진보적이고 개혁적인 정치세력'이란 표현이 (구)민주노동당 지지를 포함하는 것은 사실이나 이 정당만을 지칭하는 것은 아니며, (구)민주노동당 외 다른 정치세력을 포괄한다. 실제 당시 전교조 조합원은 (구)민주노동당 지지자와 (구)열린우리당 지지자로 구성되어 있다. 전교조 중앙집행위원회가 '민주노동당 지지 선언'이 아니라 '진보적이고 개혁적인 정치세력'을 지지하는 형식의 선언문을 택한 것은 단지 공직선거법 위반을 피하기 위함이 아니라, (구)민주노동당 지지 선언은 조합원의 총의에 반하기 때문이었다라고 보아야 한다. 실제 전교조 중앙집행위원회가 전교조 명의의 '민주노동당 지지 선언'은 할 수 없다는 결론을 내렸다는 점은 이 선언문의 의도가 무엇인지 반증한다.

그리고 4.15 총선에서 '부패수구집단'을 심판하고 "노동자, 농민, 서민 등 소외 계층을 대변할 수 있는 깨끗하고 진보적인 세력을 국회에 진출시키는데 앞장선다."는 표현도 금지되는 선거운동 또는 정치운동이라기보다는, (구)공직선거및선거부정방지법 제58조 제1항 제1호가 허용하는 "선거에 관한 단순한 의견개진 및 의사표시"이다. 교원의 정치활동을 금지하는 현행법을 전제한다고 하더라도, 이 정도의 표현을 형사처벌의 대상으로 해석하는 것은 과잉범죄화이다.

2. 2009년 국정쇄신요구 제1, 2차 시국선언

(1) 대법원 2012.4.19. 선고 2010도6388 판결

2009년 전교조는 교사들의 서명을 받아 두 번의 시국선언문을 발표한다. 2009년 6월 18일 제1차 시국선언은 '교사 시국선언 6월 민주항쟁의 소중한 가치가 더 이상 짓밟혀서는 안 됩니다'라는 제목으로, 사교육비 부담 가중, 입시경쟁교육, 교육 양극화를 비롯한 교육정책의 문제점을 지적하고 비판하는 동시에, 촛불집회, 피디수첩 관련 수사, 용산4구역 철거 현장 진압, 국토개발사업과 대북정책 등을 비판하면서 국정 운영의 전면 쇄신을 촉구하는 내용을 담고 있다.

　　제1차 시국선언이 발표되자 교육과학기술부 및 시·도교육감은 이를 주도한 전교조 간부들 88명을 국가공무원법 제66조 제1항 위반 혐의로 고발하는 한편, 관련 교사들의 징계를 시·도교육청에 요청하는 등 강력하게 대처한다. 이에 전교조는 제2차 시국선언을 발표한다. 2009년 7월 19일 발표된 제2차 시국선언은 교과부의 징계방침을 위헌적인 공권력 남용이라고 비판하고, 헌법상 표현의 자유보장 및 시국선언 교사에 대한 고발·징계방침 철회를 요구하면서 제1차 시국선언의 정당성을 주장하고 대통령의 자세전환을 요구하는 내용을 담고 있다. 대전지방법원의 1심 판결은 무죄를 선고하였지만,[50] 동 법원의 형사항소1부는 이를 파기하였고,[51] 대법원은 항소심판결을 확정한다.[52]

　　대법원 다수의견은 이러한 제1차, 2차 시국선언 모두가 "선거에 대한 영향 내지는 반 현정권 전선의 구축이라는 뚜렷한 정치적인 의도를 가지고 시국선언의 형식을 빌려 편향적인 입장에서 공권력 행사 및 주요 정책을 일방적으로 부정적으로 평가하고 공격하는 것이어서, 정치적 중립의 한계를 벗어나 국정운영을 주도하는 특정 정치세력에 대한 반대의사를 분명하게 집단적으로 주장한 것"이고, "공무원인 교원의 정치적 중립성 및 이에 대한 국민의 신뢰를 침해하거나 그 침해에 대한 직접적인 위험을 초래할 정도의 정치적 편향성 내지 당파성을 명확히 드러낸 행위"로 파악하고, 국가공무원법 제66조 제1항이 금지하는 '공무 외의 일을 위한 집단행위'에 해당한다고 판단하였다.

　　그러나 박일환, 전수안, 이인복, 이상훈, 박보영 다섯 명의 대법관은 반대의견을 제출한다. 이들은 "1, 2차 시국선언은 … 특정 사안에 관한 정부

50) 대전지방법원 2010.2.25. 선고 2009고단2786, 2009고정2259, 2009고단4126(병합) 판결.
51) 대전지방법원 2010.5.14. 선고 2010노618 판결.
52) 대법원 2012.4.19. 선고 2010도6388 판결.

의 정책이나 국정운영 등에 대한 비판 내지 반대 의사를 표시하면서 그 개선을 요구한 것이거나 그에 관련된 표현의 자유를 보장해 줄 것을 요구한 것이지, 그 이상도 그 이하도 아니다."라고 파악하며, 이러한 시국선언이 "공무수행에 대한 국민의 신뢰를 현저히 훼손하거나 민주적·직업적 공무원 제도의 본질을 침해하는 것으로 볼 수도 없다."고 판단하였다. 또한 반대의 견은 "1, 2차 시국선언은 특정 정치집단이나 정파에 대한 반대가 아니라 정부의 특정 정책이나 개별 공권력 행사에 반대하거나 그것을 비판하는 의사를 표현하고 그 개선을 요구한 것에 불과하므로, 설령 그것이 일부 정치 집단이나 세력과 의견이 같아 보이더라도 특정 정치집단에 대한 규탄이나 지지를 위해 행해진 것이라는 등의 특별한 사정이 나타나 있지 않은 한, 이를 공무원의 정치적 중립의무를 위반한 것으로 쉽사리 단정하여서는 안 된다."라고 강조하였다.

그리고 신영철 대법관은 제1차 시국선언은 국가공무원법 위반이지만, 제2차 시국선언은 그렇지 않다는 반대의견을 제출한다. "2차 시국선언이 비록 1차 시국선언의 후속 절차로 이루어졌고 1차 시국선언의 정당성을 전제로 하고 있다고는 하나, 그 주된 동기 내지 목적은 어디까지나 교사들에 대한 형사고발 또는 징계조치의 철회 요구에 있고, 그 외에 1차 시국선언과 같은 정치적 의도나 목적이 있었다고 보기는 어렵다."는 것이 그 이유였다.

(2) 금지되는 '공무 외의 일을 위한 집단행위'에 대한 해석

2004년 시국선언문과 달리 2009년 시국선언문의 내용은 선거 개입이나 정당 지지의 내용이 없고, 일제고사 등 교육정책 비판과 표현의 자유 후퇴 등 국정 상황을 비판하는 것이었다. 따라서 2004년 시국선언문 사건에 적용된 국가공무원법 제65조 제2항과 (구)공직선거및선거부정방지법 제93 조 제1항이 아니라, '공무 외의 일을 위한 집단행위'를 금지하는 국가공무원 법 제66조 제1항 위반이 문제된다.

대법원은 국가공무원법 제66조 제1항 해석과 관련하여, "공무가 아닌 어떤 일을 위하여 공무원들이 하는 모든 집단적 행위를 의미하는 것은 아니

고 언론, 출판, 집회, 결사의 자유를 보장하고 있는 헌법 제21조 제1항, 헌법
상의 원리, 국가공무원법의 취지, 국가공무원법상의 성실의무 및 직무전념
의무 등을 종합적으로 고려하여 '공익에 반하는 목적을 위하여 직무전념의무를
해태하는 등의 영향을 가져오는 집단적 행위'라고 축소해석 하여야 할 것이다."
라고 판시한 바 있다.[53] 그렇지 않다면 공무원과 교원의 집단적 행위에 대한
포괄적이고 광범한 금지를 초래하여, 그들의 정치적 기본권은 심각하게 위
축될 것이기 때문이다.

2009년 시국선언을 기소하면서 검사는, 정파적 이해가 첨예하게 대립
하고 있는 사안에 대해 특정 정파의 의견을 그대로 대변하는 표현 행위를
했다면 이는 정치적 중립을 위반한 것이므로 공익에 반한다는 주장을 했다.
그러나 2010년 전주지방법원의 김균태 판사와 대전지방법원 김동현 판사는
무죄판결을 내리면서 다음과 같이 각각 판시했다.

"시국 선언은 정치적 목적으로 공안 권력을 동원한 결과 국민의 표현의 자유,
인권이 충분히 보장되지 않고 있고 정국 운영이 독선적이고 민주주의적이지
않으며 생태와 평화 등의 가치를 존중하지 않고 있다는 인식을 전하고 국민들
이 권력 담당자를 신뢰하지 않고 있으므로 국민들의 권력 담당자에 대한 신뢰
를 회복할 수 있도록 국정을 전면 쇄신하여 달라는 내용인바, 이는 **특정 정당,
정파에 대한 지지나 반대의 내용을 포함하지 아니하고** 단지 여러 사람의
뜻을 모아 각각 국민의 한 사람으로서 국가에 바라는 사항을 밝힌 것이며 그
주된 취지가 국민의 뜻인 헌법 정신에 충실한 국정 운영을 바란다는 것에 불과
하므로, 가사 위 내용이 소수의 의견이라고 하더라도, 정파 간 이해 대립이
첨예한 사안에 대하여 편파적인 의견을 표명함으로써 공익에 반하는 목적을
위한 것이라고 단정하기 어렵다."[54]

53) 대법원 1992.2.14. 선고 90도2310 판결(강조는 인용자). 이 대법원 판결의 취지에
따라 헌법재판소는 국가공무원법 제66조 제1항에 관하여 "'공무 이외의 일을 위
한 집단행위'의 개념은 모든 집단행위를 의미하는 것이 아니라 공무 이외의 일
을 위한 집단행위 중 공익에 반하는 행위로 축소하여 해석하여야 하는 것"이라
고 설시하며, 위 규정을 이와 같이 한정하여 해석하는 이상 위 규정이 헌법에
위반되지 않는다고 판단하였다[헌법재판소 2007.8.30. 선고 2003헌바51, 2005헌가5
(병합) 결정].

"검사의 논리대로라면, 정부에 대한 비판은 필연적으로 야당 및 재야 정치세력의 주장과 일치할 가능성이 높아 공무원의 정부에 대한 비판을 전면적으로 봉쇄하는 결과를 초래할 것이다. 그러나 공무원도 국민의 일원인 이상 직무의 온전성을 해하지 아니하는 범위 내에서 정부의 정책기조에 대한 의견을 밝힐 기본권을 당연히 누린다고 보는 것이 옳다. 정파적 이해대립이 있는 사안이라는 이유만으로 정치적 의사표현행위를 처벌하게 된다면, 그것은 권력을 비판하는 세력에 대한 탄압수단으로 활용될 수밖에 없을 것이고, 그것이 민주주의를 해하는 처사라는 것은 명약관화하다."[55]

민주주의 사회는 정파적 이해가 증발한 탈정치 사회가 아니라 정파적 이해를 인정하고 그에 기초한 비판도 인정하는 사회이다. 그러한 비판과 반(反)비판이 있어야만 민주주의는 성숙한다. 이러한 의미에서 정부 비판은 공익을 저해하는 것이 아니라 공익에 부합하고 이를 증진한다. 검찰의 논리에 따르면, 1960년 4월 혁명 당시의 교사 시국선언, 1987년 개헌 촉구 교사선언 등에 참여한 교사들은 '공익에 반하는 목적을 위하여 직무전념의무를 해태'한 '정치교사'가 되어버리고 말 것이다. 그러나 대법원 다수의견은 검찰의 논고를 그대로 수용하였다.

먼저 다수의견은 제1차 시국선언이 '선거에 대한 영향'을 주려는 '뚜렷한 정치적 의도'가 있다고 단정하였지만, 그 선언문에는 선거 관련 문구는 한 마디도 없다. 2009년에 발표된 이 선언문이 어떤 선거에 영향을 주려고 의도한 것인지 밝히지 않고 있지만, 다수의견은 이 선언문이 결국은 2010년 지방자치선거나 2011년 국회의원 총선과 대선 등의 선거에 영향을 주려는 의도를 가지고 있다고 미리 판단하였다. 이러한 해석은 상술한 1992년 대법원 판결과 2007년 헌법재판소 결정이 요청한 합헌적 축소해석이 아니다.

둘째, 동 선언문이 '반(反) 현 정권 전선의 구축이라는 뚜렷한 정치적인 의도'를 가지고 있다는 다수의견의 판단은 개괄적으로 보아 맞는 판단이다.

54) 전주지방법원 2010.1.19. 선고 2009고단1119, 2009고정1105(병합) 판결(강조는 인용자).
55) 대전지방법원 2010.2.25. 선고 2009고단2786, 2009고정2259, 2009고단4126(병합) 판결(강조는 인용자).

그러나 교원의 정부에 대한 비판이 형사처벌되려면 그 행위가 '공익에 반하는 목적'을 가지고 있어야 한다. 다수의견은 정부정책을 비판하는 제1, 2차 시국선언은 '정치적 중립의 한계'를 벗어난 것이고, 따라서 공익에 반한다는 결론을 내고 있다.

그러나 시국선언이 지적하고 있는 국정운영의 난맥상을 거론하며 이명박 정권을 비판한 것은 진보진영만이 아니며, 보수진영도 같은 점에 대하여 매서운 비판을 가했다.[56] 이를 주목하자면 시국선언문이 담고 있는 정권 비판은 '정치적 중립성을 침해하는 직접적인 위험을 초래할 정도의 정치적 편향성 또는 당파성을 명백히 드러내는 행위'라기 보다는 진보와 보수, 좌와 우를 떠나 민주주의 일반(democracy in general)의 후퇴를 비판하고 그 회복을 촉구하는 것이라고 보아야 한다.

그렇다면 이러한 시국선언은 '공익에 반하는 목적'을 위한 것이 아니라, '공익을 위한 목적'을 위한 것이라고 보아야 한다. 이 점에서 다섯 명의 대법관의 반대의견은 "시국선언이 나오던 시기의 사회상황이나 우리 국민의 의식수준에 비추어 보아 그것이 공무수행에 대한 국민의 신뢰를 현저히 훼손하거나 민주적·직업적 공무원제도의 본질을 침해하는 것으로 볼 수도 없다."라고 판단하였던 것이다. 보수 성향으로 분류되는 신영철 대법관도 자신의 반대의견에서 지적하다시피, 교사들에 대한 형사고발 또는 징계조치의 철회 요구가 중심 요구사항인 제2차 시국선언의 경우는 애초에 '정치적인 의도'가 있다고 보기도 힘들다.

셋째, 시국선언문 발표가 '직무전념의무를 해태'한 것으로 보이지 않는다. 반대의견이 지적한대로, "제1, 2차 시국선언은 전교조 본부에서 작성한 시국선언문을 지부나 분회에 송부하여 그에 서명한 교사들의 명단을 취합한 다음 이를 발표·게시한 것에 지나지 아니하여 교육현장 밖에서 교육과정과 무관하게 일반 국민을 상대로 이루어졌고, 교사들의 참여를 이끌어내기 위한 서명운동이 학교에서 근무하고 있는 교사들을 상대로 진행되기는 하였으나 그 과정에서 무슨 갈등이 있었다는 자료도 없으므로, 1, 2차 시국선언으

---

56) 예컨대, 이상돈, 『조용한 혁명』(2011)을 참조하라.

로 학생들의 수업권이 침해되었다거나 교사들의 직무수행 등 교육행정에 지장이 초래되었다고 볼 수 없다(실질적인 침해나 지장뿐 아니라 추상적인 침해나 지장의 우려도 찾아볼 수 없다)."

2000년 이후 발표된 초·중·고등학교 교원의 시국선언으로는 이하의 것이 있다. 즉, 새만금 간척 반대 시국선언(2001.5.25.), 개혁실종-민생파탄-민주역행 우려 민주-시민-사회단체 비상시국선언(2001.7.13.), 부시방한 반대 전교조 지회장 선언(2002.2.16.), 학부모·교사 조선일보 구독 중지 선언(2001.7.24.), 미군장갑차 여중생 살인 만행 처벌을 위한 인천교사 선언(2002.11.27.), 이라크전쟁 참전 및 추가파병 전면재검토 촉구 교사선언(2004.7.13.), 쌀 개방 반대, 식량주권 수호 교육계 선언(2004.9.8.), 전국교사 국가보안법 폐지 촉구선언(2004.12.2.), 교육부총리 퇴진 선언문(2005.9.30.), 반민생 4대강 예산안 폐지 릴레이 선언(2009.9.29.) 등.[57] 물론 이상의 선언과 2009년 시국선언의 구체적 내용은 다르지만, 정부 정책에 대한 강력한 비판을 담고 있다는 점에서는 동일하다. 그런데 이상의 시국선언은 당시 수사조차 이루어지지 않았지만 2009년 시국선언은 처벌되었다는 점을 생각하면, 시국선언이라는 정치적 표현행위에 대한 관용의 폭이 이명박 정권 출범 이후 대폭 축소되었고 대법원은 이를 추인했음을 알 수 있다.

마지막으로 2009년 시국선언을 발표한 피고인들은 시국선언이 합법적 범위 내에서 이루어질 수 있도록 법률자문을 받았고, 그 과정에서 선거에 영향을 미칠 의도 또는 특정 정파에 대한 지지나 반대의 의사가 드러나지 않도록 하는 것이 좋겠다는 자문 내용에 따라 시국선언문 초안을 수정했다. 상술한 2004년 시국선언이 유죄판결을 받았기에, 2009년 시국선언을 준비한 교원들은 시국선언문의 내용에서 특정 정당을 지지하는 내용을 뺀 것이다. 그리고 피고인들은 상술한 2000년 이후 발표된 여러 건의 교원의 시국선언이 처벌되지 않았음을 알고 있었다. 이러한 점을 종합하면

---

57) 김행수, "인천지법의 전교조 교사 벌금형 '비겁했다'", <오마이뉴스> (2010.2.5.) (http://www.ohmynews.com/NWS_Web/view/at_pg.aspx?CNTN_CD=A0001316270: 2014.11.1. 최종방문)

2009년 시국선언의 피고인들은 위법성 인식의 착오에 정당한 이유가 있다고 볼 수 있기에, 형법 제16조(법률의 착오)에 따라 벌할 수 없다는 해석도 가능하다.[58)]

V. 맺음말

오래 전 초·중·고등학교 교원들이 노동조합 결성을 추진하자 "교사가 무슨 노동자냐"라는 맹비난을 받으며, 해직과 투옥 등 고초를 겪었다. 1999년 '교원의 노동조합 설립 및 운영 등에 관한 법률'이 제정되면서 교원노조는 합법화되었지만, 여전히 교원의 정치활동은 포괄적으로 금지되어 있다. 교원의 정치활동 보장을 요구하면 "교사가 무슨 정치꾼이냐"라는 맹비난이 퍼부어진다.

그러나 '교육의 정치적 중립' 원칙이 탈(脫)·비(非)·몰(沒) 정치적 교원을 요구하는 것은 아니다. 민주주의 사회에서 교원은 그 자신이 먼저 '능동적 시민'이어야 하고, 또한 학생을 '능동적 시민'이 되도록 가르쳐야 한다. 정치활동은 '능동적 시민'의 미덕이다. 다양한 정치성향의 교원이 학교 안에서 공존하며 교육을 하는 것이 오히려 '교육의 정치적 중립'을 보장하며, 학생의 식견을 성숙하고 풍부하게 만들 수 있다. 물론 교원이 자신의 정치적 견해에 따라 교육내용을 왜곡하고 자신의 견해를 학생에게 강요하는 것, 교원이 수업 시간에 수업 내용과 무관하게 특정 정당의 홍보 또는 출마 후보에 대한 지지 활동을 벌이는 것, 근무시간 동안 소속 정당의 업무를 보는 것 등은 금지되어야 한다. 그러나 이러한 제약을 넘어 교원이 정당에 가입하거나 근무시간 종료 후 정치활동을 하는 것마저 금지하는 것은 과도한 기본권 제약이며, 위헌이다.

표현의 자유 행사에 있어서 부작용이 발생하지만, 그렇다고 하여 표

---

58) 이에 대해서는 조국, "법률의 무지 및 착오 이론에 대한 재검토", 한국형사정책연구원, 『형사정책연구』 제12권 제2호(2001/6) 참조하라.

현의 자유 자체를 금지할 수 없는 것과 마찬가지 이유다. 교원은 교원이기 이전에 정치적 기본권의 주체이다. 교원의 정치활동이 교원으로서의 직무를 방해하는 것은 막아야겠지만, 그러한 직무방해를 염려해서 정치활동 자체를 금지하고 처벌하는 현실은 바뀌어야 한다.

제18장

쟁의행위에 대한
업무방해죄 적용 비판

"쟁의행위의 마그나 카르타로서 단체행동권의 기본권 보장 취지는
업무의 정상적인 운영의 저해를 원칙적으로 용인하며, 일단 행사된
단체행동권은 정당·적법하다는 추정을 인정하는 데에 있다."

(김영문)

I. 들어가는 말

2007년 국제노동기구(ILO)와 2009년 11월 유엔 경제·사회·문화적 권리위원회는 각각 한국 정부가 업무방해죄 적용으로 노동자들의 파업권을 약화시키고 안정적이고 조화로운 노사관계가 형성되는 것을 막고 있다는 점에 대하여 심각한 우려를 표명했다. 2002년부터 2006년에 선고된 제1심 노동형사사건 중 쟁의행위 사건에 적용된 죄의 개수는 7,624개인데, 그 중 형법 제314조의 업무방해죄가 적용된 것이 2,304개로 30.2%를 차지하는 바 이는 적용 죄 중 가장 높은 비율이다.[1] 업무방해죄는 노동쟁의를 범죄화하는 핵심적 도구로 기능하고 있는 것이다. 그리고 노동조합 및 노동관계조정법[이하 '노노법'으로 약칭] 제39조는 쟁의행위 기간 중 현행범 이외에는 노노법 위반으로 구속되지 아니한다라고 규정하고 있지만, 정부는 쟁위행위 참가자를 업무방해죄로 구속하여 수사하는바, 노노법 제39조의 취지는 무색하다.

형법 제314조는 "허위사실 유포 기타 위계 또는 위력으로써 사람의 업무를 방해한 자는 5년 이하의 징역 또는 1천 500만 원 이하의 벌금에 처한다."라고 규정하고 있다. 노노법은 쟁의행위에 대해 "파업·태업·직장폐쇄 기타 노동관계 당사자가 그 주장을 관철할 목적으로 행하는 행위와 이에 대항하는 행위로서 업무의 정상적인 운영을 저해하는 행위"라고 정의하고 있다(제2조 제6호: 강조는 인용자).[2] 이러한 쟁의행위의 정의(定義)에서 확인

---

1) 국가인권위원회(책임연구자 김기덕), 『노동사건에 대한 형벌적용실태조사(판결을 중심으로) 보고서』(2007), 170면.
2) "쟁의권에 의해 보호되는 행위로서의 '쟁의행위'는 근로자의 집단이 그 주장의 시위나 그 주장을 관철할 목적으로 노무의 제공을 완전 또는 불완전하게 정지하거나, 또한 필요에 따라 이 노무정지를 유지하기 위한 피케팅이나 사용자와의 거래를 거부하라고 호소하는 행위를 의미하는 것으로 보아야 한다"(대법원 1990. 5.15. 선고 90도357 판결).

되듯이, 쟁의행위는 본질적·필연적으로 업무방해의 요소를 포함하고 있다. 그런
데 노노법 제4조(정당행위)는 "형법 제20조의 규정은 노동조합이 단체교섭·
쟁의행위 기타의 행위로서 제1조의 목적을 달성하기 위하여 한 정당한 행위
에 대하여 적용된다. 다만, 어떠한 경우에도 폭력이나 파괴행위는 정당한
행위로 해석되어서는 아니된다."라고 규정하는바, 쟁의행위가 노노법이 정한
정당한 행위인 경우 형법 제20조가 적용되어 죄가 되지 않는다.3)

이하에서는 정당한 쟁의행위의 목적과 수단에 대한 대법원 판례를 비
판적으로 분석하면서, 파업에 대한 업무방해죄 적용을 비판하기로 한다.

II. 쟁의행위 목적의 정당성 ― '경영권' 대상 쟁의행위를 중심으로

2002년부터 2006년까지 업무방해죄가 적용된 쟁의행위의 정당성 요건
중 목적에서의 사유와 관련해서, 노동관계법 개정 등 사용자의 처분권한에
속하지 않는 사항에 관한 것이 58.8%를 점하여 높은 비율을 보였고, 공장이
전, 합병, 인사권 등 경영권에 관한 것이 38.6%를 점한다.4)

---

3) 쟁의행위의 정당행위 해당 여부에 대한 일반적 판단기준에 대하여 대법원은 다
   음과 같이 설시한다. "근로자의 쟁의권 행사는 그것이 정당할 때에 한하여 형법
   상 위법성이 부정되어 처벌되지 않는 것인바, 쟁의행위의 정당성은, 첫째로 단체
   교섭의 주체로 될 수 있는 자에 의하여 행해진 것이어야 하고, 둘째로 노사의
   자치적 교섭을 조성하기 위하여 하는 것이어야 하며, 셋째로 사용자가 근로자의
   근로조건의 개선에 관한 구체적 요구에 대하여 단체교섭을 거부하거나 단체교섭
   의 자리에서 그러한 요구를 거부하는 회답을 했을 때에 개시하되, 특별한 사정
   이 없는 한 원칙적으로 사전신고를 거쳐서 행하여야 하고, 넷째로 쟁의권의 행
   사방법은 노무의 제공을 전면적 또는 부분적으로 정지하는 것이어야 함은 물론
   공정성의 원칙에 따라야 할 것임은 노사 관계의 신의칙상 당연하며, 사용자의
   기업시설에 대한 소유권 기타의 재산권과도 조화를 기해야 하고, 폭력의 행사는
   신체의 자유, 안전이라는 법질서의 기본원칙에 반하는 것이므로 허용될 수 없
   고 …"(대법원 1990.5.15. 선고 90도357 판결).
4) 국가인권위원회(각주 1), 175면.

1. 판 례

현재 대법원은 경영권을 헌법에 의해 보장되는 권리로 파악하며, 구조
조정, 합병, 사업조직 통폐합, 정리해고 등은 노동쟁의의 대상이 될 수 없다
는 입장을 취하고 있다. 이러한 입장을 선명히 밝히는 판결을 보자.

"… 모든 기업은 그가 선택한 사업 또는 영업을 자유롭게 경영하고 이를
위한 의사결정의 자유를 가지며, 사업 또는 영업을 변경(확장·축소·전환)하거
나 처분(폐지·양도)할 수 있는 자유를 가지고 있고 이는 헌법에 의하여 보장되
고 있는 것이다. 이를 통틀어 경영권이라고 부르기도 한다. … 경영권과 노동3
권이 서로 충돌하는 경우 이를 조화시키는 한계를 설정함에 있어서는 기업의
경제상의 창의와 투자의욕을 훼손시키지 않고 오히려 이를 증진시키며 기업의
경쟁력을 강화하는 방향으로 해결책을 찾아야 함을 유의하여야 한다. 왜냐하
면 기업이 쇠퇴하고 투자가 줄어들면 근로의 기회가 감소되고 실업이 증가하게
되는 반면, 기업이 잘 되고 새로운 투자가 일어나면 근로자의 지위도 향상되고
새로운 고용도 창출되어 결과적으로 기업과 근로자가 다 함께 승자가 될 수
있기 때문이다. 이러한 관점에 서서 오늘의 우리나라가 처하고 있는 경제현실
과 오늘의 우리나라 노동쟁의의 현장에서 드러나는 여러 가지 문제점 등을
참작하면, 구조조정이나 합병 등 기업의 경쟁력을 강화하기 위한 경영주체의
경영상 조치에 대하여는 원칙적으로 노동쟁의의 대상이 될 수 없다고 해석하
여 기업의 경쟁력 강화를 촉진시키는 것이 옳다. 물론 이렇게 해석할 경우
우선은 그 기업에 소속된 근로자들의 노동3권이 제한되는 것은 사실이나 이는
과도기적인 현상에 불과하고, 기업이 경쟁력을 회복하고 투자가 일어나면 더
많은 고용이 창출되고 근로자의 지위가 향상될 수 있으므로 거시적으로 보면
이러한 해석이 오히려 전체 근로자들에게 이익이 되고 국가경제를 발전시키는
길이 된다."5)

---

5) 대법원 2003.7.22. 선고 2002도7225 판결(강조는 인용자). 이러한 입장은 대법원
  2001.4.24. 선고 99도4893 판결; 대법원 2002.2.26. 선고 99도5380 판결; 대법원
  2003.2.11. 선고 2000도4169 판결; 2003.2.28. 선고 2002도5881 판결; 2003.3.14.
  선고 2002도5883 판결; 2003.3.28. 선고 2002도6060 판결; 대법원 2003.11.13. 선
  고 2003도687 판결 등에서 일관되게 관철되고 있다.

그리고 대법원은 쟁의행위의 목적의 정당성은 주된 목적 또는 진정한 목적의 당부에 의하여 판단한다.

"정리해고나 사업조직의 통폐합 등 기업의 구조조정의 실시 여부는 경영주체에 의한 고도의 경영상 결단에 속하는 사항으로서 이는 원칙적으로 단체교섭의 대상이 될 수 없고, 그것이 긴박한 경영상의 필요나 합리적인 이유 없이 불순한 의도로 추진되는 등의 특별한 사정이 없는 한, 노동조합이 실질적으로 그 실시 자체를 반대하기 위하여 쟁의행위에 나아간다면, 비록 그 실시로 인하여 근로자들의 지위나 근로조건의 변경이 필연적으로 수반된다 하더라도 그 쟁의행위는 목적의 정당성을 인정할 수 없다 할 것이다. 한편, 쟁의행위에서 추구되는 목적이 여러 가지이고 그 중 일부가 정당하지 못한 경우에는 주된 목적 내지 진정한 목적의 당부에 의하여 그 쟁의목적의 당부를 판단하여야 할 것이고, 부당한 요구사항을 뺐더라면 쟁의행위를 하지 않았을 것이라고 인정되는 경우에는 그 쟁의행위 전체가 정당성을 갖지 못한다고 보아야 할 것이다."[6)]

2. 평   석

(1) 노동3권을 형해화(形骸化)시키는 경영권 편향

먼저 판례는 경영권을 헌법 제23조 제1항, 제119조 제1항 등에 의하여 보장되는 재산권의 일부로 파악하고, 경영사항에 대해서는 원칙적으로 쟁의 대상이 될 수 없다고 선언한다. 그리고 경영권과 노동3권의 충돌할 경우 "기업의 경제상의 창의와 투자의욕을 훼손시키지 않고 오히려 이를 증진시키며 기업의 경쟁력을 강화하는 방향"이라는 해결되어야 한다고 강조하고 있다.

---

6) 대법원 2002.2.26. 선고 99도5380 판결(강조는 인용자). 또한 대법원 2006.5.12. 선고 2002도3450 판결은 "실질적으로 그 실시를 반대"한다는 것에 "비록 형식적으로는 민영화 등 구조조정을 수용한다고 하면서도 결과적으로 구조조정의 목적을 달성할 수 없게 하는 요구조건을 내세움으로써 실질적으로 구조조정의 반대와 같이 볼 수 있는 경우도 포함한다"고 해석하고 있다.

자본주의 사회에서 기업의 중요성을 부인하는 이는 거의 없을 것이다. 그러나 이 기준 속에 경영권과 노동3권의 공정한 조화는 없다. 판례 문구를 빌려 반박하자면, "근로자의 창의와 노동의욕을 훼손시키지 않고 이를 증진시키며 근로자의 경쟁력을 강화하는 방향"은 완전히 무시되고 있다. 사실 이 기준은 노동3권의 억압 또는 일방적 양보를 강요해온 구호 "기업이 살아야 근로자도 산다"의 법률적 표현이다.

둘째, 경영권을 재산권으로 환치시키는 것도 문제다. 경영권은 생산시설 및 자재에 대한 소유권, 실용신안권, 기타의 무체재산권과 노동력의 처분을 포괄하며, 재산법적 관계 이외에 이와는 이질적인 노동법적 관계를 포함한다. 따라서 경영권과 관련한 쟁의행위의 허용 여부는 근로조건의 결정에 있어서의 노사의 실질적 대등화와 노사관계에 관한 노사자치의 촉진 등 헌법과 노동법이 보장한 단체교섭권의 목적과 사용자가 갖는 근로계약에 기한 사용자의 노무지휘권, 기업의 물적 시설에 대하여 갖는 소유권에 기한 시설관리권, 법률의 수권에 의한 징계권 등의 권리와의 구체적인 법익형량을 통하여 해결되어야 하는 문제이지, 원칙적으로 쟁의대상에서 제외하는 것은 경영권 편향의 해석이다.[7]

셋째, 판례는 경영권에 관한 사항과 근로조건에 관한 사항을 상호배제적인 것으로 파악하고 있다. 헌법 제33조 제1항은 "근로자는 근로조건의 향상을 위하여 자주적인 단결권·단체교섭권 및 단체행동권을 가진다"고 규정하고 있다. 노노법 제2조는 '노동조합'은 "근로자가 주체가 되어 자주적으로 단결하여 근로조건의 유지·개선 기타 근로자의 경제적·사회적 지위의 향상을 도모함을 목적으로 조직하는 단체 또는 그 연합단체"(제4호), '노동쟁의'를 "노동조합과 사용자 또는 사용자단체 간에 임금·금로시간·복

---

7) 김성진, "단체교섭에서의 경영권논쟁에 관한 연구", 숭실대학교, 『노사관계논총』 제1집(1990.8), 18면; 배병우, "단체교섭권의 법적 구조와 교섭사항", 경상대학교 법학연구소, 『법학연구』 제2집(1990.12), 246-247, 262면; 송강직, "단체교섭의 대상 —인사·경영사항을 중심으로", 『노동법의 쟁점과 과제(김유성교수 화갑기념 논문집)』(법문사, 2000.12), 379-381면; 정진경, "소위 '경영권'과 단체교섭대상사항", 『재판실무연구』(2004), 85-88, 90면.

지·해고 기타 대우 등 근로조건의 결정에 관한 주장의 불일치로 인하여
발생한 분쟁상태"(제5호)라고 정의한다. 이상의 규정을 종합하자면, 쟁의행
위의 목적은 근로조건의 향상에 있음은 분명하다.[8]

　문제는 판례가 구조조정, 합병, 사업조직 통폐합, 정리해고 등 통상
경영권에 관한 사항의 경우 쟁의행위의 목적에서 원천 배제한다는 것이다.
예컨대, 정리해고를 보자. 판례의 논리는 다음과 같이 요약된다. (i) 쟁의행
위의 목적은 근로조건의 향상이다, (ii) 정리해고는 근로조건과 근로자의
경제·사회적 지위의 변화를 수반한다, (iii) 그러나 정리해고는 경영권에
관한 사항이다, (iv) 따라서 정리해고 반대를 주목적으로 삼는 쟁의행위는
불법이다.

　정리해고가 근로조건과 근로자의 경제·사회적 지위에 즉각적이고 중
대한 부정적 변화를 일으킨다는 점은 너무도 분명하다. 따라서 정리해고
반대를 위한 쟁의행위가 일어나는 것은 필연적이다. 정리해고에 반대하는
쟁의행위도 인정하는 프랑스와 한국은 법제가 다르다고 하더라도,[9] 이러한
논리에 따르면 합법적 쟁의 범위는 현저히 좁아진다. (ii)와 (iii) 사이에는
중대한 비약이 있다. 정리해고로 인한 근로조건과 근로자의 경제·사회적
지위의 침해와 "긴박한 경영상의 필요"(근로기준법 제24조 제1항)는 비교형량
하여 조절해야 할 사안이지, 전자의 일방적 희생으로 해결해야 할 문제가
아니다.

　경영권 관련 사항은 원칙적으로 노동쟁의의 대상이 될 수 없다는 대법
원 판례는 1997년 외환위기 이후 사회 전체에서 급박하게 이루어져야 했던
구조조정과 정리해고라는 시대적 상황을 법률적으로 정당화하는 것이다.
그러나 지금은 이러한 비상적 상황은 종료하였다. 생각건대, 현 시점에서
는 ―업무방해죄 사건은 아니지만― 다음과 같은 1994년 대법원 판결의 취
지가 오히려 타당하며, 업무방해죄 관련 판결도 이에 따라 변화해야 한다고
본다.

---

8) 김유성, 『노동법 II』(전정판 증보)(법문사, 2001), 228면.
9) 이승욱·조용만·강현주, 『쟁의행위 정당성의 국제비교』(한국노동연구원, 2000), 104면.

"단체협약 중 조합원의 차량별 고정승무발령, 배차시간, 대기기사 배차순서 및 일당기사 배차에 관하여 노조와 사전합의를 하도록 한 조항은 그 내용이 한편으로는 사용자의 경영권에 속하는 사항이지만 다른 한편으로는 근로자들의 근로조건과도 밀접한 관련이 있는 부분으로서 사용자의 경영권을 근본적으로 제약하는 것은 아니라고 보여지므로 단체협약의 대상이 될 수 있고 그 내용 역시 헌법이나 노동조합법 기타 노동관계법규에 어긋나지 아니하므로 정당하다."[10]

그리고 대법원에 의해 파기되었지만 2012년 대전지방법원 제3형사부의 판결이 대법원 보다 노동3권의 헌법적 의미를 정확히 보고 있다고 평가한다.

"사용자의 경영권에 관한 사항을 목적으로 하는 파업의 경우에도, 그 단체교섭의 목적이 '근로조건의 향상을 위한 노사 간의 자치적 교섭을 조성하는 것'에는 해당하지 않는다는 측면에서 일단 쟁의행위 절차상 하자가 있는 경우에 해당하지만, 이는 앞서 본 바와 같이 순수한 정치적 목적의 파업의 경우와는 구별되는 것이고, 또 이러한 '경영간섭파업'은 근로조건의 변경과 깊은 관련이 있는 경우가 대부분이어서 일반적으로 경영권에 관한 사항과 함께 근로조건의 향상에 관한 사항도 함께 쟁의행위의 목적으로 주장되는 경우가 많을 뿐만 아니라, 그 쟁의행위의 주된 목적이 무엇인지를 구분하기도 어려우므로, 이러한 목적을 가진 파업이 근로자들의 근로조건, 고용의 규모나 형태, 해고 등과 관련된 소송이나 징계의 철회 등과 관련이 있는 경우에는 사용자로서도 그와 관련된 쟁의행위를 어느 정도 예상할 수 있다는 점에서 '전격성'이 없다고 보아야 할 것이다."[11]

요컨대, 저자는 구조조정, 합병, 사업조직 통폐합, 정리해고 등 경영권에 관한 사항이라고 하더라도 (ⅰ) "경영 악화로 사업을 계속할 수 없는

---

10) 대법원 1994.8.26. 선고 93누8993 판결(강조는 인용자).
11) 대전지방법원 제3형사부 2012.11.8. 선고 2011노369 판결. 이 판결은 대법원 2014. 8.26. 선고 2012도14654 판결에 의하여 파기된다.

긴박한 경영상황"12)이 아니고, (ⅱ) 당해 경영권의 행사가 근로자의 근로조
건과 근로자의 경제·사회적 지위에 중대하고 현저한 침해를 야기한다면
쟁의행위를 할 수 있다고 해석하며, 이럴 때 비로소 경영권과 노동3권은
균형을 이루게 될 것이다.

(2) 쟁의행위의 동태성 간과

판례는 쟁의행위에서 추구되는 목적이 여러 가지이고 그 중 일부가
정당하지 못한 경우에는 주된 목적 내지 진정한 목적의 당부에 의하여 그
쟁의목적의 당부를 판단해야 하며, 부당한 요구사항을 뺐더라면 쟁의행위를
하지 않았을 것이라고 인정되는 경우에는 그 쟁의행위 전체가 정당성을
갖지 못한다고 판시한다.

대법원 2002.2.26. 선고 99도5380 판결의 대상이 된 사건의 경우, 한국
조폐공사의 노동조합은 두 번의 파업을 행하는데 제1차 파업은 임금인상요
구와 정부의 구조조정 방침 철회투쟁이 경합하였고, 제2차 파업은 임금인상
요구와 창통폐합의 철회가 경합하였다. 원심판결은 ① 쟁의행위의 주된 목
적이 근로조건의 개선에 있었으며, ② 창통폐합에 대한 반대요구가 제외되
었더라면 본건 파업 이 실시되지 않았을 것이라는 점에 대한 증거가 없다고
보고 업무방해의 공소사실에 대하여 무죄를 선고하였지만,13) 대법원은 이
를 파기환송하였다.

단체교섭의 현실을 보면, 노동조합이 임금인상 요구는 경영권 관련 사
항에 대한 요구와 결합하여 이루어지는 것이 대부분이다. 그런데 경영권
관련 사항에 대한 요구 주장은 교섭 초기에 주장되었다가도 계속 존속하는
경우는 많지 않고 노동조합은 그것이 교섭과정에서 조정되고 타협되는 쟁점

12) 정리해고는 사업의 양도·인수·합병 등 "긴박한 경영상의 필요"가 있는 경우 인
정되지만(근로기준법 제24조 제1항), 이 요건은 느슨하게 해석되어 정리해고는
무분별하게 남용되고 있다. 그리하여 2013년 국가인권위원회는 이 점을 지적하며
정리해고의 요건을 "경영 악화로 사업을 계속할 수 없는 긴박한 경영상의 필요가
있는 경우"로 변경할 것을 권고했다[<미디어 오늘>(2013.2.25.)(http://www.mediatoday.
co.kr/news/articleView.html?idxno=107852: 2014.11.1. 최종방문)(강조는 인용자)].
13) 대전지법 1999.11.19. 선고 99노816 판결.

의 하나로 파악하고 있다.14) 판례는 이러한 쟁의행위의 동태성을 간과하고 있다. 그리고 대법원은 창통폐합에 대한 요구주장이 쟁의행위 목적으로서 정당하지 않다고 보고 있지만, 그러한 부당한 목적이 단체교섭과정에서 조정될 여지가 없었는지, 부당함에도 불구하고 전체, 쟁의행위에 대해 정당성이 인정될 여지는 없었는지는 전혀 검토하지 않고 있다.15) 그리하여 판례에 따르면 노동조합이 경영권 관련 요구주장을 하고 쟁의를 벌이면, 그 자체만으로 쟁의행위 전체가 정당성을 갖지 못하게 되어버릴 가능성이 매우 높아지고 만다.

Ⅲ. 쟁의행위 수단의 정당성 1 — 준법투쟁, 피케팅 및 직장점거

1. 준법투쟁

'준법투쟁'은 근로자가 계약이나 법령·규칙상의 권리나 의무를 집단적으로 실행함으로써 파업이나 태업과 같은 노무정지의 효과를 거두는 것으로 권리·의무의 실행이라는 일면과 노무정지의 야기라는 일면을 가지고 있다.16) 준법투쟁은 그 양상이 지극히 다양하다. 예를 들어 근로자들이 노무에 종사하되 안전을 담보하기 위한 법령 등 제반규칙을 더욱 엄격하게 규정대로 준수함으로써 간접적으로 조업에 영향을 미쳐 업무저해를 시도하는 경우가 있는데, 이는 노무제공을 전제로 하기 때문에 태업과 유사하다. 통상이를 '안전투쟁'이라 부른다. 반면 파업과 같은 본격적인 쟁의행위에 앞서 조합원의 단결력을 시위하기 위하여, 시간외근로 거부, 정시출퇴근, 집단조퇴, 집단휴가 사용 등의 전술을 취하는 경우가 있는데 이는 노무제공 자체가 중단되기 때문에 파업과 유사하다.17)

---

14) 배병우(각주 7), 246-247면.
15) 정인섭, "정리해고와 파업의 정당성", 『월간 노동법률』 제131호(2002.4), 26면.
16) 장영민·박강우, 『노동쟁의와 업무방해죄의 관계』(한국형사정책연구원, 1996), 90면.
17) 정인섭, "파업주도 행위와 업무방해죄", 민주사회를 위한 변호사 모임 노동위원

먼저 판례는 쟁의전술의 일환으로 시간외근로 거부가 집단적으로 이루어진 경우 업무방해죄를 인정하는데, 이 논리의 바탕에는 근로자에게 마치 시간외 노동에 대한 사실상의 '의무'가 있다는 잘못된 판단이 깔려 있다. 대표적인 판례를 보자.

"노사 간에 체결된 단체협약에 작업상 부득이한 사정이 있거나 생산계획상 차질이 있는 등 업무상 필요가 있을 때에는 사용자인 회사가 휴일근로를 시킬 수 있도록 정하여져 있어서, 회사가 이에 따라 **관행적으로 휴일근로를 시켜 왔음에도 불구하고**, 근로자들이 자신들의 주장을 관철할 목적으로 정당한 이유도 없이 집단적으로 회사가 지시한 휴일근로를 거부한 것은, 회사업무의 정상적인 운영을 저해하는 것으로서 노동쟁의조정법 제3조 소정의 쟁의행위에 해당한다고 할 것이다."[18]

"연장근로가 당사자 합의에 의하여 이루어지는 것이라고 하더라도 근로자들을 선동하여 근로자들이 통상적으로 해 오던 연장근로를 집단적으로 거부하도록 함으로써 회사업무의 정상운영을 저해하였다면 이는 쟁의행위로 보아야 할 것이다. 또 쟁의행위의 원인에 있어 사용자 측에 책임을 돌릴 만한 소론주장의 사유가 있다 하더라도 이로써 판시 범행이 성립하지 아니하는 것은 아니다."[19]

그러나 이러한 논리는 휴일근로나 연장근로를 거부하는 것은 근로자의 권리이지 형법적으로 범죄로 취급될 여지가 없다는 점, 시간외근로의 의무는 근로자의 개별적인 동의가 없는 한 발생하지 않는데 근로자 1인에게 적법한 것이 다수에 의해서 실행된다고 해서 바로 위법한 것으로 평가된다는 점 등에서 문제가 있다.[20] 집단적 노무제공 거부의 문제는 Ⅳ.에서 후술

회, 『1996 노동판례 비평』, 376-377면; 이원희, "서울시 지하철노조 파업의 노동법상 문제: 준법투쟁을 중심으로", 한국노동법학회, 『노동법학』 제9호(1999.12), 41면.

18) 대법원 1991.7.9. 선고 91도1051 판결(강조는 인용자)

19) 대법원 1991.10.22. 선고 91도600 판결(강조는 인용자). 대법원 1996.2.27. 선고 95도2970 판결 동지.

20) 정인섭(각주 17), 376면; 이원희(각주 17), 43면.

하기로 한다.

한편 대법원은 정시출퇴근, 집단조퇴, 집단월차휴가신청에 의한 결근 등도 업무방해죄로 처벌된다고 본다.[21] 예를 들어,

"단체협약에 따른 공사 사장의 지시로 09:00 이전에 출근하여 업무준비를 한 후 09:00부터 근무를 하도록 되어 있음에도 피고인이 쟁의행위의 적법한 절차를 거치지도 아니한 채 조합원들로 하여금 집단으로 09:00 정각에 출근하도록 지시를 하여 이에 따라 수백, 수천 명의 조합원들이 집단적으로 09:00 정각에 출근함으로써 전화고장수리가 지연되는 등으로 위 공사의 업무수행에 지장을 초래하였다면 이는 실질적으로 피고인 등이 위 공사의 정상적인 업무수행을 저해함으로써 그들의 주장을 관철시키기 위하여 한 쟁의행위라 할 것이나 쟁의행위의 적법한 절차를 거치지 아니하였음은 물론 이로 인하여 공익에 커다란 영향을 미치는 위 공사의 정상적인 업무운영이 방해되었을 뿐만 아니라 전화고장수리 등을 받고자 하는 수요자들에게도 상당한 지장을 초래하게 된 점 등에 비추어 정당한 쟁의행위의 한계를 벗어난 것으로 업무방해죄를 구성하고, 피고인의 이와 같은 행위가 노동3권을 보장받고 있는 근로자의 당연한 권리행사로서 형법 제20조 소정의 정당행위에 해당한다고 볼 수 없다."[22]

"근로조건의 유지 또는 향상 등 쟁의행위의 목적이 아닌 다른 목적을 위하여 다수 근로자들이 상호 의사연락 하에 집단적으로 일시에 조퇴하거나 결근하는 등 노무제공을 거부함으로써 회사업무의 정상적인 운영을 저해하였다면 이는 다중의 위력에 의한 업무방해행위에 해당한다고 보아야 할 것이다. … 근로기준법상 월차유급휴가의 사용은 근로자의 자유의사에 맡겨진 것으로서 연차유급휴가와는 달리 사용자에게 그 시기를 변경할 수 있는 권한조차 없는 것이지만, 위와 같이 정당한 쟁의행위의 목적이 없이 오직 업무방해의 수단으로 이용하기 위하여 다수의 근로자가 집단적으로 일시에 월차유급휴가를 신청

---

21) 단, 대법원 판례 중 전체 근로자 50명 중 29명이 노동조합에 가입한 회사의 노동조합 위원장이 다른 2명과 함께 조합원 1명을 대동하고 3시간 정도 조기퇴근 하였다 하여 곧바로 위력에 의한 업무방해에 해당한다고 하기는 어렵다고 본 판결이 있다(대법원 1991.4.23. 선고 90도2961 판결).
22) 대법원 1996.5.10. 선고 96도419 판결(강조는 인용자).

하여 일제히 결근함으로써 회사업무의 정상적인 운영을 저해한 경우에는 업무
방해행위를 구성한다고 볼 수밖에 없다."23)

조기출근이나 연장근무는 단체협약이나 내부 관행으로 이루어지는 것
이고, 월차휴가신청 여부와 시기는 전적으로 근로자의 선택의 문제임에도
불구하고 이것이 집단적으로 이루어져 회사업무에 지장을 주었다는 이유로
범죄가 된다는 것은 노동3권이 보장되는 민주주의 나라에서 있을 수 없는
논리이다. 판례와 같이 폭력, 파괴행위, 폭행, 협박 등을 수반되지 않는 준법
투쟁을 업무방해죄로 처벌한다는 것은 근로자가 자신의 권리를 행사하는
것이 범죄가 된다는 것을 의미한다. 노동관계법상 합법인 행위가 형법상
불법이 된다는 것은 수범자(受範者) 시민에게는 지독한 혼란을 주며, 공권력
에게는 자의적 적용의 기회를 활짝 열어주는 것이다.

정시출퇴근, 조퇴, 월차휴가신청에 의한 결근 등은 그 목적이 무엇이건,
어떠한 절차와 방법에 따라 이루어졌건, 단독으로 이루어졌던 집단으로 이
루어졌건 무관하게 허용되어야 한다. 그로 인한 업무방해는 회사 측이 감수
해야 하는 '허용된 위험'(erlaubtes Risiko)에 속하기에 범죄구성요건해당성이
없다. 노동관계법령을 위반하지 않은 준법투쟁의 경우 근로자의 회사에 대
한 근로계약상 부담하는 노무공급의무불이행의 문제만 남을 뿐이며, 그 자
체로 업무방해죄가 성립한다고 보는 것은 형법의 보충성 원칙에 반한다.24)

그리하여 1998년 헌법재판소는 단순한 집단적 노무제공의 거부행위를
정당행위로서 위법성이 조각되지 않는 한 형사처벌할 수 있다는 대법원
판례의 해석방법이 헌법상의 근로3권, 평등권 등을 침해하거나 강제노역금
지원칙에 위반되는지는 않는다고 하면서도, 이하의 점을 지적한 바 있다.

---

23) 대법원 1991.1.29. 선고 90도2852 판결(강조는 인용자).
24) 손동권 교수는 준법투쟁에 대해서도 업무방해죄를 인정하는 것은 근로자에게 오
   히려 위법행위를 장려하거나 업무방해죄의 보호법익을 사용자의 지시권 내지 사
   법상의 계약 자체로 보는 것으로서 타당하지 않다고 지적한다[손동권, "노동쟁의
   행위의 가벌성에 관한 연구", 건국대학교 법학연구소, 『일감법학』 제3권(1998),
   227면].

"다만 연장근로의 거부, 정시출근, 집단적 휴가의 경우와 같이 일면 근로자들의 권리행사로서의 성격을 갖는 쟁의행위에 관하여도 정당성이 인정되지 않는다고 하여 바로 형사처벌할 수 있다는 대법원 판례(대법원 1991.11.8. 선고 91도326; 1996.2.27. 선고 95도2970; 1996.5.10. 선고 96도419 판결 등)의 태도는 지나치게 형사처벌의 범위를 확대하여 근로자들의 단체행동권의 행사를 사실상 위축시키는 결과를 초래하여 헌법이 단체행동권을 보장하는 취지에 부합하지 않고 근로자들로 하여금 형사처벌의 위협 하에 노동에 임하게 하는 측면이 있음을 지적하여 두고자 한다. 왜냐하면 쟁의행위의 정당성의 판단 기준이 반드시 명백한 것이 아닌데다가 특히 쟁의행위의 당사자로서 법률의 문외한이라 할 수 있는 근로자의 입장에서 보면 그 정당성을 판단하기가 더욱 어려울 것인데, 연장근로의 거부 등과 같은 경우에도 위법성이 조각되지 않는다 하여 업무방해죄의 성립을 긍정한다면 이는 결국 근로자로 하여금 혹시 있을지 모를 형사처벌을 감수하고라도 쟁의행위에 나아가도록 하는 것을 주저하게 만들 것이고 따라서 단체행동권의 행사는 사실상 제약을 받게 될 것이기 때문이다."25)

단, Ⅳ.에서 후술할 대법원 2011.3.17. 선고 2007도482 전원합의체 판결이 업무방해죄의 성립요건을 엄격히 한 후,26) 대법원은 2014년 판결에서 철도노조의 쟁의전술 중 '안전운행투쟁'은 업무방해죄에 해당되지 않는다고 판시하였던바 향후 변화를 주목한다.27)

---

25) 헌법재판소 1998.7.16. 97헌바23 결정(강조는 인용자).
26) 대법원 2011.3.17. 선고 2007도482 전원합의체 판결.
27) 대법원 2014.8.26. 선고 2012도14654 판결. 이 사건에서 피고인들은 철도선진화 저지, 해고자 원직복직 등 한국철도공사의 경영권에 속하는 사항을 주장하면서 전국철도노동조합의 투쟁지침에 맞추어 2009.6.24. 04:30경부터 07:00경까지 업무 관련 규정을 지나치게 철저히 준수하는 '안전운행투쟁'의 방법으로 정상적인 열차 운행을 방해하여 서대전역에서 출발하는 열차 7대를 11분에서 56분간 지연 운행시켰다. 대법원은 다음과 같이 판시했다. "쟁의행위로 말미암아 발생하였다는 손해는 3시간 남짓 동안 열차 7대가 11분에서 56분 정도씩 지연 운행된 것에 지나지 아니하여(제시된 영업수익 손실도 181,000원이다), 한국철도공사의 영업 규모나 철도를 통한 운송량 및 매출액 등에 비할 때 매우 미미한 수준이라고 할 수 있는 점, 또한 위와 같은 손해는 평소 업무 관련 규정을 제대로 지키지 않았던 관행도 원인 중 하나가 되었을 수 있는 점 등을 종합하면, 이로써 사업운영에 심

2. 피 케 팅

피케팅이란 파업하고 있는 근로자들이 그 파업을 유지하거나 강화하기 위하여 근로를 제공하고자 하는 근로자, 업무를 수행하고자 하는 사용자 측의 사람 또는 출입하고자 하는 거래처에 대하여 파수·호소·설득·실력저지 등의 행동을 하는 것이다.[28) 피케팅에 대해서는 평화적이고 언어적인 설득에 한하여 정당성을 인정하는 '절대적·평화적 설득론'과 조합원과 기타의 근로자를 구별하여 조합원에 대해서는 실력에 의한 취업저지가 정당하다고 보는 '상대적·평화적 설득론', 그리고 '실력저지인용설'로 나뉜다.[29) 판례는 '절대적·평화적 설득론'을 취하고 있다.

> "파업은 흔히 노무정지의 효율성을 확보, 강화하기 위하여 피케팅을 동반하거나 직장에 체류하여 연좌, 농성하는 직장점거를 동반하기도 하는 것으로서, 이 경우 보조적 쟁의수단인 피케팅은 파업에 가담하지 않고 조업을 계속하려는 자에 대하여 평화적 설득, 구두와 문서에 의한 언어적 설득의 범위 내에서 정당성이 인정되는 것이고, 폭행, 협박 또는 위력에 의한 실력적 저지나 물리적 강제는 정당화 될 수 없는 것이며, ···"[30)

그러나 실력행사가 포함된다고 하여 피케팅의 정당성을 무조건 부정할 것은 아니다. 왜냐하면 노동조합이 행하는 쟁의행위의 태양은 사용자와의 대항행위와의 관계에서 유동적인 것이고, 구체적 행위가 실력의 행사인지 아닌지는 고정적 한계로서 판단할 문제가 아니라 개별적·구체적으로 판단할 문제이기 때문이다. 실제로 실력행사 없이는 파업방위라는 목적을 달성할 수 없는 현실적 이유가 존재한다면 쟁의행위의 정당성을 인정하여야

대한 혼란이나 막대한 손해가 초래되는 등 사용자인 한국철도공사의 사업 계속에 관한 자유의사가 제압·혼란될 수 있다고 평가할 수 있는 정도에까지 이른다고 하기는 어렵다."
28) 장영민·박강우(각주 16), 94면.
29) *Ibid.* 95면.
30) 대법원 1990.10.12. 선고 90도1431 판결.

할 것이다.[31)]

그리고 판례는 폭행·협박이 아닌 위력을 사용한 피케팅도 처벌된다고 보는바, 이는 노노법 제38조의 취지를 무시하는 해석이다. 노노법은 쟁의행위를 "파업·태업·직장폐쇄 기타 노동관계 당사자가 그 주장을 관철할 목적으로 행하는 행위와 이에 대항하는 행위로서 업무의 정상적인 운영을 저해하는 행위"라고 정의하면서(제2조 제6호), "어떠한 경우에도 폭력이나 파괴행위는 정당한 행위로 해석되어서는 아니된다"(제4조 단서: 강조는 인용자), "쟁의행위는 그 쟁의행위와 관계없는 자 또는 근로를 제공하고자 하는 자의 출입·조업 기타 정상적인 업무를 방해하는 방법으로 행하여져서는 아니 되며 쟁의행위의 참가를 호소하거나 설득하는 행위로서 폭행·협박을 사용하여서는 아니 된다."(동법 제38조 제1항: 강조는 인용자)라고 규정하고 있다. 요컨대 노노법은 '위력을 금지행위로 규정하고 있지 않다. 폭행·협박이 아닌 위력에 의한 피케팅의 예로는 연좌, 스크럼, 또는 물건을 이용하여 바리케이트를 치는 등으로 통행 또는 출근하는 것 등을 들 수 있다.[32)] 노노법이 금지하지 않는 쟁의행위를 형법으로 처벌하는 해석은 허용되어서는 안 된다.

3. 직장점거

직장점거는 파업을 할 때 사용자에 의한 방해를 막으면서 변화하는 사태에 기민하게 대처하기 위하여 사용자의 의사에 반하여 사업장에 체류하는 행위를 말하는 것으로 파업의 실효성을 확보하기 위한 부수적 쟁의수단이며, 어떤 의미에서는 피케팅의 특수한 형태이다.[33)] 한국의 경우 쟁의행위시 직장점거를 수반하는 경우가 대부분인데 이는 노조의 조직이 사업(장) 단위인 기업별노조인 것과 관계가 깊다.[34)]

---

31) 김선수, "직장점거와 피케팅의 정당성",『노동법률』1991년 7월호, 16-17면; 장영민·박강우(각주 16), 95면.
32) 박흥규, "업무방해죄 판례의 비상식성", 영남대학교 법학연구소,『영남법학』제5권 제1·2호(1999.2), 334-335면.
33) 장영민·박강우(각주 16), 104면.
34) 송강직, "직장점거와 언론의 자유", 동아대학교 법학연구소,『동아법학』제37호

노노법은 폭력이나 파괴행위 또는 생산 기타 주요업무에 관련되는 시설과 이에 준하는 시설로서 대통령령이 정하는 시설35)을 점거하는 형태로 이를 행하는 쟁의행위를 금지하고 있다(제42조). 그러나 근로자의 쟁의행위는 사업장 점거가 일반적이며, 원칙적으로 사업장의 관리권은 사업주에게 있기에 노동조합의 쟁의권과 사용자의 재산권 및 시설관리권의 충돌이 발생할 수 있다. 또한 노동조합의 정당한 쟁의행위 개시 이후 사용자가 이에 대한 대응수단으로써 직장폐쇄를 하였음에도 조합원이 계속하여 사업장에서 연좌농성 등으로 직장을 점거하고 있을 경우도 있다.36) 따라서 이러한 직장점거가 정당한 쟁의행위인가의 여부가 문제된다.

판례는 '부분적·병존적 점거 인정설'을 취하고 있다. 즉,

"원심판결에 의하면 설시 피고인들이 설시 일시에 다른 조합 간부들과 공모하여 설시 지하철공사사무실을 점거하기로 공모하여 조합원 660여 명을 동원하여 근무중이던 직원을 몰아내고 사무실을 점거함으로써 공사 총무부장 윤인영 외 109인의 업무수행을 위력으로 방해했다는 것인바, 이 사실인정은 그대로 수긍이 되고 여기에 각 소론과 같은 위법이 없다.

(2005.12), 217면.

35) 노동조합 및 노동관계조정법 시행령([시행 2008.1.1.] [대통령령 제20397호, 2007. 11.30, 일부개정]) 제21조 (점거가 금지되는 시설) 법 제42조 제1항에서 "이에 하는 시설로서 대통령령이 정하는 시설"이라 함은 다음 각호의 1에 해당하는 시설을 말한다. <개정 1999.8.6., 2007.11.30.>
   1. 전기·전산 또는 통신시설
   2. 철도(도시철도를 포함한다)의 차량 또는 선로
   3. 건조·수리 또는 정박중인 선박. 다만, 「선원법」에 의한 선원이 당해 선박에 승선하는 경우를 제외한다.
   4. 항공기·항행안전시설 또는 항공기의 이·착륙이나 여객·화물의 운송을 위한 시설
   5. 화약·폭약 등 폭발위험이 있는 물질 또는 「유해화학물질 관리법」에 의한 유독물을 보관·저장하는 장소
   6. 기타 점거될 경우 생산 기타 주요업무의 정지 또는 폐지를 가져오거나 공익상 중대한 위해를 초래할 우려가 있는 시설로서 노동부장관이 관계중앙행정기관의 장과 협의하여 정하는 시설
36) 황운희, "쟁의행위로의 직장점거와 주거침입죄", 『노동법률』 제156호(2004), 88면.

그런데 위와 같은 직장점거는 사용자측의 점유를 배제하지 아니하고 그 조업도 방해하지 않는 부분적, 병존적 점거일 경우에 한하여 정당하다고 보아야 할 것임은 위에서 밝힌 쟁의권의 취지에 비추어 명백하므로 더 나아가 다른 점들에 대하여서까지 따져 볼 것도 없이 이를 유죄로 판단한 원심판단도 옳고 여기에 잘못은 없다."37)

"직장 또는 사업장시설의 점거는 위와 같은 적극적인 쟁의행위의 한 가지 형태로서 그 점거의 범위가 직장 또는 사업장시설의 일부분이고 사용자측의 출입이나 관리지배를 배제하지 않는 병존적인 점거에 지나지 않을 때에는 정당한 쟁의행위로 볼 수 있으나, 이와 달리 직장 또는 사업장시설을 전면적, 배타적으로 점거하여 조합원이외의 자의 출입을 저지하거나 사용자측의 관리지배를 배제하여 업무의 중단 또는 혼란을 야기케 하는 것과 같은 행위는 이미 정당성의 한계를 벗어난 것이라고 볼 수밖에 없다."38)

그러나 이러한 '부분적·병존적 점거인정설'은 행위의 외양만을 기준으로 정당성 여부를 판단하는 것이다. 직장점거가 사용자의 조업에 대한 방해를 초래한다고 하더라도, 노동쟁의조정법 제15조가 "사용자는 쟁의기간 중 쟁의에 관계없는 자를 채용 또는 대체할 수 없다"고 규정하고 있으므로 쟁의참가근로자들을 대체하는 조업을 저지하는 것은 정당하다고 보아야 한다.

한편 쟁의행위는 일회적 상황으로서 독립하여 존재하는 것이 아니라 평상시의 근로조건과 환경, 단체교섭과정 및 그 이후의 사용자의 대응태도, 나아가 공권력의 태도에 영향을 받게 되므로 이러한 사정을 종합적으로 검토하여 그 정당성을 판단해야 한다. 예컨대, 사용자가 '구사대'를 동원하여 근로자들의 정당한 쟁의활동을 강제해산 한 후나 그러할 위험이 명백할 때에 사업장을 배타적으로 점거한 경우, 사용자의 근로자에 대한 영향력이 강한 소규모기업에서 사용자가 쟁의와해의 언동을 계속할 때에 근로자들이

37) 대법원 1990.5.15. 선고 90도357 판결.
38) 대법원 1991.6.11. 선고 91도383 판결.

기업의 유일한 사무실을 전면적·배타적으로 점거한 경우에 이를 부당하다
고 하기는 어려울 것이다.[39]

Ⅳ. 쟁의행위 수단의 정당성 2 — 집단적 노무제공거부

1. 판 례

대법원은 후술할 대법원 2011.3.17. 선고 2007도482 전원합의체 판결
이전까지 오랫동안, 집단적 노무제공거부행위는 노노법이 금지하는 폭력이
나 파괴행위 또는 폭행·협박 등을 수반하지 않더라도 그 자체로 업무방해죄
의 위력에 해당한다는 입장을 견지하고 있었다. 대표적인 판시를 보자.

> "사용자와 근로계약을 체결한 근로자가 자의로 계약을 위반하여 근로를 제
> 공하지 아니하였다고 하더라도, 근로계약의 불이행에 따르는 채무불이행의 책
> 임을 지게 되는 것은 별론으로 하고, 바로 업무방해죄를 구성하는 것이라고
> 볼 수는 없겠지만, 다수의 근로자들이 상호 의사연락 하에 집단적으로 작업
> 장을 이탈하거나 결근하는 등 근로의 제공을 거부함으로써 사용자의 생
> 산·판매 등 업무의 정상적인 운영을 저해하여 손해를 발생하게 하였다면,
> 그와 같은 행위가 노동관계법령에 따른 정당한 쟁의행위로서 위법성이 조각되
> 는 경우가 아닌 한, 다중의 위력으로써 타인의 업무를 방해하는 행위에 해당하
> 여 업무방해죄를 구성한다고 보아야 할 것이다."[40]

요컨대, 노무제공거부를 개인이 하면 정당하나 집단으로 하게 되면 위
력이 되어 원칙적으로 업무방해죄의 구성요건을 충족한다는 것이다. 1998
년 헌법재판소는 업무방해죄 합헌결정도 이러한 입장을 지지하면서 집단적
노무제공의 거부는 '부작위'를 처벌하는 것이 아니라 '작위'를 처벌하는 것

---

39) 김선수(각주 31), 15면.
40) 대법원 1991.4.23. 선고 90도2771 판결(강조는 인용자).

이라는 설명을 덧붙였다.

　　"근로자 개인이 사용자와의 근로계약에 위배하여 노무를 제공하지 아니하였을 경우 채무불이행 등의 민사책임을 지게 되는 것은 별론으로 하고 이를 형사처벌할 수 없음은 헌법상 강제노역금지 규정에 비추어 이론의 여지가 없다. 그리고 동맹파업 등 집단적 노무제공의 거부행위가 쟁의행위로서 정당성이 인정되는 한 형사책임을 추궁할 수 없음 또한 당연하다. … 또한 **집단적 노무제공의 거부를 부작위범으로 처벌하는 것도 아니다.** 대법원 판례는, 사용자의 자유의사를 제압하기에 족한 다수의 근로자가 상호 의사 연락하에 집단적으로 노무제공을 거부하는 것을 **작위의 일종인 위력**으로 파악하여 이것이 별도의 독자적인 구성요건에 해당한다고 보는 것이고, 이는 다수 근로자의 상호 의사 연락하에 이루어진 노무제공의 거부는 근로자 개개인의 그것과는 본질적으로 그 성격을 달리한다는 점을 전제로 하는 것이다. 근로자 개개인의 행동과 근로자 다수가 공동으로 세력을 형성하여 하는 행위는 그 세력의 정도나 위험성의 면에서 서로 같다고 할 수는 없기 때문이다."[41]

　　집단적 노무제공거부를 처벌하는 것은 '부작위범'을 처벌하는 것이 아니라고 함으로써, 부작위범의 전제조건인 보증인적 지위와 작위의무 등을 검토할 필요가 없게 만들어 소추측의 입증부담을 가볍게 해준 것이다.
　　그런데 집단적 노무제공거부를 업무방해죄로 처벌하는 것에 대한 비판이 계속되자, 대법원 판례에 변화가 시작된다. 그 출발은 대법원 2001.10.25. 선고 99도4837 전원합의체 판결의 반대의견이다.

　　"쟁의행위를 포함한 단체행동권은 헌법상으로 보장된 근로자의 기본권으로서 쟁의행위에 대한 제한은 필요한 최소한의 범위에 그쳐야 하고 같은 취지에서 쟁의행위를 형사처벌로써 제재하는 것은 특히 신중을 기할 필요가 있으므로, 쟁의행위를 업무방해죄 등 형사범죄로 처벌함에 있어서는 민사상 또는 노동법상 쟁의행위를 평가하는 경우에 적용되는 위법성의 기준보다는 일층 강한 정도의 위법성을 요한다고 할 것이고(이른바 위법의 상대성론), …

---

41) 헌법재판소 1998.7.16. 97헌바23 합헌 결정(강조는 인용자).

쟁의행위 과정에서 행한 개개 근로자의 행위가 폭행죄, 협박죄, 강요죄 등 범죄구성요건에 해당하는 경우에 각 해당 법규정에 따라 처벌함은 당연하다. 그리고 판례는 정당성을 결여한 쟁의행위는 비록 소극적으로 근로를 제공하지 아니한 것에 그친 경우(파업, 태업 등)라도 근로자들이 위력에 의하여 사용자의 업무를 방해하는 것으로 보고 형법상 업무방해죄의 성립을 인정하고 있다. 그러나 이와 같은 판례의 입장에 나름대로 근거가 있음을 긍인한다고 하더라도, 쟁의행위를 포함한 근로자의 단체행동권이 헌법상 보장되고 있는 상황에서 적극적인 위력이나 위계와 같은 언동이 없이 소극적으로 근로제공을 거부하였을 뿐인 쟁의행위, 즉 단순파업이나 태업에 대하여 형법상 일반 처벌법규인 업무방해죄로 처벌하는 것은 극히 신중을 기할 필요가 있다. 따라서 쟁의행위의 주체, 목적, 시기, 수단·방법이 모두 정당하고 단지 일부 절차상의 결함이 있었을 뿐인 경우에, 그 쟁의행위에 가담한 근로자를 업무방해죄로 처벌함에 있어서는, 아주 제한된 범위에서만 그 위법성을 인정하여야 한다고 보는 것이다."[42]

이러한 변화는 전국철도노동조합의 파업 사건을 다룬 대법원 2011.3. 17. 선고 2007도482 전원합의체 판결에서 중대한 변곡점을 맞는다. 동 판결은 상술한 대법원 1991.4.23. 선고 90도2771 판결 등을 변경하면서 다음과 같이 판시한다.

"근로자는 원칙적으로 헌법상 보장된 기본권으로서 근로조건 향상을 위한 자주적인 단결권·단체교섭권 및 단체행동권을 가지므로(헌법 제33조 제1항), 쟁의행위로서 파업이 언제나 업무방해죄에 해당하는 것으로 볼 것은 아니고, 전후 사정과 경위 등에 비추어 사용자가 예측할 수 없는 시기에 전격적으로 이루어져 사용자의 사업운영에 심대한 혼란 내지 막대한 손해를 초래하는 등으로 사용자의 사업계속에 관한 자유의사가 제압·혼란될 수 있다고 평가할 수 있는 경우에 비로소 집단적 노무제공의 거부가 위력에 해당하여 업무방해죄가 성립한다고 보는 것이 타당하다."[43]

---

42) 대법원 2001.10.25. 선고 99도4837 전원합의체 판결(대법관 송진훈, 대법관 손지열, 대법관 박재윤의 반대의견)(강조는 인용자).
43) 대법원 2011.3.17. 선고 2007도482 전원합의체 판결(강조는 인용자).

대법원은 집단적 노무제공거부가 업무방해죄의 구성요건에 해당하기 위해서는 행위의 '전격성'과 혼란의 '심대성' 또는 손해의 '막대성' 등이 필요하다고 해석하였던바, 이는 업무방해죄 남용에 제동을 걸었다는 큰 의미가 있다. 단, 당해 사건에는 한국철도공사로서는, 전국철도노동조합이 필수공익사업장으로 파업이 허용되지 아니하는 사업장에서 직권중재회부시 쟁의행위 금지규정 등을 위반하면서까지 파업을 강행하리라고는 예측할 수 없었고, 이 사건 파업의 결과 수백 회에 이르는 열차 운행이 중단되어 총 135억 원 상당의 손해를 야기하는 등 한국철도공사의 사업운영에 중대한 손해를 끼쳤다고 판단하여 업무방해죄 성립을 인정하였다.44)

2. 평석 ― 대법원 2011.3.17. 선고 2007도482 전원합의체 판결 비판

(1) '전격성', '심대성', '막대성' 요건의 의의와 한계

먼저 대법원이 늦게나마 2011년 전원합의체 판결을 통하여 업무방해죄 성립요건을 이전보다 엄격화한 것은 만시지탄이나 다행한 일이다. 그러나 이것만으로 파업이 업무방해죄로 처벌되는 현실이 바로 바뀌지는 않고 있다. 2014년에 내려진 두 개의 대법원 판례를 비교하기로 한다.

2008년 ㈜신라정밀 직원들은 조합 설립대회를 마친 뒤 회사 쪽에 '노조 인정, 사무실 제공 및 전임자 인정, 단체교섭 이행' 등을 요구했지만 거부당하자, 야간연장근로(='잔업')과 휴일(토요일)근로(='특근') 거부를 결의하고 실행했다. 잔업·특근 참여 비율이 떨어지자, 사측은 주야 2교대 체제를 유지하면서 관리직 사원과 중국인 노동자들을 투입하고, 신규직원을 채용하여 공장을 운영했다.

---

44) 단, 반대의견은 다수의견의 기준에 따르더라도 한국철도공사로서는 이 사건 파업을 충분히 예견할 수 있었기에 파업이 전격적으로 이루어진 것이라고 볼 수 없고, 이 사건 파업은 근로자의 집단적인 소극적 근로제공 거부에 그치고 있었기에 파업으로 인한 손해가 이 사건 파업의 전격성에 기한 손해라고 단정하기도 어렵다고 판단했다[대법원 2011.3.17. 선고 2007도482 전원합의체 판결(대법관 박시환, 대법관 김지형, 대법관 이홍훈, 대법관 전수안, 대법관 이인복의 반대의견)].

파업주도자는 업무방해죄로 기소되어 원심 재판부는 공소사실을 모두 유죄로 판단했지만,[45] 2014년 대법원은 두 가지를 지적하면서 원심을 파기했다. 즉, "피고인들을 비롯한 일부 조합원들의 잔업 및 특근 거부가 사용자인 신라정밀이 예측할 수 없는 시기에 전격적으로 이루어져 그 사업운영에 심대한 혼란 내지 막대한 손해를 초래하였다고 보기 어렵고, 따라서 이 사건 잔업 및 특근 거부가 신라정밀의 사업계속에 관한 자유의사를 제압·혼란케 할 수 있는 위력에 해당한다고 단정할 수 없다", "신라정밀은 이 사건 잔업 및 특근 거부로 인하여 14억 7,600만 원 상당의 재산상 손해를 입었다고 주장하고 있으나, 위 손해액은 실질적으로 발생한 손해가 아니라 신라정밀지회 조합원들이 잔업 및 특근을 하지 않고 대체인력 투입이 없었더라면 발생할 수 있었던 기회비용 성격의 매출손실에 불과하며, 실제로는 위와 같이 대체인력 투입 등을 통하여 이 사건 잔업 및 특근 거부 기간 중에도 계속 생산 및 매출이 이루어졌다."[46]

대법원은 당해 쟁의행위가 전격적으로 이루어진 것이 아니라 예견가능했고, 쟁의행위 후에도 사측은 대체인력을 이용하여 공장을 운영할 수 있었기에 혼란의 '심대성'을 야기하지 않았다고 판단한 것이다. 그리고 업무방해로 인한 손해에는 '기회비용 성격의 매출손실'은 제외되며 '실질적으로 발생한 손해'만이 손해액에 포함된다고 파악함으로써 손해의 '막대성' 요건도 충족되지 못한다고 보았다.[47]

반면 2009년 이명박 정부의 '공공기관 선진화' 정책에 따른 한국철도공사(코레일) 대규모 인력 감축에 반대하는 파업 사건에 대한 2014년 대법원 판결은 다른 결론을 내린다. 2009년 한국철도공사가 철도선진화 계획에 따라 정원감축을 내용으로 하는 구조조정 안건을 의결하자, 전국철도노조는 대정부 총력투쟁 선포한다. 이어 쟁의행위 돌입을 예고하고, '순환파업'과 '전면파업'의 순서에 따라 파업에 들어갔다. 철도노조는 파업을 벌이면서도

---

45) 대전지방법원 2012.2.2. 선고 2011노263 판결.
46) 대법원 2014.6.12. 선고 2012도2701 판결(강조는 인용자).
47) 이러한 손해액계산법은 파업으로 인한 민사손해배상에도 영향을 줄 것이다.

사측에 필수유지업무자 명단을 통지하고 파업 과정에서도 필수유지업무 인원들은 계속 근무를 하도록 조치를 하는 등 파업의 합법성을 유지하기 위하여 최선을 다했다.

원심은 2011년 대법원 전원합의체 판결을 근거로, 이 파업에는 파업의 '전격성'이 없으며 발생한 상당한 손해의 법적 원인도 쟁의행위라고 볼 수는 없다고 판단하여 무죄를 선고했다.

> "이 사건 각 쟁의행위는 단체협약 및 임금교섭에서의 노사 간 의견의 불일치 가 협상을 통하여 해결되지 아니한 상태에서 노동조합 및 노동관계조정법이 예정하는 절차를 거쳐 행해진 통상의 쟁의행위로서, 소극적인 근로제공의 거부 만 있었을 뿐 폭력적인 수단을 사용하지도 아니하였을 뿐만 아니라 필수유지업 무제도도 준수되었으며, 각 쟁의행위에 앞서 쟁의행위의 시기, 방법, 장소 등이 미리 예고된 점 등에 비추어 볼 때, 앞서 본 바와 같이 비록 이 사건 각 쟁의행위 의 목적에 근로조건에 관한 사항 외에 구조조정 등 **사용자의 경영권에 관한 사항이 포함되어 있다고 하더라도** 사용자에게 처분권이 있다고 볼 수 없는 순수한 '정치적 목적의 파업'이 아닌 이상 **사용자인 철도공사로서는 이 사건 각 쟁의행위의 발생을 충분히 예견할 수 있었다고** 할 것이고, 또 이 사건 각 쟁의행위로 인하여 상당한 손해가 발생하였다고 하더라도 이는 **철도공사 사업장 자체의 성격에 기한 것일 뿐** 그 쟁의행위가 전격적으로 이루어짐으로 써 사용자가 이를 예견하거나 대처할 수 없었기 때문에 생긴 손해라고 보기 어려우므로, 이 사건 각 쟁의행위는 사용자의 자유의사를 제압할 정도의 위력 에 해당한다고 단정할 수 없다."[48]

그러나 대법원은 원심을 파기한다. 대법원은 한국철도공사로서는 전국 철도노동조합이 구조조정 저지 등 "부당한 목적을 위하여 순환파업과 전면 파업을 실제로 강행하리라고는 예측하기 어려웠다"고 평가하면서, "비록 그 일정이 예고되거나 알려지고 필수유지업무 종사자가 참가하지 아니하였 다고 하여 달리 볼 것은 아니다."라고 판단하였다. 그리고 열차 운행 중단으

---

48) 대전지방법원 제3형사부 2012.11.8. 선고 2011노369 판결.

로 인한 손해가 사업장 자체의 성격에 기인한다는 원심 판단도 파기하면서, 파업으로 인하여 "거액의 영업수익 손실이 발생하고 열차를 이용하는 국민의 일상생활이나 기업의 경제활동에 지장이 생기지 않도록 적지 않은 수의 대체인력이 계속적으로 투입될 수밖에 없는 등 큰 피해가 야기된 이상, 이로써 한국철도공사의 사업운영에 심대한 혼란과 막대한 손해를 끼치는 상황을 초래하였다."고 판단하였다.[49)]

저자는 파기된 대전지방법원 제3형사부 판결에 동의한다. 철도노조는 파업을 수차례 예고했고, 이에 철도공사는 파업 자제를 호소하고 언론과 국민을 상대로는 충분한 대비책을 세웠다고 홍보하였고 파업을 대비하여 총리실 주재 대책회의에서 군 병력 투입을 요청하였으며, 파업에 대비한 비상수송대책도 마련해놓고 있었다. 그럼에도 불구하고 사측이 파업이 예측하기 어려웠다는 대법원의 판단은 사실적 근거가 없다. 그리고 대법원은 구조조정 반대 등 '부당한 목적'이 있었음을 지적하나, 같은 판결에서 철도노조가 같은 목적을 가지고 벌인 '안전운행투쟁'은 업무방해죄에 해당하지 않는다고 하면서도 집단적 노무제공거부는 업무방해죄에 해당한다고 하는 것은 논리모순이다. 또한 대법원은 '영업수익 손실', '대체인력 투입 손해' 등을 강조하나, 이는 파업이 발생하면 필연적으로 수반되는 손실일 뿐이다. 이 판결의 논리에 따르면 노조법상 필수유지업무제도를 준수하는 파업도 손해가 크게 발생하면 불법파업이 되어 버리는바, 필수유지업무제도는 무의미한 제도가 되고 만다.

2011년 전원합의체 판결이 새로이 제시한 엄격한 요건에도 불구하고, 이렇게 상이한 경향의 판결이 나오는 것은 2011년 전원합의체 판결 당시 반대의견이 경고했던 바이기도 하다.

"다수의견이 단순 파업이 위력에 해당하는지 여부를 판단하는 기준으로 '파

---

49) 대법원 2014.8.26. 선고 2012도14654 판결. 단, 이 책 530면 각주27에서 보았듯이 대법원은 철도노조가 구사한 쟁의전술 중 '안전운행투쟁', 즉 업무 관련 규정을 지나치게 철저히 준수하는 열차운행은 업무방해죄에 해당되지 않는다고 판시하였다.

업이 사용자가 미처 예측할 수 없는 시기에 전격적으로 이루어져 사용자가
이에 대처할 수 없었다는 사정'과 '그로 인하여 사용자에게 심대한 혼란 내지
막대한 손해가 발생하였다는 사정'을 들고 있는 것이 과연 형벌법규에 대한
합리적인 해석론으로서 제시할 수 있을 만큼 명확한 것인가도 커다란 의문이
다. … 다수의견이 제시하는 위력의 해당 여부에 관한 판단 기준에 의하더라도
과연 어떠한 경우를 전격적으로 이루어졌다고 볼 수 있을 것인지, 어느 범위까
지를 심대한 혼란 또는 막대한 손해로 구분할 수 있을 것인지 반드시 명백한
것은 아니다. 따라서 다수의견의 해석론에 따른다 할지라도 형법 제314조 제1
항에 규정한 "위력" 개념의 일반조항적 성격이 충분히 해소된 것은 아니고,
위력에 의한 업무방해죄의 성립 여부가 문제되는 구체적 사례에서 자의적인
법적용의 우려가 남을 수밖에 없다."[50]

(2) '작위'로서의 집단적 노무제공거부?

대법원 2011.3.17. 선고 2007도482 전원합의체 판결의 다수의견은 상술
한 1998년 헌법재판소 결정과 같이, 집단적 노무제공 거부는 '부작위'가 아니
라 '작위'라고 보았다. 즉, "근로자가 그 주장을 관철할 목적으로 근로의 제공
을 거부하여 업무의 정상적인 운영을 저해하는 쟁의행위로서의 파업(노동조합
및 노동관계조정법 제2조 제6호)도, 단순히 근로계약에 따른 노무의 제공을 거부
하는 부작위에 그치지 아니하고 이를 넘어서 사용자에게 압력을 가하여 근로
자의 주장을 관철하고자 집단적으로 노무제공을 중단하는 실력행사이므로,
업무방해죄에서 말하는 위력에 해당하는 요소를 포함하고 있다."[51]

먼저 이는 대법원이 작위와 부작위 구분에 대한 취하고 있는 '자연적
관찰방법'을 적용한 결과이다. 대법원은 2004년 '보라매병원 사건'에서 "어
떠한 범죄가 적극적 작위에 의하여 이루어질 수 있음은 물론 결과의 발생을
방지하지 아니하는 소극적 부작위에 의하여도 실현될 수 있는 경우에, 행위
자가 자신의 신체적 활동이나 물리적·화학적 작용을 통하여 적극적으로 타인

---

50) 대법원 2011.3.17. 선고 2007도482 전원합의체 판결(대법관 박시환, 대법관 김지형,
　　대법관 이홍훈, 대법관 전수안, 대법관 이인복의 반대의견).
51) 대법원 2011.3.17. 선고 2007도482 전원합의체 판결.

의 법익 상황을 악화시킴으로써 결국 그 타인의 법익을 침해하기에 이르렀다면, 이는 작위에 의한 범죄로 봄이 원칙"이라고 밝혔다.[52]

그러나 이러한 기준에 따르면 대부분의 행위는 '작위'가 되고 말며, 행위에 대한 규범적 평가는 무의미해지고 만다. 그리하여 저자는 행위의 '사회적 의미' 또는 '비난의 중점'에 따라 작위와 부작위를 구별해야 한다는 입장을 취하는바,[53] "작위와 부작위의 구별은 단순한 자연과학적, 인과적인 분류가 아니라 구성요건의 해석과 적용을 고려한 법적 평가의 문제"이며 "행위의 의미 있는 중점"을 기준으로 판단해야 한다는 '보라매병원 사건' 판결의 원심 판결에 동의한다.[54]

이러한 관점에서 볼 때 집단적 노무제공거부의 '사회적 의미'는 그 행위 진행과정에서 이루어지는 조합원 대상 지시, 상호 의사연락, 대책 논의 등의 '작위'적 외양을 갖는 개별 행위가 아니라, 노무제공을 '하지 않았다'는 데 있다.[55] 설사 '자연적 관찰방법'에 의거하더라도 ―대법원 2011.3.17. 선고 2007도482 전원합의체 판결의 반대의견이 지적하듯이―, "근로자가 아무런 일도 하지 않는 것에 불과한 단순 파업을 작위로 파악한 것부터가 잘못이다. 근로자가 사업장에 결근하면서 근로제공을 하지 않는 것은 근로계약상의 의무를 이행하지 않는 부작위임이 명백하다. … 한 사람이 아무 것도 하지 않는 것이나 여러 사람이 아무 것도 하지 않는 것이나, 그리고 여러 사람이 아무 것도 하지 않은 것의 목적이나 동기가 무엇이거나 가릴 것 없이, 어느 경우이건 신체적 활동 등 적극적인 행위가 없다는 점에서는 다를 바 없다. 따라서 근로자들이 쟁의행위의 목적에서 집단적으로 근로제

---

52) 대법원 2004.6.24. 선고 2002도995 판결(강조는 인용자).
53) 작위와 부작위 구별에 대한 학설에 대한 정리는 윤종행, "파업과 부작위에 의한 위력업무방해죄 ―대법원 2011.3.17. 선고 2007도482 전원합의체 판결을 중심으로―", 한국비교형사법학회, 『비교형사법연구』 제13권 제2호(2011), 346-351면을 참조하라.
54) 서울고등법원 2002.2.7. 선고 98노1310 판결.
55) 김규림·이재강, "쟁의행위에 대한 업무방해죄의 적용가능성 ―단순한 노무제공거부의 사안을 중심으로―", 한국법학원, 『저스티스』 제137호(2013.8), 357-358면; 윤종행(각주 53), 359면 동지.

공을 거부한 것이라는 사정이 존재한다고 하여 개별적으로 부작위인 근로제
공의 거부가 작위로 전환된다고 할 수는 없다."56)

또한 다수의견의 논리는 다수 근로자가 상호 의사연락하는 것은 업무
방해죄의 행위수단에 해당하는 '위력'에 대해서만 작위가 되는 것이지, 업무
방해죄의 행위 그 자체인 '방해'에 대해서도 작위가 되는 것은 아니라는
점을 간과하고 있다. 업무방해죄 구성요건에 해당하는 행위는 노무제공거
부, 즉 부작위이라고 보는 것이 문언에 충실한 해석이다.57) 심희기 교수의
지적처럼, "집단적인 노무제공거부행위라는 하나의 집단적 행위양태에서
'위력' 부분은 구성요건해당성 문제로, '노무제공거부행위'의 '부작위유형'
은 위법성의 문제로 인위적으로 구분 짓는 것은 너무나 부자연스러운 형식
논리"이다.58)

집단적 노무제공거부를 부작위범으로 파악하면 남은 핵심문제는 근로자
가 노무제공의 의무를 지는지 여부이다.59) 부작위범이 성립하려면 행위자에
게 보증인적 지위가 있어야 하고 법익침해를 방지하여야 할 작위의무가 있어
야 하고, 그 부작위에 의한 구성요건의 실현이 작위에 의한 구성요건의 실현과

---

56) 대법원 2011.3.17. 선고 2007도482 전원합의체 판결(대법관 박시환, 대법관 김지
    형, 대법관 이홍훈, 대법관 전수안, 대법관 이인복의 반대의견)(강조는 인용자).
57) 손동권(각주 24), 219-220면 각주 26) 부분 참조.
58) 심희기, "노동자집단의 평화적인 집단적 노무제공의 거부행위와 위력업무방해
    죄", 한국형사판례연구회, 『형사판례연구』 제7호(1999), 287면.
59) 학계 일부에서는 단순노무제공거부의 경우 업무의 궁극적인 주체를 근로자로 보
    고 근로자 스스로 업무를 거부하는 경우 업무 주체가 없다고 보아 업무방해죄의
    구성요건해당성이 없다는 주장을 한다[김순태, "업무방해죄 소고 —쟁의행위와
    관련하여—", 민주주의법학연구회, 『민주법학』 제5권(1992.4), 53-54면; 장영민·
    박강우(각주 18), 87면]. 그러나 이 경우에 업무 주체는 사용자로 보아야 한다.
    생산, 판매, 관리 등의 사용자 업무는 생산수단과 근로자의 노동력의 결합에 의
    해 수행되는 것으로 근로자의 노동력 제공은 그 업무의 한 요소일 뿐 업무의 전
    부가 아니다(헌법재판소 전원재판부 1998.7.16. 97헌바23 합헌). 그리고 업무를
    방해한다는 것은 쟁의행위의 기본적 속성이므로, 방해받을 만한 사용자의 업무
    가 없다는 논법은 업무방해죄의 구성요건해당성을 부정하기 위하여 파업의 쟁의
    행위적 성격을 제거해 버리는 모순을 범한다는 문제점도 있다[손동권(각주 24),
    219면; 이호중, "노동쟁의와 형법 —쟁의행위에 대한 형법의 판단구조—", 한국비
    교형사법학회, 『비교형사법연구』 제8권 제2호(2006.12), 659면].

동가치성이 있다고 평가되어야 한다. 근로자가 기업과 체결한 근로계약에 따라 근로를 제공하는데, 이로써 근로자와 사용자 사이의 사법(私法)상 권리의 무관계가 형성된다. 근로계약에 기한 근로의무를 근거로 근로자에게 '형식적' 보증인적 지위가 있다는 주장이 가능하겠으나, 그렇다고 하여 근로자에게 일을 하도록 만드는 '실질적' 작위의무를 부과할 수는 없다.[60] 김순태 교수의 지적처럼, "'일할 의무'가 있다고 하더라도 한편 누구나 '강제로 일하지 않을 권리'가 있"으며,[61] 손동권 교수의 지적처럼 "헌법과 노동관계법이 근로자에게 단체파업할 수 있는 '권리'를 부여하면서 그와 정반대되는 일할 '의무'를 동시에 부과한다는 것은 그 자체가 모순"이기 때문이다.[62]

요컨대, 근로계약에서 부작위범의 작위의무를 도출하고 노무제공을 거부한 근로자를 업무방해죄로 처벌하려는 논리는 근로계약을 통상의 민사계약과 동일시하는 오류를 범하는 것이다. 민사계약과 달리 근로계약의 상황에서는 근로자측의 계약 파기가 헌법적·법률적으로 보장되어 있기 때문이다. 만약 사법적 근로계약을 기초로 형법처벌의 전제가 되는 작위의무를 부과한다면 이는 사실상 헌법이 금지하는 강제노동을 인정하는 것이다.[63]

---

60) 손동권(각주 24), 219-221면.
61) 김순태, "파업에 대한 업무방해죄적용불가론 및 업무방해죄의 위헌성", 민주주의 법학연구회,『민주법학』제12호(1997), 96-97면.
62) 손동권(각주 24), 221면.
63) 대법원 2011.3.17. 선고 2007도482 전원합의체 판결의 반대의견도 다음과 같이 설시했다. "근로자가 근로제공의무를 이행하여야 할 근로계약상의 의무를 가리켜 형법이 금지하고 있는 사용자에 대한 법익침해의 위험이나 결과 발생을 방지하여야 할 법적 의무로서 '부작위에 의한 업무방해죄'를 구성하는 '작위의무'라고 할 수는 없다. 이를 형사상 부진정부작위범의 작위의무라고 하는 것은 근로계약상의 근로제공의무를 불이행함으로써 사용자에게 손해를 가하는 행위를 형사처벌의 대상으로 삼겠다는 것이다. 그러나 이것은 형벌로 노무의 제공을 강제하는 것이 된다. 이는 곧바로 자신의 의사에 따라 근로하지 아니할 자유나 권리를 본질적으로 부정하는 것이 된다. 이것이 부당함은 두말할 필요가 없다. 따라서 근로자가 근로계약상의 의무인 근로제공을 하지 아니하는 것을 가리켜 작위의무를 위반한 것으로 평가하여서는 아니 된다. … 만약 다수의견과 같이 해석하여 근로자단체에 대하여 위법쟁의행위로서의 파업을 해서는 안 된다는 작위의무를 인정하여야 한다면, 이는 단체자치의 원칙에 의하여 상호 대등한 위치에 있는 집단적 근로관계의 '노동관계당사자' 사이에서 단체행동권 행사와 관련하

따라서 근로자가 사용자의 업무를 보호해야 할 보증인적 지위에 있지 않으며 근로를 제공한 의무가 없기에 단순노무제공거부는 —판례가 설정하는 목적과 수단의 정당성 요건을 충족하느냐와 무관하게— 애초에 업무방해죄의 구성요건에 해당하지 않으며, 민사적 채무불이행의 문제만 남을 뿐이다.

마지막으로 다수의견의 논리에 따르자면, 쟁의행위 이외의 여러 가지 집단적 계약의무 거부도 업무방해죄로 처벌되어야 한다는 이상한 결론이 도출될 수 있다. 예컨대, 아파트 분양을 받은 사람들이 계약체결상의 의사표시 하자를 이유로 집단으로 중도금 납부를 거부할 경우, 아파트 입주자들이 아파트 관리 미흡을 이유로 집단으로 관리비 납부를 거부할 경우 등도 위력에 의한 업무방해죄로 처벌해야 한다는 논리가 논리의 형식과 실질에서 모두 부당함은 분명하다.

(3) 소   결

대법원 2011.3.17. 선고 2007도482 전원합의체 판결 이전 대법원은 자신이 제시한 까다로운 쟁의행위의 목적과 수단의 정당성이 충족될 경우 형법 제20조에 따라 위법성이 조각된다는 입장을 취하고 있었다. 형법학계의 다수도 이러한 입장을 수용하고 있었다.[64]

그러나 이러한 논리는 헌법에 충실한 형법해석론은 아니다. 헌법이 단

여 근로자단체는 상대방 당사자인 사용자 또는 사용자단체에 단체자치에 속하는 내용의 채무를 불이행하여서는 아니 된다는 의무를 형벌로 강제하는 것을 인정하자는 것이어서 기본적으로 허용될 수 없다."

64) 교과서 외의 대표적 글로는 김일수, "근로자의 쟁의행위와 업무방해죄", 고려대학교 법학연구원, 『고려법학』 제36권(2001), 29-35면; 임종률, 『쟁의행위와 형사책임』(경문사, 1982), 90-91면. 다만, 김일수 교수도 사용자가 근로자측의 쟁의행위에 대항하여 직장폐쇄를 단행하였거나, 정당한 쟁의행위로 인해 사용자에게 미친 업무운용의 지장과 업무에 대한 신뢰도 저하가 경미하여, 법익침해의 위험을 감소시키지는 않았으나 적어도 형법적으로 중요한 의미 있는 만큼 증대시키지 않았을 경우에는 구성요건해당성이 조각된다고 한다[김일수(각주 64), 34면]. 그리고 임종률 교수는 위법성조각사유로 보면서도, 쟁의행위가 정당한 경우에 예외적으로 위법성을 조각시키는 것이 아니라, 쟁의행위가 부당한 경우에 예외적으로 위법성을 창출하는 것으로 해석한다[임종률(각주 64), 91면].

체행동권을 기본권으로 규정하는 것은 시민법의 원리와 별도로 작동하는
노동법의 원리를 승인하는 것으로, 단체행동권의 헌법적 보장의 의미는 "쟁
의행위의 정당성과 합법성의 추정"65)에 있다. 김영문 교수는 말한다.

"단체행동권의 헌법적 보장은 소극적으로 형법상 위법한 쟁의행위 중 정당
성이 있는 쟁의행위만을 민·형사상 면책하려는데 있는 것은 아니다. 오히려
쟁의행위의 마그나 카르타로서 단체행동권의 기본권 보장 취지는 업무의 정상
적인 운영의 저해를 원칙적으로 용인하며, 일단 행사된 **단체행동권은 정당·
적법하다는 추정**을 인정하는 데에 있으므로 단체행동권은 하위법률인 형법의
규정도 이러한 기본권 보장 취지에서 해석되어야 한다는 적극적인 의미를 갖는
것이다."66)

사실 조경배 교수의 지적처럼, "쟁위행위가 원칙적으로 위법하나 노동법
적 정당성을 갖춘 경우에 비로소 위법성이 조각된다는 사고방식은 쟁의행위를
범죄시했던 과거 단결금지시대에 유래된 역사적 인식의 잔재일 뿐이다."67)
게다가 판례가 정당화되는 쟁의행위의 목적과 수단을 매우 엄격하게 제한하고
있다는 점을 생각하면, 그렇게 엄격한 요건을 충족시킨 쟁의행위도 일단 구성
요건에 해당한다고 선언하는 것은 과잉범죄화를 초래하는 해석이었다.

2010년 헌법재판소는 형법 제314조 제1항 중 "위력으로써 사람의 업무
를 방해한 자" 부분은 헌법에 위반되지 않는다 라고 결정하면서도, 다음과
같이 설시하였다.

"노동법 제4조는 노동조합의 쟁위행위로서 노동법의 목적 달성을 위하여
한 정당한 행위에 대하여 위법성 조각사유에 관한 형법 제20조를 적용하도록
하고 있으나, 이것이 단체행동권의 행사로서 노동법상의 요건을 갖추어 헌법적

65) 김영문, "쟁의행위의 위력에 의한 업무방해죄 규정의 위헌성", 한국노동법학회,
『노동법학』제8호(1998), 466면.
66) *Ibid.* 467면(강조는 인용자).
67) 조경배, "형법상 업무방해죄와 쟁의권 —헌법재판소 2010.4.29. 2009헌바168 결정
을 중심으로—", 민주주의법학연구회, 『민주법학』제44호(2010.11), 231면.

으로 정당화되는 행위를 범죄행위의 구성요건에 해당하는 행위임을 인정하되
다만 위법성을 조각하도록 한 취지라고 할 수는 없다. 그러한 해석은 헌법상
기본권의 보호영역을 하위 법률을 통해 지나치게 축소시키는 것이며, 위 조
항은 쟁의행위가 처벌의 대상이 되어서는 안 된다는 점을 강조한 것으로 이해
해야 할 것이다."68)

그리하여 대법원 2011.3.17. 선고 2007도482 전원합의체 판결을 계기
로 행위의 '전격성'과 혼란의 '심대성' 또는 손해의 '막대성' 등이 없으면
업무방해죄의 구성요건해당성이 없다는 중요한 전환이 이루어진다. 그렇지
만 이 기준 역시 추상적이기에 사안별로, 법원별로 다른 결론이 도출되고
있다. 동 판결 이전·이후 대법원 판례와 저자의 해석론을 비교하여 간략히
도해화하면 다음과 같다.

	2007도482 전원합의체 판결 이전	2007도482 전원합의체 판결 이후	저자
경영권 관련 사항을 목적으로 하는 쟁의행위	노동쟁의의 대상이 아니므로 불법	노동쟁의의 대상이 아니므로 불법	경영권의 행사가 근로자의 근로조건과 근로자의 경제·사회적 지위에 중대하고 현저한 침해를 야기한다면 허용
노동관계법령을 준수하는 '준법투쟁'	업무방해죄의 '위력'에 해당; 형법 제20조(정당행위)에 따른 위법성조각은 개별 검토	행위의 '전격성', 혼란의 '심대성', 손해의 '막대성'이 있는 경우에만 업무방해죄의 '위력'에 해당; 형법 제20조(정당행위)에 따른 위법성조각은 개별 검토	사측이 감수해야 하는 '허용된 위험'이므로 구성요건해당성이 없음
비폭력 집단적 노무제공거부	(i) 작위범 (ii) 판단기준은 상동	(i) 작위범 (ii) 판단기준은 상동	(i) 부작위범 (ii) 근로제공의 작위의무가 없으므로 구성요건해당성이 없음

---

68) 헌법재판소 전원재판부 2010.4.29. 2009헌바168 합헌 결정(강조는 인용자).

V. 맺음말

대법원은 쟁의행위에 대해 업무방해죄 해석과 적용시 사용자의 입장을 훨씬 더 중시하는 경향을 보이고 있다. 근로자의 경영참여와 공동경영의 인정은 먼 나라 이야기라고 하더라도, 준법투쟁이나 집단적 노무제공거부가 업무방해죄로 처벌되는 것, 피케팅이나 직장점거에 대해서도 매우 인색하게 정당성을 인정하고 있는 것은 사실상 노동현장에서 일어나는 대부분의 쟁의행위를 범죄화하는 것이다. 쟁의행위에 대하여 노동관계법령 위반에 따른 제재 외에 형법상 업무방해죄를 적용한다는 것은 쟁의 참가 노동자는 항상 형사처벌의 위험을 감수해야 한다는 것을 의미한다.

사측은 진지하고 지속적인 대화를 통하여 이견을 좁히려 하기 보다는, 쟁의행위가 일어나기를 기다렸다가 고소·고발하는 것을 선호한다. 사측은 근로자측에게 다른 법위반이 없더라도 쟁의행위만 발생하면 일단 업무방해죄 위반으로 고소하며, 이 때 정부는 노사의 중재자가 아니라 사측의 대리인으로 형벌권을 사용하게 된다. 이런 상황에서 노사간의 대화가 제대로 될 리가 없다. 한국 사회에서 쟁의행위가 과격·폭력화하는 이유 중의 하나는 합법적인 쟁의행위의 범위가 극도로 좁혀져 있는데다가, 정부가 노사간의 공정한 중재자로 역할하지 않고 노동운동을 '불온시'하며 노골적으로 사용자의 편을 들기 때문이다. 정부의 적극적인 업무방해죄 적용에 비하여, 사용자의 '부당노동행위'에 대한 수사와 기소는 매우 소극적으로 이루어지고 있다. 이러한 현상의 반복은 이제 중단되어야 한다.

사실 쟁의행위가 폭력이나 파괴행위로 이어질 경우 별도의 처벌이 가능함에도 불구하고, 쟁의행위 자체를 업무방해죄라는 범죄로 처벌하는 것은 비교법적으로도 드물다. 이러한 태도는 헌법상 보장된 노동3권을 심각하게 위축시키고, 형법을 노사문제의 최후수단이 아닌 최우선수단으로 사용하여 과잉범죄화의 부작용을 일으킬 수밖에 없다. 노동법 원리에 의한 시민법 원리의 수정을 헌법이 수용하였음을 생각할 때, "근로자의 단체행동권 보장에 의하여 헌법적으로 설정된 사용자의 수인의무는 업무방해죄의 구성요건 해석에서 '헌법적 지침'으로 반영되어야 한다."⁶⁹⁾

한편 판례는 형법 제314조 업무방해죄의 '위력'을 "피해자의 자유의사를 제압하기 족한 세력"⁷⁰⁾으로 해석하면서, 폭력, 파괴행위, 폭행, 협박 등을 사용하지 않은 쟁의행위의 경우에도 그것이 집단적으로 이루어지면 '위력'에 해당한다는 입장을 고수하고 있다.⁷¹⁾ 그러나 이러한 해석은 쟁의행위는 본질상 '위력'을 포함한다는 점을 간과하고 노노법의 취지를 무시하면서 해석을 통하여 가벌성을 넓히는 것으로 허용되지 않는 유추해석이다. 저자는 노노법의 문언과 업무방해죄의 문언의 차이에 주목하면서, 노노법이 금지하는 폭력, 파괴행위, 폭행, 협박 등에 해당하는 않는 위력을 사용한 쟁의행위는 허용된다고 해석해야 한다고 주장한다.

향후 업무방해죄의 오남용에 대하여 노동현장, 노동법학계, 형사법학계, 법조계, 국회 등에서 보다 많은 논의가 이루어져 헌법적 기본권으로서 노동3권의 의미를 살리는 판례 변경 또는 법률 개정이 이루어지기를 희망한다.⁷²⁾

---

69) 이호중(각주 59), 655면(강조는 인용자).
70) 대법원 1987.4.28. 선고 87도453 판결.
71) 이러한 대법원의 업무방해죄의 '위력' 해석은 특수폭행죄의 '위력' 해석과 유사하다(대법원 1960.10.12. 선고 4293형상668 판결). 그러나 양자는 똑같은 것으로 보아선 안된다. "특수 '폭행'에서는 '폭행' 자체가 형법이 금지하는 행위이지만, 노동쟁의는 헌법이 승인하는 적법한 행위이기 때문이다"[이근우, "노동쟁의에 대한 업무방해죄 적용의 축소 가능성", 한국비교형사법학회, 『비교형사법연구』 제12권 제2호(2010), 40면].
72) 법개정의 방향으로 형법상 '위력' 업무방해죄를 폐지하거나 노노법 제4조를 개정하는 안[국가인권위원회(각주 1), 352-354면; 도재형, "쟁의행위에 대한 업무방해죄 적용 법리에 관한 검토", 성균관대학교 비교법연구소, 『성균관법학』 제20권 제3호(2008), 138면; 박영선 의원 대표발의 형법 일부개정법률안(의안번호 892; 2012.7.26. 발의)], 노노법에 따른 단체교섭과 쟁의행위에 대해서는 동조 제1, 2항을 적용하지 아니한다는 형법 제314조 제3항을 신설하는 방안이 제시되고 있다[조승수 의원 대표발의, 형법 일부개정법률안(의안번호 1807158; 2009.12.29. 발의); 전순옥 의원 대표발의, 형법 일부개정법률안(의안번호 4758; 2013.4.30. 발의)].

제19장

소비자 불매운동 형사처벌 비판

"상고인은 사회적 압력과 사회적 추방의 '위협'을 사용하면서
타인들이 불매운동에 합류하라고 설득했다. 그렇지만
이러한 표현(speech)이 타인을 당황스럽게 하거나
또는 강제로 행동하게 할 수 있다는 이유만으로
헌법적 보호를 상실하지는 않는다."
(1982년 Claiborne Hardware Company 판결)

I. 들어가는 말

2008년 5월, 전국에서 일어난 촛불집회 과정에서 조직된 인터넷 카페 '조중동폐간 국민캠페인' 회원들이 조선·중앙·동아일보를 '불량상품'으로 규정하고 이 신문에 광고를 내는 광고주에 대하여 광고를 중단하는 운동을 벌인다[이후 '조중동폐간 국민캠페인'은 2008년 6월 '언론소비자주권캠페인'(이하 '언소주'로 약칭)으로 이름을 변경한다]. 이 운동의 직접적 이유는 노무현 정권 때 미국산 쇠고기의 위험성을 강조했던 이 신문들이 이명박 정권 출범 이후에는 입장을 바꾸어 미국과의 쇠고기 협상 결과를 지지하여 미국산 쇠고기의 안전성을 강조했다는 것이었다. 이 운동이 전개되자, 이 세 신문사는 이 운동을 "상거래 자체를 막는 영업방해는 불매운동과는 완전히 차원이 다른 범죄행위", "광고주에 대한 사이버 테러"이며,[1] "언론자유 유린이자 기업경영 방해이고, 3대 신문을 구독하는 소비자의 선택권을 본질적으로 침해하는 행위",[2] "신문시장을 좌(左)편향으로 재편하겠다는 의도"를 가지고 "국법질서와 국가의 변란을 꿈꾸는 행위",[3] "조폭적 행태"[4]라고 강력 비판하였다. 2009년 이후 언소주는 조선·중앙·동아일보에 광고를 싣는 기업의 상품에 대한 불매운동을 전개한다.

검찰은 2008년 광고주들에게 전화로 협박해 업무를 방해한 혐의 등으

---

1) <조선일보> 사설(2008.6.19.)(http://news.chosun.com/site/data/html_dir/2008/06/19/2008061901632.html: 2014.11.1. 최종방문).
2) <동아일보> 사설(2008.6.19.)(http://news.donga.com/Column/Sasul/3/040109/20080619/8592342/1: 2014.11.1. 최종방문).
3) 육정수, "광고주 협박범죄의 중대성", <동아일보>(2008.6.13.)(http://news.donga.com/Column/GHM/3/040134/20080622/8593231/1: 2014.11.1. 최종방문)
4) <중앙일보> 사설(2008.6.10.)(http://article.joinsmsn.com/news/article/article.asp?total_id=3641 596: 2014.11.1. 최종방문).

로 언소주 회원 등 24명을 기소했고, 2009년에는 언소주 대표 김성균 씨와 미디어행동단 팀장 석웅국 씨 등 2인을 폭력행위등처벌에관한법률상 공동 공갈 및 공동강요 혐의로 기소했다. '2008년 사건'5)과 '2009년 사건'6) 모두 1심과 항소심에서 유죄가 선고되었고 이는 대법원에서 확정되었다. 그럼에 도 불구하고 2011년 언소주는 '조중동 종합편성 방송' 저지를 위한 불매운 동을 선언하고, 종편에 출자한 제약사 4곳의 17개 제품에 대한 불매운동을 선언했다.

  과거 1996년 마이클 잭슨 내한공연을 반대하기 위하여 입장권 예매처 인 은행에 대한 계좌변경운동을 벌인 '마이클 잭슨 내한공연 반대 공동대책 위원회' 공동대표와 간사가 손해배상을 당하고 민사상 불법행위 책임을 진 적이 있다.7) 2000년 가수 서태지 팬들이 SBS <한밤의 TV연예> 광고주 불매운동을, 2005년 황우석 교수 사태 때 황우석 교수 지지자들이 MBC <PD수첩> 광고주 불매운동을 벌였지만, 아무런 법적 제재를 받은 적이 없 다. 요컨대, 언소주 사건은 소비자불매운동이 형사처벌을 받은 국내 최초의 사건이다. 그런데 형법학계 내에서는 소비자불매운동의 형사처벌에 대한 논의는 초보적인 수준에 머물러 있다.

  제19장은 헌법적 기본권으로서의 소비자불매운동의 의의를 강조하는 입장에 서서, 언소주 활동에 대한 조선·중앙·동아일보 등의 비판 속에서 잘못 소개된 미국 판결을 검토한 후, 언소주 활동에 대하여 유죄를 내린 판결을 비판적으로 분석한다.

---

5) 서울중앙지방법원 2009.2.19. 선고 2008고단5024, 2008고단5623(병합) 판결; 서울
   중앙지방법원 제5형사부 2009.12.18. 선고 2009노677 판결; 대법원 2013.3.14. 선
   고 2010도410 판결.
6) 서울중앙지방법원 2009.10.29. 선고 2009고단4470 판결; 서울중앙지방법원 제4형
   사부 2010.10.5. 선고 2009노3623 판결; 대법원 2013.4.11. 선고 2010도13774 판결.
7) 대법원 2001.7.13. 선고 98다51091 판결.

Ⅱ. 헌법 제124조의 법적 성격 — '사회적 기본권'으로서의 소비자보호운동권

모든 시민은 상품이나 용역을 구입하고 사용하기에 시민은 바로 소비자이다. 그러나 대량생산, 대량판매, 대량소비를 특징으로 하는 현대 독점자본주의체제 하에서 소비자는 상품이나 용역에 대한 충분한 정보를 갖지 못한 채 대기업으로 대표되는 생산자의 지배하에 놓여 있다. 따라서 소비자를 생산자와 대등한 주체로 보는 형식적 접근을 넘어 사회적·경제적 약자로서의 소비자의 지위를 직시하고 소비자보호운동과 소비자권리를 승인하는 것이 필요하다.

신문독자나 방송시청자와 같은 대중언론매체의 이용자도 "언론매체의 소비자"8) 또는 "언론 상품의 이용자", "미디어 소비자"9)로 파악된다. 현재의 언론환경에서 이들은 거대 언론기관의 보도에 일방적으로 수용해야 하는 위치에 처해 있기에, 개별적으로 사실왜곡이나 편파보도라는 '불량상품'의 생산과 유통을 막기 힘들다. 따라서 대중언론매체가 사실에 충실한 공정언론이라는 '우량상품'을 생산하도록 하기 위해서는 미디어 소비자의 집단적·조직적 운동이 보장되어야 한다. 게다가 현대 소비자운동은 상품과 용역의 소비자로서 운동을 벌이는 '경제적 소비자운동'은 물론 기업의 사회적 책임(corporate social responsibility)을 요구하는 '정치적·윤리적 소비자 운동'까지 포괄하고 있다는 점을 고려하면,10) 대중언론매체의 이용자가 소비자에 해당함은 물론이다. 2013년 대법원은 '2008년 사건'의 상고심에서 "일반 시민들이 특정한 사회, 경제적 또는 정치적 대의나 가치를 주장·옹호하거나

---

8) 서울중앙지방법원 2009.2.19. 선고 2008고단5024, 2008고단5623(병합) 판결; 서울중앙지방법원 제5형사부 2009.12.18. 선고 2009노677 판결.

9) 이승선, "언론소비자의 특성과 소비자운동의 보호법리 —광고불매운동을 중심으로", 한국언론정보학회, 『한국언론정보학보』 통권 제48호(2009년 겨울), 10면.

10) 황성기, "신문사 광고주 관련 정보에 대한 방송통신심의위원회의 위법 결정의 헌법적 문제점", 한국공법학회, 『공법학연구』 제10권 제2호(2009), 231면.

이를 진작시키기 위한 수단"11)으로 벌이는 소비자불매운동도 헌법적 보호
를 받아야 함을 확인하였다.

헌법은 소비자보호운동의 보장을, 법률은 소비자의 기본적 권리를 명
문으로 규정하고 있다. 헌법 제124조는 "국가는 건전한 소비행위를 계도하
고 생산품의 품질향상을 촉구하기 위한 소비자보호운동을 법률이 정하는
바에 의하여 보장한다."라고 규정하고 있다. 소비자보호운동이란 "소비자가
상품의 구매 및 소비과정에서 발생하는 생산자 또는 공급자로부터 부당한
지배와 횡포를 배제하고 소비자이익을 수호하여 소비자유를 실현하려고
하는 소비자 스스로에 의한 개인적 또는 집단적 사회운동"으로,12) 소비자
개개인의 건전·합리적인 경제생활의 영위, 부정·불량·위해 상품의 추방,
건전한 유통구조와 공정거래질서의 확립, 허위·과장광고 규제 등을 통해
기업의 경제활동 정상화·합리화를 촉진하는데 기여한다.13) 그리고 소비자
기본법 제4조는 "소비생활에 영향을 주는 국가 및 지방자치단체의 정책과
사업자의 사업활동 등에 대하여 의견을 반영시킬 권리"(제4호)와 "소비자
스스로의 권익을 증진하기 위하여 단체를 조직하고 이를 통하여 활동할
수 있는 권리"(제7호) 등을 규정하고 있다.14)

한편, 헌법 제124조가 보장하는 소비자보호운동이 제도보장15)인지 기
본권16)인지에 대한 학계에서 의견이 갈린다. 형식적으로 보면 헌법의 위임

---

11) 대법원 2013.3.14. 선고 2010도410 판결.

12) 정극원, "헌법체계상 소비자권리의 보장", 한국공법학회,『공법연구』제31집 제3
호(2003), 296면.

13) 이기춘 외,『소비자학의 이해』(제2판: 학현사, 2001), 225면.

14) 소비자권리가 최초로 천명된 것은 미국 케네디 대통령의 1962년 3월 15일자 '소
비자의 이익보호에 관한 의회특별교서'인데, 이 교서는 안전할 권리, 알 권리, 선택
할 권리, 의견을 반영할 권리 등 네 가지 권리를 제시하였다(http://www.jfklibrary.org/
Asset-Viewer/Archives/JFKPOF-037-028.aspx: 2014.11.1. 최종방문).

15) 김재경, "제3자에 대한 소비자불매운동에 있어서 형사법적 고찰", 중앙대학교 법
학연구소,『법학논문집』제33집 제2호(2009), 169면; 성낙인,『헌법학』(제7판: 법문
사, 2007), 203면.

16) 권영성,『헌법학원론』(법문사, 2008), 579면; 계희열,『헌법학(중)』(박영사, 2004),
577면; 양건, "헌법과 소비자보호", 한국공법학회,『공법연구』제10집(1982.8), 98
면; 정극원(각주 12), 289면; 최대권,『헌법학강의』(증보판: 박영사, 1998), 199면.

에 따라 소비자보호운동 보장을 위한 법률이 제정되어 있으므로, 의견 차이의 실익은 없어 보인다. 그렇지만 헌법상 소비자보호운동 및 법률상 소비자권리의 내연과 외포가 어디까지 인지에 따라 실익은 발생할 수 있다. 특히 소비자보호법이 규정하고 있는 소비자권리를 좁게 해석할 경우 그 바깥에 위치하는 소비자보호운동이 헌법 제124조에 의하여 바로 보장되는 헌법적 권리인지 여부에 논의의 실익이 있을 수 있다.

더 중요하게는 소비자보호운동권과 재산권 또는 기업활동의 자유 사이의 균형을 어떻게 잡는가의 문제와도 연결이 된다. 헌법 제23조 제1항, 제119조 제1항 등에 의하여 보장되는 재산권은 헌법적 기본권이므로 소비자보호운동권을 헌법적 기본권이 아니라고 하면, 양 권리의 충돌시 소비자보호운동권이 양보해야 한다는 결론으로 쉽게 이어질 수 있다. 그러나 소비자보호운동권도 헌법적 기본권이라고 하면 균형점은 달라진다.

헌법 제124조가 기본권편이 아니라 경제질서편에 배치되어 있다는 점을 중시하면 소비자보호운동권 등 소비자권리는 제도보장으로 이해될 것이다. 2013년 대법원도 2008년 사건의 상고심에서 소비자불매운동은 "헌법 제124조를 통하여 제도로서 보장"[17]된다고 하였던바, 제도보장으로 이해하고 있는 것으로 보인다. 그렇지만 헌법조항의 법적 성격을 판단할 때는 동적 접근이 필요하다.

소비자보호운동조항은 1980년 제5공화국 헌법 제125조로 신설되었고 이는 1987년 헌법의 제124조로 이어졌다. 소비자보호법은 1980년 제정되었는데, 1986년 개정에서 현행 소비자기본법 제4조의 여덟 가지 소비자의 기본권 중 일곱 가지가 규정되었고, 2006년에는 명칭이 소비자기본법으로 바뀌었다. 이러한 변화는 소비자를 단지 '보호'의 대상으로 보는 시각을 넘어 '소비자주권'(consumer's sovereignty)을 구현하기 위함이다.[18] '소비자주

---

17) 대법원 2013.3.14. 선고 2010도410 판결.
18) 고형석, 『소비자보호법』(제2판: 세창, 2008), 21면; 권오승, 『소비자보호법』(제5판: 법문사, 2005), 45면; 서정희, 『소비자주권론』(울산대학교 출판부, 1993), 17-20면; 이호영, 『소비자보호법』(홍문사, 2010), 11면; 주승희, "소비자불매운동의 의의 및 법적 허용한계 검토", 한국경영법률학회, 『경영법률』 제19집 제3호(2009), 519면.

권'이란 시장경제체제에서 "주어진 생산자원을 가지고서 누가 무엇을 얼마만큼 생산하여 누구에게 공급할 것인가 하는 문제, 즉 사회 전체의 자원배분이 소비자의 자유로운 선택에 의하여 결정된다는 것"을 의미한다.19) 헌법재판소도 1996년 주세법 제38조의7 등에 대한 위헌소송에서, 소비자는 "물품 및 용역의 구입·사용에 있어서 거래의 상대방, 구입장소, 가격, 거래조건 등을 자유로이 선택할 권리"를 가지며, 자유시장경제의 바탕에는 "소비자가 시장기능을 통하여 생산의 종류, 양과 방향을 결정하는 소비자주권의 사고"가 있다고 설시한 바 있다.20) 정극원 교수는 "현대경제사회에서의 소비자권리의 보장은 근대사회에서의 국민주권의 고창에 비견"되는 것이라고 말하고 있는바,21) 헌법 제124조의 법적 성격은 바로 이러한 맥락에서 파악되어야 한다.

요컨대, 소비자주권의 관점에서 소비자보호운동을 파악하는 이유는 현대 독점자본주의체제 하에서 독과점기업의 횡포나 독주를 시정하기 위함이다. 이 점에서 소비자보호운동은 헌법상의 '사회국가성'의 근본적 요청이며, 소비자권리는 "단순히 근대시민법에서의 자유에의 회복을 의미하는 것이 아니라 공적 기관의 개입, 사회적 운동의 압력, 소비자·주민의 직접 참가를 필요로 하는 적극적 의미의 사회적 성격을 지향"하고 있다.22) 이 점에서 저자는 헌법 제124조는 사회적 기본권으로서의 소비자보호운동권을 규정하고 있다고 파악한다.23)

그런데 소비자보호운동의 전개는 필연적으로 표현의 자유를 비롯한

---

19) 권오승(각주 18), 44면.
20) 헌법재판소 1996.12.26. 선고 96헌가18 결정.
21) 정극원(각주 12), 289, 297면.
22) *Ibid.* 289, 291면.
23) 우회적이지만 헌법재판소도 헌법 제124조를 기본권으로 보고 있음을 밝히고 있다. "헌법 제124조 …에 의하여 보호되는 것은 사적 경제영역에서 영리를 추구하는 기업이 제공하는 물품 또는 서비스를 이용하는 소비자가 기업에 대하여 갖는 권리에 관한 것인 반면, 헌법 제27조에 규정된 재판청구권은 국가에 대하여 재판을 청구할 수 있는 주관적 공권에 관한 것이므로 사적 영역에 적용되는 소비자의 권리를 국가가 제공하는 재판제도의 이용의 문제에 적용할 수 없다고 할 것이다."(강조는 인용자)

여러 자유권적 기본권의 행사를 수반한다. 이 점에서 소비자보호운동권을 '복합적 기본권'으로 규정할 수도 있을 것이다.24) 이렇게 볼 때 소비자기본법 제4조의 8대 권리는 법률이 규정하고 있지만, "법률이 비로소 창설한 권리는 아니고 실질상 헌법상 권리"이며, 동법 규정은 "확인적 성격"을 갖는다고 할 것이다.25)

Ⅲ. 소비자불매운동의 의의와 미국 사례

1. 의의와 용어 정리

소비자불매운동은 "사회적 또는 정치적 목적의 달성을 위해서 상품의 구매를 자발적으로 포기하거나 타인으로 하여금 이를 포기하도록 권유하는 일체의 행위",26) "하나 또는 그 이상의 운동주도세력들이 개별 소비자들로 하여금 시장에서 특정 구매를 억지하도록 주창함으로써 특정 목표를 달성하고자 하는 시도"27) 또는 "소비자들이 소비자 권익의 수호나 증진을 목적으로 그 기업체의 상품 또는 용역의 구매를 집단적으로 거절하거나, 나아가 다른 소비자들에 대하여 불매운동에 동참하도록 홍보, 호소, 설득하는 행위"28)로 정의된다. Ⅳ.에서 살펴볼 2008년 광고주에 대한 광고중단압박운동과 관련한 헌법소원에서 헌법재판소는, 소비자불매운동을 "하나 또는 그 이상의 운동주도세력이 소비자의 권익을 향상시킬 목적으로 개별 소비자들로 하여금 시장에서 특정 상품의 구매를 억지하거나 제3자로 하여금 그렇게 하도록 설득하는 조직화된 행위"29)라고 정의했다.

---

24) 권영성(각주 16), 579면.
25) 박지현·김종서, "위력에 의한 업무방해죄와 광고주 불매운동", 민주주의법학연구회, 『민주법학』 제40호(2009.7), 88면.
26) 김봉수, "인터넷상에서의 불매운동과 그 법적 한계", 한국형사법학회, 『형사법연구』 제21권 제1호(통권 38호, 2009), 309면.
27) 주승희(각주 18), 523면.
28) 서울중앙지방법원 제4형사부 2010.10.5. 선고 2009노3623 판결.
29) 헌법재판소 2011.12.29. 선고 2010헌바54,407(병합) 결정.

헌법 제124조나 소비자기본법 제4조는 소비자불매운동이라는 단어를 사용하고 있지는 않다. 그렇지만 소비자불매운동은 소비자주권을 실현하기 위한 대표적인 활동방식이다. 소비자기본법 제4조의 "사업자의 사업활동 등에 대하여 의견을 반영시킬 권리", "단체를 조직하고 이를 통하여 활동할 수 있는 권리" 등이 불매운동을 포함한다고 해석하는 것이 소비자보호운동권을 헌법에 규정한 취지에 부합한다. 언소주 사건의 제1, 2심 법원도 신문 및 광고주에 대한 불매운동이 원칙적으로 허용된다고 판시하였고,[30] 2013년 대법원도 '2008년 사건'의 상고심에서 이 점을 확인하였다.[31]

그런데 대중언론매체의 기사나 논조는 타이어나 냉장고와 같은 물건이 아니고 이를 비판하는 불매운동을 허용하면 언론의 자유 침해 소지가 있다는 이유로 언론매체에 대한 불매운동은 일반 상품에 대한 불매운동과 동일 선상에서 논할 수 없다는 주장이 있다.[32] 이 주장에 따르면 사실왜곡이나 편파보도가 있더라도 언론매체에 대한 불매운동은 금지되며, 그 외의 신문 인쇄 상태나 방송수신 상태의 불량 같은 기술적 이유에 따른 불매운동만 허용될 것이다.

생각건대, 언론매체에 광고를 게재하는 광고주의 광고비용은 신문을 제작·생산·공급하는 가격에 반영되고 종국에는 소비자에게 전가된다는 점에서, 소비자는 광고주의 광고비용 지출에 대하여 항의를 할 수 있다고 보는 것이 타당하다.[33] 또한 상술하였듯이 '정치적·윤리적 소비자 운동'도 허용하는 것이 각국 소비자운동의 상황이라는 점을 고려하면, 사실왜곡이나 편파보도에 항의하는 불매운동은 허용되어야 한다. 2011년 헌법재판소도 이 점을 인정하였다.

30) 서울중앙지방법원 2009.2.19. 선고 2008고단5024, 2008고단5623(병합) 판결; 서울중앙지방법원 제5형사부 2009.12.18. 선고 2009노677 판결.
31) 대법원 2013.3.14. 선고 2010도410 판결.
32) 이재교, "광고주에 대한 불매운동의 위법성",『시대정신』제44호(2009), 266면 이하 참조.
33) 황성기(각주 10), 232면.

"일간신문을 구매하는 소비자의 입장에서 볼 때, 해당 신문의 정치적 입장이나 보도논조는 신문에 실리는 정보 또는 지식의 품질이나 구매력과 밀접한 연관성이 있어서 신문의 구매여부를 결정하는 중요한 요소로서 신문이라는 상품의 품질이나 가격의 핵심적 부분을 차지하고 있다는 점에 비추어 볼 때, 청구인들이 문제삼고 있는 조중동 일간신문의 정치적 입장이나 보도논조의 편향성은 '소비자의 권익'과 관련되는 문제로서 불매운동의 목표가 될 수 있다 할 것이다."[34]

그런데 한국 학계와 실무계에서는 미국식 용어법에 따라 불매운동을 상대방에 따라 두 가지 유형으로 나누어 구분하는 경우가 많다. 첫째는 불매운동 참가자 스스로가 특정인과의 거래를 거절하는 '제1차 불매'(primary boycott)이며, 두 번째는 특정인과 거래하는 제3자와의 거래를 거절함으로써 제3자가 특정인과 거래하는 것을 막는 '제2차 불매'(secondary boycott)이다.[35] 소비자가 특정 생산자·판매자의 상품이나 용역을 구매하지 않는 것이므로 자유이므로, '제1차 불매'는 당연히 허용된다. 그렇지만 제3자의 거래활동을 막는 '제2차 불매'의 경우 제3자의 자유를 제약하여 재산권을 침해할 수 있으므로 법적 문제가 발생한다. 이 구분에 따르면, 조선·중앙·동아일보에 광고를 내는 광고주의 상품에 대한 언소주의 불매운동은 '제2차 불매'에 해당한다.

그러나 이 글은 '제2차 불매'라는 미국식 용어를 사용하지 않고, '제3자 대상 불매'라는 용어를 사용한다. 그 이유는 다음 절에서 서술하듯이, 미국에서 '제2차 불매'는 공정거래 및 노사관계법상 금지되는 불매운동을 뜻하는 것이기 때문이다.

---

34) 헌법재판소 2011.12.29. 선고 2010헌바54,407(병합) 결정.
35) 김봉수(각주 26), 308면; 이경춘, "시민단체 불매운동의 한계 —마이클 잭슨 내한 공연 반대운동과 관련하여—", 『판례실무연구』(V) (2001.12), 393-394면; 이규호, "미국에 있어서 소비자보이콧(Consumer Boycott)에 관한 판례·학설 —그 법적 허용한계의 문제를 중심으로—", 비교법실무연구회, 『판례실무연구』(V) (2001.12), 354면.

2. 미국에서 소비자 불매운동의 법적 지위

(1) 헌법적 권리로 보장되는 제3자 대상 소비자 불매운동

언소주의 활동이 전개되던 당시 조선·동아일보는 기사를 통하여 미국에서 제3자 대상 소비자 불매운동은 불법이라는 보도를 내었고, 검찰도 이와 유사한 주장을 하였다.36) 그러나 이는 명백한 오류이다. 미국에서 금지되는 제2차 불매운동은 시장지배적 사업자가 다른 사업체에 압력을 가하여 불매운동을 벌이는 경우 —'셔먼법'(Sherman Act) 위반— 와 노동조합이 파업을 벌이면서 사용자의 투자자나 거래처에 압력을 가하기 위하여 불매운동을 벌이는 경우 —'태프트-하틀리법'(Taft-Hartley Act) 위반— 이며, 이에 해당하지 않는 제3자 대상 소비자불매운동은 금지되지 않고 있다.37)

그리하여 미국에서 언론사 광고주에 대한 불매운동은 헌법이 보장하는 소비자의 권리로 파악되고 있으며, 언론사 논조에 반대하는 독자들은 광고주를 압박하는 운동을 아무런 법적 제약 없이 수시로 전개하고 있다.38)

근래 일어난 몇 가지 대표적인 예를 보자. 2004년 대선 당시 보수적 미디어 기업인 <싱클레어 브로드캐스팅 그룹>이 민주당 존 케리 후보의 베트남 반전운동을 비난하는 다큐멘터리 '도둑맞은 명예'(Stolen Honor)를 방영하려고 하자, 네티즌들은 이 프로그램을 후원하는 광고주의 이름, 전화번호, 이메일 등을 공개하면서 조직적 불매운동을 전개했다. 그 결과 싱클레어

---

36) <조선일보>(2008.8.20., http://news.chosun.com/site/data/html_dir/2008/08/19/2008081901713.html); <동아일보>(2008.8.23., http://news.donga.com/3//20080823/8621539/1).
37) 강인규, "미국은 의원도 언론 광고주 불매운동", <오마이뉴스>(2008.8.26., http://www.ohmynews.com/NWS_Web/view/at_pg.aspx?CNTN_CD=A0000968101); 박경신, "'2차 불매운동'에 대한 오해", <한겨레>(2008.7.16.); 박경신, "소비자들의 제2차 불매운동의 합법성 —외국의 공정거래법 및 노사관계법의 유비적 비교법적 의미—", 한인섭 편, 『2008-2009 한국과 표현의 자유』(경인문화사, 2009), 78-82면.
38) 김기창, "광고주 불매운동 아무리 봐도 합법이다", <한겨레>(2008.9.5.); 전영우, "미국서도 당연히 인정받는 소비자들의 표현 자유", 한국언론진흥재단, 『신문과 방송』 제453호(2008.9), 159-161면; 전영우, "구글에서 '광고주 불매' 쳐보라", <한겨레>(2009.6.18.).

그룹은 다큐멘터리 방영을 취소했다. 물론 이 불매운동을 벌인 네티즌 누구도 법적 제재를 받지 않았다.[39) 2007년 라디오 진행자인 마이클 새비지(Michael Savage)가 방송 진행 도중 무슬림과 코란을 비하하는 발언을 하자 미국의 이슬람 단체는 온오프라인을 겸한 광고주 불매운동에 돌입했고, 그 결과 이 방송은 100만 달러에 달하는 광고수입을 잃었다. 새비지는 이슬람 단체가 자신의 방송내용을 허락 없이 게재하여 저작권을 침해했고 자신에게 위협을 가했다는 이유로 소송을 제기했지만, 패소하였다.[40)

한편 극우 성향의 <폭스 뉴스>에 반대하며 이 매체에 광고를 싣는 업체에 대한 불매운동 사이트가 마련되어 불매운동을 벌이고 있다.[41) 현역 공화당 의원인 론 폴(Ron Paul)은 아예 자신의 홈페이지를 극우적 성향의 <폭스 뉴스> 광고주 불매운동 사이트로 운영하면서, 광고주의 전화번호, 팩스번호, 주소, 담당자 직통전화번호 등을 방문자에게 알리고 불매운동을 전개하였는데, 이 사람이 법적 제재를 받지 않았음은 물론이다.[42)

(2) 지도적 판결

이와 같이 언론사 등 기업의 광고주에 대한 불매운동이 합법화·활성화되는데 중요한 계기가 된 두 개의 판결이 있다. 첫째는 1982년 'National Association for the Advancement of Colored People v. Claiborne Hardware Company 판결'이다.[43) 이 사건은 언론의 광고주에 대한 불매운동 사건은

---

39) 이 사건에 대해서는 Marvin Ammori, "A Shadow Government: Private Regulation, Free Speech, and Lessons From the Sinclair Blogstorm", 12 *Michigan Telecommunications and Technology Law Review* 1(2006)을 참조하라.

40) 강인규, "미국은 의원도 언론 광고주 불매운동", <오마이뉴스>(2008.8.26.)(http://www.ohmynews.com/NWS_Web/view/at_pg.aspx?CNTN_CD=A0000968101: 2014.11.1. 최종방문).

41) http://foxnewsboycott.com/fox-news-sponsors/(2014.11.1. 최종방문)

42) 강인규, "미국은 의원도 언론 광고주 불매운동", <오마이뉴스>(2008.8.26.)(http://www.ohmynews.com/NWS_Web/view/at_pg.aspx?CNTN_CD=A0000968101: 2014.9.1. 최종방문).

43) 458 U.S. 886(1982). 이 판결에 대한 소개로는 이규호(각주 35), 358-368면을 참조하라.

아니지만, 연방대법원이 제3자 대상 소비자불매운동의 합헌성을 인정한 사건이기에 중요하다.

이 사건은 미시시피주 클레이본 카운티에서 선거로 선출된 백인 공무원들에게 제시된 인종차별 제거요구를 백인 상인들이 지지하도록 만들기 위하여 흑인소비자들이 백인상인들의 물품 불매운동을 벌인 사건이다. NACCP의 미시시피주 대표인 에버스(Evers)는 소비자들에게 불매운동 참여를 설득했고 참여자들은 평화적으로 피케팅 시위를 했다. 미시시피주 대법원은 불매운동 전체가 불법행위라고 판단하고, 불매운동 참여자 개인과 NAACP에 대하여 120만 달러 손해배상금 지급판결을 내렸다. 그러나 연방대법원은 "비폭력적이고 전적으로 자발적인 불매운동도 지역경제 환경에 혼란을 가져오는 효과를 가질 수 있다."는 점을 인정하면서도,[44] 비폭력적 불매운동은 수정헌법 제1조의 보호범위 안에 있음을 확인하고 주대법원의 판결을 만장일치로 파기한다.[45] 판결문을 인용하자면,

> "상고인은 사회적 압력과 사회적 추방의 '위협'을 사용하면서 타인들이 불매운동에 합류하라고 설득했다. 그렇지만 이러한 표현(speech)이 타인을 당황스럽게 하거나 또는 강제로 행동하게 할 수 있다는 이유만으로 헌법적 보호를 상실하지는 않는다. … 주 정부가 경제적 활동을 규율할 권한이 있다고 하여 정부의 변화 및 경제적 변화를 강제하고 헌법이 보장한 권리를 발효하려는 목적을 가지고서 정치적으로 유발된 비폭력적 불매운동을 완전히 금지하는 것은 정당화될 수 없다."[46]

이 판결을 계기로 제3자 대상 소비자불매운동은 수정헌법 제1조의 표현의 자유의 보호를 받으며, 또한 민사책임으로부터 면책된다는 점이 분명해졌다(따라서 형사책임도 지지 않음은 물론이다).

---

44) *Ibid.* at 912.
45) *Ibid.* at 907.
46) *Ibid.* at 909, 914(강조는 인용자).

둘째는 1984년 'Environmental Planning & Information Council v. Superior Court 판결'이다.[47] 캘리포니아 주의 시민단체 'Environmental Planning & Information Council'(이하 EPIC)는 회원 소식지를 통하여 지역 무료신문인 <풋힐 타임스>의 편집방침과 기사 내용을 맹비난하면서, 이 신문에 광고를 싣는 80여개 기업의 명단과 게재하고 불매운동을 제안하였다. 이에 <풋힐 타임스>는 EPIC가 자사의 영업을 방해했다며 손해배상소송을 제기하였다. 캘리포니아 주대법원은 이 사건에 대해서도 'Claiborne Hardware Company 판결'의 법리가 적용된다고 보면서,[48] 피고 EPIC의 손을 들어주었다.[49] 핵심판시를 소개하자면 다음과 같다.

   "우리 사회에서 편집방침을 정식화하는 신문의 자유는 분명히 거대한 가치가 있으며, 경제적 이유에 따른 불매운동을 통하여 이러한 정책에 영향을 끼치려 하는 상이한 집단의 모습은 생각하는데 골칫거리를 안겨준다. 그러나 신문은 자신의 헌법적 권리가 침해되었다고 주장하는 지위에 있지 않다. 왜냐하면 여기에는 아무런 정부의 행위가 연관되어 있지 않기 때문이며, 그리고 여기에 존재하는 경제적 강제의 정도는, 후원을 철회하거나 철회하겠다고 위협함으로써 편집방침에 영향을 미치려 하는 광고주가 합법적으로 행사하는 강제의 정도보다 크지 않을 것이기 때문이다."[50]

   법원은 광고주도 광고를 매개로 언론매체의 편집방침에 영향을 미치고 있음을 지적하면서, 소비자도 불매운동을 통하여 편집방침에 영향을 미치는 것도 허용되어야 한다고 밝힌 것이다.

---

47) 36 Cal.3d 188(1984).
48) *Ibid.* at 197.
49) 피고 EPIC는 원고 주장은 즉각 배척되어야 한다며 소 각하를 신청하였으나, 제1심 법원은 이를 신청을 받아들이지 않았다. 피고는 항고하였고 캘리포니아주 대법원은 피고의 손을 들어 주었다.
50) 36 Cal.3d, at 197.

(3) 한국 2001년 '마이클 잭슨 내한 공연 반대운동 판결'과의 비교[51]

이상과 같은 미국 민사 판례는 소비자불매운동에 대한 한국 민사 판례와 선명한 비교가 된다. 1996년 전개된 팝가수 마이클 잭슨 내한 공연에 반대하는 소비자불매운동은 전형적인 제3자 대상 소비자불매운동이었는데, 이 운동을 주도한 사람들은 공연기획사로부터 손해배상소송을 당한다.

이 사건의 사실관계는 다음과 같다. 사단법인 기독교윤리실천운동본부 등 50개의 시민·사회·종교단체들은 마이클 잭슨의 내한 공연에 대하여 외화 낭비, 청소년의 과소비 조장, 가수 아동 성추행 비행 혐의 등을 이유로 공연반대운동을 펼치기로 하여 1996년 7월 '마이클 잭슨 내한공연 반대 공동대책위원회'를 결성하였다. 동 대책위는 공연중계를 할 것으로 예상되는 서울방송 앞으로 공연을 중계하는 등 위 공연개최에 협력하면 프로그램의 시청거부운동을 전개하겠다는 취지의 서한을 보냈다. 그리고 원고인 공연기획사와 경호용역계약을 체결하려던 한국보안공사 및 손해보험협회 등에게 계약을 체결하면 불매운동을 전개하겠다는 취지의 서한을 보내어, 이를 받은 한국보안공사와 동부화재해상보험 등으로 하여금 계약을 체결하지 않을 것이라는 내용의 회신을 대책위로 보내게 하였다. 또한 대책위는 공연기획사와 입장권판매대행계약을 체결한 서울은행 및 한일은행에 대하여 입장권 판매 즉각 취하를 요청하고 이를 거부하면 은행의 전 상품 불매운동에 들어갈 예정임을 밝혔는데, 이에 두 은행은 계약취소를 공연기획사에 통지했다. 그 결과 원고인 공연기획사는 임시 직원을 고용하여 직접 입장권을 판매하는 등 다른 방법으로 입장권을 판매하여 공연을 개최하였다.

원심은, 피고들의 위와 같은 행위는 통상 시민단체가 취할 수 있는 전형적인 운동방법의 하나로서 특별한 사정이 없는 한 불법성이 있다고 보기 어렵고, 그러한 행위로 인하여 위 각 은행의 의사결정의 자유가 본질적으로 침해당한 정도에 이르렀다고 보기도 어려우므로 일반적으로 허용될

---

51) 대법원 2001.7.13. 선고 98다51091 판결.

수 있는 시민단체의 행위범위 안에 속하거나 적어도 상대방의 수인범위 안에 속하여 위법하다고 볼 수 없고, 또한 위 각 은행이 원고와의 위 계약을 취소하기로 한 것은 피고들이 보낸 위 서한으로 인하여 불가피하게 내린 결정이었다기보다는 스스로 입장권판매대행에 의한 이익과 시민단체의 불매운동으로 인한 영업손실을 비교 교량하여 독자적인 영업판단에 따라 선택한 결과로 봄이 상당하므로 피고들의 공연반대행위와 위 각 은행의 입장권판매대행 중단으로 인하여 원고가 입은 손해 사이에 직접적 인과관계가 있다고 할 수도 없다고 하여 원고의 청구를 모두 배척하였다.[52]

그런데 대법원은 일반시민 공연관람거부 또는 공연협력업체 대상 공연협력거부 운동은 허용된다고 하면서도, 공연기획사와 입장권판매대행계약을 체결한 은행에 대한 불매운동은 정당하지 않다고 파악하고 원심판결을 파기한다.

> "… 피고들이 그들의 공익목적을 관철하기 위하여 일반시민들을 상대로 공연관람을 하지 말도록 하거나 위 각 은행 등 공연협력업체에게 공연협력을 하지 말도록 하기 위하여 그들의 주장을 홍보하고 각종 방법에 의한 호소로 설득활동을 벌이는 것은 **관람이나 협력 여부의 결정을 상대방의 자유로운 판단에 맡기는 한 허용된다**고 할 것이고, 그로 인하여 원고의 일반적 영업권 등에 대한 제한을 가져온다고 하더라도 이는 시민단체 등의 정당한 목적수행을 위한 활동으로부터 불가피하게 발생하는 현상으로서 그 자체에 내재하는 위험이라 할 것이므로 피고들의 그와 같은 활동이 위법하다고 할 수는 없을 것이다.
> 그러나 여기서 더 나아가 피고들이 위 각 은행에게 공연협력의 즉각 중지, 즉 원고와 이미 체결한 입장권판매대행계약의 즉각적인 불이행을 요구하고 이에 응하지 아니할 경우에는 위 각 은행의 전 상품에 대한 불매운동을 벌이겠다는 경제적 압박수단을 고지하여 이로 말미암아 위 각 은행으로 하여금 **불매운동으로 인한 경제적 손실을 우려하여 부득이 본의 아니게 원고와 체결한 입장권판매대행계약을 파기케 하는 결과를 가져왔다면** 이는 원고가 위 각 은행과 체결한 입장권판매대행계약에 기한 원고의 채권 등을 침해하는 것으

---

52) 서울고법 1998.9.1. 선고 98나18225 판결.

로서 위법하다고 하여야 할 것이고, 그 목적에 공익성이 있다 하여 이러한 행위까지 정당화될 수는 없는 것이다."[53]

　　여기서 원심판결의 취지는 미국 연방대법원 판결의 취지와 동일하며, 대법원 판결의 취지는 미시시피 주대법원의 판결의 취지와 동일함을 확인할 수 있다. 원심판결은 소비자보호운동권의 취지를 중시하면서 내한공연 후원 기업에 대한 소비자운동의 각종의 '압박'은 이 운동의 본성상 필연적으로 동반되는 것이며, 이는 대상 기업이 수인해야 할 것으로 보았다. 반면, 대법 원은 소비자불매운동이 합법적이기 위한 요건을 설정한다. 첫째는 소비자불 매운동에서 제3자에 대한 불매나 불협력의 설득은 최종결정을 제3자인 "상 대방의 자유로운 판단에 맡기는 한 허용된다."는 것이다. 둘째는 제3자에 대한 불매운동으로 계약파기가 이루어져 원고의 채권이 침해되었다면 불매 운동의 공익성이 있더라도 민사책임을 진다는 것이다.

　　이러한 대법원의 논리에 따르면 합법적 소비자 불매운동의 범위는 대 폭 축소된다. 먼저 "상대방의 자유로운 판단" 요건을 넓게 해석하면 헌법적 기본권의 행사가 불법이 될 위험성이 높아진다. 불매운동의 본성은 원래 상대방 기업의 자유로운 판단을 제약하는 것이기 때문이다. 생각건대, "폭행 또는 협박을 사용하여 상대방의 자유로운 판단을 제약하지 않는 한 허용된 다."는 식의 표현을 사용하여 불법의 요건을 명확히 할 필요가 있다. 둘째, 불매운동이 예정하는 상황은 통상 법적 계약의 취소나 파기를 포괄하기 마련이다. 채권이라는 재산권의 보호도 중요하지만, 이 권리가 사회적 기본 권 또는 복합적 기본권인 소비자보호운동권과 충돌하면 전자는 후자에 양보 해야 하는 것이 사회적 법치국가의 요청이다. 이 점에서 저자는 파기된 고등 법원의 판결이 헌법정신에 부합한다고 판단한다.[54]

---

53) 대법원 2001.7.13. 선고 98다51091 판결(강조는 인용자).
54) 이 점에서 마이클 잭슨 내한 공연 판결이 불매운동의 합법성을 심사하는 기준으로 의미가 있다는 견해[김봉수(각주 26), 318-319면]에 동의할 수 없다.

Ⅳ. '언론소비자주권캠페인'의 조선·중앙·동아일보 광고주 압박 및 불매운동

1. 2008년 사건 — 광고주에 대한 광고중단 압박운동55)

(1) 사실관계

2008년 5월 이후 '조중동 폐간 국민캠페인'과 그 후신인 언소주의 회원들은 조선·중앙·동아일보가 미국산 쇠고기 수입확대 조치에 대한 정부 입장을 옹호하는 보도만을 한다고 판단하여 격분하였다. 이에 이들은 세 신문사에 광고를 내는 광고주들을 대상로 항의전화를 걸어 광고중단압박을 가하고 이를 통하여 위 신문사의 보도태도를 변경하도록 만들자는 운동을 전개하였다. 그리하여 이들은 조선·중앙·동아일보 광고주 명단, 전화번호, 홈페이지 등을 인터넷에 게재하고 광고주들에 대한 항의전화를 직접 걸거나 다른 이에게도 동참할 것을 독려하였다. 그리고 한 회원은 광고주인 여행업체 홈페이지에 접속하여 여행갈 생각이 없으면서도 해외여행상품을 예약한 후 상담원의 전화를 받지 않아 여행사가 임의로 취소하게 하거나 스스로 취소하였다.

(2) 판결요지56)

제1심과 제2심 판결은 언론사 불구독 운동이나 언론사 광고주에 대한 불매운동은 "구독이나 광고게재 여부의 결정을 상대방의 자유로운 판단에 맡기는 한 허용된다."는 원론을 밝힌다. 이는 상술한 2001년 '마이클 잭슨 내한 공연 반대운동 판결'의 취지와 동일하다. 그런데 법원은 언소주가

---

55) 서울중앙지방법원 2009.2.19. 선고 2008고단5024, 2008고단5623(병합) 판결; 서울중앙지방법원 제5형사부 2009.12.18. 선고 2009노677 판결; 대법원 2013.3.14. 선고 2010도410 판결.

56) 제1심과 제2심의 판결요지는 대동소이한데, 이하 인용시 보다 상세한 설명이 있는 판결을 선택하여 인용한다.

벌인 광고중단압박운동은 상대방으로부터 자유로운 결정을 할 기회를 박탈한 것으로 위법한 활동에 해당하고 그 행위의 목적, 수단, 방법, 절차의 정당성이 없다고 판단하고, 광고주와 신문사에 대한 업무방해죄 유죄를 인정한다.

> "광고주들에게 위 각 신문사에 대한 광고게재의 중단 또는 이미 체결한 광고계약의 취소 등을 요구하고 이에 응하지 아니할 경우에 집단적인 전화걸기를 통한 세의 과시, 광고중단 요구에 불응할 경우 더 강력한 방식으로 진행할 것 같은 겁박, 전화걸기 그 자체를 수단으로 하여 그 전화에 일일이 응대하도록 하거나 다른 고객과의 전화통화가 불통되도록 하는 등의 방식으로 정상적인 업무수행에 지장을 초래할 정도로 항의활동을 집중함으로써 광고주들이 업무방해로 인한 경제적 손실을 우려하여 부득이 본의 아니게 위 각 신문사와 체결한 광고계약을 취소하거나 광고계약을 더 이상 체결하지 않거나 광고횟수를 줄이는 등의 결과를 가져왔다면, 이는 상대방으로부터 자유로운 결정을 할 기회를 박탈한 것으로 위법한 활동에 해당하고 그 행위의 목적, 수단, 방법, 절차의 정당성이 흠결된 경우에 해당하여 업무방해죄가 성립한다 할 것이다.
> 살피건대 이 사건 광고중단압박운동이 사전모의에 의한 집단적인 전화걸기를 넘어서 **집단적인 전화걸기를 통한 세의 과시, 광고중단 요구에 불응할 경우 더 강력한 방식으로 진행할 것 같은 겁박, 전화걸기 그 자체를 수단으로 한 집단 괴롭히기 양상**으로까지 일부 진행되었고 일부 광고주들이 이러한 조직적이고 집단적인 항의전화 등에 시달린 나머지 자발적인 결정이 아니라 부득이 본의 아니게 위 각 신문사와의 광고계약을 취소, 중단하는 등의 사태가 발생하였음을 인정할 수 있으므로 이는 헌법상 보장되는 소비자보호운동의 자유, 언론의 자유, 그리고 결사의 자유를 벗어난 것으로서 법령이나 사회상규에 위배되지 않는 정당행위에 해당하지 않는다 할 것이다."[57]

> "이 사건에서 피고인들은 광고주들에게 광고중단을 홍보·호소·설득하는 차원을 넘어서 광고주들에 대한 요구를 관철하기 위하여 광고중단 압박운동

---

57) 서울중앙지방법원 2009.2.19. 선고 2008고단5024, 2008고단5623(병합) 판결(강조는 인용자).

을 전개하였는바, 여기에 동원된 방법은 집단적 전화걸기가 주종을 이루었고, 항의전화나 항의게시글들은 폭언·협박·욕설을 동반하여 그 자체로서 위법한 행위로 평가될 수 있는 경우가 많았으며, 그 외에 자동접속프로그램을 통한 광고주의 홈페이지 공격, 여행사에 대한 허위예약 등의 불법적인 방법까지 사용됨으로써 결국 집단적 괴롭히기 또는 집단적 공격의 양상을 띠면서 광고주들의 자유의사를 심각하게 제압하는 세력에 이르게 되었으며, 그로 인하여 … 광고주들 및 3개 신문사의 업무를 방해하는 결과를 낳게 되었다.

. . .

이 사건 광고주들은 언론매체와 광고주라는 관계 외에는 3개 신문사와 아무런 관련이 없고, 이들이 3개 신문에 광고를 하는 것은 자신들의 영업상 필요와 광고효과를 중시한 판단에 따른 것일 뿐 3개 신문의 성향이나 논조에 동조하여 이를 후원하는 것이 전혀 아닌 점을 고려하면, 3개 신문에 대한 불만을 이유로 광고주들에게 하는 불매운동은 그 수단과 방법면에서 광고주들의 영업활동의 자유를 해치지 않도록 더욱 엄격한 제한이 따라야 할 것이다. 이런 점에 비추어 보더라도 광고주들에게 집단적 괴롭히기 또는 집단적 공격의 양상에까지 이른 이 사건 광고중단압박행위는 그 정당성을 찾기 어렵다 할 것이다."[58]

그런데 2013년 대법원은 광고주에 대한 업무방해는 인정하면서, 신문사에 대한 업무방해는 인정하기 어렵다고 판결한다. 그 근거는 다음과 같다.

"업무방해죄의 위력은 원칙적으로 피해자에게 행사되어야 하므로, 그 위력 행사의 상대방이 피해자가 아닌 제3자인 경우 그로 인하여 피해자의 자유의사가 제압될 가능성이 직접적으로 발생함으로써 이를 실질적으로 피해자에 대한 위력의 행사와 동일시할 수 있는 특별한 사정이 있는 경우가 아니라면 피해자에 대한 업무방해죄가 성립한다고 볼 수 없다."[59]

---

58) 서울중앙지방법원 제5형사부 2009.12.18. 선고 2009노677 판결(강조는 인용자).
59) 대법원 2013.3.14. 선고 2010도410 판결.

(3) 평석 — 업무방해죄를 중심으로60)

먼저 제1, 2심 판결은 조선·중앙·동아일보의 "광고주들에게 조선·중앙·동아일보에 광고를 게재하지 말도록 하기 위하여 그들의 의사를 전달하고, 홍보하며, 인터넷 사이트에 광고주 리스트를 게재하거나 게재된 광고주 리스트를 보고 소비자로서의 불매의사를 고지하는 등 각종 방법에 의한 호소로 설득활동을 벌이는 것"은 허용된다고 밝히고 있다. 여기서 법원은 제3자 대상 소비자불매운동 자체는 소비자권리의 일환으로 포섭하고 있음을 확인할 수 있다. 그런데 제 1, 2심 판결은 광고중단을 요구하는 피고인들의 "집단적인 전화걸기"를 "집단적 괴롭히기" 또는 "집단적 공격"이라고 해석하고 이는 형법 제314조 업무방해죄의 '위력'에 해당한다고 보았으며, 대법원은 이러한 해석을 승인했다. 2011년 헌법재판소도 이러한 해석에 동의하는 듯한 판시를 표명했다.61)

물론 전화걸기 과정에서 사용된 "폭언·협박·욕설" 등은 폭행, 협박, 모욕, 명예훼손 등 별도의 죄로 의율될 수 있다.62) 그러나 불매운동은 그

---

60) 일부 피고인은 광고주업체와의 의견교환 자체를 생략한 채 광고주의 인터넷 홈페이지에 대량의 신호 또는 데이터를 보내는 방법으로 처리 속도를 급격히 저하시키거나 서버를 다운시키는 자동접속 프로그램을 작동시켜, 대상 기업의 컴퓨터 등 정보처리장치에 장애를 발생하게 하였다. 이는 허용되는 소비자불매운동의 범위를 넘어선 행위로, 정보통신망 이용촉진 및 정보보호 등에 관한 법률 제48조 제2항 위반이다. 한편 판례는 피고인들의 행위를 공모공동정범으로 포섭하여 의율하고 있는데, 저자는 공모공동정범 이론 자체를 반대하지만, 이 글에서는 광고주에 대한 광고중단 압박운동의 업무방해죄 해당 여부에 초점을 맞추기로 한다. 공모공동정범성을 인정한 이 판례에 대한 비판으로는 박지현·김종서(각주 25), 112-119면을 참조하라.

61) "위 광고주들에 대한 소비자불매운동의 정당성 여부를 판단함에 있어 이 사건 청구인들이 불매운동의 수단으로 선택한 '무차별적 전화걸기' 자체가 가지는 위력도 충분히 고려해야 할 것이다. 항의전화 횟수, 그와 더불어 행해진 홈페이지 글 남기기 등과 어울려 조직적으로 계획된 비정상적인 전화공세는, 그 내용의 정당성 여부를 떠나서 계속해서 걸려오는 전화 그 자체만으로도 심리적 압박과 두려움을 느낄 정도의 물리력 행사로서 사회통념의 허용한도를 벗어나 피해자의 자유의사를 제압하기에 족한 '위력'이 될 수도 있기 때문이다"[헌법재판소 2011. 12.29. 선고 2010헌바54,407(병합) 전원재판부 결정].

속성상 애초 상대방에 대한 "집단적 괴롭히기" 또는 "집단적 공격"의 성격
을 갖는다. 제1심 판결이 지적한 "집단적인 전화걸기를 통한 세의 과시,
광고중단 요구에 불응할 경우 더 강력한 방식으로 진행할 것 같은 겁박"은
제3자 대상 소비자 불매운동의 전형적 태양이다. 그럼에도 불구하고 헌법과
법률이 이 운동을 기본권으로 인정한 것인데, 판결은 이상의 점을 간과 또는
경시하고 있다.

　　노동쟁의시 사용되는 비폭력적 '준법투쟁'이나 집단적 노무제공거부가
업무방해죄의 '위력'에 해당한다고 해석하는 것은 헌법이 보장하는 노동3권
을 하위 법률을 통하여 사실상 부정하는 해석인 것처럼,[63] 소비자불매운동
시 사용되는 "집단적 괴롭히기" 또는 "집단적 공격"을 '위력'으로 포섭하여
처벌하는 것은 기업활동의 자유를 과도하게 보장하고 소비자운동권은 무력
화시키는 '과잉친기업' 해석이다. 헌법은 소비자불매운동이란 합헌적 '위
력' 사용을 예정하고 있는바, 폭행이나 협박을 사용하지 않는 소비자불매운
동은 애초에 업무방해죄의 구성요건해당성이 없다고 보아야 한다(또는 적어
도 정당행위로 위법성이 조각되어야 한다).[64] 같은 맥락에서 이호중 교수는 소비
자불매운동을 "허용된 위험"으로 보고 있다.[65] 이렇게 해석할 때 비로소
"소비자불매운동에 본질적으로 내재되어 있는 집단행위로서의 성격과 대상
기업에 대한 불이익 또는 피해의 가능성만을 들어 곧바로 형법 제314조
제1항의 업무방해죄에서 말하는 위력의 행사에 해당한다고 단정하여서는
아니 된다."[66]는 대법원의 원칙적 언명은 의미를 가지게 될 것이다.

---

62) 단, 이 사건에서 피고인들이 사용한 "회사를 망하게 만들겠다", "가만두지 않겠
　　다" 등의 표현은 '협박'이 아니라 '경고'에 불과하므로 형사처벌의 대상이 아니
　　다[박지현·김종서(각주 25), 98면].
63) 이 점에 대해서는 이 책 제18장을 참조하라.
64) 이 점에서 저자는 업무방해죄의 '위력'에 "폭력·협박은 물론 사회적·경제적·정
　　치적 지위와 권세에 의한 압박 등도 이에 포함"(대법원 2009.9.10. 선고 2009도
　　5732 판결 등)한다고 해석하는 대법원의 입장은 쟁의행위나 소비자운동에는 수
　　정되어 적용되어야 한다고 판단한다.
65) 이호중, "소비자 운동으로서의 집단적 항의전화걸기와 위력에 의한 업무방해죄",
　　한국형사법학회, 『형사법연구』 제23권 제4호(2011), 164면.
66) 대법원 2013.3.14. 선고 2010도410 판결.

사실 현대 한국 사회에서 광고주들은 광고중단압박운동에 익숙하며, 이들은 불매운동이 발생했을 때 이해타산을 따져 광고중단 여부를 결정한다. 피고인들의 집단적인 광고중단 압박에 대하여 광고를 철회한 광고주도 있고, 그렇지 않고 조선·중앙·동아일보에 계속 광고를 실은 광고주도 있었다. 이 점에서 광고를 철회한 광고주들의 "자유로운 판단"이 제약되었는가 여부는 엄밀히 검토되어야 하며, 설사 제약되었다고 하더라도 형벌권을 동원하여 제재를 가해야 할 사안인지는 의문이 크다.

한편, 제1, 2심 판결은 광고주인 여행업체 홈페이지에 접속하여 여행갈 생각이 없으면서도 해외여행상품을 예약한 후 상담원의 전화를 받지 않아 여행사가 임의로 취소하게 하거나 스스로 취소한 피고인의 행위를 '위계'에 의한 업무방해로 판단하였고, 대법원도 이를 인정했다.

그러나 여행업계는 고객의 여행예약이 있다고 하더라도 고객의 의사번복을 항상 예정하고 있으며, 고객이 예약 이후 예약금을 입금하지 않으면 여행사가 자동적으로 예약을 취소하고 있다. 또한 여행사의 여행약관에 따르면 계약자가 계약금을 지불하여야 계약이 성립하는 것으로 되어 있고, 계약자가 계약을 취소하면 여행사는 손해를 계약금에서 전보 받게 되므로, 계약금이 입금되지 않은 상태는 법률적으로 ―특히 형법적으로― 보호해야 하는 상태가 아니다. 제2심 판결은 예약이 있으면 계약금이 입금되기 전이더라도 당해 상품을 진행하면서 계약체결 준비를 하고, 기한 내에 예약금이 입금되지 않더라도 예약자와 전화 등을 통하여 상의하여 입금날짜를 다시 정한다는 점을 들면서 업무방해가 발생했다고 보고 있다. 그러나 여행사에게 발생한 이 정도의 업무부담을 이유로 형벌권을 동원한다는 것은 과잉범죄화의 악례를 남길 것이다.

한편, 대법원이 광고주와 신문사에 대한 업무방해를 구별하여 판단한 것은 타당하다. 피고인들은 "집단적인 전화걸기", "집단적 괴롭히기", "집단적 공격" 중 어느 것도 신문사에 대해서는 행하지 않았다. 신문사가 이 행위로부터 심리적 압박을 느꼈다고 하더라도 그 정도의 압박을 형법이 개입해야 할 법익침해라고 보기는 힘들다.

2. 2009년 사건 — 광고주 '광동제약'의 상품에 대한 불매운동67)

(1) 사실관계

2008년 12월 말 새로 선출된 언소주 대표와 미디어행동단 팀장은 2009년부터 광동제약이 조선·중앙·동아일보에 광고를 편중했다는 이유로 광동제약이 조선·중앙·동아일보에 광고를 중단하거나 한겨레신문, 경향신문에 동등하게 광고를 게재할 때까지 광동제약 제품을 불매한다는 운동을 전개하였고, 이들은 광동제약의 홍보실 부장을 만나 위 언론사에 대한 광고게재를 중단하도록 요구하였다. 이후 광동제약은 조선·중앙·동아일보에 대한 광고를 중단하지 않고, 대신 자사 인터넷 홈페이지에 "앞으로 특정 언론사에 편중하지 않고 동등하게 광고 집행을 해나갈 것을 약속합니다."는 내용의 팝업창을 띄우고, 한겨레신문과 경향신문에 광고를 게재하였다.

(2) 판결요지

제1심과 제2심 판결은 피고인의 행위가 광동제약의 의사결정권자의 의사결정 및 의사실행의 자유를 침해한 것으로 강요죄에서의 협박 및 공갈죄의 수단으로서의 협박에 해당한다고 판시하였고, 대법원 역시 같은 입장을 취하였다.

"불매운동 그 자체가 위법하지는 않다 하더라도, 피고인 김성균이 광동제약에 대하여 불매운동을 하겠다고 하면서 그 철회 조건으로 이 사건 언론사에 대한 광고를 중단할 것을 요구한 행위, 한겨레, 경향신문 등에 대하여 동등광고 집행을 요구한 행위, 회사 인터넷 홈페이지에 이 사건 팝업창을 띄우게 한 행위는 모두 광동제약의 의사결정권자로 하여금 위 요구를 수용하지 아니할 경우 이 사건 불매운동이 지속되어 영업에 중대한 타격을 입을지도 모른다는 겁을 먹게 하여 그 의사결정 및 의사실행의 자유를 침해한 것으로 강요죄에서

---

67) 서울중앙지방법원 2009.10.29. 선고 2009고단4470 판결; 서울중앙지방법원 제4형사부 2010.10.5. 선고 2009노3623 판결; 대법원 2013.4.11. 선고 2010도13774 판결.

의 협박 및 공갈죄의 수단으로서의 협박에 해당한다."[68]

그리고 제1심과 제2심 판결은 이 불매운동이 정당행위로서의 요건을 갖추지도 못하였다고 판단한다.

먼저 법원은 조선·중앙·동아일보가 피고인의 주장처럼 왜곡보도를 하고 있는지가 명백하지 않고, 왜곡보도를 하고 있다 하더라도 광동제약은 이 사건 언론사와 광고주와 언론매체라는 관계 외에는 아무런 관계가 없고 광고효과를 극대화하기 위하여 신문사를 택하였을 뿐이라는 점을 지적하면서, 그럼에도 불구하고 광동제약에 집중하여 불매운동을 전방위적으로 벌인 것은 상당하지 않다고 판단한다. 그리고 조선·중앙·동아일보의 왜곡보도를 시정하기 위하여 광동제약에 대한 불매운동이 불가피하다거나, 광동제약에 대한 불매운동을 제외한 다른 수단이나 방법이 없다고 볼 수 없다고 판단한다. 대법원도 같은 판단을 내렸다.

(3) 평   석

2008년 언소주 회원들이 조선·중앙·동아일보 광고주에 대하여 집단적으로 전화를 걸어 광고중단압박운동을 벌인 것이 위력에 의한 업무방해죄로 의율되자, 언소주는 방향을 바꾸어 광고주의 상품에 대한 불매운동을 전개한다. 그런데 법원은 이 운동이 강요죄의 협박 및 공갈죄의 협박에 해당한다고 판단한 것이다.

---

68) 서울중앙지방법원 제4형사부 2010.10.5. 선고 2009노3623 판결(강조는 인용자). 피고인이 광동제약이 조선·중앙·동아일보에 대한 광고를 중단하도록 하려 하였으나 거부당한 부분에 대하여, 원심은 이 사건 불매운동의 목적은 조선·중앙·동아일보에 대한 광고중단이라기보다는 한겨레, 경향신문에 대한 광고게재에 있었던 것으로 판단한 다음, 피고인의 조선·중앙·동아일보에 대한 광고중단 요구 행위는 강요죄에 있어서의 협박에 해당한다고 보기 어렵다는 이유로 무죄를 선고하였다. 그러나 항소심은 피고인의 불매운동의 목적에 조선·중앙·동아일보에 대한 광고를 중단하도록 하는 것이 포함되어 있다고 보고, 피고인이 광동제약에 대하여 불매운동을 하겠다고 하면서 그 철회 조건으로 이 사건 언론사에 대한 광고를 중단할 것을 요구한 행위는 강요죄의 수단으로서의 협박에 해당한다고 보았다.

이 판결의 해석 역시 2008년 사건에 대한 판결과 마찬가지로, 소비자불매운동의 헌법적 지위를 경시하고 형법 조문의 틀 내에서 맴돈 해석이다. 피고인의 행위는 제3자 대상 소비자불매운동이 전형적으로 예정하는 행위이다. 특정 언론사에 광고를 실으면 상품을 불매하겠다는 의사표시는 소비자불매운동의 출발점으로 당연히 광고주의 의사결정에 영향을 줄 수밖에 없다. 그런데 상술한 미국 판례에 따르면 민사불법도 구성하지 못할 행위가 형사불법에 해당한다는 해석을 내놓은 것이다.

제2심 판결은 "온라인과 오프라인 제품을 불매하겠다는 서명, 제품과 기업에 대한 제언 및 불만사항 접수, 제품 원재료명 분석과 제품에 첨가된 유해성분을 판별해 소비자에 홍보, 신문 지면 광고(불매 대상 기업 공표), 기업 앞 1인 시위와 1인 시위장면을 찍은 사진 및 동영상을 온·오프라인에 홍보, 소비자 품질 평가, 제품 사용 후기(네거티브) 전파, 제품의 하자나 불량 상태 수집 및 홍보 등과 같은 활동"을 적시하면서, 이러한 전방위적 운동은 방법의 상당성이 결여한다고 판단한다. 이런 해석에 따르면 언론사 광고주인 제3자 대상 소비자불매운동이 무엇을 할 수 있을지 극히 의문이다.

제2심 판결은 광동제약은 조선·중앙·동아일보의 기사논조와 무관한데 불매대상으로 선택되었고, 언소주가 여러 광고주는 놔두고 광동제약에 집중하여 불매운동을 벌였다는 점 등을 언급하면서 상당성을 부정한다. 그러나 상술하였듯이 '경제적 소비자운동'이건 '정치적·윤리적 소비자 운동'이건 기사논조에 대하여 항의하기 위한 광고주 불매운동을 인정한다.[69] 그리고 소비자불매운동이 대상 기업을 몇 개로 정하는가가 위법성조각에 영향을 미친다는 것은 납득하기 어렵다.

그리고 상술한 2001년 '마이클 잭슨 내한 공연 반대운동 판결'과 비교해보면, 언소주가 벌인 광고주의 상품에 대한 불매운동의 양상은 마이클 잭슨 내한 공연 반대운동의 양상과 본질적인 차이가 없다. 그런데 언소주의 활동으로 광동제약은, 마이클 잭슨 내한 공연 반대운동에서 은행의 계약파기로 공연기획사가 입은 채권 침해와 같은 재산상의 손해를 입지도 않았다.

---

69) 황성기(각주 10), 231-232면.

제2심 판결은 언소주의 활동으로 광동제약의 의사의 자유가 침해되고 한겨레신문과 경향신문에 광고를 게재하는 등 불필요한 손해를 입었다고 평가한다. 그러나 광고게재 협상과정을 볼 때 광동제약의 의사결정의 자유가 본질적으로 침해당했다고 보기 어려우며, 그 정도의 '침해'는 기업이 수인해야 할 범위 내의 것이다. 요컨대, 소비자불매운동의 헌법적 의미를 생각할 때 이 정도의 의사침해와 손해발생이 형사책임은 물론 민사책임을 져야 할 사안도 아니다.

한편, 피고인의 행위가 강요죄나 공갈죄의 구성요건에 해당하고 위법성이 조각되지 않는다고 하더라도, 위법성의 착오로 책임이 조각되어야 한다. 상술한 언소주 활동에 대한 2008년 제1심 판결은 조선·중앙·동아일보의 "광고주들에게 조선·중앙·동아일보에 광고를 게재하지 말도록 하기 위하여 그들의 의사를 전달하고, 홍보하며, 인터넷 사이트에 광고주 리스트를 게재하거나 게재된 광고주리스트를 보고 소비자로서의 불매의사를 고지하는 등 각종 방법에 의한 호소로 설득활동을 벌이는 것"은 허용된다고 밝힌 바 있다. 피고인들은 2008년 사건 당시의 집단적 전화걸기 대신 광고주 상품불매운동을 벌인 이유는 2008년 제1심 판결에 따라 후자의 운동방식은 합법이라고 확신하고 있었기 때문이었다.[70] 그리고 피고인들은 법률전문가인 변호사, 법학교수에게 의견을 조회하고 그들의 의견을 신뢰하고 이 운동을 전개하였다. 이 점에서 볼 때 피고인들의 위법성 착오에는 정당한 이유가 있으므로 책임이 조각된다고 본다.[71]

---

70) 피고인들은 광동제약 상품불매운동을 벌이기 전에 이 점을 공개적으로 밝힌 바 있다[<오마이뉴스>(2008.9.6.)(http://www.ohmynews.com/NWS_Web/view/at_pg.aspx?CNTN_CD=A0001151933: 2014.11.1. 최종방문)].

71) 이에 대해서는 조국, "법률의 무지 및 착오이론에 대한 재검토", 한국형사정책연구원, 『형사정책연구』 제12권 제2호(2001.6)를 참조하라.

V. 맺음말

소비자불매운동을 헌법적 기본권으로 인정하는 이유는 현대 독점자본주의 체제 하에서 사회적·경제적 약자인 소비자에게 독점대기업의 횡포와 독주에 맞서 싸울 수 있는 무기를 주기 위함이다. 이 기본권을 행사하면 필연적으로 기업 활동의 자유가 제약되지만, 이는 헌법이 예정한 불이익이다. 물론 이러한 기본권 행사에는 한계가 있다. 즉, 폭행이나 협박을 사용하여 자신의 의사를 관철하거나 기업 활동의 자유를 침해하는 것은 허용되지 않는다. 그런데 소비자불매운동이 필연적으로 수반하는 집단적 압박을 업무방해죄의 '위력'이나 강요죄나 공갈죄의 '협박'으로 포섭하는 것은 기본권의 취지를 무시한 해석이며, '과잉친기업' 해석이다. 헌법은 소비자불매운동이란 합헌적 '위력' 사용을 예정하고 있는바, 폭행이나 협박을 사용하지 않는 소비자불매운동은 업무방해죄의 구성요건해당성이 없다. 설사 집단적 압박을 구성요건 속에 포섭하더라도, 이러한 행위는 정당행위 또는 금지착오로 처벌되어서는 안 된다. 이러한 점은 거대 언론기관의 보도에 일방적으로 수용해야 하는 위치에 처해 있는 대중언론매체의 소비자가 언론매체를 향하여 또는 언론매체의 광고주를 향하여 벌이는 불매운동의 경우에도 동일하게 적용되어야 한다. 이러한 해석론과 병행하여 제18장 결론에서 살펴본 것처럼,[72] '위력'에 의한 업무방해죄를 폐지하는 입법론도 필요하다.

---

72) 이 책 550면, 각주 72 참조.

제20장

2008년 '국가경쟁력강화위원회'의 "집회·시위 선진화방안"과 제18대 국회에 제출된 집회·시위 규제법안 비판*

"집회의 자유는 집권세력에 대한 정치적 반대의사를 공동으로 표명하는
효과적인 수단으로서 현대사회에서 언론매체에 접근할 수 없는
소수집단에서 그들의 권익과 주장을 옹호하기 위한 적절한
수단을 제공한다는 점에서, 소수의견을 국정에 반영하는
창구로서 그 중요성을 더해 가고 있다."

(헌법재판소)

I. 들어가는 말 — "지워버려야 할 '떼법'"인가, "다원적인 '열린 사회'에 대한 헌법적 결단"인가?

이명박 정부와 집권여당과 보수언론은 집회와 시위에 대하여 부정적 시각을 강하게 드러내왔다. 2008년 이명박 대통령은 신년사에서 "'떼법'이라는 말을 우리 사전에서 지워버리자."라고 역설하였다.[1] 그리고 2008년 9월 25일 이명박 대통령 주재로 민간·정부위원이 참석한 가운데 개최된 '국가경쟁력강화위원회' 제7차 회의는 '법질서 확립과 국가 브랜드 가치향상을 위한 집회·시위 선진화 방안'을 논의하였다. 동 회의는 우리 사회는 선진국에 비해 집회·시위 건수가 지나치게 많으며, 불법폭력시위는 국민생활 불편은 물론 국가 이미지 실추로 인한 투자 저해 등 직간접적으로 국민경제에 큰 부담으로 작용하고 있다고 평가하였다. 동 회의는 그 근거로 2007년 100만 명당 집회시위 건수가 서울 736, 워싱턴 207, 파리 186, 도쿄 59이라는 통계, '촛불시위'(5.2~8.15)로 인한 국가적 손실은 3.7조원으로 추정된다는 한국경제연구원(2008.9) 보고, 그리고 "정치적 불안정이 한국에 대한 투자심리를 위축"시킨다는 영국 <파이낸셜타임스>(2008.7.4.) 보도를 제시하였다.[2] 이 회의에서 제시된 '집회시위 선진화 방안' 방안의 골자는 다음과 같다.

첫째, 지방자치단체와 협조하여 자유발언대 등이 설치된 평화시위구역

---

* 제20장의 분석대상인 2008년 이명박 정부의 정책과 국회에 제출된 법안은 현실화되지 못했다. 그러나 집회·시위의 자유를 적대시하고 억압하려는 시도를 기록으로 남겨 향후 유사한 시도를 경계해야 할 필요가 있기에 수록하였다.

1) 전문은 http://news.naver.com/main/read.nhn?mode=LSD&mid=sec&sid1=100&oid=003&aid=0000707823 참조(2014.11.1. 최종방문).

2) 국가경쟁력강화위원회 제7차 회의 보도자료(2008.9.25.)(http://news.naver.com/main/read.nhn?mode=LSD&mid=sec&sid1=123&oid=154&aid=0000000617: 2014.11.1. 최종방문).

을 선정·운영하고, 도심집회를 최소화하여 교통체증·소음피해 등 사회적 비용이 절감되도록 추진한다.

둘째, 확성기 사용 등 집회시위 소음으로 인한 피해를 최소화하기 위해 소음기준을 현행보다 강화하고, 도심지의 심각한 교통 불편을 야기하는 도로 무단점거는 발생 즉시 해산·검거하고, 인도상 천막설치·장기농성 등 영업방해 등은 관계기관과 협조해 행정대집행 등으로 신속 조치하며 복면·마스크 착용행위를 금지하고, 집회시위에 사용할 목적으로 쇠파이프 등을 제조·운반하는 행위 등 불법폭력시위 준비행위를 사전차단 할 수 있도록 당·정 협의를 통해 관계법령 개정을 추진한다.

셋째, 불법행위 근절을 위한 사법·행정적 제재를 강화한다. 정밀한 채증·판독을 통해 현장미검자는 추적·검거하고, 주동자·경찰관 폭행자는 구속수사하며 경미한 위반행위자에 대해서는 즉결심판에 회부 사법조치하며, 경찰관 부상·기물손괴 등 불법시위에 따른 피해에 대해서는 적극적으로 손해배상을 청구하는 한편, 불법폭력시위를 주최하거나 폭력행사에 가담한 민간단체에 대한 정부보조금 지급제한을 행정안전부 등 관계부처와 협의한다.

넷째, 선진 집회시위문화 장착을 위한 사회적 공감대를 확산시킨다. 사회갈등을 관리하고 사전 조정 및 해결을 지원하기 위한 범정부적 갈등관리시스템을 보완하고, 자치단체·경찰·시민단체 등으로 구성된 지역치안협의회(237개)를 중심으로 지역사회 갈등조정·중재기능을 강화하며, 집회신고 주최측과 준법집회 양해각서(MOU) 체결을 지속적으로 확대하여 평화적 집회시위 문화의 확산을 도모하고, 준법집회시위 분위기 조성을 위해 주요 언론기관과 협조 공동 캠페인을 전개하고 인터넷을 통한 홍보활동도 강화한다.

이후 이러한 방안을 실현하기 위한 행정조치가 내려지고, 제18대 국회에는 여러 개의 집회 및 시위에 관한 법률(이하 '집시법') 개정안과 '불법집단행위에 관한 집단소송법안'이 제출되었다. 이를 비판적으로 검토하기 이전에 간략이나마 '국가경쟁력강화위원회'가 제시한 몇 가지 근거를 짚고 넘어갈 필요가 있다.

첫째, 2007년 100만 명당 집회시위 건수비교는 왜 한국 사회에서 더 많은 집회와 시위가 일어나는가에 대한 구조분석이 결여된 평면적 비교라는 점을 지적해야 한다. 비교대상인 미국, 프랑스, 일본의 합법적인 정치적 표현의 자유 보장의 범위와 수준, 이들 나라에서 사회·경제적 약자에 대한 인권보장 수준 등에 대한 분석 없는 집회시위 건수 비교는 사회과학적 의미를 갖지 못한다. 집회와 시위가 이루어지는 원인을 찾아 해결하지는 않고 정치적 기본권의 행사를 '떼'를 지어 '떼'를 쓰는 반사회적 행위로만 파악한다면 올바른 대책이 나올 리 없다.

둘째, '촛불시위'로 인한 국가적 손실에 대한 한국경제연구원의 보고서도 문제가 있다. 이 연구원이 전국경제인연합회의 산하 기관이라는 점은 차치하더라도, 동 보고서는 '사회 불안정'에 따른 '거시경제적 비용'(1조 8천억 원)을 추정하면서 노사분규가 국내총생산(GDP)에 끼치는 피해액 산출 공식을 그대로 적용했다. 노사분규와 촛불집회를 동일한 것으로 전제하고 비용산출을 했지만, 이 전제 자체가 사회적·경제적으로 검증되지 않는다. '직접 피해비용'에서 가장 큰 비중을 차지하는 '영업손실' 수치는, 2005년 종로 일대 상인 300명을 대상으로 "최근 3년 동안 시위로 피해를 입은 적이 있느냐"는 설문조사를 통해 얻은 평균 피해액에다 서울 소공동·을지로·종로 지역 전체 상거래 업체 수를 곱한 뒤 다시 촛불집회가 열린 날을 곱해 나온 것인데, 이때 촛불집회가 열린 지역이나 시위대 규모 등은 고려되지 않았다. 그리고 시위진압 전·의경의 인건비를 시간당 1만 273원으로 계산해 815억 원을 피해액으로 추가했지만, 전·의경의 한 달 평균 월급은 10만 원 가량이므로 시간당 400원 정도이다.[3]

셋째, 게다가 영국 <파이낸셜타임스> 내용은 기자의 서술이 아니라 한승수 국무총리의 코멘트를 기자가 인용한 것에 불과하므로,[4] 정부가 한

---

3) 한겨레, <'촛불집회 사회적 비용이 3조 7천억?' 정부의 이상한 계산>(2008.9.27.) (http://newslink.media.daum.net/news/20080927111104393: 2014.11.1. 최종방문).

4) <Stalled in Seoul>이라는 제목의 Financial Times 2008년 7월 4일자 기사는 다음과 같이 한승수 국무총리의 말을 인용하고 있다.
   "The daily protests are making foreign investors avoid direct investment in Korea

말을 정부가 인용하여 주장을 펴는 잘못을 범하고 있다.

생각건대, '국가경쟁력강화위원회'의 '집회·시위 선진화 방안'에서 다음과 같은 2003년 헌법재판소 결정의 문제의식을 찾아보기는 힘들다.

"집회의 자유는 표현의 자유와 더불어 민주적 공동체가 기능하기 위하여 불가결한 근본요소에 속한다. 집회의 자유는 집단적 의견표명의 자유로서 민주국가에서 정치의사형성에 참여할 수 있는 기회를 제공한다. 직접민주주의를 배제하고 대의민주제를 선택한 우리 헌법에서, 일반 국민은 선거권의 행사, 정당이나 사회단체에 참여하여 활동하는 것 외에는 단지 집회의 자유를 행사하여 시위의 형태로써 공동으로 정치의사형성에 영향력을 행사하는 가능성 밖에 없다.

또한, 집회의 자유는 사회·정치현상에 대한 불만과 비판을 공개적으로 표출케 함으로써 정치적 불만이 있는 자를 사회에 통합하고 정치적 안정에 기여하는 기능을 한다. 특히 집회의 자유는 집권세력에 대한 정치적 반대의사를 공동으로 표명하는 효과적인 수단으로서 현대사회에서 언론매체에 접근할 수 없는 소수집단에게 그들의 권익과 주장을 옹호하기 위한 적절한 수단을 제공한다는 점에서, 소수의견을 국정에 반영하는 창구로서 그 중요성을 더해 가고 있다. 이러한 의미에서 집회의 자유는 소수의 보호를 위한 중요한 기본권인 것이다. 소수가 공동체의 정치적 의사형성과정에 영향을 미칠 수 있는 가능성이 보장될 때, 다수결에 의한 공동체의 의사결정은 보다 정당성을 가지며 다수에 의하여 압도당한 소수에 의하여 수용될 수 있는 것이다. 헌법이 집회의 자유를 보장한 것은 관용과 다양한 견해가 공존하는 다원적인 '열린 사회'에 대한 헌법적 결단인 것이다."[5)]

제20장은 2008년 '국가경쟁력강화위원회'가 제시한 '집회·시위 선진

---

and also discouraging investment by domestic businesses", Han Seung-soo, the prime minister, warned this week. "The credibility of South Korea's economy is worsening rapidly."

기사 URL: (http://www.ft.com/cms/s/0/1e0360ea-4961-11dd-9a5f-000077b07658.html? nclick_check=1: 2014.11.1. 최종방문)

5) 헌법재판소 2003.10.30. 2000헌바67,83(병합) 결정(강조는 인용자).

화 방안'과 제18대 국회에서 집권여당 의원들이 제출한 집회·시위 규제법
안을 비판한다. 비판대상 방안과 법안은 단지 과거의 것이 아니라 언제든지
재포장하여 제출될 수 있는 집회·시위 규제종합대책인바, 비판은 현재적
의미를 갖는다.

Ⅱ. '평화시위구역' 지정

이후 경찰은 '평화시위구역' 시범 지역으로 서울에는 대학로 마로니에
공원과 여의도 문화마당 등을 지정하였고, 지방은 6개 광역시별로 부산 온
천천 시민공원, 대구 국채보상공원, 인천 중앙공원, 울산 태화강 둔치, 광주
광주공원 아랫 광장, 대전 서대전 시민공원 등을 시범지역으로 지정하였다.
경찰은 이 지역의 자치단체와 양해각서(MOU)를 체결하고, 준법집회를 약속
하는 집회 주최 측에는 집회를 보호하면서 자유발언대와 간이화장실, 플래
카드 거치대 등 집회에 필요한 시설물과 주차 관리 혜택도 제공하기로
하였다.6)

이 발상은 싱가포르의 'Speakers' Corner'(演说者角落)를 수입한 것으로
보인다.7) 싱가포르의 경우 야당 정치인이나 정부 비판자의 발언에 대하여
명예훼손으로 소추하고 파산까지 시킬 수 있는 법률이 있을 정도로 정치적
표현의 자유가 억압되어 있다.8) 이에 대한 국내외적 비난이 계속되자 싱가

---

6) http://newslink.media.daum.net/news/20081028121509452(2014.11.1. 최종방문)

7) 실제 이명박 대통령은 서울시장 시절부터 "싱가포르의 팬"을 자처하며 싱가포르
   의 이중언어 정책을 배워야 한다고 강조하였는데[<주간 조선>(2008.11.15.)], 이러
   한 그의 생각은 대통령 당선된 후 바로 "오렌지" 파동으로 상징되는 '영어몰입
   교육' 소동으로 발현한 바 있다.

8) Michael Hor & Collin Seah, "Selected Issues in the Freedom of Speech and
   Expression in Singapore", 12 *Sing. L. Rev.* 296, 311 (1991); Scott L Goodroad,
   "The Challenge of Free Speech: Asian Values v. Unfettered Free Speech, An
   Analysis of Singapore and Malaysia on the New Global Era", 9 *Ind. Int'l & Comp.
   L. Rev.* 259(1998); Tsun Hang Tey, "Singapore's Jurisprudence of Political
   Defamation and Its Triple-Whammy Impact on Political Speech, *Public Law* 2008.

포르 정부는 2000년 9월 1일 이 제도를 도입하였는데, 시 외곽에 이 장소를 설정한 후 여기서는 정치적 표현을 할 수 있도록 하였다. 그러나 이 장소는 통상 비어 있으며, 상가포르의 통제된 표현의 자유를 상징하는 장소로 전락하고 말았다. 또는 최근 중국이 올림픽 기간 중 시위전용구역을 세 군데 지정했던 점에서 시사를 받았을 수도 있다.9)

'평화시위구역' 설치는 여러 점에서 문제점을 가지고 있다. 먼저 시위구역을 지정해주는 것 자체가 집회·시위의 자유의 본연의 의미를 해친다. 언론과 출판의 자유과 비교할 때 집회와 시위의 자유는 약자나 소수자들의 표현의 자유이다. 자신의 의사를 TV, 신문, 책 등을 통하여 표현할 능력이나 기회가 없는 사람들은 집회와 시위를 통하여 자신들의 목소리를 타인과 사회에 알려야 한다. 따라서 그 장소는 사람이 많이 모이는 도심이 될 수밖에 없다. 소음이나 교통혼잡 등의 문제가 야기되는 것은 분명하지만 이는 헌법상 보장된 집회 및 시위의 자유 보다 우위에 설 수 없는 가치임은 명백하다. 그리고 현행 집시법은 이미 집회·시위의 장소·시간·방법 등에 대하여 과도한 제한을 설정하고 있다는 비판이 많다. 그런데 '평화시위구역'의 설정은 여기에다 또 하나의 제약을 부가하는 것이다. 즉, 이제 집시법의 요건을 충족하는 집회·시위의 경우에도 그것이 도심에서 이뤄지게 되면 왜 '평화시위구역' 놔두고 도심에서 시끄럽게 하느냐는 사회적 비난을 받을 것이고, 이는 집회·시위의 자유 전체의 위축을 낳을 것이다.

그리고 '평화시위구역' 제도는 이 구역에서 이루어지는 집회·시위에 대하여 각종 혜택을 주고 있다. 그런데 이 혜택은 이 구역 바깥에서 이루어지는 합법적 집회·시위에 대해서는 제공되지 않는다. 그리고 '평화시위구역' 제도의 혜택은 7대 도시에만 부여된다. 이러한 차별적 혜택이 헌법상 허용되는 차별인지 극히 의문스럽다. 김종철 교수의 지적처럼, '평화시위구역'의 실시는 결국 "집회의 장소를 선택할 자유를 제한하는 수단"이며, "다른 일반지역에서의 통제를 강화하는 명분"으로 기능하게 될 것이다.10)

---

9) http://news.naver.com/main/read.nhn?mode=LSD&mid=sec&sid1=104&oid=003&aid=0002205015; http://www.cbs.co.kr/Nocut/Show.asp?IDX=910510(2014.11.1. 최종방문).
10) 김종철, "평화시위구역제도에 대한 헌법적 검토", 『집회·시위 자유의 법적 문제

생각건대, 경찰청은 2003년 헌법재판소는 다음과 같은 설시에 귀를 기울여야 할 것이다.

"집회장소는 특별한 상징적 의미를 가진다. 특정 장소가 시위의 목적과 특별한 연관성이 있기 때문에 시위장소로서 선택되는 경우가 빈번하다. 일반적으로 시위를 통하여 반대하고자 하는 대상물이 위치하거나(예컨대 핵발전소, 쓰레기 소각장 등 혐오시설) 또는 시위의 계기를 제공한 사건이 발생한 장소(예컨대 문제의 결정을 내린 국가기관 청사)에서 시위를 통한 의견표명이 이루어진다. 예컨대 여성차별적 법안에 대하여 항의하는 시민단체의 시위는 상가나 주택가에서 이루어지는 경우 큰 효과를 기대할 수 없는 반면, 국회의사당 앞에서 이루어지는 경우에는 시위효과의 극대화를 노릴 수 있다. 즉 집회의 목적·내용과 집회의 장소는 일반적으로 밀접한 내적인 연관관계에 있기 때문에, 집회의 장소에 대한 선택이 집회의 성과를 결정짓는 경우가 적지 않은 것이다.

집회가 국가권력에 의하여 세인의 주목을 받지 못하는 장소나 집회에서 표명되는 의견에 대하여 아무도 귀 기울이지 않는 장소로 추방된다면, 기본권의 보호가 사실상 그 효력을 잃게 된다는 점에서도 집회의 자유에 있어서 장소의 중요성은 뚜렷하게 드러난다. 집회장소가 바로 집회의 목적과 효과에 대하여 중요한 의미를 가지기 때문에, 누구나 '어떤 장소에서' 자신이 계획한 집회를 할 것인가를 원칙적으로 자유롭게 결정할 수 있어야만 집회의 자유가 비로소 효과적으로 보장되는 것이다. 따라서 집회의 자유는 다른 법익의 보호를 위하여 정당화되지 않는 한, 집회장소를 항의의 대상으로부터 분리시키는 것을 금지한다."[11]

Ⅲ. 집회 및 시위에 관한 법률 개정

제18대 국회는 '촛불정국'으로 개원이 지연되다가 7월에 개원하였는데, 이후 7개의 집회 및 시위에 관한 법률(이하 '집시법') 개정안이 제출된다.

와 합리적 대안』(한국경찰법학회 제27차 학술회의 자료집, 2008.9.27.), 74면.
11) 헌법재판소 2003.10.30. 2000헌바67,83(병합) 결정(강조는 인용자).

이 중 여섯 개는 (구)한나라당 의원이 주축이 되어 발의한 것으로 '국가경쟁
력강화위원회'의 '집회·시위 선진화 방안'을 법제화하려는 목적으로 가지
고 있다.12) 이하에서는 이 여섯 개의 개안을 개괄하고 그 문제점을 비판하기
로 한다.

1. 6개의 집회 및 시위에 관한 법률 개정안 개요

안상수 의원이 2008년 7월 31일 발의한 법안13)은 집회 또는 시위 시
확성기 등의 소음기준을 법률에 명시하고 기준을 강화하고 있다(안 제14조제
1항). 현행 집시법은 소음기준을 법률이 아닌 시행령에서 정하고 있는데,
동법 시행령의 <별표 2>는 주거지역 및 학교는 주간 65데시벨 이하, 야간
60데시벨 이하, 기타 지역은 주간 80데시벨 이하, 야간 70데시벨 이하로
정하고 있다. 동 법안은 이를 각각 55데시벨 이하, 50데시벨 이하, 70데시벨
이하, 60데시벨 이하로 변경하여 소음 기준을 강화하였다.

2008년 8월 19일 성윤환 의원이 대표발의한 법안14)은 (i) 집회 또는
시위의 주최자가 기준을 초과한 소음을 발생시키는 경우 이에 대한 관할경
찰서장의 명령을 위반하거나 조치를 거부·방해한 자에 대하여 처벌을 1년
이하의 징역 또는 500만 원 이하의 벌금 또는 구류에 처하는 것으로 강화하
고 참가자의 위반행위도 처벌 대상에 추가하며(안 제14조 및 제23조의2 신설),
(ii) 집회 또는 시위의 주최자 및 참가자가 다른 사람의 생명을 위협하거나

---

12) 반면 (구)민주당 강창일 의원이 발의한 집시법 전부개정안은 집회 및 시위 원천
    금지 조항(현행 법 제5조)을 삭제하고, 집회 및 시위 신고 사항을 최소화하고(안
    제5조), 집회 및 시위 신고서 보완 제도와 집회 및 시위 금지 지역 제한을 삭제
    하고, 집회 및 시위 관련 금지 통고사유를 제한하여 야간 집회나 도로교통방해
    를 이유로 한 집회 원천 금지 조항을 삭제하고(안 제6조), 옥외집회 및 금지 장
    소는 축소 또는 제한하고(안 제9조), 집회신고 의무 등 적용 배제 대상을 확대하
    고(안 제11조), 시위 방법 제한을 삭제하고, 주최자 준수사항 중 신고 범위를 현
    저히 일탈하는 집회 및 시위 운운 조항은 죄형법정주의에 위반되므로 삭제하는
    등 집회 시위의 자유와 권리의 보장을 확장하는 내용을 담고 있다.
13) 의안번호 492.
14) 의안번호 652.

신체에 해를 끼칠 수 있는 물건을 휴대하거나 사용하는 행위 외에 집회 또는 시위에 사용할 목적으로 제조·보관·운반하는 행위를 추가로 금지하며(안 제16조제4항제1호 및 제18조제2항), (ⅲ) 신원확인을 어렵게 할 목적으로 복면 등의 도구를 소지 또는 착용하는 것을 금지하는 조항을 신설하고(안 제16조제4항제4호 신설), (ⅳ) 벌칙 중 과료를 삭제하고 벌금액을 증액하고 있다(안 제22조부터 제24조까지).

2008년 9월 4일 안상수 의원이 다시 대표발의한 법안15)은 집회 또는 시위의 주최자가 집회 또는 시위에 참가하게 하기 위한 목적으로 금품 또는 향응을 제공하거나 이를 제공받은 경우 500만 원 이하의 과태료를 부과하도록 하는 조항을 신설하고 있다(안 제15조의2 신설 및 제26조 신설). 동법안의 제안이유는 "직업적으로 금전 그 밖에 재산상의 이익을 제공받거나 제공받기로 약속하고 참가하는 자가 증가하고 있는 반면에 이에 대한 규제가 이루어지지 않고 있어 주최자와 참가자 사이의 금전적 결합에 의한 집단행동을 규제할 수 없어 집회와 시위의 진정성을 확보할 수 없는 실정"이라고 하면서 집회시위 참가자를 폄하하고 있다.

2008년 10월 1일 정갑윤 의원이 대표발의한 법안16)은 (ⅰ) 집회신고만 하고 집회를 하지 않는 '유령집회'는 30일간의 집회장소를 독점하는 등 상대의 집회권을 봉쇄하므로 이를 막기 위하여 사전 통지 없이 옥외집회 또는 시위를 개최하지 아니한 경우에는 그 나머지 기간의 옥외집회 또는 시위를 할 수 없도록 제한하고(안 제6조제6항 및 제7항 신설), (ⅱ) 상기 성윤환 대표발의 법안과 동일하게, 쇠파이프 등의 휴대·사용뿐만 아니라, 사용할 목적으로 제조·보관·운반하는 자까지 처벌하고(안 제16조제4항제1호), (ⅲ) 집시법 위반자에 대한 벌금액을 50만 원~300만 원에서 250만 원~1,500만 원으로 상향하고, 과료를 삭제하고 있다(안 제22조부터 제24조까지).

2008년 10월 14일 신지호 의원이 대표발의한 법안17)은 (ⅰ) 법률의

---

15) 의안번호 832.
16) 의안번호 1084.
17) 의안번호 1528.

제명을 「평화적 집회 및 시위 보장법」으로 변경하고, (ⅱ) 법률의 목적으로 불법·폭력적 집회 및 시위로부터의 국민의 생명·신체·재산 등 기본권 보호를 명시하고(안 제1조), (ⅲ) 관할 경찰관서의 장은 평화적인 집회 또는 시위가 방해받을 염려가 있다고 인정되면 주최자의 보호 요청이 없더라도 집회 또는 시위를 방해로부터 보호할 수 있도록 하고(안 제3조제4항 신설), (ⅳ) 상기 정갑윤 대표발의 법안과 동일하게 주최자가 신고한 집회 또는 시위를 하지 아니하게 되어 미리 그 사실을 알리지 않은 경우 과태료를 부과하게 하며, 사전 통지 없이 집회 또는 시위를 개최하지 아니한 때에는 그 나머지 기간의 집회 또는 시위를 개최할 수 없도록 하고 이를 위반하는 경우 벌칙에 처하도록 하고(안 제6조제6항·제7항, 제22조제2항 및 제26조 신설), (ⅴ) 집회 또는 시위로 인하여 주요 도로 통행의 안전과 소통에 상당한 지장을 초래할 것으로 예상되는 경우나 집회 또는 시위의 집결, 해산 장소 및 시위 대열이 경찰차, 소방차, 구급차 등 비상차량의 통행을 방해할 것으로 예상되는 경우 집회 또는 시위를 금지하거나 교통질서 유지를 위한 조건을 붙여 제한할 수 있도록 하고(안 제12조제1항제1호 및 제2호 신설), (ⅵ) 상기 성윤환, 정갑윤 대표발의 두 법안과 동일하게, 쇠파이프 등 다른 사람의 생명을 위협하거나 신체에 해를 끼칠 수 있는 도구를 휴대 및 사용뿐만 아니라, 사용할 목적으로 제조·보관·운반하는 자까지 처벌하도록 하고(안 제16조제4항제1호), (ⅶ) 상기 성윤환 대표발의 법안과 유사하게, 집회 또는 시위의 주최자 및 참가자는 일정한 경우를 제외하고는 신원확인을 곤란하게 하는 가면, 마스크 등의 복면 도구를 착용하여서는 아니 되며 이를 위반할 경우 1년 이하의 징역이나 500만 원 이하의 벌금·구류에 처하고, 복면의 제거 요구에 대해 2회 이상 불응한 경우 해산명령을 할 수 있도록 하고(안 제14조제4항제4호, 제18조제3항, 제20조제1항제6호 및 제23조의2제2호 신설), (ⅷ) 관할경찰관서장은 집회 또는 시위의 주최자에게 통보하고 영상촬영을 할 수 있도록 하고(안 제19조제2항 신설), (ⅸ) 질서유지선을 위반한 경우 처벌을 강화하고 2차 경고 후에도 불응한 경우 해산명령을 할 수 있도록 하고(안 제20조제1항제3호의2 및 제23조의2제1호 신설), (ⅹ) 벌금형의 실효성을 확보하기 위해 벌금형의 상한액수를 증액하고 과료를 삭제하고 있다(안 제22조부터 제24조까지).

마지막으로 2008년 11월 3일 이종혁 의원이 대표발의한 법안[18]은 (ⅰ) 집회 또는 시위의 주최자가 휴대하거나 사용해서는 안되는 기구의 예로 화염 방사기, 새총, 유해화학물질을 추가로 규정하고(안 제16조제4항제1호), (ⅱ) 상기 성윤환, 신지호 대표발의 법안과 유사하게, 집회 또는 시위의 주최자 및 참가자가 신원확인을 어렵게 할 목적으로 복면 등의 도구를 휴대하거나 착용하는 것을 금지하고(안 제16조제4항제4호 신설 및 제18조제2항), (ⅲ) 복면 등의 도구 휴대 및 착용 금지 등 참가자의 준수사항을 위반한 때의 벌칙을 1년 이하의 징역 또는 100만 원 이하의 벌금으로 강화하고 있다(안 제22조제3항).

2. 문제점 비판

그간 국가인권위원회, 사법부, 시민사회단체는 현행 집시법이 여러 측면에서 문제가 있음을 지적해왔다.

예컨대, 2008년 2월 22일 국가인권위원회는 국회의장과 법무부장관에게, (ⅰ) 장소경합을 이유로 한 집회 및 시위의 금지통고 규정(집시법 제8조제2항)은 나중에 신고된 집회의 개최를 저지하기 위한 수단으로 남용되고 있으며, 실제로 장소경합이 있는 경우에도 제한통고 등 다른 조치에 의해서 우려되는 질서교란행위를 충분히 통제할 수 있으므로 동 조항은 폐지되어야 한다, (ⅱ) 교통소통을 위한 제한 규정(집시법 제12조) 중 금지통고 조문(제한통고는 제외)은 집회·시위의 자유의 중요성에 비추어 볼 때 교통 불편을 이유로 집회를 원천적으로 금지하는 것은 과잉되며 제한통고 등 다른 조치에 의해서 우려되는 질서교란행위를 통제할 수 있으므로 동 조항은 폐지되어야 한다, (ⅲ) 공공질서위협을 이유로 한 집회 및 시위의 금지통고 규정(집시법 제8조제1항 중 제5조제1항제2호 부분)은 경찰이 이 규정에 근거하여 금지통고를 할 때 대부분 과거 불법집회를 한 전력을 이유로 금지통고를 하므로, 이를

---

18) 의안번호 1690.

시정하기 위하여 집회신고 당시 상황을 근거로 하여 '집회개최 시'에 위협이 있을 것인지를 판단하게 하기 위한 개정이 필요하다, (ⅳ) 집회금지통고에 대한 이의신청 관련 규정(집시법 제9조, 제21조)은 재결청(상급기관)이 금지통고를 내린 경찰관서장의 직근 상급경찰관서장이어서 그 공정성에 논란이 제기될 수 있으므로 이를 불식시킬 수 있는 방안으로 개정이 필요하다 등을 권고하였다.[19]

이상과 같은 비판과 지적은 이상의 여섯 개의 집시법 개정안에서는 전혀 수용되지 않았다. 여섯 개 법안 사이에 공유점이 많은 개정사항부터 차례로 검토하기로 하자.

(1) 다른 사람의 생명을 위협하거나 신체에 해를 끼칠 수 있는 기구의 제조·보관·운반행위에 대한 추가처벌

성윤환, 정갑윤, 신지호 법안에서 공통된 것은 집회 또는 시위의 주최자가 다른 사람의 생명을 위협하거나 신체에 해를 끼칠 수 있는 기구를 휴대·사용하는 것뿐만 아니라, 사용할 목적으로 제조·보관·운반하는 경우도 처벌한다는 조항이다. 현행 집시법 제16조제4항제1호는 이미 "총포, 폭발물, 도검, 철봉, 곤봉, 돌덩이 등 다른 사람의 생명을 위협하거나 신체에 해를 끼칠 수 있는 기구를 휴대하거나 사용하는 행위 또는 다른 사람에게 이를 휴대하게 하거나 사용하게 하는 행위"를 처벌하는데, 이에 더 나아가 이러한 기구를 사용할 목적으로 제조·보관·운반하는 경우도 처벌하겠다는 것이다.

2003년 헌법재판소가 확인하였듯이, 헌법상 보장되는 집회·시위의 자유는 '평화적' 또는 '비폭력적' 집회·시위이다.[20] 그러나 상기 법안이 이와 동일한 주장을 한다고 하여 상기 법안의 내용이 정당한 것은 아니다. 상기 법안은 '폭력시위'의 가능성을 사전에 막겠다는 취지이겠으나, 이는 다른

---

19) http://www.humanrights.go.kr/04_sub/body02.jsp?NT_ID=24&flag=VIEW&SEQ_ID= 555434(2014.11.1. 최종방문)
20) 헌법재판소 2003.10.30. 2000헌바67,83(병합) 결정.

형법 규정과 비교할 때 과잉범죄화를 초래하는 입법이다.

예컨대, 형법 제261조의 특수폭행의 죄, 제262조의 특수폭행치사상의 죄는 "단체 또는 다중의 위력을 보이거나 위험한 물건을 휴대"하여 폭행하거나 상해나 사망의 결과를 일으켰을 경우 적용되며, 폭력행위등 처벌에 관한 법률 제3조는 "단체나 다중의 위력으로써 또는 단체나 집단을 가장하여 위력을 보임으로써 제2조 제1항에 열거된 죄를 범한 자 또는 흉기 기타 위험한 물건을 휴대하여 그 죄를 범한 자"를 처벌한다. 그리고 이상의 범죄에 대한 예비·음모는 처벌되지 않는다.

세 개의 집시법 개정안이 추가하는 제조·보관·운반 등의 범죄구성요건은 문제가 되는 기구 사용의 예비에 가까운 행위유형이다. 그런데 형법과 폭력행위등 처벌에 관한 법률에서는 처벌대상이 되지 않는 행위를 집시법으로 처벌하는 것은 법체계의 일관성을 무시하는 것이다. 형법과 폭력행위등 처벌에 관한 법률과는 달리 헌법상 보장된 집회와 시위의 자유라는 정치적 기본권이 관련된 집시법에서 처벌의 범위를 확대한다는 것도 헌법정신이 반한다.

(2) 가면, 복면, 마스크 등의 소지, 휴대, 착용 금지

성윤환, 신지호, 이종혁 법안에서 공통된 것은 집회 또는 시위의 주최자 및 참가자가 신원확인을 어렵게 하는 가면, 복면, 마스크 등의 도구를 소지, 휴대, 착용하는 것을 금지하고 처벌하는 조항을 신설하고 있다는 점이다.

이 법안의 전신은 제17대 국회시기인 2006년 10월 25일 민주당 이상열 의원이 대표발의한 집시법 개정법률안[21]과 2007년 7월 4일 정갑윤 의원이 대표발의한 집시법 전부개정법률안[22]이다. 이상열 법안은 "신분확인이 어렵도록 위장하거나 신분확인을 방해하는 기물을 소지하여 참가하거나 참가하게 하는 행위"(안 제14조제4항제4호 신설)를 처벌하고 있고, 정갑윤 법안은 "집회나 시위에 참가하는 자는 신분확인이 어렵도록 위장하거나 신분확인

---

21) 의안번호 5202.
22) 의안번호 7036.

을 방해하는 기물을 소지하여서는 아니 된다."라는 조항을 신설하고 이를
위반하면 처벌하도록 규정하고 있었다(안 제19조제3항 및 제25조).

집회·시위시 복면금지를 찬성하는 사람들은 "복면 착용은 경찰로 하
여금 폭력시위 참가자에 대한 카메라 촬영 등 채증을 곤란하게 함으로써
폭력시위에 대한 처벌, 나아가서는 폭력시위 근절을 어렵게 만든다", "복면
착용 시위는 시위를 더욱 폭력적으로 만들 수 있다. 복면을 쓴 사람은 남이
자신을 알아보지 못할 것이라는 생각에 자제력을 잃은 채 더욱 폭력적인
행동으로 나아갈 가능성이 크다."23)라고 주장한다.

먼저 이상의 법안과 발상은 '가면·복면·마스크 착용집회·시위=불법
폭력 집회·시위'라는 잘못된 관념을 전제로 하고 있기에 집회·시위의 자유
를 중대하게 위축시킬 것이다.

예컨대, 이상의 법안에 따르게 되면 동성애자나 성매매여성 등 사회적
소수자나 약자가 자신의 권익을 주장하는 시위를 벌일 때 자신의 신원을
숨기기 위하여 얼굴을 가리면 처벌되는 상황이 발생할 수 있다.24) 그리고
우리 사회에서 자주 사용되는 시위양식인 '침묵시위'의 경우 X표가 크게
그려진 마스크를 쓰고 진행되는 경우가 많고 이러한 '침묵시위'는 대부분
비폭력시위인데, 이상의 법안에 따르면 처벌대상이 된다. 또한 반전시위에
서 해골마스크를 쓰거나 비판의 대상이 되는 공적 인물을 표현하는 가면을
쓰고 집회나 시위에 참석하는 경우도 처벌대상이 될 수 있다. 스키용 마스크
류의 복면을 쓴 집회·시위참가자를 바로 과격폭력분자로 연결시키는 것도
문제이다. 스키용 마스크는 혹한 상태에서 야외 집회·시위를 벌일 때 사용
될 수도 있고, 집회·시위 참가자의 강력한 결의를 드러내는 표현수단일
수도 있다. 예컨대, 2006년 경남 밀양시 단장면 감물리의 생수공장 허가에

---

23) 이헌, "복면 금지하면 과격 폭력시위 줄어들 것", [<세계일보>(2008.10.20.) (http://
    www.segye.com/Articles/News/Opinion/Article.asp?aid=20081020003829&cid=:
    2014.11.1. 최종방문)].

24) 이성용, "집시법상의 복면시위", 한국경찰발전연구학회, 『한국경찰연구』 제7권 제
    2호(2008), 108면; 최병각, "복면시위의 금지·처벌과 그 한계", 『집회·시위 자유
    의 법적 문제와 합리적 대안』(한국경찰법학회 제27차 학술회의 자료집, 2008.
    9.27.), 36면.

반대하면서 마을 주민들은 강력한 반대의사를 표현하기 위하여 눈과 코만 드러낸 복면을 쓰고 평화시위를 벌인 바 있다.25) 이 법안이 통과된다면 복면 집회·시위금지의 부당성을 공론화하기 위하여 일부러 복면으로 착용하고 평화적 집회·시위를 벌이고서 재판과정에서 이 조항의 위헌을 다투는 일이 예상된다.

이상의 점을 의식해서인지 신지호 의원 대표발의 법안의 경우 "집회 또는 시위의 성격에 비추어 참가자의 신원이 노출되면 참가자의 사생활의 비밀과 자유가 침해될 우려가 있는 경우",26) "집회 또는 시위의 목적·규모·일시·장소 등을 고려할 때 공공질서를 침해할 위험이 현저하게 낮은 경우"(동 법안 제18조제3항 단서)는 처벌대상에서 제외하는 단서를 두고 있다. 그러나 이러한 단서에도 불구하고 집회·시위의 "성격"이나 위험의 "현저성"에 대한 판단은 일차적으로 법집행기관이 하고 그 당부는 사후적으로 법원에서 다투게 될 것이므로 집회·시위의 위축은 피할 수 없다.27)

둘째, 형법이론적으로 볼 때 복면 등을 소지, 휴대, 착용하는 것만으로 바로 범죄가 된다는 또 다른 과잉범죄화이다.28) 이 법안을 옹호하는 자들은 신분을 위장한 채 폭력행위를 할 목적을 가지고 복면을 착용하고 집회·시위에 참여한 자는 처벌해야 하지 않는가라고 반박할 것이다. 그러나 현행 집시법상 폭력적 집회·시위와 그 선전·선동 등은 이미 처벌되고 있으므로,

25) <오마이뉴스>(2008.10.31.)(http://www.ohmynews.com/NWS_Web/View/at_pg.aspx? CNTN_CD=A0001004258&PAGE_CD=N0000&BLCK_NO=7&CMPT_CD=M0010&N EW_GB=: 2014.11.1. 최종방문).
26) 2007년 제출된 정갑윤 의원 대표발의 법안도 "사생활의 비밀이 침해될 우려가 있는 경우 또는 공공질서에 대한 위해를 초래할 위험이 현저하게 낮은 경우에는 그러하지 아니하다."라는 단서조항을 두고 있다(안 제19조제3항 단서).
27) CBS가 여론조사 전문기관 '리얼미터'에 의뢰해 복면착용 금지조항에 대한 의견을 조사한 결과, 복면금지 조치에 반대한다는 의견이 42.3%로 나타나, 찬성 (31.7%)보다 약 10.6%p 많은 것으로 조사됐다(http://www.cbs.co.kr/Nocut/Show.asp? IDX=962183: 2014.11.1. 최종방문).
28) 집회·시위시 복면착용이 폭력을 유발한다는 주장의 적실성은 외국에서도 논란이 있다[배종대·조성용, "시위형법의 형사정책—선진 각국의 시위관련법을 중심으로", 고려대학교 법학연구원, 『고려법학』 제37호(2001), 28-29면; 이성용(각주 24), 110면; 최병각(각주 24), 33-35면].

이들이 이러한 위반행위를 할 때 처벌하면 된다.

복면의 소지, 휴대, 착용만으로 처벌한다는 것은 폭력행위라는 구체적이고 실제적 불법이 발생하지 않았는데도 예방의 명분 아래 국가형벌권을 확장하려는 시도이다. 형법 체제에서 '예비·음모'의 처벌은 살인이나 내란 등 매우 중한 범죄에 한하여 이루어진다. 폭력집회·시위는 규제되어야 하지만 그 불법성은 살인이나 내란에 비하면 훨씬 가볍기 때문에 그 행위의 '예비·음모'에 해당하는 복면의 소지, 휴대, 착용을 처벌하는 것은 비례성원칙을 위반하는 것이기도 하다.

셋째, 2003년 헌법재판소가 집회의 자유의 보장내용을 설시하면서, "주최자는 집회의 대상, 목적, 장소 및 시간에 관하여, 참가자는 참가의 형태와 정도, **복장**을 자유로이 결정할 수 있다."29)라고 밝혔던바, 상기 법안은 이러한 헌법재판소의 결정의 취지에도 반한다.

한편 복면집회·시위를 금지하는 외국의 입법례가 있음은 사실이다. 예컨대, 독일 집회법(Versammlungsrecht)은 복면을 착용하고 집회에 참가하거나 집회 장소로 향하는 경우 형사처벌하고, 신원 확인을 저해하는 물품을 소지하는 경우 질서 위반으로 과태료를 부과한다. 오스트리아 집회법은 복면을 하고 집회·시위에 참석하는 자에 대해 행정청이 구금이나 금전적 제재 처분을 부과하고, 그 참석자가 무장을 한 경우에는 형사처벌을 부과한다. 스위스에서는 수도가 속해 있는 베른을 포함한 6개의 칸톤에서 복면 집회·시위에 대하여 벌금형을 부과하고 있다.30)

이들 나라가 복면착용을 처벌하는 법률을 만든 배경에는 극좌파에 의한 무장납치나 테러와 극우 나치주의자들에 의한 테러의 경험이 있다. 이는 우리나라의 집회·시위에서 발생하는 폭력과 비교할 수 없을 정도로 심각하였다. 그리고 이들 나라에서 반정부 집회·시위의 허용 범위는 우리나라에

---

29) 헌법재판소 2003.10.30. 2000헌바67,83(병합) 결정(강조는 인용자).
30) 배종대·조성용(각주 28), 24-29면; 이성용(각주 24), 99-106면; 이성용, "격리·해산 등 행정질서벌로 규제 필요", <세계일보>(2008.10.20.)(http://www.segye.com/Articles/News/Opinion/Article.asp?aid=20081020003829&cid=: 2014.11.1. 최종방문); 최병각(각주 24), 27-29면.

비하여 훨씬 넓다. 이러한 점을 무시하고 복면처벌 법률을 '수입'하는 것은 정당한 입법정책이 아니다.

미국의 경우도 연방과 주차원에서 복면을 착용하고 집회·시위를 벌이는 것은 처벌하는 법률이 만들어진 것은 사실이다. 먼저 연방법은 연방헌법과 법률에 의해 보장된 타인의 권리나 특권을 침해할 목적으로 복면을 착용하고 집회·시위를 벌이는 것을 처벌하는 것이기에,31) 우리 국회에 제출된 법안과는 그 의도와 구성요건에 큰 차이가 있다. 연방법의 주된 목적은 뾰족한 흰색 가면을 쓰고 '인종차별적 범죄'(hate crime)를 집단적으로 벌였던 Ku Klux Klan의 집단행동을 규제·처벌하기 위한 것으로, 그 구성요건 형식은 '목적범'이다.

그리고 주 차원에서 복면착용 자체를 처벌하는 법규가 여럿 만들어졌지만, 법원은 그 법규가 위헌이라는 판결을 수차례 내린 바 있다.32) 예를 들자면, 1978년 'Aryan v. Mackey 판결'33)은 텍사스 기술대학교(Texas Tech University)에 재학 중인 이란 학생들이 이란 왕에 대한 항의집회·시위신청을 대학 당국에 하자 대학 당국이 복면을 쓰지 않는 것을 조건으로 집회·시위를 허락하는 결정의 정당성을 검토하였다. 법원은 복면은 그것을 쓰지 않으면 이란 왕으로부터 보복을 당할지 모르기에 복면은 "비의사전달적(non-communicative) 기능"을 가지고 있고, 또한 복면은 이란 체제에 반대하는 상징성을 가지고 있기에

---

31) 18 U.S.C. §241 (1994). 테네시주도 유사한 입법양식을 취하고 있다[Tenn. Code Ann. S 39-17-309(c) (1996)].

32) 이하의 판결과 달리 조지아 주 대법원은 조지아 주의 복면착용금지법에 위반된 KKK단원의 사건을 다루면서 동법률은 합헌이라고 판결한 바 있고, 제2순회 항소법원도 유사한 뉴욕 주 법률이 합헌이라고 판결한 바 있다[State v. Miller, 260 Ga. 669, 398 S.E.2d 547(Ga.,1990); Church of the American Knights of the Ku Klux Klan v. Kerik, 356 F.3d 197 (2d Cir. 2004)]. 이 판결에 대하여 비판적인 평석으로는 Oskar E. Ray, "Antimask Laws: Exploring the Outer Bounds of Protected Speech under the First Amendment-State v. Miller Ga. 669, 398 S.E.2d 547(1990)", 66 *Wash. L. Rev.* 1139(1991); Recent Cases, "Constitutional Law-Free Speech-Second Circuit Upholds New York's Anti-Mask Statute Against Challenge by Klan-Related Group-Church of the American Knights of the Ku Klux Klan v. Kerik, 356 F.3d 197(2d Cir. 204)", 117 *Harv. L. Rev.* 2777(2004)을 참조하라.

33) 462 F. Supp. 90(D.C.Tex. 1978).

"의사전달적(communicative) 기능"을 가지고 있다고 분석하고, 대학 측은 복면 시위 금지조치가 교내에서 폭력을 예방할 것이라는 구체적 근거가 아니라 추측만을 제시하고 있을 뿐이기에 그 조치는 수정헌법 제1조에 위배된다고 판시하였다.34) 1978년의 'Ghafari v. Municipal Court 판결'35)은 이란 영사관 앞에서 복면을 쓰고 시위를 벌인 피고인이 신분은폐 목적으로 마스크를 착용 하고 공공장소에 출현하는 것을 경죄(misdemeanor)로 처벌하는 캘리포니아 형법 제650a조 위반으로 기소된 사건을 다루었는데, 법원은 공공장소에서 복면을 쓰고 집회·시위하는 것을 금지하는 법규의 문언이 모호하므로 위헌이 고, 복면을 착용하지 않는 집회·시위에 비하여 복면을 착용한 집회·시위를 차별하므로 법 앞의 평등 원칙에 위배되어 위헌이라고 판시하였다.36)

한편 KKK단의 복면시위와 관련된 판결을 보자면, 1980년 'Robinson v. State 판결'37)은 공공장소에 신원을 감추기 위하여 복면이나 후드 등을 착용하는 것을 금지하는 플로리다 법전 제876.13조는 너무도 광범한 제한을 담고 있어 "전적으로 무고한 행위에도 적용되기 쉬우며 ··· 합리적 근거가 전적으로 결여되어 있는 금지를 초래하기 쉽다."는 이유로 위헌이라고 판결 했다.38) 1990년 'Knights of the Ku Klux Klan v. Martin Luther King, Jr. Worshippers 판결'39)과 1999년 'American Knights of Ku Klux Klan v. City of Goshen, Ind. 판결'40)도 마스크 착용시위를 금지하는 시 조례 조항이 위헌이라고 판결하였다.

(3) '유령집회'의 처벌

정갑윤, 신지호 법안에서 공통된 것은 집회신고만 하고 집회를 하지 않는 '유령집회'를 금지하는 조항이다. 현행 집시법에 따르면 집회신고만

---

34) *Ibid.* at 92.
35) 87 Cal. App.3d 255(1978).
36) *Ibid.* at 264-265.
37) 393 So. 2d 1076(Fla. 1980).
38) *Ibid.* at 1076.
39) 735 F.Supp. 745(M.D.Tenn. 1990).
40) 50 F.Supp.2d 835(N.D.Ind. 1999).

먼저 하면 30일간의 집회장소를 독점할 수 있다. 그 결과 자신들에 대한 비판을 사전봉쇄하기 위한 재벌기업 등 사회적 강자들이 자신의 건물 앞에서의 집회와 시위를 사전신고를 하여 비판자들의 집회와 시위를 봉쇄하는 일이 계속되어 집시법에 대한 비판이 가중되었다. 반면 두 법안은 '촛불정국' 동안에는 촛불시위대가 집회신고를 먼저 하여 촛불반대시위대의 시위가 어려워지는 점도 고려한 것으로 보인다.

어떠한 이유건 간에 '유령집회'를 금지하는 것은 집회 또는 시위의 자유를 활성화하는 것으로 찬성한다. 동일 장소, 시간에 반대성향의 집단이 집회 또는 시위를 하게 되면 충돌의 위험이 발생할 것으로 예상되지만, 이는 경찰행정을 통하여 해결되어야 할 문제이지 애초에 한쪽의 집회·시위를 봉쇄하여 해결할 일은 아니다.

(4) 통고만에 의한 영상촬영

신지호 법안이 신설하는 제19조제2항에 따르면, 관할경찰관서장이 집회 또는 시위의 주최자에게 통보하기만 하면 정복을 입은 경찰관이 집회 또는 시위를 영상촬영을 할 수 있다.

수사기관의 사진 및 비디오 촬영은 범죄인을 특정하고 범죄상황을 정확히 포착하기 위한 유력한 기법이다.[41] 대상자의 동의 없는 사진 및 비디오 촬영의 법적 성질에 대하여 학계의 통설은 사생활의 비밀과 자유, 초상권 등을 침해하는 강제처분이라고 파악하고 있다.[42] 보다 구체적으로 보면 동의 없는 사진 및 비디오 촬영은 "사실을 발견함에 필요한"(형사소송법 제139조, 제219조) 검증으로 분류할 수 있다. 시민의 프라이버시가 공개영역에서는 사적 공간에 비하여 통상 덜 보호될 것이라고 말할 수는 있겠으나, 공개영역

---

41) 심희기, 『과학적 수사방법과 그 한계 —미국법과 한국법의 비교—』(한국형사정책연구원, 1994), 75-76면.

42) 배종대/이상돈/정승환, 『신형사소송법』(2008), 98-99면; 백형구, 『형사소송법강의』(제8정판, 2001), 401면; 손동권, 『형사소송법』(2008), 219-220면; 신양균, 『형사소송법』(제2판, 2004), 244면; 이재상, 『신형사소송법』(제2판, 2008), 223-224면; 임동규, 『형사소송법』(제2판, 2003), 237면; 정웅석, 『형사소송법』(2003), 174면.

과 사적 영역의 구별이 쉽지 않고, 공개영역에서의 사진 및 비디오 촬영이라
고 하여 이러한 헌법상의 기본권이 포기되었다고 일률적으로 상정할 수는
없기 때문이다. 1999년의 세칭 '영남위원회 사건'[43] 판결에서 대법원도 누
구든지 "자기의 얼굴 기타 모습을 함부로 촬영당하지 않을 자유"를 가짐을
확인한 바 있다. 따라서 동의 없는 사진 및 비디오 촬영을 위해서는 원칙적
으로 영장이 필요함은 물론이다.

영장발부를 위해서는 피의자가 범죄를 범하고 있다 또는 범하였다는데
대한 객관적·합리적 의심이 존재해야 하고, 촬영대상과 장소가 특정되어야
할 것이다. 영장 없는 촬영은 형사소송법 제216조나 제217조의 예외의 요건에
따라 적어도 체포의 착수가 있는 경우에만 가능할 것이다. 그리고 매우 예외적
으로 체포 착수 이전에 촬영을 하려면 증거로서의 높은 필요성, 증거보전의
긴급성과 보충성, 촬영방법의 상당성 등이 충족되어야만 할 것이다.[44]

이상의 점에서 신지호 법안이 신설하는 제19조제2항은 헌법상 영장주
의의 원칙을 위배하는 위헌조항이라 할 것이다. 헌법재판소는 집회의 자유
는 "국가가 개인의 집회참가행위를 감시하고 그에 관한 **정보를 수집함으로써**
집회에 참가하고자 하는 자로 하여금 불이익을 두려워하여 미리 집회참가를
포기하도록 집회참가의사를 약화시키는 것 등 집회의 자유행사에 영향을
미치는 모든 조치를 금지한다."[45]라고 설시하였음도 유념해야 할 것이다.

(5) 집회·시위의 사전적 금지·제한 상황 신설

신지호 법안은 경찰차, 소방차, 구급차 등 비상차량의 통행을 방해할
것으로 예상되는 경우 집회 또는 시위를 금지하거나 교통질서 유지를 위한
조건을 붙여 제한할 수 있도록 하는 조항을 신설하여 집회·시위에 대한
제한가능성을 확장하고 있다. 현행 집시법상으로도 주요 도시의 주요 도로
에서의 집회 또는 시위에 대하여 교통 소통을 위하여 필요하다고 인정하면

---

43) 대법원 1999.9.3. 선고 99도2317 판결.
44) 조국, "수사상 검증의 적법성 —사진 및 무음향 비디오 촬영과 신체침해를 중심
으로—", 한국형사법학회, 『형사법연구』 제20호(2003.12), 302-306면.
45) 헌법재판소 2003.10.30. 2000헌바67,83(병합) 결정(강조는 인용자).

이를 금지하거나 교통질서 유지를 위한 조건을 붙여 제한할 수 있는데(제12
조 제1항), 금지·제한이 가능한 요건을 하나 더 추가한 것이다.

　　여기서 비상차량의 통행방해에 대한 "예상"을 하는 주체는 관할경찰서
장이다. 이 법안에 따르면 경찰서장은 비상차량 통행을 이유로 도심 집
회·시위를 일단 금지·제한시키는 행정편의적 판단의 유혹을 뿌리칠 수 없
을 것이다. 이 판단의 당부는 사후적으로 법원에 의하여 심사가 가능하겠지
만, 집회·시위 개최 전후의 상황에서 경찰서장의 자의적 판단을 통제할
수단은 전무하기에 집회·시위의 자유의 행사를 위축시킬 것이며, 집회·시
위대의 반발을 촉발하여 집회·시위의 과격화를 초래할 가능성이 높다.

(6) 소음규제 강화

　　안상수 법안은 소음기준을 강화하며, 성윤환 법안은 집회·시위 주최자
의 소음 기준 위반시 처벌을 강화하고 또한 참가자의 위반행위도 처벌 대상
에 추가하고 있다.

　　현행 집시법의 소음기준은 주거지역 및 학교는 주간 65데시벨 이하,
야간 60데시벨 이하, 기타 지역은 주간 80데시벨 이하, 야간 70데시벨 이하
이다. 이 기준을 소음진동규제법의 소음규제기준과 비교하면,[46] 주거지역
및 학교에서의 주간 집회·시위의 경우 15데시벨이나 강화되어 있고, 기타
지역에서의 야간 집회·시위의 경우 10데시벨 완화되어 있음을 알 수 있다.
집시법상의 주거지역 및 학교에서의 집회·시위에 대한 주간 65데시벨 이하
기준은 공동주택건설 지점의 소음도 기준과 동일하다.[47] 그런데 상기 두
법안은 현행 집시법의 소음기준은 물론, 소음진동규제법상 주거지역 및 학
교에서의 기준 보다 더 많이 소음기준을 강화하고 있다.

　　집회·시위는 애초에 일정한 소음을 수반하는 것을 예정하기에 소음기
준에 대한 제한은 집회나 시위에 대한 간접적 제한이다. 집회·시위로 인한

---

46) 소음진동규제법상 주거지역과 학교에서의 소음기준은 주간 80데시벨 이하, 야간
　　60데시벨 이하이며, 기타지역은 주간 80데시벨 이하, 야간 60데시벨 이하이다(소
　　음진동규제법 제20조 제3항, 동법 시행규칙 별표 8 참조)
47) 주택건설기준등에 관한 규정(대통령령 제21040호), 제9조 제1항.

다른 법익의 침해가 방지되어야 함은 물론이나, 이 방지를 위한 소음규제가 집회·시위의 자유 자체를 중대하게 위축시킬 정도라면 위헌이 된다. 전문연구에 따르면 50~60데시벨은 일상적인 대화나 조용한 거리에서의 소음 수준이고, 75데시벨은 교통량이 많은 거리의 소음 수준이며, 80데시벨은 출퇴근시의 소음, 자동차와 지하철 내에서의 소음이고, 85데시벨은 실내수영장이나 학교 구내식당에서의 소음수준이다.[48] 이를 기준으로 보자면 현행 집시법의 소음기준도 상당히 엄격하다고 하지 않을 수 없다. 만약 상기 법안의 기준이 채택된다면 확성기, 북, 징, 꽹과리 등을 사용하는 대다수의 집회·시위는 처벌대상이 될 것이다. 요컨대, 현재의 소음기준이 집회나 시위의 대상이 되는 사람 또는 일반 시민에 감내할 수 없는 중대한 고통을 주고 있다는 점이 입증되지 않은 상황에서 불편초래라는 이유로 그 기준을 현격히 강화하는 것은 합리적이지도 합헌적이지도 않다.

(7) 형벌강화

상기 법안은 모두 집회·시위의 자유에 대한 제한을 강화하면서 동시에 집시법 위반에 대한 처벌도 강화하고 있다. 집회·시위의 자유라는 헌법적 기본권 존중을 위해서는 원칙적으로 집회·시위는 허용되는 것으로 설정하고 예외적으로 폭력적 집회·시위를 금지하고 처벌하는 접근이 필요한데, 상기 법안은 반대의 접근을 하고 있다. 게다가 금지되는 집회·시위를 광범하게 설정한 후 형벌까지 상향하고 있는 바 이는 전형적인 형벌만능주의이다.

---

48) 자크 베르니에(전미연 옮김), 『환경』(한길사, 1999), 78면.

Ⅳ. '불법시위에 대한 집단소송법' 제정

1. 법안 내용

상술한 '집회시위 선진화방안'이 강조한 불법시위에 대한 적극적 손해배상청구 필요성은 불법시위에 대하여 집단소송을 가능하도록 하는 법률제정 추진으로 현실화한다. 한나라당 손범규 의원 등 국회의원 24인이 2008년 10월 29일 '불법집단행위에 관한 집단소송법안'을 국회에 제출한다.[49] 그리고 당시 한나라당 홍준표 원내대표는 2008년 10월 28일 국회 교섭단체 대표연설에서 "지난 수년 동안 우리 사회는 불법 집단행동과 떼법이 판을 치면서 법치주의가 무너졌"고 "이런 관행이 계속되는 한 경제 살리기도, 선진국 진입도 불가능"하다며, 불법시위에 대한 집단소송제도는 "민주주의를 지키는 최소한의 안전띠"라고 강조하기도 하였다.[50]

이와 별도로 '시민과 함께 하는 변호사 모임', '바른사회시민회의', '불법촛불시위반대시민연대'가 구성한 '바른시위문화정착 및 촛불시위피해자 법률지원특별위원회'의 조력을 받아 촛불시위 피해 상인들이 7월 17일 서울중앙지방법원에 영업손실 및 위자료 등 손해배상을 구하는 내용의 소장[51]을 제출한 바 있으며, 시변 소속 변호사들이 원고측 소송대리하였다.

동 법안은 '불법집단행위에 관한 집단소송'을 불법집단행위로 인하여 다수인에게 피해가 발생한 경우 그 피해자 중의 1인 또는 수인이 대표당사자가 되어 수행하는 손해배상청구소송으로 정의한다(안 제2조제1호). 이 소송은 불법집단행위로 다수인에게 피해가 발생한 경우에 그 행위를 한 자 또는 그 행위를 하게 하거나 도운 자를 상대로 하는 손해배상청구에 한하여 제기

---

49) 의안번호 1631.
50) http://newslink.media.daum.net/news/20081028100616717(2014.11.1. 최종방문).
51) 소장 URL(시변 홈페이지 자료실): http://www.sibyun.co.kr/pds/board_con.htm?seq=83&tag=1&page=1&search_tag=&search_sel=&search_text=; 2차 소장 URL(상동): http://www.sibyun.co.kr/pds/board_con.htm?seq=86&tag=1&page=1&search_tag=&search_sel=&search_text=(2014.11.1. 최종방문).

할 수 있으며(안 제3조), 피해집단의 구성원이 50인 이상이고 법률상 또는 사실상의 중요한 쟁점이 모든 구성원에게 공통되며 당해 소송이 총원의 권리실현이나 이익보호에 적합하고 효율적인 수단인 경우에 허용하도록 하고 있다(안 제12조제1항). 피해집단인 구성원들의 권익을 보호하기 위하여 불법집단행위에 관한 집단소송의 허가결정, 총원범위의 변경, 소 취하·화해·청구포기·상소취하 및 판결이 있으면, 법원은 이를 구성원 모두에게 주지시킬 수 있는 적당한 방법으로 고지한 후 전국을 보급지역으로 하는 일간신문에 게재하도록 하고 있다(안 제18조제2항·제3항, 제26조제4항 및 제34조제4항).

'불법집단행위에 관한 집단소송'에 의한 확정판결의 기판력은 대표당사자 이외의 구성원에게도 미치도록 하되, 이를 원하지 아니하는 구성원은 서면으로 법원에 제외신고를 하도록 하였다(안 제27조 및 제36조). 법원의 허가를 받지 아니한 소의 취하, 소송상의 화해, 청구의 포기, 상소의 취하 또는 상소권의 포기는 효력이 없다(안 제34조 및 제37조). 법원은 직권 또는 대표당사자의 신청에 의하여 분배관리인을 선임하도록 하고, 분배관리인은 법원의 감독하에 권리실행으로 취득한 금전 등의 분배업무를 행하도록 하였다(안 제40조제1항 및 제2항).

2. 비   판

(1) 집회·시위의 자유에 대한 냉각효과

집회와 시위의 자유가 행사되면 필연적으로 주변에는 소음, 소란, 교통체증 등이 발생하고, 집회·시위 부근의 상인의 영업이익은 저감(低減)할 가능성이 있다. 합법적 집회·시위에 의해 발생하는 이러한 불편이나 불이익은 감수하라는 것이 헌법의 요청이다. 헌법재판소는 "개인이 집회의 자유를 집단적으로 행사함으로써 불가피하게 발생하는 일반대중에 대한 불편함이나 법익에 대한 위험은 보호법익과 조화를 이루는 범위 내에서 국가와 제3자에 의하여 수인되어야 한다는 것을 헌법 스스로 규정"하고 있다고 밝힌

바 있다.[52]

문제는 불법 집회·시위에 의하여 이러한 불편이나 불이익이 발생한 경우이다. 동 법안에 따르면 불법집회·시위라는 "행위를 한 자 또는 그 행위를 하게 하거나 도운 자"(강조는 인용자)에게 책임을 묻게 된다. 이에 따르면 사소한 불법이 발생한 집회·시위의 주최자도 소송대상이 되어 기존의 법제에 비하여 훨씬 많은 손해배상액을 지불해야 할 것이다. 그리고 통상 대규모 집회·시위에서 그 주최자라고 할지라도 집회·시위 전체를 통제하는 것은 거의 불가능한데, 동 법안에 따르면 불법이 발생하기만 하면 주최자는 "행위를 하게 하거나 도운 자"가 되어 바로 소송의 대상이 될 수 있다. 특히 "도운 자"의 범위는 얼마든지 확장이 가능하므로 단순한 집회·참여자도 소송의 대상이 될 수 있다. 이러한 점에서 동 법안은 집회·시위의 자유를 심각하게 냉각·위축시킬 것이다.

(2) 집단소송제도의 취지의 전도(顚倒)

동 법안은 집단소송제도이 만들어지게 된 원래 취지에 반한다. 예컨대, 미국의 '집단소송'(class action) 제도는 증권투자자의 피해, 소비자 피해, 환경 또는 인권 침해사건 등에서 직접적 이해관계가 있는 다수 집단이 기업이나 정부를 대상으로 소송을 제기하는데 활용되고 있고,[53] 독일의 '단체소송'(Verbandsklage) 제도의 경우는 직접적인 이해관계가 없는 소비자보호단체, 자연보호단체 등에 원고적격을 인정하고 있다. 어느 나라의 경우 건이 제도는 기업 또는 국가라는 거대권력의 불법행위를 견제하기 위한 징벌적 수단으로 만들어진 것이다. 기업이나 국가가 다수의 시민에게 피해를 입힌 경우 그 포괄적 책임은 크지만 피해집단 구성원이나 소액주주의 개별적 손해는 적은 경우가 많아 개별적 피해만으로 소송을 진행하기 어렵기에 집단소송을 도입한 것이다. 특히 이 제도는 "가지지 못한 자의 권리를 실현

---

52) 헌법재판소 2003.10.30. 2000헌바67,83(병합) 결정.

53) 미국의 경우 집단소송이 이루어지려면 네 가지 요건이 충족되어야 한다. 즉, 다수 피해자의 존재(numerosity), 피해청구의 공통성(commonality), 피해청구의 전형성(typicality), 대표당사자의 적정성(adequacy)이다. Fed. R. Civ. P. 23(a).

시키기 위한 수단"54)으로 역할을 한다.

이에 비하여 동 법안은 정반대로 그 힘에 있어서 기업이나 국가에 비교할 수 없는 집회·시위대가 대상이 되고 있으며, 사회적 약자라고 할 수 없는 집회·시위 주변상인을 원고로 상정하고 있다. 만약 집회·시위에 대한 집단소송법이 제정된다면 이는 세계 최초의 사례가 될 것이다.

그리고 불법집회·시위의 기획자나 직접적인 책임자로 인하여 다수의 피해가 발생하였다면 기존의 '선정당사자'(민사소송법 제52조) 제도를 이용하여 책임을 물을 수도 있으므로 동 법안은 과잉입법이라는 점도 지적할 수 있다. 미국 집단소송의 요건에는 "공정하고 효과적인 분쟁해결"을 위하여 집단소송이 다른 수단보다 우월해야 한다는 요건이 있는데,55) 동 법안이 '선정당사자' 제도에 비하여 공정하고 효과적일지는 확인할 수 없다.

V. 맺음말 — '촛불'에 대한 복수극 대본

어느 사회에서나 집회·시위는 정치적 반대자나 사회·경제적 약자의 의사표현 수단이다. 민주주의는 51%의 다수자가 전제(專制)를 할 수 있도록 보장하는 제도가 아니며, 법치주의는 법률의 내용을 묻지 말고 법준수만을 강요하는 경성화(硬性化)된 법치가 아니다. 법철학적으로 말하자면, 우리 사회에 필요한 것은 "최소수혜자들의 목소리를 경청하는 민주주의와 법치주의"56)이다.

그러나 '국가경쟁력강화위원회'의 '집회시위 선진화방안'과 뒤이은 여러 개의 법안은 민주주의 사회에서 집회·시위의 자유가 갖는 의미를 몰

---

54) Katie Melnick, "In Defense of the Class Action Lawsuit: An Examination of the Implicit Advantages and a Response to Common Criticisms", 22 *St. John's J. Legal Comment*. 755, 789(2008).

55) Fed. R. Civ. P. 23(b)(3).

56) 정태욱, "민주주의와 법치주의의 관계에 대한 한 시론: 미국의 노예제 폐지의 헌정사를 중심으로", 서울대학교 법학연구소, 『서울대학교 법학』 제49권 제3호 (2008), 149면.

각·무시한다는데 공통점을 가지고 있다.57) '국가경쟁력강화위원회'와 집회·시위관련 법안의 발의자들은 집회·시위를 위험하고 소란스럽고 성가시고 방해되는 '떼법'의 도구 정도로 이해하고 있다. '평화시위구역'을 설정하여 집회·시위의 장소를 주변화하고, 금지와 규제를 대폭강화한 집시법으로 집회·시위 주최자와 참여자를 처벌하며, 나아가 집단소송을 통하여 집회·시위 주최자와 참가자에게 거액의 손해배상액을 물리게 하려는 시도는 위헌의 소지가 너무도 많은 '경찰국가'적 사고의 산물이다. 합법적·평화적 집회·시위는 보장한다는 '립 서비스'는 하고 있지만, 집회·시위에 대한 과도한 금지·규제를 도입하려 하기에 오히려 불법·폭력 집회·시위를 조장하려 한다는 느낌마저 든다.

요컨대, '집회시위 선진화방안'과 뒤이은 여러 개의 법안은 2008년 상반기의 거대한 촛불집회·시위에 타격을 입었던 이명박 정부가 촛불이 줄어들자 꺼내든 복수극 대본이다. 그리고 정부와 여당이 본격적으로 추진할 '우향우' 정책에 대하여 예상되는 대중적 반대를 대비한 것이기도 하다. 헌법과 형법의 시각에서 볼 때 이 정책과 법안의 내용은 우스꽝스러운 소극 (笑劇) 대본이지만, 이것이 전면적으로 실현된다면 민주주의가 처참해지는 비극을 보아야만 할 것이다. 그리고 집회·시위를 적대시하는 정책과 법률은 지금보다 훨씬 더 많은 '불법' 집회·시위와 이에 대한 강경진압이 격돌하는 악순환을 만들어낼 것이다.

---

57) 이와 별도로 한나라당 한선교(의안번호 788, 2008년 8월 27일 발의), 신지호(의안번호 1061, 2008년 9월 30일 발의) 의원 등이 대표 발의하였던 '보조금의 예산 및 관리에 관한 법률' 개정안은 국회에서 폐기되었다. 이 법안은 정부에 보조금을 신청한 사람이 관련 불법행위로 유죄가 확정된 경우 해당 단체에 보조금 지원을 금지하고 이미 지원된 보조금의 전부 또는 일부를 취소할 수 있도록 하는 내용을 담고 있었다. 이 배경에는 극우보수단체의 반발이 있었다. 예컨대, 서정갑 국민행동본부장은 2004년 국가보안법사수대회를 주도해 특수공무집행방해 혐의로 징역 1년8개월, 집행유예 2년을 선고받았고, 자유개척청년단의 최대집 대표, 자유북한운동연합 박상학 대표 등도 인천의 맥아더 장군 동상 철거 반대 시위 등을 주도하다 집시법 위반으로 벌금형을 선고받았던 바 이 법안이 통과하면 이들 단체에 대한 정부지원도 중단되기 때문이었다[한겨레(2008.10.11.), http://www.hani.co.kr/arti/politics/assembly/315308.html: 2014.11.1. 최종방문].

참고문헌

1. 국내문헌

강경선, "자본주의와 사회주의 … 그러나 민주주의", 민주주의법학연구회, 『민주법학』 제5호 (1992).

강구진, "사형폐지의 이론과 실제", 『고시계』(1980년 4·5월호).

강구진, 『형법강의 각론 I』(박영사, 1983).

강구진, "형법에 의한 도덕의 강제", 『판례월보』(1981년 11월호).

강달천, "동성애자의 기본권에 대한 연구", 중앙대학교 대학원 법학박사논문 (2000.12).

강석구, "사형대상 범죄의 합리적 축소방안", 한국형사정책연구원, 『형사정책연구』 제17권 제2호(통권 제66호, 2006 여름호).

강신주, 『김수영을 위하여』(천년의 상상, 2012).

강은영·박형민, 『살인범죄의 실태와 유형별 특성』(한국형사정책연구원, 2008).

계희열, 『헌법학(중)』(박영사, 2004).

고형석, 『소비자보호법』(제2판: 세창, 2008).

공지영, 『공지영의 수도원 기행』(2001).

구모룡, "오만한 사제의 위장된 백일몽: 장정일론", 『작가세계』 봄호(1997).

국가인권위원회, 『2007-2011 국가인권정책기본계획 권고안』(2006.1).

국가인권위원회, 『군대 내 성폭력 실태조사』(연구용역보고서, 2004).

국가인권위원회, "사형제도에 대한 국가인권위원회의 의견"(2005.4.6.).

국가인권위원회, 『노동사건에 대한 형벌적용실태조사(판결을 중심으로) 보고서』(2007).

국방부 인권팀, 『병영내 동성애자 관리정책에 대한 연구 ―외국 사례분석을 중심으로』(2007.12).

권영성, 『헌법학원론』(법문사, 2008).

권영성·신우철, 『신고헌법학연습』(법문사, 1999).

권오걸, "공직선거법상 후보자비방죄에 대한 연구", 한국법학회, 『법학연구』 제49집(2013).

권오승,『소비자보호법』(법문사: 제5판, 2005).

김강석, "거리의 미술 스토리텔링에 관한 소고: 뱅크시의 그래피티(graffiti)를 중심으로", 글로벌문화콘텐츠학회,『글로벌문화콘텐츠』제14권(2014).

김경호, "도청된 자료의 보도와 언론의 책임에 관한 연구", 한국언론학회,『한국언론학보』제50권 제1호(2006.2).

김경호, "후보자 검증을 위한 의혹제기와 후보자비방죄의 위법성조각 판단 기준에 관한 연구: 대법원 판결을 중심으로", 한국지역언론학회,『언론과학연구』제13권 제3호(2013).

김구(도진순 주해),『백범일지』(돌베게, 2006).

김기두, "낙태죄에 관한 연구", 서울대학교 법학연구소,『서울대학교 법학』제20권 제22호(1980).

김기두, "사형제도",『법정』(1965년 10월호).

김기춘,『조선시대 형전: 경국대전형전을 중심으로』(삼영사, 1990).

김기춘,『형법개정시론』(삼영사, 1984).

김대휘, "국가보안법 제7조 제1항·제5항의 해석기준",『경사 이회창 선생 화갑기념: 법과 정의』(1995).

김대휘, "쟁의행위에 있어서 업무방해와 정당성", 한국형사판례연구회,『형사판례연구』제2호(1994).

김두식, "무엇이 범죄인가 ―범죄 개념에 대한 비판적 검토―", 법조협회,『법조』제618호(2008.3).

김병수, "영화·영상물의 음란성 판단기준", 부산대학교 법학연구소,『법학연구』제46권 제1호(2005.12).

김봉수, "인터넷상에서의 불매운동과 그 법적 한계", 한국형사법학회,『형사법연구』제21권 제1호(통권 38호, 2009).

김상호, "형법상 모욕과 비방", 한국법학원,『저스티스』통권 제103호(2008.4)

김상겸, "생명권과 사형제도 ―사형제도 존치론을 중심으로", 한국헌법학회,『헌법학연구』제10권 제2호(2004.6).

김선수, "직장점거와 피케팅의 정당성",『노동법률』(1991년 7월호).

김선택, "사형제도의 헌법적 문제점 ―사형의 위헌성과 대체형벌―", 고려대학교 법학연구원,『고려법학』제44호(2005).

김성돈,『형법각론』(제2판: SKKUP, 2009).

김성돈,『형법총론』(SKKUP, 2008).

김성진, "단체교섭에서의 경영권논쟁에 관한 연구", 숭실대학교, 『노사관계논총』 제1집(1991.8)

김성천·김형준, 『형법각론』(제2판: 동현출판사, 2006).

김성천·김형준, 『형법총론』(제3판: 동현출판사, 2005).

김순태, "업무방해죄 소고 ―쟁의행위와 관련하여―", 민주주의법학연구회, 『민주법학』 제5권(1992.4).

김순태, "파업에 대한 업무방해죄적용불가론 및 업무방해죄의 위헌성", 민주주의법학연구회, 『민주법학』 제12호(1997).

김영문, "쟁의행위의 위력에 의한 업무방해죄 규정의 위헌성", 한국노동법학회, 『노동법학』 제8호(1998).

김영환, "형법 제20조 정당행위에 관한 비판적 고찰", 『김종원교수화갑기념논문집』(법문사, 1991).

김영환·이경재, 『음란물의 법적 규제 및 대책에 관한 연구 ―'포르노그래피'에 대한 형사정책적 대책―』(형사정책연구원, 1992).

김용화, "성매매여성의 탈성매매 지원방안에 관한 연구: 성매매 방지 기금/예산 조성을 중심으로", 성균관대학교 법학연구소, 『성균관법학』 제22권 제3호(2010).

김용효, "낙태죄의 존폐에 대한 고찰", 한양법학회, 『한양법학』 제22권 제1집(2011).

김유성, 『노동법 II』(전정판 증보: 법문사, 2001).

김은경, 『체벌의 실태와 영향에 관한 연구』(형사정책연구원, 1999).

김은경, "체벌불가피론과 학생인권", 한국사회문화학회, 『사회와 문화』 제11집(2000).

김은경, "체벌의 신화와 실제", 한국사회학회, 『한국사회학』 제34집(2000년 봄호).

김은경, "체벌이 자아낙인과 비행에 미치는 영향", 한국아동권리학회, 『아동권리연구』 제4권 제1호(2000).

김은경, "성매매에 대한 페미니즘 담론과 형사정책 딜레마", 한국형사정책학회, 『형사정책』 제14권 제2호(2002).

김은경, 『성착취 목적의 인신매매 현황과 법적 대응방안』(한국형사정책연구원, 2002).

김은경, "체벌의 위법성판단을 위한 쟁점들: 교사의 정당행위와 학생인권 간의 이해간극을 중심으로", 『판례실무연구』 Ⅶ(2004.12).

김은경 외, 『성매매 실태 및 경제규모에 관한 전국조사』(여성부, 2002).

김은실, "낙태에 관한 사회적 논의와 여성의 삶", 한국형사정책연구원, 『형사정책연구』 제2권 제2호(1991 여름).

김은실, 『여성의 몸, 몸의 문화정치학』(또 하나의 문화, 2001).

김익기 등, 『가정폭력의 실태와 대책에 관한 연구』(한국형사정책연구원, 1992).

김인선, "한국의 사형집행 현황과 사형제도 개선방향에 대한 재고", 한국비교형사법학회, 『비교형사법연구』 제6권 제1호(2004).

김일수, "근로자의 쟁의행위와 업무방해죄", 고려대학교 법학연구원, 『고려법학』 제36권(2001).

김일수, "낙태죄의 해석론과 입법론", 고려대학교 법학연구원, 『법학논집』 제27호(1992).

김일수, "사형제도의 위헌여부", 법조협회, 『법조』 제46권 제1호(1997.1).

김일수 · 서보학, 『새로 쓴 형법각론』(제6판: 박영사, 2004).

김일수 · 서보학, 『새로 쓴 형법총론』(제11판: 박영사, 2006).

김일중 · 정기상, "과잉범죄화의 극복을 위한 비범죄화에 관한 연구", 한국법학원, 『저스티스』 제140호(2014.2)

김재경, "제3자에 대한 소비자불매운동에 있어서 형사법적 고찰", 중앙대학교 법학연구소, 『법학논문집』 제33집 제2호(2009).

김재윤, "검사의 소추재량권에 대한 민주적 통제방안", 한국형사법학회, 『형사법연구』 제21권 제4호(2009).

김재형, 『언론과 인격권』(박영사, 2012).

김종서, "송두율 사건을 통해 본 학문의 자유", 민주주의법학연구회, 『민주법학』 제26호 (2004).

김종원(7인 공저), 『신고 형법각론』(1986).

김종철, "공직선거법 제250조 제2항(낙선목적 허위사실 공표죄)와 관련된 대법원 판결에 대한 헌법적 검토", 연세대학교 법학연구원, 『법학연구』 제22권 제1호(2012.3).

김종철, "평화시위구역제도에 대한 헌법적 검토", 『집회 · 시위 자유의 법적 문제와 합리적 대안』 한국경찰법학회 제27차 학술회의 자료집(2008.9.27.).

김준호, "형법 제307조 제1항의 비범죄화에 관한 소고", 서울대학교 BK21 법학연구단 공익인권법연구센터, 『공익과 인권』 제4권 제2호(2007).

김창군, "비범죄화의 실현방안", 한국형사정책학회, 『형사정책』 제8호(1996).

김철수, 『헌법학개론』(제11전정신판, 1999).

김학태, "독일과 한국에서의 낙태의 규범적 평가에 대한 비교법적 고찰", 한국외
　　국어대학교 EU연구소, 『EU연구』 제26호(2010).

김학태, "형법에서의 낙태죄와 모성보호", 한국외국어대학교 법학연구소, 『외법
　　논집』 제3집(1996).

김현준, "교원들 정당활동 활발 … 교원단체들 정치기금 조성 —영국 교원과
　　교원단체의 정치 참여—", 『새교육』(2001년 8월호).

김형남, "미국 헌법상 낙태 및 태아의 생명권에 대한 논의와 판례 분석", 미국헌
　　법학회, 『미국헌법연구』 제16권 제1호(2005).

남흥우, 『형법강의(총론)』(1969).

노기호, "교육의 정치적 중립성과 교원의 정치적 권리의 제한", 한국공법학회,
　　『공법연구』 제28집 제3호(2000).

노기호, "군형법 제92조 "추행죄"의 위헌성 고찰", 한국헌법학회, 『헌법학연구』
　　제15권 제2호(2009.6).

노회찬, 『노회찬과 삼성 X파일』(이매진, 2012).

도재형, "쟁의행위에 대한 업무방해죄 적용 법리에 관한 검토", 성균관대학교
　　비교법연구소, 『성균관법학』 제20권 제3호(2008).

도회근, "낙태규제에 관한 미국 판례와 학설의 전개", 『울산대학교 사회과학논
　　집』 제8권 제2호(1998).

동성애자인권연대·한국게이인권운동단체 친구사이, 『군 관련 성소수자 인권증
　　진을 위한 프로젝트 모듬자료집』(2008).

드 라로크, 공자그(정재곤 옮김), 『동성애: 동성애는 유전자 때문인가』(웅진씽크
　　빅, 2007).

드 모파상, 기(송덕호 역), 『벨아미』(민음사, 2009).

드워킨, 안드레아, 『포르노그래피: 여자를 소유하는 남자들』(동문선, 1996).

라티, 라이모(조국 역), "인간생명의 법적 보호 —핀란드의 관점", 한국형사법학
　　회, 『형사법연구』 제22권 특집호(2004).

러셀, 버트런드(이순희 옮김), 『나는 무엇을 보았는가』(비아북, 2011)

레빈, 아트 레빈·캐슬린 커리, "포르노그라피 논쟁과 여성운동", 원용진 외, 『대
　　중매체와 페미니즘』(한나래, 1993).

맥키넌, 캐서린 A.(신은철 옮김), 『포르노에 도전한다』(개마고원, 1997).

문재완, "명백·현존 위험의 원칙의 현대적 해석과 적용에 관한 연구", 한국헌법
　　학회, 『헌법학연구』 제9권 제1호(2003).

문재완, "위법하게 취득한 정보의 보도로 인한 책임", 정종섭 편저, 『언론과
　　법의 지배』(박영사, 2007).

민수홍, 『가정폭력이 자녀의 비행에 미치는 영향』(한국형사정책연구원, 1998).

밀, 존 스튜어트(박홍규 옮김), 『자유론』(문예출판사, 2009).

박경신, "모욕죄의 위헌성과 친고죄 조항의 폐지에 대한 정책적 고찰", 고려대학
　　교 법학연구원, 『고려법학』 제52호(2009).

박경신, "소비자들의 제2차 불매운동의 합법성 ―외국의 공정거래법 및 노사관
　　계법의 유비적 비교법적 의미―", 한인섭 편, 『2008-2009 한국과 표현의
　　자유』(경인문화사, 2009).

박경신, "진실적시에 의한 명예훼손 처벌제도의 위헌성", 국제헌법학회 한국학
　　회, 『세계헌법연구』 제16권 제4호(2010).

박경신, "허위사실유포죄의 위헌성에 대한 비교법적인 분석", 인하대학교 법학
　　연구소, 『법학연구』 제12집 제2호(2009).

박광기, "독일의 사례: 선거운동 참여 … 교원단체, 특정정당지지", 『새교육』
　　(2001년 7월호).

박광현, "사회유해성에 기초한 형법의 정당성 판단", 조선대학교 법학연구원,
　　『법학논총』 제18권 제3호(2011).

박광현, "학생체벌의 정당성에 대한 법률적 고찰", 국민대학교 법학연구소, 『법
　　학논총』 제25권 제1호(2012).

박기석, "사형제도에 관한 연구", 한국형사정책연구원, 『형사정책연구』 제12권
　　3호(2001).

박기석, "협의이혼 후 간통죄 처벌 여부", 한양법학회, 『한양법학』 제22집
　　(2008.2).

박길성, "「정보통신망 이용촉진 및 정보보호 등에 관한 법률」 소정의 '음란'의
　　개념 등(대법원 2008.3.13. 선고 2006도3558 판결)", 사법연구지원재단,
　　『사법』 제5호(2008.9).

박달현, "존속살해죄 위헌 논거의 허와 실: 새로운 해석", 한국법학원, 『저스티
　　스』 제139호(2013.12).

박동희, "과연 존속살해죄는 위헌인가", 『새법정』 제3권 제6호(1973.6).

박동희, "다시 한 번 존속살해죄에 대하여: 위헌론을 재강조하는 한상범 교수의

7월호 새법정과 사법행정을 보고", 『새법정』 제30호(1973.8).

박미숙, 『성표현물의 음란성 판단기준에 관한 연구(I)』(형사정책연구원, 2001).

박상기, 『형법각론』(제7판: 박영사, 2008).

박상기, 『형법총론』(제6판: 박영사, 2004).

박상진, "음란물죄의 비판적 고찰", 한국비교형사법학회, 『비교형사법연구』 제7권 제1호(2005).

박선영, "일본의 사례: 법으로 금지…간접 정치활동에 그쳐", 『새교육』(2001년 7월호).

박수진·박성철·노현웅·오승훈, 『리트윗의 자유를 허하라』(위즈덤하우스, 2012).

박숙자, "여성의 낙태 선택권과 입법과제 연구", 한국여성학회, 『한국여성학』 제17권 제2호(2001).

박용현·이순혁, 『정봉주는 무죄다』(씨네21북스, 2012).

박은정, 『생명공학 시대의 법과 윤리』(이화여자대학교 출판부, 2000).

박재윤, "미국의 사례: 조건부 정치참여 … 교원단체, 특정 후보지지", 『새교육』(2001년 7월호).

박정근, "사형의 사적 경향과 그 장래", 중앙대학교 법정대학 학생연합학회, 『중대법정논총』 제8집(1959년 6월호).

박지현, "명예훼손 또는 사실공표 행위의 면책을 위한 '진실이라 믿을 만한 상당한 이유' 기준에 대한 재해석", 민주주의법학연구회, 『민주법학』 제57호(2015.3).

박지현·김종서, "위력에 의한 업무방해죄와 광고주 불매운동", 민주주의법학연구회, 『민주법학』 제40호(2009.7).

박찬걸, "간통죄 폐지의 정당성에 관한 고찰", 경희대학교 경희법학연구소, 『경희법학』 제45권 제2호(2010).

박찬걸, "낙태죄의 합리화 정책에 관한 연구", 한양대학교 법학연구소, 『법학논총』 제27권 제1호(2010).

박찬걸, "존속대상범죄의 가중처벌규정 폐지에 관한 연구: 존속살해죄를 중심으로", 한국형사정책연구원, 『형사정책연구』 제21권 제2호(2010 여름).

박찬걸, "교원에 의한 체벌행위의 정당성과 그 허용범위", 한국형사정책연구원, 『형사정책연구』 제22권 제1호(통권 제85호, 2011년 봄).

박찬걸, "성매매처벌법상 성매매피해자 규정에 대한 검토", 한국피해자학회,

『피해자학연구』제20권 제1호(2012).

박형민, 『낙태의 실태와 대책에 관한 연구』(한국형사정책연구원, 2011).

박혜진, "성매매재범방지정책으로서 "존 스쿨(John School)"에 대한 평가와 제언", 한국비교형사법학회, 『비교형사법연구』제15권 제2호(2013).

박홍규, "사형제도 폐지의 법학적 논리", 국제사면위원회 한국연락위원회 편, 『사형제도의 이론과 실제』(까치, 1989).

박홍규, "업무방해죄 판례의 비상식성", 영남대학교 법학연구소, 『영남법학』제5권 제1·2호(1999.2).

배병우, "단체교섭권의 법적 구조와 교섭사항", 경상대학교 법학연구소, 『법학연구』제2집(1990.12).

배병화, "공익보도에 의한 명예훼손과 면책사유 ─상당성 이론과 현실적 악의 이론을 중심으로─", 대한민사법학회, 『민사법연구』제13집 제1호(2005.6).

배은경, "한국 사회 출산조절의 역사적 과정과 젠더 ─1970년대까지의 경험을 중심으로", 서울대 박사학위 논문(2004).

배종대, "낙태에 대한 형법정책", 고려대학교 법학연구원, 『고려법학』제50호(2008).

배종대, 『형법각론』(제7전정판: 홍문사, 2010).

배종대, 『형법총론』(제8전정판: 홍문사, 2005).

배종대·이상돈·정승환, 『신형사소송법』(홍문사, 2008).

배종대·조성용, "시위형법의 형사정책 ─선진 각국의 시위관련법을 중심으로", 고려대학교 법학연구원, 『고려법학』제37호(2001).

백형구, 『형법각론』(청림출판, 1999).

백형구, 『형사소송법강의』(제8정판: 박영사, 2001).

뱅크시(이태호 & 리경 옮김), 『Wall and Peace 거리로 뛰쳐나간 예술가, 벽을 통해 세상에 말을 걸다』(위즈덤피플, 2009)

법무부, 『형법개정법률안 제안이유서』(1992.10).

법무연수원, 『범죄백서』(2013).

법원행정처, 『대법원판례해설』제70호(2007년 상).

법원행정처, 『사법연감』(2013).

베르니에, 자크(전미연 옮김), 『환경』(한길사, 1999).

벡카리아, 체사레(한인섭 신역), 『범죄와 형벌』(박영사, 2006).

변종필, "사형폐지의 정당성과 필요성", 인제대학교, 『인제논총』제14권 제1호

(1998.10).

불, 마틴(이승호 옮김),『아트 테러리스트 뱅크시, 그래피티로 세상에 저항하다』(리스컴, 2013).

서정희,『소비자주권론』(울산대학교 출판부, 1993).

성낙인,『헌법연습』(법문사, 2001).

성낙인,『헌법학』(제7판: 법문사, 2007).

성영모, "현행 사형제도의 개선방향", 충남대학교 법학연구소,『법학연구』제5권 제1호(1994).

송기춘, "이른바 '허위사실유포죄'는 없다 ─전기통신기본법 제47조 제1항의 해석 및 위헌론─", 민주주의법학연구회,『민주법학』제39호(2009.3).

송기춘, "학생인권조례의 제정과 시행에 관한 법적 논의", 대한교육법학회,『교육법학연구』제23권 제2호(2011).

송요원, "학교 내에서 학생의 인권과 교원의 체벌 ─미국 법원의 판례를 중심으로─", 한국토지공법학회,『토지공법연구』제20호(2004).

손동권, "노동쟁의행위의 가벌성에 관한 연구", 건국대학교 법학연구소,『일감법학』제3권(1998).

손동권,『형법총론』(개정판: 율곡출판사, 2004).

손동권,『형사소송법』(세창출판사, 2008).

손태규, "'현실적 악의 규정'에 대한 인식과 판단: 한국 법원과 외국 법원의 비교 연구", 한국언론학회,『한국언론학보』제49권 제1호(2005.2).

손태규, "형법상 명예훼손죄의 폐지", 한국공법학회,『공법연구』제41집 제2호(2012).

손희권, "국·공립학교 초·중등교원들의 정치활동을 제한하는 것은 헌법에 위반되는가?", 한국교육행정학회,『교육행정연구』제22권 제2호(2004).

손희권, "체벌을 대체할 학생규율방안의 윤리성과 교육적 효과에 관한 학생들과 교사들의 지각 비교", 고려대학교 교육문제연구소,『교육문제연구』제19집(2003.9).

송강직, "단체교섭의 대상 ─인사·경영사항을 중심으로",『노동법의 쟁점과 과제(김유성교수 화갑기념논문집)』(법문사, 2000.12).

송강직, "직장점거와 언론의 자유", 동아대학교 법학연구소,『동아법학』제37호(2005.12).

송요원, "학교 내에서 학생의 인권과 교원의 체벌 ─미국 법원의 판례를 중심으로—", 한국토지공법학회, 『토지공법연구』 제20호(2004).

신동운·최병천, 『형법개정과 관련하여 본 낙태죄 및 간통죄에 관한 연구』(형사정책연구원, 1991).

신양균, "절대적 종신형을 통한 사형폐지?", 한국비교형사법학회, 『비교형사법연구』 제9권 제2호(2007).

신양균, 『형사소송법』(제2판: 법문사, 2004).

신평, 『명예훼손법』(청림출판, 2004).

신평, "새로운 명예훼손법 체계의 구축에 관한 시도", 한국공법학회, 『공법연구』 제31집 제3호(2003).

신평, 『헌법적 관점에서 본 명예훼손법』(2004).

신현호, "낙태죄의 제문제", 한국법학원, 『저스티스』 제121호(2010.12).

심영희, 『낙태실태 및 의식에 관한 연구』(한국형사정책연구원, 1991).

심영희, "포르노의 법적 규제와 페미니즘", 한국여성학회, 『한국여성학』 제10권 (1994).

심영희·박선미·백월순·김혜선, 『간통의 실태 및 의식에 관한 연구』(한국형사정책연구원, 1991).

심재무, "징계권의 한계", 한국비교형사법학회, 『비교형사법연구』 제2권 제3호 (2000).

심재우, "사형은 형사정책적으로 의미 있는 형벌인가", 『형사정책연구소식』 통권 제29호(1995년 5·6월호).

심재우, "사형제도의 위헌성 여부에 관하여", 『헌법재판자료집』 제7집(1995.12).

심헌섭, "일반조항 소고", 『분석과 비판의 법철학』(법문사, 2001).

심희기, 『과학적 수사방법과 그 한계 ―미국법과 한국법의 비교―』(한국형사정책연구원, 1994).

심희기, "노동자집단의 평화적인 집단적 노무제공의 거부행위와 위력업무방해죄", 한국형사판례연구회, 『형사판례연구』 제7호(1999).

안경환, "문학작품과 음란물의 한계", 법과 사회 이론연구회, 『법과 사회』 제9호 (1994).

안미숙, "영국 교원의 위상과 권한", 『새교육』(2001년 7월호).

안진, "광주광역시 학생인권조례의 내용과 과제", 전남대학교 법률행정연구소, 『법학논총』 제31집 제3호(2011).

양건, "헌법과 소비자보호", 한국공법학회, 『공법연구』 제10집(1982.8).

양화식, "형법 제20조의 "사회상규에 위배되지 아니하는 행위"에 대한 고찰", 한국형사법학회, 『형사법연구』 제19호(2003년 여름호).

양현아, "범죄에서 권리로: 재생산권으로서의 낙태권", 양현아 편, 『낙태죄에서 재생산권으로』(사람생각, 2005).

양현아, "여성 낙태권의 필요성과 그 함의", 한국여성학회, 『한국여성학』 제21권 제1호(2005).

양현아·김용화 편, 『혼인, 섹슈얼리티와 법』(경인문화사, 2011).

엄상미, "어떤 역사", 막달레나의 집 엮음, 『용감한 여성들, 늑대를 타고 달리는』 (삼인, 2002).

염규호, "공직자와 명예훼손 ―미국 언론법의 '현실적 악의'를 중심으로", 『언론 중재』(1999년 겨울호).

염규호, "공적 인물과 명예훼손 ―미국 언론법의 '현실적 악의'를 중심으로", 『언론중재』(2000년 봄호).

오동석, "교사의 정치적 기본권", 민주주의법학연구회, 『민주법학』 제44호 (2010).

오동석, "학생인권조례에 관한 몇 가지 법적 쟁점", 대한교육법학회, 『교육법학 연구』 제22권 제2호(2010).

오병두, "노회찬 전 의원 'X파일' 사건 제1심 판결의 문제점", 민주주의법학연구 회, 『민주법학』 제41호(2009.11).

오영근, 『형법총론』(박영사, 2005).

오영근, 『형법각론』(제2판: 박영사, 2009).

오영근·박미숙, 『윤락행위등방지법에 관한 연구』(형사정책연구원, 1996).

오정진, "포르노그라피에 관한 규범적 담론 연구"(서울대학교 법학박사학위논 문, 2000).

우지숙, "진실과 허위 사이: 허위(일 수도 있는)사실의 표현을 위한 항변", 서울 대학교 공익산업법센터, 『경제규제와 법』 제2권 제1호(2009.5).

원미혜, "성매매를 방지하기 위한 전략들", 이화여자대학교 한국여성연구원, 『여성학논집』 제18호(2001).

원미혜, "늑대를 타고 달리는 여자들과 함께", 막달레나의 집 엮음, 『용감한 여성들, 늑대를 타고 달리는』(삼인, 2002).

유기천, 『전정신판 형법학[각론강의 상]』(일조각, 1982).

유기천, 『형법학(총론강의)』(개정 23판: 일조각, 1983).

육군본부법무실, 『군형법주해』(2010).

육성철, 『세상을 향해 어퍼컷』(샨티, 2008).

윤기택, "영연방국가의 인격권 보호와 명예훼손에 관한 연구", 청주대 법학연구소, 『법학논집』 제27호(2006).

윤상민, "형법상 정치인의 명예보호", 원광대학교 법학연구소, 『원광법학』 제29권 제3호(2013).

윤용규, "교원의 학생 체벌에 관한 형법적 고찰", 한국형사법학회, 『형사법연구』 제21호(2004년 여름).

윤용규, "체벌논의에 대한 반성적 고찰: 체벌법규의 해석을 중심으로", 한국형사정책연구원, 『형사정책연구』 제23권 제3호(통권 제91호, 2012년 가을).

윤종행, "낙태방지를 위한 입법론", 연세대학교 법학연구소, 『법학연구』 제13권 제1호(2003).

윤지영, "공직선거법 제250조 제2항 허위사실공표죄의 구성요건과 허위성의 입증", 한국형사판례연구회, 『형사판례연구』 제20호(2012).

이건호, 『성표현물의 음란성 판단기준에 관한 연구(Ⅱ) —영미의 논의를 중심으로』(형사정책연구원, 2001).

이경춘, "시민단체 불매운동의 한계 —마이클 잭슨 내한공연 반대운동과 관련하여—", 『판례실무연구』 (V)(2001.12).

이경환, "군대내 동성애 행위의 처벌에 관하여", 서울대학교 공익인권법센터, 『공익과 인권』 제5권 제1호(2008).

이계수, "공무원의 정치운동금지의무에 대한 비판적 고찰", 민주주의법학연구회, 『민주법학』 제29호(2005).

이광범, "국가보안법 제7조 제5항, 제1항의 해석기준에 관한 대법원 판례의 동향", 『형사재판의 제문제』 제2권(1999).

이규호, "미국에 있어서 소비자보이콧(Consumer Boycott)에 관한 판례·학설 —그 법적 허용한계의 문제를 중심으로—", 비교법실무연구회, 『판례실무연구』 (V)(2001.12).

이근우, "법률의 품격—경범죄처벌법에 대한 비판적 제언", 한국비교형사법학회, 『비교형사법연구』 제15권 제2호(2013).

이기원, "낙태죄의 허용사유에 관한 비교법적 고찰", 조선대학교 법학연구원, 『법학논총』 제19권 제3호(2012).

이기춘 외, 『소비자학의 이해』(제2판: 학현사, 2001).

이기헌·정현미,『낙태의 허용범위와 허용절차규정에 관한 연구』(형사정책연구원, 1996).

이나영, "성매매: 여성주의 성정치학을 위한 시론", 한국여성학회,『한국여성학』제21권 제1호(2005).

이동진, "부부관계의 사실상 파탄과 부정행위에 대한 책임: 비교법적 고찰로부터의 시사", 서울대학교 법학연구소,『서울대학교 법학』제54권 제4호(2013.2).

이덕난, "서울시 학생인권조례의 주요 내용 및 쟁점 분석", 국회입법조사처, <이슈와 논점> 제379호(2012.2.9.).

이상돈,『조용한 혁명』(뮤스, 2011).

이상용, "형법 제20조의 사회상규 규정의 입법연혁과 사회상규의 의미", 한국형사법학회,『형사법연구』제20호(2003).

이상호,『이상호 기자 X파일』(동아시아, 2012).

이성숙,『매매춘과 페미니즘, 새로운 담론을 위하여』(책세상, 2002).

이성용, "집시법상의 복면시위", 한국경찰발전연구학회,『한국경찰연구』제7권 제2호(2008).

이수성, "사형폐지소고", 서울대학교 법학연구소,『서울대학교 법학』제13권 제2호(1972).

이수성, "한국의 문화전통과 형법", 한일법학회,『한일법학연구』제13권(1994).

이수성, "형법적 도덕성의 한계에 관하여", 서울대학교 법학연구소,『서울대학교 법학』제18권(1977.6).

이숙경, "미혼여성의 낙태경험", 양현아 편,『낙태죄에서 재생산권으로』(사람생각, 2005).

이승선, "공적 인물의 통신비밀보호와 공적 관심사에 대한 언론보도의 자유", 한국언론정보학회,『한국언론정보학』통권 제38호(2007년 여름).

이승선, "언론소비자의 특성과 소비자운동의 보호법리 ─광고불매운동을 중심으로", 한국언론정보학회,『한국언론정보학보』통권 48호(2009년 겨울).

이승호, "한국에서의 질서위반법 도입; 질서위반행위에 대한 제재체계의 정비를 위한 일 고찰, 법조협회,『법조』제53권 제10호(2004).

이영란, "낙태죄 입법정책에 관한 소고", 한국형사법학회,『형사법연구』제16호 특집호(2001)

이영란, "성매매(윤락행위) 최소화를 위한 입법정책", 한국법학원,『저스티스』

제65호(2002.2).

이용식, "성적 표현의 형법적 통제에 대한 비판적 고찰", 한국형사정책학회, 『형사정책』 제18권 제1호(2006.6).

이원희, "서울시 지하철노조 파업의 노동법상 문제: 준법투쟁을 중심으로", 한국노동법학회, 『노동법학』 제9호(1999.12).

이은영, "포르노, 문학작품, 그리고 법", 오생근·윤혜준 공편, 『성과 사회: 담론과 문화』(나남출판, 1998).

이인영, "낙태죄 입법의 재구성을 위한 논의", 양현아 편, 『낙태죄에서 재생산권으로』(사람생각, 2005).

이인영, "사회상규의 의미와 정당행위의 포섭범위", 한국형사판례연구회, 『형사판례연구』 제13호(2005).

이인영, "출산정책과 낙태규제법의 이념과 현실", 한국여성연구소, 『페미니즘연구』 제10권 제1호(2010).

이인호, "음란물 출판사 등록 취소 사건", 헌법실무연구회, 『헌법실무연구』 제1권(1998.4).

이정원, "도청정보의 공개에 대한 법적 고찰", 한국형사법학회, 『형사법연구』 제24호(2005).

이정원, 『형법각론』(제2판: 법지사, 2000).

이정원, 『형법총론』(증보판: 법지사, 2001).

이재교, "광고주에 대한 불매운동의 위법성", 『시대정신』 제44호(2009).

이재상, 『신형사소송법』(제2판: 박영사, 2008).

이재상, 『형법각론』(제5판: 박영사, 2004).

이재상, 『형법총론』(제5판: 박영사, 2003).

이재석, "사형제도에 관한 고찰", 대구대학교 사회과학연구소, 『사회과학연구』 제8집 제2호(2000).

이재화, 『분노하라, 정치검찰』(이학사, 2012).

이철호, "존속살해 범죄와 존속살해죄 가중처벌의 위헌성 검토", 한국경찰학회, 『한국경찰학회』 제14권 제2호(2012).

이향선, "인터넷상의 표현규제에 관한 비교법적 고찰 —사이버모욕죄 도입과 허위사실유포죄 유지의 법리적 정책성·타당성에 관하여—", 한국언론법학회, 『언론과 법』 제8권 제1호(2009).

이형국, 『형법총론』(법문사, 1997).

이호영, 『소비자보호법』(홍문사, 2010).

이호용, "낳지 않을 자유와 자기결정", 국제헌법학회 한국학회, 『세계헌법연구』 제16권 제3호(2010).

이호중, "군형법 제92조의5 추행죄의 위헌성과 폐지론, 한국형사법학회, 『형사 법연구』 제23권 제1호(2011년 봄, 통권 제46호).

이호중, "노동쟁의와 형법 ―쟁의행위에 대한 형법의 판단구조―", 한국비교형 사법학회, 『비교형사법연구』 제8권 제2호(2006.12).

이호중, "성매매방지법안에 대한 비판적 고찰", 한국형사정책학회, 『형사정책』 제14권 제2호(2002).

이호중, "성폭력범죄의 친고죄 폐지론", 한국성폭력상담소 엮음, 『성폭력, 법정 에 서다』(푸른사상, 2007).

이호중, "성형법 담론에서 섹슈얼리티의 논의지형과 한계", 한국형사정책학회, 『형사정책』 제23권 제1호(2011).

이호중, "소비자 운동으로서의 집단적 항의전화걸기와 위력에 의한 업무방해 죄", 한국형사법학회, 『형사법연구』 제23권 제4호(2011).

이훈동, "전환기의 한국 형법 ―사형제도의 새로운 시각", 한국외국어대학교 법학연구소, 『외법논집』 제26집(2007.5).

이희훈, "간통죄의 위헌성에 대한 연구", 한국토지공법학회, 『토지공법연구』 제43집 제3호(2009).

임동규, 『형사소송법』(제2판: 법문사, 2003).

임웅, "낙태죄의 비범죄화에 관한 연구", 성균관대학교 비교법연구소, 『성균관 법학』 제17권 제2호.

임웅, 『비범죄화의 이론』(법문사, 1999).

임웅, 『형법각론』(개정판: 법문사, 2003).

임웅, 『형법총론』(개정판: 법문사, 2002).

임웅·강석구, "형법 제20조 사회상규에 관한 소고", 성균관대학교 비교법연구 소, 『성균관법학』 제14권 제1호(2002.7).

임종률, 『쟁의행위와 형사책임』(경문사, 1982).

임지봉, "대법원의 음란성 판단기준에 대한 비판적 검토 ―김인규 교사사건 판 결에 대한 분석을 중심으로―", 민주주의법학연구회, 『민주법학』 통권 제 29호(2005.12).

임지봉, "출판물과 연극·영화·비디오물의 음란성 판단기준에 관한 연구 ―미

국 판례법상 음란성 판단기준을 중심으로—", 법조협회, 『법조』 통권 제
525호(2000.6).

장영민·박강우, 『노동쟁의와 업무방해죄의 관계』(한국형사정책연구원, 1996).

장영수, 『기본권론』(홍문사, 2003).

장정일, 『장정일의 독서일기 3』(하늘연못, 1997).

장호순, 『미국 헌법과 인권의 역사』(개마고원, 1998).

전영우, "미국서도 당연히 인정받는 소비자들의 표현 자유", 한국언론진흥재단,
『신문과 방송』 제453호(2008.9).

전원열, "명예훼손불법행위에 있어서 위법성 요건의 재구성"(서울대 법학박사
논문, 2001).

전학선, "프랑스 헌법재판소의 임신중절 결정", 한국외국어대학교 법학연구소,
『외법논집』 제36권 제4호(2012).

전효숙·서홍관, "해방 이후 우리나라 낙태의 실태와 과제", 대한의사학회, 『의
사학』 제12권 제2호(2003).

정극원, "헌법체계상 소비자권리의 보장", 한국공법학회, 『공법연구』 제31집
제3호(2003).

정봉휘, "사형존폐론의 이론사적 계보", 『동산 손해목 박사 화갑기념논문집:
형사법학의 현대적 과제』(1993).

정성근·박광민, 『형법각론』(삼지원, 2002).

정성근·박광민, 『형법총론』(삼지원, 2001).

정순원, "미국의 학생체벌에 관한 입법과 판례 동향", 한국헌법학회, 『헌법학연
구』 제17권 제1호(2011.3).

정영석, 『형법각론』(5정판: 법문사, 1983).

정영일, 『형법총론』(개정판: 박영사, 2007).

정영태, "초·중등학교 교원의 정치적 자유권 제한에 대한 헌법재판소의 논거와
문제점", 인하대학교 교육연구소, 『교육문화연구』 제16권 제2호(2010).

정영화, "헌법상 공무원의 정치적 자유의 제한과 그 한계", 한국헌법학회, 『헌법
학연구』 제18권 제1호(2012.3).

정웅석, 『형법강의』(제6판: 대명출판사, 2005).

정웅석, 『형사소송법』(대명출판사, 2003).

정인섭, "정리해고와 파업의 정당성", 『월간 노동법률』 제131호(2002.4).

정인섭, "파업주도 행위와 업무방해죄", 민주사회를 위한 변호사 모임 노동위원

회, 『1996 노동판례 비평』(1997).

정진경, "소위 '경영권'과 단체교섭대상사항", 『재판실무연구』(2004).

정진주, "유럽 각국의 낙태 접근과 여성건강", 한국여성연구소, 『페미니즘연구』 제10권 제1호(2010).

정철호, "공교육체계에서의 학생체벌에 대한 법적 고찰", 한국아동권리학회, 『아동권리연구』 제10권 제3호(2006).

정계선, "간통죄와 혼인빙자간음죄 관련 헌법소원사건 등에 대한 헌법재판소의 입장 ―판례를 중심으로―", 양현아·김용화 편, 『혼인, 섹슈얼리티와 법』(경인문화사, 2011).

정태욱, "민주주의와 법치주의의 관계에 대한 한 시론: 미국의 노예제 폐지의 헌정사를 중심으로", 『서울대학교 법학』 제49권 제3호(2008).

정현미, "낙태죄와 관련된 입법론", 한국형사법학회, 『형사법연구』 제22권 특집 호(2004).

정현미, "낙태규제에 있어서 형법의 효용성", 이화여자대학교 법학연구소, 『법학논집』 제16권 제2호(2011).

정현미, "성매매방지정책의 검토와 성매매처벌법의 개정방향", 이화여자대학교 법학연구소, 『법학논집』 제18권 제2호(2014).

조국, "개정 통신비밀보호법의 의의, 한계 및 쟁점: 도청의 합법화인가 도청의 통제인가?", 한국형사정책연구원, 『형사정책연구』 제15권 제4호(2004).

조국, "'매맞는 여성 증후군' 이론의 형법적 함의", 한국형사법학회, 『형사법연구』 제15호(2001).

조국, "법률의 무지 및 착오 이론에 대한 재검토", 한국형사정책연구원, 『형사정책연구』 제12권 제2호(2001.6).

조국, "수사상 검증의 적법성 ―사진 및 무음향 비디오 촬영과 신체침해를 중심으로―", 한국형사법학회, 『형사법연구』 제20호(2003.12).

조국, 『양심과 사상의 자유를 위하여』(개정판: 책세상, 2007).

조국, 『위법수집증거배제법칙』(박영사, 2005).

조국, 『형사법의 성편향』(제2판, 2004).

조규창, 『로마형법』(고려대학교 출판부, 1998).

조병인, "사형은 폐지대상이 아니다", 한국형사정책연구원, 『형사정책소식연구』 2000년 7·8월호.

조상제, "현행 존속살해가중의 문제점", 한국형사법학회, 『형사법연구』 제16호 특집호(2001.12).

조영희, "상품에 불과한 성매매 여성에 웬 자발성", 『월간 말』(2002년 7월호).

조우현, 『세계의 노동자 경영참가: 참여의 산업민주주의를 위하여』(창작과 비평사, 1995).

조형·장필화, "국회속기록에 나타난 여성정책 시각: 매매춘에 대하여", 이화여자대학교 한국여성연구소, 『여성학논집』 제7집(1990).

조홍식, "프랑스의 사례: 정당활동 활발 … 정계 진출하면 휴직·복직 보장", 『새교육』(2001년 7월호).

주선아, "중혼적 사실혼의 보호범위", 한국법학원, 『저스티스』 통권 제129호(2011.12).

주승희, "소비자불매운동의 의의 및 법적 허용한계 검토", 한국경영법률학회, 『경영법률』 제19집 제3호(2009).

주승희, "음란물에 대한 형사규제의 정당성 및 합리성 검토", 한국형사판례연구회, 『형사판례연구』 제15호(2007).

주유신, "내가 김기덕을 비판하는 이유: 그의 영화는 여성에 대한 성적 테러다", <시네 21>(2002.1.18.).

지규철, "미국과 독일의 낙태판결에 관한 비교적 고찰", 한국비교공법학회, 『공법학연구』 제9권 제1호(2008).

천대엽, "허위사실공표죄의 구성요건인 '허위사실'의 입증문제", 『형사재판의 제문제』 제5권(2005).

천진호, "디지털 콘텐츠 음란물에 대한 음란성 판단의 주체와 법률의 착오", 한국형사법학회, 『형사법연구』 제19권 제3호(2007).

천진호, "'사회상규에 위배되지 아니하는 행위'에 대한 비판적 교찰", 한국비교형사법학회, 『비교형사법연구』 제3권 제2호(2002).

최관호, "표현의 자유에 대한 형사법적 규제의 법리와 그 대안 ―명예훼손죄를 중심으로―", 민주주의법학연구회, 『민주법학』 제50호(2012.11).

최대권, 『헌법학강의』(증보판: 박영사, 1998).

최병각, "복면시위의 금지·처벌과 그 한계", 『집회·시위 자유의 법적 문제와 합리적 대안』 한국경찰법학회 제27차 학술회의 자료집(2008.9.27.).

최상천, "『즐거운 사라』가 증언하는 누더기 '자유민주주의'", 『월간 사회평론·길』(1995.8).

최인섭·김지선, 『존속범죄의 실태에 관한 연구』(한국형사정책연구원, 1996).

최현숙, "성매매 여성에게 죄를 물어서는 안 된다", 『월간 말』(2002년 9월호).

최희경, "낙태절차의 위헌성 여부에 관한 연구 ―미 연방대법원 판례를 중심으로―", 한국헌법학회, 『헌법학연구』 제13권 제3호(2007.9).

최희경, "미국 낙태법상의 부모동의요건과 사법적 우회절차", 한국헌법학회, 『헌법학연구』 제9권 제4호(2003).

최희경, "Casey 판결상의 부당한 부담 심사기준", 한국헌법학회, 『헌법학연구』 제8권 제3호(2002.10).

카뮈, 알베르(김화영 옮김), 『단두대에 대한 성찰·독일 친구에게 보내는 편지』 (책세상, 2004).

태경수, "고대 근동법에 나타난 낙태에 관한 연구", 삼육대학교 신학과 석사학위 논문(2010).

터로, 스콧(정영목 옮김), 『극단의 형벌』(교양인, 2003).

파타, 에자트 A., "사형이 특별한 억지책인가?", 국제사면위원회 한국연락위원회 편, 『사형제도의 이론과 실제』(까치, 1989).

폰 리스트, 프란츠(심재우·윤재왕 옮김), 『마르부르그 강령』(강: 2012).

하태영, "사형제도의 폐지", 경남대학교 법학연구소, 『경남법학』 제13집(1997. 12).

한국여성민우회, 『있잖아 … 나, 낙태했어』(다른, 2013).

한국형사정책연구원, 『형사법령제정자료집(1)』(1990).

한국형사정책연구원·법무부·한국형사법학회·한국형사정책학회, 『형법개정의 쟁점과 검토: 죄수·형벌론 및 형법각칙』(2009.9.11.).

한봉희, "이혼법의 당면과제", <법률신문> 제2046호(1991.7.18.).

한상범, "평등의 법리와 전근대적 가족질서", 『사법행정』 제14권 제7호(1973.7).

한상범, "평등의 법리의 곡해와 전근대적 가족질서에 대한 오해 ―박동희 교수의 반론을 보고", 『사법행정』 제14권 제9호(1973.9).

한상훈, "국민참여재판에서 배심원 평결의 기속적 효력에 관한 검토", 한국형사정책학회, 『형사정책』 제24권 제3호(2012).

한상희, "체벌 및 초중등교육법시행령 개정안의 위헌성", 민주주의법학연구회, 『민주법학』 제45호(2011.3).

한수웅, "표현의 자유와 명예의 보호 ―한국, 독일과 미국에서의 명예훼손의 법리에 관한 헌법적 고찰과 비판을 겸하여―", 한국법학원, 『저스티스』 제84호(2005).

한인섭, "국가보안법 폐지론", 한국헌법학회, 『헌법학연구』 제10권 제4호(2004.12).

한인섭, "사형제도의 문제와 개선방안", 한국형사정책학회, 『형사정책』 제5호 (1990).

한인섭, "역사적 유물로서의 사형 ―그 법이론적·정책적 검토―", 한국천주교 중앙협의회, 『사목』(1997.7).

한인섭·양현아 편, 『성적 소수자의 인권』(사람생각, 2002).

한위수, "공인에 대한 명예훼손의 비교법적 일고찰 ―'현실적 악의' 원칙을 중심 으로―", 한국언론법학회, 『언론과 법』 창간호(통권 제1호, 2002).

한위수, "명예훼손에 특유한 위법성조각사유에 대한 고찰", 사법연구지원재단, 『사법』 창간호(2007).

한채윤, "성적 소수자 차별의 본질과 실제 그리고 해소방안", 한인섭·양현아 편, 『성적 소수자의 인권』(2002).

허영, 『한국헌법론』(신판: 박영사, 2001).

허일태, "간통죄의 위헌성", 한국법학원, 『저스티스』 제104호(2008).

허일태, "사형의 대체형벌로서 절대적 종신형의 검토", 한국형사정책학회, 『형 사정책』 제12권 제2호(2000).

허일태, "한국의 사형제도의 위헌성", 한국법학원, 『저스티스』 제31권 제2호 (1998.6).

허종렬, "헌법상 교원 및 교원단체의 정치적 기본권 보장", 대한교육법학회, 『교육법학연구』 제10호(1998).

형사법개정특별심의위원회, 『형사법개정자료 (VI), 형법개정의 기본방향과 문 제점』(1985.12.30.).

호손, 너대니얼(임유란 옮김), 『주홍글씨』(블루에이지, 2010).

홍성방, "낙태와 헌법상의 기본가치 ―미국 연방대법원과 독일연방헌법재판소 판례에 나타난 낙태와 헌법상의 가치의 관계를 중심으로―", 서강대학교 법학연구소, 『서강법학연구』 제3권(2001).

홍성우·한인섭 공저, 『홍성우 변호사의 증언, 인권변론 한 시대』(경인문화사, 2011).

홍신기·김현욱·권동택, "주요국의 아동 체벌 금지 입법 사례와 시사점", 한국 비교교육학회, 『비교교육연구』 제20권 제1호(2010).

홍완식, "독일 연방헌법재판소의 낙태판결에 관한 고찰", 강원대학교 비교법학 연구소, 『강원법학』 제10호(1998).

홍윤기, "양심과 사상의 자유와 국가보안법", 민주주의법학연구회, 『민주법학』

제26호(2004).

황병돈, "국민참여재판 시행 과정상 제기된 문제점 및 개선 방안", 한양법학회, 『한양법학』제21권 제2집(2010).

황성기, "신문사 광고주 관련 정보에 대한 방송통신심의위원회의 위법 결정의 헌법적 문제점", 한국공법학회, 『공법학연구』제10권 제2호(2009).

황운희, "쟁의행위로의 직장점거와 주거침입죄", 『노동법률』제156호(2004).

2. 외국문헌

Adler, Amy, "What's Left?: Hate Speech, Pornography, and the Problem for Artistic Expression", 84 *Calif. L. Rev.* 1499(1996).

American Booksellers Association v. Hudnut, 771 F.2d 323(7th Cir. 1985), aff'd mem., 475 U.S. 1001(1986).

Amnesty International, *ISRAEL, The Price of Principles: Imprisonment of Conscientious Objectors*, Sep. 2, 1999.

Baldwin, Margaret A., "Strategies of Connection: Prostitution and Feminist Politics", 1 *Mich J. Gender & L.* 65(1993).

Barry, Kathleen, *Female Sexual Slavery*(1985).

Barry, Kathleen, *The Prostitution of Sexuality*(1995).

Belkin, Aaron & Melissa Sheridan Embser-Herbert, "The International Experience", in *The U.S. Military's "Don't Ask, Don't Tell" Policy: A Reference Handbook* (Melissa Sheridan Embser-Herbert ed., 2007).

Bernstein, Elizabeth, "What's Wrong with Prostitution? What's Right with Sex Work? Comparing Market in Female Sexual Labor", 10 *Hastings Women's L. J.* 91(1999).

Brennan, Jr., William J., "Constitutional Adjudication", 40 *Notre Dame L. Rev.* 559(1965).

Brest, Paul & Ann Vandenberg, "Politics, Feminism, and the Constitution: The Anti-Pornography Movement in Minneapolis", 39 *Stan. L. Rev.* 607(1987).

Broude, Norma & Mary D. Garrard eds., *The Expanding Discourse: Feminism and Art History*(1992).

Clements, Tracy M., "Prostitution and the American Health Care System : Denying Access to a Group of Women in Need", 11 *Berkeley Women's L. J.* 49(1996).

Committee on the Rights of the Child, "Consideration of Reports Submitted by States Parties under Article 44 of the Convention", CRC/C/15/Add. 51 (13 November 1996); CRC/C/15/Add.197 (18 March 2003); CRC/C/ KOR/CO3-4 (6 October 2011).

Cooper, Belinda, "Prostitution: A Feminist Analysis", 11 *Women's Rts. L. Rep.* 99(1989).

Decker, John F., *Prostitution: Regulation and Control*(1979).

Delacoste, Frederique & Priscilla Alexander eds., *Sex Work: Writings by Women in the Sex Industry* 305(1987).

Devlin, Patrick, *The Enforcement of Morals*(1965).

Drexler, Jessica N., "Governments' Role in Turning Tricks: The World's Oldest Profession in the Netherlands and the United States", 15 *Dick. J. Int'l L.* 201(1996).

Duggan, Lisa & Nan D. Hunter, Carole S. Vance, "False Promises: Feminist Anti-Pornography Legislation", 38 *N.Y.L.S. L. Rev.* 133(1993).

Dworkin, Andrea, "Pornography: The New Terrorism", 8 *N.Y.U. Rev. L. & Soc. Change* 215(1978-1979).

Education International, "Resolution on the Restrictions of the Civil Rights of Teachers in South Korea", the 6th EI World Congress meeting in Cape Town, South Africa, from 22nd to 26th July 2011.

Fechner, Holly B., "Three Stories of Prostitution in the West: Prostitutes' Groups, Law and Feminist 'Truth'", 4 *Colum. J. Gender & L.* 26(1994).

Feinberg, Joel, Harmless Wrong-doing, *The Moral Limits of the Criminal Law*, Vol. 4(1984).

Freeman, Jody, "The Feminist Debate Over Prostitution Reform: Prostitutes' Rights Groups, Radical Feminists, and the (Im)possibility of Consent", 5 *Berkeley Women's L. J.* 75(1989-90).

Global Initiative to End All Corporal Punishment of Children, "Ending Legalised

Violence against Children"(Global Report 2012).

Greenberg, Dan & Thomas H. Tobison, "The New Legal Puritanism of Catharine MacKinnon", 54 *Ohio St. L.J.* 1375(1993).

Hood, Roger, *The Death Penalty: A Worldwide Perspective*, 3d ed (Oxford: Oxford University Press, 2002).

Horwitz, Morton J., "The Supreme Court, 1992 Term—Foreword: the Constitution of Change: Legal Fundamentality Without Fundamentalism", 107 *Harv. L. Rev.* 32(1993).

Human Rights Committee, Report of the Human Rights Committee, UN GAOR, 37th Sess, Supp No 40 UN Doc/A/37/40(1982).

Human Rights Council, "Working Group on the Universal Periodic Review", Second Session (A/HRC/W.G.6/2/L.6) (9 May 2008).

Joseph, Sarah, Jenny Schultz & Melissa Castan, *The International Covenant in Civil and Political Rights*, 2d ed (Oxford: Oxford University Press, 2004).

Kandel, Minouche, "Whores in Court: Judicial Processing of Prostitutes in the Boston Municipal Court in 1990", 4 *Yale J. L. & Feminism* 329(1992).

La Rue, Frank William, "Report of the Special Rapporteur on the Promotion and Protection of the Right to Freedom of Opinion and Expression", A/HRC/17/27/Add.2.(21 March 2011).

Lefler, Julie, "Shining the Spotlight on Johns" Moving Toward Equal Treatment of Male Customers and Female Prostitutes", 10 *Hastings Women's L. J.* 11(1999).

Lindgren, James, "Defining Pornography", 141 *U. Pa. L. Rev.* 1153(1993).

MacKinnon, Catharine A., *Feminism Unmodified: Discourses on the Life and Law* 176(1987).

MacKinnon, Catharine A., "Not a Moral Issue", 2 *Yale L. & Policy Rev.* 321, 325(1984).

MacKinnon, Catharine A., "Pornography, Civil Rights and Speech", 20 *Harvard C.R.-C.L.L. Rev.* 1(1985).

MacKinnon, Catharine A., "Prostitution and Civil Rights", 1 *Mich. J. Gender & L.* 13(1993).

McClintock, Anne, "Sex Workers and Sex Work : Introduction", 37 Soc. *Text*

1 (Winter 1993).

McGuinnes, Sheelagh(윤일구 역), "영국에서의 낙 태죄의 역사", 전남대학교 법학행정연구소, 『법학논총』 제30권 제3호(2010).

Melnick, Katie, "In Defense of the Class Action Lawsuit: An Examination of the Implicit Advantages and a Response to Common Criticisms", 22 *St. John's J. Legal Comment.* 755(2008).

Meyer, Carlin, "Decriminalizing Prostitution: Liberation or Dehumanization?", 1 *Cardozo Women's L. J.* 105(1993).

Milton, John, Areopagitica, Robert Maynard Hutchins (ed.), 32 Great Books of the Western World(1952).

Ministry of Health and Social Affairs & Ministry of Foreign Affairs (Sweden), "Ending Corporal Punishment"(2001).

Morgan, Robin, "Theory and Practice: Pornography and Rape", in *Take Back the Night*(Laura Lederer ed., 1980).

Overall, Christine, "What's Wrong with Prostitution? Evaluating Sex Work", 17 *Signs* 705(1992).

Patemen, Carole, *The Sexual Contract*(1988).

Pearl, Julie, "The Highest Paying Customers: America's Cities and the Costs of Prostitution Control", 38 *Hastings L. J.* 769(1987).

Radin, Peggy, "Market Inalienability", 100 *Harv. L. Rev.* 1928(1985).

Ray, Oskar E., "Antimask Laws: Exploring the Outer Bounds of Protected Speech under the First Amendment-State v. Miller Ga. 669, 398 S.E.2d 547(1990)", 66 *Wash. L. Rev.* 1139(1991).

Richards, David A. J., "Commercial Sex and the Rights of the Person: A Moral Argument for the Decriminalization of Prostitution", 127 *U. Pa. L. Rev.* 1195(1979).

Ross, Beverly J., "Does Diversity In Legal Scholarship Make a Difference?: A Look At the Law of Rape", 100 *Dick. L. Rev.* 795(1996).

Smith, J. S., Smith & Hogan, *Criminal Law*(10th ed. 2002).

Stremler, Alexandra Bongard, "Sex for Money and the Morning After: Listening to Women and the Feminist Voice in Prostitution Discourse", 7 *J. Law. & Pub. Pol'y* 189(1995).

Strossen, Nadine, *Defending Pornography* 232-237(1995).

Suozzi, Theresa M., "Don't Ask, Don't Tell, or Lie-N-Hide? Congressional Codification of Military Exclusion: A Constitutional Analysis", 1 *Syracuse Journal of Legislation and Policy* 169(1995).

Thompson, Susan E., "Prostitution — A Choice Ignored", 21 *Women's Rts. L. Rep.* 217(2000).

Torrey, Morrison, "The Resurrection of the Anti-pornography Ordinance", 2 *Tex. J. Women & Law* 113(1993).

U.N. Econ & Soc Council, Commission on Human Rights, "Report of the Special Rappoteur on Extrajudicial, Summary, or Arbitrary Executions", Mr Bacre Waly Ndiaye, submitted pursuant to Comm Res 1997/61 21, UN Doc, E/CN 4/1998/68/ Add2(22 January 1998).

U.N. International Conference for Population and Development, "Program of Actions"(1994).

U.N. Human Rights Committee, "General Comment No. 34", CCPR/C/GC/34 (12 September 2011).

U.N.E.S.C.O., "Recommendation concerning the Status of Higher-Education Teaching Personnel", adopted on the report of Commission II at the 26th plenary meeting, on 11 November 1997.

U.N.E.S.C.O., "Recommendation concerning the Status of Teachers", adopted by the Special Intergovernmental Conference on the Status of Teachers, convened by UNESCO, Paris, in cooperation with the ILO, 5 October 1966.

U.S. Department of Justice, *Attorney General's Commission on Pornography* (1986).

von Gale, Margarete, "Prostitution and the Law in Germany", 3 *Cardozo Women's L. J.* 349(1996).

Warren, Samuel & Louis Brandeis, "The Right to Privacy", 4 *Harv. L. Rev.* 193, 214(1890).

West, Robin, "The Supreme Court 1989 Term, Forward: Taking Freedom Seriously", 104 *Harv. L. Rev.* 43, 83(1990).

Wohlwend, Renate, "The Efforts to the Parliamentary Assembly of the Council of Europe" in *The Death Penalty: Abolition in Europe*(1999).

大谷 實, 『刑法講義各論』(2000).

西田典之, 『刑法各論』(第2版, 2002).

林 幹人, 『刑法各論』(1999).

찾아보기

저자 약력

1965년 부산 출생
1986년 서울대학교 법과대학 졸업(40회)
1989년 서울대학교 대학원 법학과 석사
1991년 서울대학교 대학원 법학과 박사과정 수료
1995년 미국 University of California at Berkeley School of Law, 법학석사(LL.M.)
1997년 미국 University of California at Berkeley School of Law, 법학박사(J.S.D.)
1998년 영국 University of Oxford Centre for Socio-Legal Studies, Visiting Research
　　　　Fellow; 영국 University of Leeds Centre for Criminal Justice Studies,
　　　　Visiting Scholar
2005-2006년 미국 Harvard-Yenching Institute, Visiting Scholar

1992-1993, 1999-2000년 울산대학교 법학부 교수
2000-2001년 동국대학교 법과대학 교수
2001년-현재: 서울대학교 법과대학/법학전문대학원 교수

저·역서와 수상
『양심과 사상의 자유를 위하여』(책세상, 2001)
『형사법의 성편향』(박영사, 2003)
『위법수집증거배제법칙』(박영사, 2005)[2006년 대한민국 학술원 우수도서 선정]
『인권의 좌표』(역)(명인문화사, 2010)
2003년 한국형사법학회 '정암(定庵) 형사법학술상' 수상
2008년 서울대학교 법과대학 '우수연구상' 수상

제2판

절제의 형법학

초판발행	2014년 12월 15일
제2판인쇄	2015년 5월 20일
제2판발행	2015년 5월 30일

지은이	조 국
펴낸이	안종만

편 집	김선민 · 배우리
기획/마케팅	조성호
표지디자인	김문정
제 작	우인도 · 고철민

펴낸곳	(주) **박영사**
	서울특별시 종로구 새문안로3길 36, 1601
	등록 1959. 3. 11. 제300-1959-1호(倫)
전 화	02)733-6771
f a x	02)736-4818
e-mail	pys@pybook.co.kr
homepage	www.pybook.co.kr
ISBN	979-11-303-2743-3 94360
	979-11-303-2631-3(세트)

정 가   25,000원